KB124509

대영박물관과 BBC가

함께 펴낸

100대 유물로 보는 세계사

A HISTORY *OF THE* WORLD *IN* 100 OBJECTS

THE BRITISH MUSEUM

BBC

다산초당

모든 대영박물관 동료들에게 바칩니다

Contents

PART 4

과학과 문학의 시작

2000 – 700 BC

PART 5

옛 세계와 새로운 열강들

1100 – 300 BC

PART 6

공자 시대의 세계

500 – 300 BC

PART 7

제국의 건설자들

300 BC – AD 10

PART 8

고대의 쾌락과 현대의 향신료

AD 1 – 500

PART 9

세계종교의 발흥

AD 100 – 600

PART 10

비단길과 그 너머

AD 400 – 800

PART 11

궁전 안쪽: 궁중의 비밀

AD 700 – 900

PART 12

순례자와 약탈자, 상인

AD 800 – 1300

PART 13

사회적 지위를 나타내는 상징

AD 1100 – 1500

PART 14

신과의 만남

AD 1200 – 1500

PART 15

근대 세계의 문턱

AD 1375 – 1550

PART 16

최초의 세계경제

AD 1450 – 1650

PART 17

관용과 불관용

AD 1550 – 1700

PART 18

탐험, 착취 그리고 계몽

AD 1680 – 1820

PART 19

대량생산과 대량 설득

AD 1780 – 1914

PART 20
우리가 만든 세계
AD 1914 – 2010

서문

미션 임파서블

유물로 역사를 말하는 것이야말로 박물관이 해야 할 일이다. 250년이 넘도록 전 세계에서 수많은 유물을 수집해온 대영박물관은 유물로 세계 역사를 말하고자 할 때 출발점으로 삼기에 나쁘지 않은 곳이다. 이는 실로 1753년에 영국 의회가 박물관 설립을 인준하면서 "보편성을 목적으로 삼아야 하며" 모든 사람들에게 무료로 개방해야 한다는 원칙을 세운 뒤로 대영박물관이 지금까지 끊임없이 시도해온 일이다. 이 책은 2010년 BBC 라디오4에 소개된 연속 기획물을 글로 기록한 결과물이지만, 사실 이는 설립 이후 대영박물관이 늘 행해왔거나 하려고 시도해온 일을 가장 최근에 다시금 반복한 것일 뿐이기도 하다.

'100가지 유물로 보는 세계사'라는 기획에 원칙을 제시한 사람은 라디오4 책임자인 마크 다마저다. 원칙은 간단했다. 대영박물관과 BBC 관계자가 대영박물관의 수집품 중에서 인류 역사의 시원에서부터 오늘날에 이르는 약 200만 년이라는 세월을 일목요연하게 둘러볼 수 있는 100대 유물을 선정한다는 것이었다. 또한 선정된 사물들은 전 세계 구석구석을 가능한 한 차별 없이 다뤄야 했다. 즉 실용성 못지않게 인간의 경험이라는 측면을 가능한 한 많이 소개해야 하고, 단지 부자와 권력자 집단만이 아니라 모든 사회 집단을 포함하고자 했다. 따라서 100대 유물 가운데는 위대한 예술 작품은 물론 일상에서 사용하던 평범한 물건들도 포함됐다. 매주 다섯 편씩 프로그램을 내보낼 예정이었기 때문에 우리는 유물을 시대별로 다섯 개씩 묶었다. 세계 이곳 저곳 여러 시대를 넘나들었고, 어느 특정 시대의, 세계 여기저기에 있는 다섯 가지의 유물을 통해 세계사를 간략히 들여다 보았다. 대영박물관에 소장된 유물은 전 세계를 포괄하고, BBC 또한 전 세계에 방송을 내보내기 때문에 우리는 세계 도처의 전문가와 해설자들을 작업에 참여시켰다. 물론 이 작업은 세계의 역사를 조망하려는 수많은 시도 중 '하나'에 지나지 않겠지만, 그래도 전 세계가 기여해온 역사를 어는 정도는 살펴보는 일일 것이다(저작권을 고려해 기고자들의 말은 그들이 한 말을 그대로 수록했다).

이 기획은 사실 많은 점에서 불가능에 가까웠는데, 그중에서도 특히 열띤 논쟁을 불러일으킨 요소가 있었다. 유물이 텔레비전이 아니라 라디오로 소개된다는 점이었다. 다시 말해 청취자는 보지 않고 들으면서 유물을 상상해야 했다. 유물을 늘 가까이서 자세히 관찰하는 데 익숙한 박물관 팀원들은 처음에는 이 점을 탐탁지 않게 여겼던 듯하나, BBC 관계자들은 자신감이 있었다. 그들은 어떤 사물을 상상함으로써 그 사물을 아주 특별한 방식으로 이해하게 된다는 것을, 다시 말해 청취자가 상상을 통해 문제시되는 유물을 자기 것으로 만들면서 자신만의 역사를 써나가리라는 점을 잘 알고 있었다. 이 유물들을 두 눈으로 꼭 보고 싶지만 직접 박물관을 방문할 수 없었던 사람들을 위해 우리는 2010년 일 년 동안 '100대 유물로 보는 세계사(www.bbc.co.uk/ahistory-oftheworld)' 웹사이트를 통해 그 모든 유물들의 사진을 공개했다. 그리고 이제 그것을 이렇게 아름다운 사진을 곁들인 책으로 출간하기에 이르렀다.

2010년 9월

닐 맥그리거

추천의 글

유물로 말하는 세계사 이야기

역사를 이해하는 데는 여러 방식이 있다. 그중 사건, 인물, 사실 등에 대한 편년사적 기억과 한 시대의 생성, 발전, 소멸 과정의 이해, 그리고 그것이 갖는 현재적 의미에 대한 해석이 가장 기본적이고 일반적인 방식일 것이다.

그러나 이것만으로는 한 시대의 인간이 살았던 삶의 방식과 문화의 내용이 복원되지 않으며, 각 시대 그 민족의 역사적 이미지도 잡히지 않는다. 이것을 보완하는 것이 '문화사로서 역사'라 할 수 있는데, 그것은 곧 유물과 함께 역사를 기억하는 것이다. 대영박물관이 야심찬 기획으로 자체 소장품 100점을 가지고 펼쳐나간 세계사 이야기는 바로 이런 입장에서 펴낸 탁월한 세계 문화사이다. 이것이야말로 학문적 성과를 대중에게 친절하게 전달하는 박물관 활동(activity)이라고 할 수 있다. 대영박물관이 이 책을 발간하면서, "유물을 통해 역사를 말하는 이런 기획이야말로 박물관이 해야 할 중요한 일이라고 생각했다"는 구절이 나의 머릿속에 깊숙이 들어와 지워지지 않는다.

대영박물관이 BBC방송과 함께 꾸민 이 기획물은 이미 라디오를 통해 전 세계에 전파되었고, 또 사진을 곁들인 멋진 책으로 발간된 것인데, 그것이 마침내 한국어판으로 나오게 되었으니 우리 국민들도 세계사에 대한 문화사적 이해와 함께 세계 속에서 우리의 위상을 생각해 볼 수 있는 좋은 계기가 될 것으로 믿어 의심치 않는다.

이 100대 유물의 국가 중에는 당연히 우리나라도 들어 있다. 그러나 우리나라 5천년 역사 속에서 어느 시기가 세계사적으로 주목받을 수 있는가를 꼽아내는 것은 보통 어려운 문제가 아니다. 쉽게 생각하면 우리 역사상 문화적 전성기는 석굴암과 에밀레종으로 상징되는 통일신라의 8세기, 상감청자의 전성기인 고려왕조의 12세기, 조선왕조의 문예부흥기인 18세기로 압축된다. 대영박물관은 신중한 검토 끝에 이 중 통일신라를 꼽았다. 서양의 입장에서 보았을 때 실크로드의 끝자락에 그 당시 이런 문명국이 있었다는 사실에 각별한 의의를 부여한 것이었다.

대영박물관 소장품만으로 엮였기 때문에 이 책에서 제시된 통일신라의 유물은 '귀면와'뿐이지만, 이 책은 이 기와 한 점을 이야기하면서 통일신라 역사가 갖는 세계사적 위상을 아주 객관적으로, 그러나 문명국으로서 존경을 잃지 않으면서 서술하고 있다. 이 책을 읽는 독자들은 우리 기와에 그런 의미가 담겨 있었던가 새삼 놀라게 될지도 모른다.

오늘날, 우리는 한류가 전 세계로 퍼져가고 있음에 한편으로 기뻐하고, 한편으로 놀라워하고 있다. 차제에 우리는 세계를 보는 시각을 바꾸어볼 필요가 있다. 우리 역사를 한반도에서 일어난 사건 사고의 연속으로만 이해하지 말고, 그때 세계는 어떤 상황이었고, 그런 세계사의 흐름에 우리가 어떻게 동참했으며, 어떻게 왕조마다 새로운 문명을 이어갈 수 있었는지를 생각해볼 필요가 있다. 그래야 지금 한류가 흘러가는 참뜻과 가치를 알 수 있을 것이다.

대영박물관이 펴낸 이 책에서 내가 의의를 찾는 것은 거기에 우리나라 유물도 당당히 한 챕터를 차지했다는 사실보다도 인류 역사 전체 속에서 우리의 위상을 다시 한번 새겨보는 좋은 기회가 된다는 점이다.

2014년 11월

유홍준(전 문화재청장 · 명지대 미술사학과 석좌교수)

머리글
과거에서 온 신호

이 책에서 우리는 시간을 거슬러 올라가 세계 곳곳을 두루 여행하면서 우리 인간이 200만 년 동안 세상을 어떻게 빚어왔고 또 그에 따라 우리 자신이 어떻게 바뀌어왔는지 살펴보게 될 것이다. 이 책은 지금까지 한 번도 시도되지 않은 방식으로 역사를 말하고자 한다. 유물이 시대를 뛰어넘어 전하는 이야기들, 즉 각기 다른 민족과 장소, 환경과 상호작용, 인류 역사의 다양한 순간에 관한 이야기를 해석하고, 우리 시대에 대한 우리의 반성을 풀어나가면서 세계 역사를 서술하고자 하는 것이다. 이 신호들은 우리가 흔히 마주치는 다른 증거들과는 다르다. 그 가운데는 신뢰할 수 있는 것이 있는가 하면, 추측을 근거로 한 것도 있으며 지금도 여전히 새롭게 밝혀지고 있는 것 또한 많다. 유물은 개별적인 사건보다 전체 사회와 복합적인 과정에 대해 말한다. 또한 그것을 맨 처음 만든 사회뿐 아니라 나중에 유물을 다른 형태로 고쳐 만들거나 다른 곳으로 이동시킨 시대를 말해주며, 때로는 처음 만든 사람의 의도와는 사뭇 동떨어진 의미를 지니기도 한다. 물건은 인간이 만든 것으로, 정묘(精妙)하고 생생한 역사 자료로서 흥미롭게도 수백 년, 수천 년이 걸리기도 하는 여정에 오른다. 이 책은 바로 그 여정을 되짚어보려는 노력의 일환이다. 이 책에는 공들여 제작된 뒤 사람들의 찬탄을 받으며 소중히 간직돼온 물건에서부터 일상에서 사용되다 버려진 것에 이르는 온갖 물건들이 망라돼 있다. 조리용 단지에서 황금 범선에 이르기까지, 석기시대 도구에서 신용카드에 이르기까지 그 범위는 실로 광범위하며, 이들은 모두 대영박물관의 소장품이다.

많은 사람들이 이런 유물로 보는 역사를 낯설게 느낄지도 모른다. 잘 알려진 시대나 유명한 전투 또는 누구나 알 만한 사건은 거의 찾을 수 없기 때문이다. 로마제국의 형성, 몽골의 바그다드 정복, 유럽의 르네상스, 나폴레옹전쟁, 히로시마 원폭 투하처럼 역사의 획을 그은 사건은 이 이야기의 중심 무대를 차지하지 않는다. 다만 개개의 물건을 통해 간접적으로 다루어질 뿐이다. 예를 들어 서턴 후 분묘의 발굴 방식과 해석 방식은 1939년의 정치 상황에 의해 결정됐다(47장). 로제타석은 (다른 모든 것들처럼) 나폴레옹시대에 영국과 프랑스 사이의 갈등을 설명해주는 자료로 활용된다(33장). 미국독립전쟁 역시 여기에서는 아메리카 원주민의 사슴 가죽 지도라는 특이한 관점을 통해 조망된다(88장). 이렇듯 나는 한 가지 사건만 증언하기보다 많은 이야기를 들려주는 물건을 선택했다.

시적 상상력의 필요

전 세계의 역사, 즉 인류의 일부에게 과도하게 특혜를 주지 않는 역사를 전하려면 문서에만 의지해서는 곤란하다. 세계의 일부에서만 문서를 보유해왔을 뿐 대다수 지역은 대부분의 시간 동안 그렇지 못했기 때문이다. 문자는 인류가 나중에 이룬 성과 중 하나이며, 심지어 문자 체계를 갖춘 사회조차 대부분 아주 최근에야 문서뿐 아니라 물건에도 그들의 관심사와 열망을 기록했다.

이상적으로는 문서와 유물을 종합해 역사를 서술하는 것이 가장 바람직하다. 이 책에는 이 기준을 따른 부분도 있지만, 그렇게 하지 못한 부분도 많다. 기록된 역사와 기록되지 않은 역사의 비대칭성을 가장 명확하게 보여주는 사례 가운데 하나가 바로 쿡 선장의 원정대와 오스트레일리아 원주민들이 보터니 만에서 처음 마주친 사건일 것이다(89장). 영국은 운명의 그날을 묘사한 쿡 선장의 항해일지를 비롯해 여러 가지 과학적인 기록을 보유하고 있지만, 오스트레일리아 원주민들에게는 한 원주민이 총소리를 처음 듣고 놀라 달아나면서 떨어뜨린 나무껍질 방패가 유일한 증인이다. 그날 일어난 일을 재구성한다면 기록된 문서를 다룰 때처럼 꼼꼼하고 엄밀하게 방패를 심문하고 해석해야 한다.

이런 상호 이해 불능이라는 문제 외에도 우연이든 고의든 승리를 왜곡한 부분이 있다. 잘 알다시피 역사는 승자가 기록하며, 승자만이 글을 쓸 줄 알 때는 특히 더 그렇다. 패배한 이들, 곧 정복당하거나 파괴당한 사회에 속한 사람들은 오로지 물건을 통해서만 자기네 사연을 전할 뿐이다. 이 책에 등장하는 카리브 타이노족, 오스트레일리아 원주민, 아프리카 베냉족, 잉카족은 자신들이 만든 물건을 통해 과거에 이룬 업적을 우리에게 생생하게 전한다. 물건으로 서술된 역사가 그들에게 목소리를 되돌려주기 때문이다. 이처럼 문자가 있는 사회와 문자가 없는 사회가 만나는 사건을 다룰 때, 우리 모두의 즉각적인 이해는 필경 왜곡되기 마련이며 반쪽짜리 대화에 지나지 않는다. 대화의 다른 반쪽을 찾고 싶다면 문서만이 아니라 유물을 해석해야 한다.

이는 말하기는 쉬워도 실천하기 어려운 일이다. 문서 연구를 중심으로 한 역사 서술은 익숙한 작업이며, 기록된 문서를 평가할 때는 이미 몇 세기에 걸쳐 축적돼온 비평 장치가 마련돼 있기 때문에 여러 모로 도움을 받을 수 있다. 우리는 기록된 문서가 정직한지, 왜곡돼 있지는 않은지 무슨 술수를 부리고 있지는 않은지 판단하는 법을 배워왔다. 물론 유물을 연구할 때도 고고학과 과학, 인류학의 전문 지식을 동원해 중요한 질문을 제기할 수 있다. 하지만 그 위에 상상력의 도약이 상당히 더해져야 한다. 유물의 예전 삶으로 돌아가, 그것이 전하는 숨겨진 진실을 얻겠다는 마음가짐으로 융통성 있게 시적 상상력을 발휘해야 한다.

인류가 남긴 많은 문화를 다소나마 이해하려면 이 방법밖에 없다. 예를 들어 페루의 모치카 문화는 오로지 고고학 기록을 통해서만 생명을 이어간다. 전사 형상을 한 모치카 토기(48장)는 당시 사람들의 정체성과 삶의 방식, 즉 그들의 자아상과 세계관을 복원하고 이해하는 데 없어서는 안 될, 몇 개 남지 않은 단서 가운데 하나다. 몇 차례에 걸친 문화적 번역을 통해서만 이해할 수 있는 물건을 엄밀히 조사하고 다시 상상하는 일은 복잡하면서도 불확실한 공정이다. 예를 들어 스페인의 아즈텍 정복은 아즈텍의 와스테카 정복을 은폐시킨다. 역사의 이런 운행 때문에 와스테카 사람들의 목소리는 두 단계, 즉 아즈텍 사람들이 전해준 이야기를 스페인 사람들이 기록으로 남긴 것을 통해서만 비로소 복원될 수 있다. 와스테카 사람들은 과연 무슨 생각을 했을까? 그들은 문서를 남기지 않았다. 하지만 그들의 물질문화는 높이 150센티미터짜리 석조 여신상 같은 형상으로 남아 있는데(69장), 이 여신은 아즈텍 문명의 모신(母神) 틀라졸테오틀이나 훗날의 동정녀 마리아와 신분과 역할이 비슷했다. 이 조각상은 와스테카 사람들의 종교적 사고를 엿볼 수 있는 1차 문서이며, 정확한 의미는 분명치 않지만 그 초자연적인 존재감은 아즈텍 사람들과 스페인 사람들이 남긴 2차 기록을 새로운 인식과 좀 더 날카로운 질문으로 재조명할 수 있게 해준다. 하지만 신들과의 대화에서 중요한 점이 무엇인지에 대해서 결국 우리는 아직도 직관에 의지할 수밖에 없다.

어떠한 역사든 유물을 통해 서술하려면 상상력을 근거로 한 해석과 전용이 반드시 필요하다. 이는 대영박물관 설립자들에게 익숙한 이해법이기도 했는데, 그들은 인류가 공통으로 지닌 인간본성을 이해하려면 무엇보다도 과거 문화의 복원이 절대적이라고 생각했다. 계몽주의 시대 수집가들과 학자들은 현상들의 과학적 정립과 더불어 시적 상상력이라는 보기 드문 능력을 발휘했다. 같은 시기에 세계 반대편에서도 비슷한 작업이 진행됐다. 조지 3세와 거의 동시대 인물인 중국 청나라 건륭제는 18세기 중엽에 언뜻 보면 18세기 유럽 귀족 학자들처럼 옛 물건들을 수집하고 분류하고 범주화하고 조사하고 그에 따른 용어 사전을 만들고 백과사전을 편찬함으로써 자신이 발견한 사실을 기록으로 남겼다. 그가 수집한 많은 물건 가운데 하나가 '비'라는 옥환이다(90장). 이 옥환은 기원전 1500년께로 거슬러 올라가는 상 왕조 무덤에서 발굴된 옥환과 매우 흡사하다. 옥환이 무슨 용도로 쓰였는지는 오늘날까지도 오리무중이지만, 높은 신분을 상징하는 물건이 확실하며, 형태가 무척이나 아름답다. 건륭제는 옥환의 신비로운 우아한 모습에 감탄을 금치 못하고 용도를 추론하기 시작했다. 그의 접근 방식은 학자적일 뿐 아니라 매우 상상적이기도 했다. 그가 보기에 문제의 옥환은 매우 오래된 물건이 확실했다. 그는 자신이 알고 있는 물건 가운데 옥환과 견줄 만한 것을 빠짐없이 조사해봤지만 그 겉모양이 비슷하고 만들어진 지 오래되었다는 점 외에 어떤 목적으로 만들었는지에 대해서는 아무것도 알아낼 수가 없었다. 그래서 그는 늘 그랬듯, 옥환을 이해하려는 자신의 노력을 시로 표현했다. 그리고 놀랍게도 그 시를 그 귀한 물건에 새겨 넣었다. 시에서 그는 아름다운 '비'를 그릇 받침대로 추측하고 그 위에 그릇을 올려놓겠다고 결론짓는다.

비록 건륭제가 옥환의 용도에 대해 그릇된 결론을 내렸다 해도 그 방법이 근사하다는 점은 찬미하지 않을 수 없다. 물건을 통해 지나간 과거나 낯선 세계를 생각하려면 늘 시적 재창조가 필요하다. 우리는 우리가 확실하게 알 수 있는 것의 한계를 인정하고, 어떤 물건이 됐든 우리와 본질적으로 똑같은 인간이 만들었다는 사실을 염두에 두고 다른 방식으로 연구하기 위해 노력해야 한다. 그래야만 그들이 물건을 무슨 용도로, 왜 만들었는지 알 수 있다. 때로는 이러한 것이 과거만이 아니라 우리가 사는 현재 세계의 여러 가지를 이해하는데 가장 좋은 방법이 될 수도 있다. 우리는 과연 다른 사람들을 진정으로 이해할 수 있을까? 어쩌면 그럴 수도 있다. 하지만 그러려면 엄격한 과정을 거쳐 일목요연하게 정리한 지식과 시적 상상력의 개가를 결합해야만 한다.

건륭제는 우리가 기록하고 있는 이 역사의 유일한 시인은 아니었다. 람세스 2세를 노래한 셸리의 시 「오지만디아스*Ozymandias*」는 고대 이집트에서 조각상을 어떻게 만들었는지에 관해서는 아무 말이 없는 대신, 제국의 무상함이 화두였던 19세기 초의 정서에 관해 많은 부분을 할애하고 있다. 서턴 후의 거대한 선상 무덤(47장)에 관해서는 두 시인이 작업에 나섰다. 『베어울프*Beowulf*』의 서사시가 역사적 현실로 복원되었고 용사의 투구를 다시 불러낸 셰이머스 히니의 초혼시는 이 유명한 앵글로색슨족의 갑옷에 유례없는 관심이 쏠리게 한 것이다. 유물로 역사를 본다는 것은 시인이 없이는 불가능하다.

살아남은 물건들

따라서 풍부한 상상력과 더불어 유물로 풀어내는 세계사는 문서에만 의존하는 역사 서술보다 더욱 공정해야 한다. 서로 다른 수많은 사람들이 각기 제 목소리를 충분히 낼 수 있도록 허용해야 하며, 특히 먼 과거의 조상일수록 더욱 그러하다. 인간의 역사 가운데 95퍼센트 이상을 차지하는 초기 인류의 역사는 오로지 돌을 통해서만 읽어낼 수 있는데, 인간과 동물의 유골을 제외하고 그 시대를 짐작하게 하는 것이라고는 오로지 돌로 만든 물건뿐이기 때문이다.

하지만 유물로 바라본 역사는 그 자체만으로는 절대 공정할 수 없다. 우연히 살아남은 물건에만 전적으로 의존하기 때문이다. 주로 유기물질을 이용해 물건을 만드는 문화권의 역사, 특히 기후 때문에 물건이 썩어버리는 문화권의 역사는 어쩔 수 없이 불리할 수밖에 없다. 예를 들어 대부분의 열대 지역에서는 그 오랜 시간을 견디고 살아남은 물건이 거의 없다. 유기물질로 만든 물건 가운데 지금까지 전해오는 것은 대부분 그 지역을 처음 방문한 유럽인들이 수집한 것이다. 이 책에 실린 물건 중 두 가지, 즉 이미 언급한 오스트레일리아 원주민의 나무껍질 방패(89장)와 하와이의 깃털 투구(87장)는 쿡 원정대의 손을 거쳐 우리에게 전해졌다. 둘 다 모두 유럽인이 현지인과 처음 접촉했을 때 수집한 물건이다. 물론 하와이나 오스트레일리아 남동부 지역 사람들은 그보다 훨씬 오래전부터 복잡한 사회를 이뤄 생활하면서 정교한 공예품들을 생산했다. 하지만 나무나 식물 또는 깃털로 만든 이전 시기의 공예품 가운데 지금까지 남아 있는 것이 사실상 없다보니 당시 문화가 어땠는지 설명하기는 매우 어렵다. 파라카스의 미라에서 2,500년 전의 천 조각이 발견된 것은 매우 드문 사례에 속하는데(24장), 페루 사막 지역이 이례적으로 건조했기에 보존 가능했던 것이다.

하지만 물건이 꼭 완전한 상태로 보존돼야 많은 정보를 제공할 수 있는 것은 아니다. 1948년에 한 주의력 있는 남자가 탄자니아 킬와의 절벽 아래 해변에서 물건을 줍다가 작은 그릇 조각 수십여 개를 발견했다(60장). 발견할 당시만 해도 조각들은 말 그대로 버려진 쓰레기, 즉 아무 짝에도 쓸모없는 사금파리에 지나지 않았다. 그러나 조각을 한데 모으자 남자는 그 파편 안에 1,000년 전 동아프리카에 관한 이야기가 숨어 있다는 사실을 깨달았다. 이 조각들의 다양성을 조사해보면 인도양의 역사가 실로 한눈에 들어오는데, 자세히 살피면 여러 다른 곳에서 가져온 그릇의 파편이라는 사실이 분명해지기 때문이다. 녹색 조각과 청백색 조각은 중국에서 수출을 목적으로 대량 생산한 자기의 파편이 분명하고, 이슬람 문양이 그려진 조각은 페르시아와 페르시아 만 지역이 원산지다. 그 밖에 동아프리카 고유의 질그릇 조각도 있다.

우리는 동일한 집단 사람들이 이 그릇을 사용하다가 거의 같은 시기에 쓰레기 처리장에 내다버린 것으로 추정한다. 이는 유럽인들이 오랫동안 간과해온 사실, 곧 1000년에서 1500년 사이에 동아프리카가 인도양으로 이어지는 해안을 통해 다른 세계와 활발하게 서로 왕래했다는 사실을 일깨워준다. 중국 사람들, 인도네시아 사람들, 인도 사람들, 페르시아 만 지역 사람들과 동아프리카 지역 사람들이 정기적으로 무역 활동을 하면서 원료와 완제품을 널리 교류했다는 이야기다. 그것이 가능했던 이유는 바람이 거센 대서양과 달리 인도양에서는 1년 중 6개월은 남동풍이, 6개월은 북서풍이 순조롭게 부는 덕분에 선원들이 먼 바다까지 나가고도 무사히 고향에 돌아갈 수 있었기 때문이다. 킬와의 그릇 조각은 인도양이 사실상 세계의 문화가 1,000년 동안 활발히 교류해온 거대한 호수와도 같았다는 사실을 보여주며, 이를 통해 상인들은 물건만이 아니라 학문과 사상도 아울러 전파했다. 인도양 연안 도시들은 모든 점에서 지중해 연안 도시들만큼이나 연결돼 있었다. 유물로 보는 세계사는 '지구 중심의 바다'를 뜻하는 '지중해(the Mediterranean)'라는 용어가 잘못 생겨났다는 사실을 분명히 보여준다. 지중해는 지구의 중심이 아니라 여러 해양 문화 가운데 하나에 지나지 않는다. 물론 우리는 지중해를 대체할 용어를 아직 찾지 못했지만, 아마도 언젠가는 찾아야 할 것 같다.

유물의 이력

어쩌면 이 책의 제목은 "많은 다양한 세계를 통해 본 물건의 역사"라고 하는 쪽이 더 정확할지도 모른다. 물건이 처음 만들어진 뒤로 오랜 시간이 흐르고 나면 그 자체 스스로든, 외부 요인을 통해서든 변화를 거치면서 처음에는 상상조차 하지 못했던 의미를 획득하는 일이 이따금 있기 때문이다.

이 책에 실린 유물 중에서도 나중에 일어난 사건의 흔적을 지니고 있는 것이 놀라우리만큼 많다. 때로는 머리 장식이 깨진 와스테카 여신상처럼 오랜 세월이 지나면서 저절로 훼손되는 유물도 있고, 잘못된 발굴 작업이나 무리한 이전 때문에 파손되는 유물도 있다. 하지만 그보다는 나중에 본래의 의미를 바꾸거나 유물을 소유하게 된 권리를 자랑하고 기쁨을 표현하기 위해 새로운 요소를 일부러 첨가하면서 변화가 생기는 일이 더 잦다. 그런 경우 유물은 처음 선보인 세계만이 아니라 변화를 준 후세대의 역사를 보여주는 자료가 된다. 예를 들어 조몬 토기는 일찍부터 일본인들이 도기 공예에 조예가 깊었다는 사실과 몇천 년 전부터 국물 요리를 해 먹었다는 사실을 보여주기도 하지만, 금박을 입힌 그릇 내부는 미적 감각이 뛰어난 일본인들이 제 나라의 특별한 전통을 의식하고 오랜 역사를 되살려 기리고자 노력했다는 사실을 그 이후 세대에 보여주기도 한다(10장). 이렇듯 유물은 자기 자신에 대한 평가를 몸 안에 담게 된 것이다. 나무를 깎아 만든 아프리카 슬릿 드럼은 유물이 여러 인생을 산다는 점을 훨씬 더 뚜렷하게 보여주는 사례다(94장). 콩고 북부에서 한 통치자를 위해 만들어진 것으로 추정되는 이 송아지 형상의 북은 하르툼(Khartoum)에서 이슬람 문화의 유산으로 새롭게 태어났고, 그 뒤에는 키치너 경이 입수해 빅토리아 여왕의 왕관을 새겨서 윈저 궁으로 보냈다. 정복과 제국의 역사를 들려주는 나무 사료로 거듭난 셈이다. 그 어떤 문서 자료도 아프리카와 유럽의 복잡한 역사를 그렇게 한 곳에 결집하거나 순식간에 그토록 강력한 인상을 심지는 못할 것이다. 이는 오로지 유물만이 전할 수 있는 역사다.

아울러 이 책에는 서로 다른 두 세계의 서로 다른 두 가지 면모를 통해, 협력관계의 변화와 구조의 실패라는 난감한 역사를 전하는 두 가지 물건이 실려 있다. 이스터 섬의 모아이 석상을 보면 앞쪽에는 조상을 올바로 공경하기만 하면 섬을 안전하게 지켜줄 것이라는 확고한 신념이 드러나 있다(70장). 하지만 석상 뒤쪽에는 바로 그 믿음의 한계를 인정하고 이를 훗날 다급하게 다른 신앙 의식으로 대체하고자 한 과정이 새겨져 있다. 이스터 섬의 생태계가 파괴되면서 섬 생활에 없어서는 안 될 새들이 모두 섬을 떠나버렸기 때문이다. 이 석상 하나로 우리는 몇 세기 넘게 존속돼온 한 사회의 종교와 역사를 모두 읽어낼 수 있다. 이와는 대조적으로 러시아혁명 접시는 인간의 선택에 의한 정치적 계산이 가져온 변화를 보여준다(96장). 제국의 자기에 볼셰비키의 상징을 새긴다는 것에는 기만적인 매력에 담긴 역설이 있다. 하지만 그보다 놀라운 것은 망치와 낫이라는 혁명의 상징과 차르를 상징하는 제국의 문양을 하나로 묶으면 서구 자본주의 수집가들에게 비싸게 팔릴 것이라는, 감상과는 거리가 먼 기발한 장삿속이다. 접시는 그 뒤 70년 동안 소비에트연방과 자유민주주의 국가들이 복잡하고 역사적인 타협을 이루는 과정에서 처음으로 내디딘 걸음이 어땠는지를 보여준다.

새롭게 개작된 이 두 물건 역시 흥미로우면서도 시사하는 바가 크지만, 우리에게 가장 큰 즐거움을 안겨주는 개작물은 단연코 고개지의 〈여사잠도〉다(39장). 몇백 년 동안 〈여사잠도〉를 소유하고 음미했던 이들은 두루마리가 그들 눈앞에 천천히 펼쳐질 때 그 유명한 중국 미술의 걸작을 감상하는 즐거움을 기록으로 남기기 위해 그림 위에 제각기 인장을 찍었다. 물론 예술 작품을 신성한 공간으로 생각하는 데 익숙한 서구인들은 수많은 인장을 보면서 경악할지도 모르겠다. 하지만 내가 보기에 세기를 넘나들며 기쁨을 공유하는 공동체를 형성하는 미학적 증언으로서의 이 행위, 비록 인장을 찍지는 않더라도 우리 역시 우리 차례가 되면 참여하게 될 이 미학적 증언의 행위에는 어딘가 모르게 가슴 뭉클한 데가 있다. 그토록 오랫동안 다양한 방법으로 사람들을 매료시켜온 이 아름다운 물건이 지금도 여전히 즐거움을 안겨주는 능력을 통해 우리 눈을 기쁘게 한다는 것은 너무도 확실하다.

이 밖에도 유물의 삶이 세월과 더불어 바뀌는 데는 또 다른 요인이 있다. 박물관 연구, 그중에서도 박물관 보존 과학의 핵심 과제 가운데 하나는 새로운 과학기술이 새로운 질문을 가능케 함에 따라 물건 그 자체를 통해 이 질문에 대한 해답을 찾아야 한다는 것이다. 특히 최근 들어 놀라운 결과가 속속 나타나 새로운 조사를 위한 문을 열면서, 이미 알고 있다고 생각한 유물에서 뜻밖의 의미가 발견되고 있다. 오늘날 유물들은 급속한 변화를 겪고 있다. 이 책에 실린 유물 가운데 가장 놀라운 사례는 캔터베리에서 출토된 옥도끼다(14장). 이제 우리는 도끼 재료로 쓰인 옥 원석이 이탈리아 북부 고산 지대에서 났다는 사실을 알 수 있다. 그 결과 우리는 초기 유럽의 무역 경로를 새롭게 이해하는 한편, 아마도 구름 위의 아주 먼 곳에서 왔다는 이유로 특별히 귀하게 여겨졌을 도끼 자체의 중요성에 대해서도 새로운 가설을 세우기에 이르렀다. 아울러 새로운 의학 연구 방식은 고대 이집트인들의 질병과 그들이 사후 세계로 가져간 부적에 관해서도 자세히 알려준다(1장). 오랫동안 물을 포도주로 바꾸는 술잔으로 이름을 떨친 중세 시대의 헤드위그 유리잔 또한 최근 들어 그 기본적인 성격이 바뀌었다(57장). 이 잔을 새롭게 분석한 결과 지중해 동부 지역에서 왔음이 어느 정도 확실하며, 그보다는 덜 확실하지만 (다행스럽게도) 중세 시대 왕조사의 한 특정한 시기와 십자군 역사에 등장하는 어느 특별한 인물과 관련돼 있을 가능성이 높아졌다. 이처럼 과학은 유물의 역사를 전혀 예상치 못한 방향으로 다시 적어나가고 있다.

1730년께 한스 슬론 경이 버지니아에서 입수한 아칸족의 북(86장)에서도 정밀한 재료 과학과 강력한 시적 상상력이 만나 놀라운 결과를 만들어냈다. 나무와 식물에 정통한 전문가들은 이 북이 서아프리카에서 제작됐다는 사실을 최근에 밝혀냈다. 북은 노예선에 실려 대서양을 건너온 것이 분명했다. 출처를 알게 된 지금, 우리는 그 북이 서아프리카의 궁전에서 대서양을 건너 북아메리카의 농장으로 오는 동안 과연 무엇을 목격했을지 궁금해하지 않을 수 없고, 상상으로나마 그 경로를 추적해보지 않을 수 없다. 그 북은 노예선에서는 "노예들을 춤추게 만들어" 우울증을 이겨내게 하는 데, 농장에서는 노예들을 불러 모아 반란을 일으키는 데 사용된 것으로 알려져 있다. 물건의 역사가 지향하는 목적 중 하나가 그것을 통해 목소리가 없는 이들에게 목소리를 부여하는 것이라면, 노예들의 북은 특별한 기능을 수행한다. 즉 노예로 붙잡혀 맨몸으로 먼 나라로 팔려와 제 이야기를 글로 남길 수 없었던 수백만 명의 사람들을 대변한 것이다.

시간과 공간을 초월한 유물

서문에 기술한 것처럼, 지구의를 돌리듯 전 세계를 거의 같은 시대를 통해 들여다보려는 시도는 우리가 일상적으로 역사를 가르치거나 서술하는 방식과는 거리가 멀다. 우리 가운데 학창 시절에 역사를 배우면서 1066년에 일본이나 동아프리카에서 무슨 일이 일어나고 있었느냐는 질문을 받아본 사람은 거의 없다. 하지만 특정한 시기의 세계 상황을 하나로 묶어 바라보면 가끔 놀랍고도 쉽지 않은 결과가 나오곤 한다. 예를 들어 서기 300년께로 거슬러 올라가면 이해하기 힘들게도 불교와 힌두교, 기독교가 모두 표현 방식을 놓고 서로 협의하기라도 한 듯 거의 동시에 형상화의 관습을 채택하기 시작하는데, 이는 오늘날에도 널리 쓰이는 것으로, 인체의 형상에 초점을 맞추는 것이다(41~45장). 우연치고는 너무나 놀랍다. 도대체 이유가 무엇일까? 불교와 힌두교, 기독교 모두 그리스 조각상의 오랜 전통에 영향을 받았기 때문일까? 아니면 세 종교 모두 나날이 영토를 넓혀나가는 풍요로운 제국의 산물이었던 덕분에 새로운 형상 언어의 개발에 넉넉하게 투자할 수 있었기 때문일까? 그것도 아니면 인성과 신성은 어떤 면에서 떼려야 뗄 수 없는 관계를 맺고 있다는 새로운 사상을 공유했기 때문일까? 물론 딱 부러지는 답을 내놓을 수는 없으나, 이런 관점으로 세계를 보아야만 무엇이 세계사의 쟁점이 되어야 하는가하는 신랄한 질문을 제기할 수 있다.

역사를 돌이켜보면 몇몇의 경우, 몇천 년마다 한 번씩 똑같은 현상이 나타나곤 한다. 물론 그런 경우에는 유사성과 우연성을 설명하기가 한결 쉽다. 타하르코의 스핑크스(22장), 메로웨 유적지에서 출토된 아우구스투스의 두상(35장), 하르툼에서 발견된 슬릿 드럼(94장)은 모두 이집트와 오늘날의 수단 사이에서 벌어진 격렬한 싸움을 증언한다. 그런 싸움이 있을 때마다 매번 남쪽, 즉 수단에서는 온 민족이 승리의 순간(또는 승리의 한 세기)을 만끽했다. 그리고 그때마다 이집트의 지배 세력은 결국 권위를 회복해 국경을 다시 설정했다. 파라오의 이집트뿐 아니라 아우구스투스의 로마와 빅토리아 여왕의 영국 또한 지중해 세계와 검은 대륙 아프리카가 마주치는 나일 강의 첫번째 폭포 지역 인근에 지정학적 단층선이 존재한다는 사실을 차례차례로 인정해야 했다. 그곳의 지정학적 판은 누가 주도권을 잡든 늘 서로 맞부딪쳤고 충돌이 끊이지 않았다. 오늘날의 정치 또한 대부분 이런 역사를 중심으로 설명될 수 있다.

지구의를 돌리듯 세계 역사를 바라볼 때 역사는 관찰자가 누구이고, 어떤 시점에서 보는지에 따라 천차만별인 양상을 띤다. 그러므로, 이 책에서 소개하는 세계 곳곳의 유물은 비록 한자리에 모여 있으나, 우리는 일부러 더 다양한 많은 목소리들과 관점을 담으려고 노력했다. 이 책은 대영박물관 큐레이터 팀을 비롯해 유물 관리자와 과학자들의 전문 지식에 의존하지만, 그와 동시에 전 세계의 유수한 학자들의 연구와 분석 결과, 이 책에서 역사적으로 다루는 유물과 같은 종류의 물건을 직업적으로 다루는 사람들의 평가도 아울러 포함하고 있다. 예를 들어 영국공무원회 회장은 현존하는 가장 오래된 메소포타미아 행정 기록 가운데 하나를 평가했고(15장), 우리 시대의 한 풍자 작가는 종교개혁을 위한 선전문을 살펴보았으며(85장), 인도네시아의 인형극 달인은 오늘날 그 공연에 연관된 사항들을 설명했다(83장). 이 밖에 판사와 예술가, 노벨상 수상자와 종교 지도자, 도자기 공예가, 조각가와 음악가들이 각자 전문 지식에서 우러난 통찰력에 기대 이 책에 실린 유물의 의미를 밝히는 데 기여했다.

또한 이 책은 유물이 원래 만들어진 나라와 고장에 살고 있는 사람들의 목소리를 담고 있다. 나는 이것이 반드시 필요하다고 믿는다. 오로지 그들만이 오늘날의 현지 상황에서 유물이 어떤 의미를 지니는지 설명해줄 수 있기 때문이다. 예를 들어 쿡 선장과 동료들이 받은 깃털 투구(87장)가 250년 동안 유럽과 아메리카의 침입을 겪은 오늘날의 하와이 사람들에게 어떤 의미를 지니는지는 그곳 주민 말고는 아무도 설명할 수 없다. 마찬가지로 대영박물관에서 베냉 장식판(77장)을 보는 것이 나이지리아 사람들에게 어떤 의미인지를 월레 소잉카보다 더 잘 설명할 수 있는 사람은 아무도 없다. 역사가 남긴 물건을 어떤 시각으로 바라보든 이는 매우 중요한 문제다. 세계 어딜 가나 자신들의 역사를 새롭게 해석함으로써 민족과 공동체의 정체성을 정의하려는 움직임이 점차 늘어가고 있으며, 그럴 때 종종 역사는 유물로 규명된다. 대영박물관은 단순한 물건의 집합소가 아니다. 이곳은 전 지구적 차원에서 의미와 정체성에 관한 논의와 논쟁이, 때로는 신랄하게 이뤄지는 격전장이다. 유물을 어느 한곳에 진열하거나 소장하는 것이 온당한지를 둘러싼 논쟁과 마찬가지로 그런 논의는 오늘날 유물이 지니는 의미를 밝히는 데 없어서는 안 될 요소다. 그런 주장이나 견해는 유물과 가장 가까운 관계를 맺고 있는 사람들의 입에서 나와야 한다.

유물의 한계

모든 박물관은 유물을 연구하면 세계를 좀 더 정확하게 이해할 수 있으리라는 희망 내지는 신념을 품고 있다. 그것은 대영박물관의 설립 목적이기도 하다. 이런 생각을 분명하고 강력하게 표출한 사람이 바로 스탬퍼드 래플스 경이었다. 그는 자바 사람들도 지중해의 위대한 문명사회와 당당히 어깨를 견줄 수 있는 문화를 이룩했다는 점을 유럽인들에게 알리려는 운동의 일환으로 자신의 소장품을 대영박물관에 기증했다. 보로부두르에서 가져온 부처의 두상(59장)과 비마의 그림자 인형(83장)은 유물이 그런 대의를 얼마나 설득력 있게 대변할 수 있는지를 여실히 보여주며, 그것을 보고 래플스의 주장에 전적으로 동의하는 사람이 오로지 나 혼자는 아닐 것이다. 이 두 가지 물건은 자바 역사의 서로 다른 시기로 우리를 인도해 그곳의 장구하고도 활기찬 문화를 보여준다. 이 물건들은 인간의 활동 중 서로 다른 두 가지 요소, 즉 깨달음을 얻으려는 혼자만의 영적 탐구와 광란에 가까운 대중 유희를 언급한다. 또한 한 문화의 전반적인 면모를 어렴풋하게나마 이해하고 감탄할 수 있는 기회를 제시한다.

우리가 직접 경험하지 못하더라도 다른 사람들의 설명과 경험을 통해 세계를 상상하고 이해하려는 노력은 이 책의 목표이자 대영박물관의 설립 취지이기도 하다. 그런 야심을 가장 잘 요약해 보여주는 물건은 아마도 뒤러의 〈코뿔소〉가 아닐까 싶다(75장). 〈코뿔소〉에 등장하는 코뿔소는 뒤러가 그리긴 했지만 실제로 보지는 못한 짐승이었다. 1515년 인도 구자라트에서 포르투갈 왕 앞으로 인도코뿔소를 보냈다는 소식을 들은 뒤러는 당시 유럽에 나돌던 코뿔소에 관한 글을 가능한 한 꼼꼼하게 살펴보고 이 기이한 짐승의 생김새를 상상해보려 했다. 그것은 오늘날 우리가 증거를 수집하고 오래된 과거나 멀리 떨어진 세계를 상상하는 과정과 비슷했다.

뒤러가 그린 짐승을 한 번이라도 본 사람이라면 금방이라도 터져 나올 듯한 엄청난 힘과 접힌 피부를 뒤덮은 단단한 철갑을 절대 잊지 못한다. 가히 경지에 오른 예술가의 손에서 탄생한 걸작임이 분명하다. 그 모습은 충격적이며 강렬한 감흥을 불러일으키고, 어찌나 사실적인지 대번에 화폭을 뚫고 튀어나오지나 않을까 하는 두려움을 품게 만든다. 그리고 그와 동시에 그 그림은 기쁘다고 해야 할지, 안타깝다고 해야 할지, 안심이라고 해야 할지는 모르겠으나, 어쨌든 사실과는 거리가 멀다. 하지만 중요한 건 그게 아니다. 뒤러의 〈코뿔소〉는 우리의 이해를 초월하는 세계에 대한 우리의 끊임없는 호기심과 인류가 그런 세계를 탐구하고 이해하고자 노력해야 하는 이유를 고무하고 일깨우는 기념비로 우뚝 서 있다.

PART I

우리를 인간으로 만든 것

2,000,000~9000 BC

인간의 삶은 아프리카에서 시작되었다. 그곳에서 우리 조상은 처음으로 석기를 만들어 고기와 뼈와 나무를 잘랐다. 이처럼 우리가 만드는 물건에 점차 의존하게 되면서 인간은 다른 동물들과 완전히 다른 모습을 갖추기에 이르렀다. 물건을 만드는 능력 덕분에 인간은 다양한 환경에 적응하면서 아프리카에서 중동, 유럽, 아시아 지역으로 거주지를 넓혀나갈 수 있었다. 약 4만 년 전, 그러니까 빙하시대 말기에 인간은 세계 최초의 표현 예술을 선보였다. 빙하시대는 해수면을 낮춰 시베리아와 알래스카를 잇는 육로를 형성했다. 그 결과 인간은 아메리카로 건너가 대륙 전역으로 빠르게 퍼져나갔다.

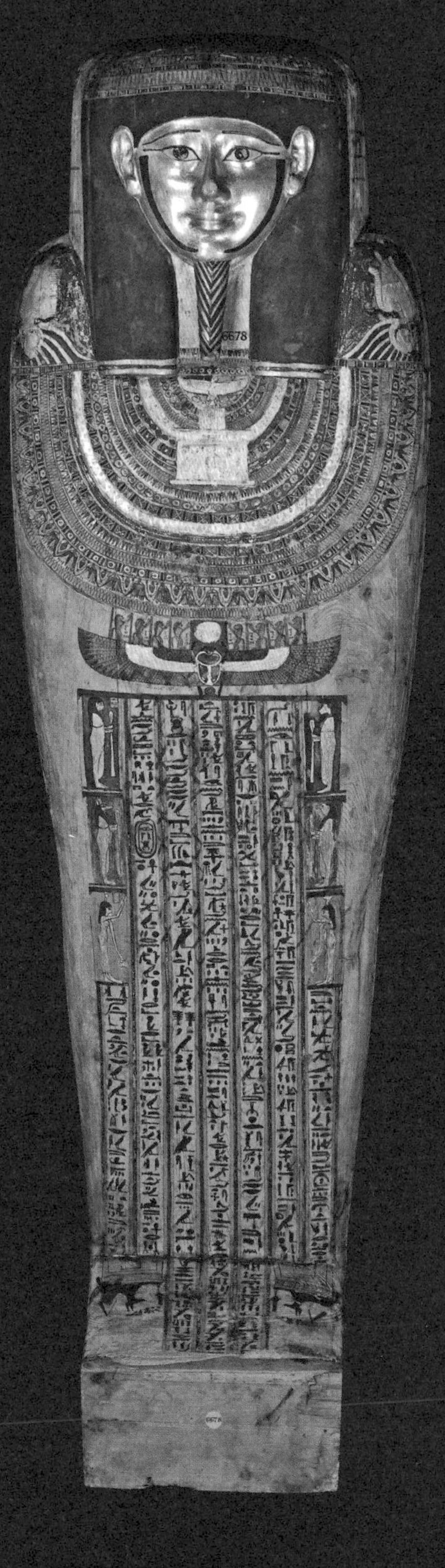
6678

I

호르네지테프의 미라

이집트 룩소르 근방 테베에서 출토된 미라 목관

ABOUT 240 BC

1954년, 그러니까 여덟 살 때 처음으로 대영박물관을 방문했을 때 나는 미라부터 관람했다. 지금도 나는 박물관을 처음 찾는 사람들 가운데 대다수가 미라 전시관에서 관람을 시작한다고 생각한다. 그때 당시 나를 매혹시켰던 것은 죽은 시체에 대한 오싹하고 소름끼치는 생각, 즉 미라들 그 자체였다. 요즘도 중앙홀을 가로질러 갈 때나 정면 계단을 오를 때면 어린아이들이 상기된 얼굴로 미라의 신비와 공포에 맞서 이집트 전시관으로 발걸음을 옮기는 모습을 이따금 본다. 최근에 나는 미라의 관에 훨씬 더 관심이 많아졌다. 이는 박물관에서 가장 오래된 유물은 아니지만 유물로 보는 역사를 시작하는 데 괜찮은 출발점인 듯하다. 이 책에서 연대순에 따른 역사는 지금으로부터 200만 년이 약간 안 되는 때에 인간이 처음 의도적으로 만든 것으로 알려진 물건을 다루고 있는 2장에서부터 시작하기 때문에, 미라의 관으로 이야기를 꺼내는 것이 조금은 엉뚱해 보일지도 모르겠다. 그러나 내가 하필 여기서 시작하는 이유는 미라와 그 관이 박물관에서 가장 영향력 있는 유물에 속하기도 하고, 또 이런 역사가 유물에게 던지는 다양한 질문과, 가끔씩은 몇 가지의 대답 방식을 제시해주기 때문이다. 내가 기원전 240년께에 "호르네지테프"라고 불린 이집트 고위 사제를 위해 만들어진, 그리고 이 박물관에서 가장 깊은 인상을 주는 유물에 속한 이 특별한 관을 고른 이유는 신기하게도 그것이 지금도 여전히 새로운 정보를 쏟아내면서 시간을 넘어 우리에게 메시지를 보내기 때문이다.

어렸을 때 방문한 박물관을 다시 찾으면, 유물은 예나 지금이나 전혀 변하지 않았는데 우리 자신은 많이 변했다는 느낌이 든다. 그러나 사실 유물도 달라져 있기는 마찬가지다. 계속되는 연구와 새로운 과학기술 덕분에 유물에 관한 우리의 지식은 끊임없이 확대되고 있다. 호르네지테프의 미라가 안치돼 있는 관은 인체 모양을 한 커다란 검정색 겉 관과 정교하게 장식한 안쪽 틀로 이뤄져 있다. 미라는 꼼꼼하게 방부 처리된 채 각종 액막이와 부적으로 감싸여 있다. 우리가 호르네지테프에 관해 알고 있는 지식은 모두 이 물건들로부터 왔다. 어떤 점에서 이 미라는 그 자체가 자신의 이력을 기록하고 있는 문서인 셈이며, 계속해서 새로운 비밀을 드러내고 있다.

호르네지테프의 미라는 발굴된 지 약 10년 뒤인 1835년에 대영박물관에 도착했다. 이집트 상형문자를 해독하는 방법이 막 발견된 터라, 우선은 관에 기록된 내용을 모두 읽어내는 것이 무엇보다도 중요했다. 내용은 그의 신분과 직업, 종교적 신념에 관한 것이었다. 호르네지테프라는 이름과 그가 프톨레마이오스 3세 재위 기간(기원전 246~222년)에 카르나크의 아문 신전에서 사제로 일했다는 사실이 안쪽 관에 적힌 기록으로 밝혀졌다.

안쪽 관에는 섬세하게 금박을 입힌 얼굴이 그려져 있다. 금은 신성한 신분을 상징하는데, 고대 이집트에서는 신의 몸이 금으로 돼 있다고 믿었다. 얼굴 아래쪽에는, 떠오르는 태양을 경배하는 개코원숭이들을 사이에 두고, 자연스러운 삶의 상징인 애기뿔소똥구리로 묘사된 태양신의 이미지가 있다. 호르네지테프 역시 여느 이집트인들과 마찬가지로 자신의 육체를 잘 보존하면 죽은 후에도 살 수 있다고 믿었지만, 사후세계에 당도하려면 위험한 여정을 거쳐야 하므로 신중을 기해 준비해야 한다고 믿었다. 따라서 그는 혹시 모를 사태에 대비해 부적과 주문을 몸에 지녔다. 관 뚜껑 밑면에는 각종 주문, 보호자 역할을 해줄 신의 형상, 별자리가 새겨져 있다. 뚜껑에 새겨진 이들의 위치는 관 내부 전체를 작은 우주로 바꿔놓는 효과를 발휘하면서 그의 머리 위로 드넓게 펼쳐진 천체를 가리킨다. 호르네지테프는 자신만의 별자리지도와 타임머신을 주문한 셈이다. 그런데 아이러니하게도 미래를 위한 그의 세심한 준비 작업은 이와 반대 방향으로, 즉 우리를 그와 그의 세계로 안내한다. 그리고 그 덕분에 오늘날 우리는 수많은 비문과 함께 미라와 관과 부장품을 해석할 수 있게 됐다.

과학 연구의 발전 덕분에 우리는 호르네지테프에 관해 1835년보다 훨씬 더 많은 것을 알 수 있다. 특히 지난 20년 동안 유물에 훼손을 입히지 않고도 정보를 얻어낼 수 있는 획기적인 방법이 개발됐다. 과학기술은 관에 새겨진 문자와 형상만으로는 알 수 없는 많은 것, 곧 당시 일상생활의 세부사항들, 노인의 삶, 먹은 음식, 건강 상태, 죽게 된 원인, 미라로 만들어지는 과정 등을 알려주었다. 예를 들어 최근까지도 우리는 미라를 감싸고 있는 아마포 내부를 조사할 수 없었다. 아마포를 풀어 헤치다가 천과 시신을 훼손할 위험이 컸기 때문이다. 하지만 이제는 살아 있는 사람에게 사용하는 CT 촬영 기술 덕분에 아마

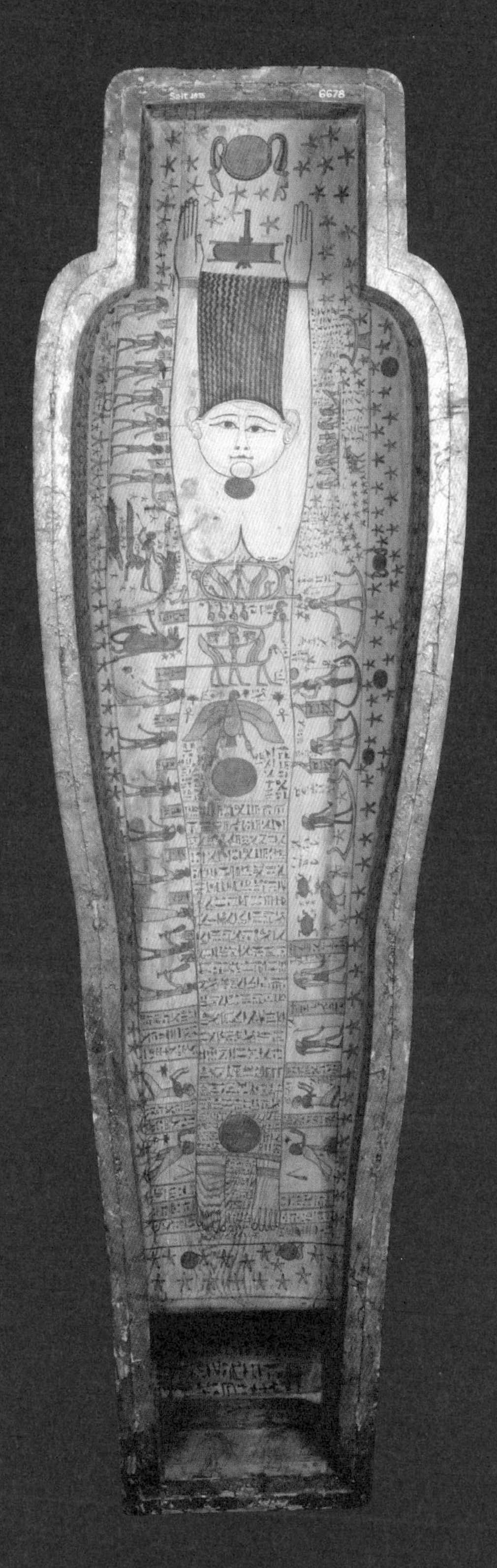

아마포에 싸여 있는 미라. 일부는 관으로 덮여 있다.

포 안쪽에 천으로 싸인 물건과 그 아래 있는 시신까지 관찰할 수 있게 됐다.

고대 이집트와 수단 전시관 책임자인 존 테일러는 대영박물관에서 20년 넘게 미라를 연구해왔는데, 최근에 미라 몇 구를 런던에 있는 병원으로 옮겨 특별 스캐닝에 들어갔다. 그는 유물을 손상시키거나 훼손하지 않고도 내부를 조사할 수 있는 기술 덕분에 놀라운 정보를 얻을 수 있었다.

우리는 이제 호르네지테프가 사망 당시 중년이었고, 시신이 그때로서는 가장 훌륭한 절차와 방법에 따라 미라로 처리됐다는 사실을 알 수 있다. 장기는 적출돼 조심스럽게 포장한 다음 다시 몸 안에 넣었다. 우리는 안쪽 깊숙한 곳에 있는 그의 장기를 볼 수 있다. 장의사들은 그의 시신을 보존하기 위해 값비싼 기름인 송진을 안에다 쏟아부었다. 천에 싸인 그의 시신 위에는 사후세계로 가는 동안 그를 보호해줄 부적과 반지와 보석과 작은 호부(護符)가 놓여 있다. 미라를 풀어 헤치면 훼손될 위험이 매우 큰 데다, 크기가 상당히 작은 부적이 제 위치를 이탈할 가능성이 높다. 부적의 위치는 마법의 힘을 발휘하는 데 절대적으로 중요했다. 미라를 촬영하면 몇천 년 전에 부적들이 놓인 위치들을 그대로 확인할 수 있어, 그것들이 서로 어떻게 관계를 맺는지 관찰할 수 있다. 이를 통해 우리는 많은 것을 알 수 있다. 아울러 치아도 자세히 조사할 수 있는데, 치아의 마모 상태와 질환 상태까지 확인할 수 있다. 이 밖에도 뼈를 관찰해보니 호르네지테프는 등 관절염으로 고통이 심했다는 사실이 드러났다.

최근에 과학기술이 발전하면서 호르네지테프의 등이 시원찮았다는 사실 말고도 엄청나게 많은 정보에 접근할 수 있었다. 관에 새겨진 글귀를 읽을 수 있게 되면서 우리는 고대 이집트 사회에서 그가 어떤 위치에 있었는지, 사후세계에 대한 당시 사회의 신앙이 어땠는지 알 수 있었다. 하지만 새로운 과학기술은 한 걸음 더 나아가 미라와 관을 만드는 데 사용한 재료까지 분석하는 데 이르렀다. 이는 당시 이집트 사회가 주변 세계와 경제적으로 어떤 관계를 맺고 있었는지를 이해하는 데 많은 도움을 준다. 우리는 미라를 이집트의 전형적인 산물로 생각하지만, 미라를 제작하려면 이집트에서 나는 재료보다 훨씬 더 다양한 재료가 필요했다는 사실이 드러났다.

미라 제작에 쓰인 재료를 개별 분석해 화학 성분을 지중해 동부 다른 지역에서 발견되는 물질과 비교하면, 필요한 재료를 이집트로 실어 나른 교역망이 생생하게 복원된다. 예를 들어 몇몇 관에는 표면에 타르질의 검정색 역청이 칠해져 있는데, 이를 화학적으로 분석해보면 출처가 북쪽으로 몇백 킬로미터 떨어진 사해 지역으로 드러난다. 당시 이 지역은 이집트의 직접적인 통치를 받지 않았다. 따라서 이 역청은 교역을 통해 들어온 것이 틀림없다. 그런가 하면 레바논에서 비싼 값을 치르고 대량으로 들여온 삼나무로 만든 관도 있다. 이 사치스러운 나무와 그런 나무로 만든 관 주인들의 직위와 신분을 대조해보면 고대 이집트의 경제적 배경을 어느 정도 짐작할 수 있다. 관에 쓰인 나무가 수입산인지 국내산인지, 가격이 비싼지 싼지, 목공 작업의 수준은 어떤지, 관에 그려진 그림의 예술성과 사용된 부품의 질이 높은지 낮은지를 따져보면 사회적 신분과 부의 정도를 알 수 있다. 이렇듯 호르네지테프와 같은 개인을 좀 더 넓은 관점에서 평가함으로써 그를 단지 먼 과거로부터 홀로 살아남은 생존자가 아니라 전체 사회의 일부로 생각한다면, 과거에 가능했던 것보다 훨씬 더 온전하게 이집트의 역사를 서술할 수 있다.

호르네지테프의 관에 들어 있는 부장품은 대부분 사후세계로 향하는 험난한 여정 내내 그를 인도하면서 예견 가능한 난관을 모두 극복하도록 돕기 위한 것이었다. 그의 별자리지도가 미처 예측하지 못한 한 가지는 그의 종착지가 결국 런던의 대영박물관이었다는 점이다. 그가 이곳까지 온 것은 당연한 일일까? 호르네지테프와 그의 소지품은 과연 이곳에 있어야 할까? 가끔씩 제기되는 질문이다. 과거로부터 온 것들은 지금 이 시대에 과연 어디에 속할까? 어디에 전시하는 것이 최선일까? 처음 만들어진 곳에 전시하는 것이 옳지 않을까? 매우 중요한 질문이다. 나는 이 책 여러 곳에서 이 질문을 거듭 새겨볼 참이다. 이집트 작가 아다프 수에이프에게 많은 이집트 유물이 고향을 멀리 떠나 런던에 와 있는 것을 볼 때 어떤 심정이 드느냐고 물었더니 그녀는 이렇게 대답했다.

> 이집트의 오벨리스크와 석조 유물과 조각상들이 세계 곳곳에 흩어져 있다는 게 궁극적으로 그렇게 나쁜 일은 아닌 것 같아요. 물론 우리에게 식민주의 시대를 상기시켜주는 건 사실이지만, 그와 동시에 세계인들에게는 인류의 공동 유산이라는 점을 일깨워주니까요.

박물관에 안치된 호르네지테프의 이야기는 그곳에 소장된 다른 유물들이 전해주는 이야기와 마찬가지로 지금도 여전히 현재진행형이다. 유물의 여정은 아직 끝나지 않았으며, 물론 세계 곳곳의 동료들과 함께 진행하는 우리 연구 또한 아직 끝나지 않았다. 우리 연구는 지구의 과거, 곧 우리의 공동 유산에 대한 이해 증진에 늘 기여하고 있다.

2

올두바이 돌 찍개

탄자니아 올두바이 협곡에서 발견된 석기

1.8~2 MILLION YEARS OLD

올두바이 찍개는 인간이 처음 의식적으로 만든 물건 가운데 하나다. 이 찍개를 잡는 순간 우리는 곧바로 이 도구를 만든 사람들과 접촉하게 된다. 유물로 보는 세계사는 아프리카(오늘날의 탄자니아)에서 출토된 이 석기에서 출발한다.

머리글에서 밝힌 대로 박물관의 기능 가운데 하나가 시간 여행을 가능하게 하는 것이라면, 1759년 대영박물관이 대중 공개를 처음 시작한 이후로 우리가 얼마만큼의 시간을 거슬러 올라갈 수 있는지에 대한 이해는 몰라보게 넓어졌다. 그 당시 대다수 방문객들은 세계가 기원전 4004년, 정확히 말해 그해 10월 23일 일요일 바로 전날 저녁에 시작됐다는 데 이견을 제시하지 않았을 것이다. 이처럼 놀랍도록 정확하게 날짜를 계산해낸 사람은 북아일랜드 아마의 어셔 대주교다. 때는 1650년으로, 당시 그는 대영박물관 근처인 링컨스인 법학원에서 강론을 펼쳤는데, 성경 기록을 토대로 아담과 이브가 낳은 후손들의 수명을 일일이 더한 끝에 그 날짜에 이르렀다고 발표했다. 그러나 지난 2세기 동안 고고학자, 지질학자, 박물관 큐레이터들은 인류 역사의 연대표를 어셔 대주교의 6,000년을 훌쩍 뛰어넘어 거의 상상할 수조차 없는 200만 년이라는 수치로까지 늘려놓았다. 인류 역사가 기원전 4004년에 에덴동산에서 시작되지 않았다면 과연 언제, 어디서 시작됐다는 말일까? 온갖 추측이 난무했지만 루이스 리키라는 젊은 고고학자가 대영박물관의 후원 아래 아프리카 발굴에 나선 1931년까지는 아무도 결정적인 대답이나 확실히 믿을 만한 날짜를 제시하지 못했다.

리키의 목적지는 케냐 국경에서 그리 멀지 않은 탄자니아 북부 초원 지대 깊숙이 자리 잡은 올두바이 협곡으로, 이곳은 길이가 수천 킬로미터에 이르는 세계 최대 열곡대인 동아프리카대지구대에 속한다. 올두바이에서 리키는 일련의 타임캡슐을 여러 개 겹쳐놓은 듯 층층이 드러나 있는 바위 단층을 조사했다. 그는 초원의 태양과 바람과 비가 빚어낸 바위층을 탐사하다가 뭔가 다른

요인, 즉 인간의 손으로 다듬어진 돌이 있는 단층에 이르렀다. 돌 옆에는 뼈다귀도 있었으며, 돌의 생김새로 보아 초원에서 죽은 동물의 고기를 발라내고 뼈를 쪼개는 데 쓴 도살용 도구임이 분명했다. 뒤따른 지질학적 증거에 따르면 도구가 발견된 단층은 의심할 바 없이 대략 200만 년 전에 형성된 것으로 드러났다. 고고학의 신기원이 열리는 순간이었다.

리키는 인간이 만든 물건 가운데 세계에서 가장 오래된 물건을 발굴해냈고, 그로써 단지 인간만이 아니라 인간의 문화까지도 아프리카에서 시작됐다는 사실이 확인됐다. 사진에 담긴 찍개는 당시 리키가 발견한 것 중 하나다. 박물학자이자 방송인으로 유명한 데이비드 애튼버러 경은 리키가 느꼈을 흥분을 다음과 같이 표현했다.

> 이 찍개를 쥐고 있으면 아프리카 초원에서 끼니를 마련하기 위해 짐승의 살을 잘라내는, 즉 그 시체를 절단해 고기를 발라내야 했던 느낌이 무엇인지 알 수 있다.
>
> 이 찍개를 들어보면 가장 먼저 상당히 묵직하다는 느낌을 받는데, 무게가 많이 나가면 당연히 내리칠 때 강한 힘이 실린다. 그다음에 느껴지는 것은 이 돌을 집게손가락에서 손목까지 날카로운 면을 아래로 가게 해 쥐면 한 치도 어긋남이 없이 손바닥에 꼭 들어맞는다는 점이다. 그런 식으로 해서 손에 날카로운 칼을 쥐는 셈이다. 더욱이 불룩하게 튀어나온 부분이 있기 때문에 더 신경 써서 쪼개 날카롭게 만든 가장자리 부분을 단단히 움켜잡을 수 있다. (중략) 이것으로 완벽하고 효율적으로 고기를 자를 수 있다. 공을 들여 한쪽 면을 한 차례, 두 차례, 세 차례, 네 차례, 다섯 차례, 다른 쪽 면을 세 차례 쪼개고 (중략) 다른 돌로 모두 여덟 차례 두들겨가며 조각을 떼어낸 뒤 거의 직선에 가깝게 날을 세워 찍개를 만든 사람과 나는 이런 느낌을 통해 연결된다.

최근에 우리는 올두바이 협곡에서 사용됐을 법한 기술을 이용해 찍개를 하나 새로 만들었다. 새 찍개를 움켜잡고 있으니, 죽은 짐승의 살을 발라내는 데 매우 유용한 도구가 될 수 있다는 점이 분명해진다. 나는 이것으로 구운 닭의 살을 발라내는 실험을 해봤다. 살을 뼈에서 신속하고 효율적으로 발라낼 수 있었고 단 한 차례 가격으로 뼈를 쪼개 골수를 얻을 수 있었다. 이런 도구를 이용하면 나무나 뿌리의 껍질도 쉽게 벗겨 먹을 수 있다. 사실 이 찍개는 만능 부억용품인 셈이다. 많은 동물, 특히 영장류는 물건을 사용한다. 하지만 우리와 영장류가 다른 점은 우리가 필요성을 느끼기 전에 미리 도구를 만들 뿐 아니라 한 번 사용하고 나서도 계속 재사용한다는 데 있다. 올두바이 협곡에서 발견된 이 찍개는 그런 도구 상자의 시작이었다.

이렇게 생긴 찍개를 사용한 초기 인류는 직접 동물을 사냥하는 사냥꾼이 아니라 매우 영리한 기회주의자였을 것이다. 그들은 사자와 표범 혹은 다른 맹수가 먹이를 죽일 때까지 기다렸다가 찍개를 움켜쥐고 다가가 고기와 골수를 확보하고 단백질 횡재를 얻어냈다. 골수 지방은 그다지 군침이 도는 음식은 아니지만 영양가가 아주 높아 체력은 물론, 큰 두뇌를 갖기에 좋은 연료다. 두뇌는 매우 많은 에너지가 필요한 신체 기관이다. 무게는 전체 체중의 2퍼센트에 불과하지만 섭취 에너지를 무려 20퍼센트나 소비하며 끊임없는 양분 공급을 필요로 한다. 200만 년 전에 산 인류의 조상은 성장에 필요한 음식을 두뇌에 공급함으로써 자신의 미래를 안전하게 확보했다. 그들은 자신보다 더 강하고 더 빠르고 더 사나운 포식자들이 먹이를 죽여놓고 열기를 피해 휴식을 취하는 틈을 노려 음식을 찾아 나섰다. 그들은 골수, 즉 죽은 짐승의 시체에서 가장 영양가가 높은 부분을 얻을 수 있는 도구를 사용하게 되면서 그 역사가 오래된 하나의 선순환(善循環)을 형성했다. 육체와 정신에 영양가 높은 음식을 공급한다는 것은 더 크고 더 영리한 두뇌를 지닌 인간이 살아남아 그들보다 더 큰 두뇌로 훨씬 더 복잡한 도구를 만들 수 있는 능력을 지닌 후손을 퍼뜨린다는 것을 의미했다. 우리는 이렇게 지속돼온 발달 과정에서 나온 가장 최근의 산물일 뿐이다.

인간의 두뇌는 몇백만 년에 걸쳐 진화를 거듭해왔다. 가장 중요한 발달 가운데 하나는 논리, 언어, 도구 제작에 필요한 조화로운 동작, 상상력, 창의력 같은 다양한 기능을 습득하면서 두뇌가 비대칭적으로 발달하기 시작했다는 점이다. 예나 지금이나 인간의 두뇌보다 크기가 작을 뿐 아니라 구조도 대칭을 이루는 원숭이의 두뇌와는 사뭇 다르게, 인간의 좌뇌와 우뇌는 다양한 기술과 과제를 전문화하기 위하여 각각 다르게 발달해왔다. 이 찍개는 우리 인간이 단지 물건을 만드는 데 그치지 않고 그것을 '더 좋게' 발전시킬 방법을 개발하려는 충동을 통해 두드러지게 총명해진 순간을 대변해준다. 데이비드 애튼버러 경은 이렇게 말한다.

이 물건은 인간들 사이에서 거의 집착이 되다시피 한 과정의 근간을 이룬다. 이것은 특별한 목적을 위해 자연에서 얻은 재료로 만들어졌다. 이것을 만든 사람의 머릿속에는 무엇 때문에 그런 도구가 필요한지가 분명히 들어 있었으며, 그는 거기에 맞게 특별한 방식으로 도구를 만들었다. 이 도구는 그가 염두에 둔 기능을 수행하는 데 필요한 것보다 더 복잡하게 만들어졌을까? 아마 그렇게 생각해도 무방할 것이다. 그는 과연 한쪽 면을 세 번 쪼개내고 다른 쪽 면은 한 번, 두 번, 세 번, 네 번, 다섯 번이나 쪼갤 이유가 있었을까? 두 번 정도면 충분하지 않았을까? 아마 그랬을 수도 있을 거라 믿는다. 이 도구를 손에 쥐었던 남자나 여자는 특정한 일에 쓰려고 이것을 만들었을 테고, 그 도구가 깔끔하고 효과적이면서 경제적으로 활용되리라는 점을 알고 얼마간 만족했을지도 모른다. 그가 그 일을 아주 잘해냈다고 말할지도 모르지만, 아직 그러기엔 좀 이르다. 그것은 기나긴 여정의 시작이었다.

찍개의 가장자리를 몇 번 더 쪼갰다는 사실은 인간이 처음부터 다른 동물과 달리 물건을 필요한 수준을 넘어 좀 더 정교하게 만들려는 충동을 느꼈다는 점을 보여준다. 물건은 물건을 만든 사람에 관해 상당히 많은 것을 알려준다. 찍개는 인간과 그가 만든 물건이 맺는 관계의 시작이었다. 그것은 애착과 의존이라는 양면성을 지닌다.

인류의 조상들이 이런 도구를 만들기 시작하면서부터 우리 인간은 자신이 만든 물건 없이는 생존할 수 없게 됐다. 이런 면에서 우리를 인간으로 만든 것은 바로 물건을 만드는 능력이었다고 할 수 있다. 동아프리카대지구대의 따뜻한 대지 위에서 리키가 발견한 도구들은 인류의 기원을 추적하는 것 이상의 결과를 가져왔다. 즉 그의 발견은 우리가 모두 아프리카 조상에게서 비롯했으며, 너 나 할 것 없이 모두 아프리카로부터 흩어져 나온 대규모 이민의 결과임을 말해준다. 우리의 DNA 속에는 아프리카가 숨 쉬고 있으며 우리 문화 또한 모두 그곳에서 시작됐다. 케냐의 환경 운동가이자 노벨 평화상 수상자인 왕가리 마타이는 여기에 내포된 의미를 다음과 같이 평가한다.

우리가 가지고 있는 정보는 인류가 동아프리카 어딘가에서 기원했다는 사실을 보여준다. 우리는 서로 다른 인종과 종족으로 분류되는 데 익숙할 뿐 아니라 늘 서로 차이점을 찾느라 여념이 없다. 그러므로 우리를 구별하는 차이란

피부색이나 눈동자 색깔 또는 머릿결 같은 대체적으로 매우 피상적인 것에 지나지 않으며 우리가 모두 본질적으로 동일한 혈통에서 기원했다는 사실에 깜짝 놀랄 사람들이 더러 있을 것이다. 따라서 나는 우리가 자신을 이해하고 서로를 존중해나갈 때, 특히 우리가 동일한 데서 기원했다는 사실을 이해할 때 지금까지 품어온 과거의 편견을 대부분 떨쳐버릴 수 있을 것이라고 믿는다.

라디오나 텔레비전 뉴스를 보면 세계가 서로 다투는 부족이나 경쟁하는 문명으로 나뉘어 있다고 생각하게 되기 쉽다. 따라서 인류 공통의 인간성이라는 개념이 단지 계몽주의의 이상이 아니라 유전자와 문화가 입증하는 현실이라는 사실을 상기하는 것은 매우 바람직할 뿐 아니라 반드시 필요하다. 우리는 이런 사실을 이 책에서 거듭 확인할 수 있다.

3
올두바이 주먹도끼

탄자니아 올두바이 협곡에서 발견된 석기

1.2~1.4 MILLION YEARS OLD

여행을 떠날 때면 무엇을 가지고 가는가? 우리는 대개 허용된 중량을 초과할 때까지 치약에서 시작해 가방에 챙길 수 있는 온갖 것을 다 넣는다. 하지만 인류 역사를 돌이켜보면 여행할 때 실제로 필요한 물건은 단 한 가지, 바로 돌로 만든 주먹도끼였다. 석기시대의 스위스 군용 칼에 해당될 이 주먹도끼는 쓰임새가 매우 다양한 기술적인 필수품이었다. 뾰족한 끝부분은 송곳처럼 사용할 수 있었고 양쪽 긴 날은 나무나 고기를 자르거나, 나무 껍질이나 가죽을 벗기는 데 유용했다. 주먹도끼는 언뜻 매우 단순해 보여도 만들기가 사실 그렇게 쉽지 않으며, 첨단 기술의 산물로서 100만 년 넘게 위용을 자랑했다. 인류 역사의 절반에 해당하는 기간 동안 우리 조상들은 주먹도끼를 사용했으며 그 덕분에 처음에는 아프리카 전역으로, 그다음엔 세계 곳곳으로 퍼져나갈 수 있었다.

100만 년 동안 주먹도끼를 만드는 소리는 일상에서 매우 흔하게 들려왔다. 100대 유물을 선정해 역사를 서술하는 과제를 떠맡은 사람이라면 누구나 주먹도끼를 포함시키지 않을 수 없었을 것이다. 돌도끼가 그토록 흥미로운 이유는 그것을 만든 손은 물론 그 안에 담긴 생각까지 엿보게 해주기 때문이다.

물론 올두바이 주먹도끼는 요즘 도끼와는 사뭇 다르다. 일단 손잡이와 금속 날이 없다. 재질은 화산암이고, 잿빛이 감도는 초록색에 눈물방울을 닮았다. 이 도끼는 날이 곧은 현대 도끼보다 쓰임새가 훨씬 다양했다. 눈물방울처럼 생긴 몸체 좌우의 단면을 날카롭게 벼렸고, 한쪽 끝은 뾰족하게 만들기 위해 돌을 저미듯 얇게 쪼았다. 주먹도끼를 들어 사람 손바닥과 비교해보면 크기가 대체적으로 넓고, 사람 손으로 편안하게 거머쥐기기에는 너무 크지만, 사람 손과 생김새가 매우 비슷하다는 사실에 놀라게 된다. 모양 또한 매우 아름다울 뿐더러 돌을 쪼아 모양을 잡은 자국들이 선명하게 드러나 있다.

2장에서 살펴본 찍개 같은 초창기 도구들은 매우 초보적으로 보인다. 그런 도구들은 잘게 조각낸 자갈처럼 보이며, 커다란 돌을 가져다가 다른 돌로 내려

처 몇 조각을 떼어내면서 날카로운 면을 만들면 그만이었다. 이 주먹도끼는 그런 도구들과 확연히 다르다. 오늘날 석공이 일하는 모습을 살펴보면 이 도끼를 만든 사람이 얼마나 많은 기술을 보유하고 있었는지 알 수 있다. 주먹도끼를 만드는 작업은 간단히 내려치기만 해서 되는 일이 아니다. 그것은 경험과 주의 깊은 계획, 오랫동안 배우고 갈고닦은 기술에서 나오는 결과물이다.

우리의 이야기를 전하려면, 이 도끼를 만드는 데 필요했던 손재주만큼이나 개념상의 도약이 중요하다. 오늘날의 조각가가 돌덩어리 안에서 탄생을 기다리는 조각상을 머릿속으로 그리듯 거친 돌덩어리에서 만들고자 하는 모양을 상상하는 능력이 필요했다.

최첨단 과학기술의 결정체인 주먹도끼는 120만 년에서 140만 년 전 사이에 모습을 드러냈다. 2장의 찍개처럼 주먹도끼 또한 탄자니아 초원의 열곡대, 곧 동아프리카 올두바이 협곡에서 발견됐다. 하지만 주먹도끼는 찍개보다 수십만 년 전에 형성된 좀 더 높은 단층에서 발견됐으며, 초창기 석기와 주먹도끼 사이에 엄청난 비약이 있었다는 사실을 암시한다. 현생인류의 진정한 출발점이 바로 이곳이다. 우리가 주먹도끼를 만든 사람을 봤다면 그를 우리와 같은 인간으로 인정했을 것이다.

주먹도끼를 만드는 데 집중력 있고 체계적인 창의력이 필요했다는 사실은 인류의 조상들이 세계를 바라보는 방법과 그들의 두뇌가 기능을 발휘하는 방식이 어마어마하게 진보했다는 것을 의미한다. 게다가 주먹도끼는 그보다 훨씬 더 중요한 사실을 보여주는 증거일 수도 있다. 이렇게 돌을 쪼개 만든 도구에는 언어 사용의 비밀이 숨어 있을지도 모른다. 서로 소통하는 법을 배웠을 수도 있다.

최근에 과학자들은 석기를 만들 때 인간의 뇌신경이 어떻게 반응하는지를 관찰했다. 그들은 현대 의료 스캐너를 이용해 석공이 돌을 깰 때 뇌의 어떤 부위가 작동하는지 관찰했다. 그 결과 놀랍게도 주먹도끼를 만들 때 작동하는 뇌 부위와 말을 할 때 작동하는 뇌 부위가 서로 상당히 겹쳐 있다는 사실이 드러났다. 따라서 돌을 깎아 특정 모양을 만들 수 있다면, 문장을 만들어낼 수도 있을 확률이 상당히 높아 보인다.

물론 우리는 주먹도끼를 만든 사람이 무슨 말을 했는지 알 수 없다. 하지만 현대인으로 치면 일곱 살 정도 어린아이의 언어 능력을 갖췄을 것으로 추정된다. 수준이야 어떻든 초창기 언어 능력은 의사소통이라는 인간의 새로운 능력의 출발점이었다. 이는 사람들이 둘러앉아 서로 생각을 교환하고 함께 일을 계획하거나 심지어 그냥 잡담을 나누기도 했을 수 있다는 사실을 의미한다. 이처럼 근사한 주먹도끼를 만들 수 있고 또 그런 과정에 필요한 복잡한 기술을 전수할 수 있었다면, 사람들은 이미 그때부터 우리가 사회라고 인정할 만한 공동체를 이루는 과정으로 향하고 있지 않았을까 싶다.

이처럼 인류는 120만 년 전에 주먹도끼 같은 도구를 만들어 환경을 지배하고 바꾸었다. 주먹도끼로 인류는 더 좋은 음식을 얻는 것은 물론, 동물 가죽을 벗겨 옷을 만들어 입고 나뭇가지를 잘라 불을 피우거나 은신처를 마련할 수 있었다. 그뿐 아니라 서로 대화를 나누기도 하고, 눈앞에 보이지 않는 것도 상상할 수 있었다. 또 무엇이 가능해졌을까? 주먹도끼는 인류의 장대한 여정에 동참하게 된다. 이런 기술 덕분에 이제 더 이상 주어진 환경에 얽매여 지낼 이유가 없었다. 꼭 필요해서가 아니라 그냥 떠나고 싶으면 다른 곳으로 이동할 수 있었다. 여행이 가능해졌으며, 인류는 아프리카의 따뜻한 초원을 벗어나 더 추운 기후에서도 능히 생존하고, 심지어 더욱 번영을 누렸을지도 모른다. 이렇듯 주먹도끼는 세계의 다른 곳으로 가는 티켓이었던 셈이며, 대영박물관 소장품 중에는 나이지리아, 남아프리카, 리비아 등 아프리카 전역은 물론 이스라엘, 인도, 스페인, 한국을 비롯해 심지어 히스로 공항 근처 자갈 채취장에서 출토된 주먹도끼들도 포함돼 있다.

아프리카를 벗어나 북쪽으로 이동하면서 초기의 도끼 제작자 중 몇몇은 최초의 영국인이 됐다. 고고학자이자 대영박물관 큐레이터인 닉 애슈턴이 설명한다.

> 노퍽의 헤이즈브러에는 고운 진흙과 일반 진흙과 모래로 이뤄진 10미터가량의 절벽이 있다. 절벽은 약 45만 년 전에 일어난 거대한 빙하 작용 때문에 생겼다. 이 진흙 절벽 아래에서 한 지역 주민이 개와 산책을 하다가 유기 침전물 사이에 박혀 있는 주먹도끼를 발견했다. 이 도구는 160만 년 전에 아프리카에서 최초로 만들어진 뒤 지금으로부터 약 100만 년 전에 유럽 남부와 아시아 일부 지역으로 전해졌다. 물론 당시 해안은 지금보다 몇 킬로미터 더 바다 쪽으로 나가 있었을 것이다. 고대 해안을 따라 계속 걷다보면 오늘날 우리가 "네덜란드"라고 부르는 중부 유럽의 중심지에 이르렀으리라. 당시 영국과 유럽 대륙은 거대한 육교로 연결돼 있었다. 당시 인류가 영국으로 이주한 이유는 정확히 알 수 없지만 우리가 "주먹도끼"라고 부르는 새로운 기술 덕분이었을 것으로 추정된다.

4
헤엄치는 순록

프랑스 몽타스트뤼크에서 발견된 매머드 어금니를 깎아 만든 조각상

11000 BC

약 5만 년 전 무렵, 인간의 두뇌에 뭔가 극적인 변화가 일어난 듯하다. 세계 곳곳에서 사람들은 장식 효과를 내면서 호기심을 돋우는 문양을 선보이고, 몸을 치장하는 보석을 만들고, 삶에 밀접한 동물의 형상을 만들기 시작했다. 그들은 세상을 실제적으로 변화시키기보다 시각적 질서와 패턴을 연구하는 데 관심을 두고 물건을 만들었다. 간단히 말해 예술품을 만들었던 것이다. 이 뼛조각에 새긴 순록 두 마리는 영국의 미술관과 박물관을 통틀어 가장 오랜 역사를 자랑하는 예술 작품이다. 제작 시기는 약 1만 3,000년 전 빙하기 말기다. 놀랄 만큼 섬세해서 충격을 주면 금세 바스러질 수 있기 때문에 움직이는 법이 거의 없이 온도 조절 장치가 달린 상자에 넣어 보관하고 있다. 매머드 어금니를 깎아 만든 이 조각상은 길이가 약 20센티미터로, 두께가 가늘고 형태가 약간 휜 점으로 보아 어금니 끝부분을 조각 재료로 사용한 게 분명하다. 이것을 만든 사람은 자신이 살고 있는 세계를 형상화하고 싶어 한 우리 조상들 중 한 사람으로, 그는 이를 통해 당시 세계를 놀랄 만큼 생생하게 펼쳐 보인다. 이것은 빙하시대 예술의 걸작이자, 인간의 두뇌 기능 방식에 엄청난 변화가 일어났다는 사실을 보여주는 증거이기도 하다.

앞서 살펴본 석기들은 "도구 제작 능력이 우리를 인간으로 성장시킨 요소인가?"라는 의문을 제기했다. 인간은 과연 물건을 사용하지 않고도 세상을 잘 헤쳐나갈 수 있을까? 나는 그럴 수 없다고 생각한다. 하지만 이 고대 유물을 가만히 들여다보고 있으면 즉시 또 다른 의문이 고개를 쳐든다. 왜 모든 현생인류는 예술품을 만들고 싶다는 충동을 공유할까? 도구를 만들던 인간이 세계 어딜 가나 예술가로 변신한 이유는 무엇일까?

이 작품 속 순록 두 마리를 살펴보면 앞뒤로 붙어 가까이 헤엄치고 있는데, 영리하게도 조각가는 그런 식으로 자세를 설정해 점차 가늘어지는 매머드 어금니 끝부분의 특색을 충분히 살렸다. 앞에 있는 순록은 몸집이 작은 암컷으

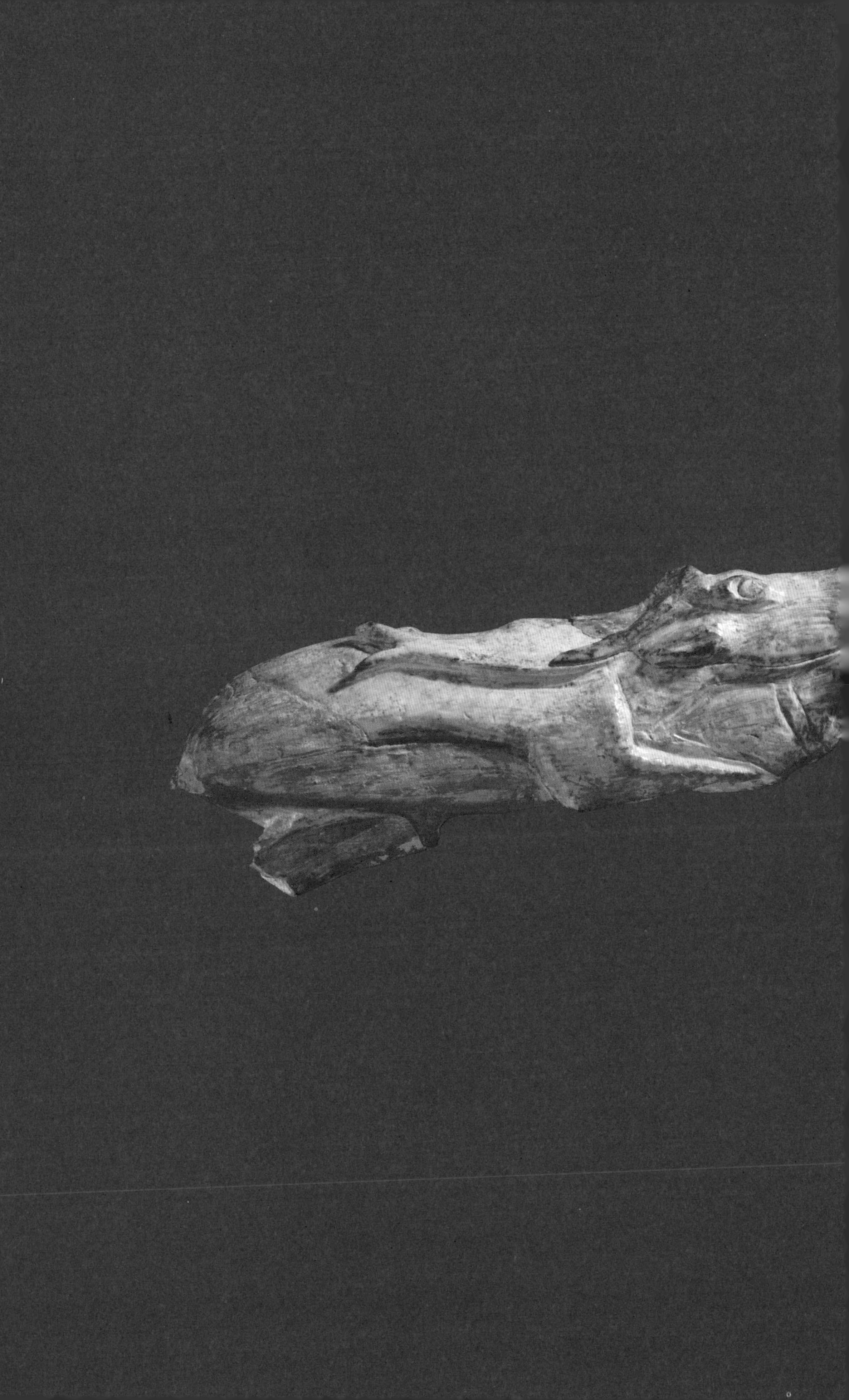

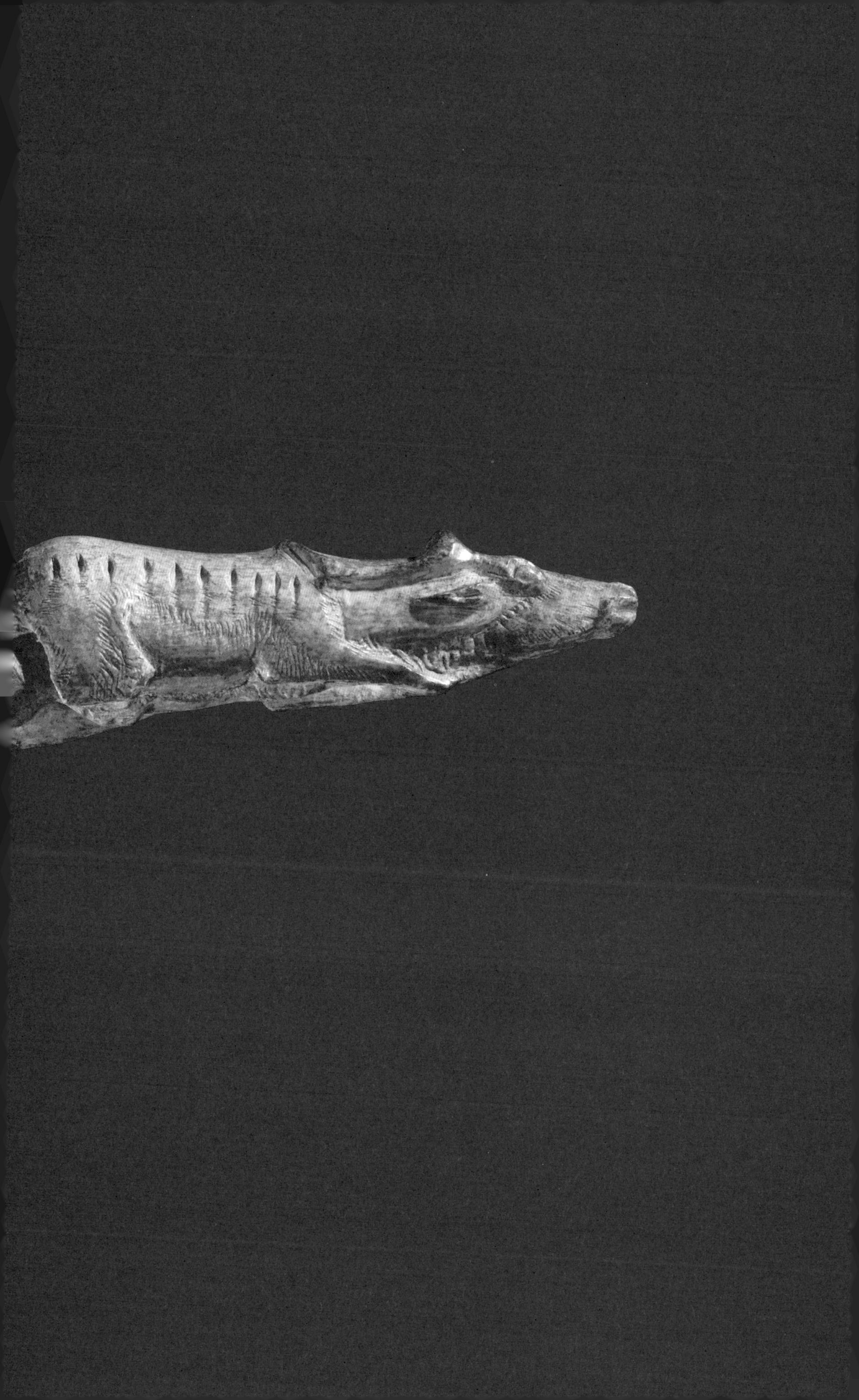

로, 코끝이 어금니 맨 끝부분에 오도록 새겨졌고 바로 뒤, 곧 어금니의 몸체에 해당하는 부분에는 몸집이 큰 수컷 순록이 새겨져 있다. 어금니가 곡선을 이루고 있기 때문에 두 마리 순록 모두 턱은 위로 치켜들고 뿔은 뒤쪽으로 젖힌 채 영락없이 헤엄칠 때 모습을 그대로 보여주고 있으며, 밑면에 보이는 다리는 쭉 내뻗은 채 부드럽고 날렵한 움직임을 훌륭하게 보여준다. 혀를 내두를 만큼 정확한 관찰의 산물로, 순록이 강을 건너는 모습을 오랫동안 관찰한 사람만이 만들 수 있는 작품이다.

따라서 이 작품이 프랑스 몽타스트뤼크 강가에 있는 바위 은신처에서 발견됐다는 것은 결코 우연이 아니다. 이 조각상은 1만 3,000년 전 큰 무리를 지어 유럽을 돌아다니던 순록의 모습을 감탄스러울 정도로 생생하게 보여준다. 당시 유럽 대륙은 지금보다 훨씬 더 추웠다. 땅은 대부분 요즘 시베리아의 풍경처럼 나무가 없는 평원이었다. 그처럼 혹독한 환경에서 사냥과 채집 활동으로 삶을 영위하는 인간에게 순록은 가장 중요한 생존 수단 가운데 하나였다. 순록의 고기와 가죽과 뼈와 뿔은 도구와 무기를 만드는 원료였을 뿐 아니라 그들에게 필요한 음식과 옷의 공급원이기도 했다. 순록을 사냥할 수 있는 한 그들은 생계를, 그것도 안락하게 꾸려갈 수 있었다. 따라서 이 작품을 만든 예술가가 순록을 매우 잘 알고 있었고 형상을 새기기로 마음먹은 것은 조금도 놀라운 일이 아니다.

몸집이 큰 수컷 순록은 등 뒤 거의 전체를 덮는 위풍당당한 뿔을 자랑한다. 성별을 자신 있게 말할 수 있는 이유는 만든 이가 배 밑에 수컷의 생식기를 조각했기 때문이다. 암컷 순록은 뿔이 더 작고 아래쪽에 젖꼭지를 꼭 닮은 작은 돌기 네 개가 돋아나 있다. 하지만 우리는 이 작품을 통해 훨씬 더 구체적인 사실을 알 수 있다. 조각상은 가을, 그러니까 발정기 때 겨울 목초지로 이동하는 시기의 순록을 묘사한다. 암컷 순록과 수컷 순록이 형태가 완벽한 뿔과 털을 갖추는 때는 오직 가을뿐이다. 암컷의 가슴에는 갈빗대와 흉골이 아름답게 새겨져 있다. 이 유물은 단지 사냥꾼의 지식뿐 아니라 순록을 관찰하는 데 그치지 않고 직접 살과 뼈를 발라내본 경험이 있는 도살자의 통찰력을 드러낸다.

이런 세밀한 자연주의적인 표현 방식은 빙하시대 예술가들이 자유자재로 구사한 여러 가지 표현 방식 가운데 하나였을 뿐이다. 대영박물관에는 몽타스트뤼크 동굴에서 발견된 조각상이 하나 더 있다. 여기엔 우연의 일치라고 보기엔 어려운 신기할 정도의 대칭현상이 있다. 즉 우리가 지금껏 살펴본 순록은 매머드 어금니에 새겨져 있는 반면, 그것과 다른 조각상에는 매머드가 순록의 뿔에 새겨져 있다. 그것이 매머드라는 사실은 한눈에 봐도 알 수 있지만, 표현 방식은 매우 다르다. 단순하고 도식화된, 모방과 추상 사이 그 어딘가쯤이라고 해야 할 방식이 적용된 것이다. 이 조각상들이 한 쌍을 이룬 건 우연이 아니다. 빙하시대 예술가들은 원근법과 정교한 구성뿐 아니라 추상주의와 사실주의는 물론 심지어 초현실주의에 이르는 온갖 표현 양식과 기법을 구사했다. 우리와 똑같이 현대적인 정신을 지닌 현대인인 셈이었다. 그들은 사냥과 채집 활동을 하면서 삶을 영위했지만 예술 활동을 통해 세상을 해석했다. 리딩 대학교 교수 스티븐 미슨은 그런 변화를 다음과 같이 설명한다.

> 5만 년에서 10만 년 전 사이에 인간의 두뇌에 어떤 변화가 일어났다. 이 변화 덕분에 이런 환상적인 창의력과 상상력과 예술성이 생겨났다. 아마도 이를 통해 두뇌의 각기 다른 부위가 새로운 방식으로 연결돼 자연에 관한 지식과 물건을 만드는 지식을 비롯해 서로 다른 사고 형식들을 하나로 통합할 수 있게 된 듯하다. 이런 변화는 그들에게 예술 작품을 만들 수 있는 새로운 능력을 부여했다. 하지만 빙하시대의 환경 역시 중요했다. 길고 혹독한 겨울철을 나는

약 1만 2,500년 전에 순록 뿔을 깎아 만든 매머드.

것은 당시 사람들에게 무척 힘든 일이기도 했다. 강력한 사회적 유대를 형성해야 할 필요성과 의례적 의식과 종교의 필요성 등이 당시 이런 창조적인 예술성의 발현을 촉진했다. 자연 세계를 감상하면서 느끼는 가슴 벅찬 기쁨과 찬탄의 감정은 예술의 한 요소다.

이 조각상은 단지 동물 세계에 대한 감탄의 산물로만 그치지 않는다. 당시 사람들은 돌과 광물을 최대한 활용하는 법을 알았다. 이 작은 조각상에는 네 가지 석조기술이 집약돼 있다. 첫째, 어금니 끝은 찍개로 잘라냈다. 둘째, 동물의 형태는 돌칼과 긁개를 이용해 다듬었다. 셋째, 조각상 전체를 물을 섞은 산화철 가루로 문질러 광택을 냈는데 아마도 샤무아 가죽으로 반질반질하게 닦은 듯하다. 그리고 마지막으로, 조각용 석기를 이용해 몸체의 무늬와 눈의 세부를 조심스레 새겨 넣었다. 구상은 물론 제작 기법의 측면에서도 매우 복잡한 예술 작품이다. 정확한 관찰력과 능숙한 솜씨라는 위대한 예술가에게서 공통으로 발견되는 특성을 고스란히 드러낸다.

그렇다면 인간이 실용성 없는 물건을 그렇게까지 공들여 만드는 이유는 무엇일까? 캔터베리 대주교인 로언 윌리엄스 박사는 여기서 깊은 의미를 찾아냈다.

> 이 물건을 만든 사람은 엄청나게 넓은 상상력을 발휘해 자기 자신을 주변 세계로 투영하고, 그 리듬을 뼛속 깊이 보고 느꼈다는 것을 감지할 수 있다. 우리는 이 시기의 예술을 통해 삶의 흐름에 온전히 참여하기 위해 애쓰는 인간, 곧 동물 세계를 다스리거나 사냥의 성공만을 기원하기 위해서가 아니라 주변 세상에서 진행되고 있는 생명의 전 과정에 참여해 일부가 되려고 노력한 인간을 발견할 수 있다. 물론 그 이상의 것도 담겨 있다. 이는 좀 더 깊은 차원의 세상 안으로 들어가 그 안에서 자신의 자리를 갖고자 하는 욕망인데, 이런 마음은 상당히 종교적인 충동이다. 우리는 때로 진리가 마치 저 천국 어디엔가 있기라도 한 듯, 종교를 세상에 안주하지 않으려는 태도와 동일시하려는 경향을 보인다. 하지만 종교의 기원, 곧 위대한 세계종교의 주된 주제를 살펴보면 오히려 그 반대라는 사실을 알 수 있다. 종교는 지금 이곳에서 살아가는 법과 삶의 흐름의 일부가 되는 법에 초점을 맞춘다.

순록 두 마리가 헤엄치는 모습을 새긴 이 조각상은 그저 형상일 뿐 실용적인 기능은 없다. 오로지 아름다움이라는 목적만을 위해 만든 것일까? 아니면 다른 목적이 있는 것일까? 인간은 그림이나 조각으로 무언가를 재현함으로써 마술과도 같은 힘으로 그것에 생명력을 부여하고, 직접 경험할 뿐 아니라 상상도 할 수 있는 세계 안에서 그것과 관계를 맺는다.

빙하시대 말기에 세계 도처에서 만들어진 예술 작품은 대부분 종교적인 차원을 띠는 듯하다. 그것이 어떤 의식을 위해 사용됐는지는 그저 추측만 할 수 있을 따름이다. 하지만 이런 예술은 지금도 면면히 이어지고 있는 전통, 곧 끊임없이 발전하며 수많은 인간 사회를 형성하는 종교 의식과 그 맥락을 같이 한다. 헤엄치는 순록의 모습을 새긴 이 조각상과 같은 유물은 비록 우리와 시간상으로는 한참 멀리 떨어져 있을지라도, 어떤 면에서는 우리와 크게 다르지 않은 사람들의 생각과 상상력으로, 그들이 눈으로 볼 수는 없었으나 즉각 이해할 수 있었던 세계로 우리를 이끈다.

5
클로비스 창촉

미국 애리조나에서 발견된 돌 창촉

11000 BC

상상해보자. 우리는 지금 나무와 수풀이 점점이 우거진 초원에 있다. 지금 우리는 사냥꾼들 틈에 섞여 매머드 떼를 향해 조용히 접근하는 중이다. 매머드 한 마리를 잡아 저녁 끼니로 때울 생각을 하고 있다. 우리 손에는 끝에 날카롭고 뾰족한 돌을 묶은 가벼운 창이 들려 있다. 좀 더 가까이 다가가서 창을 던졌지만 그만 빗나가고 말았다. 우리가 잡으려 한 매머드가 발로 창대를 밟아버린다. 이제 창은 아무 쓸모가 없다. 다시 다른 창을 들고 계속 이동한다. 그 순간 땅바닥에는 단순히 사냥에 실패한 도구가 아니라 시간을 가로질러 하나의 메시지를 전해줄 유물이 남게 된다. 매머드가 우리 창을 밟고 지나간 지 몇천 년이라는 세월이 흐른 뒤, 후대의 인간이 뾰족한 돌 창촉을 발견하고 우리가 여기 있었다는 사실을 알게 될 것이다.

버려지거나 잊힌 물건도 후손을 위해 소중히 보존된 물건 못지않게 과거에 관해 많은 것을 말해준다. 오래전에 쓰레기로 버린 일상용품이 인류 역사의 가장 중요한 이야기 가운데 일부를 전해줄 수도 있다. 이 장에서 소개하는 일상용품의 경우에는 현생인류가 세계를 장악하게 된 경위와 아프리카와 아시아, 오스트레일리아와 유럽을 거쳐 마침내 아메리카에 다다르게 된 경위를 말해준다.

이 작은 유물은 치명적인 무기에서 주된 기능을 맡는다. 재료는 돌이고, 우리와 같은 현생인류에 속하는 한 사람이 약 1만 3,000년 전에 애리조나에서 잃어버린 것이다. 유물은 대영박물관 북아메리카 전시관에서 근사한 깃털 머리 장식들과 함께 토템폴 옆 상자 안에 얌전히 놓여 있다. 창촉은 부싯돌로 만들어졌다. 크기는 작고 날렵한 휴대전화만 하며, 모양은 얇고 기다란 잎사귀처럼 생겼다. 창촉이 아직 손상되지 않은 상태라 여전히 매우 날카롭다. 양옆 표면에는 아름다운 물결무늬가 드러나 있다. 자세히 관찰해보면 무늬는 제작 과정에서 부싯돌 조각을 조심스레 떼어내느라 생긴 흠집이라는 사실을 알 수 있다.

만지거나 쓰다듬기에 좋을 뿐 아니라 살상용으로도 아주 그만인 물건이다.

아마도 이 창촉과 관련해 가장 놀라운 점은 아메리카에서 발견됐다는 사실일 것이다. 현생인류는 아프리카에서 기원했으며, 인류의 역사는 대부분 육지로 연결된 아프리카, 아시아, 유럽 대륙에 국한돼 있었다. 이런 창을 만든 사람들은 어떻게 아메리카까지 가게 됐을까? 그들은 과연 누구였을까?

이런 창촉은 아주 흔하다. 이는 북아메리카 전역에서 발견된 창촉 수천 개 가운데 하나로, 아직까지는 아메리카 대륙에 거주한 최초의 인류에 대한 가장 확고한 증거다. 이 창촉은 '클로비스 창촉'으로 알려져 있다. 1936년 미국 뉴멕시코 주 클로비스라는 작은 마을에서 처음 발견됐기 때문인데, 발견 당시 주위에는 이 창에 찔려 죽은 짐승의 뼈도 있었다. 그래서 이 돌 창촉을 만들어 짐승을 사냥한 사람들도 '클로비스인'으로 알려지게 됐다.

클로비스에서 발견된 유물은 아메리카 역사를 이해하는 데 획기적인 도약을 제공했다. 거의 똑같이 생긴 클로비스 창촉이 알래스카에서 멕시코, 캘리포니아에서 플로리다에 이르기까지 무더기로 발견됐다. 창촉은 1만 3,000년 전 최후의 빙하시대가 거의 끝나갈 무렵 이를 만든 사람들이 거대한 북아메리카 대륙 전역에 걸쳐 작은 공동체를 형성하고 살았다는 사실을 보여준다.

그렇다면 클로비스인은 최초의 아메리카인이었을까? 이 시기 역사에 정통한 게리 헤인즈 교수는 이렇게 설명한다.

> 클로비스 창촉이 제작되기 전에 북아메리카에 사람들이 살고 있었다는 증거가 산발적으로 나타나긴 하지만 그중 대부분은 논란이 많다. 따라서 클로비스인이 최초였던 것으로 보인다. 북아메리카의 고고학 유적지를 파보면 거의 어디에서나 밑바닥에는 늘 약 1만 3,000년 전에 만들어진 유물이 발견된다. 유물이 나오는 경우에는 모두 클로비스인이 만들었거나 그들과 관련된 물건이다. 클로비스인이 역사상 최초로 아메리카 대륙 이곳저곳으로 흩어져 현대 아메리카 원주민의 조상이 되었고 북아메리카 거의 전역에 둥지를 틀었다고 결론지을 수밖에 없다. 그들은 저 위 북쪽 어딘가에서 이동해온 듯한데, 유전자 감식 결과, 아메리카 원주민의 혈통이 북동아시아인들에게서 유래했다는 사실을 입증하는 듯 보이기 때문이다.

이처럼 고고학 발굴 현황, DNA 감식 결과, 학계 의견 대다수가 모두 아메리카 원주민이 약 1만 5,000년 전에 북동아시아에서 알래스카에 이르렀다는 사실을 보여준다.

약 4만 년 전 현생인류는 아프리카에서 아시아와 유럽 전역으로 퍼져나갔고 심지어는 바다를 건너 오스트레일리아까지 도착했다. 하지만 그때까지만 해도 아메리카 대륙에 발을 디딘 인간은 한 명도 없었다. 그러다가 대대적인 기후 변화 덕분에 기회가 찾아왔다. 먼저 약 2만 년 전에 빙하시대가 절정에 달하면서 엄청나게 많은 물이 빙원과 빙하 안에 갇혀 해수면이 크게 낮아졌다. 그 결과 러시아와 알래스카 사이에 있는 바다인 베링 해협이 쉽게 건널 수 있는 광활한 육지로 변했다. 들소와 순록을 비롯해 많은 동물이 아메리카로 이동했고 사냥에 나선 인간들도 그 뒤를 좇아 그곳까지 이르렀다.

태평양 쪽 로키 산맥과 그 맞은편인 캐나다를 온통 뒤덮은 광대한 빙원 사이의 무결빙지대 통로를 지나면 아메리카 대륙 남쪽 깊숙한 곳이 나왔다. 1만 5,000년 전 기후가 따뜻해지기 시작하면서 많은 동물들과 그 뒤를 좇던 인간 사냥꾼들이 이 통로를 지나 오늘날 "미합중국"이라고 불리는 목 좋은 사냥터로 이동할 수 있었다. 바야흐로 클로비스 창촉이 지배하는 새로운 아메리카 세계가 모습을 드러내는 순간이었다. 이 새로운 세계는 북아시아에서 온 공격적인 사냥꾼들에게는 더할 나위 없는 환경을 제공했지만 매머드에게는 그렇지 못했다. 클로비스 창촉 옆면의 물결무늬는 보기에 매우 아름답지만, 찔린 동물이 사정없이 피를 쏟게 한다. 따라서 굳이 치명타를 날려 생체 장기를 꿰찌를 필요가 없었다. 어디를 맞든 사냥감은 계속 피를 흘리다가 힘이 약해져서 손쉽게 처치할 수 있었다. 실제로 기원전 1만 년께에 이르면 매머드를 비롯한 많은 대형 동물이 멸종하고 만다. 게리 헤인즈는 그 책임이 클로비스인들에게 있다고 말한다.

> 북아메리카에 인류가 최초로 등장한 사건과 대형 포유동물이 대부분 사라진 사건 사이에는 다는 아니더라도 직접적인 관계가 있다. '호모 사피엔스'가 모습을 드러내는 곳이면 세계 어디서나 이런 식의 관계를 추적할 수 있다. 다시 말해 대형 포유동물이 일부가 아니라 대량으로, 북아메리카의 경우에는 3분의 2 내지 4분의 3에 달하는 비율로 사라지는 현상이 어디서나 거의 예외 없이 나타난다.

약 1만 2,000년 전 클로비스인과 후손들은 북아메리카 전역으로 퍼져나갔을 뿐 아니라 남아메리카 남단에까지 이르렀다. 그러고 나서 얼마 지나지 않아 기후가 따뜻해지면서 얼음이 녹아 해수면이 크게 상승하는 바람에 아시아로부터 사람들이 유입되는 통로가 다시 물에 잠겼다. 돌아갈 길이 막혀버린 것이다. 그때부터 약 1만 년 동안, 그러니까 16세기에 유럽인들이 아메리카에 지속적으로 접근하기 시작할 때까지 아메리카 대륙은 고유한 문명을 발전시켰다.

약 1만 2,000년 전에 우리 인류 역사는 중요한 순간을 맞이했다. 인류는 태평양 섬을 제외하고 오스트레일리아를 비롯한 거주 가능한 세계 전역으로 흩어져 살기에 이르렀다. 우리 인간은 저 산 너머에 무엇이 기다리고 있는지 알고 싶은 마음에 늘 끊임없이 이동하는 속성을 지니고 있는 것 같다. 왜 그럴까? 방송인이자 여행가인 마이클 페일린은 세계 곳곳을 돌아다녔다. 우리를 그렇게 만드는 것이 무엇이라고 그는 생각할까?

> 나는 늘 차분하게 가만있지 못했다. 아주 어렸을 때부터 지평선 너머에는 무엇이 있을지, 다음 모퉁이를 돌아서면 무엇이 있을지 궁금히 여기며 가보지 않은 곳에 관심이 많았다. '호모 사피엔스'의 역사를 살필수록 그들이 아프리카를 떠나기로 결정했을 때부터 온통 이동의 역사였음을 알 수 있다. 지구 전체가 인간의 서식지로 탈바꿈하는 데 중요한 역할을 한 요인을 찾는다면 그것은 바로 이런 이동 속성이다. 우리 인간이 어딘가 한 곳에 정착한 것 같지는 않다. 우리는 정착했다고 생각하면서도 무언가 더 좋은 것이 있는 장소, 예를 들어 더 따뜻하고 더 쾌적한 곳이 있을지도 모른다 믿고 늘 새로운 곳을 찾는다. 어쩌면 더 멋진 곳을 찾아내고 싶어 하는 이런 속성 안에는 희망이라는 정신적인 요소가 깃들어 있는지도 모른다. 인간은 늘 낙원, 즉 완벽한 땅을 찾아 헤맨다. 그 모든 일의 바닥에는 늘 그런 생각이 깔려 있었는지도 모른다.

희망이 인간을 정의하는 특성이라는 생각은 꽤 고무적이다. 지금까지 거의 200만 년에 이르는 인류의 여정을 돌아보면 무슨 일이든 더 잘하려는, 즉 좀 더 효율적이면서 아름다운 도구를 만들어내려는 노력이, 환경만이 아니라 머릿속까지 탐구하려는 노력이, 아직 경험하지 못한 그 무언가를 향해 매진하려는 노력이 내 눈길을 사로잡는다. 지금까지 내가 살펴온 유물들—다른 동물도 우리와 마찬가지로 사용했을 법한 생존 도구에서부터 위대한 예술품과 종교의 기원으로 추정되는 것에 이르기까지—은 그런 과정을 거쳤다. 다음 장에서는 인류가 농사를 짓기 시작함으로써 자연 세계를 어떻게 변화시켰는지 살펴볼 예정이다. 그 과정에서 우리는 풍광만이 아니라 식물과 동물, 나아가 무엇보다도 우리 자신을 바꿔놓았다.

PART 2

빙하시대 이후 : 음식과 성

9000~3500 BC

1만 년 전에 빙하시대가 끝나면서 최소한 세계의 일곱 곳에서 독자적으로 농경이 발전하기 시작했다. 이 느린 변혁은 오랜 세월에 걸쳐 서서히 일어났으며, 심대한 의미를 담고 있다. 작물을 경작하고 가축을 길렀다는 것은 곧 인류가 처음으로 한곳에서 정착 생활을 하기 시작했다는 것을 의미한다. 농사는 잉여 식량을 생산해 많은 사람들이 공동체를 이뤄 살아가게 했을 뿐 아니라 생활방식은 물론 사고방식에까지 변화를 가져왔다. 바야흐로 동물의 행동과 계절에 따라 달라지는 농작물의 주기를 설명하기 위해 새로운 신들이 속속 생겨났다.

새 모양 절굿공이

파푸아뉴기니 오로 주 아이코라 강 근처에서 발견된 돌 절굿공이

6000~2000 BC

다음에 레스토랑에서 샐러드 바를 찾을 때는 어떤 채소가 나왔는지 자세히 살펴보라. 아마도 원산지가 각기 다른 감자 샐러드, 쌀, 옥수수, 강낭콩 등이 눈에 띌 것이다. 요즘은 그런 점이 별다를 것 없지만 우리 조상들이 수세대에 걸쳐 식물의 종자를 추려내 소중히 보관하면서 대대적으로 개량하지 않았다면 모르긴 해도 지금처럼 영양가 있는 형태로 존재하지 않았을 것이다. 오늘날 우리가 즐겨 먹는 곡류와 채소의 역사는 약 1만 년 전으로 거슬러 올라간다.

앞에서 우리는 우리 조상들이 어떻게 세계 전역으로 퍼져나갔는지 살펴봤다. 이제부터는 그들이 한곳에 정착하기 시작하면서 나타난 변화에 초점을 맞춰보자. 바야흐로 이때는 처음으로 길들이기 시작한 가축, 강력한 신, 위험한 날씨, 행복한 성, 더 좋은 음식이 새롭게 등장한 시기였다.

약 1만 1,000년 전에 세계가 급속한 기후 변화를 맞이하면서 마지막 빙하시대가 막을 내린다. 온도가 상승해 얼음이 녹아내리자 눈밭이 풀밭으로 바뀌면서 해수면이 순식간에 100미터가량 올라갔다. 이런 결과는 속도는 더뎠으나 사람들이 살아가는 방식에 심대한 변화를 가져왔다.

1만 년 전에 곡식을 갈고 빻는 새로운 리듬이 우리 식단과 풍광을 바꿔놓을 새로운 음식의 도래를 예고하면서 세계 도처의 일상에서 들려오는 소리가 바뀌기 시작했다. 그전까지 우리 조상들은 오랫동안 불을 사용해 고기를 구워 먹었다. 하지만 이제는 오늘날 우리에게 좀 더 익숙한 방식으로 음식을 만들어 먹기 시작했다.

대영박물관에는 인류 역사의 이 특별한 순간, 곧 사람들이 1년 내내 먹을 수 있는 알뿌리와 식물을 경작하기 시작한 시기를 설명하기 위해 고를 수 있는 유물들이 상당히 많다. 이런 종류의 농경은 세계 여러 곳에서 거의 동시에 시작된 것으로 보인다. 최근에 고고학자들은 그런 장소 가운데 한 곳이 파푸아뉴기니라는 사실을 발견했는데 오스트레일리아 북쪽에 이 있는 커다란 섬에서 사진에 담긴 새처럼 생긴 절굿공이가 나왔다. 약 8,000년 전의 것으로 추정되는 이 공이는 지금과 마찬가지로 절구에 음식을 넣어 갈아 먹을 수 있게 해주는 용도로 쓰였다. 이것은 높이가 약 35센티미터에 이르는 제법 큰 절굿공이다. 맨 아래쪽 음식을 가는 부분은 돌 재질에 끝이 둥글고 크기가 크리켓 공만 하다. 확연하게 닳아 있으며, 한눈에 봐도 무척 많이 사용했을 게 분명하다. 공이 위쪽의 자루는 잡기 쉽게 만들어졌지만 손잡이 윗부분에는 음식을 만드는 것과는 아무 상관없는 조각이 새겨져 있다. 모양이 날렵하고 기다란 새처럼 생겼는데, 날개를 활짝 펼친 채 긴 목을 앞으로 구부리고 있는 형상이다. 어찌 보면 콩코드 여객기와도 닮았다.

음식을 준비해 나눠 먹는 활동은 어느 문화에서나 사람들을 가족이나 공동체의 성원으로 엮어주는 구실을 한다. 인간 사회는 중요한 행사가 있을 때마다 잔치를 벌여 축하하며, 어린 시절에 사용하던 냄비와 프라이팬, 그릇과 나무 수저, 접시, 그릇, 냄비 등에서 우리는 가족의 기억과 감정을 물씬 느낀다. 이런 유대감은 도구를 활용해 음식을 처음 만들어 먹던 때부터, 즉 사진의 절굿공이 같은 조리용 도구를 만들었던 1만 년 전 무렵부터 생겨났을 것이 틀림없다.

이 돌공이는 파푸아뉴기니에서 발견된 수많은 절구에 딸려 있던 공이 가운데 하나로, 당시에 많은 농부들이 열대 숲과 초원에서 작물을 재배했다는 사실을 보여주는 증거다. 비교적 최근에 이룬 이런 발견은 농사가 시리아에서 이라크에 이르는 중동 지역, 곧 "비옥한 초승달"로 불리는 곳에서 시작돼 세계 곳곳으로 퍼져나갔다는 전통적인 견해를 뒤집는다. 이제 우리는 그렇지 않다는 사실을 알고 있다. 인간 역사의 이 특정한 장은 세계 여러 곳에서 거의 동시에 시작됐다. 농사가 도입되는 곳마다 사람들은 야생에서 소수의 특정 식물을 선별 채집해 땅에 심어 기르고 돌보았다. 중동 지역에서 선택한 특정 식물은 초기 형태의 밀이었고, 중국에서는 야생 쌀을, 아프리카에서는 수수를, 파푸아뉴기니에서는 탄수화물이 많은 뿌리채소인 토란을 각각 심었다.

이 새로운 식물에 관한 놀라운 사실 하나는 자연 상태로는 먹기가 매우 어렵거나 먹는다고 해도 고약한 맛이 난다는 점이다. 그렇다면 사람들이 굳이 물에 불리거나 끓이거나 갈아서 소화가 잘되는 상태로 만들어야만 먹을 수 있는 식물을 기른 이유는 무엇일까? 케임브리지 대학교 고고과학 교수 마틴 존스는 이를 중요한 생존 전략으로 본다.

인류는 지구 곳곳으로 퍼져나가는 과정에서 쉽게 얻을 수 있는 음식을 놓고 다른 동물들과 경쟁해야 했다. 경쟁에서 이기기 어려웠던 곳에서 인류는 까다로운 음식을 선택할 수밖에 없었다. 인류는 "곡류"로 불리는 음식, 곧 날로 먹으면 소화할 수 없거나 심지어 독성 때문에 유해하기까지 한 작고 딱딱한 풀씨를 걸쭉하게 만들어 빵과 반죽으로 바꿨다. 독성이 강한 참마와 토란 같은 커다란 뿌리채소는 갈아서 조리해 먹어야 했다. 결국 인류는 그런 방법을 통해 다른 동물들과의 경쟁 관계에서 우위를 차지하기에 이르렀다. 인간과 같은 두뇌가 없는 다른 동물들은 몇 단계 앞서서 생각하는 것이 불가능했기 때문에 그런 방법을 찾아낼 수 없었다.

음식을 조리하고 새로운 음식 재료를 찾으려면 두뇌가 필요했다. 파푸아뉴기니에서 이 절굿공이를 사용해 토란을 갈아 조리한 사람이 남자인지, 여자인지는 확실히 알 길이 없지만, 중동 지역에서 나온 고고학 증거를 보면 조리는 주로 여성의 몫이었다. 과학자들은 당시의 무덤터를 조사한 결과 성인 여성의 골반뼈, 발목뼈, 무릎뼈가 심하게 마모돼 있다는 사실을 확인할 수 있었다. 당시 밀을 갈려면 무릎을 꿇은 채 앞뒤로 몸을 흔들며 무거운 돌 두 개 사이로 씨앗을 으깨야 했다. 이는 관절염을 일으키는 고된 노동이었지만 중동 지역 여성을 비롯해 세계 곳곳의 새로운 요리사들은 영양가 있는 기초 음식을 몇 가지나마 개발해 이전보다 훨씬 더 많은 사람들을 먹여 살렸다. 이렇게 만든 새로운 음식은 대부분 맛이 단조로웠지만, 절굿공이와 절구는 그런 음식을 좀 더 흥미롭게 만드는 데 큰 몫을 했다. 요리사이자 요리책 저자인 마드후르 재프리의 설명을 들어보자.

> 고대부터 알려진 겨자씨를 통째로 먹으면 한 가지 맛만 난다. 하지만 그것을 으깨면 얼얼하고 씁쓸한 맛이 난다. 이렇듯 씨앗을 으깨면 양념의 성질을 바꿀 수 있다.

이런 새로운 작물과 양념은 새로운 종류의 공동체를 형성하는 데 기여했다. 식량을 풍족하게 생산하게 되면서 사람들은 남아도는 양식을 저장하거나 교환하거나 아니면 큰 잔치를 벌여서 소비할 수도 있었다. 몸체가 길고 가느다랗고 우아한 이 절굿공이는 매일 토란을 치대는 일을 감당하기에 너무 가날퍼 보인다. 따라서 오늘날 우리가 그렇듯이 사람들이 함께 모여 거래를 하거나 춤을 추거나 삶의 중요한 순간을 축하하는 자리에서 특별한 음식을 장만하는 데 사용한 의식과 축제용 도구였을 것으로 추정된다.

우리 현대인은 자유롭게 이곳저곳을 여행하지만 식량은 한곳에 붙박여 움쭉달싹 못하는 사람들에게 의존한다. 이 때문에 세계 도처의 농부들은 기후 변화에 아주 민감하다. 그들의 운명은 날씨가 규칙적이고 예측 가능할 것이냐에 달려 있다. 따라서 1만 년 전 농부들이 사는 곳이 어디든 상관없이 식량과 기후의 신들이 중심에 있는 세계관을 지녔다는 것은 조금도 놀라운 일이 아니다. 그들은 계속되는 계절의 순환과 안전하고 풍성한 추수를 지켜내기 위해 끊임없이 신들을 달래며 기도를 올려야 했다. 지난 1만 년 동안 그 어느 때보다도 기후가 빠르게 변화하는 요즈음, 사람들은 대부분 신뿐만 아니라 정부에 해결책을 기대한다. 음식 정치학이라는 새로운 분야에서 열심히 활동하고 있는 운동가 밥 겔도프는 이렇게 말했다.

> 음식이 우리를 어떤 상황에 처하게 하는가를 생각할 때, 나는 음식의 심리학이 우리 삶의 다른 어떤 측면보다 더 중요하다고 생각한다. 일의 필요성은 본질적으로 먹어야 한다는 불가피한 현실에서 비롯하므로, 음식이라는 개념은 모든 인간 존재의 근간을 이룬다. 어떤 동물도 먹지 못하면 생존할 수 없지만, 특히 21세기가 시작된 오늘의 시점에 음식은 강대국이 고심해야 할 가장 중요한 세 가지 당면 과제 가운데 하나다. 성공 여부에 세계 인구 대다수의 미래가 달려 있다. 여러 가지 요인이 있지만 그중에서도 가장 큰 영향을 끼치는 요인은 단연 기후 변화다.

약 1만 년 전의 기후 변화는 인류에게 농업을 소개했지만, 지금 우리가 겪는 또 다른 기후 변화는 우리 인간이 지구에서 계속 살아갈 수 있을지에 의문을 던지고 있다.

7
아인 사크리 연인상

베들레헴 근처, 유대 지방 와디 카레이툰에서 발견된 돌 조각상

9000 BC

빙하시대가 끝날 무렵 누군가가 베들레헴에서 그리 멀지 않은 작은 강가에서 조약돌을 하나 주웠다. 물살에 휩쓸려 하류로 떠내려오면서 다른 돌과 이리저리 부딪혀 매끈하게 다듬어진 조약돌이었을 것이다. 지질학자들은 "돌들의 수다"라는 시적인 표현을 사용해 그 과정을 묘사한다. 어쨌든 약 1만 1,000년 전에 한 인간의 손이 아름답게 다듬어진 이 둥근 조약돌을 깎아 대영박물관에서 가장 큰 감동을 주는 유물 가운데 하나로 만들어놓았다. 그것은 벌거벗은 두 사람이 서로 꼭 껴안고 있는 모습을 보여준다. 사랑을 나누는 남녀를 묘사한 유물로는 지금까지 알려진 것 가운데 가장 오래되었다.

이 연인 조각은 대영박물관 사본 보관실에 전시돼 있는데 사람들은 대부분 그 진열장 앞을 무심코 지나치고 만다. 아마도 먼발치에서 보면 그다지 특이한 점을 발견할 수 없기 때문인지도 모른다. 크기가 작고 색도 칙칙하며 잿빛이 감도는 조각상은 크기가 꽉 움켜쥔 주먹만 하다. 하지만 가까이에서 살펴보면 앉아 있는 두 남녀가 팔과 다리로 밀접하게 꼭 부둥켜안은 모습을 관찰할 수 있다. 얼굴 표정은 뚜렷하지 않지만 두 사람이 서로 눈을 바라보고 있다는 것을 익히 짐작할 수 있다. 나는 이 조각상에 표현된 다정스러운 사랑의 감정이 브랑쿠시나 로댕이 묘사한 입맞추는 커플의 모습에 견줄 만하다고 생각한다.

이 돌이 다듬어질 당시 인간 사회는 변화의 소용돌이에 있었다. 전 세계의 기후가 따뜻해지면서 사람들은 사냥과 채집 활동으로 생계를 이어가는 데서 벗어나 점차 농사를 중심으로 좀 더 안정된 삶의 형태를 갖춰갔고, 자연과 인간의 관계도 바뀌었다. 우리 삶에 잘 맞는 생태계의 작은 일부로 살아가는 데서 한 걸음 나아가 우리가 직접 환경을 조성하고 자연을 통제하기 시작한 것이다. 중동 지역은 다른 곳보다 기후가 더 따뜻했기 때문에 풍요로운 풀밭이 드넓게 펼쳐졌다. 그 전까지만 해도 사람들은 이곳저곳을 떠돌며 가젤을 사냥하고 편두와 병아리콩을 비롯한 들풀의 씨앗을 따 먹으며 살았다. 하지만 광활

한 초원 지대가 형성되자 가젤은 수가 더 많아졌을 뿐 아니라 1년 내내 한곳에 머물러 사는 경향을 보였으며, 그와 더불어 사람들도 한곳에 정착하기 시작했다. 사람들은 정착 생활을 하게 되자 줄기에 매달린 풀씨를 거둬 그 씨를 고르고 다시 땅에 심는 과정에서 은연중에 비록 초보 형태나마 유전자공학을 도입하기에 이르렀다. 야생 풀씨는 대개 줄기에서 떨어져 나와 바람에 날려 사방으로 흩어지거나 새의 먹이가 되기 십상이지만, 이 사람들은 줄기에 매달린 채 남아 있는 씨앗을 거둬들였다. 어떤 풀이 재배할 가치가 있다면 이는 매우 중요한 특성이었다. 사람들은 씨앗을 벗겨 껍질을 제거한 뒤 알곡을 갈아 가루로 만들었다. 그리고 남은 씨앗은 나중에 땅에 심었다. 바야흐로 농사가 시작되는 순간이었다. 그때부터 지금까지 1만 년이 넘는 세월을 우리 인간은 빵을 나누며 살아오고 있다.

이 초창기 농부들은 오늘날 세계인의 주식으로 자리 잡은 두 가지 곡물을 서서히 선보였다. 바로 밀과 보리이다. 이를 통해 생활이 좀 더 안정되면서 우리 조상들은 생각하고 창조하는 여유를 누리게 됐다. 그들은 변화하는 우주의 핵심 요소인 음식, 힘, 성(性), 사랑을 보여주고 기념하는 형상을 만들기 시작했다. 이 '연인상'을 만든 사람도 그들 가운데 하나였다. 나는 영국 조각가 마크 퀸에게 이 연인상을 어떻게 생각하느냐고 물었다.

> 우리는 우리가 성을 발견했다고 믿으면서 우리 시대 이전 사람들은 성에 대해 다소 새치름하고 고지식했다고 생각하지만, 최소한 이 조각상이 만들어진 기원전 1만 년부터 인간의 감정은 아주 정교했으며, 우리 못지않았다고 나는 확신한다.
>
> 이 조각상의 놀라운 점은 이리저리 돌리면서 여러 각도에서 관찰하면 그때마다 완전히 다르게 보인다는 사실이다. 옆쪽에서 보면 서로 포옹하고 있는 모습이 드러나면서 두 사람의 형상 전체가 보인다. 또 방향을 달리해서 보면 남성의 성기처럼, 또 다른 방향에서 보면 여성의 성기처럼, 또 어떤 방향에서는 젖가슴처럼 보인다. 이는 사랑을 나누는 행위를 표현할 뿐만 아니라 행위 자체를 형상으로 흉내 내고 있는 것처럼 보인다. 이 조각상을 손바닥 위에 올려놓고 이리저리 돌려 보면 매번 다른 모습이 나타나는데, 이런 모습들은 시간의 흐름을 통해 드러난다. 나는 이것이 이 조각상이 지니는 또 다른 중요한 점이라고 생각한다. 이는 한 번 보고 마는 물건이 아니다. 그 주위를 천천히 돌면서

바라보면 실시간으로 새로운 모습을 드러낸다. 마치 멀리서 찍었다가 가까이서 찍었다가 하는 포르노 영화를 보는 듯하다. 조각상을 돌려 보면 마치 영화를 보고 있다는 착각이 들고, 돌릴 때마다 다른 장면을 보게 된다. 하지만 무엇보다도 이 조각상은 사람들의 관계를 나타내는, 가슴 깊이 와닿도록 아름다운 물건이다.

이 연인상에 포착된 사람들에 대해 우리는 과연 무엇을 알고 있을까? 연인상을 만든 사람("조각가"라고 불러야 할까?)은 오늘날 우리가 "나투프인"이라고 일컫는 사람들 중 하나다. 그들은 지금의 이스라엘, 팔레스타인, 레바논, 시리아에 해당하는 지역에 널리 퍼져 살았다. 이 조각상은 예루살렘 남동부 지역에서 발견됐다. 1993년에 위대한 고고학자 아베 앙리 브뢰유와 프랑스 외교관 르네 뇌빌은 베들레헴의 한 작은 박물관을 방문했다. 뇌빌은 이렇게 썼다.

> 방문을 거의 마칠 무렵 인근 지역에서 출토된 여러 가지 유물을 담은 나무 상자가 눈에 띄었다. 그중 이 작은 조각상을 빼면 모두 하잘것없어 보였다. 나는 조각상의 형태에 특별한 의미가 담겨 있다는 사실을 즉시 알아채고 출처에 대해 물었다. 그러자 박물관 관계자들은 베두인족 한 명이 베들레헴에서 사해 지역으로 돌아가는 길에 가져왔다고 대답했다.

조각상에 호기심을 느낀 뇌빌은 그것을 발견하게 된 경위를 좀 더 자세히 알고 싶어 서둘러 그 베두인족 남자를 찾아 나섰다. 수소문 끝에 가까스로 찾아낸 남자는 베들레헴에서 그리 멀지 않은 유대 광야에 있는 동굴로 그를 안내했다. "아인 사크리"라고 불리는 동굴이었는데, 이것이 뇌빌을 사로잡은 조각상이 지금까지 '아인 사크리 연인상'으로 알려지게 된 이유다. 중요한 점은 이 조각상이 동굴이 무덤이 아니라 주거지였다는 것을 입증하는 여러 가지 물건과 함께 발견됐다는 사실이며, 따라서 이 조각상은 가정의 일상에서 뭔가 중요한 역할을 했을 것이 분명하다.

물론 정확히 어떤 기능을 했는지는 알 수 없지만, 이 동굴이 농경문화가 막 싹틀 무렵에 살았던 사람들의 주거지였다는 사실은 분명하다. 그들의 새로운 삶의 방식에는 식량을 모으고 저장하는 일도 포함돼 있었다. 그 결과 인간의 삶에 인류 역사상 그 어떤 혁명 못지않게 중대한 변화가 일어났다. 물론 정

보는 각도를 달리할 때마다 조각상의 모습도 완전히 달라진다.

착 생활은 수렵 생활이나 유목 생활에 견줘 질병, 해충, 흉작 그리고 무엇보다도 날씨에 좌우될 소지가 훨씬 더 높았다. 하지만 상황이 좋으면 인간 사회는 크게 번영을 누릴 수 있었다. 풍부한 식량이 보장되자 인구가 꾸준히 늘어나면서 주민 수가 이삼백 명에 이르는 큰 마을이 생겨나기 시작했다. 이는 그전까지는 한 번도 볼 수 없었던 인구 집중 현상이었다. 식량 저장이 가능해지면서 생존에 따르는 압력이 사라지자 생각할 수 있는 시간이 생겼다. 곳곳에서 급속하게 늘어난 정착촌의 사람들은 새로운 사회관계를 맺고 변화하는 삶의 형태를 성찰하고 예술을 창조하는 여유를 누리게 됐다.

두 연인이 서로 부둥켜안은 모습을 표현한 이 작은 조각상은 새로운 생활 방식, 다시 말해 달라진 자아관에 대한 중요한 해답을 나타내고 있는지도 모른다. 이 당시 이런 식으로 성행위를 묘사한 데서 스탠퍼드 대학교 고고학자 이언 호더는 그가 "사고의 길들임"이라고 명명한 과정을 보여주는 증거를 찾는다.

> 나투프 문화는 동식물을 완전히 길들이기 전에 시작됐지만 이미 정착 사회의 기틀을 형성한 상태였다. 인간과 인간의 성행위를 이토록 극명하게 묘사하고 있는 점으로 미뤄, 이 조각상은 인간의 관심이 인간과 들짐승 사이의 관계보다는 인간들 사이의 관계 쪽에 더 기울었으며, 정신, 인간, 인간 사회를 길들이는 데 초점을 맞추기 시작한 추세 속에서 나타난 산물이라 하겠다.

아인 사크리 연인상을 들고 이리저리 돌려보면 한 사람이 아니라 두 사람의 형상이라는 점이 확실할 뿐 아니라, 돌을 깎은 방식 때문에 어느 쪽이 남자인지, 어느 쪽이 여자인지 구분하기가 불가능하다는 점이 특이하다. 남녀 구분 없이 처리한 방식, 관찰자의 참여를 강요하는 그런 모호성은 조각가의 계획된 의도였을까? 알 수 없는 일이다. 게다가 이 작은 조각상을 어떤 용도로 사용했는지도 알 수 없다. 몇몇 학자들은 풍요를 기원하는 의식에 사용했을 것으로 추측하지만 이언 호더는 다른 의견을 내비친다.

> 이 물건은 여러 가지로 해석할 수 있다. 한때는 초창기 농부들의 주된 관심이 풍성한 작물 수확에 있었다는 가정 아래 두 사람의 성적 결합 또는 성행위 자체가 모신(母神)의 개념과 연관됐을 것이라는 추측이 주를 이뤘다. 하지만 나는 이 증거물이 초창기에 지배적이었다는 모신의 개념을 뒷받침한다고 생각지 않는다. 새로 드러나는 흥미로운 발견물들을 살펴보면 여성을 표현하는 것이 전혀 없기 때문이다. 상징화의 대상은 대부분 남근이다. 따라서 나는 현재로서는 초창기 농경 사회에서 성욕이 중요했다는 것은 인정하나, 그것이 재생산이나 풍요의 관점, 즉 자녀를 낳고 양육하는 것과는 상관이 없었다고 본다. 성행위 그 자체에 관한 것이라는 점이 더욱 확연하다.

나는 서로 다정하게 껴안고 있는 이 조각상이 재생산 능력이 아니라 사랑을 나타낸다고 생각한다. 사람들은 한곳에 정착해 좀 더 안정된 가정을 이루고 더 많은 식량을 얻고 그 결과 더 많은 자녀를 낳기 시작했으며, 어쩌면 이때가 인간의 역사에서 처음으로 남녀가 상대방을 단지 짝짓기 상대가 아니라 남편 또는 아내로 바라보게 된 순간이었는지도 모른다.

연인상은 이런 모든 개념을 담고 있을 수도 있지만, 우리는 아직도 주로 역사적 추론의 영역에 머물러 있을 뿐이다. 하지만 또 다른 차원에서 이 연인상은 변화하는 사회를 보여주는 증거물이 아니라 감동을 주는 예술 작품으로서 우리에게 직접 말을 건넨다. 아인 사크리 연인상에서 로댕의 〈입맞춤〉이 나오기까지 1만 1,000년의 시간이라는 역사가 흘렀지만 인간의 욕망은 그다지 크게 달라지지 않은 듯하다.

진흙으로 만든 이집트 암소 모형

이집트 룩소르 근방 아비도스에서 출토된 채색 모형

3500 BC

이집트에서 진행되는 발굴 이야기가 나올 때면 우리는 대개 투탕카멘 왕릉에 들어가 파라오의 숨겨진 보물을 찾아내고는 단숨에 역사를 새로 쓰는 상상에 잠기곤 한다. 그런 포부를 품고 있다면 가능성이 매우 희박하다는 점을 일깨워주고 싶다. 고고학 발굴은 대부분 느리고 고된 작업일뿐더러 발굴된 유물을 토대로 역사를 기록하는 일은 그보다 훨씬 더디게 진행된다. 게다가 고고학 보고서의 문체는 매우 신중하고 학술적이고 무미건조한 사무적 말투에 가까워서, 인디애나 존스의 떠들썩한 허세와는 거리가 꽤나 멀다.

1900년 이집트탐험협회의 한 회원이 이집트 남부에서 무덤을 발굴했다. 그는 자신이 발견한 무덤을 냉정하게 "A23호 무덤(Grave A23)"이라고 명명하고 그 안에서 나온 내용물에 대해 다음과 같은 기록을 남겼다.

> 남성의 시신. 진흙으로 만든 모조품 장식용 철퇴가 달린, 빨간 줄무늬가 있는 진흙 지휘봉, 붉은색에 가로 23센티미터, 세로 15센티미터인 작고 네모난 질그릇 상자. 작은 동물 다리뼈. 질그릇 여러 점과 네 마리 암소 모형 한 벌.

뿔이 삐죽하게 나 있는 이 네 마리 암소는 비옥한 땅에 나란히 서 있다. 그들은 약 5,500년 동안 모형 풀밭에서 풀을 뜯어먹으며 지내왔다. 이 소야말로 파라오나 피라미드보다 훨씬 더 오래된 진정한 고대 이집트의 유물이다. 나일강에서 난 진흙 한 덩이를 손으로 빚어 만든 이 네 마리 암소 모형은 파라오의 화려함과는 거리가 멀지만, 소와 소가 대변하는 것은 인류 역사에 훨씬 더 중요하다고 말해도 지나치지 않다. 갓난아기는 우유를 먹고 자라왔고, 소를 기려 신전도 세웠다. 한마디로 소는 사회 전체를 먹여왔으며 경제가 그것을 바탕으로 세워졌다. 소가 없었다면 이 세상은 지금과는 다른, 활기가 떨어지는 곳이 되고 말았을 것이다.

이 모형에는 지금도 흰색과 검정색 흔적이 희미하게 남아 있다. 진흙을 살짝 구워낸 뒤 칠을 입힌 것으로, 우리가 어렸을 때 가지고 놀던 장난감 농장 동물과 아주 비슷하다. 높이는 몇 센티미터에 지나지 않고 소가 딛고 서 있는 받침대는 크기가 대략 정찬용 접시만 하다. 앞으로 살펴보게 될 다른 물건들과 마찬가지로 A23호 무덤에서 발견된 이 물건, 이집트 남부 엘 아므라라는 작은 마을 근처에 있는 공동묘지에 남성의 시신 한 구와 함께 묻혀 있었던 이 암소 모형도 기후 변화의 결과와 그에 따르는 인간의 반응을 말해준다.

이 무덤에서 발견된 유물들은 모두 저세상에서 유용하게 쓰일 예정이었는데, 물건을 그곳에 묻은 사람들이 꿈에도 생각지 못한 방향으로 쓸모를 발휘하고 있다. 하지만 그것은 죽은 자가 아니라 우리에게 유용하다. 우리에게 아득히 먼 사회를 들여다볼 수 있는 통찰력을 제시해준다. 그런 장례 풍습을 통해 당시 사람들의 삶을 비춰볼 수 있기 때문이다. 이런 물건은 우리에게 당시 사람들이 무엇을 했는지뿐 아니라 무엇을 생각하고, 무엇을 믿었는지 알려준다.

파라오와 상형문자 시대 이전의 이집트에 관한 우리의 지식은 대부분 이처럼 작은 암소상 같은 부장품을 근거로 한다. 이 유물의 연대는 이집트가 나일 계곡을 따라 오로지 소규모 농촌만으로 형성되었던 시기로 거슬러 올라간다. 그 이후 이집트에서 발견된 찬란한 황금 예술품과 무덤 장식품과 비교하면 이 작은 진흙상은 보잘것없어 보인다. 당시에 장례식은 간소하게 치러졌다. 방부 처리를 해 미라를 만드는 풍습도 아직 없었고 그런 풍습이 생겨나기까지는 1,000년이라는 시간이 더 필요했다.

진흙으로 만든 네 마리 암소의 주인은 타원형 구덩이에 웅크린 자세로 지는 태양을 마주하고 골풀을 엮어 만든 깔개 위에 누워 있었을 것이다. 주위에는 사후세계로 가는 데 필요한 부장품이 있었다. 이런 암소 모형은 매우 흔한데, 따라서 우리는 소가 이집트의 일상에서 중요한 기능을 담당했을 것이라고 자신 있게 말할 수 있다. 소는 주인이 죽음을 거쳐 사후세계로 떠날 때도 남겨 놓고 가서는 안 될 만큼 중요한 존재였다. 그렇다면 이 소박한 짐승은 어쩌다 인간에게 그토록 중요한 존재가 된 것일까?

이야기는 9,000년 전 광활한 사하라에서 시작된다. 당시 사하라는 오늘날처럼 메마른 사막이 아니라 가젤, 기린, 얼룩말, 코끼리와 야생 소가 서식하는 싱그러운 풀밭으로, 사람들이 사냥을 하기에 더할 나위 없이 좋은 곳이었다. 하지만 8,000년 전 무렵부터 그곳을 비옥하게 가꿔준 비가 내리지 않기 시작했다. 비가 내리지 않자 대지는 오늘날처럼 사막으로 변했고 사람들과 동물들은 계속해서 줄어드는 수원지를 찾기에 바빴다. 이처럼 갑작스러운 환경 변화는 사람들이 사냥을 대체할 방안을 모색해야 한다는 것을 의미했다. 사람들이 사냥해온 동물 가운데 길들일 수 있는 동물은 오로지 소밖에 없었다.

어찌하여 사람들은 야생 소를 길들이는 방법을 찾아냈다. 이제 식량을 얻기 위해 야생 소를 한 마리씩 쫓아다닐 필요가 없어졌다. 대신 소를 한데 모아 관리하는 법을 터득했다. 소 떼를 이곳저곳 데리고 다니며 생활에 필요한 것을 얻을 수 있었다. 소는 이 새로운 공동체의 생명줄이나 다름없었다. 인간의 활동과 동물의 활동이 갈수록 더욱 밀접하게 맞물리면서 소 떼를 기르는 데 필요한 신선한 물과 풀밭에 대한 필요가 삶의 리듬을 좌우했다.

이 같은 사회에서 소가 담당한 몫은 무엇이었을까? 당시 사람들은 무엇을 위해 소 떼를 길렀을까? 페크리 하산 교수는 초창기 이집트의 무덤과 주변 마을을 발굴해 면밀히 조사했다. 그와 동료들은 소를 소비했다는 증거뿐만 아니라 가축우리 흔적을 찾아냈다. 아울러 소뼈도 발견했다. 하산 교수는 이 특별한 물건, 곧 이 네 마리 암소 모형은 소가 이집트에 도입된 지 1,000년 이상이 지난 뒤에 만들어졌을 것이라고 결론 내린다.

소뼈를 조사하면 도살됐을 때의 나이를 추정할 수 있다. 뜻밖에도 식량을 얻으려는 목적으로만 길러졌다고 생각하기에는 너무 늙은 소가 상당히 많았다. 초창기 이집트인들이 질긴 고기를 즐겨 먹었다면 모를까, 이 소들은 우리 상식에 비춰 육우라고 보기 어려웠다. 아마도 소들은 다른 이유, 그러니까 여행에서 물이나 소지품 등을 운반할 목적으로 사육된 듯하다. 하지만 무엇보다도 피를 받기 위해 살려뒀을 가능성이 더 높다. 소 피를 마시거나 야채 스튜에 첨가하면 필수 영양소인 단백질을 섭취할 수 있었다. 이는 세계 여러 곳에서 발견되는 생활 습관 중 하나로, 케냐의 유목민들은 지금도 그런 생활 습관을 유지하고 있다.

이 네 마리 암소 모형은 '걸어 다니는 혈액은행'을 표현했을 가능성이 높다. 언뜻 보기에 더 명쾌한 대답, 곧 이 소들이 젖소였을지 모른다는 사실은 배제해도 좋을 듯하다. 몇 가지 이유에서 우유는 안타깝게도 당시 사람들의 식단에 포함되지 않았기 때문이다. 초창기에 길들인 이 암소들은 젖이 거의 나오지 않았을 뿐 아니라 사람들이 암소의 젖을 마셔 영양분을 섭취하는 행위는 한참 후에야 얻은 기능이다. 음식의 고고학에 정통한 마틴 존스는 이렇게 말한다.

> 옛 조상들이 우리와 달리 흔쾌히 먹으려고 하지 않은 음식이 몇 가지 있다. 인류는 소를 길들이기 시작하면서 어른의 나이에도 우유를 마실 수 있는 수용력을 발달시켰다. 아마도 암소 젖에서 영양분을 얻는 능력이 개인의 생존 능력을 끌어올려 그 능력을 자손에게까지 전수하는 데 도움이 됐기 때문인 듯하다. 하지만 심지어 오늘날에도 전 세계 현대인 가운데는 다 큰 나이에 우유를 마시지 못하는 예가 적지 않다.

어쩌면 암소 젖을 마시는 행위가 초창기 이집트인들에게는 좋지 않았는지도 모른다. 하지만 몇 세기가 흐르면서 그들의 후손은 물론 다른 많은 사람들까지 결국 우유에 적응하게 됐다. 그런 과정은 전 세계에서 거듭 확인된다. 처음에는 소화하기 힘든 물질도 시간을 두고 천천히 적응하면 우리 식단의 중심을 차지하게 된다. 우리가 먹는 것이 곧 우리 자신이라는 말이 있다. 그보다는 우리 조상들이 어렵사리 먹는 법을 배운 것이 곧 우리 자신이라는 말이 더 정확할지도 모르겠다.

초창기 이집트에서 암소는 일종의 보험과도 같은 존재였던 것으로 보인다. 농작물이 불에 타 먹을 수 없게 되면 사람들은 마지막 영양 공급원으로 늘 소에 의지했다. 가장 좋은 먹을거리는 아니었을지 몰라도 소는 언제나 가까이에 있었다. 소는 사회적으로나 의례적 차원에서도 중요한 의미가 있었지만 페크리 하산의 설명대로 그보다 한층 더 의미가 깊다.

> 암소든, 수소든 소는 늘 종교적인 의미를 지녔다. 사막에서 암소는 생명의 근원이었으며, 수많은 암각화에서 우리는 암소가 다소 종교적인 배경을 뒤로 한 채 새끼들을 거느리고 있는 광경을 볼 수 있다. 또한 진흙으로 빚은 소형 여인상을 보면 마치 뿔처럼 두 팔을 높이 쳐들고 있는 경우도 많다. 이처럼 소는 종교 이데올로기 안에서 매우 중요한 비중을 차지한 것으로 보인다.

A23호 무덤에서 출토된 암소상은 겉으로는 딱히 특별하다고 할 만한 점이 없다. 하지만 좀 더 자세히 살펴보면 오늘날 유럽과 북아메리카는 물론 심지어 현대 이집트의 농장에서 볼 수 있는 암소와는 다르다. 무엇보다도 뿔의 형태가 눈에 띄게 다르다. 뿔이 앞쪽으로 휜 데다가 위치가 우리가 알고 있는 암소의 뿔보다 훨씬 더 낮다.

오늘날 현존하는 암소는 모두 아시아계 혈통이다. 이 이집트 암소 모형이 오늘날 우리가 알고 있는 암소와 다르게 보이는 이유는 초창기 이집트 암소들이 지금은 사라진 아프리카 토종 소의 혈통을 이어받았기 때문이다.

피와 고기와 안전과 에너지를 제공한 이집트 암소들은 나일 계곡 주변에서 살아가던 사람들의 생활방식을 바꿔놓았을 뿐 아니라 신성한 동물로 널리 섬김을 받았을 정도로 이집트인들의 삶에서 큰 비중을 차지했다. 이 암소 모형이 만들어진 때만큼 일찍부터 소를 숭배하는 관습이 생겨났는지는 여전히 논쟁중이지만, 후대 이집트 신화에서 암소는 강력한 암소 여신 바트의 신분으로 두드러진 종교적 역할을 수행한다. 바트는 대개 여성의 얼굴에, 암소의 귀와 뿔이 달린 모습으로 묘사돼 있다. 몇 세기가 흐르며 소의 지위가 얼마나 높아졌는지를 가장 명확하게 보여주는 증거는 나중에 이집트 왕들을 추어올릴 때 "그의 어머니의 황소"라는 존칭을 사용했다는 사실에서 확인할 수 있다. 즉 암소는 파라오의 창조주로 간주된 것이다.

9
마야의 옥수수 신상

온두라스 코판에서 발견된 석상

AD 715

이 옥수수의 신은 대영박물관 한가운데 놓여 있다. 돌로 만든 끌과 현무암 망치를 이용해 석회암을 깎아 만든 흉상으로, 이목구비가 굵직굵직하고 균형이 잘 잡혀 있다. 눈을 지그시 감고 입은 살짝 벌린 채 조용히 명상에 잠겨 마치 다른 세계와 교감하는 듯한 모습이다. 구부린 두 팔과 한쪽은 위로, 또 한쪽은 아래로 향하고 있는 손바닥에선 평온한 기운이 느껴진다. 신상은 옥수수 속대 모양을 양식화한 커다란 머리 장식을 이고 있으며 머리카락은 잎사귀에 싸인 속대를 따라 가지런히 늘어뜨린 비단실 같다.

몇몇 고고학자들은 가장 초창기 인류에게도 음식이 늘 신성한 역할을 했다고 주장한다. 앞 장에서 살펴본 이집트의 암소 여신이나 그리스·로마 신화에 나오는 바쿠스와 케레스 또는 힌두교의 음식의 여신 안나푸르나를 생각해보라. 하지만 빙하시대가 끝난 뒤, 대략 5,000년에서 1만 년 전 사이에 새로운 음식이 등장하면서 신들도 새롭게 나타난 듯하다. 6장에서 살펴본 대로 이 무렵부터 전 세계 사람들이 음식을 공급해줄 특정 식물들을 골라내기 시작했다. 중동에서는 밀과 보리, 중국에서는 기장과 쌀, 파푸아뉴기니에서는 토란, 아프리카에서는 수수가 식탁에 올랐다. 그와 더불어 신들에 관한 이야기도 도처에서 생겨났다. 죽음과 재생의 신, 계절의 순환을 다스려 농작물의 수확을 약속하는 신, 숭배자들이 먹었거나 먹게 될 음식 그 자체를 상징하는 신이 속속 등장했다. 이 흉상은 세계 전역에서 진행된 그런 과정 중 일부다. 그는 물질에서 생겨난 신화, 곧 중앙아메리카에서 탄생한 음식의 신이다.

원래 이 신상은 온두라스 서부에 있는 계단식 피라미드 신전 높은 곳에 성격이 비슷비슷한 다른 신들과 함께 앉아 있었을 것으로 추정된다. 신상이 발견된 장소는 마야의 주요 도시이자 종교 중심지인 코판으로, 그곳에 있는 거대한 유적은 지금도 모든 이들에게 공개돼 있다. 700년께 마야 지도자는 코판에 웅장한 신전을 지으면서 장식할 신상을 위탁했다. 신상의 머리와 몸통 사이를 살펴보면 접합한 흔적이 아주 뚜렷이 나타나는데, 머리를 주의 깊게 관찰하면 실제로는 몸통에 견줘 너무 크다는 점을 알 수 있다. 코판의 신전이 파괴될 때 신상도 모두 무너져 내렸다. 그때 머리와 몸통이 서로 분리됐기 때문에 나중에 다시 붙여야 했고, 따라서 이 신상의 머리는 원래 이 몸통에 붙어 있지 않았을 확률이 높다. 물론 이런 사실이 신상의 의미에 영향을 끼치지는 않는다. 이 신들은 모두 마야인의 삶에 옥수수가 중요한 영향을 주고 핵심적인 몫을 담당했다는 사실을 보여주기 때문이다.

이 옥수수 신상은 비교적 후대에 만든 것으로, 715년께 제작됐지만 매우 오랜 전통의 일부를 이룬다. 중앙아메리카 사람들은 몇천 년 넘게 이 신상은 물론 그 이전의 신상들을 숭배했다. 옥수수의 신에 얽힌 신화는 중앙아메리카 문명의 사활이 걸려 있던 매해 옥수수 파종과 수확을 반영한다. 신화 속에서 옥수수의 신은 옥수수와 마찬가지로 추수 때가 되면 머리가 잘려나갔다가 새로 옥수수가 자랄 시기가 시작되면 다시 젊고 아름다운 모습으로 태어난다. 인류학자이자 『옥수수의 역사*History of Maize*』의 저자인 존 스톨러는 옥수수의 신이 이 신상의 제작을 주문한 통치자처럼 힘 있고 부유한 후원자들 눈에 그토록 매혹적으로 비친 이유를 이렇게 설명한다.

> 고대 사회의 엘리트 계층은 옥수수가 신성한 속성을 지녔다 믿고 그런 속성을 자신들과 연관시켰다. 이는 이 젊은 옥수수의 신에서 뚜렷이 드러난다. 이 신상은 신들이 주도한 창조 단계의 셋째 순환기에 탄생한 신화적 존재들을 형상화한 것이 분명하다. 그들은 여자 넷, 남자 넷 모두 여덟 명이었는데, 당시 사람들은 그들이 모든 마야인의 조상이라고 믿었다. 다시 말해 마야인들은 자신들의 조상이 옥수수에서 유래했으며 노랗고 하얀 옥수수 반죽으로 빚어졌다고 믿었다. 옥수수는 고대 중앙아메리카 사람들의 종교적, 의식적 숭배의 핵심이었으며, 이런 관습은 마야 문명 이전 올메카 문명까지 거슬러 올라간다.

따라서 이 옥수수 신상은 단순히 황홀할 만큼 아름답기만 한 조각상이 아니다. 이 신상은 고대 아메리카 사회가 자신과 자신의 환경을 어떻게 생각했는지를 엿볼 수 있는 진정한 통찰력을 제시한다. 이 신상은 농작물을 심고 거둬들이고 다시 심는 농사 주기와, 그에 병행하여 인간이 태어나고 죽고 또다시 태어난다는 믿음을 상징한다. 하지만 이보다 훨씬 더 중요한 점은 이 신상이 중앙아메리카를 존재하게 한 물질이었다는 사실이다. 히브리 신은 흙으로 아담을 만들었지만 마야 신들은 옥수수로 인간을 만들었다. 이런 신화는 아메리카에서 가장 유명한 서사시로 알려져 있는 『포폴 부*Popol Vuh*』에 나온다. 이 신화집은 수 세대 동안 입에서 입으로 전해오다가 17세기에 이르러 문자로 기록됐다.

> 인간의 수태와 인간의 몸을 만들 재료를 찾는 과정은 여기서 시작된다. (중략) 그리하여 그들이 말하는 대로 품는 자, 생산하는 자, 만드는 자, 본뜨는 자 그리고 깃털 달린 지고의 뱀은 인간의 몸을 만드는 데 필요한 재료를 찾아냈다. 머지 않아 태양과 달과 별들이 만드는 자와 본뜨는 자의 머리 위로 모습을 드러냈다. "갈라진 장소", "쓴 물의 장소"라고 불리는 곳에서 노란 옥수수, 하얀 옥수수가 나왔다. 바로 이때 그들은 중요한 양식을 발견하고 노란 옥수수와 하얀 옥수수를 빻았다. 그러고 나서 그들은 우리의 첫 어머니와 아버지를 빚어 만들라고, 노란 옥수수와 하얀 옥수수로는 살을, 음식으로는 우리 첫 아버지의 두 다리와 두 팔을 만들어 인간에게 사지를 달아달라고 말했다.

밀이나 고기가 아니라 하필이면 옥수수가 아메리카 사람들이 즐겨 먹는 음식이자, 숭배 대상이 된 이유는 무엇일까? 그 대답은 옥수수와 신성의 관계가 아니라 중앙아메리카의 환경에서 나온다. 9,000년 전 중앙아메리카에서는 음식 공급원이 매우 제한돼 있었다. 다른 세계에서는 흔한 돼지, 양, 소처럼 쉽게 길들일 수 있는 동물도 없었고 주요 산물이라고 해야 천천히 밭에 심어 기른 식물 세 가지, 즉 호박, 콩, 옥수수뿐이었다. 그중 콩과 호박은 신이 되지 못했다. 그런데 옥수수는 어떻게 신이 될 수 있었을까?

옥수수의 조상 돼지수수는 적응력이 놀랍도록 탁월하다. 이 식물은 습기가 많은 저지대는 물론 메마른 산지에서도 잘 자란다. 이는 농부들이 어떤 기후 환경에 있든 옥수수를 재배할 수 있다는 뜻이다. 옥수수는 추수를 할수록 더 크고 더 풍성하게 자라났고, 그 결과 빠르게 퍼져나갔다. 농부들은 노동력을 투자한 만큼 만족스러운 수확을 거둘 수 있었다. 무엇보다 옥수수는 탄수화물이 풍부해 신속한 에너지 공급원으로 안성맞춤이다. 한 가지 흠이 있다면 소맛이 밋밋하다는 점이었는데, 따라서 농부들은 일찍부터 기발한 보조 식품을 재배하기 시작했다. 다름 아닌 아메리카 토종 고추였다. 고추는 영양가는 별로 없지만 단조로운 맛의 탄수화물에 활기를 불어넣는 특이한 능력이 있다. 중앙아메리카 전역에서 고추가 개발되고 광범위하게 사용된 것은 농부들이 미식가이기도 했다는 사실을 보여주는 증거다.

1,000년께 이르러 옥수수는 남북으로 퍼져나가 사실상 아메리카 전역에서 재배됐다. 초창기 옥수수가 맛도 별로 없는 데다 쉽게 먹을 수 있는 상태도 아니었다는 점을 감안하면 이는 참으로 놀라운 현상이 아닐 수 없다. 당시 옥수수는 요즘 옥수수와 달리 물에 삶아 바로 먹을 수 없었다. 옥수수가 소화하기 쉬운 농작물로 거듭난 것은 농부들이 수세대를 거치면서 '가장 좋은' 옥수수에서 씨앗을 받아 다음번 농사를 지을 때 다시 땅에 심는 방법을 통해 품종을 개량해왔기 때문이다. 하지만 9,000년 전에는 옥수수 속이 무척 딱딱했고 날로 먹으면 심각한 질환을 일으켰다. 날것 상태인 옥수수 알갱이는 물에 석회를 풀어 삶아야 했다. 이처럼 세심한 과정을 거치지 않으면 옥수수에 들어 있는 두 가지 주요 영양소, 즉 아미노산과 비타민B를 섭취할 수 없었다. 그러고 나면 삶은 알갱이를 갈아서 누룩이 없는 반죽으로 만들어야 했다. 옥수수의 신은 자신의 숭배자들이 저녁 끼니를 마련하기 위해 힘들여 일하기를 바랐던 셈이다.

오늘날에도 옥수수는 멕시코 요리 대부분에 들어가는 주요 재료일 뿐 아니라 놀랍도록 강력한 종교적, 상징적 의미를 담고 있다. 식당 주인인 산티아고 칼바는 이 점을 너무나 잘 알고 있다.

> 옥수수가 일상생활에 끊임없이 미치는 여파는 아주 방대하고 복잡하다. 어느 단계에서나 늘 옥수수가 있고, 그것은 계층 사이의 장벽이나 신분도 훌쩍 뛰어넘는다. 가장 부유한 사람에서 가장 가난한 사람에 이르기까지, 순수하게 토착민인 사람에서 이민자에 이르기까지 모두 옥수수를 먹고 마시며, 옥수수는 다른 무엇보다도 우리를 단단하게 묶는 매개체다.
>
> 옥수수 문화는 두 가지 새로운 문제에 직면했다. 하나는 옥수수를 바이오 연료로 사용하는 것인데, 이는 옥수수 가격을 높이는 결과를 낳았다. 이런 결과는 멕시코 사람들에게 직접적으로 영향을 끼친다. 또 다른 문제는 유전자를 변형해 만든 옥수수다. 신 행세를 하는 것은 개인적 차원에서나 종교 차원에서나 참기 어려운 모욕이다. 먹거나 경배하는 것 외에 다른 목적으로 옥수수를 이용하는 것, 심지어 차의 연료로 사용하는 등의 행위는 논란의 여지가 매우 큰 문

제로 떠오른다.

멕시코인 처지에서 보면 신성한 양식인 옥수수를 연료 탱크에서 끝장낸다는 것은 상상조차 할 수 없는 일이다. 또한 유전자를 조작한 농작물을 생산한다는 생각은 비단 멕시코인뿐 아니라 과학계와 종교계까지 깊은 불안에 빠뜨린다. 인간의 생명을 유지해주는 농작물을 신성시하는 습관은 1만 년 전 무렵부터 세계 전역에서 형성됐으며 지금도 여전히 건재하다. 농작물의 유전자를 조작해 수확량이나 병충해에 대한 저항력을 높여 이득을 본다 하더라도 인간이 자연의 질서를 교란해가면서 신들의 영역으로 남겨진 곳에 무단 침입하는 것에 우려를 표명하는 사람들이 많다.

IO

조몬 토기

일본에서 출토된 토기

5000 BC

인간이 처음으로 어떤 물건을 만들어내기까지 얼마나 엄청난 도약이 있었는지를 추측하는 것은 과학적으로 바람직하지 않지만, 그럼에도 때로 이를 피하기는 쉽지 않다. 따라서 그중에서도 가장 큰 도약에 대해 과학적이지도, 바람직하지도 않은 추측을 해보고자 한다. 몇천 년 전 젖은 찰흙 덩어리가 우연히 불 속에 들어가 물기가 마르면서 속이 텅 빈 형태로 굳어졌다고 치자. 튼튼하고 내구성이 강한 재질에 뭔가를 보관할 수 있는 형태로 바뀌었다고 상상해보자. 이렇듯 축축한 찰흙이 단단한 무언가로 탄생할 무렵, 다양한 조리법과 술이 주는 즐거움과 도자기의 창조라는 세상이 활짝 열렸다. 바야흐로 인류가 처음으로 그릇을 만드는 순간이었다.

앞에서 우리는 인류가 짐승을 길들이고 식물을 기르게 되었을 경위를 살펴봤다. 그 결과 인류는 새로운 음식을 먹기 시작했고 삶의 방식도 전과 달라졌다. 간단히 말해 정착 생활이 시작된 것이다. 한때는 도기 제작이 그런 변화와 맞물리면서 인류의 정착 생활과 함께 나타났을 것이라는 추측이 대세를 이뤘다. 그러나 오늘날 우리는 실상 최초의 토기가 이미 1만 6,500년 전 무렵에 만들어졌다는 사실을 알고 있다. 전문가들이 구석기시대로 분류하는 이 당시 사람들은 여전히 이곳저곳 떠돌아다니며 몸집이 큰 동물을 사냥했다. 도기가 그렇게나 일찍 등장했을 줄은 사실 아무도 생각하지 못했다.

도기는 전 세계 어디서나 발견되며 전 세계 박물관마다 선보이고 있다. 대영박물관의 계몽주의 전시관에도 영웅들이 서로 드잡이하는 모습을 묘사한 그리스 항아리, 중국 명나라 때의 사발, 배가 불룩 튀어나온 아프리카의 저장용 단지, 웨지우드 수프 그릇 등 수많은 도기를 전시하고 있다. 도기는 어느 박물관에서나 아주 중요한 비중을 차지하는 소장품이다. 다른 어떤 물건보다 인류의 역사를 많이 담고 있으며 글로도 남아 있기 때문이다. 로버트 브라우닝은 다음과 같이 지적했다. "시간의 바퀴는 헛돌거나 멈추지만 도공과 진흙은 영원하다.”

세계 최초의 그릇은 일본에서 등장했다. 사진의 것은 약 7,000년 전에 만들어졌으며 일본의 토기 제작 역사는 거의 1만 년 전부터 시작된다. 이 토기는 처음 보면 아주 투박하다는 인상을 준다. 생김새나 크기가 어린아이들이 해변에서 가지고 노는 양동이와 비슷한 원형 토기다. 회갈색을 띤 찰흙 재질에, 높이는 약 15센티미터 정도다. 좀 더 자세히 들여다보면 찰흙을 똬리 틀 듯 똘똘 감아 층층이 쌓은 뒤 겉에다 섬유질 물체를 꾹꾹 찍어 눌러 무늬를 만들었다는 것을 알 수 있다. 따라서 이 그릇을 들어보면 마치 바구니를 들고 있는 듯한 느낌이 든다. 이 작은 조몬 토기는 생김새나 느낌이 찰흙으로 만든 바구니와 흡사하다.

이것과 같은 시기에 나온 다른 일본 토기에도 마찬가지로 바구니를 연상시키는 무늬가 찍혀 있는데 일명 ‘새끼줄 문양’으로 알려져 있다. ‘새끼줄 문양’을 뜻하는 일본어가 ‘조몬’인데, 이 말은 단지 그런 문양의 그릇만이 아니라 그것을 만든 사람들은 물론 그들이 산 역사적 시기 전체를 가리키는 말로 사용된다. 세계에서 최초로 그릇을 만든 사람은 지금의 일본 북부에 해당하는 지역에서 산 바로 이 조몬인들이었다. 이스트앵글리아 대학교 사이먼 캐너는 고대 일본 문화에 정통한 전문가다. 그는 이렇게 설명한다.

> 우리 유럽인들은 도기를 만든 사람이 농부였으며 농사를 짓기 시작하면서 사람들이 비로소 한곳에 정착할 수 있었을 거라고 늘 생각해왔다. 농사를 지어야 겨울철을 나는 데 필요한 잉여 작물을 확보할 수 있는 데다 그릇을 들고 이리저리 돌아다니려면 이만저만 번거롭지 않기 때문에 1년 내내 한곳에 머물게 되면서 비로소 도기를 만들기 시작했을 것이라는 추측에서다. 그러나 일본의 사례는 매우 흥미롭다. 그곳에서 도기를 만든 사람은 농부가 아니었기 때문이다. 이는 세계 곳곳에서 나온 선사시대 유물 중 낚시, 견과류 같은 야생 열매 채집, 들짐승 사냥에 의지해 살았던 사람들에게도 조리용 그릇이 필요했다는 점을 보여주는 최고의 증거 중 하나다.

조몬인들은 상당히 안락한 삶을 누린 것으로 보인다. 그들은 바다 근처에 살면서 물고기를 주식으로 삼았다. 손만 뻗으면 음식을 구할 수 있었기 때문에 사냥과 채집에만 의존해 여기저기 헤매 다니는 사람들과 달리 조몬인들은 이

동할 필요가 없었다. 게다가 견과류와 씨앗 같은 풍부한 식물 자원에도 쉽게 접근할 수 있었기 때문에 굳이 짐승을 길들이거나 작물을 심을 이유 또한 없었다. 세계 다른 곳과 비교해 유독 일본에서 농사가 자리를 잡기까지 오랜 시간이 걸린 까닭은 아마도 이처럼 물고기를 비롯한 식량이 풍부했기 때문이 아닐까 싶다. 쌀농사 형태의 단순한 농경문화가 일본에 도래한 시기는 겨우 2,500년 전으로, 세계적인 기준에서 보면 한참 늦은 셈이다. 그러나 도기 제작에서는 일본인들이 선두 주자였다.

그릇을 발명하기 전에 사람들은 땅을 파서 만든 구덩이나 바구니에 식량을 저장했다. 두 가지 방법 모두 벌레에 취약했을 뿐 아니라 다른 동물이 훔쳐가기 딱 알맞았고, 특히 바구니는 세월과 비바람에 상하기 일쑤였다. 하지만 단단한 토기에 담아두면 쥐도 막을 수 있고 음식도 신선하게 보관할 수 있었다. 그것은 엄청난 혁신이었다. 그러나 이 새로운 그릇의 형태나 질감에서 조몬인들은 그다지 혁신적이지 못했다. 이미 가지고 있는 것, 즉 바구니를 본떴을 뿐이기 때문이다. 하지만 그들은 토기를 아주 멋지게 장식했다. 일본 문화재청 선임 고고학자로 활동하는 다카시 도이 교수는 조몬인들 손에서 탄생한 장식 문양을 이렇게 묘사한다.

> 그들은 나무, 식물, 조가비, 동물 뼈 등 주변의 자연에서 발견한 것에 착안해 문양을 만들었다. 기본 문양은 식물 줄기를 한데 꼬아 합치거나 새끼를 틀어 얻었는데 새끼를 꼬는 방법이 놀랍도록 다양했다. 지금까지 확인된 바로는 지역별, 시기별로 정교한 변천 과정이 있다. 조몬 토기는 지역에 따라 그 양식이 400가지가 넘는다. 양식마다 새끼줄 문양이 제각각 특정하기 때문에 이중 몇몇 양식은 정확히 25년 주기로 구분할 수 있다.

조몬인들은 분명히 이처럼 정교한 미적 놀이를 즐겼지만, 새지도 않고 열에도 강한 이 새로운 주방용품의 실용성에도 무척 흥분했을 것이 틀림없다. 그들의 식단에는 물론 채소와 견과류가 포함됐을 테지만 새로운 그릇으로 그들은 굴, 새조개, 대합 같은 조개류도 조리했다. 고기도 그릇을 이용해 굽거나 삶아 먹었다. 일본은 국물 요리의 탄생지이자 찌개요리의 본고장인 듯 보인다. 사이먼 캐너는 이런 조리법이 오늘날 재료의 연대를 추정하는 데 크게 도움이 된다고 설명한다.

당시 사람들이 설거지에 서툴렀다는 것은 우리로서는 아주 큰 행운이 아닐 수 없다. 그들은 그릇 안에다 탄화된 음식 찌끼를 남겨놓았는데 그 바람에 안쪽 표면에 시커먼 침전물이 눌러 붙게 됐다. 연대가 약 1만 4,000년 전으로 거슬러 올라가는 초창기 그릇 가운데는 실제로 검정 딱지, 즉 탄화 물질이 붙어 있는 그릇이 더러 있다. 덕분에 연대 추정이 가능하다. 이런 그릇은 아마도 채소를 요리할 때 사용한 것으로 보인다. 생선죽을 끓일 때 썼을까? 아니면 오랫동안 끓여야 먹을 수 있는 도토리를 비롯한 다양한 견과류를 요리해 먹었을지도 모른다.

그릇이 식단에 변화를 가져왔다는 것은 매우 중요한 점이다. 새로운 음식은 끓여야만 먹을 수 있다. 조개는 물에 넣고 끓이면 껍질이 활짝 벌어져 내용물을 먹기가 수월해진다. 게다가 상했는지 아닌지도 쉽게 구별할 수 있다는 점도 중요한데, 상한 조개는 입을 열지 않기 때문이다. 먹을 수 있는 음식을 가려내려면 놀랄 정도로 많은 시행착오가 필요하지만 조리는 그 과정을 몰라보게 단축해준다.

사냥과 채집에 의존한 조몬인들의 생활방식은 조몬 토기가 등장하면서 윤택하게 바뀌었고, 이때 바뀐 생활방식은 그 뒤로 1만 4,000년 동안 크게 달라지지 않았다. 세계에서 가장 오래된 그릇들은 일본에서 만들어졌지만 기술은 다른 곳으로 전래되지 않았다. 문자처럼 도기도 세계 여러 곳에서 각기 시대와 장소를 달리해 개발된 것으로 보인다. 중동 지역과 북아프리카 지역에서는 조몬 그릇이 첫 선을 보인 지 몇천 년이 지나고 나서야 비로소 그릇이 등장했고 아메리카 대륙에서는 그후로도 몇천 년이 더 흘러야 했다. 하지만 거의 모든 곳에서 그릇의 발명은 새로운 조리법과 식단의 다양화로 이어졌다.

오늘날 조몬 토기는 전 세계 대형 전시관에서 일본을 홍보하는 문화 사절로 톡톡히 한몫하고 있다. 대부분의 국가들은 외부에 자신을 드러낼 때 제국의 영광이나 정복을 일군 군대에 눈을 돌린다. 그런데 경제 강국과 기술 강국으로 통하는 일본은 자국의 정체성이 사냥과 채집에 의존한 초창기 조상들의 발명품에서 나온다고 자랑스럽게 선언한다. 외부인인 내가 보기에 이는 상당히 설득력 있는 주장이다. 세부 묘사와 장식 문양에 대한 조몬인들의 치밀한 장인 정신, 세련미를 더 한층 끌어올리기 위해 오랜 세월 끊임없이 노력한 조몬인들의 전통이야말로 이미 상당히 일본다워 보이기 때문이다.

그러나 이 작은 조몬 토기 이야기는 여기서 끝나지 않는다. 다른 무엇보다 가장 특이하다 싶은 이야기 하나를 아직 설명하지 않았기 때문이다. 다름 아니라 그릇 내부를 정성스레 옻칠한 뒤 금박을 입혔다는 점이다. 유물로 역사를 서술하는 방식이 매력적인 이유 중 하나는 시간이 흐르면 맨 처음 물건을 만든 사람은 꿈조차 꾸지 못한 이력과 운명을 지니게 되는 물건이 많다는 점이다. 이 그릇도 그렇다. 금박은 17세기와 19세기 사이 어디쯤, 그러니까 일본 학자들이 고대 토기를 수집하고 전시하기 시작한 무렵에 입혀졌다. 이렇게 그릇 내부에 옻칠을 해서 얇은 금박을 입힌 사람은 아마도 어느 부유한 수집가인 듯하다. 조몬 토기는 세상에 나온 지 7,000년 뒤에 일본의 고유 의식인 다도(茶道)에서 사용하는 '미즈사시', 즉 '물을 따르는 그릇'으로 새로운 삶을 살기 시작했다.

아마도 이 토기를 처음 만든 사람은 용도가 그렇게 바뀐다 해도 마다하지 않았을 것이다.

PART 3

최초의 도시와 국가들

4000~2000 BC

세계 최초의 도시와 국가는 약 5,000년에서 6,000년 전 북아프리카와 아시아의 하곡 지역에서 모습을 드러냈다. 오늘날 이라크, 이집트, 나아가 파키스탄과 인도에 해당하는 곳에서 사람들이 한데 모여 마을보다 규모가 더 큰 정착지를 형성해 살았고, 그 결과 왕과 군주, 부와 권력의 심각한 불균형 현상이 생겨났다. 늘어나는 인구를 통제하는 수단으로 문자도 이때 처음 등장했다. 이 세 지역에서 발흥한 초기 도시와 국가 사이에는 중요한 차이가 있었다. 이집트와 이라크에서는 전쟁이 끊이지 않은 반면, 인더스 계곡은 상당히 평화로웠다. 세계 대부분 지역에서는 사람들이 여전히 작은 농촌 공동체에서 살았지만, 이런 소규모 촌락 중에는 넓은 지역을 관통하는 대규모 교역망의 일부를 이루는 마을도 있었다.

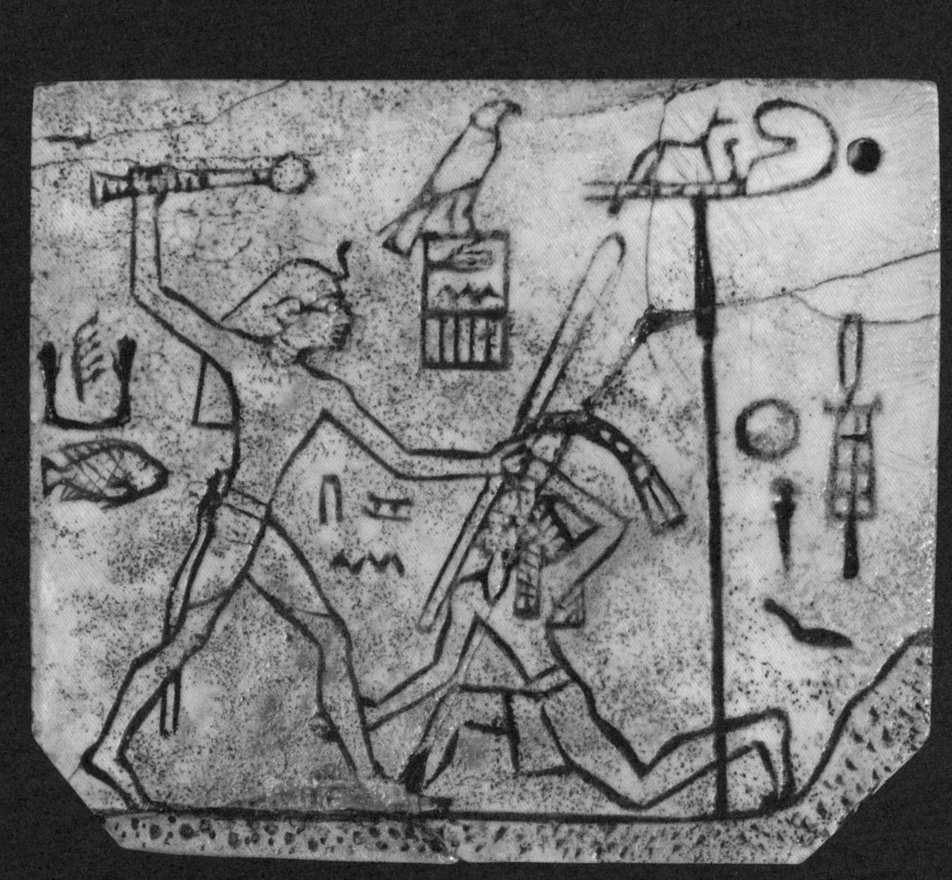

II

덴 왕의 샌들 명판

이집트 룩소르 근방 아비도스에서 발견된 하마 상아로 만든 명판

AROUND 2985 BC

연예·오락 산업은 현대 대도시를 활력과 풍요, 권력과 문화에 접근하기 쉬운 곳, 금으로 포장한 듯 반짝거리는 거리와 같은 흥미로운 신화로 위장해 사람들의 눈을 현혹한다. 무대와 스크린을 통해 우리는 그런 도시를 봐왔고 또 사랑해왔다. 그러나 우리는 현실 속 대도시가 얼마나 삭막한지 잘 알고 있다. 소음도 심하고 언제 폭력이 일어날지 예측할 수 없는 데다 섬뜩할 만큼 익명성을 띤다. 때로는 낯선 군중을 대하기가 그저 부담스러울 뿐이다. 물론 이런 현상은 아주 놀랍지만은 않다. 휴대폰에 저장할 수 있는 전화번호 개수나 소셜 네트워크에 입력할 수 있는 이름의 수를 확인해보면 제아무리 도시 거주자라고 해도 이삼백 개를 넘기기 어렵다. 사회인류학자들은 이 숫자가 석기시대에 꽤 큰 마을을 이룬 사회집단의 크기와 비슷하다고 즐거이 지적한다. 그들의 설명을 들어보면 우리는 결국 겨우 석기시대의 사회적 두뇌 용량을 가지고 현대 대도시에 적응하려 애쓰고 있는 셈이다. 우리는 모두 익명성을 극복하려고 분투하고 있는 것이다.

사람들이 대부분 서로 모르는 사이이며, 당신이 주민 가운데 극소수하고만 친분이 있는 상황에서 도시나 국가를 이끌고 다스리려면 어떻게 해야 할까? 이는 부족이나 마을 규모를 넘어서는 사회집단이 형성된 이래로 5,000년 넘게 정치인들을 괴롭혀온 문제다. 인구밀도가 높은 세계 최초의 도시와 국가는 유프라테스 강, 티그리스 강, 인더스 강 같은 비옥한 강가 계곡에서 생겨났다. 이 장에서 소개하는 물건은 여러 강 중에서도 가장 유명한 강, 곧 나일 강과 연관돼 있다. 어떻게 하면 지도력을 발휘해 많은 사람들을 통제하고 다스릴 수 있을까 하는 질문에 대한 해답은 이집트의 파라오들에게서 나온다. 해답은 무척 간단한데 바로 무력이다.

파라오 시대의 이집트를 자세히 알고 싶다면, 대영박물관이야말로 기념비적인 조각품과 화려하게 채색한 미라 관을 비롯해 엄청나게 많은 종류를 선택

할 수 있는 장소다. 그러나 나는 글자 그대로 나일 강의 진흙 속에서 건져낸 작은 유물 하나를 선택했다. 하마 어금니로 만든 물건으로, 이집트 초기 파라오 가운데 한 사람인 덴 왕이 그 임자다. 얄궂게도 거대 권력을 탐구하는 데 참고할 물건 치고는 너무 조그맣다.

사방 5센티미터 크기에, 두께가 매우 얇고 느낌과 생김새는 요즘 명함과 비슷하다. 원래 이 물건은 신발에 부착하는 찌지였다. 한쪽 면에 새겨진 신발 그림이 그런 사실을 말해준다. 이 작은 상아 명판은 한 이집트 파라오의 이름표로, 그와 함께 사후세계로 떠나 그곳에서 만나는 사람들에게 그의 신분을 알리기 위한 목적에서 제작됐다. 우리는 이 명판을 통해 이집트의 초기 왕들, 곧 기원전 3000년께 역사상 가장 위대한 기념비적 예술품과 건축물 가운데 일부를 선보인 새로운 문명사회의 통치자들에게 곧장 다가갈 수 있다.

오늘날로 치면 이 명판은 직장인들이 목에 걸고 다니면서 보안 검색대를 통과할 때마다 제시하는 신분증과 가장 비슷하지 않을까 싶다. 물론 이 이집트 명판을 읽을 독자들이 사후세계의 신들일지, 아니면 혼령이 되어 그곳에서 정처 없이 떠도는 종들일지는 분명하지 않다. 명판의 그림은 먼저 상아를 긁어내 홈을 판 뒤 그 위에 검정색 송진을 문질러 새긴 것으로, 상아의 우윳빛과 그림의 검정색이 근사하게 대조를 이룬다.

파라오가 등장하기 전만 해도 이집트는 통일 국가가 아니었고, 지중해와 나일 강을 따라 남북으로 길게 이어지는 정착지를 마주보며 나일 삼각주의 동서 해안선을 따라 나뉘어 있었다. 해마다 되풀이되는 나일 강의 범람으로 수확이 풍성했고, 덕분에 급속하게 늘어나는 인구를 먹일 식량을 확보할 수 있었으며 실제로 식량이 남아돌아 교역까지 했을 정도다. 하지만 범람 지역을 벗어나면 비옥한 땅이 단 한 뼘도 없었고, 따라서 인구가 계속 늘어나자 사람들은 한정된 땅을 차지하려고 서로 심하게 싸웠다. 그렇게 갈등에 갈등이 꼬리를 물다가 기원전 3000년 직전에 남쪽에서 올라온 사람들이 마침내 나일 삼각주에 거주하는 사람들을 정복했다. 통일 이집트는 현대적인 의미에서 국가로 인정할 수 있는 최초의 사회 가운데 하나이며, 초창기 통치자 가운데 한 명인 덴 왕은 오늘날의 현대 국가가 직면하는 통치와 조정에 관한 문제를 모두 감당해야 했다.

신발에 부착된 명판으로는 그가 어떻게 그 일을 감당했는지 파악하기 어렵다고 생각할지도 모르겠다. 그러나 덴 왕의 신발은 평범한 신발이 아니었다. 그것은 높은 신분을 상징하는 물건이었으며, 왕의 신발을 지키는 관리는 왕궁

명판 오른쪽에 샌들이 보인다.

의 최고위직 가운데 하나였다. 따라서 명판 뒷면에 파라오가 어떤 식으로 권력을 행사했는지를 보여주는 명백한 정보가 수록돼 있다는 것은 그렇게 놀랄 일이 아니다. 아울러 5,000년 전에 덴 왕의 이집트에서 생겨난 통치 모형이 기이하게도 오늘날까지 세계 곳곳에 퍼져나가 있다는 것 또한 그렇게 놀랄 일이 아니기는 마찬가지다.

명판 뒷면에는 왕실의 머리장식을 한 채 한 손에는 왕홀을, 다른 손에는 채찍을 든 샌들 임자의 모습이 새겨져 있다. 덴 왕은 싸움터에서 자신의 발치에 무릎을 꿇고 있는 적을 권위 있게 후려치고 있다. 물론 우리는 가장 먼저 그의 신발부터 찾게 되지만 실망스럽게도 그는 맨발이다.

이 작은 명판은 통치자를 묘사한 역사상 최초의 물건이다. 통치자가 맨 처음부터 적을 정복하는 군 사령관의 모습으로 보이기를 원했다는 사실은 매우 인상적이면서도 어찌 보면 조금은 실망스러울지도 모르겠다. 이렇듯 권력은 처음부터 형상을 통해 투영됐고, 거기에는 기분 나쁠 정도로 친숙한 뭔가가 있다. 단순화한 형태와 치밀하게 계산된 비율은 오늘날의 정치 풍자만화와 오싹하리만큼 닮았다.

어쨌든 명판 제작자의 임무는 말할 수 없이 중요했다. 그는 통치자를 반신과 같은 무적의 존재로 그려야 했으며, 오로지 덴 왕만이 이집트인들이 통치자에게서 기대하는 것, 즉 법과 질서를 보장할 수 있는 존재라는 점을 보여줘야 했다. 파라오의 영토 안에서는 누구든 순응하면서 이집트인의 정체성을 고스란히 받아들여야 했다. 샌들 명판은 그러지 않으면 혹독하고 비싼 대가를 치르게 될 것이라는 교서를 전한다.

메시지는 그림만이 아니라 글을 통해서도 전달된다. 상아에 새겨진 초기 상형문자를 풀이하면 덴 왕의 이름이 등장하며, 그와 그의 적 사이에 "그들은 존재하지 않을 것이다"라는 섬뜩한 글귀가 나온다. 한마디로 '너희'는 흔적도 없이 사라질 것이라는 경고다. 이미 이때부터 포악한 정치 선전을 위한 술책이 시작된 셈이다. 침착하고 위풍당당한 통치자에 견줘 이방인인 적은 볼썽사납게 패한 상태다. 그가 누구인지 알 수는 없지만 명판의 오른쪽에 "동쪽을 처음 정벌하다"라는 글귀가 새겨져 있다. 그림 하단의 모래땅 오른쪽 귀퉁이가 치들린 점으로 미뤄 아마도 적은 동쪽 시나이 반도 출신인 듯하다.

덴 왕의 통일 이집트가 무력을 앞세워 다스린 지역은 실로 광대하다. 왕국의 절정기에는 동쪽으로 시나이 반도의 경계선에 이르는 드넓은 지역은 물론 나일 삼각주에서 오늘날의 수단에 해당하는 곳에 이르기까지 사실상 나일 계곡 전체를 아울렀다. 나는 고고학자 토비 윌킨슨에게 그만한 국가를 건설하려면 무엇이 필요할지 물었다.

> 이때는 이집트 역사의 초창기로, 영토라는 차원에서보다 이념과 심리라는 차원에서 국가의 틀을 한창 갖춰나가는 중이었다. 왕과 고문관들은 이집트의 국민성을 강화하는 한편, 통치 체제를 공고히 다질 방법을 모색했다. 역사 속 세계 지도자들과 마찬가지로 그들 역시 실재하든, 조작된 허구든 간에 공동의 적을 상대로 외국과 전쟁을 치르는 것만큼 효과적으로 국민의 단합을 이끌어낼 수 있는 길은 없다는 점을 인식한 듯하다. 따라서 전쟁은 이집트의 국민성을 다지는 데 실로 중요한 몫을 했다.

실망스러울 정도로 빤한 전략이라 아니 할 수 없다. 외국의 위협에 초점을 맞추는 방법으로 국민을 하나로 결집해낸다고 치자. 하지만 그럴 경우 적을 물리치는 데 쓴 무력이 국내의 반대자들을 탄압하는 데에도 편리하게 쓰인다. 외국의 위협 운운하는 정치 논리 뒤에는 살벌한 국내 치안 정책이 버티고 있게 마련이다.

이처럼 현대 국가의 통치 기구는 덴 왕의 시대에 이미 확립됐다. 정치적일 뿐만 아니라 예술적인 성격을 띠는 불후의 결과물들은 바로 이 기구에서 비롯했다. 이런 질서가 지니는 힘만이 초기 파라오들이 착수한 원대한 건축 계획을 실현할 수 있었다. 공들인 티가 역력한 덴 왕의 무덤은 몇백 킬로미터나 떨어진 곳에서 배로 실어 나른 화강암으로 조성됐다. 이 무덤과 더불어 훗날 그보다 훨씬 더 웅장한 피라미드가 세워질 수 있었던 것은 이집트 파라오가 백성의 정신과 육체를 휘어잡는 절대 권력을 행사했기 때문이다. 덴 왕의 샌들 명판은 불사의 권력 정치를 가르치는 교실의 축소판이다.

12

우르의 깃발

이라크 남부 우르의 왕실 무덤에서 발견된 쪽모이 상감 나무 상자

2600~2400 BC

거의 모든 대도시의 중심부, 풍요와 부와 권력과 바쁜 상업의 한복판에는 죽음을 기리는 기념비가 서 있다. 파리, 워싱턴, 베를린, 런던도 예외가 아니다. 예를 들어 화이트홀 지역에는 다우닝 가에서 재무부 건물과 국방부 건물을 몇 미터 지난 곳에 지난 세기의 두 차례 세계대전에서 사망한 전사자 수백만 명을 기리는 기념비가 서 있다. 도시 한복판에 죽음이라니? 한 가지 이유를 꼽자면 아마도 도시가 누리는 부와 권력을 지키려면 탐욕스러운 침략자를 막아내는 노력이 필요하기 때문일 것이다. 역사상 가장 오래되고 부유한 도시 가운데 한 곳에서 출토된 이번 장의 유물은 도시의 부가 전쟁을 치러 승리를 거두는 힘과 떼려야 뗄 수 없는 관계를 맺고 있다는 점을 보여주는 듯하다.

도시는 지금으로부터 약 5,000년 전, 세계의 몇몇 광대한 하곡에서 인류 발전을 위해 급속한 변화가 일어나면서 시작되었다. 농사가 잘되는 비옥한 땅은 겨우 몇 세기 만에 인구 밀집 지역으로 바뀌었다. 앞에서 살펴본 대로 나일 계곡에서 인구가 폭증하면서 통일 국가 이집트의 탄생을 낳았다. 티그리스 강과 유프라테스 강 사이에 있는 메소포타미아(지금의 이라크)에서도 많은 인구를 먹여 살릴 수 있는 잉여 작물이 생산되면서 주민이 삼사만 명에 이르는 정착촌, 그리고 곧이어 최초의 도시가 모습을 드러냈다. 이런 대규모 인구 집단을 무리 없이 결집하려면 새로운 권력 체계와 통치술이 필요했는데, 실제로 기원전 3000년께 메소포타미아 지역에서 고안된 체계는 놀라울 만큼 그 영향력을 과시한다. 이 시스템은 오늘날까지 이어질 도시 유형을 거의 대부분 확립했다. 현대 도시라면 모두 각자의 DNA 안에 메소포타미아를 품고 있다고 해도 과언이 아니다.

초창기 메소포타미아 지역의 도시 가운데 가장 유명한 도시는 수메르인들이 세운 우르였다. 따라서 위대한 고고학자 레너드 울리가 1920년대에 이곳을 발굴 장소로 점찍은 것은 지극히 당연한 일이었다. 울리는 우르에서 그 자체로

평화의 장면. 사람들이 물고기와 가축을 비롯해 여러

물로 바치는 동안 왕과 신하들은 향연을 즐기고 있다.

소설의 재료가 될 만한 왕실 무덤을 찾아냈다. 무덤에선 한 왕비와 그녀와 함께 순장된 시녀들의 유골이 출토됐다. 다들 금 장신구와 화려한 머리장식으로 치장하고 있었다. 그 밖에도 금과 청금석으로 만든 수금과 현재까지 세계 최초로 알려진 보드게임판을 비롯해 울리가 처음에는 장식궤로 착각한 신기한 물건도 나왔다.

> 더 깊은 내실로 들어가자 장식갑 같은 놀라운 물건이 눈길을 사로잡았다. 원래는 양쪽 옆에 조가비, 홍옥수, 청금석을 입힌 길이 58센티미터, 너비 19센티미터짜리 나무 상자인 듯하지만, 나무가 모두 삭는 바람에 현재로선 모습이 정확히 어땠는지 거의 알 길이 없다. 그러나 인간과 동물 형상이 나란히 줄지어 있다. 깨끗이 닦아 복원하면 무덤에서 발견한 가장 훌륭한 물건 가운데 하나라는 사실이 명확히 드러날 것이다.

이는 울리가 발견한 가장 흥미로운 유물 중 하나다. 이 '장식갑'은 누가 봐도 예술성이 뛰어나지만 이 물건이 중요한 것은 미학적인 데 있다기보다 초기 메소포타미아 도시에서 권력이 어떤 식으로 행사됐는지 말해준다는 데 있다.

울리가 발견한 장식갑은 작은 서류 가방만 한 크기에, 위쪽으로 올라갈수록 좁아지는 형태를 띠고 있다. 쉽게 말해 토블레로네 초콜릿 바를 크게 확대해놓은 것과 비슷하다고 보면 되는데, 쪽매붙임 방식으로 엮은 조그만 장면들이 갑 전체를 덮고 있다. 울리는 이 장식갑을 "우르의 깃발"이라고 불렀는데, 사열을 하거나 전쟁에 나갈 때 장대 높이 달아매 가지고 다니는 군기였을지도 모른다고 생각했기 때문이다. 그 뒤로 죽 그런 이름으로 불려왔지만 군기라고 보기엔 아무래도 어려울 듯하다. 아주 가까이 들여다봐야 그림 속 장면들을 확인할 수 있기 때문이다. 몇몇 학자들은 이를 악기나 귀중품을 보관한 상자로 추정하기도 하는데 확실히 알 길은 없다. 나는 현재 런던에서 활동하고 있는 유명한 이라크 고고학자 라미아 알 가일라니 박사에게 어떻게 생각하느냐고 물었다.

> 불행히도 우리는 용도를 알 수 없다. 하지만 나는 이 유물이 수메르인의 전부를 대변한다고 생각한다. 이것은 전쟁과 평화를 나타낸다. 매우 화려할 뿐 아니라 수메르인들이 얼마나 멀리까지 여행했는지를 보여준다. 청금석은 아프

가니스탄에서, 홍옥수는 인도에서, 조가비는 페르시아 만 지역에서 들여온 것이다.

이 점은 매우 의미심장하다. 지금까지 우리가 살펴본 유물은 모두 돌이나 나무, 뼈, 도기 등 한 가지 재료를 사용했다. 물건을 만든 사람이 손쉽게 얻을 수 있는 재료였다. 그런데 이제 처음으로 다양한 재료를 사용해 만든 물건, 그것도 먼 곳과 교역하여 외국에서 들여온 이국적인 재료를 사용해 만든 물건이 우리 눈앞에 있다. 이렇게 다양한 재료를 한데 이어 붙인 역청만이 그 지역에서 나왔을 것이다. 역청은 오늘날 메소포타미아 지역의 가장 큰 부의 원천, 즉 석유의 흔적이다.

이런 재료를 이런 식으로 모을 수 있는 사회는 과연 어떤 사회였을까? 그러려면 먼저 잉여 농산물이 있어야 했다. 그다음으로 통치자들이 잉여 농산물을 모아들여 광대한 교역로를 따라 먼 곳까지 가서 외국의 산물과 교환할 수 있게 해주는 권력과 통치 구조가 형성돼 있어야 했다. 또 잉여 농산물은 농사의 속박에서 자유로운 사람들, 곧 사제, 군인, 관리를 비롯해 이 물건처럼 손이 많이 가는 사치품을 만드는 데 전념할 수 있는 장인들을 먹여 살리기도 했을 것이다. 이 깃발 하나에서 우리는 이 모든 사람들을 볼 수 있다.

상자의 장면들은 띠 만화 세 편을 포개어놓은 것처럼 배치돼 있다. 상자 한쪽 옆은 통치자라면 누구나 꿈꿀 법한 조세 방식을 보여준다. 아래쪽에 있는 띠 두 개에는 물고기, 양, 염소, 황소 등과 같은 공물을 바치는 사람들이 줄지어 늘어서 있고, 맨 위 띠에는 왕과 사제들이 수금 연주를 들으며 백성들에게서 거둬들인 것으로 향연을 즐기고 있다. 우르의 권력 체계를 이보다 더 잘 보여주는 물건은 없다. 일꾼들이 어깨에 짐을 짊어지고 공물을 나르는 동안 귀족들은 왕과 더불어 술을 마시고 있다. 여기에 그림을 그린 화가는 덴 왕의 그림에서처럼 왕을 돋보이게 하기 위해 그를 다른 누구보다도 훨씬 크게 묘사했다. 사실 너무나 커서 머리가 그림의 경계선을 뚫고 나올 정도다. 이처럼 우리는 우르의 깃발에서 사회를 조직하는 새로운 양식을 보게 된다. 나는 런던경제대학교 학장을 지낸 앤서니 기든스 교수에게 사회 조직에서 이런 변화가 일어나는 과정에 대해 설명해달라고 부탁했다.

잉여 생산물이 발생하면 몇몇 사람이 다른 사람들의 노동에 의존해 생활할

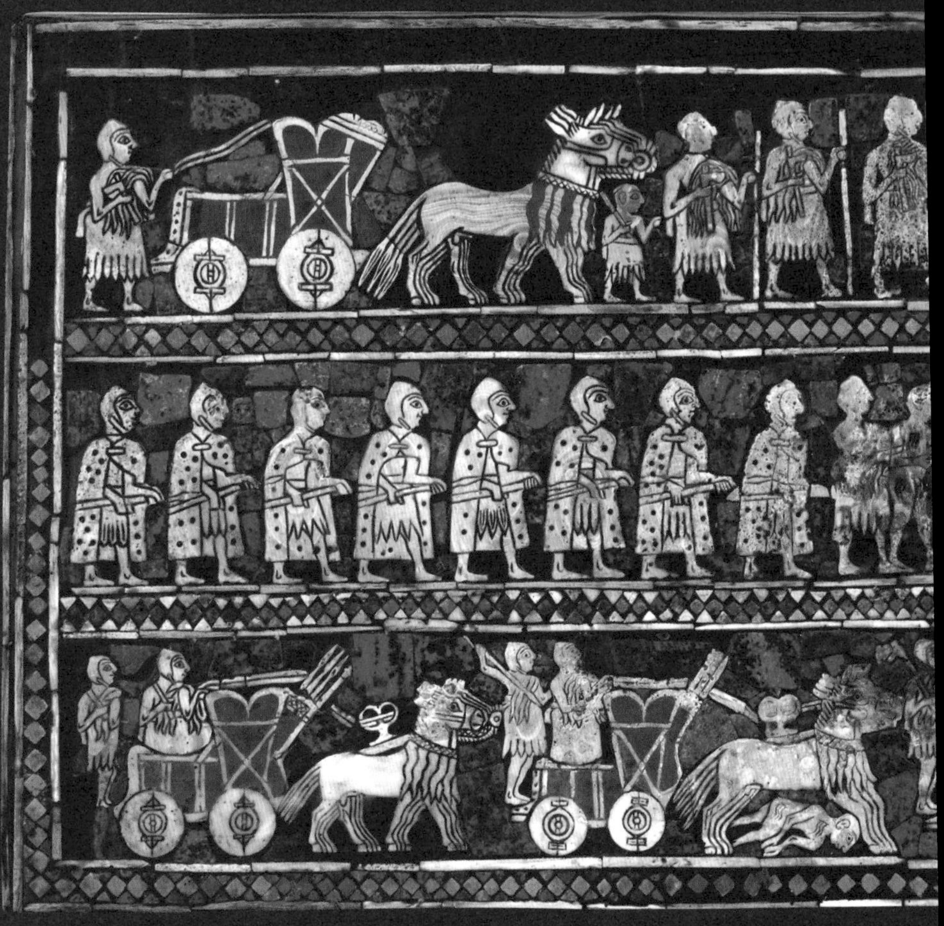

전쟁의 장면. 전차들이 적군을 짓

이 전쟁 포로들을 시찰하고 있다.

수 있기 때문에 계급 구조가 생겨난다. 이는 모든 사람이 일을 해야 하는 소규모 농경 사회에서는 불가능하다. 그러고 나면 사제 겸 전사 계급, 조직화된 전쟁, 공물, 일종의 국가와 같은 체제가 모습을 드러낸다. 새로운 권력이 탄생하는 것이다. 이는 모두 서로 맞물려 있다.

모든 사람이 동일한 재화를 생산할 때는 빈부 격차가 없다. 따라서 계급 구조가 생겨나려면 몇몇이 다른 사람들이 생산하는 잉여물에 기대 살아갈 수 있을 때 비로소 가능해진다. 그러고 나면 곧이어 권력과 지배 체계가 나타난다. 그와 더불어 신성한 권리를 주장하는 개인이 생겨나고, 이는 또 특이한 우주론의 출현으로 이어진다. 바로 거기서 문명이 기원하는데, 이는 유혈, 역학 관계, 특정 개인의 지위 강화와 이해를 같이한다.

깃발의 한쪽 면은 풍요로운 경제를 관장하는 통치자의 모습을, 반대쪽 면은 그런 체제를 보호하는 데 필요한 군대와 함께 있는 통치자의 모습을 보여준다. 이런 점은 내가 처음에 품은 생각, 곧 일단 부자가 되고 나면 계속 그 상태를 유지하기 위해 싸워야 한다는 것이 역사를 관통하는 진리인 듯하다는 생각을 다시금 일깨워준다. 한쪽 면에 등장하는 문명사회의 왕은 반대쪽 면에 나오는 군대 사령관이기도 해야 한다. 사실 우르의 깃발 양면은 군사력과 경제력의 상관관계, 이따금 번영의 이면에 숨어 있는 추한 폭력을 가장 잘 드러내는 초기 실례에 해당한다.

전쟁 장면을 좀 더 자세히 관찰해보자. 여기에서도 왕의 머리가 그림의 테두리를 뚫고 나와 있다. 온몸을 가리는 긴 옷을 입고 있는 사람은 오직 왕뿐이며 그는 커다란 창을 들고 있다. 부하들은 전쟁 포로를 데려가 노예로 삼거나 죽여 없앤다. 희생자와 승리자의 생김새는 놀라울 정도로 비슷한데, 메소포타미아의 도시들이 주도권을 잡기 위해 서로 끊임없이 싸웠다는 점에서 이는 가까운 이웃과 벌인 전쟁이 거의 확실하기 때문이다. 전쟁에서 진 쪽은 벌거벗은 채 알몸으로 패배의 수치를 강조해 드러내고 있다. 그들의 비참한 몰골에는 가슴이 미어지는 듯한 뭔가가 있다. 맨 아래쪽에는 가장 오래된 것으로 알려진 전차의 모습이 그려져 있다. 이는 바퀴 달린 운송 도구를 묘사한 그림으로서도 최초일 뿐 아니라 훗날 고전적 회화 기법이 될 만한 기법을 처음 보여주는 사례에 속한다. 화가는 전차를 끄는 당나귀가 보통 걸음에서부터 빠른 걸음에 이어 마침내 전속력으로 내달리는 모습을 차례로 보여준다. 이는 필름이 발명되기 전까지 어떤 화가도 능가하지 못했을 표현 기법이다.

1920년대에 우르에서 이뤄진 울리의 발굴 작업은 제1차 세계대전의 종식과 더불어 오스만제국이 와해되고 오늘날의 이라크가 새로 들어선 시기와 일치한다. 새로운 국가의 주요 기관 가운데 하나가 바로 바그다드의 이라크박물관이었다. 이 박물관은 우르에서 나온 유물 가운데 가장 큰 몫을 챙겼다. 처음 발굴을 시작할 때부터 우르의 고대 유물과 이라크의 국가 정체성 사이에는 강한 유대감이 형성돼 있었다. 따라서 최근 이라크에서 전쟁이 일어났을 때 이라크박물관에서 유물을 약탈한 행위는 이라크 국민 전체의 공분을 살 만했다. 라미아 알 가일라니의 말을 다시 들어보자.

> 우리 이라크 사람들은 그 유물들을 가장 오래된 문명의 일부로 생각한다. 그 문명은 우리나라에서 시작됐고 우리는 그 후손들이다. 우리는 지금까지 살아남은 수메르 시대의 유물들과 일체감을 느낀다. (중략) 그런 만큼 고대 역사는 오늘날의 이라크를 하나로 묶어주는 힘이다.

따라서 메소포타미아의 과거는 이라크 미래의 중요한 일부이기도 하다. 고고학과 정치학 또한 도시와 전쟁처럼 서로 밀접한 관계를 맺고 있는 듯하다.

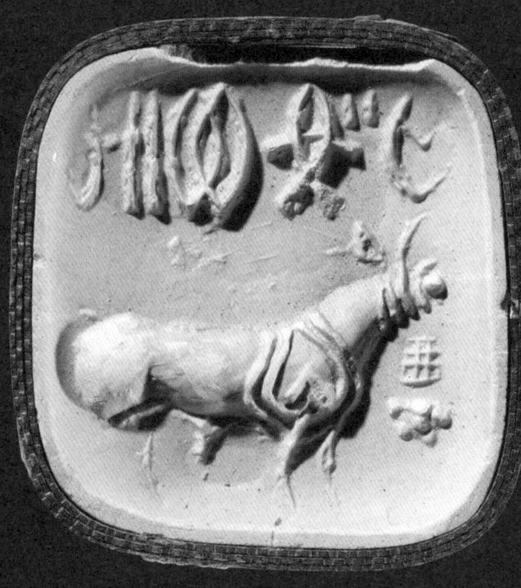

13
인더스 도장

파키스탄 펀자브 주 인더스 계곡 하라파에서 출토된 돌 도장

2500~2000 BC

우리는 앞의 두 유물을 통해 도시와 국가가 어떻게 발흥했는지 살펴봤다. 하지만 도시와 국가는 붕괴하기도 한다. 여기서는 단지 도시 하나가 잊힌 게 아니라 주로 기후 변화 때문에 문명 전체가 완전히 쇠락해 3,500년 넘게 인류의 기억 속에서 흔적도 없이 사라진 경우를 소개하려고 한다. 파키스탄과 인도 북서부 지역의 문명 재발견은 고고학이 20세기에 거둔 위대한 업적 가운데 하나다. 21세기로 넘어간 지금도 우리는 여전히 그 증거를 조각조각 맞추고 있다. 이 잊힌 세계는 인더스문명으로, 그곳의 재발견을 둘러싼 이야기는 젖은 점토에 찍는 도장으로 사용된 조그만 조각된 돌 조각에서 시작된다.

지금까지 우리는 최초의 도시와 국가가 세계의 유명한 강들을 끼고 발전하게 된 경위, 아울러 갑자기 늘어난 인구와 부를 통제한 방법을 살펴봤다. 인더스 강은 지금과 마찬가지로 5,000년 전에도 티베트 고원에서 발원해 아라비아 해로 흘러 들어갔다. 절정기에는 거의 52만 제곱킬로미터에 이르는 면적을 차지한 인더스문명은 비옥하고 풍요로운 범람지에서 성장했다.

인더스 계곡이 발굴되면서 전체 도시의 구조뿐 아니라 그 당시 활발하게 이뤄진 광범위한 국제무역의 면모가 한눈에 드러났다. 인더스 계곡에서 만들어진 돌 도장은 중동 지역과 중앙아시아처럼 아주 먼 곳에서도 발견된 적이 있지만 지금 여기서 다루는 도장은 인더스 계곡에서 나온 것이다.

대영박물관에는 돌 도장들이 몇 점 소장돼 있는데, 점토나 밀랍에 찍어 소유권을 주장하거나 문서에 서명하거나 짐 꾸러미에 표시를 남기는 용도로 쓰였고, 제작 연대는 기원전 2500년에서 2000년 사이다. 모양은 모두 정사각형에 가깝고 크기는 요즘 우표만 하며 재료는 새기기 쉬운 동석을 사용했다. 동물의 형상을 훌륭하게 새겨 넣어 매우 아름답게 조각돼 있다. 코끼리와 황소 형상을 비롯해 암소와 일각수의 혼혈인 듯 보이는 짐승 외에도 내가 좋아하는 매우 활달하게 생긴 코뿔소 등이 새겨져 있다. 역사적 관점에서 보면 그 가운

도장(위)과 도장을 찍었을 때의 자국(아래).

데 가장 중요한 것은 단연 일각수를 닮은 암소 모습을 보여주는 도장이다. 인더스문명 전체의 발견을 이끈 동인이 바로 이 도장이기 때문이다.

도장은 당시에는 영국령 인도였지만 지금은 파키스탄에 속하는 라호르에서 남쪽으로 약 240킬로미터 떨어진 하라파라는 마을 근처에서 1850년대에 발견됐다. 그로부터 50년 뒤에 비슷한 도장이 세 개 더 대영박물관에 도착해 둥지를 틀었지만 이 도장이 무슨 용도로 쓰였는지, 언제, 어디서 만들어졌는지를 아는 사람은 아무도 없었다. 그러다 1906년 인도 고고학 탐사단 총책임자인 존 마셜이 이 기이한 물건에 관심을 두게 됐다. 그는 첫번째 도장이 발견된 하라파 지역을 발굴하라고 지시했다. 그곳에서 나온 유물은 세계 역사를 다시 쓰는 전기를 마련했다.

마셜 원정대는 하라파에서 거대한 도시 유적을 발견한 데 이어 근처에서도 계속 다른 유적지를 찾아냈다. 모두 기원전 3000년에서 2000년 사이에 건설된 유적지였다. 이로써 인도 문명이 그때까지 생각한 것보다 훨씬 더 오래전으로 거슬러 올라간다는 사실이 드러났다. 이곳이 무역과 산업, 심지어는 문자까지 있었던 세련된 도시 중심지이기도 했음이 명백해진 것이다. 고대 이집트나 메소포타미아 문명과 비슷한 시기에 그에 못지않은 문명을 이뤘지만 이곳은 완전히 잊히고 말았다.

인더스 계곡의 도시 가운데 가장 규모가 큰 하라파와 모헨조다로 같은 도시는 인구가 3만 명에서 4만 명에 이르렀다. 도시는 네모반듯하게 설계됐고 상세하게 짜여 있는 주택 단지, 실내 배관시설이 포함된 진일보한 위생 시설을 갖추고 있었다. 오늘날의 도시계획 입안자가 꾸는 꿈이 이미 그때 실현된 셈이다. 건축가 리처드 로저스는 이 도시에 대해 칭찬을 아끼지 않는다.

> 거치적거리는 요소가 거의 없는 땅, 건물이 많지 않아 마치 백지와도 같은 땅을 마주하게 되면 맨 먼저 땅을 바둑판처럼 나누는 일부터 시작한다. 땅을 가지고 싶어 하는 사람에게 바둑판 설계는 땅을 손에 넣는 방법이자 질서를 구축하는 방법이기 때문이다. 건축학은 실로 공간에 질서와 조화, 아름다움과 리듬을 부여하는 학문이다. 우리는 하라파에서 그 점을 똑똑히 확인할 수 있다. 이것이 바로 그들이 하고 있었던 일이다. 아울러 거기엔 미학적 요소도 있는데, 이는 그들의 조각 작품을 통해 확인할 수 있다. 그곳 사람들은 탁월한 심미안뿐 아니라 질서 의식과 경제 의식까지 갖추고 있었으며, 그런 요소

들은 5,000년이라는 세월을 뛰어넘어 오늘날 우리가 하고 있는 일과 곧장 연결된다.

이집트와 메소포타미아에서 살펴봤듯이 마을에서 도시로 발전하려면 대개 무력에 기대어 자원을 전략적으로 배치할 수 있는 두드러진 한 사람의 지배자가 필요하다. 그러나 누가 인더스 계곡의 이 질서정연한 도시를 다스렸는지는 여전히 불확실하다. 왕이나 파라오 혹은 그 어떤 통치자에 관한 증거도 전무하다. 이는 글자 그대로나 비유적으로나 우리가 그들의 유골이 묻힌 곳을 알지 못하기 때문이다. 이집트와 메소포타미아에는 권력자와 그들이 다스린 사회에 관해 많은 것을 말해주는 호화로운 매장지가 있지만 인더스 계곡에는 그런 곳이 한 군데도 없다. 따라서 우리는 인더스 계곡 주민들이 시신을 화장했을 것이라고 결론지을 수밖에 없다. 화장은 여러 모로 유익한 장례법이기는 하지만 고고학자들에게는 완전한 손실이다.

이 위대한 인더스 도시의 남아 있는 자취만 봐서는 이 사회가 전쟁을 치렀거나 외부의 침략을 받은 흔적을 전혀 찾을 수 없다. 무기도 그다지 많이 발견되지 않았고 도시 주변에 성을 쌓은 흔적도 없다. 게다가 거대한 공동 건물은 더러 눈에 띄지만 왕궁처럼 생긴 건물은 없으며 부유한 사람의 집과 가난한 사람의 집도 거의 차이가 없다. 폭력을 행사하거나 어느 한 개인에게 권력이 집중되지 않아도 도시 문명을 창조할 수 있는 아주 색다른 형태처럼 보인다. 그렇다면 이 도시는 강압이 아니라 합의에 바탕을 둔 사회였다는 게 사실일까?

도장에 새겨진 글자 또는 상징을 읽을 수만 있다면 인더스문명에 관해 좀 더 많은 정보를 얻을 수 있을 것이다. 도장에 새겨진 동물의 형상 위로 여러 가지 기호가 보인다. 타원형 방패처럼 생긴 기호가 있는가 하면, 인간의 형상으로 보이는 성냥개비 모양 기호도 있다. 그 밖에도 단순한 선 몇 개와 서 있는 창 모습이 있다. 그러나 그것이 숫자인지, 기호인지, 로고인지 또는 언어인지를 도무지 알 길이 없다. 1900년대 초부터 사람들은 이를 해독하려고 열심히 노력을 기울여왔고 요즘 들어서는 컴퓨터까지 동원하고 있지만 길이가 더 긴 문구나 2개 국어로 된 문서가 없어 확실하게 진보하기에는 자료가 턱없이 부족하다.

도장에 가끔 구멍을 뚫은 자국이 있는 점으로 봐 아마도 몸에 지니고 다니면서 교역할 물품에 날인한 듯하다. 이런 도장은 이라크, 이란, 아프가니스탄,

중앙아시아 등지에서 발견됐다. 기원전 3000년에서 2000년 사이에 인더스문명은 번성한 외부 세계와 활발하게 교역하면서 조직화된 복합 도시들의 거대한 망을 이루고 있었다. 그러다가 기원전 1900년께 갑자기 종적을 감추고 말았다. 도시는 한갓 흙무덤으로 변했고 심지어 세계 최초의 위대한 도시 문화 가운데 하나였다는 기억조차 역사의 뒤편으로 사라져버렸다. 우리는 그 이유에 대해 대충 짐작만 할 따름이다. 어쩌면 거대한 건축 산업에 필요한 벽돌 가마를 지필 나무를 대느라 산림이 황폐해지면서 환경 재앙이 닥쳤을지도 모른다. 더 중요하게는 기후 변화 때문에 인더스 강의 지류가 경로를 바꿨거나 완전히 메말라버렸을 가능성도 없지 않다.

고대 인더스문명이 처음 베일을 벗기 시작할 무렵 그 일대는 영국의 지배 아래 있었지만 현재는 파키스탄과 인도에 나란히 속해 있다. 인더스문명 전문가인 델리 대학교 나얀조트 라히리 교수는 오늘날 인더스문명이 두 나라에서 차지하는 중요성을 이렇게 설명한다.

인더스문명의 존재가 처음 세상에 알려진 1924년 당시 인도는 식민지 상태였다. 따라서 처음부터 우리가 식민 세력보다 더 우월하지는 못해도 최소한 그들과 동등하다는 인식과 민족적 자긍심이 크게 고취됐고 그 점을 고려할 때 영국인들은 인도에서 물러나야 마땅하다는 의식이 팽배했다. 그런 정서는 『라르카나 가제트*Larkana Gazette*』에 고스란히 표현됐는데 라르카나는 모헨조다로가 있는 지역이다.

독립 후 새로 탄생한 국가 인도에는 겨우 구자라트의 인더스 유적지와 북쪽의 다른 유적지 두 곳만 남았다. 따라서 인도에 있는 인더스 유적지를 더 많이 찾아내는 것이 급선무였다. 이는 독립 후 인도 고고학이 거둔 커다란 업적에 속하는데, 덕분에 지금은 구자라트뿐 아니라 라자스탄, 펀자브, 하리아나를 비롯해 심지어는 우타르 프라데시에서도 인더스 유적지 수백 곳이 추가로 발견된 상태다.

맨 처음 발굴된 하라파와 모헨조다로 같은 거대 도시는 파키스탄 지역에 있다. 그후 파키스탄 고고학자 라피크 무갈(현재 보스턴 대학교 교수)이 파키스탄과 촐리스탄에서 거의 200군데에 이르는 유적지를 발견해 인더스문명에 관한 가장 중요한 업적 중 하나를 달성했다. 그러나 내가 보기에 파키스탄은 전적으로라고 할 정도는 아니더라도 이슬람 유산 쪽에 훨씬 더 큰 관심을 기울이고 있다. 따라서 나는 파키스탄보다 인도가 인더스문명에 더 큰 관심을 보인다고 생각한다.

인도와 파키스탄 그리고 인더스문명을 생각할 때면 경쟁심보다는 일종의 씁쓸함이 느껴진다. 유적지에서 발굴된 물건, 그릇, 구슬 등을 비롯한 이 위대한 유산이 두 나라 사이에 나뉘어 있기 때문이다. 실제로 가장 중요한 유물 가운데는 모헨조다로에서 나온 유명한 허리띠처럼 두 동강이 난 경우도 있다. 이제 이 허리띠는 온전한 유물이 아니라 독립 전의 인도가 인도와 파키스탄으로 갈라졌듯 반으로 뚝 갈라져 두 조각이 되었다. 결국 유물조차 나라와 똑같은 운명을 맞이하고 말았다.

우리는 이 위대한 인더스 도시에 관해 더 많이 알아야 한다. 물론 우리 지식은 꾸준히 늘어나고 있지만 도장에 새겨진 상징을 읽을 수 있다면 커다란 돌파구가 마련될 것이다. 현재 우리가 할 수 있는 일은 그저 기다리는 것밖에 없다. 한편 이 위대한 도시 문명이 완전히 사라졌다는 사실은 오늘날 우리의 도시 생활, 우리의 문명도 쉽게 무너질 수 있다는 불편한 진실을 일깨워준다.

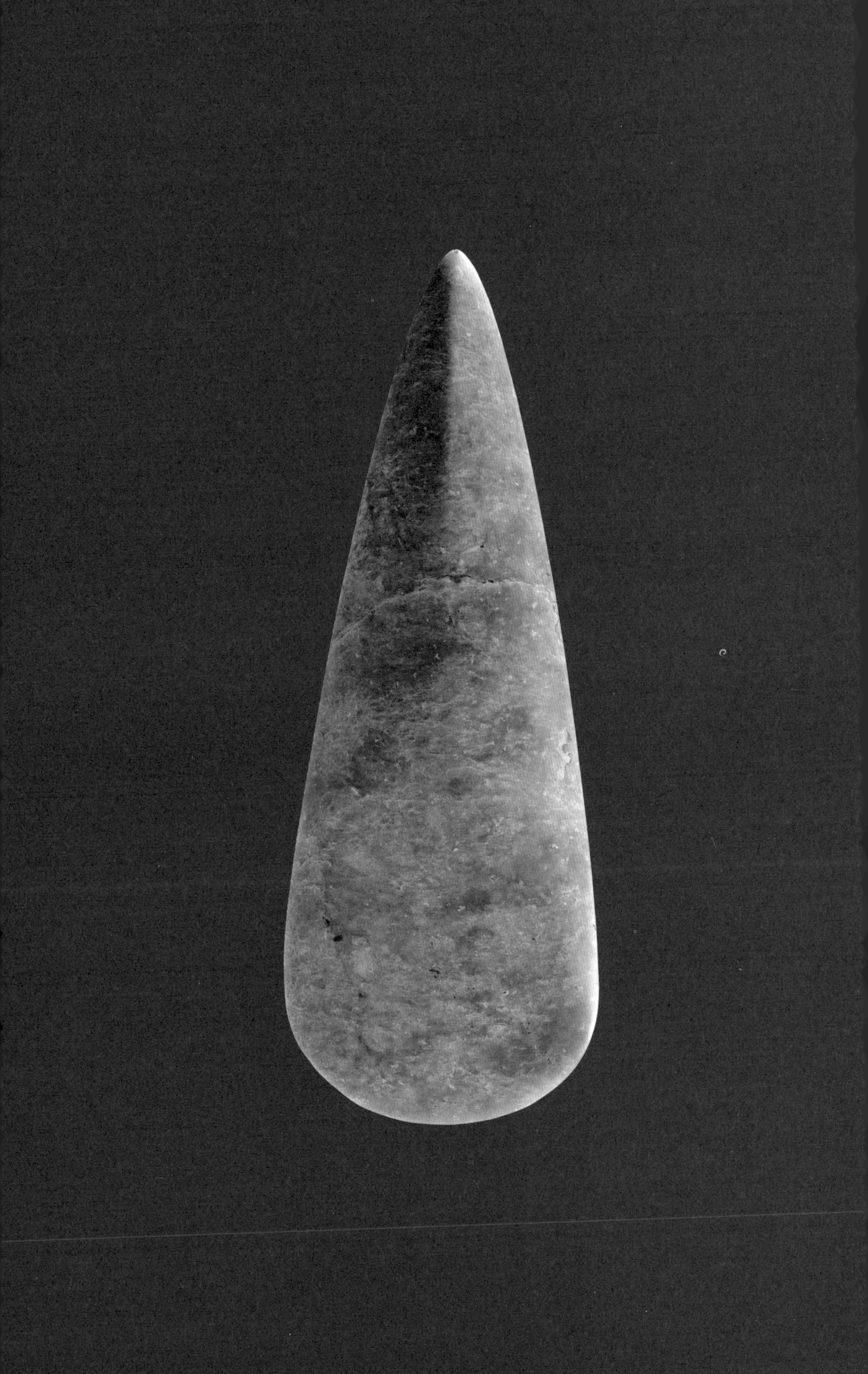

14
옥도끼

영국 캔터베리 근처에서 발견된 옥도끼

4000~2000 BC

대부분의 기간 동안, 영국에서 산다는 것은 곧 세상의 변두리에서 산다는 것을 의미했다. 물론 그렇다고 해서 영국이 고립돼 있었다는 뜻은 결코 아니다.

지금까지 우리는 5,000년 전에 도시와 국가가 이집트, 메소포타미아, 파키스탄, 인도 등지에 있는 유명한 강을 중심으로 어떻게 발흥했는지 살펴봤다. 이들 도시와 국가는 통치술과 건축술, 문자 체계와 국제무역망에 힘입어 새로운 기술을 습득하고 새로운 물건을 확보할 수 있었다. 그러나 강을 낀 이 계곡 지대를 넘어선 세계에서는 사정이 사뭇 달랐다. 중국에서 영국에 이르기까지 사람들은 여전히 비교적 작은 농촌 공동체에서 삶을 이어갔으며, 새로운 대규모 거점 도시들의 문제나 기회를 겪을 일이 없었다. 그들이 그런 도시 사람들과 함께 나눴던 것은 값비싼 외국 물품을 선호하는 취향이었다. 잘 갖춰진 교역로 덕분에 유라시아 대륙의 맨 끝에 있는 영국에서조차 사람들은 오래전부터 원하는 물건을 손에 넣을 수 있었다.

기원전 4000년께 캔터베리에서 그런 욕구를 반영한 최상의 물건 가운데 하나가 바로 이 반질반질한 옥도끼였다. 언뜻 보면 대영박물관에 전시돼 있는 돌도끼 수천 개와 크게 다르지 않은 듯하지만, 자세히 들여다보면 다른 돌도끼보다 더 얇고 더 넓적하다. 지금도 여전히 새것처럼 보이며, 무척이나 날카롭다. 모양은 눈물방울처럼 생겼고 길이는 약 21센티미터, 밑면의 너비는 약 8센티미터 정도다. 만져보면 차가우면서도 놀라울 만큼 기분 좋게 매끄럽다.

이 책의 첫 부분에서도 살펴봤듯이 도끼는 인간의 역사에서 특별한 위치를 차지한다. 근동 지역에서 개발된 농사법이 유럽 전역으로 퍼져나가는 데는 수세기가 걸렸지만, 그러다 마침내 약 6,000년 전에 몇몇 사람들이 짐승 가죽으로 만든 배에 농작물의 씨앗과 길들인 가축들을 싣고 영국과 아일랜드 해안에 도착했다. 그곳에서 그들은 땅을 온통 뒤덮고 있는 울창한 숲을 발견했다. 그들에게 숲을 개간해 씨를 뿌리고 가축을 풀어놓을 초지를 마련할 수 있게 해준 것이 바로 돌도끼였다. 이주민들은 도끼로 자신들이 생활할 공간을 목재로 만들기도 했다. 나무를 쓰러뜨려 울타리와 길과 집과 배를 만든 것이다. 나중에 스톤헨지 같은 기념비를 세운 사람들도 바로 이들이다. 이처럼 돌도끼는 우리 조상들이 영국에 쾌적하고 푸르른 거주지를 조성할 수 있게 해준 혁명적인 도구였다.

이 옥도끼처럼 생긴 도끼들은 대개 손잡이가 있다. 다시 말해 날을 기다란 나무 막대에 끼워 넣어 오늘날의 도끼처럼 사용했다. 하지만 이 옥도끼에는 자루도 없고 닳거나 이가 빠진 흔적도 전혀 없다. 손가락으로 날 끝을 조심스레 만져봐도 아주 작은 흠집조차 느껴지지 않는다. 길쭉하고 평평한 표면은 놀랍도록 매끄러울 뿐 아니라 지금도 마치 거울처럼 반짝거린다.

결론은 명백하다. 이 옥도끼는 한 번도 사용한 적이 없을 뿐 아니라 처음부터 실제로 사용하기 위해서가 아니라 감상용으로 만들어진 물건이다. 요크대학교 마크 에드먼즈는 이 위풍당당한 물건이 완성되는 과정을 이렇게 설명한다.

> 이런 도끼 가운데 하나를 직접 만질 수 있는 행운을 거머쥔다면 손에서 느껴지는 촉감, 균형감, 무게, 매끄러움 등을 통해 보통 이상으로 공들여 문질러가며 반질반질하게 닦았다는 사실을 바로 알 수 있을 것이다. 이 정도로 광을 내려면 몇 시간 넘게 돌에 대고 연마한 뒤 모래나 아주 고운 흙을 물에 묻혀 반질반질하게 닦아내고 그런 다음에는 아마도 기름과 나뭇잎으로 앞뒤로 문지르는 동작을 반복해야 한다. 이는 몇 날 며칠이 걸리는 일이다. 이렇게 갈고 닦으면 날이 날카로우면서도 탄성을 갖게 될 뿐만 아니라 형태가 강조되고, 돌에 녹색과 검정색의 자잘한 반점들을 흩뿌려놓은 듯한 독특한 효과가 살아난다. 그래서 보는 순간 바로 눈길을 사로잡고 시각적으로 두드러진다. 이런 요소들은 이 특별한 도끼에서 날카로운 날 못지않게 중요한 비중을 차지할지도 모른다.

그러나 이 도끼머리에서 가장 흥미로운 점은 제작 과정이 아니라 재료다. 이 도끼는 영국의 돌과 부싯돌에서 흔히 볼 수 있는 회갈색이 아니라 놀랍도록 아름다운 녹색을 띠고 있다. 이 도끼의 재료는 옥이다.

물론 옥은 영국에서 나지 않는다. 그래서인지 우리는 옥을 극동 지역이나 중앙아메리카에서 나는 색다른 재료라고 생각하는 경향이 있다. 실제로 중국과 중앙아메리카 문명권에서는 옥을 금보다 더 귀중히 여겼다고 알려져 있다. 이 재료의 원산지는 영국에서 몇천 킬로미터나 떨어져 있다. 때문에 고고학자들은 유럽에서 발견된 옥의 출처를 놓고 오랫동안 고심했다. 그러나 유럽 대륙에도 옥이 나는 곳이 있다. 고작 몇 년 전, 그러니까 이 도끼머리가 만들어진지 약 6,000년이란 세월이 흐른 2003년 들어 마침내 옥의 출처가 정확히 밝혀졌다. 사실 이 화려한 물건은 이탈리아산이다.

고고학자 피에르와 안 마리 페트르캥 부부는 이탈리아령 알프스 산악 지대와 아펜니노 산맥 북쪽 지역을 탐사하고 조사하면서 12년이라는 힘든 세월을 보냈다. 오랫동안 애쓴 끝에 부부는 결국 이 옥도끼의 출처인 선사시대 옥 채석장을 찾아냈다. 피에르 페트르캥은 그 험난했던 여정을 이렇게 설명한다.

> 우리는 파푸아뉴기니에서 일하면서 도끼머리를 제작하는 데 쓰이는 돌이 높은 산지에서 나온다는 사실을 알게 됐다. 유럽의 옥 산지를 찾기 위해 알프스 고산 지대로 가기로 마음먹은 것은 바로 그런 경험 때문이었다. 1970년대만 해도 도끼 제작자들이 강물과 빙하에 떠밀려 산 아래로 옮겨진 옥 덩어리를 사용했을 것이라고 생각하는 지질학자들이 많았다. 그러나 실은 그렇지 않았다. 해발 1,800미터에서 2,400미터에 이르는 고지대에서 우리는 사람 손을 탄 흔적이 여전히 남아 있는 옥 채석장과 옥 원광을 발견했다.
>
> 어떤 옥 원광은 따로 떨어진 큰 덩어리로 그 주변에 덩그러니 놓여 있기도 했다. 그것에 불을 붙여 원광을 채굴한 흔적이 역력했다. 그러고 나면 장인들이 큼지막한 조각을 떼어내 작업에 들어갔을 것이다. 원광에 마치 상처가 난 것처럼 약간 움푹 들어간 자국이 나 있고 바로 밑에 많은 조각들이 떨어져 있는 이유가 그 때문이다.

옥은 저마다 지질학적 특징이 뚜렷해 원산지가 어디인지 정확히 비교하여 맞출 수 있다. 페트르캥 부부는 대영박물관의 옥도끼가 이탈리아령 알프스와 관련이 있을지 모른다는 점뿐 아니라, 지질학적 특성을 성분 분석 해보면 아주 정확한 결과가 나오기 때문에 도끼의 재료가 된 원광까지도 식별할 수 있다는 점에 주목했다. 또한 놀랍게도 페트르캥은 동일한 원광에서 나온 지리학적 연계물을 찾아냈다. 도싯에서 발견된 또 하나의 옥도끼가 그것이다.

캔터베리의 도끼머리는 도싯에서 발견된 도끼머리와 동일한 원광으로 만든 것이다. 사람들이 시기를 달리해 같은 원광 덩어리에서 옥을 캐낸 것이 분명하다. 물론 그 시기는 몇 세기에 이르는 차이가 있을지도 모른다. 하지만 옥은 성분상의 특징이 저마다 다르기 때문에 그것이 똑같은 광석 덩어리, 곧 옛날의 그 광석 덩어리에서 깨낸 것이라고 단정할 수 있다.

6,000년 전 대영박물관에 있는 옥도끼를 만드는 데 몸 일부를 떼어준 큰 뭉우리돌은 지금도 높은 산 위에 우뚝 솟은 채 까마득히 멀리 펼쳐진 눈부신 경치와 더불어 가끔 구름 위로 모습을 드러낸다. 옥을 구하려는 사람들은 일부러 이 특별한 장소를 선택한 듯하다. 산기슭에 널려 있는 옥을 가져가면 일이 쉬웠을 테지만 그들은 굳이 구름을 헤치며 그곳까지 올라갔다. 아마도 우리가 사는 속세와 신들과 조상들이 사는 천상의 영역 사이 중간쯤에서 나는 돌을 가져가고 싶은 마음에서였을 것이다. 그렇게 어렵사리 얻은 옥은 마치 특별한 능력을 지니기라도 한 듯 매우 조심스럽고 경건하게 다루어졌다.

석공과 광부들은 원광에서 거친 조각을 떼어낸 뒤 그것을 가공할 수 있는 곳까지 날라야 했을 것이다. 때로는 발품을 팔기도 하고 때로는 배를 이용하기도 한 여정은 길고 고단했다. 이 귀한 옥 덩어리들의 원광은 대략 200킬로미터 떨어진 곳에서 발견됐으니, 실로 놀라운 업적이 아닐 수 없다. 그보다 훨씬 더 먼 여정에 오른 옥도 있다. 이탈리아령 알프스에서 채굴한 옥은 마침내 북유럽 전역으로 퍼져나갔고 심지어는 스칸디나비아처럼 먼 곳까지 가기도 했다.

우리는 이 특별한 도끼의 여정을 그저 추측할 뿐이지만, 그래도 이 추측은 정보를 근거로 하고 있다. 옥은 작업하기가 몹시 어렵고 까다로우며 따라서 옥으로 형태를 빚기 위해서는 많은 노력을 기울였을 것이 분명하다. 아마도 이탈리아 북부에서 대충 다듬은 뒤 유럽을 수천 킬로미터 가로질러 프랑스 북서부로 옮겨졌을 가능성이 높다. 그리고 반들반들하게 광을 내는 작업도 그곳에서 했을 가능성이 높은데, 브르타뉴 남부에서 발견된 다른 도끼들과 비슷하게 생긴 점으로 봐서 그렇다. 브르타뉴 남부에서는 이 옥도끼 같은 색다른 물건을 수집하는 것이 유행한 듯하다. 브르타뉴 사람들은 심지어 거대한 돌무덤에 도끼 형상을 새겨 넣기도 했다. 마크 에드먼즈는 그 의미를 이렇게 설명한다.

이 도끼의 용도는 실용적인 차원을 뛰어넘어 그보다 더 중요한 의미를 지니고 있었다. 발견된 장소, 제공한 사람, 만든 장소와 시기, 거기에 담긴 갖가지 사연에 얽힌 의미다. 때로는 가지고 다니면서 사용하다가 그 과정에서 잊히는 도구이기도 했고, 높이 떠받들렸던 중요한 상징물로 이목을 끌기도 했으며, 때로는 더 넓은 세상에 관한 이야기 속에서 일종의 기념품 노릇을 하기도 했고, 이웃이나 동료 또는 뜻하지 않게 사이가 껄끄러워진 누군가와 주고받는 정표였다. 또 때로는 누군가의 죽음 같은 이례적인 상황에서도 도끼는 필요한 물건이었다. 장례식에서 도끼는 육체처럼 망가뜨려 못 쓰게 만들거나 육체처럼 땅에 파묻히기도 했다. 영국에서 그런 식으로 취급된 도끼, 즉 무덤에 같이 매장되거나 의식을 치르던 장소에 두거나 심지어는 강물에 내던진 도끼가 몇천 개는 아니더라도 몇백 개는 족히 된다.

우리가 선보인 이 옥도끼가 닳거나 깨진 흔적이 없는 이유는 주인이 이것을 실생활에 사용하지 않기로 했기 때문이다. 이 옥도끼는 물질적 실용성보다는 사회적 중요성 때문에 제작됐고 그 기능은 미학적 즐거움을 주는 데 있었다. 도끼가 이토록 완벽한 상태로 살아남을 수 있었던 것은 우리가 그렇듯 6,000년 전 사람들 눈에도 그것이 매우 아름답게 보였다는 사실을 반영한다. 이렇듯 값비싸고 색다른 물건을 좋아하고 아끼는 우리 취향은 매우 오랜 전통을 지닌다.

15
초창기 서판

이라크 남부에서 발견된 점토판

3100~3000 BC

문자가 없는 세계, 아무 문자도 없는 세계를 상상해보라. 그런 세계에선 기입해야 할 서류나 소득세 신고서도 없을 것이고, 문학도, 진보된 과학도, 역사도 당연히 존재하지 않을 것이다. 오늘날의 생활과 정부 체계는 거의 전적으로 문자에 의존하기 때문에 그런 세상을 상상하기란 쉽지 않다. 인류의 위대한 진보를 통틀어 문자의 개발은 단연 으뜸이다. 문자는 다른 어떤 발명보다도 인간 사회의 발전에 지대한 영향을 끼쳤다고 해도 과언이 아니다. 그렇다면 문자는 언제, 어디서, 그리고 어떻게 모습을 드러냈을까? 메소포타미아의 한 도시에서 5,000년 전에 만들어진 점토 서판이 우리가 알고 있는 가장 오래된 문자 기록에 해당한다. 우르의 깃발을 남긴 사람들은 문자 기록을 최초로 남기기도 했다.

그렇다고 이 기록이 무슨 위대한 문학작품은 절대 아니다. 그것은 맥주와 관료 제도의 탄생에 관한 내용이다. 오늘날의 이라크 남부에서 출토된 이 서판은 가로가 약 9센티미터, 세로는 7센티미터다. 형태와 크기가 컴퓨터를 작동하는 마우스와 거의 똑같다.

우리가 보기에 점토는 문자에 썩 어울리는 매체는 아닌 듯하지만 유프라테스 강둑과 티그리스 강둑에서 나는 점토는 도시를 건설하는 데서부터 그릇을 만드는 데 이르기까지 용도가 실로 무궁무진했다. 서판에서 알 수 있듯이 심지어는 글씨를 쉽고 빠르게 쓸 수 있는 반반한 판으로도 쓰였다. 역사가의 관점에서 볼 때 점토에는 오래간다는 커다란 장점이 있다. 중국인들이 문자를 기록하는 데 사용했던 대나무는 쉽게 썩고 종이는 쉽사리 파손되는 반면, 햇볕에 말린 점토는 주변 환경이 건조하기만 하면 수천 년 세월도 견뎌낼 수 있다. 덕분에 우리는 여전히 점토 서판을 통해 지식을 얻을 수 있다. 대영박물관은 메소포타미아에서 출토된 점토 서판을 약 13만 점을 소장 관리하고 있고, 전 세계 학자들이 서판을 연구하려고 이곳을 찾는다.

전문가들은 아직도 메소포타미아 문자의 초기 역사를 열심히 연구하고 있지만 중요한 점 몇 가지는 이미 명백히 드러난 상태로, 그 가운데 대부분이 이 햇볕에 말린 직사각형 점토판에 뚜렷이 드러난다. 당시 사람들이 뾰족한 갈대 붓으로 무른 점토에 문자를 꾹꾹 눌러 쓴 다음 지금처럼 멋진 오렌지색이 날 때까지 햇볕에 말렸다는 사실을 한눈에 알 수 있다. 손으로 톡톡 두들겨보면 서판이 매우 튼튼하다는 것을 알 수 있다. 이것이 이 서판이 지금까지 살아남을 수 있었던 이유다. 물론 아무리 햇볕에 말린다고 해도 점토는 영원하지 않으며, 특히 습기에 노출될 경우에는 더 그렇다. 대영박물관에서 수행하는 쉽지 않은 일 가운데 하나는 점토판을 수시로 특별한 가마에 넣고 다시 굽는 것인데, 표면을 굳혀 거기 새겨진 정보를 보존하기 위해서다.

맥주 배급 현황을 기록한 이 작은 서판은 세 줄로 구분된다. 줄마다 네모 칸 네 개가 있는데 각 칸에는 당시에 흔히 사용한 기호 같은 것이 새겨져 있다. 각 칸의 기호들은 맨 윗줄에서 시작해 오른쪽 칸에서 왼쪽 칸으로 이동하며 읽어나가도록 돼 있다. 이 기호들은 상형문자에 속하는데, 상형문자란 그 해당 사물이나 그것과 밀접하게 관련된 무언가를 상징하는 그림이다. 여기서 '맥주'에 해당하는 상징은 뾰족한 밑면에 똑바로 곧추선 단지 그림이다. 맥주를 담는 데 실제로 사용한 그릇을 묘사한 것이다. '배급'을 뜻하는 말은 단지와 나란히 배치된 사람의 머리 형상으로 표현됐다. 마치 단지에서 맥주를 마시고 있는 듯한 모습이다. 각각의 네모 칸에 있는 기호에는 원과 반원이 딸려 있는데 이는 배급한 맥주 단지의 숫자를 기록한 것이다.

엄격한 의미에서 이 서판은 문자 기록이 아니라 일종의 연상 부호, 즉 매우 복잡한 메시지를 전달하는 일단의 기호에 더 가깝다고 볼 수도 있다. 진정한 문자 체계로 나아가는 획기적인 돌파구는 서판의 맥주를 상징하는 기호와 같은 시각 형상이 단지 그것이 묘사하는 물건만이 아니라 그 물건을 가리키는 말의 소리를 나타내는 데에도 쓰이기 시작하면서 비로소 마련됐다. 이때부터 문자를 소리내 읽을 수 있었고, 그후부터 다양한 종류의 새로운 의사소통이 가능해졌다.

약 5,000년 전에 세계의 비옥한 하곡에서 최초의 도시와 국가가 발흥하기 시작했을 때 통치자들이 직면한 문제 가운데 하나는 새로운 사회를 다스릴 방법을 찾는 일이었다. 200명 안팎으로 구성된 마을 사람들이 아니라 수만 명에 이르는 도시 거주자들에게 통치자의 뜻을 전하려면 과연 어떻게 해야 했을까?

거의 모든 새로운 통치자들이 이 정도의 대규모 인구를 통제하려면 군사력과 공공 이데올로기뿐만 아니라 문자 체계도 필요하다고 생각했다.

우리는 문자를 시나 소설이나 역사, 즉 이른바 문학과 관련지어 생각하는 경향이 있다. 그러나 초창기 문학은 실은 구전 형태를 띠었다. 먼저 내용을 외운 다음 암송하거나 노랫가락에 실어 전달했다. 사람들은 암기할 수 없거나 시로 읊을 수 없는 내용을 글로 옮겨 적었다. 따라서 초창기 문자는 거의 어디서나 문서나 회계 또는 이 작은 점토 서판처럼 맥주 배급 현황을 기록하는 데 사용된 듯하다. 맥주는 메소포타미아 지역의 주요 음료였을 뿐 아니라 일꾼들에게는 식량으로 배급됐다. 돈, 법률, 교역, 고용 등이 초기 문자가 기록한 내용이며, 이런 점토판에 새겨진 것과 같은 문자는 궁극적으로 국가 관리와 국가 권력의 본질을 바꿔놓았다. 나중에 와서야 문자는 식량 배급에서 감정 표현으로 용도가 바뀐다. 말하자면 시인이 등장하기 전에 회계사가 오랫동안 무대를 장악해온 셈이다. 이는 철저히 관료주의적인 요소다. 나는 영국공무원회 회장 거스 오도넬 경에게 의견을 구했다.

> 이 서판은 최초의 문자 기록이자 초창기 국가의 성장 과정을 보여준다. 여기서 우리는 현황을 기록하기 위해 공무 활동이 자리 잡기 시작하는 것을 보게 된다. 여기엔 국가가 일꾼들에게 일한 만큼 대가를 지불한다는 사실이 명확히 드러나 있다. 그들은 공공 재정을 관리해야 했고, 어떤 일에 어느 정도 보수가 지급됐는지 알아야 한다. 행정은 공정해야 하기 때문이다.

기원전 3000년 들어 메소포타미아의 다양한 도시국가를 운영하는 사람들은 거대한 신전을 관리하는 일이나 물자의 운송과 저장량을 파악하는 일 등 온갖 일상 행정 업무에 문서 기록을 사용하는 법을 궁리하기 시작했다. 이 서판처럼 대영박물관에 소장돼 있는 초창기 점토 서판은 대부분 현재의 바그다드와 바스라의 대략 중간쯤에 있는 우루크라는 도시에서 나왔다. 우루크는 규모가 너무 크고 복잡해져서 말만으로는 도저히 관리할 수 없는 메소포타미아의 부유한 도시국가 가운데 하나였다. 거스 오도넬이 이를 자세히 설명한다.

> 이곳은 경제가 막 걸음마를 떼기 시작한 사회라 아직 화폐나 통화제도가 없었다. 그들은 이런 문제를 어떻게 해결했을까? 이 상징들은 그들이 맥주를 활

용했다는 사실을 보여준다. 유동자산인 맥주 때문에 생길 위기는 없었다. 그들은 화폐가 없는 데서 발생하는 문제를 극복할 방법을 찾아냈다. 그와 동시에 행정 기능을 갖춘 국가를 건설하는 방법도 모색하고 있었다. 사회가 발전할수록 그런 문제는 더욱더 중요해진다는 걸 알 수 있다. 현황을 파악하고 기록하는 것은 현대 국가의 필수 요소로 지출이 어디에 얼마나 필요한지를 파악하는 능력이 생겨나기 시작했다. 내가 볼 때 이 서판은 오늘날로 치면 내각 사무처의 공무 기록에 해당한다. 그만큼 중요하다는 얘기다.

표음문자가 상형문자를 대체하면서 완전한 문자 체계가 모습을 드러내자 서기관의 삶은 한층 더 분주해졌을 것이다. 새로운 음성기호의 발명은 매우 빠르게 진행된 듯하다. 음성기호가 발전을 거듭하자 목록화 작업이 필요했을 것이다. 원한다면 이를 "최초의 사전"이라 일컬어도 좋으리라. 단어와 사물, 그리고 그 둘의 관계를 범주화하는 지적 활동 과정은 그때부터 시작돼 한 번도 멈춘 적이 없다. 맥주 배급 현황을 기록한 이 서판은 우리 자신과 우리 주변 세계를 다른 관점에서 생각할 수 있는 가능성을 우리에게 직접적이고 빠르게 제시한다.

캘리포니아 대학교 철학 교수 존 설은 문자가 인류 문화에 등장하면서 인간의 생각이 어떻게 변화했는지를 이렇게 설명한다.

> 문자는 우리가 인류 문명으로 여기는 것이 태동하는 데 없어서는 안 될 요소다. 문자는 발생 당시에 의도하지조차 않았던 창의력을 발휘하게 한다. 문자의 기능을 단순히 미래를 위한 정보를 보존하는 것으로 생각한다면 문자가 일으킨 혁명의 중요성을 제대로 이해하지 못하는 것이다. 문자는 두 가지 측면에서 인류의 역사에 결정적인 영향을 끼쳤다. 하나는 복합적인 사고 능력이다. 말로 할 수 있는 일은 한계가 있다. 글로 적어 자세히 살펴보지 않는 한 고등수학이나 복잡한 형태의 철학 논증을 하기란 사실상 불가능하다. 따라서 문자를 단지 미래를 위한 기록 수단, 과거와 현재에 관한 사실을 전달하는 수단만으로 생각해서는 곤란하다. 오히려 문자는 한없이 창의적이다. 문자가 가져온 둘째 변화도 첫째 변화만큼 중요하다. 즉 무언가를 적을 때 우리는 이미 존재하는 것을 기록하는 데 그치지 않고 돈, 기업, 정부, 복잡한 사회 같은 새로운 실재를 창조한다. 문자는 그런 일에 반드시 필요하다.

문자는 메소포타미아, 이집트, 중국, 중앙아메리카 등지에서 각기 따로 나타난 듯 보인다. 이 지역은 모두 인구 밀집 지역이었다. 하지만 누가 가장 먼저 문자를 발명했느냐를 둘러싸고 격렬한 논쟁과 경쟁이 벌어진다. 현재로서는 메소포타미아가 선두를 차지하고 있는 듯한데 이유는 단순하다. 점토 서판이라는 증거물이 지금까지 살아남았기 때문이다.

앞에서 살펴봤듯이 이집트와 메소포타미아처럼 인구가 많은 신생 도시를 다스린 통치자들은 처음에는 군사력을 사용해 백성들에게 복종을 강요했다. 그러나 나중에는 문자가 사회를 훨씬 더 강력하게 통제하는 무기라는 사실에 주목했다. 갈대 붓조차도 칼보다 더 강했다고 할까?

PART 4

과학과 문학의 시작

2000~700 BC

세계 곳곳에서 도시와 국가가 발흥하면서 여러 가지 결과가 나타났다. 최초로 문학이 등장하고 과학과 수학 지식이 발달하게 된 것도 그런 결과 가운데 하나다. 초기 도시와 국가는 고립된 채 존재한 것이 아니라 육상과 해상을 잇는 방대한 교역로를 통해 연결돼 있었다. 물론 세계 인구의 대부분은 여전히 드문드문 공동체를 이뤄 생활했지만 여러 가지 정교한 물건을 발명했다. 특히 청동과 금으로 만든 당시의 물건 가운데는 지금까지 살아남은 것들이 많다. 그런 유물은 대개 백성과 방문객, 후손들에게 힘을 과시할 목적으로 제작됐다.

16

홍수 서판

이라크 북부 모술 근방 니네베에서 출토된 점토 서판

700~600 BC

성서에 기록된 노아와 그의 방주와 대홍수에 관한 이야기는 너무나 익숙해서 영국의 대부분 어린아이들도 동물들이 두 마리씩 짝을 지어 방주에 들어갔다는 내용을 알고 있을 정도다. 그러나 대홍수 이야기는 다른 많은 사회에서 성서보다 훨씬 더 이전 시기로 거슬러 올라간다. 이런 사실은 커다란 질문을 제기한다. 오늘날 우리가 홍수 이야기를 알고 있는 것은 누군가가 오래전에 이 이야기를 기록으로 남겼기 때문이다. 그렇다면 이야기를 기록으로 남긴다는 생각은 언제부터 시작됐을까?

블룸즈버리 지역 주민들은 대영박물관을 자주 찾는다. 지금으로부터 140년 전 조지 스미스라는 주민은 점심시간이 되면 어김없이 대영박물관에 들렀다. 그는 박물관에서 그리 멀지 않은 인쇄소에서 도제로 일했는데 고대 메소포타미아 점토 서판에 깊이 매료됐다. 그의 열정은 서판에 기록된 쐐기 형태 설형문자 판독법을 독학으로 터득할 만큼 대단했다. 그 뒤로 그는 그 시대의 선두적인 설형문자 전문가 가운데 한 사람으로 거듭났다. 1872년 스미스는 니네베(오늘날의 이라크)에서 나온 특별한 점토 서판을 연구하기 시작했다. 우리가 지금 살펴보려는 서판이 바로 이 서판이다.

메소포타미아에서 출토된 약 13만 점의 점토 서판을 보관하는 대영박물관 서고는 바닥에서 천장까지 선반으로 꽉 들어찬 방이다. 선반 위 좁다란 나무 상자에는 서판이 각각 열두 점 안팎으로 들어 있는데 그중 대부분은 부서진 파편이다. 1872년 당시 스미스가 특별히 관심을 기울인 점토판은 약 15센티미터 높이에 암갈색을 띤 조각으로, 서로 나란히 붙어 있는 두 칸으로 나뉘는 서판은 가로 쓰기 글자로 빼곡하게 뒤덮여 있다. 멀리서 보면 옛날 신문의 작은 광고란 같기도 하다. 원래는 직사각형이었을 테지만 몇몇 부분은 오래전에 떨어져 나가고 없었다. 그러나 조지 스미스가 그 내용을 이해하는 순간, 이 서판 조각은 구약성서의 가장 위대한 이야기 가운데 하나를 송두리째 뒤흔들면서 급기야 성서의 역할과 진실성에 관해 여러 가지 커다란 의문을 제기하기에 이르렀다.

이 점토 서판은 홍수에 관한 이야기, 즉 지상에서 인류를 쓸어버릴 홍수가 곧 일어날 테니 배를 만들어 가족과 동물을 태우라는 신의 명령을 들은 한 남자에 관한 이야기를 전하고 있다. 서판에 기록된 이야기는 조지 스미스에게 너무도 익숙한 내용이었다. 서판을 읽고 해독하는 순간 노아와 방주에 관한 성서 이야기와 똑같은, 그러나 더욱 중요하게는 그보다 연대가 앞서는 고대 신화가 그의 눈앞에 드러났다. 기억을 되살리기 위해 성서에 기록된 노아 이야기 가운데 몇 구절을 살펴보면 다음과 같다.

> 너는 전나무로 배 한 척을 만들어라. (중략) 그리고 목숨이 있는 온갖 동물도 암컷과 수컷으로 한 쌍씩 배에 데리고 들어가 (중략) 이제 사십 일 동안 밤낮으로 땅에 비를 쏟아 내가 만든 모든 생물들을 땅 위에서 다 없애버리리라.
>
> 「창세기」 6:14~7:4

이번에는 스미스가 해독한 점토 서판의 내용 가운데 일부를 살펴보자.

> 집을 부수고 배를 만들라! 재물을 버리고 목숨을 부지하라. 소유를 거절하고 생명을 보전하라. 모든 살아 있는 생명체의 씨앗을 배에 실으라! 네가 건조할 배는 사방이 모두 똑같아야 한다. 즉 길이와 너비가 같아야 한다. 저 아래 바다처럼 배를 지붕으로 덮어라. 그가 곧 많은 비를 쏟아부을 것이다.

히브리 성서에 기록된 이야기가 그전에 이미 메소포타미아 점토 서판에 기록돼 있었다니 경천동지할 발견이었다. 스미스도 그 점을 알고 있었다. 그의 모습이 어땠을지 당시에 나온 평을 들어보자.

> 서판 관리자가 서판을 닦아내어 글씨가 선명해지자 스미스는 그것을 들고 읽기 시작했다. 그는 자신이 찾고자 했던 전설의 일부가 거기에 기록돼 있다는 사실을 깨닫고 이렇게 말했다. "나야말로 2,000년 동안 잊혀온 이것을 최초로 읽은 사람이다." 그러고는 서판을 탁자에 올려놓은 뒤 기쁨에 휩싸여 펄쩍펄쩍 뛰면서 방 안을 돌아다니다 옷을 벗기 시작했다. 그 모습에 함께 있던 사람

들이 모두 아연실색했다.

사실 이는 옷을 벗고도 남을 만큼 굉장한 발견이었다. 오늘날 흔히 '홍수 서판'으로 통하는 이 서판은 기원전 7세기, 그러니까 현존하는 가장 오래된 성서 사본보다 대략 400년 전에 현재의 이라크 지역에서 씌었다. 성서 이야기가 특별히 성스러운 계시가 아니라 중동 지역에 널리 알려진 공통된 전설의 일부에 지나지 않는다니 상상이나 할 수 있는 일이었겠는가?

그것은 세계 역사를 혁신적으로 고쳐 쓰게 만든 19세기의 위대한 순간 중 하나였다. 조지 스미스는 찰스 다윈의 『종의 기원』이 발표된 지 12년 뒤에 서판을 해독한 내용을 세상에 내놓았다. 이로써 그는 종교의 판도라 상자를 열어 놓았다. 컬럼비아 대학교 데이비드 댐로슈 교수는 홍수 서판이 가져온 엄청난 파장을 이렇게 평가한다.

> 1870년대 사람들은 성서에 기록된 역사에 집착했는데, 그런 만큼 성서 이야기의 진실성을 둘러싸고 많은 논란이 있었다. 따라서 조지 스미스가 성서 이야기보다 훨씬 더 오래된 고대 홍수 설화를 발견하자 엄청난 파장이 일었다. 영국 총리 글래드스턴까지 그가 새로 해석한 내용을 설명하는 강연을 들으러 갔을 정도다. 전 세계 신문이 그의 발견을 일면 기사로 보도했다. 『뉴욕 타임스』도 예외가 아니었는데 기사는 그때 이미 서판을 서로 다른 두 가지 방법으로 이해할 수 있다고 지적했다. 성경의 사실성을 입증하는지, 아니면 성경이 한갓 신화에 지나지 않는다는 점을 입증하는지. 스미스의 발견은 성경의 역사성을 둘러싼 진실 공방과 다윈과 진화와 지질학을 둘러싼 논쟁, 양쪽 진영 모두에게 새로이 고려할 문제를 제시했다.

경전 내용이 신념 체계가 매우 다른 더 오래된 사회에서 유래했다는 사실을 알게 된다면 그 경전을 이해하는 데 어떤 변화가 올까? 나는 영국 랍비장 조너선 색스 경에게 그렇게 물었다.

> 두 이야기의 배후에는 분명히 핵심 사건이 하나 자리한다. 바로 대홍수다. 대홍수 이야기는 그 지역을 터전으로 한 모든 민족의 민간전승 가운데 한 부분이다. 홍수 이야기를 전하는 고대 기록은 하나같이 인간을 괘씸하게 여겨

'힘으로 정의를 세워' 본때를 보이는 신들이 다스리는 자연의 위대한 힘에 초점을 맞춘다. 이후 성서도 거기에 합세하여 같은 이야기를 되풀이하지만, 성서의 전달 방식은 독특하다. 하느님이 홍수를 내린 이유는 세상이 온통 폭력으로 뒤덮여 있었기 때문이다. 이로써 이야기는 도덕성을 획득하게 되며 이것은 성서의 목적과도 부합한다. 이는 다신교에서 일신교로의 획기적인 도약이다. 사람들이 권력을 숭배하는 세상에서, 권력은 정의로워야 하며 때로는 자비롭기도 해야 한다는 성서의 논리로, 많은 세력과 많은 신들이 서로 힘을 겨루는 세상에서 온 우주가 이성과 창조력을 지닌 단독자의 의지에서 비롯했다고 믿는 세상으로의 전환이다. 따라서 성서가 논박하는 것을 많이 이해할수록 성서를 더 깊이 이해할 수 있다.

물론 홍수 서판의 중요성은 비단 종교의 역사에만 국한되지 않는다. 홍수 서판은 문학의 역사에도 중요한 증거자료다. 스미스의 홍수 서판은 기원전 7세기에 나왔으나 이제 우리는 원래 그보다 1,000년 앞서 기록된 다른 이야기가 있다는 사실을 알고 있다. 이야기를 전하는 이들이 그 홍수 이야기를 세계문학 역사상 최초의 위대한 서사시인 저 유명한 『길가메시 서사시』로 엮은 것은 그 후의 일이었다. 길가메시는 불사의 삶과 자각을 찾아 웅대한 여정에 오르는 영웅이다. 그는 악마와 괴물들을 만나 싸우며 온갖 역경을 극복한다. 그러다 후대의 서사시 영웅들처럼 마침내 자신의 본성과 유한한 운명이라는 가장 큰 도전에 직면하기에 이른다. 스미스의 서판은 이 이야기 가운데 열한째 장에 지나지 않는다. 『길가메시 서사시』는 훌륭한 이야기의 요소를 모두 갖췄을 뿐 아니라 문자 기록의 역사에서 일대 전환점을 이루기도 한다.

중동 지역의 문자 기록은 장부 기입의 수준 정도에서 출발했다. 당시 관리들은 기록을 보존하기 위해 장부 기입이라는 방법을 생각해냈다. 장부는 무엇보다도 국가의 실용적인 업무에 유용했다. 그에 견줘 이야기는 대개 말이나 노랫말 형태로 기억을 통해 전승됐다. 그러다가 4,000년쯤 전에 『길가메시 서사시』 같은 이야기가 점차 기록으로 남기 시작했다. 이제 영웅들의 희망과 공포를 꿰뚫어보는 통찰력이 모양새를 갖춰나가면서 한층 더 정제되고 정연해지고 고착되었다. 그런 가운데 한 저자가 이야기를 바라보는 자신의 독특한 시각과 해석을 다른 저자들이 굳이 계속 수정하게 할 필요 없이 직접 전달할 수 있겠다는 확신에 도달했다. 문자는 이야기의 저작권을 공동체에서 개인에게로 이

양했다. 더욱이 기록된 문서는 번역이 가능하기 때문에 바야흐로 특정 양식의 이야기가 더 많은 언어로 쉽게 전해질 수 있었다. 그런 식으로 기록된 문학은 세계문학으로 부상했다. 데이비드 댐로슈의 관점을 들어보자.

> 현재 『길가메시 서사시』는 문학 역사에서 가장 초창기에 해당하는 작품으로 인정받고 있으며 초창기에 이뤄진 일종의 세계화를 보여주기도 한다. 고대 세계에 널리 유포됐다는 점에서 『길가메시 서사시』는 최초의 세계문학 작품이다. 오늘날 『길가메시 서사시』를 읽으면서 느끼게 되는 가장 놀라운 점은 오래전으로 거슬러 올라가면 중동과 서양 사이에 문명의 충돌이 없었다는 사실이다. 우리는 『길가메시 서사시』에서 공통된 문화의 기원을 발견하게 된다. 거기서 갈라져 나온 곁가지가 호메로스가 되고 『천일야화』가 되고 성서가 됐다. 따라서 『길가메시 서사시』는 지구촌 문화의 공통분모라고 하겠다.

여기 이 스미스의 홍수 서판에 기록된 『길가메시 서사시』가 출현하면서 문자는 사실을 기록하는 수단에서 사상을 연구하는 수단으로 옮겨갔다. 그 결과 문자의 본질은 물론 우리의 본질까지 바뀌었다. 『길가메시 서사시』 같은 문학은 우리 자신의 생각을 탐색하게 해줄 뿐 아니라 다른 사람들의 사고 속에서도 거할 수 있게 해주기 때문이다. 물론 이는 대영박물관의 취지이자 내가 좇고자 하는 인류 역사의 물줄기를 이루는 유물의 취지이기도 하다. 그런 유물들은 우리에게 다른 존재의 가능성을 제시한다.

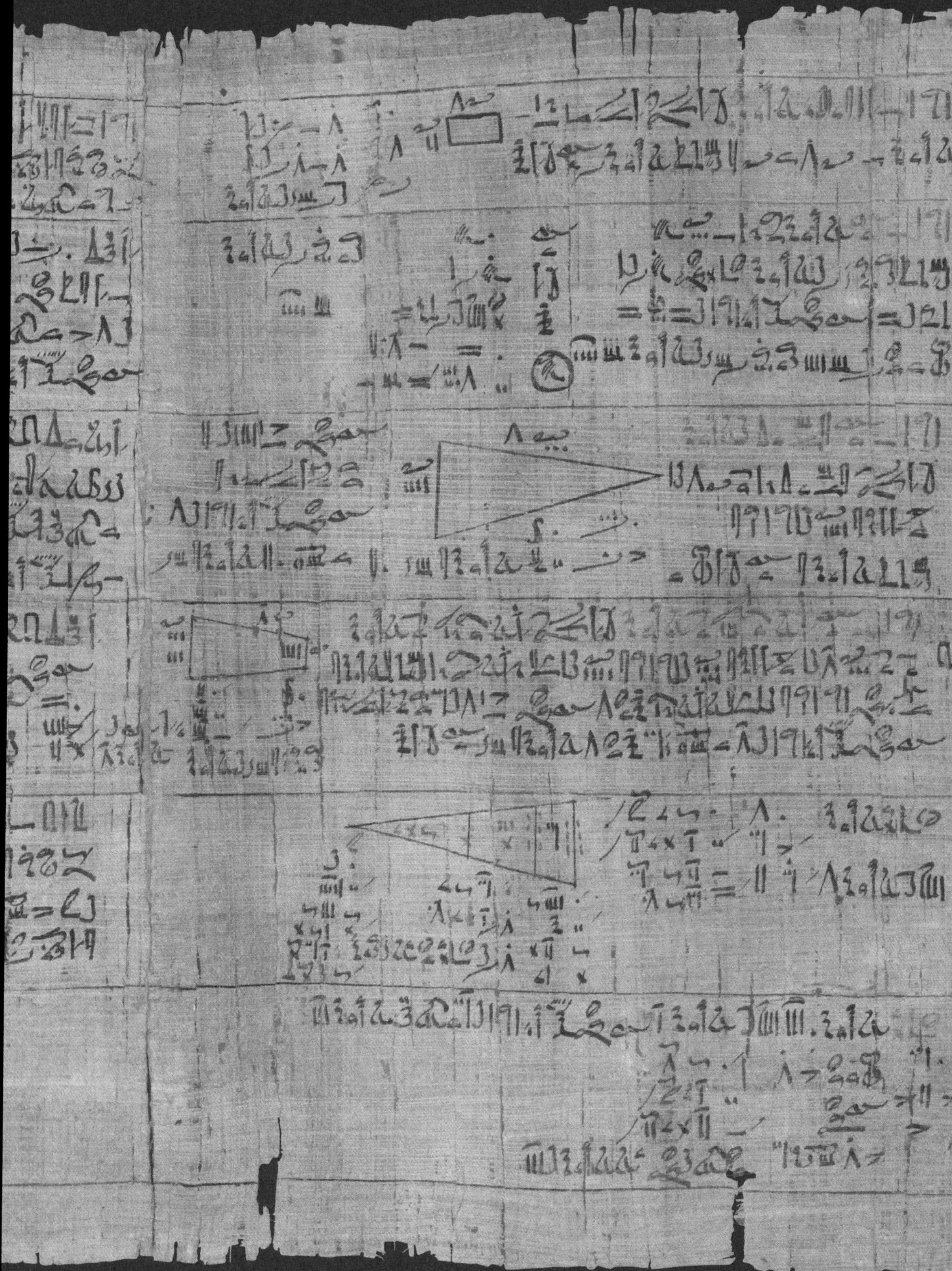

17
린드 수학 파피루스

이집트 룩소르 근처 테베에서 발견된 파피루스

AROUND 1550 BC

집 일곱 채에 고양이 일곱 마리가 있다. 고양이 한 마리당 쥐 일곱 마리를 잡는다. 쥐 한 마리당 옥수수 일곱 알갱이를 먹고 옥수수 한 알갱이를 땅에 심으면 옥수수 7갤런을 거둘 수 있다. 지금까지 언급된 사물은 모두 몇 개인가?

이것은 린드 수학 파피루스에 꼼꼼하게 기록돼 있는 엇비슷한 수학 문제 수십 개 가운데 하나다. 문제는 하나같이 복잡하지만 교과서처럼 친절하게 계산법과 해답을 제시하고 있다. 이 유물은 고대 이집트에서 지금까지 살아남은 가장 유명한 수학 파피루스로, 이집트인들의 숫자 개념을 엿볼 수 있는 중요한 자료다.

린드 파피루스는 세계를 구상하고 또 새로이 숙고하게 하는 추상적인 학문으로서 수학의 의미를 전해주지는 않는다. 대신 어느 이집트 행정관의 골치 아픈 일상을 들여다보고 또 공감하게 해준다. 공무원이 모두 그렇듯이 그도 '회계감사국'의 비판이 두려워서 지불한 만큼의 값어치를 확실하게 얻기 위해 초조해하는 듯하다. 그러려면 배당받은 곡식이 맥주나 빵으로 얼마에 해당되는지 계산해내야 한다. 게다가 지불하고 받을 빵이나 맥주에 불순물이 섞여 있는지를 계산할 방법도 필요하다.

린드 파피루스에는 각기 다른 84개 문제가 들어 있다. 모두 행정관이 업무를 보다가 부딪칠 법한 여러 가지 실용적인 어려움을 해결하는 데 필요한 계산법을 다루고 있다. 예를 들면 피라미드의 빗변을 계산하는 법, 길들인 새를 먹이는 데 필요한 사료 양을 계산하는 법 등이 그렇다. 대부분 검정색 잉크로 기록됐지만 제목이나 해답을 기록할 때는 붉은색을 사용했다. 흥미롭게도 상형문자가 아니라 빨리 쓰기 위해 형태를 훨씬 더 간소화한 흘림체의 행정용 속기 부호로 기록돼 있다.

이 파피루스의 명칭은 애버딘의 법률가 알렉산더 린드에게서 유래했다.

삼각형의 면적을 계산하는 방법을 설명하고 있는 린드 수학 파피루스의 일부.

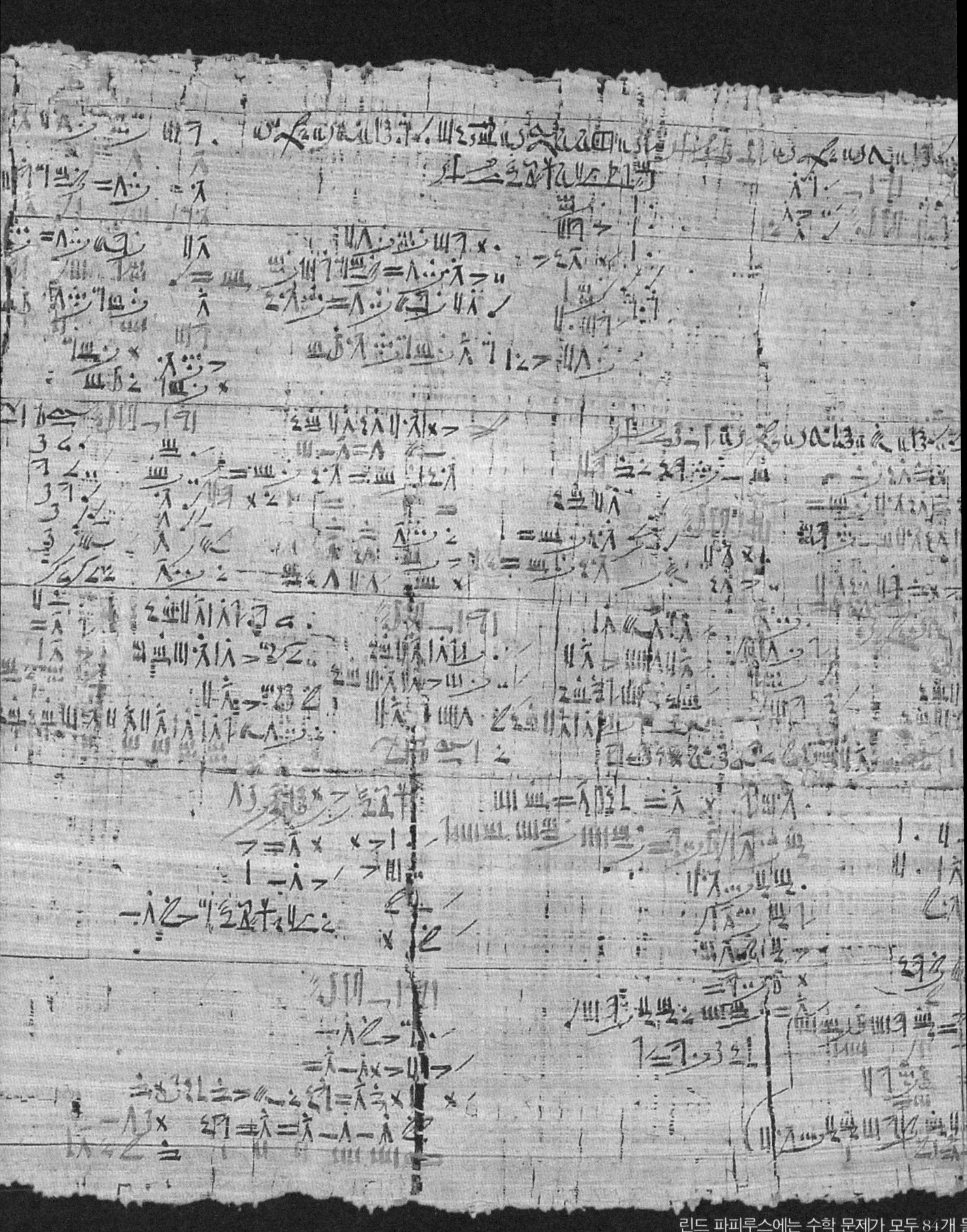

린드 파피루스에는 수학 문제가 모두 84개 들

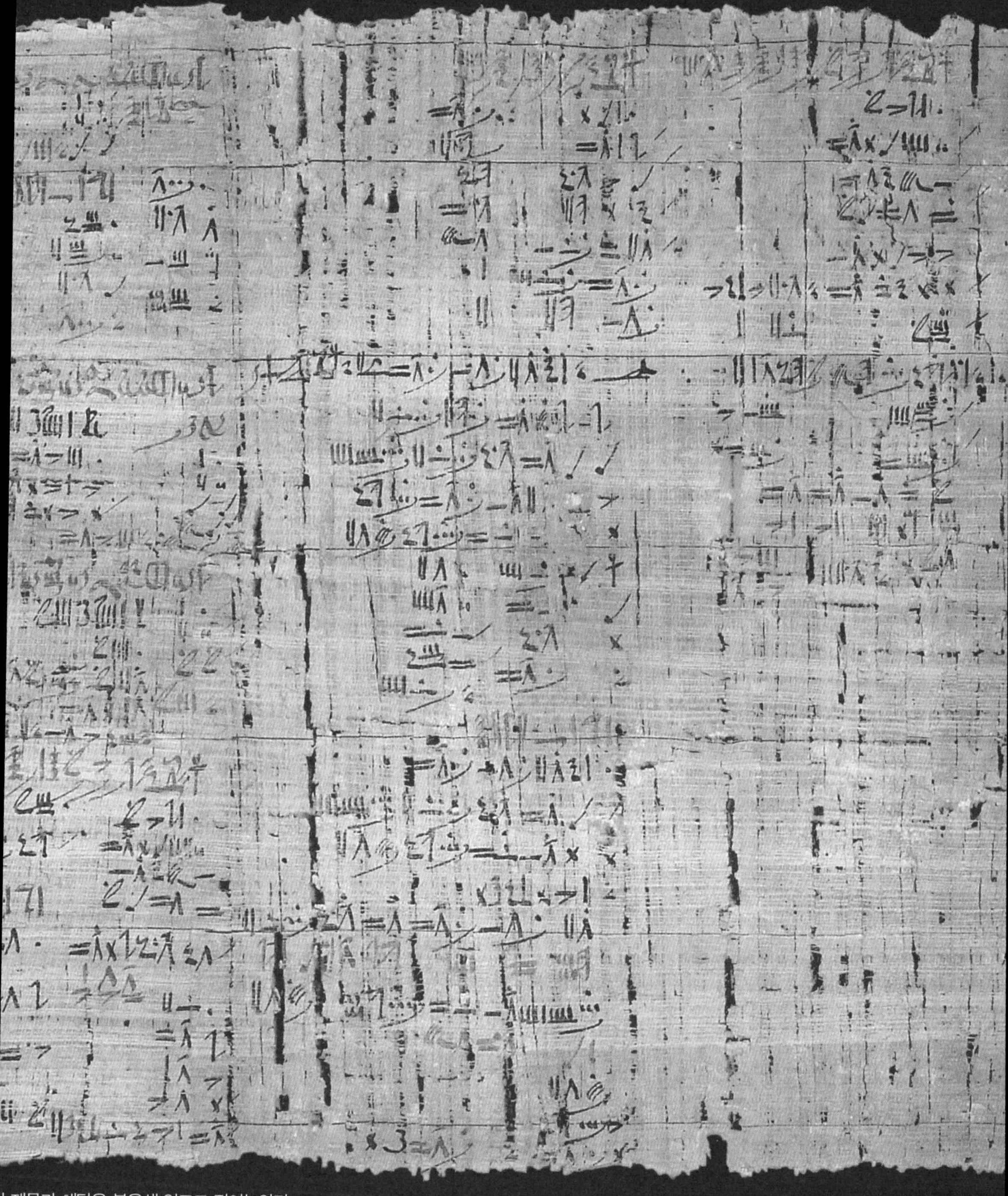

의 제목과 해답은 붉은색 잉크로 적어놓았다.

1850년대에 그는 이집트에서 겨울을 나곤 했는데, 결핵을 앓고 있어서 따뜻하고 건조한 기후가 치료에 도움이 됐기 때문이다. 그는 이집트 룩소르에서 이 파피루스를 구입했는데, 현재까지 그의 파피루스는 비단 이집트뿐 아니라 고대 세계를 통틀어 가장 방대한 고대 수학책이다.

파피루스는 습기와 빛에 무척 예민하기 때문에 우리는 따로 파피루스 방을 만들어 보관하고 있다. 방은 매우 건조하고 공기가 잘 통하지 않을 뿐만 아니라 무엇보다도 어두컴컴해서 습기에 쉽게 썩고 밝은 빛에 쉽게 색이 바래는 파피루스를 보관하기에 안성맞춤이다. 파피루스가 거의 모든 시간을 보냈을 고대 이집트의 무덤과 똑같은 조건을 갖춘 곳을 블룸즈버리에서 찾는다면 아마 이 보관실일 것이다. 이 파피루스는 원래 길이가 약 5미터였고 보통 두루마리처럼 말아두었을 것이다. 하지만 지금은 세 조각으로 분리돼 있다. 그중 큰 조각 두 개는 대영박물관 유리 상자 안의 틀에 잘 보관돼 있고, 나머지 한 조각은 뉴욕 브루클린박물관이 소장하고 있다. 이 파피루스는 폭이 약 30센티미터인데 자세히 들여다보면 파피루스의 섬유 조직을 확인할 수 있다.

파피루스를 만드는 일은 공이 많이 들어가지만 아주 간단하다. 나일 삼각주에는 4.5미터까지 자랄 수 있는 갈대과 식물인 파피루스가 아주 많았다. 식물의 속을 띠처럼 길게 잘라 물에 담갔다가 함께 눌러 펴서 종이처럼 판판하게 모양을 잡은 다음, 햇볕에 말려 돌로 살살 문지른다. 편리하게도 파피루스의 섬유질은 풀 없이도 서로 잘 달라붙는다. 그런 공정을 거치면 글을 쓰기에 아주 좋은 판판한 면을 얻을 수 있다. 파피루스는 약 1,000년 전까지만 해도 지중해 지역에서 널리 사용됐고 거의 모든 유럽 언어에서 '종이'를 뜻하는 말의 기원이 되었다.

그러나 파피루스는 비싸다는 흠이 있었다. 린드 파피루스 같은 5미터짜리 파피루스의 가격은 구리 2데벤에 해당했는데, 이는 작은 염소 한 마리를 구입할 수 있는 가격이었다. 사치품인 셈이었다.

수학 문제집에 그렇게 많은 돈을 들인 이유는 무엇일까? 아마도 출세하려면 이 두루마리가 필요했기 때문일 것이다. 이집트 국가에서 중요한 직책을 맡으려면 숫자 계산에 능통해야 했다. 그처럼 복잡한 사회에서는 건축 공사를 감독하고, 급료 지불을 계획하고, 식량 배급을 관장하고, 군대의 움직임을 계획하고, 나일 강의 수위를 측정하는 것 외에도 여러 가지를 할 줄 아는 사람이 필요했다. 서기관, 즉 파라오 밑에서 일하는 공무원이 되려면 수학 능력을 입증해 보여야 했다. 당대의 한 저자는 이렇게 설명한다.

그리하여 너는 보물 창고와 곡물 창고를 관리하고, 곡물 창고 입구에서 한 척의 옥수수 운반선이 건네는 짐을 인수하고, 각종 절기에 신들에게 바칠 제물의 양을 계산할 수 있으리라.

린드 파피루스에는 행정가로 출세하는 데 필요한 지식이 모두 들어 있다. 이 파피루스는 기원전 1550년께의 이집트에서 공무원 시험을 치르려는 사람들을 위한 입시 학원인 셈이었다. 빠른 성공을 약속하는 요즘 자기계발서처럼 이 파피루스도 맨 앞 장에 붉은색 글자로 제목을 근사하게 달아놓았다.

사물의 의미를 파악하고 모든 비밀과 불명료한 것을 알기 위해 계산을 하는 정확한 방법

이는 다시 말해 "당신이 알아야 할 수학의 모든 것. 나를 사는 것이 곧 성공을 사는 것이다"라는 뜻이다.

린드 파피루스 같은 교재로 갈고닦은 이집트인들의 수학 실력은 고대 세계에서 널리 인정받았다. 플라톤은 그리스인들에게 이집트인들을 본받으라고 촉구했다.

교사들은 산술의 원리와 공식을 적용함으로써 학생들이 군대를 소집해 지휘하고 군사 원정을 계획하는 임무에 대비하게 하는 것은 물론 그들 자신과 다른 사람들에게 좀 더 유익한 사람이 되고 한층 더 각성하도록 독려한다.

만일 이런 훈련이 막강한 국가를 만드는 비결이라는 데 모두 동의했다면, 그다음에는 그리스인들이 이집트인들에게 어떤 수학을 배웠는지가 논쟁거리로 남는다. 문제는 이집트 수학 문서 가운데 대다수는 유실되고 겨우 몇 개만 살아남았다는 점이다. 따라서 고대 이집트에서 고등수학이 크게 번성했다는 추측만 할 수 있을 뿐 증거는 전혀 없다. 레스터 대학교 클라이브 릭스 교수는 린드 파피루스가 왜 중요한지를 이렇게 설명한다.

그리스인들이 이집트인들에게 기하학을 배웠다는 것이 지금까지의 전통적인 견해다. 헤로도토스, 플라톤, 아리스토텔레스 같은 그리스 저술가들은 모두

이집트인들의 탁월한 기하학 지식을 언급한다.

> 린드 수학 파피루스가 없었더라면 우리는 이집트인들의 수학에 관해 거의 아무것도 알 수 없었을 것이다. 대수학은 우리가 말하는 선형대수학, 곧 직선 방정식에 해당한다. 이른바 등차수열이라는 좀 더 복잡한 수학과 기초 수준 기하학도 눈에 띈다. 아모세(이 파피루스 사본을 맨 처음 필사한 사람이다)는 원과 삼각형의 면적을 계산하는 법을 가르친다. 이 파피루스에는 평균 학력인 중학생이 이해하지 못할 내용은 하나도 없다. 대부분 그보다 좀 더 쉬운 내용이다.

그러나 그런 수준이면 충분하다. 린드 파피루스를 사용하는 사람은 수학자가 되려는 것이 아니기 때문이다. 다만 그는 인부들에게 나눠 줄 식량 비율을 계산하는 방법처럼 현실에서 부딪치는 복잡한 문제를 해결할 수 있을 만한 지식만 알면 된다. 예를 들어 한 해 동안 동물 지방을 10갤론 사용할 수 있다면 하루에 얼마만큼 사용해야 하는가? '10'을 '365'로 나누는 계산은 오늘날처럼 당시에도 복잡하기는 마찬가지였으나, 노동 인구에 식량을 원활하게 공급해 기운을 북돋우려면 반드시 풀어야 할 문제였다. 케임브리지 대학교 고대 수학 전문가인 엘리너 롭슨은 이렇게 설명한다.

> 사람들이 수학을 공부한 이유는 글을 읽고 쓸 줄 알고 계산도 할 줄 아는 관리자, 관료, 서기관이 되기 위해서였다. 궁전과 신전의 대규모 경제를 관리하려면 전문 기술은 물론 숫자와 중량과 척도를 파악하는 방법까지 알아야 했다. 피라미드와 신전 같은 대규모 건축 공사를 진행하는 데 따르는 문제를 해결하는 법, 공사에 동원된 그 많은 일꾼을 먹이고 관리하는 법 등을 비롯해 수학을 주제로 한 토론이 아주 많았을 것이 틀림없다.

그보다 좀 더 복잡한 수학 토론이 어떻게 이뤄졌는지 또 어떻게 전달됐는지는 그저 추측만 할 수 있을 뿐이다. 지금까지 전해오는 증거는 턱없이 단편적이다. 파피루스가 너무 약해 부서지기 쉬울 뿐 아니라 습기가 있으면 쉽게 썩고 불에 잘 타기 때문이다. 우리는 심지어 린드 파피루스가 원래 어디에 있었는지조차 알지 못하지만, 아마도 무덤이 아닌가 추측한다. 주인과 함께 묻힌 개인 서고가 더러 있는데, 아마도 그곳에서 공부해 사후세계의 행정관으로 출세하기 위해서가 아니었을까 싶다.

증거가 유실된 탓에 이집트가 주변 국가들과 비교해 어떤 위치에 있었는지, 기원전 1550년께에는 이집트 수학이 얼마나 명성을 떨쳤는지 알기는 매우 어렵다. 엘리너 롭슨의 설명을 들어보자.

> 이집트와 비교할 수 있는 동시대의 유일한 증거는 이라크 남부 바빌로니아에서 나온다. 당시 문자를 사용한 문명사회는 그 둘뿐이었기 때문이다. 다른 많은 문화권에서도 숫자를 계산하고 다루는 법을 알고 있었을 테지만 지금까지 우리가 아는 한 문서로 기록하지는 않았다. 우리가 바빌로니아에 관해 많은 정보를 알고 있는 이유는 그들이 점토 서판을 남겼기 때문이다. 점토 서판은 파피루스와는 달리 땅속에서도 몇천 년 넘게 살아남을 수 있었다. 그에 견줘 이집트 수학을 알 수 있는 문서는 대략 여섯 개, 최대로 잡아야 열 개에 불과하다. 물론 그중 린드 파피루스가 가장 크다.

내가 보기에 린드 파피루스의 가장 흥미로운 점은 파라오가 통치하는 이집트 사회의 다채로운 일상, 그중에서도 특히 부엌을 엿볼 수 있게 해준다는 데 있다. 우리는 이 파피루스를 통해 거위를 강제급식으로 기르려면 놓아기르는 거위가 먹는 사료의 다섯 배가 필요했다는 사실을 알 수 있다. 그렇다면 이집트인들은 푸아그라를 먹었을까? 아울러 고대 이집트인들은 대량 사육 농장도 운영한 것으로 보인다. 거위를 우리에 가둬 움직이지 못하게 하면 자유롭게 놓아기르는 거위가 먹는 사료의 4분의 1만 있으면 되고, 그렇게 하면 훨씬 더 싼 비용으로 거위를 살찌워 시장에 내다팔 수 있다.

맥주와 빵 그리고 이집트인들이 먹었을 것으로 추정되는 푸아그라 사이에서 우리는 공공 근로와 군사 원정에 필요한 엄청난 인적, 물적 자원을 동원할 수 있는 영속적이고 막강한 제국의 병참 하부구조를 엿볼 수 있다. 파라오가 다스리는 이집트는 당시 사람들에게는 더 바랄 나위 없는 나라였다. 전 중동 지역에서 온 방문객들은 오늘날의 우리처럼 그곳의 거대한 건축물과 조각상들 앞에서 놀라움을 금치 못했다. 지금과 마찬가지로 당시에도 국가가 잘되려면 수학을 할 줄 아는 사람이 필요했다.

아직도 이 장 첫머리에서 소개한 고양이, 쥐, 옥수수를 계산하는 문제로 고민 중이라면, 그 해답은 '1만 9,607'이다.

18

황소를 뛰어넘는 미노스 인물상

그리스 크레타에서 출토된 청동 황소와 곡예사

1700~1450 BC

황소를 뛰어넘는 인물을 묘사한 이 작은 청동상은 요즘 대영박물관 미노스 문명 전시관에서 자랑으로 삼는 유물 가운데 하나다. 지중해에 있는 크레타 섬에서 출토됐으며 제작 연대는 약 3,700년 전이다.

황소와 인물은 모두 청동으로 만들어졌는데 둘을 합쳐 길이는 5센티미터, 높이는 10에서 13센티미터 정도다. 황소는 두 다리를 쭉 펴고 머리를 번쩍 치켜든 채 전속력으로 달리고 있고, 인물은 몸을 한껏 휜 채 공중제비를 돌며 황소를 뛰어넘고 있다. 아마도 젊은 남자인 듯하다. 그는 황소 뿔을 붙잡고 몸을 바로 위로 날리고 있어서 우리는 그의 몸이 튀어오르는 순간을 목격할 수 있다. 남자 몸은 바깥으로 휘어 있고 거기에 화답하듯 황소의 등은 안쪽으로 구부러져 있다. 두 개의 굽은 모양이 서로를 반영한다. 역동성을 아주 잘 살린 아름다운 조각상으로, 보고 있노라면 우리는 곧장 크레타 역사의 현실과, 그 못지않게 중요한 신화 속으로 빨려 들어간다.

이 조각상은 오늘날에는 거의 은유로만 사용하는 표현을 실제 동작으로 보여준다. "황소의 뿔을 잡는다"라는 말은 인생의 커다란 문제에 봉착했을 때 용기 있게 맞선다는 의미를 담고 있다. 고고학 연구에서는, 약 4,000년 전 문명사회가 황소에 맞선다는 개념은 물론 실제 행위에도 집단적으로 매료된 듯 보인다는 견해를 제시한다. 그들이 왜 그랬는지는, 아프리카와 아시아와 유럽이 만나는 교차로에서 오늘날 "중동"으로 불리는 지역을 형성하는 데 빼놓을 수 없는 역할을 담당한 한 사회의 수많은 신비 가운데 하나로 남아 있다. 호메로스는 시적인 표현을 동원해 이렇게 묘사했다.

> 짙은 포도주 빛깔을 띤 바다 저 한복판에 "크레타"라고 불리는 땅이, 사방이 바다로 둘러싸여 있는 아름답고 풍요로운 땅이 있다. 그 땅에는 많은 민족과 90개 도시가 있다. 그곳에선 언어가 서로 뒤섞인다. (중략) 도시 가운데 크

노소스라는 위대한 도시가 있다. 막강한 제우스의 막역한 벗 미노스가 그곳을 9년째 다스리고 있었다.

그리스 신화를 보면 크레타의 통치자 미노스는 황소와 복잡하게 얽혀 있었다. 그는 신들의 왕 제우스와 아름다운 에우로페 사이에서 태어난 아들이었다. 제우스는 황소로 변신한 뒤 에우로페를 납치해 그를 낳았다. 미노스의 아내 또한 아름다운 황소에 반해 예사롭지 않은 정열을 불태웠고 그 집착의 결실이 바로 반은 인간이고 반은 황소인 미노타우로스다. 미노스는 괴물처럼 생긴 의붓자식을 수치스럽게 여겨 지하 미궁에 가뒀고, 미노타우로스는 그곳에서 아테네인들이 매년 갖다 바치는 젊은 처녀와 총각들을 잡아먹으며 지내다가 결국 그리스의 영웅 테세우스에게 살해된다. 테세우스와 미노타우로스의 이야기, 곧 인간이 끔찍한 악마를 제압하여 용기 있게 맞서 싸워 죽여 없앤다는 이야기는 오비디우스, 플루타르크, 베르길리우스 등 많은 사람을 통해 몇 세기 넘게 끊임없이 이어 내려왔다. 이 이야기야말로 그리스 신화의 정전이자, 프로이트 심리학과 유럽 예술의 핵심이기도 하다.

고고학자들은 이런 이야기에 매료되었다. 약 100년 전 아서 에번스가 크레타 섬을 탐사하고 크노소스를 발굴하기로 결심했을 때 그의 마음속엔 온통 황소와 괴물, 궁전과 미궁 생각으로 가득했다. 기원전 1700년께에 이 풍요로운 문명을 꽃피운 사람들이 자신들을 어떻게 불렀는지는 알 길이 없지만, 에번스는 자신이 미노스의 세상을 발굴한다 믿고 그곳 사람들을 간단하게 "미노스인"이라고 일컬었다. 그 뒤로 지금까지도 고고학자들은 이 이름을 사용하고 있다. 에번스는 광범위한 발굴 작업을 벌여 거대한 복합 건물의 잔해, 그릇과 보석, 돌 도장, 상아, 금, 청동, 간혹 황소를 묘사하기도 한 다채로운 벽화 등을 찾아냈다. 그는 그런 유물의 의미를 우리에게 익숙한 신화를 통해 해석하고자 했다. 특히 그는 크레타 섬의 경제와 종교 생활에서 황소가 차지한 몫을 알아내는 데 열심이었고, 따라서 그의 관심이 크노소스에서 꽤 떨어진 곳에서 발견된 미노스의 황소를 뛰어넘는 인물상에 쏠린 것은 당연한 일이었다.

이 청동상은 크레타 섬 북쪽 해안의 레팀논이라는 마을에서 출토된 것으로 추정되는데, 원래 용도는 산꼭대기 사당이나 동굴 성소에 바친 제물인 듯하다. 이렇게 생긴 물건이 가끔 크레타 섬의 성소에서 발견되며, 이는 소가 지역의 종교의식에서 중요한 비중을 차지했다는 사실을 암시한다. 에번스 이후로 많은 학자들이 이런 형상이 어째서 그토록 중요했는지를 설명하고자 애써왔다. 그들은 왜 황소를 뛰어넘는 행위를 했는지, 또 그것이 실제로 가능한지를 물었다. 에번스는 그것이 모신(母神)을 기리는 축제의 일부였다고 생각했다. 다른 학자들은 동의하지 않았지만 황소를 뛰어넘는 행동이 동물의 희생은 물론 때로는 동물을 뛰어넘는 사람의 죽음까지 포함하는 종교의식으로 흔히 간주돼온 것이 사실이다. 청동상에서도 황소나 인간 모두 매우 위험해 보인다. 동물을 뛰어넘으려면 몇 달은 족히 걸리는 수련이 필요했을 것이다. 프랑스와 스페인 몇몇 지역에는 오늘날까지도 그런 스포츠가 남아 있기 때문에 우리는 이 점을 자신 있게 말할 수 있다. 황소를 뛰어넘는 기술(이런 기술을 선보이는 사람을 스페인어로는 "레코르타도르"라고 부른다)로 명성이 자자한 세르히오 델가도는 이렇게 설명한다.

> 인간과 황소 사이에는 늘 일종의 게임이 존재해왔다. 언제나 그랬다. '레코르타도르'를 훈련시키는 공식 학교는 없다. 황소를 이해하는 법과 경기장에서 황소가 어떤 반응을 보일지 아는 것으로 족하다. 그런 지식은 오로지 경험을 쌓아야만 터득할 수 있다.
>
> 학습이 필요한 중요한 기술은 세 가지다. 첫째는 '콩팥 차기(recorte de rinon)', 둘째는 '기세 꺾기 또는 매달리기(quiebro)', 셋째는 '뛰어넘기(salto)'인데 주로 다양한 자세로 황소를 뛰어넘는 기술을 말한다.
>
> 투우와 달리 황소는 이런 경기 전에 상처를 입지 않는다. 경기장에서 황소가 죽는 법은 결코 없다. 여기서는 우리가 목숨을 내건다. 우리도 투우사처럼 뿔에 받혀 찔릴 때가 많다. 황소는 예측할 수 없다. 주도권은 황소에게 있다. 우리는 황소에 대한 존경심을 잃지 않는다.

황소에 대한 존경심이 이렇게 계속 이어지고 있다는 사실은 이 작은 청동상이 만들어질 당시 크레타 섬에서 이뤄진 황소 뛰어넘기가 종교적인 의미를 지니고 있었을 것이라는 몇몇 학자의 추측을 뒷받침하는 흥미로운 현대적인 예이다. 귀한 금속인 청동으로 제작됐다는 사실은 이 조각상이 신들에게 바치는 제물이었다는 점을 암시한다.

이 조각상은 기원전 1700년께, 그러니까 고고학자들이 "청동기시대"라고 일컫는 시기 중반쯤에 만들어졌다. 금속 제작 기술의 획기적인 발전은 인간이 세상의 모양을 빚는 방식을 바꿔놓았다. 구리와 아연의 합금인 청동은 구리나 금보다 훨씬 더 단단할 뿐 아니라 자르고 베는 데도 더 효과적이었다. 청동은 개발되자 1,000년 넘게 도구와 무기를 제작하는 재료로 널리 사용됐다. 물론 아름다운 조각상을 만드는 데도 사용됐으며 사람들은 청동을 이용해 종종 신들에게 바치는 귀중한 물건을 만들었다.

대영박물관에 있는 황소 조각상들은 납형법으로 제작됐다. 먼저 밀랍으로 만들고자 하는 물건의 모형을 뜬 다음 그 위에 진흙을 덧붙여 틀을 만든 뒤 불에 굽는다. 그러면 진흙은 단단해지고 안에 있는 밀랍은 녹는다. 그러고 나서 녹은 밀랍을 밖으로 모두 빼내고 그 틀에 청동 합금을 부어 넣으면 밀랍이 남긴 자국과 똑같은 형상이 만들어진다. 청동이 식어 굳으면 진흙 틀을 깨뜨리고, 청동상이 모습을 드러낸다. 그런 다음 다듬고 새기고 광택을 내는 마무리 공정을 거치면 드디어 작품이 완성된다. 이 청동상은 녹갈색을 띨 만큼 꽤 심하게 부식됐지만 처음 만들어졌을 때는 매우 아름다웠을 것이 분명하다. 물론 금처럼 찬란하게 반짝거리지는 않았을 테지만 강렬하면서 매혹적인 빛을 뿜어냈을 것이다.

이 같은 빛나는 조각상을 만드는 데 사용된 청동은 우리의 황소를 신화에서 역사로 옮겨놓는다. 이 물건을 처음 볼 때 놀라운 점은 재료가 청동이라는 사실이다. 청동을 만드는 데 필요한 구리와 주석 모두 크레타 섬에는 없기 때문이다. 둘 다 먼 곳에서 가져왔는데, 구리는 키프로스(키프로스라는 말 자체가 '구리의 땅'을 뜻한다)나 지중해 동부 해안 지역에서 가져왔다. 주석의 여정은 그보다 훨씬 더 길었는데, 터키 동부나 어쩌면 그보다 더 먼 아프가니스탄에서 교역로를 따라 가져왔다. 당시 주석은 이따금 공급량이 딸리기도 했는데 교역로에 해적이 자주 출몰해 물건을 약탈했기 때문이다.

청동상 자체에서도 주석 공급량을 확보하기 위해 고군분투한 흔적이 엿보인다. 주석이 충분히 함유돼 있지 않아 표면에 곰보 자국이 나 있을 뿐 아니라 구조도 취약하다. 황소 뒷다리가 떨어져 나간 게 바로 그 때문이다.

그러나 합금 비율이 그렇게 훌륭하지 않다 해도 크레타 섬 밖에서 가져온 구리와 주석의 존재는 미노스인들이 해상무역에 종사했다는 사실을 말해준다. 크레타는 지중해 동부 지역을 아우르는 무역과 외교의 방대한 그물망에서 중심 역할을 했다. 모두 해로를 통해 연결된 무역로는 주로 금속 교역에 역점을 뒀다. 사우샘프턴 대학교 해양 고고학자 루시 블루 박사의 설명을 들어 보자.

> 미노아 또는 크레타 문명의 유물인 작은 청동상은 지중해 동부 전역에서 필요로 했던 청동이 중요한 상품임을 알 수 있는 훌륭한 지표다. 안타깝게도 그런 무역 활동의 흔적을 입증하는 난파선은 몇 척 되지 않지만 우리에게는 터키 해안에서 발견된 난파선 울루부룬 호가 있다.
>
> 이 배는 15톤에 이르는 화물을 나르고 있었는데 그중 9톤이 괴 형태 구리였다. 그 밖에도 이 배에는 발트 해에서 나는 호박, 석류, 피스타치오, 청동과 금으로 만든 소형 조각상을 포함한 다양한 제품, 여러 가지 재료로 만든 구슬, 도구와 무기가 많이 실려 있었다.

이런 무역 활동에 종사한 풍요로운 미노스 문명에 관련해 아직도 해결되지 않은 의문점이 무척 많다. 에번스는 거대한 건축물을 발굴한 뒤 왕의 존재를 나타내는 '궁전'이라는 말을 사용했지만, 사실 이 건물은 종교 활동과 정치 활동, 경제 활동의 중심지였던 것으로 보인다. 복합 건물 형태를 띤 이 건물들은 다양한 활동이 이뤄지는 공간으로, 그중 하나는 상업과 생산을 주관하는 행정기관, 곧 천을 짜고 수입한 금과 상아와 청동으로 물건을 만드는 많은 수의 장인을 조직·관리하는 관청이었다. 이처럼 재능 있는 장인의 사회가 없었더라면 이 황소를 뛰어넘는 청동상은 존재하지 않았을 것이다.

크노소스 궁전에서 발견된 프레스코화는 많은 사람들이 한데 모여 있는 모습을 보여주며, 이는 그곳이 종교와 의식의 중심지였다는 사실을 보여준다. 그러나 100년 넘게 크레타 섬을 발굴했지만 미노스 문명은 여전히 마음을 끄는 수수께끼로 남아 있으며, 이에 대한 우리의 지식은 실망스러울 만큼 단편적이다. 하지만 이 작은 청동상 같은 유물들은 크레타 역사에 대해 적어도 한 가지 측면은 분명히 말해준다. 바로 미노스 문명이 이후 몇 세기 만에 온 세상을 바꿔놓은 금속 문화의 발전에 중심 역할을 했다는 사실이다.

아울러 이 조각상은 우리 내면 깊숙한 곳에 사람과 짐승의 곤혹스러운 연관관계를 직면케 하는 신화적 장소로서 크레타가 내뿜는 매력이 영원할 수밖에 없음을 제시한다. 피카소는 1920년대와 1930년대에 유럽 정치의 본질을 뒤바꿔놓은 야수성(野獸性)을 탐구하면서 본능적으로 크레타 섬의 미노아 궁전과 그곳의 지하 미로와 지금도 여전히 우리의 마음을 사로잡는 사람과 황소의 만남이라는 화두, 곧 미노타우로스와의 싸움에 눈을 돌렸다.

19

몰드의 황금 망토

웨일스 북부 몰드에서 출토된 황금 망토

1900~1600 BC

지역 인부들에게는 옛 웨일스의 전설이 사실처럼 보였을 것이다. 그들은 '요정의 언덕' 또는 '도깨비 언덕'이라는 뜻인 '브린-이르-엘릴론'이라는 들판에서 돌을 캐고 있었다. 황금 옷을 걸친 유령 같은 사내아이를 봤다는 둥, 달빛에 반짝이는 환영을 목격했다는 둥 소문이 가끔씩 떠도는 바람에 여행자들은 날이 어두워진 뒤에는 되도록 언덕을 지나가지 않았다. 인부들이 커다란 흙무더기를 파헤치자 돌을 쌓아 만든 무덤이 드러났다. 무덤 안에는 호박 구슬 수백 개와 청동 파편 몇 개를 비롯해 유해 한 구가 들어 있었다. 그 밖에 으스러진 채로 유골을 감싸고 있는 신비한 물건, 부서지긴 했지만 섬세한 장식이 눈길을 끄는 커다란 순금판도 있었다.

이 놀라운 물건은 황금 망토, 좀 더 정확히 말하면 금으로 만든 짤막한 판초였다. 하지만 우리는 이것을 "망토"라고 부른다. 얇게 두드린 금으로 만든 이 물건은 사람의 어깨에 두르는 것으로, 폭은 약 45센티미터, 두께는 약 30센티미터다. 머리 위로 뒤집어 써 어깨 위에 올려놓으면 가슴 중앙까지 내려온다.

자세히 들여다보면 놀랍게도 엄청나게 얇은 금판 한 장으로 만들었다는 사실을 알 수 있다. 전체는 크기가 탁구공만 한 금괴로 만든 것이다. 이 판은 안쪽에서 바깥쪽으로 쳐서 만들었으며, 그래서 전체적으로 마치 구슬을 일정한 간격으로 조심스레 배열한 듯한 효과를 낸다. 문양은 눈금을 새기듯 조심스레 일정한 간격을 유지하면서 한쪽 어깨에서 반대쪽 어깨까지 몸 전체를 감싸고 있다. 지금 봐도 너무나 정교하고 화려해 감탄사가 저절로 나올 정도다. 이 물건을 발견한 일꾼들은 아마 모두 넋을 잃었을 것이다.

이 유물은 1833년 브린-이르-엘릴론에서 일하는 채석장 인부들이 발견했다. 인부들은 눈앞에 드러난 횡재에 고무된 나머지 유령이나 도깨비 따위는 아랑곳하지 않고 서로 앞 다투어 금판을 나눠 가졌으며, 그중 가장 큰 조각을 가져간 사람은 소작농이었다. 그쯤에서 이야기가 끝났다면 간단했을지도 모른

다. 1833년만 해도 오래된 무덤은 아무리 특이하다고 해도 법률로 보호받기가 어려웠다. 무덤은 웨일스 북쪽 해안에서 그리 멀지 않은 몰드라는 마을 근처에 있었다. 따라서 더 넓은 세상은 그 존재를 미처 눈치채지 못한 채 계속 돌아갔을 가능성이 높았다. 하지만 그렇게 되지 않은 건 순전히 C. B. 클러프라는 한 지방 성직자의 호기심 때문이었다. 그는 인부들이 발견한 유물에 대한 글을 썼는데 그 글이 거기서 몇백 킬로미터나 떨어진 런던 골동품학회의 관심을 불러일으켰다.

인부들이 유물을 나눠 가지고 3년이 지난 뒤에 대영박물관은 소작농이 자기 몫으로 챙긴 가장 큰 조각을 제일 먼저 사들였다. 클러프가 글에서 설명한 물건들은 유골 자체를 포함해 거의 모두 사라지고 없었다. 금 장식품 또한 남아 있는 것이라곤 부서지고 납작해진 커다란 조각 세 개와 작은 조각 열두 개가 전부였다. 대영박물관이 남아 있는 조각을 모아들여(지금도 몇 개는 아직 찾지 못했다) 조각 난 보물을 완벽하게 복원하기까지는 100년이 더 걸렸다.

조각들이 다 붙어 있었을 당시 이 물건의 정체는 과연 무엇이었을까? 또 만들어진 시기는 언제며 누가 입었던 것일까? 19세기 들어 고고학 발견이 속속 이뤄지면서 몰드 무덤은 새롭게 확인된 청동기시대, 즉 약 4,000년 전에 조성된 것으로 드러났다. 그러나 황금 조각은 1960년대에 와서야 비로소 완전한 모습으로 복원됐다. 복원가들이 가지고 있던 것은 모두 종이처럼 얇은 금 조각에 지나지 않았다. 크고 작은 조각들은 모두 금이 가고 갈라지고 구멍이 뚫려 있었다. 무게는 모두 합해 500그램 정도였다. 복원 작업은 삼차원 지그재그 퍼즐을 맞추는 것과 비슷했다. 그것을 맞춘다는 것은 1,000년 전에 사라진 고대 금세공 기술을 다시 배우는 것으로부터 시작되었다.

이 망토를 누가 만들었는지는 알 수 없지만 솜씨가 매우 뛰어난 사람이라는 사실만은 분명하다. 그들은 청동기시대 유럽의 카르티에나 티파니 명장들이었다. 이런 물건을 만들 수 있는 사회는 어떤 사회였을까? 눈부시게 화려하면서 치밀할 만큼 정교하다는 점으로 봐서 이집트 파라오가 사는 궁궐이나 크레타 섬 미노스 궁전에 버금가는 부와 권력의 중심지에서 사용하던 것이 틀림없다. 그처럼 정교한 디자인을 만들려면 용의주도한 밑그림과 설계가 필요하다는 점을 볼 때, 오랫동안 사치스러운 물건을 생산해온 전통이 있었음을 알 수 있다.

그러나 지금까지의 고고학 연구에 따르면 당시 영국 어디에도 궁궐이나 도시 또는 왕국이 존재했다는 증거는 없다고 한다. 스톤헨지와 에이브버리의 거대한 의식용 기념비가 있고 또 한때 영국의 풍광을 지배했을 환상 열석 수백 개와 봉분 수천 개가 있긴 하지만 주거지 흔적은 거의 남아 있지 않다. 그나마 조금 남은 주거지 흔적은 그곳이 매우 소박한 사회였음을 가리킨다. 억새 지붕을 얹은 목조 가옥에, 부족장을 중심으로 한 농촌 사회였을 것이라는 사실을 암시한다.

과거에는 영국의 선사시대 사회를 주목할 만한 문명이 등장하기 전에 존재한 원시인 사회로 쉽게 치부해버렸다. 주거지는 거의 없고 겨우 매장지만 발견됐으니 그렇게 생각해도 무리는 아니다. 그러나 몰드 황금 망토 같은 진귀한 물건이 더러 발견되면서 최근 들어서는 당시 사회를 다르게 보게 됐다. 물론 이 망토가 유달리 정교하기도 하지만, 영국의 과거 사회가 물건을 제작하는 능력이나 사회 구조상 매우 세련된 문화를 갖추고 있었다는 사실을 보여주는 귀중한 유물도 꽤 나왔기 때문이다. 캔터베리의 옥도끼(14장)를 비롯한 그런 유물들은 이 사회가 홀로 고립돼 있었던 것이 아니라 유럽 교역망의 일부였다는 사실을 말해준다. 예를 들어 망토와 함께 발굴된 작은 호박 구슬은 몰드에서 몇백 킬로미터나 떨어진 발트 해에서 건너온 것이 틀림없다.

금과 호박, 무엇보다도 청동을 재료로 사용한 이 귀한 유물을 연구함으로써 웨일스 북부에서 스칸디나비아는 물론 심지어 지중해에 이르는 무역 교역망을 추적할 수 있다. 아울러 이런 무역을 가능하게 한 부의 원천 또한 확인할 수 있다. 몰드 망토는 청동기시대 유럽 북서부에서 가장 규모가 큰 구리 광산인 그레이트 옴과 비교적 가까운 곳에 묻혀 있었다. 그곳에서 나는 구리와 콘월에서 나는 주석이 영국산 청동 유물 대부분의 주원료가 됐을 것이 틀림없다. 그레이트 옴 광산이 절정에 이른 시기는 기원전 1900년에서 1600년 사이이다. 최근 들어 망토의 금세공 기술과 장식 기법을 분석한 결과 망토가 발견된 매장지의 연대가 바로 이 시기와 일치한다. 따라서 단지 추측에 지나지 않을지라도 이처럼 뛰어난 물건을 착용한 사람은 막대한 부의 원천이자 유럽 북서부 지역의 교역 중심지였을 그곳 광산과 어떤 식으로든 관련을 맺고 있었을 가능성이 높다. 하지만 망토의 재료로 사용된 금도 과연 멀리서 들여온 것일까? 아일랜드 국립박물관의 메리 카힐 박사는 이렇게 설명한다.

금의 출처는 지금까지도 큰 의문이다. 초창기 구리의 출처에 대해서는 많은

> 정보가 있지만 금은 특히 강과 시내에서 캐낸 경우나 초기 작업장이 말 그대로 홍수에 휩쓸려 내려간 경우에는 출처를 찾기가 너무도 어렵다. 따라서 우리가 할 수 있는 일은 올바른 지질학적 배경, 즉 실제로 금을 형성한 지질학적 환경을 찾기를 희망하면서 금광석의 본성을 좀 더 면밀히 관찰하고 그것으로 만든 물건들을 살펴보고 분석 결과를 하나하나 꼼꼼히 비교하는 것이다. 그런 다음 현지를 광범위하게 조사해 초기 청동기시대의 금광 위치를 찾을 수 있기를 바란다.
>
> 사용된 금의 양이 당시에 만들어진 다른 물건들보다 훨씬 많은 점으로 보아 금을 풍부하게 얻을 수 있는 장소가 있었던 것이 분명하다. 금은 오랜 시간을 두고 조금씩 모아야 했다. 이 물건은 탁월한 기술로 만들어졌다. 외형만 탁월한 것이 아니라 몸에 꼭 맞게 제작한 모양새 또한 그렇다. 금 세공인이 물건을 만들기 전에 미리 계획을 철저히 세운 것 같다. 즉 그는 금을 종잇장처럼 펴는 방법(이는 그 자체만으로 노련한 기술이 필요한 작업이다), 금판을 장식하는 방법, 그것이 전체적으로 망토로 형태를 잡아가는 방법 등을 심사숙고했을 것이다. 이런 사실은 다른 무엇보다도 이 물건을 만든 금 세공인의 기술 수준과 디자인 감각을 여실히 보여준다.

망토를 만든 사람의 전문 지식과 솜씨는 명백히 드러나지만 이 망토를 입은 사람이 누구인지는 정확히 알 길이 없다. 물론 망토 자체에서 몇 가지 실마리가 발견되기는 했다. 원래는 아마 가죽으로 안감을 대어 착용자의 가슴과 어깨를 덮게 했을 것이다. 부서지기 쉬운 망토의 특성상 팔과 어깨를 움직이는 데 다소 제약이 따랐을 것이므로, 어쩌다 가끔씩 입었을 것이다. 망토를 실제로 입었다는 흔적은 분명히 나타난다. 즉 망토의 아래와 위에 나 있는 구멍은 망토를 의복에 고정하는 기능을 했을 것이 분명하다. 아마도 오랜 세월 동안 입었을 것이다.

하지만 누가 이 망토를 입었을까? 망토는 용맹한 부족장이 입기에는 너무 작다. 호리호리하고 몸집이 작은 사람만 입을 수 있다. 여성이나 10대 청소년에게나 적합한 크기다. 후자가 가능성이 더 큰 듯하다. 고고학자 마리 루이즈 스티그 쇠렌센은 초창기 사회에서 젊은이가 담당한 역할을 이렇게 설명한다.

> 초기 청동기시대 사람들 가운데 25세를 넘기는 경우는 매우 드물었다. 어린

아이들은 대부분 다섯 살을 넘기지 못했다. 많은 여성이 아이를 낳다 죽었고 오래 살아남은 사람은 극소수에 지나지 않았다. 따라서 나이가 많은 사람은 사회에서 매우 특별한 위치에 있었을 가능성이 높다.

어린아이에 대한 오늘날의 개념을 당시 사회에도 적용할 수 있을지는 의문이다. 사람들의 평균 수명 때문에 이런 사회에서는 성인의 일원으로 대접받는 나이가 매우 어렸고, 열 살만 돼도 성인이나 마찬가지였다. 이는 당시 사람들이 대부분 10대였다는 사실을 의미한다.

이런 사실은 나이와 책임에 관한 우리 시대의 개념에 이의를 제기한다. 과거에는 많은 사회에서 10대가 다 자란 성인으로 인정받아 부모도 되고 지도자도 되었다. 따라서 이 망토는 이미 상당한 권력을 손에 쥔 젊은이가 입었던 것인지도 모른다. 안타깝게도 중요한 단서가 될 수 있는 증거인 망토 안에서 발견된 유골은 금전적인 가치가 없었기 때문에, 망토를 발견한 순간 아무렇게나 버려지고 말았다. 그래서 나는 몰드 황금 망토를 대할 때마다 기묘한 감정의 뒤섞임을 느낀다. 하나는 이렇게 탁월한 예술품이 지금까지 살아남았다는 흥분이고, 다른 하나는 4,000년 전에 웨일스 북부에서 번성한 이 위대하고 신비한 문화에 관해 많은 정보를 알려줄 주변 자료가 무분별하게 훼손되고 말았다는 실망이다.

이것이 오늘날 고고학자들이 불법 유물 발굴을 크게 우려하는 이유다. 귀중한 물건은 대개 살아남을지라도, 그것을 설명하는 데 필요한 다른 증거가 소실될 가능성이 높다. 보물을 역사로 바꾸는 것은 금전적으로 무가치해 보일 때가 많은 주변 자료다.

20

람세스 2세의 석상

이집트 룩소르 근처 테베에서 발견된 화강암 석상

AROUND 1250 BC

1818년 시인 퍼시 비시 셸리는 대영박물관에 소장돼 있는 기념비적인 조각상에 깊은 감명을 받고 다음과 같은 시를 지었다. 아래는 그가 지은 시 가운데서 가장 널리 인용되는 구절이다.

> 내 이름은 오지만디아스, 왕 중 왕이로다.
> 너희 강대한 자들아, 내 업적을 보라. 그리고 절망하라.

셸리의 오지만디아스는 실상 기원전 1279년에서 기원전 1213년까지 이집트를 다스린 람세스 2세다. 그의 거대한 흉상은 침착하고 위엄에 찬 표정으로 주변을 압도하며 높은 곳에서 방문객들을 내려다보고 있다.

처음 영국에 도착했을 때 이 석상은 영국인들이 그때까지 봐온 이집트 조각상 가운데 가장 컸다. 영국인들은 거대한 이집트 문화의 규모를 이때 비로소 처음으로 의식했다. 흉상의 높이는 상체만 2.5미터, 무게는 거의 7톤에 이른다. 람세스 2세는 그의 전임자들과는 달리 크기가 경외심을 불러일으킬 수 있다는 점을 이해한 왕이었다.

람세스 2세는 66년이라는 긴 세월 동안 이집트를 통치했다. 그의 통치 아래 이집트는 황금기를 누리며 제국의 위용과 번영을 마음껏 과시했다. 그는 운이 매우 좋았다. 90세가 넘도록 살면서 자녀 100여 명을 낳았을 뿐 아니라 그가 치세하는 동안 나일 강의 범람지에 연이어 풍년이 들었기 때문이다. 게다가 그는 경이로운 업적을 이룬 왕이기도 했다. 기원전 1279년에 보위에 오르자마자 북쪽과 남쪽을 정벌하기 시작하면서 영토 곳곳에 기념비를 세웠다. 그의 뒤를 이은 파라오 아홉 명이 그의 이름을 사용할 만큼 그는 성공한 통치자였다. 심지어 1,000년이 넘게 지난 클레오파트라 시대에도 여전히 신으로 숭배됐다.

람세스는 자기선전의 귀재이자 파렴치한이었다. 시간과 비용을 절약하기 위해 그는 이미 존재하는 조각상의 비문을 바꾸는 방법을 사용했다. 그 결과 기존 조각상에 그의 이름과 더불어 그의 업적을 기리는 비문이 새겨졌다. 그리고 그는 왕국 전역에 거대한 신전을 새로 건축했다. 나일 계곡의 암벽을 깎아 만든 아부심벨 신전이 대표적인 사례다. 그는 바위에 자신의 거대한 형상을 새겼다. 나중에 그를 모방하는 사례들이 많았는데 러시모어 산에 새긴 미국 대통령들의 바위 얼굴이 좋은 예이다.

람세스 2세는 이집트 북쪽 끝 경계선, 그러니까 근동 지역과 지중해 지역의 이웃 나라들과 마주보는 곳에 '피-람세스 아-나크투(위대한 승리자 람세스 2세의 집)'라는 새로운 수도를 건설했다. 그가 가장 자랑스럽게 여긴 업적 가운데 하나는 오늘날의 룩소르 근처에 있는 테베의 복합 추모 기념관이었다. 그곳은 그가 죽은 뒤에 묻힐 무덤이 아니라 평생 존경을 받고 나서 영원히 신으로 추앙받게 될 신전이었다. 오늘날 "라메세움"으로 알려진 그의 기념관은 축구 경기장 네 개와 맞먹는 방대한 규모를 자랑한다. 안에는 신전과 궁궐과 보물 창고가 들어서 있다.

라메세움에는 두 개의 안뜰이 마련돼 있는데, 이 조각상은 둘째 안뜰로 들어가는 입구에 서 있었다. 그러나 아무리 위풍당당하다 해도 이 조각상은 많은 석상 중 하나였을 뿐이다. 람세스는 기념관 어딜 가나 계속 눈에 띄었다. 눈을 돌리는 곳마다 시야에 들어오는 엄청난 권력자의 모습은 그곳을 찾는 관리와 사제들을 압도하고도 남았을 것이다. 〈북방의 천사*Angel of the North*〉로 유명한 조각가 앤터니 곰리는 그런 기념비적인 조각상의 의미를 이렇게 설명한다.

> 조각가의 입장에서, 재료를 인간이 살아가는 생물학적 시간대와 영겁이라는 지질학적 시간대의 관계를 표현하는 수단으로 받아들이는 것은 조각상이 지니는 기다림의 속성을 위한 없어서는 안 될 필수 조건이다. 조각상은 지속되고 인내하며, 생명은 죽는다. 어떤 의미에서 모든 이집트 조각상은 저 너머에 있는 죽음과 이런 대화를 나눈다.
>
> 아울러 우리를 한없이 겸손하게 만드는 무엇, 즉 한 민족이 함께 무엇을 해낼 수 있는지를 세상에 보여주는 의미도 있다. 그것은 이집트 건축물과 조각상에서 드러나는 또 다른 비범한 특징이다. 수많은 사람들의 수고와 땀이 서린 이집트 건축물과 조각상은 그들이 무엇을 해낼 수 있는지를 찬양하는 집단행동이었다.

이것은 매우 중요한 지적이다. 근엄하게 미소 짓고 있는 이 조각상은 예술가 한 사람이 아니라 전체 사회가 이뤄낸 업적, 공학과 물자 보급 체계라는 복잡하고 거대한 공정이 만들어낸 결과였다. 많은 점에서 예술 작품을 창조하는 일보다 고속도로를 건설하는 일에 훨씬 더 가까웠다.

이 조각상에 사용된 화강암은 나일 강 남쪽으로 150킬로미터 넘게 떨어진 아스완에서 거대한 바위를 덩어리째 그대로 캐서 가져온 것이다. 전체 조각상의 무게는 약 20톤에 이르렀을 것으로 추정된다. 캐낸 바위는 대충 모양을 다듬은 뒤 나무 썰매에 옮겨 실었다. 수많은 일꾼들이 채석장에서 나일 강까지 썰매를 끌고 와 뗏목에 싣고 룩소르로 운반했다. 그런 다음 다시 강에서 바위를 끌어올려 라메세움으로 가져와 세밀하게 깎는 작업에 들어갔다. 이 석상 하나를 세우기까지 엄청나게 많은 인력과 조직이 필요했다. 게다가 인력을 교육하고 관리하고 조율하는 작업도 이뤄져야 했다. 일꾼들이 대부분 노예였을 것이기 때문에 임금을 받지 않았다 해도, 최소한 잠잘 곳과 식량은 필요했을 것이다. 이 조각상을 조달하는 데는 원활하게 돌아가는 관료 체계, 곧 글도 읽고 쓸 줄 알고 숫자에도 밝은 관리들이 반드시 필요했으며 그런 관료 체계는 국제 무역을 관장하거나 군대를 조직하고 정비하는 데에도 똑같이 필요했다.

람세스는 확실히 능력이 탁월했을 뿐 아니라 실제로 성공도 많이 거뒀다. 그러나 자기선전에 능한 사람들이 으레 그렇듯이 그 또한 때로 성공을 거두지 못했을 때는 사실을 날조했다. 그는 전투에서는 그다지 뛰어나지 못했지만 규모가 상당한 군대를 소집해 무기와 장비를 넉넉하게 공급할 수 있었다. 그가 치른 전쟁의 실제 결과에 상관없이 공식 발표는 내용이 늘 똑같았다. "람세스가 승리했다"는 것이었다. 라메세움 전체가 거침없는 성공의 소식을 끊임없이 전했다. 이집트학 학자 캐런 엑셀은 선전가 람세스 2세를 이렇게 평가한다.

> 그는 보이는 것이 왕권의 성공을 좌우한다고 확신했기 때문에 할 수 있는 한 많이 그리고 매우 빠른 속도로 거대 석상을 세웠다. 그는 이집트의 전통적인 신들에게 바치는 신전을 건축했다. 그런 행동은 자신을 필요 이상으로 과시하는 허세로 해석돼왔다. 그러나 우리는 왕권의 유지라는 맥락에서 그것을 바라봐야 한다. 사람들은 강한 지도자를 원했으며, 그들에게 강한 지도자란 곧 밖에서는 이집트를 대표해 전장에 나가고 안에서는 두드러지게 눈에 띄는 왕이었다. 심지어 그는 재위 5년째에 무승부로 끝난 카데시 전투 기록도 조작했

다. 이집트로 돌아온 뒤 그는 신전 일곱 곳에 당시 전투 기록을 새기게 했다. 그가 혼자 히타이트를 궤멸했다는 놀라운 승리의 이야기는 그렇게 탄생했다. 분명히 날조된 사실이었고 그는 허위 사실을 어떻게 이용하는지 잘 알고 있었다.

람세스 2세는 백성들에게 왕은 위대하다는 확신을 심었을 뿐만 아니라 전 세계에 이집트 제국의 위상을 각인시켰다. 훗날 유럽인들도 그에게 흠뻑 빠져들었다. 1800년께에는 중동 지역의 열강들이, 그 뒤에는 프랑스와 영국이 람세스의 조각상을 가져가려고 서로 경쟁했다. 1798년 나폴레옹의 군대는 라메세움에서 람세스 2세의 석상을 떼어내려다 실패했다. 전문가들은 그의 흉상 오른쪽 가슴에 있는 테니스공만 한 드릴 자국이 그때 생겼다고 추정한다. 1799년께 이르러 그의 석상은 결국 부서지고 말았다.

1816년 서커스 차력사로 일하다가 골동품 매매상으로 변신한 조반니 바티스타 벨초니가 그의 흉상을 비교적 적절하게 떼어내는 데 성공했다. 벨초니는 특별히 설계한 유압기와 인부 수백 명을 동원해 람세스 흉상을 나무 활차에 옮겨 실은 뒤 밧줄로 끌어 나일 강둑으로 운반했다. 라메세움으로 처음 화강암을 운반했을 때와 거의 같은 방법이었다. 3,000년 뒤에, 그것도 석상의 절반을 옮겼을 뿐인데도 위대한 기술의 승리로 간주됐으니 람세스의 업적이 얼마나 대단했는지 알 수 있다. 벨초니는 이 극적인 화물을 배에 실어 카이로와 알렉산드리아를 거쳐 마침내 런던으로 가져왔다. 석상이 도착하자 이를 본 사람은 입을 다물지 못했다. 더불어 유럽인들이 인류 문화의 역사를 바라보는 관점에도 일대 혁명이 일어나기 시작했다. 대영박물관의 람세스 석상은 위대한 예술이 그리스에서 시작됐다는 오래된 가설에 이의를 제기한 고대 유물 가운데 하나였다.

람세스는 무역망과 세금 제도를 원활하게 운영해 이집트의 패권을 유지했을 뿐 아니라 막대한 부를 이용해 수많은 신전과 기념비를 건축하는 사업을 벌여나갔다. 그의 목표는 자신의 위대함을 후세에 영원히 증언해줄 유산을 남기는 데 있었다. 그러나 가장 시적인 역설을 통해 그의 석상은 그와 정반대의 의미에 처하게 되었다.

셸리는 람세스의 흉상을 영국으로 옮겨놓았다는 보도를 듣고 그 거대한 규모를 다룬 기사에 깊은 인상을 받았다. 하지만 그는 람세스 이후 왕권이 리비아, 누비아, 페르시아, 마케도니아로 차례차례 넘어가면서 이집트가 겪게 된 운명과 그의 석상마저 유럽 침략자들의 손에 결딴난 사연 또한 잘 알고 있었다. 앤터니 곰리의 지적대로 조각상은 살아남고, 생명은 죽는다. 셸리의 시 「오지만디아스」는 제국의 장엄함이 아니라 세상 권력의 무상함을 노래한다. 그 시에서 람세스의 석상은 인간이 이룬 모든 업적의 허무함을 나타내는 상징으로 바뀐다.

> "내 이름은 오지만디아스, 왕 중 왕이로다.
> 너희 강대한 자들아, 내 업적을 보라. 그리고 절망하라."
> 이외에는 아무것도 남아 있지 않다. 쇠락한 석상 잔해
> 주위에는 쓸쓸하고 평편한 모래밭만이 끝없이 황량하게
> 펼쳐져 있을 뿐.

PART 5
옛 세계와 새로운 열강들

1100~300 BC

기원전 1000년께 세계 여러 곳에서 새로운 열강들이 발흥해 기존 질서를 제압하고 그 자리를 차지했다. 전쟁은 완전히 새로운 규모로 진행됐다. 이집트는 한때 자국의 신민이었던 수단의 도전에 직면했고, 이라크 지역에서는 아시리아라는 새로운 강대국이 떠올라 지역 대부분을 아우르는 제국을 건설했으며, 중국에서는 변방에 머물던 주나라가 오랜 역사를 자랑하던 상나라를 정복했다. 경제 활동에서도 큰 변화가 일어났다. 오늘날의 터키와 중국에 해당하는 지역에서 주화가 최초로 등장해 급속한 상업활동을 이끌었다. 한편 이런 흐름과는 별개로 저 멀리 남아메리카에서도 처음으로 도시와 복합사회가 새롭게 생겨나기 시작했다.

21

라키시 부조

이라크 북쪽 모술 인근 니네베에 있는
센나케리브 왕의 궁전에서 발견된 돌 부조

700~692 BC

기원전 700년께 이라크 북쪽에 근거지를 둔 아시리아의 통치자들은 이란에서 이집트에 이르는 지역과 오늘날 "중동"이라고 일컫는 지역 대부분을 아우르는 대제국을 건설했다. 바로 이런 사실이 중동 지역을 갈등과 억압의 무대로 바라보는 관점이 생겨난 계기가 됐다고 주장할 수도 있을 것이다. 제국은 탁월한 군대의 힘이 가져온, 예전에는 볼 수 없었던 어마어마한 영토를 지니고 있었다. 아시리아 제국의 본거지는 비옥한 티그리스 강가에 자리하고 있었다. 농사를 짓고 무역을 하기에는 더할 나위 없었지만 천연의 방벽이나 경계선이 없는 탓에 외부의 침략에 취약했다. 따라서 아시리아인들은 군대에 엄청난 예산을 쏟아부어 제국의 경계선을 감시하고 영토를 넓히면서 미래의 적들을 저지하는 데 주력했다.

오늘날 텔 에드 두웨이르로 알려진 라키시는 아시리아의 본거지에서 남서쪽으로 약 800킬로미터 넘게 떨어져 있지만, 예루살렘에서는 남서쪽으로 고작 40킬로미터밖에 떨어져 있지 않았다. 그곳은 메소포타미아를 지중해, 그리고 막대한 부를 지닌 이집트와 잇는 교역로 상의 전략 요충지에 위치했다. 기원전 700년 철통같은 성벽으로 둘러싸인 라키시는 유다왕국에서 예루살렘 다음으로 큰 도시였다. 당시 유다왕국은 아시리아에게서 간신히 독립을 유지하는 형편이었다. 그러나 기원전 8세기 말의 몇 년 간 유다 왕 히즈키야가 아시리아에 반란을 일으켰다. 그것은 큰 실수였다. 센나케리브 왕은 제국 군대를 소집해 성공적으로 원정에 나서 라키시를 포위했다. 그는 대항하는 자들을 모두 죽이고 주민들을 포로로 잡아갔다. 대영박물관에는 아시리아의 관점에서 당시 상황을 묘사한 증거물이 있다. 그곳에는 센나케리브 왕의 입에서 직접 나온 말로 추정되는, 사건을 보는 관점이 적혀 있다.

라키시 주민들이 아시리아인들에게 포로로 잡혀가고 있다.

유다 왕 히즈키야가 내 명령에 복종하기를 거부했기 때문에 나는 그를 치러 내려와 군대의 힘과 내 막강한 권력으로 튼튼한 성벽으로 둘러싸인 성읍 마흔 여섯 곳을 정복하고 곳곳에 산재해 있는 작은 고을을 수없이 짓밟고 약탈했다. 나는 마을에서 남녀노소를 막론하고 포로 20만 156명을 잡았고 셀 수 없이 많은 말과 노새와 당나귀와 낙타와 황소와 양을 빼앗았다.

라키시는 아시리아가 벌인 수많은 전쟁의 희생자 가운데 하나에 지나지 않았다. 이 이야기는 다른 각도, 곧 히브리 성서의 관점에서도 널리 알려졌기 때문에 특히 흥미롭다. 구약성서 「열왕기서」는 유다 왕 히즈키야가 센나케리브 왕이 요구한 공물을 거부했다고 증언한다.

야훼께서는 그와 함께 계시며 그가 하는 모든 일을 이뤄주셨다. 그는 아시리아 왕에게 반기를 들어 그의 명을 따르지 않았다.

(「열왕기하」 18:7, 옮긴이)

히즈키야가 패배를 인정하고 공물을 바칠 때까지 센나케리브 왕이 유다 성읍을 잔인하게 유린한 불쾌한 사실을 성서가 적당히 윤색한 것은 충분히 이해할 수 있는 일이다.

아시리아 군대의 완전한 승리를 묘사한 이야기는 높이 약 2.5미터에 달하는 얇은 부조에 기록돼 있다. 아마도 이 부조는 오늘날의 이라크 모술 근처 니네베에 있었던 센나케리브의 궁전 한쪽 방을 바닥에서 천장까지 사방으로 돌아가며 감싼 프리즈의 일부였을 것이다. 원래는 밝게 채색돼 있었을 테지만, 아무 색도 남아 있지 않은 지금에도 부조는 돌로 만든 영화, 즉 수천 명이 출연한 초창기 할리우드의 대형 역사물처럼 탁월한 역사 자료로 제 몫을 충실히 해내고 있다. 첫 장면은 침략군이 진격하는 모습에서 시작해 포위된 성읍에서 이뤄진 피비린내 나는 전투 장면과 전사자, 부상자, 수많은 피난민의 행렬을 차례로 묘사한다. 그리고 마지막에는 승리를 거둔 왕이 위풍당당하게 정복을 주도하는 장면을 보게 된다. 막강한 아시리아 제국의 통치자이자 고대 근동 지역을 사로잡은 공포와 전율의 대상이었던 센나케리브의 모습이다.

이 부조의 조각가 역시 훌륭한 전쟁 선전 영화의 감독처럼 라키시 원정이 완벽한 군사 작전이었다는 점을 보여주고 있다. 그는 나무들과 포도밭 사이에

인공 경사로를 타고 길을 여는 공성퇴와 그 바로 뒤에서 전진하는 궁수들.

라키시에서 끌려나온 전쟁 포로들과 난민들.

라키시 성을 놓고 그 밑에서 아시리아 군인들과 궁수와 창병들이 진군하는 광경을 연출한다. 프리즈가 전개되면서, 파도가 연거푸 밀려오듯 아시리아 군대가 성벽에 오른 후 유대인 거주자들을 공략하고 있다. 그다음 상황은 전쟁의 여파를 묘사한다. 생존자들은 가져갈 수 있는 재물을 챙겨 불타는 성읍을 빠져나온다. 재물을 챙겨 망명길에 오른 이들의 모습은 피난민을 묘사한 현존하는 가장 초창기 작품 가운데 하나일 것이다. 참으로 가슴 아픈 광경이다. 그들을 자세히 들여다보고 있노라면 이 지역에서 몇 세기 넘게 목격돼왔고 또 지금도 여전히 목격되고 있는 수백만 피난민의 모습을 떠올리지 않을 수 없다.

우리는 라키시의 부조를 군인이자, 정치가요, 외교관이기도 한 애시던 경에게 보였다. 그는 특히 발칸 반도에서 오래도록 근무하면서 군사적 대립으로 사람들이 어떤 희생을 치르고 있는지 직접 목격했다.

> 나는 발칸 반도 바로 건너편에 있는 난민 수용소를 직접 보았다. 솔직히 흐르는 눈물을 주체할 수가 없었다. 그들에게서 우리 누이와 어머니와 아내와 아이들을 보았기 때문이다. 하지만 보스니아인들이 세르비아인들을 쫓아내고 크로아티아인들이 보스니아인들을 쫓아내고 다시 세르비아인들이 크로아티아인을 쫓아내는 일이 반복되는 것도 보았다. 나는 심지어 가장 큰 수치심을 불러일으키는 난민들도 목격했다. (중략) 집시 약 4, 5만 명이 생활하는 거대한 수용소였다. 그들은 내가 속한 나토군이 장악하고 있을 때 쫓겨난 사람들이었다. 우리는 그들의 집이 불타고 그들이 고향에서 쫓겨나는 광경을 곁에서 지켜봤다. 그 광경을 보면서 몹시 슬프기도 했지만 말할 수 없이 수치스럽기도 했다. 어떤 점에서 이 부조가 보여주는 진실은 전쟁의 변하지 않는 속성이다. 전쟁은 늘 있고 죽음도 늘 있으며 피난민도 늘 있다. 피난민들은 전쟁이 남기고 간 표류물이나 잔류물과도 같다. 전쟁이 끝나고 전화가 쓸고 간 곳에 그들은 덩그러니 버려진다.

부조에 보이는 사람들은 자기네 통치자가 반역을 도모한 대가로 희생된 전쟁 난민들이다. 피난민이 물건을 높이 쌓아올린 수레에 가족을 태우고 망명길에 오르는 사이, 아시리아 군인들은 약탈한 물건을 보좌에 앉은 센나케리브 왕에게 갖다 바치고 있다. 그곳에 기록된 글귀는 모든 승리를 왕의 공로로 묘사한다. "세상의 왕, 아시리아의 왕 센나케리브가 보좌에 앉아 라키시의 전리품이 그 앞을 지나는 광경을 보고 있노라." 그는 정복한 도시와 패배한 주민들에게 거의 신과 다름없는 권력자로 군림하면서 그들이 아시리아 제국의 다른 곳으로 이송되는 광경을 지켜보고 있다. 대규모 강제 이송은 아시리아의 기본 정책이었다. 그들은 정복한 나라의 다루기 까다로운 백성들을 아시리아를 포함한 제국 안의 다른 곳으로 보냈다. 이 정도의 대규모 난민 이주 정책은 물자를 공급하고 관리하는 데 많은 문제를 야기했을 것이 틀림없다. 그러나 아시리아 군대는 수많은 군사 원정을 치른 만큼, 난민 수송에 필요한 업무를 산업 효율성이라는 말이 어울릴 정도로까지 세밀하게 체계화했을 것이다.

인구를 이주시키는 정책은 그때 이후로 어느 제국에서나 늘 볼 수 있는 현상이었다. 우리 기억에 여전히 생생히 남아 있는 가장 가까운 사례 하나를 들자면 아마도 1930년대에 이뤄진 스탈린 정부의 강제 이주 정책이 아니었을까 싶다. 센나케리브처럼 스탈린도 반역을 도모한 사람들을 전략 지역에서 추방

"세상의 왕 센나케리브가 (중략) 라키시의 전리품이 그 앞을 지나는 광경을 보고 있노라."

해 고향에서 멀리 떨어진 곳에 재정착시키는 방법이 효과적이라는 사실을 잘 알고 있었다.

군사 역사가 앤터니 비버는 센나케리브와 스탈린이라는 두 제국주의자를 역사적인 관점에서 이렇게 평가한다.

> 과거의 역사, 예를 들면 라키시 함락 이후에 이뤄진 유대인들의 강제 이주 같은 사건을 통해 우리는 전체주의 권력을 확립하고자 한 통치자들의 정책을

엿볼 수 있다. 그들은 그런 정책을 통해 절대 권력을 과시했다.

20세기 들어서는 스탈린과 소비에트연방공화국에서 볼 수 있듯이 반역, 특히 정치적 반역은 훨씬 더 심각한 요인으로 인식됐다. 그런 인식은 민족 전체를 징벌하는 강제 추방 행렬로 이어졌는데, 이는 1941년 이후 소비에트연방공화국이 침략을 당하는 동안 이 민족이 독일군에 협력했었다고 스탈린이 의심했기 때문이다.

그런 정책에 희생된 민족 가운데 가장 널리 알려진 민족은 크림 반도의 타타르족, 잉구시족, 체첸족, 칼무크족이다. 그 수는 족히 300만 명에서 350만 명에 이른다고 한다. 40퍼센트가 강제 이주 과정에서 죽었고, 도착한 후 당연히 그들을 기다리고 있던 강제 노동에서 또 사망했다. '도착했다'는 표현을 사용했지만 (중략) 무슨 목적지에 도착한 것이 아니라 도구도, 씨앗도 없이 철도 끄트머리에 떨어뜨려지거나 황량한 사막에 내동댕이쳐진 사람들이 대다수였다. 그 가운데 많은 사람이 목숨을 잃은 것은 당연했다. 기원전에 라키시에서 강제 이주가 이뤄졌을 때는 그래도 양이라도 몰고 떠났지만, 이 경우에는 모든 것을 남기고 떠나야 했다.

따라서 센나케리브는 스탈린만큼 악독하지는 않은 셈이었다. 당시에 희생된 사람들에게 다소 위로가 될지도 모르겠다. 라키시를 묘사한 부조는, 비록 유대인이 아니라 승리의 순간을 만끽하는 센나케리브에게 초점을 맞추긴 했지만 전쟁의 패배가 가져오는 참상을 적나라하게 보여준다. 이 부조는 센나케리브의 영광스럽지 못한 종말은 묘사하지 않는다. 그는 자신을 통치자로 세워준 신들에게 기도를 드리다 두 아들에게 암살됐다. 그의 또 다른 아들이 왕위를 계승했고 그가 낳은 아들이 이집트를 정복해 다음 장의 주인공인 파라오 타하르코를 굴복시켰다. 라키시 부조가 보여주는 전쟁의 악순환, 정복당한 백성들이 겪는 잔혹하고 무자비한 참상이 바야흐로 또다시 시작되려 하고 있었다.

22

타하르코의 스핑크스

수단 북부 카와에서 발견된 화강암 스핑크스

AROUND 680 BC

나일 강이 어느 나라에 속하느냐고 묻는다면 사람들은 대부분 "이집트"라고 대답할 것이다. 하지만 나일 강은 아프리카 9개국이 모두 소유권을 주장할 수 있는 강이다. 수자원이 갈수록 부족해지는 상황에서 나일 강의 소유권은 뜨거운 정치 쟁점이다.

현대 이집트가 직면한 중요한 문제 가운데 하나는 나일 강 대부분이 수단에 속한다는 점이다. 이집트는 늘 남쪽의 거대한 이웃 나라를 경계해왔지만, 역사의 대부분 동안 비교가 안 될 만큼 강력한 국력을 과시해왔다. 그러나 이 유물이 증언하다시피 약 3,000년 전에는 거의 1세기 이상 동안 둘의 처지가 완전히 뒤바뀐 적도 있다.

사자의 몸통에 인간의 머리를 하고 있는 스핑크스는 신화와 전설이 만들어낸 존재이지만, 이집트 왕권과 권력을 대변하는 중요한 상징물이기도 하다. 그중 기자에 있는 대스핑크스가 가장 유명하다.

이 스핑크스는 기자의 스핑크스에 견줘 매우 작다. 크기가 스패니얼 개 정도밖에 되지 않는다. 그러나 이 스핑크스가 특별히 흥미를 자아내는 이유는 그냥 인간과 사자의 혼혈이라서가 아니라 이집트와 지금의 수단 북부에 해당하는 쿠시 왕국의 혼합물이기 때문이다. 재료는 모래결이 있는 회색 화강암으로, 보존 상태가 상당히 양호하다. 사자의 근육질 등, 멋들어진 갈기, 힘차게 앞으로 뻗은 발은 전형적인 이집트 스핑크스를 닮았지만 얼굴은 전형적인 이집트 파라오의 얼굴이 아니다. 얼굴의 주인인 이 남자는 영락없이 아프리카 흑인으로, 이 스핑크스는 흑인 파라오를 형상화하고 있다. 스핑크스의 가슴에 새겨진 상형문자는 "쿠시와 이집트의 통일 왕국을 다스린 넷째 파라오, 위대한 왕 타하르코의 형상이다"라는 의미를 담고 있다.

나는 지금 기원전 700년께의 세계를 언급하고 있다. 당시에는 인구가 적어 요즘 세계 인구의 1퍼센트밖에 되지 않는 사람들이 전 세계를 차지하고 있었다. 그런데도 피비린내 나는 대규모 전쟁이 수시로 일어났다. 전쟁은 어디에나 있었고, 이 시기의 특징 가운데 하나는 주변부에서 생활하는 가난한 민족이 오랫동안 부와 문명의 중심지로 군림해온 나라를 정복했다는 점이다. 이집트의 경우에는 남쪽에 있는 이웃 나라 쿠시 왕국이 파라오가 있는 막강한 제국을 정복해 한동안 다스렸다.

이집트는 수천 년 동안 남쪽 이웃 나라 쿠시 왕국을 금과 상아 그리고 무엇보다도 노예 같은 천연 자원을 풍부하게 취할 수 있다는 점 말고는 골치만 아프게 할 뿐인 속국으로 간주했다. 거의 식민지와 피식민지에 가까웠던 양국 관계에서 늘 주도권을 잡은 건 이집트였다. 그러나 기원전 728년으로 접어들면서 힘의 균형이 뒤바뀌었다. 이집트가 분열되면서 약해졌기 때문이다. 쿠시 왕 피안키는 그 틈을 노려 북쪽으로 군대를 보내 이집트 도시들을 야금야금 장악하더니 결국에는 북쪽 전체를 점령했다. 쿠시족은 대략 하르툼에서 오늘날의 알렉산드리아에 이르는 제국을 갖게 되었다. 그들은 새 국가를 다스리기 위해 이집트와 쿠시를 뒤섞어 새로운 민족 정체성을 구축했다.

대영박물관의 스핑크스에 묘사된 타하르코는 쿠시 왕 가운데 가장 중요한 인물이었다. 그는 거대한 신생 왕국의 황금시대를 열어 크게 성공했다. 성공의 비결은 쿠시의 관습을 이집트인들에게 강요하기보다 그들의 것을 흡수해 채택한 데 있었다. 타하르코는 심지어 쿠시에도 이집트 양식을 본뜬 피라미드를 건설하고 이집트의 신 아문을 숭배했다. 그는 이집트 양식에 따라 신전을 복원했으며 관리들에게도 이집트 상형문자를 사용하게 했다. 이런 양상은 성공을 거둔 정복 사례에서 거듭 눈에 띈다. 정복자들이 기존 권력 상징과 언어를 사용하는 이유는 그것이 정복당한 민족에게 익숙하기 때문이다. 모든 사람들에게 익숙한 언어를 계속 사용해 통제하려는 전략은 상당히 합리적이다. 두 나라의 서로 다른 전통을 의도적으로 뒤섞어놓은 타하르코의 스핑크스는 단지 쿠시의 통치자를 전통적인 이집트의 파라오로 묘사하는 데 그치지 않는다. 그것은 정치술의 일환이기도 하다. 그리고 이 방법은 짧은 기간 동안 큰 효과를 발휘했다.

수단인들이 이집트를 잠시 지배했다는 사실은 지금까지 거의 잊힌 역사였다. 공식적으로 기록된 이집트의 역사는 쿠시족 지배를 실제보다 덜 중요해 보이게 한다. 이를 위해 이집트가 사용한 방법은 쿠시족 왕들이 다스린 기간을 아무 특징 없이 "25왕조"로 명명해 영원한 이집트의 온전한 이야기 안에 은근

슬쩍 끼워 넣는 것이었다. 그러나 최근 들어 쿠시의 역사적 역할을 재평가하려는 움직임이 활발하게 일면서 수단의 역사는 어느 정도 다시 쓰였다.

대영박물관 큐레이터 가운데 이런 복구와 재평가 작업에 중추 역할을 해온 인물이 있다. 수단 고고학을 이끌어가는 전문가로 평가받는 데릭 웰스비 박사는 오랫동안 나일 강 주위를 발굴해왔다. 그는 하르툼 북쪽에 있는 카와, 즉 이 스핑크스가 발견된 곳에서 수도 없이 작업했다. 스핑크스는 타하르코가 복원한 신전에 안치되기 위해 만들어졌다. 웰스비가 발굴 당시의 작업 환경을 설명하는 글을 읽어보면 쿠시족에게 그곳이 어떤 땅이었는지를 다소나마 엿볼 수 있다.

> 현장의 기온은 견딜 수 없을 만큼 뜨거울 때가 많다. 심지어는 한겨울에도 매우 무덥다. 그러나 이따금씩 이른 아침에는 기온이 섭씨 4, 5도로 떨어져 상당히 쌀쌀할 뿐 아니라 바람도 몹시 강할 때가 있다. 그러다 오전 11시가 되면 온도는 섭씨 35도에서 40도로 치솟는다. 온도 변화가 무척 심하다.
>
> 타하르코가 쿠시의 중심부에 건축한 신전은 그 형태가 이집트의 신전을 쏙 빼닮았다. 사실 그 신전은 타하르코가 하(下)이집트의 수도 멤피스에서 파견한 이집트인 인부들과 건축가들이 지은 것으로, 위치는 쿠시의 심장부에 있다. 물론 이집트의 영향력은 쿠시 문화의 외관에만 머물렀다. 쿠시족이 다스린 시대에도 아프리카 토착 문화는 면면히 흐르고 있었다.
>
> 과거에는 쿠시족이 독창성 없이 이집트 것을 빌려오고 이집트 문화를 모방했다는 견해가 주를 이뤘다. 그러나 지금은 그들이 이집트 문화를 추려 선택했다는 사실이 드러났다. 그들은 자신들의 세계관과 통치자의 위상 등을 강화해주는 것을 선택했고 자신들의 지역 문화 가운데 많은 것을 소중히 보존했다. 우리는 이런 사실을 특히 그들의 종교를 통해 분명히 확인할 수 있다. 그들은 아문 같은 이집트의 신들을 받아들이기도 했지만 아페데마케 같은 쿠시의 주요 신들을 섬겼다. 그들은 때로 이 두 나라의 신들을 같은 신전에서 섬기기도 했다.

타하르코의 스핑크스는 원래는 신전에 안치돼 있었기 때문에 그를 비롯해 이집트와 쿠시 두 나라 출신 사제와 관리가 포함된 측근들만 볼 수 있었을 것이다. 신전 안쪽 성소에서 스핑크스를 우연히 보게 된 쿠시족은 아프리카 흑인의 특징을 재확인했을 테고 이집트인들은 이집트의 성상(聖像)을 확인하고 마음이 편해졌을 것이다.

타하르코의 스핑크스는 단지 북쪽과 남쪽의 혼합물이라기보다 매우 치밀한 정치적 표현의 산물이다. 아울러 머나먼 과거와 현재를 하나로 묶어주는 역할도 한다. 사자의 갈기와 귀의 형태는 이 스핑크스가 제작된 시기보다 약 1,000년 전, 이집트 12왕조의 스핑크스에서 발견되는 특징을 빼닮았다. 이것이 전하려는 메시지는 분명하다. 즉 흑인 파라오 타하르코가 나일 강의 세계를 다스려온 위대한 이집트 통치자들의 오랜 계보를 잇는 존재라는 것이다.

타하르코는 이집트 영토를 시나이 반도를 넘어 멀리 북동쪽으로까지 확장하는 데 주력했다. 그런 공격적인 정책은 아시리아 왕 센나케리브와의 갈등으로 이어졌다(센나케리브의 돌 부조에 관해서는 앞서 21장에 설명했다). 기원전 700년께 쿠시족은 아시리아에 맞서 유다 왕 히즈키야와 동맹을 맺어 함께 싸웠다.

그러나 아시리아의 군사력에 대한 도전은 결국 타하르코의 몰락을 가져왔다. 10년 뒤 아시리아 군대는 이집트의 엄청난 부를 빼앗기 위해 내려왔다. 처음에 그는 아시리아 군대의 공격을 물리쳤지만 그들은 곧 다시 침공해왔다. 기원전 671년 아시리아 군대는 타하르코를 그의 고국인 남쪽 쿠시까지 몰아냈다. 그는 적군의 손에 아내와 아들을 잃었고, 아시리아 군대의 공격이 몇 차례 더 이어지자 마침내 무릎을 꿇었다.

이집트의 장구한 역사에 견주면 쿠시족의 통치 기간은 150년도 채 되지 않는 일종의 막간 휴식기에 지나지 않는다. 그러나 이런 역사는 현재의 이집트와 수단 사이에 지정학적인 단층선, 즉 나일 계곡의 민족들을 자주 분열로 이끌어 싸우게 만든 경계선이 존재한다는 사실을 일깨워준다. 우리는 이 단층선을 나중에 다시 다루게 될 것이다(35장과 94장). 로마제국은 물론, 대영제국 역시 이집트와 쿠시 사이에 잦은 싸움이 일어난 이 경계선을 다시 방문하기 때문이다. 지리적 특성상 이곳은 늘 최전방이 될 수밖에 없었다. 최초의 폭포가 나일 강을 배가 지나다니기 몹시 까다롭고 비좁은 바위투성이 수로로 토막토막 끊어놓았고 북쪽과 남쪽의 접촉을 매우 어렵게 만들어 놓았기 때문이다. 아프리카인들에게 나일 강은 이집트만의 강이 아니다. 타하르코의 시대처럼 오늘날에도 수단인들은 나일 강의 소유권을 강력히 주장하고 있다. 수단 태생인 정치 평론가 자이나브 바다위는 두 민족이 실제로 매우 비슷하면서도 서로 갈등을 빚는 원인이 이 때문이라고 설명한다.

나는 수단 정부와 이집트 정부 사이에 이념적으로 무슨 거창한 차이가 있다고 생각하지 않는다. 오히려 둘 사이에는 비슷한 점이 많다. 이집트와 수단의 갈등을 부추기며 잠재적인 긴장을 조성하는 가장 큰 원인은 나일 강과 그 강물을 어떻게 사용하느냐에 있다. 수단 북부에 거주하는 사람들은 대부분 나일 강이 이집트보다 수단을 훨씬 더 많이 관통하고 있다고 생각한다. 수단은 아프리카에서 가장 큰 나라다. 전 세계를 통틀어서는 열번째로 크며, 서유럽 전체를 합쳐놓은 넓이이다. 그곳은 나일 강의 세계이며, 나일 강이 자기네 것이라고 우기는 이집트인들의 주장에 대해 수단 북부 사람들은 이를테면 형제 사이에서 오가는 적의를 느끼는지도 모른다. 그 주장에 반해 수단인들은 어쨌든 나일 강의 물줄기가 대부분 수단 영토를 관통해 흐르기 때문에 자신들이 곧 나일 강의 진정한 수호자라고 생각한다.

이 말은 3,000년 전의 이집트와 수단의 결합이 현실 정치라는 불확실한 세계에서보다 타하르코의 스핑크스라는 조각상의 형태로 더 쉽게 이뤄진 이유를 확실히 설명해준다. 쿠시의 역사를 복원하는 작업은 최근에 이뤄진 위대한 고고학 업적 가운데 하나다. 덕분에 대제국의 변방에 살던 활력 넘치는 민족이 이집트를 정복하고 그 전통을 흡수하게 된 과정이 밝혀졌다. 이 비슷한 이야기가 거의 같은 시기에 중국에서도 전개됐다. 다음 장에서는 바로 그 중국에서 나온 물건을 다루게 될 것이다.

23
주나라 제기

중국 서부에서 출토된 청동 솥

1100~1000 BC

죽은 자와 얼마나 자주 식사를 하는가? 이상한 질문처럼 들리겠지만 중국인이라면 그리 놀라지 않을 것이다. 중국인들은 지금도 죽은 가족이 망자의 세계에서 자신들을 지켜보면서 도움을 주기도 하고 해를 입히기도 한다고 믿기 때문이다. 그들은 누가 죽으면 온갖 일상 실용품, 곧 칫솔, 돈, 음식, 물은 물론 요즘에는 어쩌면 신용카드와 컴퓨터까지 무덤에 함께 묻을 준비를 한다. 물론 중국인들의 사후의 삶은 우울할 정도로 (또는 안심이 될 정도로) 서양인들의 것과 비슷해 보일 때가 많다. 그러나 한 가지 큰 차이가 있다. 중국에서는 죽은 자를 받들어 모신다. 준비를 잘 갖춰 장례를 치르는 것은 겨우 시작일 뿐이다. 죽은 조상에게 음식을 올리는 관습은 오랫동안 중국인의 생활 속에 깊이 뿌리내려 왔다. 고대 중국의 청동기 문화 전문가로 유명한 데임 제시카 로슨 교수는 심지어 이렇게 설명하기까지 한다.

> 중국에서 가장 중요하고 오래된 종교는 망자에게 올릴 제사 음식을 차리는 일로 이루어진다. 중국의 초창기 왕조인 상나라(기원전 1500~1050년께)와 주나라(기원전 1050~221년께)는 음식, 술, 물을 담는 훌륭한 청동 용기를 대량으로 만들어 성대한 의식에 사용했다. 그런 의식은 때에 따라 일주일에 한 번 또는 열흘에 한 번꼴로 치러졌다. 그들은 음식과 술을 정성껏 준비하면 죽은 조상이 와서 즐겁게 먹고 답례로 후손들을 잘 보살펴줄 것이라 믿었다. 우리가 보는 청동 그릇은 생전에 사용하는 소중한 재산이었다. 이런 그릇의 1차 용도는 매장을 위한 것이 아니었으나, 신분이 높은 사람이 죽으면 그가 사후세계에서도 조상들에게 음식과 술을 바쳐 연회로 그들을 접대하는 일을 계속할 것이라고 믿었다.

약 3,000년 전에 만들어진 이 아름다운 청동 그릇은 "궤(簋)"라고 부른다.

궤에는 종종 글귀가 새겨져 있기 때문에 오늘날 중국 역사를 알 수 있는 중요한 열쇠 구실을 하는데, 이 청동 그릇도 바로 그런 자료다. 이 그릇은 말끔한 현대식 부엌에 비치된 소스팬 세트와 마찬가지로 각기 크기가 다른 그릇 한 벌 중 하나였을 것이 분명하다. 그 당시 제기 한 벌에 얼마나 많은 그릇이 포함됐는지는 정확히 알 수 없지만, 그릇 하나하나가 죽은 자를 위해 정기적으로 마련하는 제사상에서 저마다 고유한 역할을 했을 것이다. 그릇은 모양과 크기가 커다란 펀치용 사발과 대략 비슷하다. 지름은 약 27센티미터이며 둥근 손잡이가 큼지막하게 두 개 달려 있다. 위쪽과 아래쪽을 보면 정교한 꽃문양을 띠처럼 두르고 있다. 그러나 가장 눈에 띄는 특징은 뭐니 뭐니 해도 손잡이다. 둘 다 넙적한 사각형 귀에 어금니와 뿔이 튀어나온 커다란 짐승이 새를 집어 삼키는 모습을 묘사하고 있는데 짐승의 아가리에서 새의 부리가 비죽이 나와 있다. 이렇게 생긴 청동 그릇은 고대 중국에서 가장 신성하게 여긴 물건에 속했고, 따라서 이런 물건을 만드는 일은 매우 복잡했다. 우선 구리와 주석을 함유한 광석을 녹여 청동을 추출한 다음, 녹인 청동으로 형태를 떠야 했다. 당시 이런 기술은 중국이 세계 으뜸이었다. 이 궤는 한꺼번에 주조한 것이 아니라 각기 다른 틀을 이용해 몇 개의 조각으로 찍어낸 다음 조립한 것으로, 매우 복잡하고 정교한 기술이 필요한 예술 작품이다. 그 결과 당시 세계 어느 곳에서도 찾아볼 수 없는 그릇이 나왔다. 이런 청동 그릇을 만드는 데 들어간 노력과 비용, 나아가 탁월한 기술은 그 자체만으로도 가장 엄숙한 의식에 걸맞은 최고의 가치와 지위를 이 물건에 부여했다.

가정에서 제사를 드릴 때면 가족들은 자신들을 지켜주는 조상에게 음식과 술을 바쳤다. 그러나 국가 차원에서 드리는 큰 제사에서는 신들이 대상이었다. 궤가 조상들과 과거 세계에 초점을 맞췄다면, 이는 동시에 현재의 권위를 강력하게 대변하는 것이기도 했다. 중국의 혼란스러운 과도기에는 천상의 권위와 땅의 권위를 하나로 결합하는 것이 무엇보다도 중요했기 때문이다.

기원전 1500년께 상나라가 권력을 장악하면서 중국 최초의 대도시가 생겨나기 시작했다. 상나라의 마지막 수도는 중국 북쪽의 황하 유역에 자리 잡은 안양이었다. 도시의 전체 면적은 30제곱킬로미터에 이르렀고 인구는 12만 명에 달했다. 따라서 당시 세계에서 가장 큰 도시 가운데 하나였을 것이 분명하다. 상나라의 도시들은 12개월력, 십진법 체계, 징병제, 중앙집권화된 조세 제도 등 대단히 규제된 사회였다. 부의 중심지인 도시는 도자기와 옥 제품은 물론 청동 제품 같은 뛰어난 예술품을 생산하는 곳이기도 했다. 그러나 약 3,000년 전 지중해 지역에서 태평양 지역에 이르는 곳에서 기존 사회가 서서히 무너지고 새로운 세력이 그 자리를 대신 차지하기 시작했다.

약 500년 동안 권력을 향유해온 상나라 역시 서쪽, 즉 중앙아시아 대초원에서 발흥한 주나라에 밀려 무너졌다. 대략 같은 시기에 이집트를 정복한 수단의 쿠시족처럼 주나라도 변방에 머물다가 오랜 전통과 부를 유지해온 중앙을 공략해 점령했다. 주나라는 결국 상나라 전체를 정복했고, 쿠시족처럼 자신이 정복한 나라는 물론 그 나라 역사와 상징과 의식까지 흡수했다. 그들은 계속해서 다양한 예술품 생산을 장려하는 한편, 이 궤와 같은 그릇을 사용해 죽은 자에게 공들여 제사를 드리는 관습, 곧 중국 정치권력의 핵심을 이루는 의식을 계승해나갔다. 어떤 점에서 이런 정책은 신들이 새 왕조를 지지한다는 공개 선언이기도 했다.

궤의 안쪽을 들여다보면 이 물건이 의식용은 물론 권력의 도구로도 사용됐다는 놀라운 사실을 알 수 있다. 음식을 담으면 가려 보이지 않았을 밑바닥에 오늘날 사용하는 한자와 크게 다르지 않은 한자로 새긴 글귀가 있다. 내용을 보면 이 특별한 그릇이 상나라를 무너뜨린 주나라 장수 가운데 한 사람을 위해 만들어진 것이라는 사실을 알 수 있다. 이 당시의 공식 기록은 종류를 따지지 않고 중요한 의미를 지니지만 특히 청동에 새긴 기록은 매우 특별한 권위를 지닌다. 비문은 주나라가 상나라를 상대로 궁극적인 승리를 거둔 중요한 전투를 언급한다.

> 왕께서 상나라를 복속한 뒤 강공에게 그 땅을 위(衛) 일대의 국경으로 삼으라 하셨다. 과업을 완수하는 데 미자도 기여했던바, 그는 이 신성한 그릇을 만들어 죽은 제 아비를 기렸다.

따라서 이 궤를 만들라고 지시한 인물은 미자였다. 그는 그릇을 만들어 자신의 죽은 아버지를 기렸을 뿐 아니라 주나라의 신하 된 자로서 기원전 1050년께에 상나라 반란 세력을 진압한 주나라 왕의 친동생 강공의 업적도 칭송했다. 대나무나 나무에 새겨진 글귀는 훼손되기 쉽지만 청동 비문은 지금까지도 귀중한 역사 자료로서 제 몫을 충실히 소화해낸다. 우리는 이런 비문으로 상나라와 주나라 사이에서 끊임없이 발생한 분쟁을 재현할 수 있다.

면적도 적고 기술 수준도 훨씬 떨어진 주나라가 강력한 힘과 잘 정비된 조직을 갖춘 상나라를 정복할 수 있었던 이유는 불확실하다. 아마도 그들은 동맹 세력을 흡수해 결속력이 강한 군대로 단련해내는 데 탁월한 능력이 있었던 것으로 보인다. 하지만 무엇보다도 그들은 선택된 백성이라는 신념이 강했다. 많은 정복자가 그렇듯 그들도 상나라를 정복해 다스리면서 자신들을 신들의 대리인이라고 여겼다. 다시 말해 그들은 그 땅의 정당한 후계자라고 믿으며 그런 신념에서 우러나온 자신감으로 싸움에 임했다. 하지만 그들은 그런 신념을 새로운 방식, 즉 통치 개념의 형태로 표출했는데, 이는 전례 없던 일로, 훗날 중국 정치 역사의 핵심 요소로 자리 잡기에 이른다.

주나라는 '천명(天命)'이라는 개념을 처음으로 공식화한 국가다. 천명이란 하늘이 정의로운 통치자의 권위를 지지하고 축복한다는 중국의 고유한 개념이다. 불경하고 무능력한 통치자는 신의 분노를 사서 결국 그에게서 천명을 거둬 가게 만든다. 따라서 패배한 상나라는 천명을 잃은 것이고 덕망 높은 승자 주나라가 천명을 넘겨받은 것이다. 이때부터 천명은 중국 정치사의 영원한 특징으로 자리 잡아 통치자들의 권위를 확고하게 뒷받침하거나 그들을 제거하는 명분 역할을 해왔다. 런던 대학교 고고학자 왕 타오 박사는 이렇게 설명한다.

> 천명은 주나라를 변화시켰다. 이를 통해 다른 민족을 통치할 수 있는 정당성을 얻었기 때문이다. 왕이나 가족의 어른을 죽이는 행위는 가장 끔찍한 범죄였지만, 천명이 용납하면 아무리 권위를 거스르는 범죄라 해도 정당화됐다. 이 개념은 상징적인 측면에서 서구 사회의 민주주의 개념과도 일맥상통한다. 중국인들은 신이나 백성의 분노를 사게 되면 천둥과 비 또는 지진과 같은 형태로 하늘에서 징조가 나타난다고 믿었다. 실제로 중국에서는 지진이 일어났을 때마다 정치 지도자들이 크게 두려워했다. 그것을 천명을 거역한 데 대한 하늘의 반응으로 해석했기 때문이다.

이와 같은 궤는 중국 도처에서 발견된다. 주나라의 정복 활동이 상나라가 차지한 영토의 거의 두 배에 이를 때까지 계속됐기 때문이다. 지역에 따라 장악하는 능력이 큰 편차를 보이는 다루기 힘든 영토였다. 그런데도 주나라의 수명은 로마제국만큼 오래갔으며 중국의 역대 왕조 가운데서 역사가 가장 길다.

주나라는 중국에 천명 개념은 물론 영원히 지속되는 또 다른 개념을 물려

궤 안에 새겨진 이 글귀는 주나라가 상나라의 반란을 진압한 사건을 언급한다.

주었다. 3,000년 전에 그들은 자신들의 땅을 '중앙 왕국'을 뜻하는 "중국"이라고 일컬었다. 중국인들은 그때부터 계속 자신들을 세계의 중심에 우뚝 서 있는 중앙 왕국으로 여겼다.

24
파라카스 직물

페루 파라카스 반도에서 발견된 직물 조각

300~200 BC

직물을 주의 깊게 관찰한다는 것은 역사를 진지하게 들여다보는 데 매우 중요하지만, 잘 알다시피 직물은 수명이 길지 않다. 낡거나 찢어지기 십상이고 살아남는다 해도 좀이 슬기 일쑤다. 돌이나 도기 또는 금속에 견줘 직물은 유물로 바라보는 세계 역사를 시작하는 출발점으로 삼기에는 그리 적합하지 않다. 따라서 우리의 이야기가 100만 년이 훌쩍 지난 지금에서야 비로소 경제와 권력 구조, 기후와 관습은 물론 산 자들이 죽은 자를 어떻게 생각하는지를 잘 보여주는 직물의 이야기를 다루게 된 것은 다소 유감스럽긴 하지만 그다지 놀라운 일은 아니다. 게다가 상하기 쉬운 직물의 특성을 고려하면 우리가 지금 보고 있는 직물이 찢어진 조각이라는 사실 또한 조금도 놀랍지 않기는 마찬가지다.

기원전 500년의 남아메리카 역시 중동 지역처럼 한창 변화를 겪고 있었다. 그러나 이곳에서 발견된 유물들은 스핑크스에 견줘 대체로 내구성이 훨씬 떨어졌다. 이곳 남아메리카에서는 직물이 복잡한 공식 행사에서 중심 역할을 했다. 지금 이 순간에도 우리는 아메리카에 관해 새로운 사실들을 배우고 있지만, 기록된 자료가 없기 때문에 예를 들어 아시아에 관한 정보와 지식에 견주면 여전히 많은 것이 신비에 싸여 있다. 따라서 2,000년은 족히 넘은 이 직물 조각 같은 단편적인 증거를 통해서나마 그곳의 행동과 믿음을 이해하려고 노력하는 수밖에 없다.

대체로 대영박물관에서는 이런 직물을 특별히 통제된 환경에서 보관하며, 빛이나 습기에 장시간 노출하는 법이 절대 없다. 이 직물에서 가장 눈에 띄는 점은 보존 상태가 매우 양호하다는 사실이다. 직물은 가로와 세로 길이가 각각 10센티미터 정도이며, 어느 쪽인지는 명확치 않으나, 안데스 토착종으로 초창기 때부터 길들인 야마나 알파카에서 뽑은 털실을 이용해 스템 스티치 방식으로 수가 놓여 있다. 이 형상들은 아마도 망토처럼 좀 더 큰 천에서 조심스레 오

려낸 것으로 보인다. 이 기묘한 형태상은 인간과 완전히 같지 않으며 손가락과 발가락 대신 짐승의 긴 손톱과 발톱이 달려 있다는 사실을 알 수 있다.

무심코 보면 길게 땋은 머리 또는 상투를 휘날리며 하늘을 날고 있는 듯한 이 형상이 귀엽게 보일지도 모른다. 그러나 유심히 관찰해보면 깜짝 놀라지 않을 수 없는데, 형상들이 잘린 머리통을 움켜쥔 채 단검을 휘두르고 있기 때문이다. 이 직물에서 가장 눈길을 사로잡는 특징은 정교한 바느질 솜씨와 전체적인 조화를 고려한 치밀한 색깔 배합이 아닐까 싶다. 파란색과 분홍색, 노란색과 초록색의 배색 효과는 지금도 눈이 부실 정도다.

이 보석과도 같은 천 조각은 리마에서 남쪽으로 약 240킬로미터 떨어진 파라카스 반도에서 발견됐다. 안데스 산맥과 태평양 사이에 자리한 좁고 긴 해안 지역에서 파라카스인들은 우리가 알고 있는 직물 가운데 가장 다채롭고 복잡하고 독특한 직물을 생산했다. 이 초창기 페루인들은 자신들의 예술적 재능을 모두 직물에 쏟아부은 듯하다. 그들에게 수를 놓은 직물은 대략 동시대 중국인들에게 청동이 차지한 의미와 비슷했다. 즉 그들의 문화에서 직물은 가장 신성한 재료이자, 신분과 권위를 가장 잘 드러내주는 상징이었다. 이 특별한 직물 조각이 우리 손에 들어올 수 있었던 건 파라카스 반도의 건조한 사막 지역에 묻혀 있었기 때문이다. 거리는 몇천 킬로미터나 떨어져 있지만 같은 시대에 만들어진 고대 이집트의 직물 또한 이곳처럼 건조한 기후대 덕분에 오늘날까지 살아남을 수 있었다. 페루인들도 이집트인들처럼 죽은 자를 미라로 만들었다. 또한 페루에서도 이집트와 마찬가지로 직물은 일상에서 입을 옷을 만드는 데뿐 아니라 미라를 감싸는 데도 사용됐다. 이 파라카스 직물의 용도는 후자였다.

캐나다의 방직업자이자 직물 전문가인 메리 프레임은 30년이 넘도록 이 페루의 걸작을 연구해왔다. 그녀는 이 장례용 직물에서 보기 드문 조직력을 읽어낸다.

> 미라를 감싸는 천 가운데 더러는 크기가 엄청났다. 어떤 것은 길이가 26.5미터에 이르기까지 했다. 이런 천을 짜는 작업은 일종의 행사, 곧 사회 전체를 아우르는 모두에게 의미가 깊은 행사였을 것이다. 직물 하나당 최대 500개가 넘는 형상을 수놓을 수 있는데 이 형상들은 색이 반복되고 균형미를 이루는 정해진 무늬로 구성된다. 이 직물은 사회 계급을 고스란히 반영한다. 이 사회에

선 직물과 관련된 모든 것이 철저한 통제 아래 있었다. 섬유의 종류, 색깔, 사용할 수 있는 재료가 사람에 따라 철저하게 정해져 있었다. 계층화된 사회일수록 그런 경향, 즉 직물 같은 중요한 뭔가를 사용해 사회적 수준을 과시하려는 경향을 보인다.

우리가 아는 한 당시 페루에는 문자가 없었다. 따라서 이 직물은 이 사회의 시각언어로서 중요한 비중을 차지했을 것이 분명하다. 모래가 많은 파라카스 반도의 풍광을 지배한 노란색과 베이지색에 견줘 이 직물의 다채로운 색깔은 그 자체로 흥분을 자아냈을 것이다. 그런 색깔은 분명 얻기가 무척 힘들었다. 선홍색은 식물의 뿌리에서 추출했고 짙은 자주색은 해변에서 주운 연체동물에서 얻었다. 바탕천은 실로 자아 물감을 들인 다음 베틀에 걸어 짠 면이었을 것이다. 형상은 일단 윤곽을 잡은 뒤 의복과 이목구비 같은 세부 사항을 각기 다른 색실로 더할 나위 없이 꼼꼼하게 채워나갔다. 이런 식으로 수를 놓으려면 시력이 좋아야 했기 때문에 아마도 젊은 사람들이 작업에 투입되지 않았을까 싶다.

이런 직물을 생산하려면 털실을 얻는 데 필요한 동물을 기르거나 면화를 재배하는 사람들, 염료를 모아들이는 사람들, 직물을 짜는 사람들로 나눠 제각각 기술이 다른 대규모의 숙련된 인력을 조율하는 작업이 필요했을 것이다. 이를 모두 조직해낼 수 있는 사회라면, 나아가 장례용 물품에 그토록 많은 자원과 노력을 쏟아부을 수 있는 사회라면 부와 세밀하게 체계화된 구조를 갖추고 있었을 것이 분명하다.

미라를 싸서 묶음으로 만드는 작업, 다시 말해 파라카스 유지들의 장례식을 준비하는 절차에는 정교한 의식도 포함됐다. 발가벗은 시신은 일단 밧줄로 꽁꽁 묶어 앉은 자세로 고정되었다. 입에 둘둘 만 면 뭉치나 때로 금 조각을 집어넣었으며, 신분이 더 높은 시신에는 얼굴 아래쪽에 황금 가면을 끈으로 단단히 잡아 묶었다. 그런 다음 수를 놓은 커다란 직물로 시신을 감쌌다. 이 천 조각은 그런 직물의 일부였을 것이다. 직물로 시신을 감싸고 나면, 조가비 목걸이, 짐승 가죽, 아마존 밀림에서 서식하는 새의 깃털을 비롯해 옥수수와 땅콩 같은 봉납물을 담은 크고 깊이가 얕은 광주리에 시신을 똑바로 앉혔다. 그러고는 시신과 부장품과 광주리를 모두 순면으로 겹겹이 감싸 거대한 원뿔 형태 미라 보따리를 만들었다. 어떤 것은 폭이 1.5미터에 이르기도 했다.

수를 놓아 표현한 이 형상이 정확히 무엇을 의미하는지는 알 길이 없다. 물론 드러낸 이빨과 갈고리 같은 손톱에 공중에 떠 있는 듯한 모습으로 미뤄 인간이 아니라 영계에서 온 생명체라는 점은 쉽게 상상할 수 있다. 그러나 단검과 잘린 머리통을 들고 있는 모습에서 우리는 희생 제의를 떠올리게 된다. 그렇다면 무엇 때문에 사람을 죽였을까? 그런 형상을 직물에 수놓은 이유는 무엇일까? 우리는 지금 매우 복잡한 구조의 신념과 신화를 마주하고 있으며, 이는 초미의 관심사다. 이 자수가 반영하고 있는 것이 삶과 죽음의 문제이기 때문이다. 메리 프레임의 설명을 들어보자.

> 잘린 머리통, 상처, 기이한 자세 등은 인간이 신화의 조상으로 변신하는 일련의 단계를 묘사하는 듯하다. 이것과 밀접하게 관련된 주제는 피와 다산일 것이다. 이런 직물은 사실 풍작을 비는 탄원의 성격을 띤다. 페루의 땅은 매우 척박하며, 특히 아래쪽은 건조하기가 이루 말할 수 없다. 따라서 사람들은 농사의 지속적인 성공을 보장받기 위해 의식에 강하게 집착했다. 물은 농작물의 성장에 반드시 필요하다. 피는 물보다 훨씬 더 강력한 효과를 내는 것으로 간주됐다.

1,800년 뒤 중앙아메리카와 남아메리카에 처음 발을 들여놓은 유럽인들은 그곳에서 햇빛과 비, 계절과 작물의 끝없는 순환을 약속하는 피의 제의를 중심으로 돌아가는 사회를 발견했다. 따라서 우리는 이 작은 형상 네 개가 제시하는 꽤 많은 정보를 통해 파라카스 사람들이 어떻게 살다 죽었고 또 무엇을 믿었는지에 관한 많은 것을 추측해볼 수 있다. 하지만 그 점과는 별개로 직물은 그 자체로 상상력의 위대한 산물이자 바느질의 걸작이다.

당시의 아메리카 사회는, 파라카스처럼 진보했다 해도 지금까지 살펴본 중동 지역과 중국의 동시대 국가에 견주면 규모가 훨씬 작았다. 잉카와 같은 제국이 등장하기까지는 그 뒤로도 몇 세기가 더 필요했다.

그러나 2,000여 년 전에 제작된 파라카스의 직물과 자수는 오늘날 세계 최고로 꼽힌다. 이런 직물은 페루 국가를 이루는 뼈대의 일부로 간주되는 만큼 현재 페루에서는 이 전통적인 천 짜기와 바느질을 되살려 유럽의 손길이 전혀 미치지 않은 그 옛날의 고유한 과거와 직접 소통하려는 노력이 활발하게 전개되고 있다.

25
크로이소스의 금화

터키에서 주조된 금화

AROUND 550 BC

"크로이소스 왕 같은 부자." 몇천 년 넘게 되풀이되어 쓰이는 이 문구는 지금도 벼락부자가 될 수 있는 투자처를 선전하는 광고에 여전히 사용된다. 그러나 이 문구를 사용하면서 인생 말년에 뜻밖으로 고초를 겪기 전까지 그야말로 어마어마한 부를 누리며 우리가 알기로는 아주 행복하게 산 크로이소스 왕을 잠시라도 떠올려본 사람이 과연 몇이나 될까?

크로이소스는 지금의 터키 서부 지역을 다스린 왕이었다. 그의 왕국 리디아는 약 3,000년 전 중동 지역에 모습을 드러낸 신흥 세력에 속했다. 이 금화는 당시 리디아와 크로이소스 왕에게 큰 부를 안겨준 금화 가운데 일부다. 이 새로운 물건은 그 자체로 세계를 움직이는 힘을 획득한 새로운 유형의 물건의 예를 보여준다. 경화(硬貨)가 그것이다.

우리는 작고 둥근 금속 조각을 이용해 물건을 사는 데 너무 익숙한 터라 동전이 실은 세계 역사에서 매우 늦게 등장했다는 사실을 쉽게 잊고 지나치는 경향이 있다. 국가들은 2,000년이 넘도록 주고받을 동전 없이 복잡한 경제와 국제무역을 운영했다. 예를 들어 이집트는 구리와 금의 표준 무게를 근거로 가치를 산정하는 꽤 발전된 체계를 사용했다. 그러나 새로운 국가가 생겨나 교역이 새로이 체계화되면서 마침내 동전이 모습을 드러내기 시작했다. 흥미롭게도 이런 현상은 세계의 서로 다른 두 지역에서 거의 동시에 따로따로 나타났다. 중국인들은 삽과 칼의 모형을 오늘날 우리가 동전을 사용하는 방식과 별반 다르지 않게 사용하기 시작했다. 그와 거의 동시에 지중해 세계에서는 리디아인들이 귀금속을 재료로 사용해 사실상의 동전을 만들기 시작했는데, 둥그런 형태인 이 동전은 요즘 기준에서 봐도 동전이라고 인정할 만하다.

이 초기 리디아 동전은 오늘날 영국의 1펜스 동전만 한 것에서부터 렌틸콩만 한 것에 이르기까지 크기가 다양하다. 모양도 각기 달랐다. 그중에서 여기 이 사진의 것은 가장 큰 동전으로 아리비아 숫자 '8'처럼 생겼는데, 가운데

가 약간 찌그러진 타원형으로 금방이라도 머리를 맞부딪칠 듯한 기세인 사자와 황소가 새겨져 있다.

이 동전은 기원전 550년께 크로이소스 왕의 시대에 주조됐다. 크로이소스는 만지는 것마다 금으로 변했다는 전설 속 인물인 미다스가 한때 소유했다는 사금광을 발견한 것으로 전해진다. 실제로 이 지역에는 금이 풍부했다. 금은 당시 세계의 교역 중심지인 리디아의 수도 사르디스(터키 북서쪽)에서 무척 유용했을 것이다.

사실 규모가 작은 사회에서는 돈이 그다지 필요하지 않다. 상호 신뢰를 바탕으로 친구와 이웃들과 노동력이나 음식 또는 물건을 알맞은 양만큼 주고받으면 끝이다. 우리가 알기로 돈은 다시는 볼 일 없고 딱히 믿음도 가지 않는 낯선 사람들과 거래할 때, 다시 말해 사르디스 같은 국제적인 도시에서 거래를 할 때 필요하다.

리디아에 동전이 처음 등장하기 전에는 물건값을 지불할 때 대개 귀금속을 사용했다. 그저 금덩어리나 은덩어리면 족했지 모양은 중요하지 않았다. 무게와 순도만 확실하면 그만이었던 것이다. 그러나 바로 거기에 문제가 있었다. 자연 상태에서 금과 은은 서로 뒤섞여 있을 때가 많았고 그보다 가치가 떨어지는 다른 금속이 섞이는 일도 적지 않았다. 금속의 순도를 측정하는 것은 따분한 일인 데다 그 일을 하느라 거래가 지연되기 일쑤였다. 크로이소스가 등장하기 약 100년 전에도 리디아와 이웃 나라에서 동전을 발명하긴 했지만 순도 문제는 그대로 남았다. 그들은 순수한 금과 은이 아니라 성분이 서로 뒤섞인 자연 상태인 금은을 사용했다. 이런 상태에서 어떤 동전이 무슨 금속으로 만들어졌고 따라서 얼마만큼 가치를 지니고 있는지 어떻게 정확히 알았겠는가?

리디아인들은 결국 이 문제를 해결해 거래 속도에 박차를 가했고 그 과정에서 많은 부를 쌓았다. 그들은 국가가 나서서 가치를 절대적으로 신뢰할 수 있는 무게가 일정한 순금과 순은 동전을 주조하는 데서 해결책을 찾았다. 이런 식으로 국가가 보증하면 일일이 확인하지 않아도 완전히 믿을 수 있고 아무 불안 없이 쓰거나 받을 수 있는 화폐가 탄생하게 된다. 그렇다면 리디아인들은 어떻게 해낼 수 있었을까? 금속 유물에 정통한 폴 크래덕 박사의 설명을 들어보자.

리디아인들은 국가나 왕이 표준 중량과 표준 순도를 정하는 방법을 생각해냈다. 동전에 찍힌 인장은 중량과 순도를 보증한다는 표시다. 순도를 보증하려면 금에 다른 성분을 더 넣기도 하고 빼기도 할 수 있는 능력이 반드시 필요하다. 납과 구리 같은 성분을 제거하는 것은 그다지 어렵지 않다. 그러나 불행히도 땅에서 금을 캐낼 때 함께 나오는 주요 성분은 은이었고, 그때까지만 해도 금에서 은을 제거하는 일이 시도된 바는 없었다. 은은 화학 작용에 저항력이 비교적 강한 편이며, 금은 아주 강하다. 그들은 광산에서 입자가 아주 고운 금가루를 가져오거나 예전에 쓰던 큰 금 조각을 망치로 두드려 아주 얇은 금판으로 만들었다. 그런 다음 일반 소금, 즉 염화나트륨을 푼 그릇에 담가 섭씨 800도가량에 이르는 용광로에 넣고 가열했다. 그렇게 하면 순도가 아주 높은 금을 얻을 수 있었다.

결국 리디아인들은 순금 동전을 만드는 법을 터득했다. 또한 그 못지않게 중요한 절차로, 장인들을 고용해 순금 동전에 도장을 찍어 동전의 무게와 가치를 표시하게 했다. 이 최초의 동전에는 글귀가 없다. 동전에 발행 일자와 글귀를 새기는 관습은 상당히 나중에야 생겼다. 그러나 고고학 증거로 보면 이 동전의 발행 연도는 기원전 550년께, 즉 크로이소스 왕의 통치 기간 중반쯤이었던 것으로 추정된다.

동전의 중량을 표시하는 도장은 사자 형상이었다. 동전의 크기가 작아질수록, 즉 그 가치가 줄어들수록 사자의 몸통 가운데 작은 부분만 새겨 넣었다. 예를 들어 가장 작은 동전에는 사자의 발만 찍혀 있다. 동전을 주조하는 방법이 새로 개발되면서 동전의 순도와 무게를 측정하는 책임은 상인에게서 통치자에게로 옮겨갔다. 그런 변화는 사르디스라는 도시를 사업하기에 아주 편하고 빠르고 매력적인 곳으로 바꿔놓았다. 크로이소스의 동전은 신뢰할 수 있었기 때문에 사람들은 리디아의 국경을 한참 벗어난 곳에서도 이것을 사용했고, 이는 크로이소스 왕에게 새로운 힘, 다시 말해 경제력을 부여했다. 물론 신뢰는 경화의 필수 조건이다. 동전의 표시 가액과 실질가액이 일치해야 하기 때문이다. 세상에 신뢰할 수 있는 화폐를 처음 가져다준 사람은 크로이소스 왕이었다. 금본위 제도는 바로 여기서 시작됐다. 그 결과는 엄청난 부였다.

부 덕분에 크로이소스는 에페수스에 거대한 아르테미스 신전을 지을 수 있었다. 소실됐다가 재건된 이 신전은 고대 세계의 7대 불가사의 가운데 하나로 꼽힌다. 그렇다면 크로이소스의 부는 그에게 행복을 가져다줬을까? 일설에는 어느 지혜로운 아테네 원로 정치가가 그에게 부나 권력이 아무리 많아도 마지막 운명을 알지 못하면 인간은 결코 행복할 수 없다는 말을 들려줬다는 얘기가 있다. 모든 것이 행복하게 죽느냐 아니냐에 달려 있다는 뜻이다.

리디아는 큰 부와 권력을 누렸지만 동쪽에서 맹렬한 기세로 세력을 확장하는 페르시아제국의 위협에 직면했다. 이 위기 앞에서 크로이소스는 델포이의 유명한 신탁소를 찾아가 자문을 구했다. 그러자 다가올 충돌에서 "위대한 제국이 멸망할 것이다"라는 신탁이 나왔다. 이는 델포이의 전형적인 말투로 이렇게든 저렇게든 해석할 수 있었다. 정복당한 쪽은 그의 제국 리디아였고 크로이소스는 위대한 페르시아 왕 키로스에게 사로잡혔다. 사실 그의 마지막은 그다지 나쁘지 않았다. 영리하게도 키로스는 그를 고문으로 임명했다. 나는 그가 재정 분야 고문으로 일했을 것이라 생각한다. 승리를 거둔 페르시아인들은 리디아의 방식을 재빨리 채택해 지중해와 아시아의 교역로를 따라 크로이소스의 동전을 널리 유포한 데 이어 사르디스에 있는 크로이소스의 조폐소에서 순금과 순은으로 자신들의 동전을 직접 주조했다. 이런 방식은 북쪽의 이웃 나라 이집트를 정복한 뒤 그 문화를 고스란히 흡수한 쿠시족을 떠올리게 한다.

중국과 터키에서 거의 비슷한 시기에 동전이 개발됐다는 사실은 아마도 우연이 아닐 것이다. 양쪽 지역에서 동전이 개발된 것은 3,000년 전께 지중해 지역에서 태평양 지역에 이르는 세계 전역에서 근본적인 변화가 일어나고 있었음을 반영한다. 당시의 군사적, 정치적, 경제적 격변은 현대 화폐제도의 기틀을 마련했을 뿐 아니라 오늘날까지도 여전히 반향을 불러일으키는 또 다른 그 무엇, 곧 국민과 통치자가 자신을 바라보는 관점을 새로운 각도에서 설명하는 사상을 낳았다. 간단히 말해 현대 정치사상, 공자와 고대 아테네의 세계가 바야흐로 태동하기 시작한 것이다. 이러한 여정의 다음 무대는 크로이소스를 무너뜨린 페르시아제국에서 출발할 예정이다.

PART 6
공자 시대의 세계
500~300 BC

세계 전역에서 몇천 년 넘게 영향력을 행사하게 될 정부 형태가 개발되기 시작했다. 소크라테스가 아테네인들에게 이의를 제기하는 법을 가르친 반면, 공자는 중국에서 조화를 기반으로 하는 정치철학을 역설했고, 페르시아인들은 거대한 제국 안에서 각기 다른 민족이 공존하는 법을 발견했다. 또한 중앙아메리카에서는 올메카인들이 1,000년 넘게 중앙아메리카 문명을 특징짓게 될 정교한 달력과 종교와 예술을 창조해냈다. 이 무렵 유럽 북부에는 마을이나 도시, 국가 또는 제국은 물론 문자나 화폐도 존재하지 않았다. 그러나 이곳 문명 역시 그들 자신과 더 넓은 세상에서 그들이 차지하는 위치에 대해 꽤 세련된 안목을 지니고 있었다는 사실을 보여주는 물건을 만들어냈다.

26

옥수스 전차 모형

아프가니스탄과 타지키스탄 접경 지역의
옥수스 강 근처에서 발견된 황금 전차 모형

500~300 BC

기원전 5세기로 접어들면서 세계 곳곳의 사회는 피아에 관한 아주 명료한 개념을 표현하기 시작했다. 그들은 오늘날 우리가 "국정 운영 기술"이라고 부르는 것을 발명해 정교하게 다듬었다. 이 당시는 이른바 "생각의 제국"이라고 일컫는 시대에 해당한다. 2,500년 전에 세계를 지배한 초강대국은 페르시아제국으로, 이들은 이전 제국들과는 약간 다른 통치 원리에 의지했다. 엑서터 대학교 페르시아·이란연구소 소장으로 재직하고 있는 마이클 액스워디 박사가 설명한 대로 그때까지 여러 제국들은 겉으로 드러난 힘이 곧 정의라는 원리를 기초로 하고 있었다. 하지만 페르시아제국은 벨벳 장갑 속에 철권을 감춰야 한다는 원리를 신봉했다.

나는 네 마리 황금 말이 끄는 이 작은 황금 전차를 통해 페르시아제국의 면모를 들여다볼 참이다. 이렇게 생긴 전차가 위대한 페르시아제국의 도로 위를 내달리는 광경을 상상하기는 그리 어렵지 않다. 전차 안에는 두 사람이 서 있다. 고삐를 쥐고 서 있는 인물은 마부이고 그 옆 의자에는 그보다 몸집이 훨씬 더 크고 한눈에도 중요해 보이는 인물이 앉아 있다. 아마도 그는 페르시아 왕을 대신해 다스리는 먼 영지를 시찰하러 나선 고위 관리인 듯하다.

이 전차 모형은 사실 제국의 동쪽 끄트머리, 즉 현재의 아프가니스탄과 타지키스탄 접경 지역에서 발견됐다. 이것은 "옥수스의 보물"로 알려진 엄청나게 많은 금은 유물 가운데 하나다. 옥수스의 보물은 발견 이래 100년 넘게 대영박물관이 매우 귀하게 여기는 소장품 가운데 하나로 꼽혀왔다.

이 진귀한 전차 모형은 손바닥에 올려놓기에 딱 알맞은 크기로, 마치 부잣집 아이가 가지고 노는 값비싼 장난감처럼 생겼다. 그러나 이것이 장난감이었는지는 확신할 수 없다. 그보다는 신들에게 은총을 구하거나 은총에 감사를 드릴 목적으로 바친 제물일 수도 있다. 그 용도가 무엇이었든 간에 전차는 옛 제국의 모습을 상상할 수 있게 해준다.

과연 어떤 제국이었을까? 이란의 시라즈 북쪽으로 약 112킬로미터 떨어진 곳에 가보면 낙타 색깔을 띤 낮은 언덕이 바람이 거센 들판 위로 훤히 펼쳐진다. 아무런 특징도 없이 그저 밋밋해 보이기만 하는 이곳에는 거대한 돌계단 여섯 개 위에 마치 박공지붕을 얹은 은둔자의 방처럼 생긴 구조물을 올려놓은 거대한 석조 플린스(plinth)가 우뚝 서 있다. 주변 풍광을 압도하는 이 플린스는 바로 페르시아제국의 초대 왕 키로스의 무덤이다. 그는 2,500년 전 세계에서 가장 큰 제국을 건설했고 온 세상까지는 아닐지라도 최소한 중동 지역을 영원히 바꿔놓았다.

방대한 페르시아제국의 영토는 현재의 이란을 중심으로 서쪽으로는 터키와 이집트, 동쪽으로는 아프가니스탄과 파키스탄에 이르렀다. 그런 제국을 다스리려면 전례 없는 규모의 육지 교통망이 필요했다. 페르시아는 역사에 처음으로 등장한 위대한 '도로' 제국이었다.

페르시아제국은 우리가 흔히 생각하는 제국과는 달리 여러 왕국의 집합물에 가까웠다. 키로스는 자신을 "샤한샤", 즉 "왕 중 왕"이라고 불렀다. 이는 페르시아제국이 동맹국으로 구성된 연방국가, 다시 말해 나라마다 각기 통치자가 있지만 굳건한 페르시아의 깃발 아래 하나로 뭉친 나라라는 것을 명확히 드러낸다. 지역의 자율성과 다양성을 최대한 보장했다는 점에서 이 체제는 후대의 로마식 모델과는 사뭇 달랐다. 역사학자이자 저술가인 톰 홀런드는 이렇게 설명한다.

> 페르시아의 정복은 제국의 등고선 위에 살포시 내려앉은 아침 안개에 비유할 수 있었다. 다시 말해 존재감은 있으나 눈길을 끌 정도는 아니었다.
>
> 로마제국은 점령한 나라가 정복자와 일체가 되도록 독려하는 정책을 폈다. 그 결과 로마제국 영토 안에 있는 사람들은 모두 자기 자신을 로마인으로 여겼다. 그러나 페르시아의 접근 방식은 달랐다. 그들은 세금을 바치며 반란을 일으키지 않는 한 거의 간섭하지 않았다. 물론 그렇다고 해서 엄청난 피를 흘리지 않고서도 방대한 제국을 다스릴 수 있다는 뜻은 아니다. 누구든 페르시아 왕에게 감히 반기를 들었다가는 흔적도 없이 사라지리라는 점에는 의문의 여지가 없었다.

페르시아 왕 키로스 대제의 무덤.

페르시아인들은 말썽을 일으키는 민족은 곧고 신속한 제국의 도로를 통해 군대를 보내 철저히 응징했다. 그러나 거대하면서도 효율적인 행정 체계 덕분에 제국 안에서 피를 흘리는 일은 거의 없었다. 모든 권력은 궁극적으로 왕 중 왕에게 있었지만 지방에서는 총독 또는 태수가 왕을 대신해 다스리며 속국 상황을 예의 주시했다. 페르시아 왕은 그런 식으로 법과 질서를 집행하고 세금을 징수했으며 군대를 양성했다.

이런 사실은 다시 황금 전차 모형으로 우리의 시야를 돌리게 한다. 전차의 승객은 시찰에 나선 태수가 분명하기 때문이다. 그는 멋진 무늬의 외투를 보란 듯이 걸치고 있다. 아마도 옷에 많은 돈을 들였을 것이다. 이 인물이 행정관이 틀림없다는 점은 그의 머리 장식을 보면 알 수 있다. 그의 전차 또한 힘든 여행에 걸맞게 만들어졌다. 바퀴의 키가 말과 거의 맞먹는다는 점으로 보아 장거리 여행에 알맞게 설계된 것이 분명하다.

운송 체계를 살펴보면 그 나라에 관해 많은 정보를 얻을 수 있다. 이 전차 역시 페르시아제국에 관해 많은 정보를 알려준다. 우선 무장한 호위병이 없이도 장거리를 여행할 수 있을 정도로 공공질서가 상당히 안정돼 있었다. 그리고 빠른 여행이 가능했다. 큼직하고 견고한 바퀴, 힘과 속도를 내도록 특별히 종을 개량한 준마로 볼 때 이 전차는 오늘날로 치면 페라리나 포르셰인 셈이었다. 폭이 넓은 흙 도로는 어떤 기후 조건에서도 바퀴가 굴러가기에 적합했고 짬짬이 쉬어갈 수 있는 곳도 많았다. 중앙정부에서 하달한 명령은 기수, 주자, 속달 전령을 이용한 믿음직스러운 왕립 우편 체계 덕분에 제국 전역에 신속하게 전달될 수 있었다. 외국 방문객들은 이런 체계를 갖춘 페르시아에 깊은 인상을 받았다. 그리스 역사가 헤로도토스도 그런 사람들 가운데 하나였다.

> 페르시아 전령보다 더 빠르게 움직이는 것은 세상에 없다. (중략) 듣자 하니 여행에 걸리는 날짜 수대로 사람과 말을 도로 요소요소에 배치하는 모양이다. 하루에 한 사람과 말 한 마리가 배치되는 것이다. 전령은 비가 오나 눈이 오나, 날이 무덥거나 어둡거나 무슨 일이 있어도 최대한 빨리 자신이 맡은 거리를 내달린다.

그러나 전차는 여행과 의사소통에 대해서만 말하는 게 아니라, 페르시아제국 체계의 중추를 이루는 다양성의 수용이라는 흐름을 압축해 보여준다. 전차는 아프가니스탄 근처 동쪽 국경 지역에서 발견됐지만, 금속 세공 기술로 미뤄 페르시아 중앙 지역에서 만들어진 것이 분명하다. 마부와 승객은 메디아인 옷차림을 하고 있는데, 그들은 현재의 이란 북서쪽 지역에 산 고대 민족이다. 한편 전차 앞쪽에는 이집트 신 베스의 두상이 뚜렷이 드러나 있다. 안짱다리에다 난쟁이인 베스는 성스러운 보호자 후보로는 어울리지 않을지도 모르나, 곤경에 빠진 어린아이와 어른을 돌봐주는 존재였으므로 오랜 여행에 나서는 전차를 맡기기에 알맞은 신이었다. 그의 형상은 자동차 거울에 매다는 오늘날의 성 크리스토퍼 형상이나 부적과 비슷하다고 할 수도 있다.

이집트 신이 아프가니스탄 국경 지역에서 페르시아인을 보호하다니 대체 어떻게 된 영문일까? 이는 다른 종교를 용인하는 것은 물론 때로 피정복민의 종교를 채택하기까지 한 페르시아제국의 놀라운 능력을 유감없이 보여주는 사례다. 유달리 포용성이 뛰어난 이 제국은 칙령을 발표할 때도 아무 거리낌 없이 외국어를 사용했다. 헤로도토스의 설명을 다시 들어보자.

> 페르시아인들처럼 외국 방식을 흔쾌히 받아들이는 종족은 없다. 예를 들어 그들은 메디아인의 옷이 자기네 옷보다 더 근사하다고 생각하면 거리낌 없이 그 옷을 입는다. 또 페르시아 군인들은 이집트 군의 흉갑을 착용한다.

이 작은 전차에는 그런 다종교, 다문화 세계관이 고스란히 녹아 있다. 그런 세계관이 잘 조직된 군사력과 만나면서 200년 넘게 지속된 융통성 있는 제국 체계가 탄생했다. 덕분에 페르시아 왕은 현지의 실제 사례가 어떻게 돌아가든 간에 신민들에게 페르시아제국은 너그럽고 인심 좋다는 인상을 심을 수 있었다. 실제로 키로스는 기원전 539년에 현재의 바그다드 근처인 바빌론을 침공했을 때 과장될 정도로 관대한 명령서를 바빌로니아어로 발표해 막 정복된 바빌론인들에게 자신은 침략자가 아니라 수호자라는 인상을 심었다. 그는 다양한 종교의식을 복원하는 한편, 바빌론인들에게 잡혀온 포로들을 고향으로 돌려보냈다. 그의 말을 직접 들어보자.

> 나의 수많은 군사들이 바빌론에 입성했을 때 (중략) 나는 아무도 주민들을 두려움에 떨게 해서는 안 된다고 못 박았다. (중략) 나는 주민들의 행복을 증진하기 위해 그들의 요구와 성소를 항시 염두에 뒀다. (중략) 나는 노예도 모두 풀어줬다.

바빌론 정복 이후 키로스의 현명한 정치적 판단으로 가장 큰 혜택을 입은 민족은 단연 유대인들이었다. 한 세대 전에 네부카드네자르 왕에게 포로로 잡혀온 유대인들은 이제 고향인 예루살렘으로 돌아가 신전을 재건할 수 있었다. 그것은 그들로서는 두고두고 잊지 못할 관용 넘치는 행동이었다. 히브리 성서는 키로스를 성스러운 영감의 인도를 받는 은인이자 영웅으로 칭송한다. 1917년 영국 정부가 유대인들이 다시 돌아갈 수 있도록 팔레스타인에 유대인 민족국가를 건설할 것이라고 발표하자, 동부 유럽 전역에 키로스의 형상이 조지 5세의 사진과 나란히 내걸렸다. 이런 정치적 책략이 2,500년이 지나서까지 효과를 발휘하는 일은 결코 많지 않다.

그러나 페르시아제국과 관련해 이해할 수 없는 일은, 정작 페르시아인들은 국가 운영 방식에 대해 기록을 거의 남기지 않았다는 점이다. 우리가 아는 정보는 대부분 그리스 자료에서 나온다. 그리스는 오랫동안 페르시아의 적국이었으므로 따라서 이는 마치 대영제국의 역사를 프랑스인들이 기록한 문서로 살펴보는 것과 비슷하다. 하지만 현대 고고학은 새로운 정보를 속속 드러내 보이고 있으며 이란인들도 지난 50년 동안 조상들이 세운 위대한 제국의 과거를 재발견해 계승하려는 노력을 기울여왔다. 오늘날 이란을 방문하는 사람이라면 그런 분위기를 바로 감지할 수 있다. 마이클 액스워디는 이렇게 설명한다.

> 이란인들 사이에는 과거에 대한 피할 수 없는 자부심이 크게 자리하고 있다. (중략) 원래 그곳 문화는 복잡함을 잘 다루는 문화, 다양한 인종 · 다양한 종교 · 다양한 언어라는 복잡한 상황에 맞서 이를 모두 감싸 안으면서 서로 관계를 맺고 조직적으로 단결하는 방법을 모색하는 문화였다. 다양한 것을 하나로 묶으려는 태도는 대충 느슨하게 상대성을 이용하는 편의주의가 아니라 확고한 원칙을 근거로 한다. 그리고 이란인들은 이 오래고 오랜 역사와 고대 유산이 자기네 것이라는 사실을 사람들이 이해하기를 간절히 바란다.

"생각의 제국들"이라는 액스워디의 표현은 내가 6부에서 다루려는 주제를 압축해서 전달해준다. 그러나 "생각의 국가"라고 표현하는 편이 좀 더 정확할 듯하다. 왜냐하면 내가 언급하는 유물들은 각기 다른 민족이 효율적인 국가를 저마다 어떤 식으로 그려내고 설계했는지 보여주기 때문이다. 페르시아에서는 황금 전차 모형이 그랬고 이제 곧 살펴볼 아테네에서는 신전이 그랬다. 잘 알다시피 그리스와 페르시아는 오랫동안 전쟁을 치러온 맞수였고, 따라서 국가의 본질에 대해서도 서로 생각이 현격히 달랐다. 그러나 바로 그런 전쟁 때문에 두 나라는 서로에 맞서 각각 이상 국가 개념을 내놓았다. 기원전 480년 페르시아 군대는 아테네 아크로폴리스에 있는 신전을 파괴했다. 아테네인들은 그 자리에 오늘날 우리가 알고 있는 파르테논 신전을 지었다.

지난 200년을 통틀어 파르테논 신전만큼 인간의 사상 체계를 잘 구현한다고 여겨진 물건은 없다. 다음 장에서는 이 신전을 장식한 조각상 가운데 하나를 살펴보고자 한다.

27

파르테논 조각상: 켄타우로스족과 라피테스족

그리스 아테네 파르테논 신전의 대리석 부조

AROUND 440 BC

1800년께 오스만제국 주재 영국 대사인 엘긴 경은 폐허 상태의 파르테논 신전에서 조각상 일부를 떼어내 몇 년 뒤 런던에서 대중에 공개했다. 서구인들은 대부분 이때 처음으로 그리스 조각상을 가까이에서 볼 수 있었고, 조각상이 뿜어내는 생동감과 아름다움에 압도당하며 영감을 얻었다. 그러나 오랫동안 "엘긴 대리석"으로 알려져온 이 조각상들은 21세기에 들어와 예술품으로서보다 정치 쟁점의 중심이 되면서 더욱 유명해졌다. 오늘날 사람들은 대영박물관의 파르테논 신전 조각상들에 대해 대개 한 가지 질문만 떠올린다. "조각상들이 있어야 할 자리는 런던인가, 아니면 아테네인가?" 그리스 정부는 조각상이 마땅히 아테네에 있어야 한다고 주장하고, 대영박물관 이사회는 그래도 그것들이 런던에 있기 때문에 세계 문화의 일부로서 제 몫을 해내고 있다고 믿는다.

이는 저마다 관점이 다른 뜨거운 논쟁이다. 그렇지만 나는 그중에서도 특별히 한 조각상에 초점을 맞춰 기원전 5세기에 아테네에서 조각상을 만들고 또 바라본 사람들에게 그 조각상이 어떤 의미를 지녔을지 살펴보고자 한다.

파르테논 신전의 조각상들은 신과 영웅들, 그리고 평범한 인간들이 신화와 일상에서 끌어낸 복잡한 환경에서 실타래처럼 한데 뒤엉켜 있었던 아테네의 우주를 우리 눈앞에 펼쳐 보인다. 인간이 만든 조각상 중에 이처럼 감동적이고 정신을 고양하는 조각상도 드물다. 지금은 유럽인들의 사고에서 큰 부분을 형성하고 있을 만큼 익숙해진 탓에 이 조각상이 처음 던졌을 충격을 헤아리기는 어렵다. 그러나 이것이 처음 만들어졌을 때는 인간으로, 특히 아테네인으로 살아간다는 것의 의미를 지적으로나 물리적으로나 완전히 바꿔놓았다. 한마디로 이 조각상은 새로운 시각언어가 거둔 최초이자 최상의 업적이었다. 아테네 대학교 고전고고학 교수로 재직하고 있는 올가 팔라기아는 그것을 이런 관점에

서 바라본다.

> 그러한 새로운 표현 양식의 핵심은 인체와 몸의 움직임과 옷의 관계에 새로운 균형을 창조해내는 것이었다. (중략) 완벽한 비율을 지닌 인체를 만드는 것이 목표였다. 이 새로운 고전주의 양식을 축약하는 핵심 단어는 조화와 균형이었다. 바로 이것이 파르테논 신전의 조각상들로 하여금 시간을 초월하는 속성을 띠게 만든다. 그들이 창조한 형상이 실로 시간을 뛰어넘는다.

그러나 이 조각상은 특정한 시기에 특정한 목적을 지니고 제작됐다. 그렇기에 그 사회가 스스로를 어떻게 생각하는지 압축해서 보여준다. 파르테논 신전은 '동정녀 아테나'를 뜻하는 '아테나 파르테노스'라는 여신에게 바친 신전이다. 신전은 도시 한가운데 우뚝 솟은 바위 성채인 아크로폴리스에 세워졌는데, 신전 중앙 회당에는 금과 상아로 만든 거대한 아테나 여신상이 서 있었다. 그리고 도처에 조각상들이 있었다.

신전 기둥 위쪽으로, 가까이 다가가면 금세 눈에 띄는 곳에, 이른바 '메토프'라는 정방형 부조 92개가 사방을 두르고 있었다. 신전의 다른 모든 조각상처럼 이 부조도 원래는 붉은색과 푸른색과 황금색을 칠해 눈부시게 빛났을 것이다. 비록 지금은 원래의 색을 잃었지만, 이런 메토프 조각을 통해 기원전 440년께에 아테네인들의 생각을 들여다보고자 이 작품을 선정했다.

메토프는 모두 전쟁, 즉 올림포스의 신들과 거인족 사이의 전쟁, 아테네인과 아마존인 사이의 전쟁, 나아가 내가 살펴보고자 하는 라피테스족과 켄타우로스족 사이의 전쟁을 묘사한다. 거기 새겨진 형상은 거의 환조에 가깝고 인간 형상은 키가 1미터를 약간 넘는다. 반은 인간이고 반은 말인 켄타우로스족이 전설에 나오는 그리스 민족인 라피테스족을 공격하고 있다. 이야기에 따르면 라피테스족은 자기네 왕의 결혼식에서 켄타우로스족에게 포도주를 먹이는 실수를 저질렀다고 전한다. 켄타우로스족이 술에 잔뜩 취해 여인들을 강간하려는 사이 켄타우로스의 우두머리는 신부를 납치하려고 했다. 뒤이어 처절한 전투가 벌어지는데 결국 그리스인인 라피테스족은 반인반수인 적수 켄타우로스족을 물리쳤다.

이 조각상은 특히나 마음을 움직인다. 조각상에 새겨진 형상은 단 둘뿐이다. 켄타우로스가 땅바닥에 쓰러져 죽어가는 라피테스 사람 위에서 승리를 자랑하듯 뒷발로 일어서 있다. 파르테논 신전의 많은 조각상이 그렇듯 이 조각상도 훼손된 상태라 죽어가는 라피테스 사람의 얼굴 표정이나 켄타우로스의 눈빛에 서린 공격성을 읽을 수는 없다. 그럼에도 경이롭고 감동적인 조각상이 아닐 수 없다. 하지만 이것은 도대체 무슨 의미일까? 어떻게 하여 이 조각상이 도시 국가 아테네인에 대한 관점을 한눈에 보여줄 수 있는 것일까?

조각상은 그 당시에 일어난 근간의 사건들을 영웅적인 관점으로 바라보게 하기 위해 신화를 이용하고 있는 것이 분명하다고 할 수 있다. 조각상이 만들어지기 한 세대 전만 해도 아테네는 서로 치열하게 경쟁하는 여러 도시국가 가운데 하나였다. 페르시아제국이 그리스 본토를 침공해오자 그리스의 도시국가들은 어쩔 수 없이 동맹을 맺어야 했다. 따라서 메토프에 묘사된 켄타우로스족과 그리스인의 전쟁, 곧 신화 속의 전쟁은 그리스와 페르시아 사이에 실제로 벌어진 전쟁을 대변한다. 케임브리지 대학교 고전학자 메리 비어드는 처음 조각상을 본 사람들이 그것을 어떤 의미로 받아들였을지를 이렇게 설명한다.

> 고대 그리스는 투쟁이라는 관점, 곧 승리와 패배라는 관점에서 세상사를 바라본 세계였다. 그곳은 투쟁하는 사회였다. 투쟁은 아테네인들이 세계 속에서 자신들의 위치를 파악하는 방법 가운데 하나였다. 그들은 자신들이 정복했거나 혐오하는 사람들을 '적' 또는 '타자'로, 어떤 의미에서 인간이 아닌 존재로 취급했다. 따라서 파르테논 신전의 조각상들은 적의 '타자성'을 여러 각도에서 이해하려는 시도였다. 메토프를 해석하는 가장 좋은 방법은 영웅의 투쟁을 질서를 확보하는 데 반드시 필요한 행위로 받아들이는 것이다. 부분적으로는 우리도 쉽게 공감할 수 있는 정서가 포함돼 있다. 우리는 켄타우로스가 지배하는 세상에서 살기를 원하지 않는다. 우리는 그리스의 세계에서, 그리고 아테네의 세계에서 살기를 원한다.

아테네인들에게 '켄타우로스의 세계'는 비단 페르시아제국만이 아니라 서로 경쟁하는 다른 그리스 도시국가들을 의미했을 것이다. 무엇보다도 아테네와 종종 싸움을 벌인 스파르타가 거기에 해당했다. 우리가 메토프에서 보는 켄타우로스와의 일전은 아테네인들에게는 모든 문명국가가 영원히 치러야 할 전쟁을 상징한다. 이성적인 인간은 잔인한 비이성에 단호히 맞서야 한다. 이런 식으로 적을 비인간화하면 자칫 위험한 길로 빠지기 쉽지만, 전쟁 중에는 놀라운 단결력을 이끄는 호소력이 있다. 따라서 혼란을 막으려면 몇 번이든 이성으로 비이성을 물리쳐야 한다는 메시지가 여기에 담겨 있다.

내가 굳이 이 조각상을 선택한 이유는 단기간만 놓고 보면 이성이 늘 승리를 거두는 것은 아니라는 씁쓸한 통찰을 일깨워주기 때문이다. 이성이 다스리는 국가를 지켜내려면 몇몇 시민의 희생이 불가피하다. 하지만 바로 그렇기 때문에 이 조각상이 그토록 뛰어난 걸작으로 평가받기도 한다. 죽어가는 인간의 육체가 드러내는 처절한 비애가 놀라운 균형감각으로 묘사된 격렬한 전투 장면은 한껏 거들먹거리는 반인반마 괴수가 아니라 투쟁을 아름다움으로 승화시킨 아테네 조각가의 몫으로 승리를 돌린다. 긴 관점에서 볼 때, 결국 조각상은 지성과 이성만이 영원히 살아남는 것을 창조할 수 있다고 말하는 듯하다. 승리는 비단 정치적인 것이 아니라 예술적이며 지성적인 것이기도 하다.

이것은 아테네인의 관점이다. 그렇다면 그리스의 다른 도시에서 온 사람들은 파르테논 신전을 어떻게 바라봤을까? "신전"으로 불리기 때문에 아마도 우리는 이곳이 기도와 제의를 올리는 장소였다고 생각할지도 모르겠다. 하지만 파르테논 신전은 실은 페르시아제국에 맞서 그리스를 지키는 데 쓸 군자금을 보관하는 국고였다. 그러다 시간이 흘러 아테네가 지역 최강자로 군림하면서 국고는 군자금 대신 아테네인들이 다른 그리스 도시국가에 요구하는 보호비로 채워졌다. 아테네가 해양 제국으로 성장해나갈수록 다른 그리스 도시국가들은 들러리가 될 수밖에 없었다. 아테네인들은 다른 도시국가들이 울며 겨자 먹기로 내놓은 돈을 뚝 잘라 아크로폴리스 건축 사업에 할당했다. 메리 비어드는 다른 그리스 도시국가들이 파르테논 신전을 어떻게 생각했는지를 이렇게 설명한다.

> 파르테논 신전은 할 수만 있으면 침이라도 뱉고 발로 걷어차고 싶은 그런 건축물이었을 것이 틀림없다. 아테네의 속주국들에게 이는 곧 예속의 증거물이었다. 파르테논이 건축될 당시 아테네가 그런 식으로 돈을 사용해서는 안 된다고 반대하는 목소리들로 떠들썩했다. 그중 한 가지는 그것이 아테네를 '창녀'처럼 요란하게 치장하는 행위와 다를 바 없다는 얘기였다. 요즘 우리가 공감하기에는 벽이 많이 느껴지는 얘기인데, 파르테논의 조각상들은 꾸밈 없이 아름다워 보이기 때문이다. 이 상들을 매춘이라는 관점에서 바라보기는 어렵다. 오늘날 고전미를 가늠하는 시금석이 저속해 보였다니 무척 당황스러운 생

각이다. 하지만 몇몇 사람들에게는 분명히 그렇게 보였다.

파르테논 신전의 많은 두드러진 특징 가운데 하나는 관점과 시대에 따라 그 의미가 달라졌다는 점이다. 동정녀 아테나의 신전으로 간주된 파르테논 신전은 몇 세기 넘게 동정녀 마리아를 기리는 기독교 성당이었다가 이슬람교 성원으로 바뀌었다. 그 뒤 18세기 말에 터키가 쇠약해진 아테네를 지배하면서 폐허로 방치됐다. 그러다가 1820년대와 1830년대에 들어와 그리스인들이 독립을 쟁취하게 되고, 유럽 동맹국은 독일인 왕을 추대했다. 새로운 국가는 어떤 사회를 건설할 것인지 결정해야 했다. 올가 팔라기아의 이야기를 들어보자.

> 그리스는 1830년께 다시 살아났다. 당시 그리스는 바이에른에서 그리스로 온 독일인 왕이 통치했다. 독일인들은 페리클레스 시대의 아테네를 부활시키기로 결정했다. 이에 따라 새로운 국가 그리스를 파르테논 신전과 동일시하는 끊임없는 작업이 또다시 시작되었던 것 같다. 그리하여 우리는 1834년 이후 그곳을 복원해왔는데, 이 작업은 결코 끝나지 않을 것만 같다! 파르테논을 하나의 상징으로 복원해 새롭게 정의하려는 시도는 계속 이어질 것이다. 그런 점에서 독일인들이 1834년에 뿌린 씨앗은 매우 크고 중요한 의미를 지닌다.

따라서 이 거대한 건축물은 1830년대 들어 또 다른 의미를 지니게 됐다. 즉 고대에 존재한 한 도시의 자화상이 아니라 새로운 근대 국가의 상징으로 거듭난 것이다. 아울러 1817년 이후로 대영박물관에 전시된 이 조각상을 통해 파르테논 신전은 교육받은 유럽인에게 낯익은 상징으로 자리 잡았다.

최근의 유럽 역사와 관련해 가장 놀라운 사실 가운데 하나는 자신의 정체성을 정의하고 강화하기를 원하는 국가일수록 과거 어느 한 순간에 주목한다는 점이다. 지난 몇백 년 동안 아일랜드, 스코틀랜드, 웨일스 등지에서는 아테네인들이 파르테논 신전을 건축할 당시 북유럽에서 크게 번성한 민족의 후예를 자처하는 사람들의 수가 갈수록 늘어나는 추세다. 다음 장에서는 2,500년 전에 살았던 이 또 다른 유럽인들, 곧 그리스인들이 야만인으로 치부한 사람들에게 초점을 맞출 생각이다.

28

바스 위츠 주전자

프랑스 북동쪽 모젤에서 출토된 청동 주전자

AROUND 450 BC

2,500년 전에 유럽 북부에 산 민족은 아무런 기록도 남기지 않았다. 그리스인들이 그들을 경멸하는 투로 간단하게 언급하고 있을 뿐, 우리는 그들 자신의 이야기를 들어보지 못했다. 따라서 우리의 가까운 이웃이자 우리 가운데 몇몇의 조상이기도 한 이 사람들에 대해 제대로 알려면 그들이 남긴 유물을 자세히 들여다보는 길밖에 없다. 다행히도 특별한 포도주 주전자 한 쌍을 비롯해 제법 많은 물건이 남아 있는데, 이 주전자 한 쌍은 초창기 유럽 북부 사회를 이해하는 데 매우 중요한 물건이다.

이 주전자가 발견된 곳은 프랑스 북동쪽 로렌 지방에 있는 바스 위츠 마을 근처이다. 발견 당시부터 줄곧 "바스 위츠 주전자"로 불려온 이 청동 주전자는 무척이나 우아하고 정교하다. 크기만 놓고 보면 약 1.5리터들이 커다란 와인병과 비슷하며 거의 그만큼의 액체가 담기지만, 생김새는 손잡이와 뚜껑과 뾰족한 주둥이 등이 큰 주전자를 닮았다. 몸통은 어깨 부분은 넓고 아래로 갈수록 좁아지는 다소 불안정한 형태를 띠고 있다. 이 두 주전자에서 바로 눈에 띄는 점은 예사롭지 않은 뚜껑 장식이다. 주전자로 만찬을 즐기던 사람들은 거기 한데 붙어 있는 동물과 새들을 찬탄 어린 눈길로 바라봤을 것이 틀림없다.

화려한 장식을 뽐내는 주전자는 1927년에 바스 위츠에서 땅을 파는 일꾼들이 우연히 발견했다. 그때까지 서부 유럽에서는 그런 물건이 발견된 적이 한 번도 없었고, 기법과 장식이 낯선 까닭에 모조품일 가능성이 높다고 생각하는 전문가들이 많았다. 그러나 대영박물관 큐레이터들은 고대에 제작된 진품이 틀림없다고 확신했다. 그들이 볼 때 이 물건은 유럽 역사에서 알려지지 않은 새 장을 열어 보이고 있었다. 결국 대영박물관은 5,000파운드라는 당시로서는 거금을 주고 주전자를 구입했다. 이런 종류의 물건에 거금을 건다는 것은 오로지 골동품 감정 지식에만 의지해 감행하는 큰 도박이기도 했으나, 아무튼 이 경우에는 그만한 값어치가 있었고, 이후에 조사를 진행한 결과 2,500년 전

에 만들어진 진품이라는 결론이 났다. 이는 즉 그리스에서 파르테논 신전이 건축될 시기, 그리고 페르시아제국이 전성기를 구가하고 중국에서 공자가 가르침을 베푼 시기와 대략 일치한다. 오늘날 이 두 바스 위츠 주전자는 지역을 막론하고 켈트 문화의 예술성을 입증하는 가장 중요한 초창기 물건 가운데 하나로 꼽힌다.

기원전 450년께 유럽 북부에는 마을이나 도시, 국가나 제국, 문자나 화폐가 존재하지 않았다. 러시아의 초원 지대에서 대서양에 이르는 공간에는 농부 겸 전사로 살아가는 사람들이 이룬 작은 공동체만 있었을 뿐이다. 서로 몇천 킬로미터씩 떨어져 있는 촌락은 교역이나 물물교환 또는 주로 전쟁을 통해서만 관계를 맺었다. 대다수 사람들에게는 생존 자체가 불확실했지만 철기시대의 라인 지방에서 살던 상류층에게는 삶이 무척 근사했을 것이다. 주전자가 발견된 지역에서 발굴한 호화스러운 무덤에서는 마차와 전차, 비단 벽걸이, 외국산 모자, 신발, 의복을 비롯해 만찬을 여는 데 필요한 도구 일체도 아울러 나왔다. 죽음조차 이 북유럽인들이 멋진 삶을 즐기는 것을 방해하지 못한 듯, 무덤에는 사발과 솥, 뿔잔과 주전자 등 음료수 용기가 다량 매장돼 있었다.

이런 물건은 대개 알프스를 넘나들며 사들였을 것이다. 그중에는 그리스 항아리와 그릇을 비롯해 이탈리아 북부 에트루리아에서 만든 주전자도 있다. 바스 위츠 주전자의 주인들을 철기시대의 '신흥 졸부', 즉 세련된 취향과 포부를 과시하기 위해 지중해 지역의 양식과 문화에 의지한 북유럽인으로 치부한다면 그것은 편견이자 오해다. 그리스 작가들이 맨 처음 제기한 뒤 나중에 로마인들을 통해 또다시 반복된 이런 견해는 촌스러운 북유럽 사람들이 남부 유럽의 세련된 문화에 늘 감탄하기만 했다는 고정관념을 만들어냈다. 이 관념은 2,500년 전으로 거슬러 올라가는데, 오늘날까지도 지중해 유럽이 북쪽을 생각하는 방식을 좌우하고, 더 나아가 북쪽 사람들의 자기 인식에도 영향을 미치고 있다. 이 신화는 몇 세기 넘게 이어지면서 많은 폐해를 야기한 것으로 보인다.

바스 위츠 주전자가 보여주는 청동과 디자인과 기술은 북유럽 사람들을 거친 야만인으로 묘사한 그리스 신화가 말도 안 되는 소리임을 보여준다. 이 주전자 한 쌍은 그들의 세계에 대해 상당히 많은 것을 이야기해준다. 이 사람들은 비록 작은 공동체에서 생활했지만 복잡한 금속 세공술의 달인이었고, 더욱이 주전자를 만드는 데 들어간 재료는 그들이 국제적으로 활발하게 교류했다는 사실을 보여준다. 이런 청동을 만들려면 알프스 이남에서 나는 구리와,

주전자의 주둥이 위에서 사냥개 세 마리가 오리 한 마리를 지켜보고 있다.

아마도 저 멀리 서쪽의 콘월에서 들여온 듯한 주석이 필요하다. 주전자 밑바닥 문양은 브르타뉴에서 발칸 반도에 이르는 지역에서 흔히 볼 수 있는 문양이고 형태는 고대 이집트 예술에서 발견되는 야자나무 잎사귀에서 영감을 받았다. 주전자 자체의 발상 또한 외국에서 들여왔는데, 이탈리아 북부에 살던 사람들이 만들어 유행시킨 형태이다. 식탁 중앙에 이런 주전자를 올려놓고 진행했을 만찬은 손님들에게 이 새로운 통치자가 국제적이고 세계적이며 극도로 세련된 취향을 갖춘 부자라는 인상을 남겼을 것이 틀림없다.

주전자에는 지중해 지역에서 들여왔을 것으로 추정되는 산호 조각이 각각 120개씩 박혀 있다. 산호 조각은 지금은 하얗게 색이 바랬지만 처음에는 주황색을 발하면서 번쩍번쩍 빛나는 청동과 눈부신 조화를 이뤘을 것이다. 난로에 지핀 불꽃이 청동에 반사돼 일렁이면서 산호의 붉은빛이 더욱 짙어질 때 집주인이 주전자에 포도주나 맥주 또는 꿀술을 담아 중요한 손님들의 잔에 의식이라도 치르듯 따라주는 광경을 상상하기는 그리 어렵지 않다.

주전자에 조각된 동물들도 제작자에 관해 많은 이야기를 들려준다. 구부러진 손잡이는 길게 늘인 몸을 앞으로 쭉 내뻗은 자태가 날렵한 개로, 송곳니를 드러낸 채 입에는 마개와 연결되는 사슬을 물고 있다. 개는 수렵 생활에서 없어서는 안 될 요소였을 것이다. 뚜껑 양쪽에는 그보다 좀 더 작은 개 두 마리가 누워 있다. 세 마리 개 모두 주둥이 끝에 있는 작은 청둥오리에 관심을 집중하고 있다. 감동과 웃음을 동시에 선사하는 사랑스러운 광경이다. 아마도 주전자로 술을 따를 때면 마치 오리가 포도주나 맥주 또는 꿀술을 타고 헤엄치는 듯한 느낌을 받았을지도 모른다.

이 주전자에서 흘러나오는 술로 잔을 채운 사람이라면 누구나 이 사치스러운 물건이 그 지역에서 만들어졌다는 사실을 모를 리 없었을 것이다. 이탈리아 양식으로 만든 주전자는 이렇게 생기지 않았다. 사치스러워 보이는 형태, 독특한 장식의 조합, 동물 형상 등은 이 주전자가 알프스 북쪽에서 만들어졌다는 사실을 분명히 말해준다. 이 주전자 한 쌍은 그곳 장인과 디자이너들 사이에 새로운 독창성의 물결이 흐르고 있었음을 보여준다. 즉 외국과 국내에서 각기 다른 요소를 뽑아 새로운 시각언어로 벼려낸 데서 오는 보기 드문 자신감의 결과다. 이런 움직임은 유럽 예술의 위대한 언어 가운데 하나로 자리 잡기에 이른다.

그렇다면 이렇게 멋진 물건을 만들어 술을 마신 사람은 과연 누구였을까? 기록을 남기지 못했기 때문에 그들이 자기 자신을 어떻게 일컬었는지는 알 수 없다. 그래서 우리가 사용할 수 있는 유일한 이름은 그들을 이해하지 못한 외국인, 곧 그리스인들이 그들에게 붙인 이름뿐이다. 그리스인들은 그들을 "켈토이"라고 불렀다. 이는 우리가 켈트족으로 알고 있는 사람들을 가리키는 최초의 기록이다. 우리가 이 주전자에서 드러나는 새로운 예술 양식을 "켈트 예술"이라고 부르는 이유가 여기에 있다. 그러나 이 주전자를 만들었거나 사용한 사람들이 자기 자신을 "켈트족"으로 불렀거나 자신들이 사용하는 언어를 "켈트어"로 일컬었을 가능성은 매우 희박하다. 옥스퍼드 대학교 유럽고고학 교수를 지냈던 배리 컨리프는 이렇게 설명한다.

> 켈트 예술과 우리가 켈트족이라 일컫는 사람들의 관계는 매우 복잡하다. 켈트 예술이 발달하고 사용된 지역에서는 대개 켈트어를 썼다. 물론 그렇다고 해서 그들이 자신들을 "켈트족"이라 여겼다거나 우리가 그들에게 그런 민족 정체성을 부여할 수 있다는 뜻은 아니다. 그러나 그들은 아마도 켈트어를 사용한 듯하고 따라서 서로 의사를 소통할 수 있었을 것이다. 5세기에 켈트 예술이 발달한 지역, 대략적으로 프랑스 동부와 독일 남부에 산 사람들은 아마도 오랫동안 켈트어를 사용했을지도 모른다.

오늘날 우리가 "켈트족"이라고 일컫는 사람들은 이 주전자가 만들어진 라인 계곡 서쪽 끄트머리, 곧 브르타뉴, 웨일스, 아일랜드, 스코틀랜드 등지에서 주로 생활한다. 하지만 바스 위츠 주전자에 표현된 장식과 흡사한 예술 전통은 켈트족이 거주한 지역 전체에 걸쳐 나타난다. 19세기 이후로 켈트 예술로 분류돼온 범주 안에는 이 화려한 주전자를 비롯해 그로부터 약 1,000년 뒤에 아일랜드와 영국에서 만들어진 켈트 십자가, 켈스의 서(書), 린디스판 복음서 등이 포함된다. 장식 기법의 유산은 금속 세공, 석각, 상감 세공, 채색 사본 등을 통해 얼마든지 추적할 수 있다. 영국 제도를 비롯해 유럽 중부와 서부 지역 대부분이 이런 장식 문화를 공유했다.

그렇다고 해서 그 계보를 쉽게 파악할 수 있다는 뜻은 아니다. 5세기에 그리스인들이 제시한 고정관념에다 그보다 훨씬 뒤인 19세기 영국과 아일랜드의 고정관념이 겹치는 바람에 고대 켈트족을 이해하기가 쉽지만은 않다. 그리스인들은 '켈토이'를 폭력적인 야만인으로 묘사했다. 그런 고대의 고정관념은 200년 전쯤, 역시 날조되기는 마찬가지인 음침하고 불가사의한 켈트 정체성의 이미지로 대체됐다. 이는 앵글로색슨 산업사회의 탐욕스러운 실용주의와 크게 동떨어진 것으로, 오시안과 예이츠가 낭만화한 '켈트의 여명'이 그것이다. 이런 이미지는 20세기에 들어 아일랜드에 관한 관념을 형성하는 데 지대한 영향을 미쳤다. 그 이후로 특히 스코틀랜드와 웨일스에서는 '켈트족'이라는 말이 민족 정체성을 내포한 의미를 지니게 됐다.

오늘날 많은 사람이 켈트족이라는 정체성을 강하게 느끼고 또 표현하고 있지만, 그 실체는 파고들수록 잡았다 싶으면 달아나버리는 신기루처럼 흐릿하고 변화무쌍하다. 따라서 바스 위츠 주전자 같은 물건들을 관찰할 때 우리가 풀어야 할 숙제는 민족주의에 입각한 신화 제작이라는 왜곡된 안개를 걷어내고 유물이 스스로 자신의 장소와 먼 과거 세계에 관해 가능한 한 분명하게 증언할 수 있는 길을 모색하는 것이다.

29
올메카 돌 가면

멕시코 남동부에서 발견된 돌 가면

900~400 BC

이 가면을 만든 사람들은 기원전 1400년부터 기원전 400년까지 약 1,000년 동안 오늘날의 멕시코에 해당하는 지역을 다스린 올메카인들이다. 그들은 중앙아메리카의 "모(母)문화"로 불려왔다. 이 가면의 재료는 광택을 낸 녹색 돌로, 보통의 머리 조각상과는 다르게 뒷면을 파냈다. '사문암'이라 불리는 이 돌의 이름은 짙은 바탕에 나 있는 흰색 줄무늬가 뱀 껍질 같다고 해서 붙은 것이다. 자세히 들여다보면 얼굴에 군데군데 구멍이 뚫려 있는데 의식을 치르면서 낸 듯한 상처 흔적도 있다.

지금까지 우리는 다양한 물건들을 통해 페르시아제국의 왕도를 지나 아테네에서 신화 속 전쟁을 지켜본 뒤 유럽 북부에서 질펀하게 벌어진 주연을 살펴봤다. 유물들은 저마다 그것을 만든 사람들이 약 2,500년 전에 자기 자신과 주변 세상을 어떻게 인식했는지를 보여준다. 유럽과 아시아에서 자아라는 개념이 주로 타자와의 구별을 의미했다는 사실은 매우 흥미롭다. 이 개념은 더러는 모방되기도 했지만 대개는 대립을 통해 성립되었다. 이제 나는 아메리카, 즉 멕시코 남동쪽 저지대 열대우림에서 발견된 물건을 살펴보려 한다. 이 올메카 가면은 오로지 자신만을 바라본 문화를 보여준다. 이는 이집트 문화만큼이나 오래된 멕시코 문화에 면면히 흐르는 특징 가운데 하나다.

영국의 학교들은 대체로 중앙아메리카 문명에 관해 그리 많은 것을 가르치지 않는다. 파르테논 신전이나 심지어는 공자에 관해서 배우기도 하지만 그와 거의 동시대에 중앙아메리카에서 발흥한 위대한 문명에 대해서는 배우는 것이 별로 없다. 하지만 올메카인들은 고도로 발달한 문명을 일궜다. 그들은 중앙아메리카에 처음으로 도시를 건설했고, 천문 지도를 만들었으며, 첫 문자 또한 개발했고, 달력이라는 것도 아마 그들이 처음 만든 듯하다. 그들은 심지어 세계 최초의 구기 가운데 하나를 개발하기도 했다. 3,000년 뒤에 스페인 사람들이 그곳에서 마주치게 될 이 경기에는 고무공이 사용됐다. 고무는 주변에

있는 고무나무에서 쉽게 얻을 수 있었다. 올메카인들이 자기 자신을 어떻게 불렀는지 알 수 없지만 기록에는 아즈텍인들이 그들을 '고무의 나라'를 뜻하는 "올멘" 사람들이라고 일컬었다고 나와 있다.

올메카 문화가 멕시코 밀림에서 모습을 드러낸 것은 비교적 최근 일이다. 올메카 문화의 터와 건축물과 무엇보다도 조각상들은 제1차 세계대전이 끝난 뒤에야 비로소 사람들 눈에 띄게 되면서 조사가 시작됐다. 올메카인들이 살았던 시대를 알아내기까지는 훨씬 더 많은 시간이 걸렸다. 1950년대부터 방사성 탄소 연대측정법이 새로 개발되면서 고고학자들은 건축물의 연대를 추정해 그곳에서 산 사람들의 연대까지 짐작할 수 있게 됐다. 방사성 탄소를 이용해 연대를 측정한 결과 이 위대한 문명은 약 3,000년 전에 번영을 누렸다는 사실이 밝혀졌다. 오랜 역사를 자랑하는 고대 문명의 발견은 현대 멕시코의 민족 정체성에 지대한 영향을 끼쳤다. 나는 저명한 멕시코 작가 카를로스 푸엔테스에게 올메카 문화가 지니는 의미를 물었다.

> 그것은 내가 아주 놀라운 문화의 전통을 이어받았다는 사실을 의미한다. 유럽에서 이주해왔거나 인디언 문화의 전통과 거리가 먼 라틴아메리카 사람들은 대개 그리스도가 태어나기 12세기, 13세기 전에 시작된 아주 오랜 멕시코 문화의 비범한 힘을 이해하지 못한다.
>
> 우리는 우리가 이 모든 문화의 후예라고 생각한다. 이 문화는 우리의 기질과 우리 인종의 일부이다. 우리는 기본적으로 유럽인과 인디언의 피가 섞인 메스티소 국가다. 인디언 문화는 우리 문학과 그림과 관습과 민간전승 신화에 깊이 녹아 있다. 그것은 우리의 모든 것을 지배한다. 그것은 스페인 문화만큼이나 깊이 우리의 전통 속에 살아 있는데, 사실 스페인 문화도 비단 이베리아 문화만이 아니라 유대와 이슬람의 문화까지 포함하고 있다. 따라서 멕시코는 많은 문화의 혼합체이며 과거의 위대한 인디언 문명도 그중 한몫을 차지한다.

그렇다면 올메카인들은 과연 누구였을까? 이 가면은 누구의 얼굴을 보여주고 있고 또 어떻게 얼굴에 썼을까? 올메카 가면은 오랫동안 역사가들의 호기심을 불러일으켰다. 많은 학자들이 가면의 이목구비를 꼼꼼히 살펴보고는 신세계를 식민지로 삼기 위해 찾아온 아프리카인이나 중국인, 심지어는 지중해 지역 사람처럼 보인다고 생각했다. 만약 이 가면에서 아프리카인이나 중국인의 얼굴을 보려 한다면 그렇게 보일 수도 있는 얼굴이다. 그러나 사실 이 가면은 중앙아메리카인의 특징을 고스란히 드러낸다. 오늘날 멕시코에서 살고 있는 올메카인들의 후손들에게서 이 얼굴을 발견할 수 있다. 그러나 고대 사회 간의 연관성과 영향력을 입증할 증거를 찾기 위해 고대 아메리카 사회에서 유럽이나 아시아의 요소를 발견하고 싶어 하는 욕구는 노골적일 만큼 깊다. 구세계와 신세계 문화의 유사성은 매우 크다. 두 문화 모두 피라미드와 미라와 신전과 사제를 중심으로 한 종교의식뿐 아니라 비슷한 사회구조와 비슷한 기능의 건축물을 생산했다. 따라서 학자들은 오랫동안 이 아메리카 문화들이 각기 따로 발전했다는 생각을 받아들이려 하지 않았다. 하지만 사실이 그랬다.

길이가 고작 13센티미터에 지나지 않는 이 가면은 사람의 얼굴에 쓰기에는 너무 작다. 그보다는 의식을 치를 때 목에 매달거나 머리 장식으로 사용했을 가능성이 훨씬 더 높다. 가면의 가장자리와 꼭대기에 작은 구멍들이 뚫려 있어 노끈이나 실로 쉽게 붙잡아 맬 수 있다. 아울러 양쪽 뺨에는 유럽인이 보기에 촛대에 꽂은 양초 두 자루처럼 보이는 문양이 새겨져 있다. 올메카 문화 전문가인 카를 타우베 교수는 수직선 네 개가 아마도 나침반의 네 가지 기본 방위를 나타낼 가능성이 가장 크다고 말하면서, 이에 따라 가면이 한 왕의 형상을 묘사한 것일지도 모른다고 추측한다.

> 우리에게는 거대한 두상, 왕의 보좌, 왕의 초상을 비롯해 왕을 종종 세상의 중심에 올려놓으려는 구심성의 개념이 있다. 정교하게 조각된 이 사문암 가면에서도 네 가지 기본 방위를 나타내는 것으로 보이는 네 가지 요소를 확인할 수 있다. 올메카인들에게 가장 중요한 관심사는 세계의 방위와 세계의 중심이었고, 왕이 세계의 중심, 그중에서도 세계의 축이 되는 것이었다.

올메카인들은 다양한 신을 섬겼을 뿐 아니라 조상을 공경했다. 눈에 띄는 특징과 표식으로 볼 때 이 가면은 역사상의 왕이나 전설상의 조상을 나타낼 가능성이 높다. 카를 타우베는 많은 조각상에서 동일인인 듯한 얼굴에 문신으로 보이는 절개 자국이 나 있는 모습을 이따금 확인할 수 있다고 말한다. 그는 이런 자국이 자주 목격된다는 점을 이유로 들어 얼굴에 그런 자국이 나 있는 개인이 실제로 존재했을지도 모른다고 주장한다. 올메카 문화 전문가들은 그를 "두 개의 두루마리의 군주"라고 일컫는다.

올메카 가면의 양쪽 뺨에 새겨진 상징.

누구였든 간에 이 사문암 가면의 주인은 대중 앞에 섰을 때 아주 인상적인 모습이었을 것이 분명하다. 귀에는 여러 곳에 구멍이 뚫려 있는데 아마도 금귀고리를 매다는 용도였을 것이다. 또 입의 양 가장자리에는 커다란 보조개처럼 보이는 흔적들도 있다. 분명 둥그런 구멍을 나타내는 것이다. 물론 우리도 얼굴에 피어싱을 하고 옷이나 신발 같은 데 징을 박아 넣는 데 익숙하다. 그러나 이 가면의 구멍은 그런 구멍보다 좀 더 크다. 아마도 이 사람은 코뚜레 같은 것을 착용했을 것이다. 피어싱과 코뚜레는 중앙아메리카 역사 내내 흔했으며, 올메카인들은 이런 식의 개조를 통해 올메카의 아름다움이라는 명목으로 얼굴을 변형시켰을 것이다. 올메카인들의 실제 생김새가 어땠는지는 이런 가면을 통해 추정하는 수밖에 없다. 열대우림의 산성 토양 속에서 유골이 형체도 없이 녹아버렸기 때문이다. 하지만 올메카인들의 개인적 미의식은 화장품이나 보석을 훨씬 뛰어넘어 신화와 신앙의 영역으로까지 확대됐다. 카를 타우베의 설명을 들어보자.

> 그들은 머리 모양을 변형했다. 이는 종종 "두개골 변형"으로 불리는데, 나는 너무 지나친 표현이라고 생각한다. 그들에게는 이것이 미의 상징이었다. 그들은 갓 태어난 어린아이의 머리통을 동여매 길쭉하게 만들곤 했다. 어떤 사람들은 이를 "아보카도 머리"라고 부르기도 한다. 그러나 그들이 이런 머리 모양을 통해 진짜로 표현하고자 한 것은 바로 옥수수였다. 올메카인들은 진정 옥수수의 민족이었다.

안타깝게도 현재 올메카의 비문이나 상형문자는 몇 개 남아 있지 않으며, 그들의 문자를 해독하는 작업은 기껏해야 임시적인 것에 불과하다. 그런 상징이 무엇을 의미하는지 확인하기에는 지속적인 자료가 턱없이 부족하고, 따라서 신들과 자연의 주기에 대한 그들의 생각을 이해하기란 추정 이상이 불가능하다. 그러나 상징, 표시, 상형문자 등이 새겨진 그릇과 조각상들은 제법 많다. 이런 사실은 올메카 문화의 중심지에서 문자가 널리 사용됐다는 것을 보여준다. 언젠가는 더 많은 정보를 알 수 있는 날이 올 것이다.

아직은 그들의 문자를 읽을 수 없지만 최근에 발굴된 도시와 건축물을 통해 올메카인들에 관해 상당히 많은 지식을 얻을 수 있다. 멕시코 만 근처인 라벤타 같은 주요 도시에서 웅장한 계단식 피라미드와 함께 신들을 숭앙하고 왕

올메카 문명의 중심지 가운데 하나인 라벤타 유적지.

들을 매장하기 위한 신전 기념물들이 발견됐다. 이런 건축물은 아마도 도시의 중심을 형성했을 것이다. 그리스인들이 대략 비슷한 시기에 아테네를 내려다보는 파르테논 신전을 건축한 것처럼 그들도 피라미드의 꼭대기에 신전을 건축했다.

그러나 파르테논 신전이 아크로폴리스라는 천연 바위산에 서 있는 것과는 달리 올메카인들은 인공 산을 조성해(단순히 토대를 닦았다는 말로는 턱없이 부족하다) 그 위에 도시를 내려다보는 신전을 지었다. 도시를 구획해 잘 정돈된 풍경 안에 배치하는 양식은 비단 올메카 사회만이 아니라 그 뒤를 이은 마야와 아즈텍 같은 중앙아메리카 도시 문화의 전형적인 특징이었다. 변화만 약간 줬을 뿐 이후에 등장한 도시는 모두 드넓은 정방형 대지를 내려다보는 신전을 중심으로 양쪽 옆에 그보다 규모가 조금 작은 신전과 궁궐을 들어앉힌 올메카 양식을 따랐다.

기원전 400년께 라벤타는 올메카의 다른 중심지들과 함께 버려졌다. 중앙아메리카에서는 대규모 인구 밀집 지역이 뚜렷한 이유도 없이 갑자기 버려지는 현상이 이상하리만큼 빈번하게 일어난다. 올메카의 경우에는 취약한 열대

우림의 강가 계곡이 감당하기에는 인구가 지나치게 증가했거나, 지각에 변동이 생겨 강물의 흐름을 바꿔놓았거나, 아니면 그 일대 화산 중 하나가 폭발했거나 엘니뇨 현상으로 해류의 성질이 바뀌면서 일시적인 기후 변화가 나타났기 때문일 수도 있다.

그러나 올메카 문화의 요소들은 중앙아메리카에 계속 살아남았다. 올메카의 중심지가 무슨 이유 때문인지 갑자기 붕괴하고 나서 몇 세기 뒤에 건설된 테오티우아칸이라는 고대 도시에는 높이가 약 75미터에 이르는 거대한 피라미드가 서 있다. 피라미드 꼭대기에 올라가면 엄청난 신작로, 크기가 더 작은 피라미드, 공공건물을 비롯해 한때 고대 로마 못지않은 규모를 자랑한 도시 테오티우아칸의 폐허가 한눈에 들어온다. 이 도시의 형태는 많은 점에서 올메카인들의 모델을 충실히 따르고 있다. 오래도록 아주 긴 그림자를 드리우며 그후 몇 세기에 걸쳐 다른 문화가 본받게 될 모범과 유형을 확립했다는 점에서 올메카 문화는 중앙아메리카의 명실상부한 '모문화'였다.

30
중국의 청동 종

중국 산시 성에서 발견된 청동 종

500~400 BC

1997년 영국이 홍콩을 중화인민공화국에 반환하는 공식 행사에서 연주된 음악은 양국의 특징을 고스란히 반영했다. 영국은 군대 나팔 하나로 연주하는 〈취침나팔〉을 선택했고 중국은 특별히 작곡한 〈천지인〉이라는 곡을 선택했다. 중국은 이 음악을 연주하면서 고대의 종을 일부분 악기로 활용했다. 유럽 쪽이 전쟁과 투쟁에 관련된 악기 단 하나만을 사용했다면, 중국 쪽에서는 여러 악기를 동원해 조화를 이뤄냈다. 상상력을 조금만 뻗어나가면, 이런 악기의 선택을 통해 사회의 기능을 바라보는 두 가지의 서로 결정적으로 구분되는 관점을 엿볼 수 있다. 중국에서 종의 역사는 몇천 년 전으로 거슬러 올라가며, 중국 사람들의 마음에 깊은 반향을 불러 일으킨다. 어쩌면 중국 지도자들은 종으로써 홍콩 사람들에게 그들이 합류하게 될 문화와 정치 전통을 일깨우려 했는지도 모른다. 사진에 담긴 종은 행사에 사용한 종과 동시대 것으로, 약 2,500년 전에 만들어졌다. 나는 이 종을 통해 조화롭게 기능하는 사회를 꿈꾼 공자의 사상을 살펴볼 생각이다.

기원전 5세기에 이 종이 처음 연주됐을 때 중국은 정치적으로나 군사적으로나 큰 혼란에 빠져 있었다. 기본적으로 당시의 중국은 봉건사회 집단에 불과했으며 각 봉토의 제후들이 주도권을 잡으려고 서로 힘을 겨루는 바람에 싸움이 끊이질 않았다. 사회는 온통 불안정했으나, 한편으로는 지성인들이 이상적인 사회상을 둘러싸고 열띤 논쟁을 벌이기도 했다. 그중에서 가장 유명하고 영향력이 큰 인물이 바로 공자였다. 당시의 불안정한 상황을 생각하면, 그가 평화와 조화를 최고의 가치로 꼽았다는 것이 아마도 전혀 놀랍지 않은 일이리라. 공자가 남긴 유명한 말 가운데 하나를 들어본 적이 있을 것이다. "음악은 인간의 본성에 없어서는 안 될 즐거움을 만들어낸다." 공자에게 음악은 조화로운 사회를 뜻하는 은유였으며, 실제로 음악을 연주하는 것은 더 나은 사회를 만드는 데 도움이 될 수 있다. 이는 오늘날에도 중국에서 여전히 큰 공감을 불러일

으키는 세계관이며 우리가 이야기할 종과도 밀접하게 관련된다.

박물관에 소장돼 있는 데다 아주 오래된 물건인지라 우리는 이 종의 소리를 자주 듣지 못한다. 그러나 언뜻 보기에도 크고 정말 근사한 종이다. 크기는 맥주 통만 하고 형태는 원이 아니라 타원이다. 마치 스위스의 소 방울을 크게 확대해놓은 듯하다. 몸통은 온통 장식으로 뒤덮여 있다. 정교한 띠 장식이 몸통 전체를 돌아가며 감싸고 있고, 점점이 박혀 있는 원 안에는 거위를 삼키는 용머리가 조각돼 있다. 꼭대기에는 실로 장대하게 화려한 용 두 마리가 몸을 번쩍 치켜든 채 종을 매다는 손잡이를 받치고 있다. 귀를 즐겁게 할 뿐 아니라 눈도 즐겁게 하기 위해 만든 종이 틀림없다.

이 종은 원래 군사 지도자나 고만고만한 많은 제후국 중 한 곳에 살았던 세도가가 소장한 한 벌의 종 중 하나였을 것이다. 종 한 벌을 소유한다는 것은 곧 종 여러 개를 연주할 오케스트라를 부릴 수 있을 만큼 여유가 있다는 뜻이었고 따라서 주인이 막대한 부와 지위를 누리고 있다는 시각적, 청각적 표시였다. 이 종이 전하는 주요 메시지는 주인의 권세일 뿐 아니라 사회와 우주에 관한 그의 견해이기도 한다.

공자는 음악에 관해 많은 말을 했다. 그는 음악이 개인의 교육은 물론 실제 국가의 형성에도 매우 중요한 역할을 한다고 확신했다. 공자의 가르침의 핵심은 각 개인이 세상에서 자기가 어떤 위치에 있는지를 이해하고 받아들여야 한다는 데 있었다. 중국에서 여러 벌의 종이 그처럼 철학적 중요성을 띠게 된 것은 아마도 이런 사상 때문이 아니었을까 싶다. 종은 다양성뿐 아니라 각각의 종이 서로 완벽하게 음이 맞아 적절한 순서로 연주될 때 생기는 조화를 반영하기도 한다. 현대 중국 전문가이자 저술가인 이저벨 힐턴의 설명을 들어보자.

> 조화는 공자에게 매주 중요했다. 조화에 관해 공자가 품게 된 사고방식은 덕과 선과 의로 사람들을 다스리는 것이 가장 좋다는 그의 근본 사상과도 일맥상통한다. 지도자가 덕을 세워 본을 보이면 백성들도 본받는다. 덕을 기르면 형벌과 법률을 만들 필요가 없다. 무엇이 적절한지를 스스로 깨달아 아는 마음, 곧 수치심을 아는 마음으로 세상을 다스릴 수 있기 때문이다. 이런 사상을 적용하면 조화로운 사회가 가능하다.

따라서 조화로운 사회는 덕이 높은 개인들이 서로 협력하고 보완하는 데서 나오는 결과물이다. 어떤 철학자든, 서로 소리가 들어맞고 낮은 음에서 높은 음까지 나는 종 한 벌을 통해 이처럼 이상적인 사회, 곧 모든 사람들이 각자 자기 위치에서 동료들과 화음을 만들어나가는 사회의 상징을 찾아내기가 그다지 어렵지 않을 것이다.

중국 종의 역사는 약 5,000년 전으로 거슬러 올라간다. 가장 초창기 종은 안에 소리를 내는 딱따기가 달린 간단한 손종이었을 것이다. 나중에는 딱따기 대신 망치로 바깥을 때려 소리를 내는 청동 종이 개발됐다. 이 종은 아홉 개 내지 열네 개로 이뤄진 종 한 벌 가운데 하나였을 것이다. 종마다 모두 크기가 다르고 때리는 부위에 따라 두 가지 다른 소리를 냈을 것이다. 타악기 연주자 데임 에벌린 글레니는 종의 위력을 잘 알고 있다.

> 모든 종은 제각기 독특한 소리를 낸다. 귀를 잔뜩 기울여야만 들을 수 있는 작은 소리도 있고 온 동네를 울리고도 남을 만큼 커다란 소리도 있다. 처음 중국에 갔을 때 종을 올려놓는 선반이 무대 뒤를 온통 장식하고 있는 광경을 본 적이 있다. 나도 모르게 그리로 다가갔고, 이런 작업을 가능케 한 장인의 솜씨에 감탄하지 않을 수가 없었다. 종을 쳐볼 수 있느냐고 물었더니 그들은 기다란 나무 막대를 건넸다. 소리를 내려면 온몸을 사용해 정해진 곳을 정확히 때려야 했다. 내가 실제로 하려는 일에는 그만큼의 커다란 경외심이 필요했다. "좋아요. 어디 한번 쳐보세요" 같은 태도가 아니었다. 진정 소중히 간직하고 싶은 기억이었다. 그 단 한 번의 타격을 가하는 것, 그리고 때린 후에 반향 효과로 울리는 소리를 온몸으로 생생하게 느끼는 경험은 정말 놀라웠다.

유럽인의 기준에서 보면 이 고대 중국의 청동 종은 크기가 어마어마하다. 그로부터 1,500년이 넘게 지난 중세 시대에도 유럽에서는 이렇게 큰 종을 주조한 적이 없다. 물론 중국에서 종의 역할은 악기의 의미를 훨씬 뛰어넘는다. 완벽한 음조를 만들어내기 위해 중국인들은 종 모양을 표준화했고, 그런 형태가 일관성 있게 유지됐다는 것은 곧 종을 표준 음량을 측정하는 용도로도 사용할 수 있었다는 것을 뜻한다. 게다가 종 하나에 들어가는 청동의 양 또한 엄격하게 정해져 있었기 때문에 표준 무게 단위로도 사용할 수 있었다. 이처럼 고대 중국의 종 한 벌은 무게와 용량의 척도를 관장하는 기능을 담당하면서 사회는 물론 상업에도 조화를 부여했다.

흥미롭게도 종은 전쟁 예법에서도 중요한 역할을 했다. 중국인들은 종이나 북을 울리지 않고 공격을 개시하는 행위는 공평하거나 합법적이지 않다고 생각했다. 그런 식으로 공격 시작을 알린 후에야 아무런 제약 없이 명예롭게 싸울 수 있었다. 그러나 무엇보다도 종은 궁중에서 의식과 오락에 사용됐다. 연회나 제물 의식 같은 성대한 행사에서 종들이 울려내는 갖가지 소리는 궁중 생활의 리듬을 나타냈다.

종들과 그것들을 연주하는 고대의 방법은 중국 국경을 넘어 멀리까지 퍼져나갔다. 이 고대 음악에 가장 가까운 형식은 중국이 아니라 한국의 궁중 음악에서 찾을 수 있다. 12세기에 시작된 한국의 궁중 음악은 지금도 한국에서 여전히 연주되고 있다.

유럽에서는 500년 전이나 600년 전 음악을 들을 기회가 좀처럼 없지만 고대 중국의 종 음악은 무려 2,500년 동안이나 조화로운 음을 울려내고 있다. 종 음악은 한 시대의 소리뿐 아니라 고대 사회와 그 뒤를 이은 현대의 계승자들이 지향하는 정치적 이상을 상징한다. 오늘날 중국은 공자의 원칙에 다시 주목하고 있지만 공자가 늘 환영받은 것은 아니다. 이저벨 힐턴의 설명을 다시 들어보자.

> 유교 사상은 거의 2,000년 넘게 중국의 핵심적 정치 이념으로 작용했다. 그러나 20세기 초에는 혁신주의자들과 혁명가들로부터 강한 비판을 받았다. 그들은 그전 200년에 걸친 중국의 쇠락을 유교 사상 탓으로 돌렸고 그 결과 유교 사상의 인기는 당연히 떨어졌다. 그러나 완전히 자취를 감추지는 않았다. 흥미롭게도 오늘날 중국 지도자들의 입에서 조화로운 사회라는 말이 거론되고 있다. 오늘날 중국 지도자들이 원하는 것은 좀 더 만족스러운 사회, 곧 사람들이 자기 위치에 만족하는 사회, 그래서 더는 계급투쟁이 없는 사회, 지도자들이 그 옛날 공자의 가르침에서처럼 덕을 구현하는 모습을 보이는 사회다. 지도자의 통치권을 받아들이도록 사람들을 움직이는 것은 바로 지도자의 덕이다. 그리하여 우리는 이 오래된 조화의 사상이 면면히 전해내려오는 것을 목격해왔으며, 특히 현대에 와서 이 사상은 정적인 정치체제, 다시 말해 통치권에 의문을 제기하지 않는 체제를 정당화하기 위한 형태로 나타나고 있다.

종은 여전히 강력한 힘을 발휘한다. 1997년 홍콩 반환 행사에서 사용된 고대 종은 2008년 베이징올림픽에서 다시 모습을 드러냈다. 공자는 최근 10년간 최고의 만기를 누리는 듯하다. 2,500만 달러짜리 전기 영화에서 베스트셀러가 된 책과 텔레비전 시리즈를 거쳐 100부작 만화영화 시리즈에 이르기까지 곳곳에서 공자의 가르침을 전하고 있다. 바야흐로 공자의 시대가 다시 도래했다.

PART 7

제국의 건설자들

300 BC~AD 10

기원전 334년 알렉산드로스 대왕의 페르시아 정복은 권력욕에 사로잡힌 통치자와 위대한 제국의 시대를 열었다. 그전에도 제국이 있었지만 초강대국이 세계 곳곳에서 발흥하기는 처음이었다. 중동과 지중해 지역에서는 알렉산드로스가 통치자들이 본받거나 거부해야 할 표상으로 떠올랐다. 초대 로마 황제 아우구스투스는 그를 본떠 자신의 형상을 제국 권력의 상징으로 삼았다. 반면 이집트의 그리스인 통치자들은 정치적 약세일 때 이집트의 영광스러운 과거를 희구했고, 인도 황제 아소카는 압제를 거부하며 제국 전역에 비문을 새겨 평화를 지향하는 정치철학을 알렸다. 그의 사망 후 제국은 곧 사라졌으나 그 이념은 살아남았다. 로마제국은 규모나 인구, 세련된 문화라는 측면에서 오로지 중국 한 나라만 맞수가 될 제국의 면모를 400년 동안 유지했다. 한나라는 경탄과 복종을 이끌어내기 위해 화려하고 사치스러운 물건을 만들어냈다.

31

알렉산드로스의 두상이 새겨진 동전

터키 람프사코스에서 주조된 알렉산드로스 대왕의 은화

305~281 BC

현대까지 영향력이 강하게 느껴지는 유산을 물려준 강력한 제국들이 지금으로부터 2,000년 전에 유럽과 아시아 지역에서 발흥하기 시작했다. 유럽의 로마제국, 인도의 아소카 제국, 중국의 한나라가 그렇다. 이 장에서는 이 제국들의 권력이 어떻게 형성되고 발현됐는지를 살펴보고자 한다. 군사력은 그저 시작에 지나지 않는다. 그것은 쉬운 부분에 지나지 않는다. 통치자가 신민들의 마음속에 자신의 권위를 각인시키려면 어떻게 해야 할까? 이런 때는 대개 말보다는 이미지가 더 큰 효과를 발휘한다. 그리고 모든 이미지 가운데 가장 효과적인 이미지는 너무 자주 봐서 신경이 안 쓰이는 이미지, 곧 동전을 활용한 이미지다. 따라서 야망이 큰 통치자는 화폐를 만든다. 메시지가 돈에 새겨지면 메시지는 통치자의 사후에도 오랫동안 살아남는다. 이 은화는 알렉산드로스 대왕의 형상을 보여주고 있지만, 그가 사망한 지 적어도 40년 뒤에 그의 후계자인 리시마코스의 명령으로 주조된 것이다.

동전은 지름이 3센티미터로, 2펜스짜리 동전보다 약간 크다. 동전에는 곧게 뻗은 콧날과 강인해 보이는 턱선이 눈길을 끄는 젊은이의 옆모습이 새겨져 있다. 고대 그리스 인물상의 출중한 외모와 강한 힘을 보여준다. 그는 날카로운 눈길로 먼 곳을 응시하고 있다. 경사진 이마는 힘차게 전진하려는 듯 당당하고 위엄 있는 인상을 준다. 이미 고인이 된 지도자의 형상이지만 권력과 권위는 지금도 여전하다는 정치적 메시지를 전달하려는 의도가 분명히 드러나 있다.

현대 중국에서도 이와 똑같은 현상이 눈에 띈다. 중국의 붉은 화폐에는 지금도 마오쩌둥 초상이 찍혀 있다. 현재 눈부신 성공을 거두고 있는 자본주의경제의 활력소, 곧 돈에 죽은 공산주의 혁명가의 초상이 찍혀 있다면 낯설게 느껴질 수도 있겠다. 그러나 이유는 분명하다. 마오쩌둥은 중국인들에게 지금도 여전히 권력을 쥐고 있는 공산당의 원대한 업적을 상기시킨다. 마오쩌둥은 안으로는 또다시 중국의 단합을 이끌어내고 밖으로는 중국의 위상을 높인 역사적 업적을 상징하며, 중국 정부 지도자들은 너 나 할 것 없이 그의 권위를 물려받은 후계자로 인정받기를 원한다. 이처럼 과거를 이용하는 전략, 곧 죽은 지도자의 형상을 활용하는 전략은 전혀 새로울 것이 없다. 이런 전략은 몇천 년 동안 행해져 왔으며, 오늘날 중국 화폐에서 마오쩌둥에게 일어난 일은 2,000년 이전 알렉산드로스에게도 똑같이 일어났다.

기원전 300년께에 주조된 이 동전은 지도자의 형상을 새긴 초창기 동전 가운데 하나다. 동전에 새겨진 두상의 주인인 알렉산드로스 대왕은 당대는 물론 아마도 역사를 통틀어 가장 미화된 군사 지도자였다. 이것이 알렉산드로스의 실제 모습인지 확인할 길은 없지만, 알렉산드로스임은 틀림없다. 인간의 머리칼과 함께 숫양의 뿔을 달고 있기 때문이다. 숫양의 뿔은 고대 세계 전역에 알려져 있었던 상징이기 때문에 그것을 보는 순간 사람들은 단박에 알렉산드로스의 형상이라는 사실을 알 수 있었다. 숫양의 뿔은 그리스 최고신과 이집트 최고신을 섞어놓은 제우스-아문 신과 관련이 있다. 따라서 이 작은 동전은 두 가지의 중요한 사실, 곧 알렉산드로스가 그리스와 이집트 두 나라를 모두 다스린다는 것과 그가 인간이자 신이라는 것을 진술한다.

실제 인물 알렉산드로스는 아테네에서 북쪽으로 몇백 킬로미터 떨어진 곳에 있는 작은 왕국 마케도니아의 왕 필리포스 2세의 아들이었다. 필리포스는 아들이 큰일을 해주기를 바라는 마음에 위대한 철학자 아리스토텔레스를 스승으로 들였다. 알렉산드로스는 기원전 336년 20세 나이에 거의 무한한 자신감을 품고 보위에 올랐다. 그는 자신의 목표가 "세계와 저 큰 외해의 끝"에 도달하는 것이라고 입버릇처럼 말하며 목표를 이루기 위해 여러 차례 전쟁을 일으켰다. 먼저 아테네를 비롯해 그리스 도시들이 일으킨 반란을 진압한 데 이어, 그다음에는 동쪽으로 방향을 틀어 오랫동안 그리스와 숙적 관계에 놓여 있던 페르시아제국과 대결했다. 당시 페르시아제국은 이집트에서 중동과 중앙아시아를 거쳐 인도와 중국에 조금 못 미치는 데까지 이르는 지구상에서 가장 큰 제국을 다스리고 있었다. 젊은 알렉산드로스는 장장 10년 동안 치른 전쟁에서 혁혁한 성과를 거두며 마침내 페르시아제국을 완전히 장악했다. 그는 누가 봐도 투지가 넘치는 인간이었다. 그렇다면 과연 무엇이 그의 투지에 불을 지폈을까? 우리는 저명한 알렉산드로스 전문가인 로빈 레인 폭스에게 조언을 구했다.

동전 뒷면에는 아테나의 형상과 "리시마코스 왕에게 속한다"라는 그리스 문자가 새겨져 있다.

ΒΑΣΙΛΕΩΣ
ΛΥΣΙΜΑΧΟΥ

알렉산드로스를 앞으로 나아가게 한 원동력은 마케도니아를 다스리는 왕에게 걸맞은 웅대한 이상, 즉 개인의 영광과 무용이라는 이상이었다. 그는 세계의 끝에 도달하고픈 욕망에 이끌려 계속 움직였고, 아버지인 필리포스 왕을 영원히 능가하고 싶은 욕망에 추동되었다. 필리포스 왕도 위대했지만 온 세상에 명성을 떨친 알렉산드로스에 견주면 태양 앞에 놓인 반딧불이 같은 존재였을 뿐이다.

알렉산드로스의 승리는 군대의 힘에만 의존하지 않았다. 승리에는 돈, 그것도 아주 많은 돈이 필요했다. 운 좋게도 필리포스 왕은 생전에 오늘날의 그리스와 불가리아와 터키 일원의 국경 지역에 걸쳐 있던 트라키아라는 지역을 손에 넣었다. 그곳에는 금과 은을 생산하는 광산이 많았다. 바로 이 귀금속이 알렉산드로스의 초창기 군사 원정을 뒷받침해준 자금줄이었는데, 나중에 페르시아에서 막대한 부를 획득하게 되면서 유산은 더욱더 불어났다. 그는 거의 500만 킬로그램에 달하는 페르시아의 금을 군자금으로 사용해 계속 정복 활동을 벌여나갔다.

알렉산드로스는 막강한 힘과 엄청난 재물, 범접할 수 없는 카리스마의 대명사였고, 그런 그가 전설이 되어 인간이라기보다 말 그대로 초인으로 숭배받은 것은 전혀 놀라운 일이 아니다. 초창기에 이집트 군사 원정에 올랐을 때 그는 아문 신탁소에 들렀고, 거기서 그는 단지 합법적인 파라오 칭호뿐 아니라 신의 칭호를 받았다. 그는 "제우스-아문의 아들"이라는 신탁과 함께 그곳을 떠났는데, 이것이 이 동전에 새겨진 형상에서처럼 그의 형상에 숫양의 뿔이 등장하게 된 배경이다. 피정복 국가의 백성들은 그를 살아 있는 신으로 여겼으나, 그가 실제로 자신을 신으로 여겼는지는 확실하지 않다. 로빈 레인 폭스는 그가 자신을 신의 아들로 생각했을 가능성이 크다고 말한다.

그는 분명히 자신을 제우스의 아들로 믿었다. 비록 세상의 관점에서는 위대한 필리포스 왕의 아들이지만 어떤 점에서는 자신을 세상에 존재하게 한 것이 제우스라고 생각했다. 아마도 그런 이야기를 들려준 사람은 그의 어머니 올림피아스였을 것이다. 그의 제국에 속한 몇몇 도시에서는 자진해서 그를 신으로 숭배했고, 그는 신과 동등한 영광을 누리는 것을 불쾌하게 생각하지 않았다. 그러나 자신이 유한하다는 사실 또한 잘 알고 있었다.

알렉산드로스는 512만 제곱킬로미터가 넘는 제국을 정복하면서 자신의 이름으로 많은 도시를 건설했는데, 그중 이집트 알렉산드리아가 가장 유명하다. 유럽의 거의 모든 대형 박물관에는 알렉산드로스의 형상이 새겨진 물건이 전시돼 있지만, 생김새가 일관성이 없는 탓에 어느 것이 실제 모습인지 알 길이 없다. 대량소비를 목적으로 모두가 합의하는 이상화된 형상은 기원전 323년에 알렉산드로스가 사망한 뒤에야 비로소 등장했다. 이 동전에 새겨진 형상이 바로 그것이다. 동전 뒷면은 이것이 알렉산드로스가 만든 동전이 아니라는 사실을 분명히 보여준다. 그는 죽고 나서 다른 사람의 정치 드라마에 초대된 손님일 뿐이다.

동전 뒷면에는 창과 방패를 들고 있는 승리의 여신 아테나 니케포로스의 형상이 새겨져 있다. 그녀는 그리스의 성스러운 수호신이자 전쟁의 여신이다. 하지만 그녀가 총애하는 인간은 알렉산드로스가 아니다. 그녀 옆의 그리스 문자들이 이 동전은 리시마코스 왕의 것이라 말하고 있기 때문이다. 리시마코스는 알렉산드로스가 사망한 직후부터 기원전 281년에 유명을 달리하기까지 트라키아를 다스렸다. 리시마코스는 자신의 형상을 새긴 동전을 주조하지 않았다. 대신 그는 전임자의 영광과 권위를 도용하기로 결정했다. 이는 뻔뻔하기 짝이 없는 절도 행각이나 다를 바 없는 엄청난 스케일의 이미지 조작이었다.

알렉산드로스는 30대 초반에 사망했고, 그의 제국은 곧바로 해체되기 시작해 제후들이 각축전을 벌이는 이른바 군웅할거의 혼란 속으로 빠져들었다. 리시마코스는 그들 가운데 한 명에 지나지 않았다. 제후들은 저마다 자신이 알렉산드로스의 적통임을 자처했고, 그중 많은 이들이 적통임을 입증해 보이기 위해 알렉산드로스의 형상을 새긴 동전을 주조했다. 싸움은 비단 전쟁터에서만이 아니라 동전 위에서도 치열하게 전개됐다. 이처럼 과거 위대한 지도자의 권위와 영광에 편승해 자신의 현재 위상을 드높이려는 정치 책략은 시공을 초월한다.

죽은 자의 명성은 대개 살아 있는 자의 명성보다 더 안정적일 뿐 아니라 활용하기도 더 쉽다. 예를 들어, 제2차 세계대전 이후로 영국과 프랑스 정치인들은 누구든 할 것 없이 그날의 의제에 부합한다고 판단될 때마다 처칠과 드골을 들먹였다. 하지만 정치 평론가이자 방송인인 앤드루 마가 꼬집은 것처럼 민주주의 사회에서 그런 전략은 위험성이 높다.

문화가 민주적일수록 이전 지도자를 이용하기가 어려워진다. 전에는 피에 굶주린 독재자로 지탄받던 스탈린이 요즈음 푸틴의 러시아에서 다시 존경받는 인물로 떠오르는 현상은 무척 흥미롭다. 물론 과거 인물을 이용할 가능성은 항상 열려 있다. 하지만 정치 문화를 형성하는 데 있어 대화 창구가 많을수록, 의견이 분분할수록, 민주적일수록, 논쟁의 장이 많을수록 그런 가능성은 줄어든다. 처칠의 경우를 보면 알 수 있다. 지금도 처칠이 무슨 생각을 했고 무슨 말을 했는지 시시콜콜 꿰고 있는 사람들이 아주 많기 때문이다. 주류 정당이 "우리는 처칠의 당이다"라고 말하려면 어려움에 직면할 것이다. 왜냐하면 처칠은 우리에게 이득이 될 수도 있지만, 반면 그만큼 해가 될 수도 있을 정도로 생각을 자주 바꿨기 때문이다.

죽은 지도자들은 화폐를 통해 지금도 여전히 살아 있다. 만약 생각 깊은 외계인이 중국 화폐와 미국 화폐를 본다면 중국은 마오쩌둥이, 미국은 조지 워싱턴이 다스리고 있다고 생각할지도 모른다. 사실 어떤 점에서 중국 지도자들이나 미국 지도자들은 우리가 그렇게 생각해주기를 바란다. 이런 정치 거물들은 산적한 문제를 해결하려고 고심하는 오늘날의 정부에 안정성과 합법성은 물론 무엇보다도 의심의 여지가 없는 권위라는 후광을 빌려준다. 리시마코스의 전략은 여전히 세계 열강들에 본보기를 제시한다.

물론 이 전략은 리시마코스 본인에게도 어느 정도 효과가 있었다. 그는 알렉산드로스에 견주면 한갓 역사책의 각주 정도에 지나지 않는 인물이다. 그는 제국을 얻지는 못했지만 왕국을 손에 넣어 끝까지 고수했다. 알렉산드로스가 죽은 지 20년이 지나면서 그의 제국이 다시는 복구될 수 없다는 점이 명백해졌고, 그 뒤 300년 동안 중동 지역은 교양 있으나 동시에 경쟁심도 강한 그리스어를 사용하는 왕들과 왕조의 지배를 받았다. 당시 그리스어를 사용한 국가들을 통틀어 가장 유명한 기념비는 바로 33장에서 다루게 될 로제타석이다. 하지만 내가 이다음에 소개할 물건은 인도에서 왔다. 인도의 위대한 황제 아소카는 전혀 다른 종류의 권위, 다시 말해 위대한 전사라는 권위가 아니라 위대한 종교 지도자 가운데 한 사람, 바로 부처의 권위를 빌려 자신의 정치적 입지를 강화했다.

32
아소카 황제의 기둥

인도 우타르 프라데시의 메루트에 세워졌던 돌기둥 파편

AROUND 238 BC

약 2,000년 전에 유럽과 아시아의 초강대국들은 오늘날까지 전해 내려오는 유산을 확립했다. 그들은 통치자가 나라를 바르게 다스리는 법, 즉 자신의 이미지를 구축하는 법과 권력을 행사하는 법에 관한 기본 원리를 심어놓았다. 아울러 통치자가 백성의 사고방식을 얼마든지 바꿀 수 있다는 사실도 보여줬다. 인도의 지도자 아소카 황제는 거대한 제국을 건설한 뒤 자신이 굳게 믿는 바를 가지고 마하트마 간디의 이상과 직결되는 전통을 세우기 시작했다. 오늘날까지도 여전히 위력을 떨치는 이 전통은 다원주의와 인간애에 입각한 비폭력 통치 철학이었다. 이 유물 안에는 바로 그런 사상이 집약돼 있다. 이것은 돌, 정확히 말하면 사암 조각이다. 크기는 넓고 둥그스름한 벽돌만 하다. 언뜻 그다지 눈길을 끌 만한 구석이 없어 보이지만, 실은 세계 역사상 가장 위대한 인물 가운데 한 사람의 이야기를 소개하고 있다. 이 돌에는 한때 "핀맨 서체"라고 불렸던 둥글면서 가늘고 길어 보이는 글씨체로 두 줄의 글귀가 새겨져 있다. 이 글귀 두 줄은 원래는 높이가 9미터, 지름이 1미터에 약간 못 미치는 커다란 원기둥에 새겨진, 이보다 훨씬 더 긴 본문의 일부다.

아소카는 이런 기둥을 제국 곳곳에 세웠다. 오늘날의 도시 광장에 서 있는 공공 조각상처럼 큰길이나 도시 중앙을 지키고 서 있었던 이 기둥은 건축학이 이룬 쾌거였다. 그러나 이 기둥은 유럽인의 눈에 익은 고대 그리스 로마 시대 기둥과는 다르다. 기둥에 대좌(臺座)가 없고 대신 기둥머리를 연꽃 문양으로 장식한 것이 특징이다. 아소카의 기둥 가운데 가장 유명한 기둥 꼭대기에는 사자 네 마리가 밖을 바라보고 있는데, 이 사자상은 지금도 인도를 대표하는 상징 가운데 하나다. 이 조각은 원래 델리 정북쪽 메루트라는 도시에 세워진 기둥의 일부로, 원래의 기둥은 18세기 초에 한 무굴 왕의 궁궐에서 일어난 폭발로 폭삭 주저앉고 말았다. 그러나 비슷한 기둥들이 살아남아 인도 대륙 대부분을 아우른 아소카의 제국 전역에 흩어져 있다.

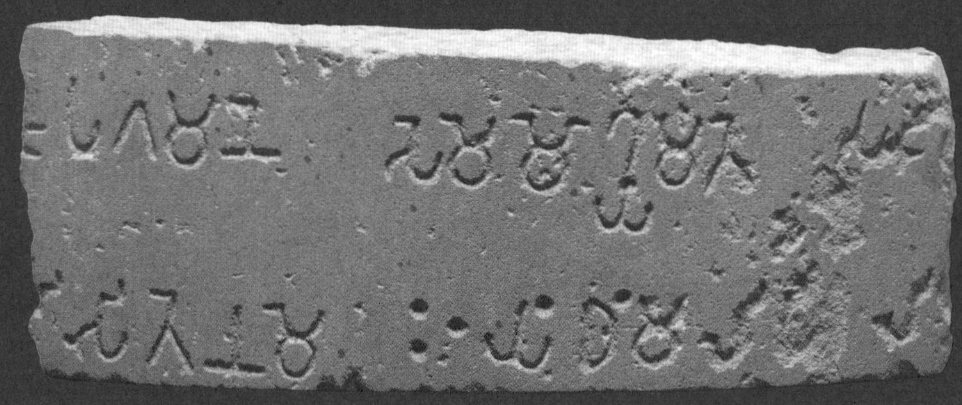

이 기둥은 일종의 공지를 위한 장치였었다. 아소카 황제의 포고문이나 칙령을 새겨 전달하는 데 목적이 있었다. 아소카 황제는 이런 기둥을 세워 인도 전역은 물론 그 너머까지 자신의 뜻을 널리 알렸다. 지금까지 알려진바 일곱 가지 주요한 칙령이 기둥들에 새겨졌으며, 이 기둥은 그중 '여섯째 기둥 칙령'으로 알려진 것의 일부다. 아소카 황제는 여기에서 제국의 모든 종파와 계층에 베푼 관대한 정책을 언명한다.

> 나는 백성들, 나의 친척이나 수도의 거주자들만이 아니라 나와 멀리 떨어진 곳에 살고 있는 이들에게도 행복을 가져다줄 수 있는 길을 생각하고 있노라. 나는 시종일관 여일한 태도로 모든 이들을 대하노라. 나는 계층을 막론하고 모든 이들을 똑같이 염려하노라. 더욱이 나는 모든 종파에게 각종 선사물을 주어 존중해왔노라. 허나 나는 백성을 친히 찾아 돌보는 일을 가장 중요한 의무로 생각하노라.

대부분 문맹인 백성에게 누군가가 이 글을 큰 소리로 읽어줬을 것이 틀림없다. 그의 말을 전해 들은 백성은 아마 한편으로는 기쁘면서 한편으로는 상당히 마음이 놓였을 것이다. 아소카 황제가 처음부터 그들의 행복을 염려한 것은 아니었기 때문이다. 사실 처음에 그는 온유하고 관대한 철학자와는 거리가 멀었고, 젊은 시절에는 할아버지 찬드라굽타의 군사적 발자취를 따랐다. 찬드라굽타는 군사 원정을 벌여 서쪽으로는 지금의 아프가니스탄에 속하는 칸다하르에서부터 동쪽으로는 방글라데시에 이르는 거대한 제국을 건설하며 왕좌에 올랐다. 현대 인도 영토를 거의 전부 지배한 그의 제국은 인도 역사상 가장 큰 규모를 자랑했다.

기원전 268년에 아소카는 보위에 올랐다. 물론 꽤 많은 분쟁이 있었다. 불교 문헌은 그가 보위에 오르기 위해 '형제 아흔아홉 명'을 살해했다고 전한다. 실제 형제도 포함됐겠지만 이 숫자는 비유적으로 사용된 듯하다. 또 같은 불교 문헌에는 아소카 황제가 불자가 되기 전에 제멋대로에다 경박하고 잔인했다는 내용도 나온다. 황제가 되고 나서 아소카는 인도 아대륙 전체를 정복하는 과업을 마무리하려고 동쪽 해안에 있는 독립국가 칼링가왕국(오늘날의 오리사 주)을 침략했다. 침략은 야만적이고 잔혹하기 이를 데 없었고, 아소카 황제는 나중에 이 때문에 크나큰 자책에 빠진 듯하다. 그는 '다르마'라는 불교 개념을 받아들이면서 삶의 태도를 완전히 바꾸었다. 다르마는 신자가 이타심, 경건, 의무, 선행, 절제의 삶을 지키며 나아가야 하는 고결한 법도를 가리킨다. 시크교, 자이나교, 힌두교를 비롯해 다른 종교에서도 다르마를 설파하지만, 아소카의 다르마는 불교식 믿음이 가미된 것이었다. 아래 칙령에서 그는 절절한 회한을 토로한 뒤 불교에 귀의하기로 했다는 결정을 만백성에게 통고했다.

> 칼링가왕국은 신들의 총애를 받는 왕이 보위에 오른 지 8년째에 정복됐노라. 15만 명이 유형에 처해졌고 10만 명이 살해됐으며 그 몇 배가 죽었노라. 칼링가왕국을 정복한 뒤 왕은 즉시 '다르마' 연구에 전념하게 됐노라. (중략)
>
> 신들의 총애를 받는 자, 칼링가왕국의 정복자는 지금 자책에 사로잡혀 있노라. 무참한 살인과 죽음과 추방을 동원하여 억압되지 않고 자유로이 살던 민족을 정복한 데 깊은 슬픔과 통한을 느끼기 때문이로다.

그때부터 아소카는 속죄의 길을 걸으며 백성을 돌보려 했다. 이를 위해 그는 훗날 국가의 공식 언어로 자리 잡게 되는 고대 고전언어인 산스크리트어가 아니라 일상에서 사용하는 해당 지방 방언으로 칙령을 기록했다.

회심한 뒤로 아소카 황제는 전쟁을 국가적 정책 수단으로 삼지 못하게 하고 자비를 세계 문제를 처리하는 해법으로 받아들였다. 그는 부처의 가르침에 깊은 감명을 받았고, 그의 아들은 불교 선교사로서 최초로 스리랑카로 건너가 포교 활동을 벌였으나, 그는 제국의 백성들에게 불교를 강요하지 않았다. 아소카의 제국은 매우 특별한 의미의 세속 국가였다. 노벨상을 수상한 인도의 경제학자이자 철학자인 아마르티아 센의 설명을 들어보자.

> 국가는 모든 종교에 거리를 둬야 한다. 불교는 공식 종교가 되지 않을 것이다. 다른 종교도 모두 존중하고 관용해야 한다. 인도식 세속주의는 '정부가 하는 일에서 종교를 제외시킨다'가 아니라 '특정 종교를 편애하는 일이 없어야 한다'라는 뜻이다.

종교의 자유, 자아의 정복, 모든 시민과 지도자들이 서로의 말을 듣고 토론할 자유, 남과 여를 모두 포함하는 만인의 인권, 교육과 건강의 중요성 등 아소카 황제가 제국 곳곳에 널리 반포한 사상들은 여전히 불교적 사고의 핵심으로 남아 있다. 오늘날에도 인도 아대륙에는 불교 원리를 정책의 근간으로 삼는 왕국이 있다. 인도 북부와 중국의 사이에 낀 부탄이라는 작은 왕국이다. 마이클 러틀랜드는 부탄 시민이자 영국 주재 부탄 명예영사로, 전임 왕을 가르치기도 했다. 나는 그에게 아소카의 사상이 현대 불교 국가에서 어떻게 작용하는지 물었다. 그는 내게 인용문 한 구절을 들려주며 말문을 열었다.

> "내가 통치하는 동안 왕으로서 너희를 다스리지 않겠다. 나는 부모로서 너희를 보호하고 형제로서 너희를 보살피고 아들로서 너희를 섬기겠노라." 어쩌면 아소카 황제가 한 말처럼 들릴 수도 있다. 그러나 그렇지 않다. 2008년 27세에 보위에 오른 제5대 부탄 왕이 대관식 연설에서 한 말이다. 영광스럽게도 내게 가르치는 특전을 베푼 부탄의 넷째 왕은 전에도 그랬듯이 지금도 조그만 통나무집에서 살고 있다. 부탄의 군주제에는 겉치레가 전혀 없다. 아마도 백성에게 자진해서 권력을 이양하고 선거 민주주의를 도입한 절대 군주는 아마 그 분밖에 없을 것이다. 게다가 그는 부탄의 넷째 왕으로서 '국민총생산' 개념과 대비되는 '국민총행복'이라는 표현을 도입하기도 했다. 아소카 황제도 여기에 동감했을 듯한데, 국민의 행복과 만족은 다른 나라를 정복하는 것보다 훨씬 더 중요했다. 다섯째 왕도 불교가 가르치는 군주제를 충실히 실천해왔다.

기둥에 새긴 칙령에서 표현했듯이 아소카 황제는 윤리 철학과 정치철학을 통해 종교적 관용, 폭력을 배제한 토론, 행복 추구라는 전통을 세웠다. 그의 사상은 오늘날까지도 인도의 정치철학에 지대한 영향을 끼쳤다. 그러나 진정으로 안타깝게도 그의 자비로운 제국은 그의 시대로 막을 내리고 말았다. 이는 우리에게 "그처럼 고귀한 이상이 정치권력이라는 현실을 과연 넘을 수 있을까?"라는 불편한 의문을 제기한다. 그럼에도 그는 백성과 후계자들의 사고방식을 바꿔놓은 통치자였다. 네루와 마찬가지로 간디도 그를 존경해 마지않았다. 아소카의 메시지는 오늘날의 화폐를 통해서도 면면히 이어지고 있다. 모든 인도 지폐에는 간디가 아소카의 기둥머리에 있는 네 마리 사자와 마주하고 있는 모습이 그려져 있다. 인도 독립의 기수들은 마음속으로 가끔씩 그를 생각했다. 물론 아마르티아 센이 지적한 대로 그의 영향력은 훨씬 더 멀리까지 미쳤으며, 아시아권 전체가 그를 영감을 주는 본보기로 흠모한다.

아소카의 가르침 가운데 인도인들이 독립에 즈음해 특별히 공감한 부분은 세속주의와 민주주의였다. 그러나 아소카는 중국, 일본, 한국, 태국, 스리랑카에서도 크게 존경을 받는다. 그는 범아시아적인 인물이다.

다음에 살펴볼 유물도 종교 체계와 깊이 연관된 비문, 그리고 한 통치자와 관계가 있다. 하지만 이 경우, 해당 종교도 사장됐고 통치자도 더 이상 중요하지 않다. 사실 그는 과거에도 그렇게 중요한 인물이 아니었다. 그러나 이 비문은 대영박물관뿐 아니라 아마도 전 세계에서 가장 유명한 유물 중 하나일 것이다.

33
로제타석

이집트 엘라시드에서 출토한 비석 조각

196 BC

매일 대영박물관 이집트 조각 전시관을 지나칠 때면 관광 안내원들이 상상할 수 있는 모든 나라 언어로 목을 길게 뺀 채 이 유물을 바라보는 관광객들에게 무언가를 열심히 설명하는 모습을 보게 된다. 미라와 더불어 모든 관광객들의 관람 목록에 들어 있는 로제타석은 대영박물관에서 가장 인기 있는 유물이다. 무엇 때문일까? 보기에는 그저 밋밋하기만 할 뿐 흥미를 끌 만한 구석이 전혀 없다. 공항에서 사람들이 끌고 다니는 커다란 여행가방 크기에 잿빛을 띤 돌덩이에 지나지 않는다. 거친 가장자리는 이 돌덩이가 좀 더 큰 돌덩이에서 떨어져 나온 것이라는 사실을 보여주며, 한쪽 면을 가득 덮고 있는 글자를 비스듬히 가로질러 깨져 나온 흔적이 역력하다. 글자를 읽어도 따분하기는 마찬가지다. 세수 혜택에 관한 관료들의 전문 용어가 대부분이기 때문이다. 그러나 몇몇 박물관 소장품이 그렇듯 겉모습은 믿을 게 못 된다. 사실 이 따분한 화강암 비문 조각은 아주 흥미로운 세 가지 이야기에서 주인공 역할을 해왔다. 첫째는 알렉산드로스 대왕이 이집트를 정복한 뒤 알렉산드리아에서 통치권을 행사한 그리스 왕들의 이야기이고, 둘째는 나폴레옹이 이집트를 침공한 뒤 근동 지역을 놓고 영국과 프랑스가 패권을 다툰 이야기이며 셋째는 상형문자의 비밀을 풀어내 역사상 가장 유명한 문자 판독의 업적을 이룬 학자들의 유별나면서도 평화로운 경연에 관한 이야기다.

로제타석은 권력의 특이하고 흥미로운 형상화를 보여주는 대표적인 사례다. 이 비문은 강력한 군주가 아니라 허약한 군주, 곧 신들의 막강한 힘, 좀 더 정확히 말하면 사제들의 힘을 빌려 자신의 권력을 협상하고 지켜내야 했던 왕과 관련이 있다. 그는 바로 기원전 205년 여섯 살에 고아 신분으로 이집트 보위를 물려받은 그리스 소년 왕 프톨레마이오스 5세다.

프톨레마이오스 5세는 위대한 왕조의 후손이었다. 프톨레마이오스 1세는 알렉산드로스 대왕의 장군 가운데 한 명으로, 소년 왕이 보위에 오르기 약 100

년 전, 그러니까 알렉산드로스가 죽은 뒤에 이집트를 차지했다. 프톨레마이오스왕조는 굳이 수고스럽게 이집트어를 배우기보다 그리스어를 공식 언어로 사용했다. 그 결과 그리스어는 1,000년 동안 이집트의 국가 행정 언어로 쓰였다. 아마도 그들이 이룬 가장 큰 업적은 수도 알렉산드리아를 로마 시대에 가장 찬란한 도시로 끌어올린 데 있다 하겠다. 몇 세기 동안 알렉산드리아는 로마에 이어 둘째로 규모가 큰 도시였으며 지성적인 발전에서는 로마를 앞섰다. 한마디로 알렉산드리아는 온갖 상품과 사람과 사상을 자석처럼 끌어들인 세계 도시였다. 거대한 알렉산드리아 도서관은 프톨레마이오스 왕조의 작품으로, 그들은 세계의 모든 지식을 수집해 그곳에 보관할 계획을 세웠다. 또한 프톨레마이오스 1세와 2세는 나중에 세계 7대 불가사의 가운데 하나가 된 저 유명한 파로스등대를 세웠다. 이렇듯 다채롭고 생동감 넘치는 도시를 운영하려면 당연히 강력한 지도력이 필요했다. 프톨레마이오스 5세의 아버지가 어린 아들을 남겨놓고 갑자기 사망하자 왕조와 왕조의 통치권은 금방이라도 쓰러질 듯 불안해 보였다. 소년의 어머니는 살해됐고 궁궐은 군인들에게 약탈당했으며 전국에 걸쳐 반란이 일어나는 바람에 어린 프톨레마이오스 5세의 즉위식은 몇 년이나 연기됐다.

프톨레마이오스 5세는 바로 이처럼 극심한 혼란기에 로제타석과 그와 비슷한 다른 석조 문서들을 발행했다. 이 돌은 그렇게 특별하지는 않다. 세 가지 언어로 프톨레마이오스왕조의 위대함을 찬양하는 비문이 열일곱 개나 더 남아 있기 때문이다. 비문은 이집트 전역에 있는 주요 신전에 세워졌다. 로제타석은 프톨레마이오스 5세가 즉위식을 치른 지 1년째 된 해인 기원전 196년에 만들어졌고, 당시 그는 10대 소년이었다. 이 돌은 이집트 사제들이 겉으로나마 프톨레마이오스 5세의 즉위를 축하하며 그를 살아 있는 신으로 선포한다는 내용을 담아 공포한 포고문이었는데, 신성을 지닌다는 것은 파라오의 역할을 수행하는 것과 밀접하게 결부된다. 사제들은 멤피스라는 신성한 도시에서 제대로 된 이집트식 대관식을 치러주었고, 이 행사로 프톨레마이오스 5세는 이집트의 합법적인 통치자로서 입지를 굳혔다. 그러나 거기에는 교환 협정을 전제로 한 거래가 있었다. 프톨레마이오스 5세는 신이 될 수 있었는지는 몰라도 그 위치에 오르기 위해서 무소불위에 가까운 권력을 휘두른 이집트 사제들과 속된 정치 협상을 해야 했다. 케임브리지 대학교 도러시 톰프슨 박사는 이렇게 설명한다.

이 포고문을 발행하게 한 사건은 어떤 점에서 큰 변화였다. 전에도 포고문은 있었고 대부분 동일한 형태를 띠었다. 그러나 이 경우, 집권한 나이 어린 왕은 사면초가의 상황이었다. 멤피스 포고령, 즉 로제타석의 내용 가운데는 사제들이 그리스 왕조의 새로운 수도인 알렉산드리아를 매년 방문할 필요가 없다는 조항도 들어 있었다. 대신 이집트의 옛 중심지인 멤피스를 만남의 장소로 사용하면 되었다. 이는 전에 없는 일이었고 따라서 왕실의 양보로 비칠 수도 있었다.

사제들은 이집트 백성의 마음과 생각을 프톨레마이오스 5세한테 돌리는데 매우 중요한 몫을 했으며, 로제타석에 새겨진 약속은 거기에 대한 보상이었다. 포고문은 사제들이 더는 알렉산드리아에 올 필요 없이 멤피스에 남아 있도록 허락했을 뿐 아니라 그들에게 아주 솔깃한 수세 혜택까지 줬다. 10대 소년 왕이 이런 생각을 해냈을 가능성은 거의 없으니, 따라서 누군가가 소년 왕의 배후에서 소년 왕을 대신해, 아울러 더욱 중요하게는 프톨레마이오스왕조를 대신해 전략적으로 수완을 발휘했을 것이 분명하다.

따라서 로제타석은 권력과 타협의 표현이지만 그 전체 내용을 읽는다는 건 재미면에서는 여러 가지 언어로 작성된 유럽연합의 새로운 규정을 읽는 것에 비교할 만하다. 관료와 사제들의 건조한 글이기 때문이다.

여기서 중요한 사실은 포고문의 내용이 아니라 세 가지 언어로 똑같은 내용을 전하고 있다는 점이다. 그리스 통치자들과 국가 행정기관에서 사용한 고대 그리스어와 두 가지 고대 이집트어, 즉 일상에서 사용하는 이집트어(데모틱 또는 민중문자)와 신전에서 사용하는 상형문자였다. 특히 사제들의 상형문자는 몇 세기 넘게 유럽 사람들을 낭패에 빠뜨렸다. 이 모든 것을 바꿔놓은 것이 바로 로제타석이었다. 이 돌은 학자들이 고대 이집트 세계를 들여다볼 수 있는 길을 드라마틱하게 활짝 열어놓았다.

로제타석이 나올 무렵 상형문자는 일상에서 사용되지 않았다. 상형문자를 이해하고 사용한 사람은 신전의 사제들뿐이었다. 그 뒤 500년이 지나자 상형문자를 겨우 읽고 쓰는 제한된 지식조차 완전히 사라지고 말았다.

그 뒤로도 이집트는 2,000년 동안 외국의 지배를 받았고 로제타석은 해독되지 않은 채로 남아 있었다. 그리스 왕조 이후에도 로마제국, 비잔티움제국, 페르시아제국, 아랍의 무슬림 세력, 오스만제국 등이 차례로 이집트를 다스렸

나폴레옹의 군대로부터 로제타석을 넘겨받았다는 내용을 기록하고 있는 글귀.

다. 그러던 어느 날 나일 삼각주의 사이스 신전에 있던 로제타석은 처음 세워진 그곳에서 64킬로미터쯤 떨어진 엘라시드라는 마을로 옮겨졌다. 이 마을은 오늘날 '로제타'로 알려져 있다.

그러고 나서 1798년 나폴레옹 군대가 이집트에 도착했다. 물론 프랑스의 최우선 목표는 군사적인 데 있었으나(그들이 이집트를 침공한 목적은 영국 군대가 인도로 가지 못하도록 길을 차단하기 위해서였다) 학자들이 프랑스 군대를 따라왔다. 군인들이 로제타에서 요새를 재건하다가 땅속에서 로제타석을 파내는 순간, 따라온 학자들은 아주 중요한 뭔가를 발견했다는 사실을 깨달았다.

프랑스는 로제타석을 전승 기념물로 삼았지만 그것을 파리로 가져가지는 못했다. 나폴레옹은 나일 전투에서 넬슨 제독에게 패배하고는 군대를 남겨 둔 채 혼자 프랑스로 돌아갔다. 1801년 프랑스는 영국과 이집트 장군에게 항복을 선언했다. 알렉산드리아협약에는 고대 유물을 인도하는 조항이 포함되었으며 그중에는 로제타석도 있었다.

내가 방금 말한 대로 어떤 책이든 대개 로제타석은 세 가지 언어로 기록돼 있다고 설명할 것이다. 하지만 위 사진의 깨진 면을 보면 넷째 언어가 눈에 띈다. 거기에 보면 영어로 "1801년 영국 군대가 이집트에서 획득했음. (그리고 다른 곳에) 왕 조지 3세가 수여하다"라고 적혀 있다. 비석 앞쪽의 내용은 알렉산드로스 대왕이 아프리카에 건설한 최초의 유럽 제국에 관한 것이지만, 이 비석의 발견은 또 다른 유럽 세력의 도래를 알리는 신호탄이이기도 했다. 즉 나폴레옹시대에서 제2차 세계대전 때까지 계속된 중동과 아프리카의 패권을 둘러싼 영국과 프랑스의 치열한 싸움이다. 나는 이집트 저술가 아다프 수에이프에

마지막 줄의 상형문자는 이 문자가 그림글자이자 소리글자라는 사실을 보여준다.

게 그런 역사를 어떻게 생각하느냐고 물었다.

> 로제타석을 보면 이집트가 다른 민족들의 전장으로 참 많이도 이용됐다는 생각이 든다. 이 비석은 이집트에서의 서구 식민지 세력의 이해관계를 추적할 수 있는 초창기 유물 가운데 하나다. 프랑스와 영국은 비석을 놓고 다퉜다. 두 나라 모두 비석의 주인이 아니라는 사실을 생각한 사람은 아무도 없는 듯하다. 로마인에서 터키인을 거쳐 영국인에 이르기까지 이집트를 지배한 외국 통치자들은 이집트의 유산을 늘 제멋대로 처분했다. 이집트는 2,000년 동안 외국의 지배를 받았다. 1952년 나세르가 파라오 이후 최초의 이집트 통치자가 됐다는 사실은 시사하는 바가 매우 크다.

로제타석은 대영박물관으로 옮겨지자마자 바로 전시됐다. 이로써 전 세계 학자들이 자유롭게 이 비석을 연구할 수 있게 됐고 복사본과 필사본이 세계 곳곳에서 출간됐다. 유럽 학자들은 비석의 불가사의한 상형문자를 해독하는 작업에 착수했다. 출발점은 모든 학자들이 읽을 수 있는 그리스어 비문이었다. 하지만 다들 벽에 부딪혔다. 그러던 중 다방면에 걸쳐 지식을 쌓은 영국의 뛰어난 박식가 토머스 영이 로제타석에 여러 차례 반복돼 나타나는 일단의 상형문자가 한 왕의 이름, 즉 프톨레마이오스를 소리 나는 대로 표기하고 있다는 사실을 정확히 밝혀냈다. 아주 중요한 첫 단추를 꿴 셈이었지만 영은 비문의 내용을 모두 해독하지는 못했다. 그 뒤 장 프랑수아 샹폴리옹이라는 프랑스 학자가 프톨레마이오스 5세를 가리키는 상징만이 아니라 모든 상형문자가 그림글자이면서 동시에 소리글자라는 사실을 발견했다. 그들은 이집트어의 '소리'를 기록한 것이었다. 예를 들어 로제타석 마지막 줄에 있는 세 가지 상징은 '석판'을 뜻하는 이집트어 '아하이'라는 말의 소리를 한 자 한 자 쓴 것이고, 넷째 상징은 석판을 원래 모양 그대로 그린 그림이다. 즉 꼭대기가 둥근 정방형 석판을 그린 것이다. 이처럼 이집트 상형문자는 소리와 그림이 함께 의미를 만들어내는 체계다.

1822년께 상폴리옹은 마침내 비문을 모두 해석했다. 그때부터 세상은 조각상과 기념비, 미라와 파피루스를 비롯해 고대 이집트 문명의 위대한 유산들을 해석할 수 있게 됐다.

로제타석이 만들어질 무렵 이집트는 이미 100년이 넘도록 그리스의 지배를 받고 있었다. 프톨레마이오스왕조는 그 뒤로도 150년을 더 다스렸다. 왕조는 율리우스 카이사르와 마르쿠스 안토니우스를 차례로 구슬리고 유혹한 클레오파트라 7세의 치세를 끝으로 불명예스럽게 종말을 고했다. 안토니우스와 클레오파트라의 죽음으로 이집트는 아우구스투스의 손에 넘어갔으며 프톨레마이오스왕조의 이집트는 그 뒤로 로마제국에 귀속됐다.

34
중국 한나라 시대 칠그릇

북한 평양 근처에서 발견된 칠그릇

AD 4

인류학자라면 누구나 역사를 돌이켜볼 때 사람들과 친하게 지내는 가장 간단한 방법은 특별한 선물을 주는 것이라는 데 동의할 것이다. 여기서 특별한 선물이란 사진 속 유물처럼 줄 수 있는 사람도 오로지 한 명, 받을 자격이 있는 사람도 오로지 한 명밖에 없는 선물을 뜻한다. 지금까지 우리는 거대한 제국과 왕국의 지도자들이 알렉산드로스 대왕의 형상을 빌려오든, 인도의 경우처럼 부처의 이상을 설파하든, 또는 이집트의 경우처럼 사제들을 매수하든, 여러 가지 수단과 방법을 동원해 권력을 구축하고 유지한 과정을 살펴봤다. 2,000년 전 중국 한나라에서는 황제의 선물을 주는 것이 영향력을 확대하는 핵심 활동에 속했으며, 그런 활동은 대개 외교인지 뇌물 공여인지 구분하기가 어려웠다.

이 잔은 한나라의 격동기 때 만들어졌다. 황제는 중앙에서는 심각한 위협에 직면했고 변방에서는 통치권을 유지하기 위해 고군분투했다. 기원전 202년부터 중국을 지배해온 한나라의 영토는 남쪽으로는 베트남, 서쪽으로는 중앙아시아 초원 지대, 북쪽으로는 한반도에까지 미쳤다. 한나라는 군대를 파견해 그곳들을 다스렸다. 이 전초 기지에서 한나라의 상업과 정착지가 늘어나면서 지방 총독의 권력 또한 늘어났다. 다시 말해 이는 이 지역이 언제라도 독립된 영지로 떨어져 나갈 위험이 높았다는 뜻이다. 오늘날 중국인들이 "분열주의"라고 부르는 위험 요소가 이미 이때부터 있었던 셈이다. 총독의 이탈을 막으려면 황제에 대한 충성심을 굳건히 확보해야 했다. 황제가 그들에게서 계속 지지를 끌어내는 방법 가운데 하나는 거대한 제국의 위용을 드러내는 선물을 하사하는 것이었다. 대영박물관에 소장돼 있는 이 정교한 옻칠 잔은 한나라 황제가 4년께 북한 지역에 주둔한 군 사령관에게 하사한 것일 가능성이 높다.

이는 매우 가벼우며 술잔이라기보다 작은 그릇에 더 가깝다. 이 정도 크기면 커다란 포도주 유리잔과 비슷한 용량을 담을 수 있다. 길이가 17센티미터 정도의 얕은 타원형으로, 모양과 크기가 커다란 망고와 대략 흡사하다. 기다란 측면 양쪽에는 금박을 입힌 손잡이가 달려 있다. '귀 달린 잔'이라는 이름을 얻게 된 배경이다. 이 그릇의 주요 재료는 나무인데, 더러 칠이 벗겨진 몇몇 군데에서만 나무가 드러날 뿐이다. 대부분은 적갈색 칠이 겹겹이 입혀져 있다. 안쪽은 평범하지만 바깥쪽은 금과 청동 상감으로 장식돼 있다. 그릇에는 새 한 쌍이 서로 마주보고 있는데, 두 마리 새는 기하학무늬와 나선형 문양을 배경으로 과장되게 표현된 발톱을 자랑하고 있다. 전체적으로 아주 잘 만든 값비싼 물건이라는 느낌을 주며 우아하고 멋스럽고 당당하다. 널리 인정받은 취향과 절제된 화려함이 돋보이는 작품이다. 케임브리지 대학교 중국역사학 교수로 재직하고 있는 로얼 스터크스는 술잔을 이렇게 만드는 데 얼마나 많은 노력이 들어가는지 정확히 알고 있다.

> 칠기는 만드는 데 엄청난 시간이 소요된다. 노동 강도도 높을뿐더러 작업 과정이 매우 지루하다. 옻나무 수액을 채취하는 데 뒤따르는 온갖 과정, 물감을 섞고, 칠이 마르도록 기다리고, 나무에 겹겹이 바르는 작업을 성공적으로 수행해야만 비로소 아름다운 그릇을 만들 수 있기 때문이다. 모르긴 해도 장인 여러 명이 작업에 매달렸을 것이다.

질 좋은 옻칠 제품은 놀라울 만큼 매끈하면서 거의 부서지지도 않았다. 이 정도로 훌륭한 그릇을 만들려면 칠을 각각 최소한 30회 이상 해야 한다. 매번 칠을 할 때마다 오랫동안 말려 굳히는 작업이 필요했으니, 완성하는 데 한 달 이상 걸렸을 것이다. 이런 그릇이 터무니없이 비싼 데는 다 이유가 있었다. 청동 그릇을 열 개 넘게 살 수 있는 돈으로 옻칠 그릇은 겨우 한 개 살 수 있었다. 따라서 옻칠 그릇은 고위 관리, 즉 제국의 변방을 감독하는 총독이나 소유할 수 있었다.

한나라와 로마제국은 거의 비슷한 크기의 넓은 영토를 다스렸으나 인구는 중국이 더 많았다. 이 그릇이 만들어지기 2년 전에 중국에서 실시된 인구조사 결과는 총인구가 5767만 1,400명이라는 놀랍도록 정확한 숫자를 내놓았다. 로얼 스터크스의 설명을 더 들어보자.

> 우리가 기억해야 하는 사실 가운데 하나는 중국 제국이 지리상으로 아주 다양하게 분포돼 있는 방대한 영토를 다스렸다는 점이다. 한나라의 경우, 그 영

토는 오늘날로 치면 북한에서부터 베트남까지 이르렀다. 사람들 사이의 접촉이 늘 확실하지는 않았기 때문에 황제가 재가한 물건이 문서와 더불어 상징적인 차원에서 제국의 위상을 천명하는 의미로 유통되었다. 제국의 다른 지역에 사는 사람들은 볼 수 없어도, 제국 전역에서 생산되는 물건을 보면 여러 면에서 각자가 살고 있는 곳보다 훨씬 더 큰 상상 속의 공동체에 소속돼 있다는 느낌이나 인상을 받을 수 있다.

상상으로나마 거대한 제국에 소속돼 있다는 인식을 심는 것은 한나라의 핵심적인 제국 정책 가운데 하나였으며 그 대가는 만만치 않았다. 대개 황제는 매년 동맹국과 가신국에 비단 수천 필과 칠그릇 수백 개를 비롯해 수많은 사치품을 선물로 주느라 국세 수입의 아주 큰 몫을 지출해야 했다. 이 잔도 그런 체계의 일환이었다. 이 잔은 오늘날의 북한 평양 근처에 주둔한 한나라 수비대의 고위 장교에게 주는 황제의 선물 또는 봉급 대신 내리는 하사품이었다. 금전적 가치를 떠나 명예를 수여하는 물건이자 지휘관과 황제 사이의 개인적 친분을 암시하는 물건이었다.

당시 한나라의 역사를 돌아보면 국정 운영은 황제가 아니라 미망인인 황태후가 맡고 있었다. 당시의 황제들은 시간이 많지 않거나 국사을 이끌 재능이 없었기 때문에 황태후 왕정군이 막강한 권력을 휘두르며 실질적으로 30년 동안 나라를 다스렸다. 황태후는 아들을 황제로 뒀지만 그는 '비연(전하는 말로는 왕의 손바닥에서 춤을 출 수 있을 만큼 가벼웠다고 한다)'이라는 후궁과 노닥거리기에 바빴다. 게다가 손자 또한 황제가 됐지만 남색에 빠져 정신을 못 차렸고, 또 다른 손자는 아홉 살 나이로 보위에 올랐지만 이 잔이 만들어지고 2년 후, 열다섯 살 때 후추 술로 독살되고 말았다. 이렇듯 매우 흥미로운 시대를 살아간 이 옻칠 잔은 황태후의 지시로 만들어진 것이 거의 확실하다.

사치품 생산을 비롯해 국가 운영 체계가 아주 잘 구축돼 있었기 때문에 비록 앞서 언급한 약점에도 불구하고 국정은 완벽하게 돌아갈 수 있었다. 이 잔은 최고의 솜씨를 자랑하는 장인의 걸작이기도 하지만, 더 놀라운 점은 오늘날의 이른바 명품보다 훨씬 더 까다로운 품질 관리 과정을 거쳤다는 사실이다.

잔의 타원형 굽에는 한자 67자가 띠처럼 둘러져 있다. 유럽에서 이런 띠는 대개 표어나 헌사인 경우가 많지만 이것은 명단이다. 먼저 목공 작업, 바탕 채색 작업, 겉 채색 작업, 손잡이 금박 작업, 그림과 광택 작업 등 이 잔을 완성하

술잔 밑에 새겨져 있는 한자는 누가 제작 과정에 참여했는지를 말해준다.

기까지 각기 다른 공정에 참여한 장인 여섯 명의 이름이 나온다. 그다음에는, 사실 이런 일은 중국에서나 볼 수 있었는데, 품질 관리를 책임진 감독관 일곱 명의 이름도 적혀 있다. 장인 여섯 명과 감독관 일곱 명. 가히 관료주의다운 발상이다. 그 명단은 다음과 같다.

> 목공 이, 바탕칠 리, 겉칠 당, 손잡이 금박 귀, 그림 딩, 마지막 광택 펭, 제품 검사 핑, 관리 십장 종. 정부 감독관 책임자 창, 수석 행정관 량, 수석 행정관 대리 펭, 행정 실무 관리 롱, 수석 사무관 바오.

이 잔은 장인들의 물품 제작과 국가 행정의 관계를 증언하는 확실한 자료다. 관청이 물건의 아름다움을 보증한 것이다. 현대 유럽인들에게는 생소한 일이지만 저널리스트이자 중국 전문가인 이저벨 힐턴은 이를 중국 역사에서 대대로 내려오는 전통이라고 말한다.

> 한나라 시대에는 중앙정부가 산업에서 중요한 역할을 담당했다. 부분적인 이유를 꼽자면 호전적인 북쪽과 서쪽 민족을 견제하려면 군사 원정이 필요했고 이를 위한 자금을 확보하기 위해 군사 지출을 관리해야 했기 때문이다. 한나라 조정은 주요 산업을 일부 국유화했을 뿐만 아니라 산업 전체를 상당히 오랫동안 규제했다. 따라서 주요 산업은 개인 사업가나 사업가 경력이 있는 사

람들이 운영하고 그것을 국가가 감독할 때가 많았다. 이는 현대에 들어와서도 마찬가지다. 지난 몇십 년에 걸쳐 중국에서는 혼합 경제체제가 등장했다. 그 결과 전적으로 국가 통제하의 경제에서 좀 더 시장 지향적인 경제로 이행했지만, 그럼에도 국가의 감독은 여전히 철저하다. 자본이 어디에 투자되는지 또 중국 산업의 소유권 구조가 어떤지를 살펴보면 지금도 여전히 국가가 많은 부분을 통제하고 있다는 사실을 알 수 있다.

이처럼 2,000년 전에 만들어진 이 옻칠 잔을 깊숙이 파고들면 당혹스러울 만큼 익숙한 장면, 곧 중국 정부의 통제를 받는 개인 기업, 수준 높은 기술력과 최첨단 대량생산의 결합, 중국 중앙정부와 한반도 북쪽의 관계를 능숙하게 다루는 관리 능력, 외교 선물을 적절히 활용하는 수완 등을 확인할 수 있다. 아직도 중국인들은 줄 수 있는 사람이 세상에 한 사람밖에 없는 선물을 가장 좋은 선물이라는 점을 안다. 한나라 시대에는 비단과 칠그릇이 가장 좋은 선물이었다. 오늘날에도 중국은 친밀한 관계를 형성하고 싶을 때면 다른 누구도 줄 수 없는 선물을 동원한다. 바로 이것이 '판다 외교'이다.

35

아우구스투스 황제의 두상

수단 센디 근방 메로웨에서 발견된 청동상

27~25 BC

로마제국 초대 황제 카이사르 아우구스투스는 세계 역사상 매우 유명한 지도자 가운데 한 사람이다. 대영박물관 로마제국 전시관에는 청동으로 만든 그의 두상이 전시돼 있다. 비록 색은 바랬지만 비범한 통솔력과 생생한 힘이 물씬 풍겨나는 작품이다. 무시하고 지나치기 어려울 정도다. 눈매가 찌를 듯 날카롭고 인상적인데, 우리가 어디에 서 있든 그의 눈은 우리를 바라보지 않는다. 아우구스투스는 우리를 지나쳐 훨씬 더 중요한 것, 곧 자신의 미래를 내다보고 있다.

약간 헝클어진 곱슬머리는 짧고 마치 소년처럼 보이지만 이는 어느 정도 계산된 행동이다. 많은 시간 공들여 다듬은 머리 모양이었을 것이 틀림없다. 이는 젊음과 권위, 아름다움과 힘, 의지와 권력을 알맞게 섞은 이미지를 투사하기 위해 신중하게 계획해 만든 형상이다. 당시 그의 형상은 누구라도 단번에 알아볼 수 있었고 또한 오래 기억에 남았음이 입증되었다.

아우구스투스의 두상은 실물보다 약간 크고, 마치 누군가와 대화하고 있기라도 하듯 약간 기울어 있다. 따라서 잠시나마 그가 우리 같은 사람이라고 생각하기 쉽지만 실은 그렇지 않다. 그는 그리스도가 태어날 무렵에 로마제국을 다스린 황제였다. 이 두상은 그가 안토니우스와 클레오파트라를 물리치고 이집트를 정복했을 때의 모습을 보여준다. 바야흐로 황제라는 영광으로 이어지는 길목에 접어들어 그보다 훨씬 더 위대한 존재, 곧 신에 이르는 확고한 여정에 올랐을 때의 모습이다.

앞 장들에서 우리는 통치자들이 물건이 지니는 연상 효과를 이용해 은근슬쩍 자신의 권력을 드러내는 방식을 지켜봤다. 하지만 이 두상은 완전히 다르다. 아우구스투스는 바로 자신의 몸과 실물과 매우 닮은 얼굴을 이용해 자신의 권력을 당당하게 드러낸다. 실물보다 큰 그의 청동 두상이 전달하는 메시지는 잔혹할 만큼 확고하다. 즉 "나는 위대하다. 나는 너희의 지도자다. 나는 일상의 정치보다 훨씬 높은 곳에 서 있다"라는. 그러나 얄궂게도 이 위엄 넘치는 두상이 이곳 대영박물관에 오게 된 이유는 다름 아니라 적의 손에 들어가 불명예스럽게도 땅에 파묻히는 모욕을 당했기 때문이다. 아우구스투스의 영예는 그가 남들에게 보이기를 원했던 만큼 순탄하지는 않았던 모양이다.

아우구스투스는 율리우스 카이사르의 생질손이었다. 기원전 44년에 카이사르가 암살되자 그는 카이사르의 권력과 재산을 물려받았다. 겨우 열아홉 살에 로마 공화국의 정치에서 느닷없이 중책을 맡게 된 것이다.

당시 옥타비아누스라는 이름으로 알려졌던 아우구스투스는 절대 권력을 놓고 다투는 싸움에서 곧 동료들을 멀찍이 따돌렸다. 기원전 31년 악티움 해전에서 마르쿠스 안토니우스와 클레오파트라를 상대로 거둔 승리는 그가 권력의 실세로 떠오르는 데 결정적인 계기로 작용했다. 이미 이탈리아, 프랑스, 스페인, 리비아, 발칸 반도를 장악한 아우구스투스는 알렉산드로스 대왕의 사례를 좇아 세상에서 가장 부유한 나라, 이집트마저 손아귀에 넣었다. 그는 나일 왕국의 엄청난 부를 마음대로 주무를 수 있었다. 그는 이집트를 로마의 일부로 삼은 뒤 로마 공화국을 그의 제국으로 바꿨다. 제국 전역에 새로운 통치자의 조각상이 세워졌다. 이미 그를 행동하는 당수 옥타비아누스로 묘사한 조각상이 수백 개나 있었지만 기원전 27년 로마 원로원은 그에게 '존경받는 자'를 뜻하는 '아우구스투스'라는 영예로운 칭호를 부여함으로써 그를 최고 권력자로 인정했다. 새로운 지위에 따라 전과 완전히 다른 이미지가 필요했고, 사진의 두상은 바로 그런 이미지였다.

이 두상은 아우구스투스가 황제가 된 지 1, 2년 뒤에 만들어졌다. 두상은 그를 전사로 묘사한, 실물보다 약간 큰 전신 조각상의 일부다. 목 부분에서 부러졌지만 그외에 청동의 상태는 아주 양호하다. 이와 형태가 비슷한 동상이 로마제국 곳곳에 세워졌기 때문에, 수많은 사람들은 이런 형태가 아니면 다른 형태로라도 그의 이미지에 익숙해졌을 것이다. 아우구스투스는 바로 이런 모습으로 백성에게 비치기를 원했다. 어느 모로 보나 영락없는 로마인이었지만 그는 백성이 자신을 알렉산드로스 대왕과 동등한 존재이자 그리스의 유산을 물려받은 후계자로 인정해주기를 바랐다. 로마 역사가 수전 워커 박사의 설명을 들어보자.

지중해 세계의 주인이 되어 '아우구스투스'라는 칭호를 얻게 되자 그는 새로운 이미지가 필요하다고 생각했다. 그렇다고 카이사르의 이미지를 사용할 수는 없었다. 그는 심술궂은 로마 늙은이처럼 보였기 때문이다. 로마의 전통적인 초상 기법에 따라 그의 초상에는 볼품없이 빈약한 체구와 벗어진 이마, 근엄한 표정 등 결점까지 숨김없이 드러나 있었다. 그런 이미지는 어떤 점에서 망신거리가 됐고, 아우구스투스는 완전히 다른 정치체제를 구축하려 하고 있었던 만큼 거기에 걸맞은 새로운 이미지가 필요했다. 그는 76세 나이로 세상을 떠날 때까지 아직 30대였을 때 만든 이 이미지로 계속 남았다. 그의 초상 어디에서도 노화의 흔적을 전혀 찾아볼 수가 없다.

아우구스투스는 바로 이런 초상을 통해 영원한 권력과 영원한 젊음을 누렸다. 옛 로마 공화국의 낯익은 직분 뒤에 숨어 관직 임용과 군대를 주무른, 교묘하다 못해 비열하기까지 했던 그의 통치술은 그때 이후로 야심을 불태우는 지도자들의 귀감이자 교과서 구실을 해왔다. 그는 신규 도로 건설과 고효율 운송 체계 확립을 통해 중앙에 앉아 제국을 효과적으로 다스렸을 뿐만 아니라 제국 어디서나 백성들에게 자신의 모습을 보여줄 수 있었다. 그는 막강한 군대를 더욱 활성화해 제국의 국경을 수호하고 심지어 확장해나가면서 40년이라는 통치 기간 내내 긴 평화를 구축했다. 안정과 번영을 누린 이 황금기는 '팍스 로마나'라는 저 유명한 시대를 여는 출발점이었다. 비록 무자비한 싸움과 권모술수에 기대서 최고의 자리에 올랐지만 아우구스투스는 사람들에게 자신이 폭군이 아니라는 확신을 심고 싶었다. 그래서 사람들의 신뢰를 얻을 수 있는 일을 하기 시작했다. 그는 탁월한 기지를 발휘해 백성을 자신의 지지자로 만들었다. 나는 런던 시장이자 고전학자인 보리스 존슨에게 아우구스투스를 어떻게 평가하느냐고 물었다.

그는 세계가 지금까지 봐온 가장 위대한 정치가였다고 말할 수 있다. 세계의 지도적인 정치가들, 즉 역사상 가장 성공한 외교관과 이론적 지도자 열한 명을 추려 축구단을 만든다면 아우구스투스는 그 열한 명 중 미드필더이자 주장에 해당한다.

그는 로마제국을 하나로 통합해내는 데 없어서는 안 될 접합제였다. 저 멀리 스페인이나 갈리아 지방의 어느 신전에 가더라도 이 흉상의 이 남자, 바로 아우구스투스의 형상을 바느질해 붙인 두건 차림의 여인들을 쉽게 볼 수 있었을 것이다. 로마에서 저녁 만찬을 즐기는 사람들의 집에 있는 벽난로 앞 선반 위에도 이렇게 생긴 흉상이 놓여 있었을 것이다. 그런 식으로 그는 로마제국 전역에 로마에 대한 충성심과 소속감이 활활 불타오르게 했다. 로마제국에서 지역을 대표하는 정치인이 된다는 것은 곧 '아우구스투스교'를 섬기는 사제가 된다는 것을 의미했다.

아우구스투스교는 끊임없는 선전을 통해 그에 대한 숭배를 확장해나갔다. 유럽 전역에 그의 이름을 딴 마을과 도시가 생겨났다. 오늘날의 사라고사는 카이사르 아우구스투스의 도시이고 아우구스부르크, 오툉, 아오스타도 모두 아우구스투스라는 이름에서 유래했다. 동전마다 그의 두상이 새겨졌으며 어딜 가나 그의 동상이 서 있었다. 그러나 대영박물관에 보관돼 있는 이 두상은 평범한 동상의 일부가 아니다. 이 두상은 우리를 또 다른 이야기, 제국의 어두운 측면을 보여주는 이야기 속으로 끌어들인다. 로마의 힘뿐만 아니라 로마를 위협하고 때로 압도하기도 한 문제들을 일깨워주기 때문이다.

이 두상은 로마의 최남단, 즉 오늘날의 이집트와 수단의 경계 지역에 있는 아스완 근처 시에네라는 마을에 세워진 전신상의 일부였다. 이 지역은 예나 지금이나 지중해 세계와 아프리카가 서로 충돌하는 지정학적 단층선을 이룬다. 그리스 저술가 스트라본이 전하다시피 기원전 25년 메로웨의 수단 왕국에서 사나운 애꾸눈 여왕 칸다케가 군대를 이끌고 이집트 남부에 있는 로마제국의 요새와 마을을 공격했다. 칸다케와 그 군대는 이 동상을 메로웨로 끌고 가 영광스러운 아우구스투스의 머리를 자른 뒤 승전을 기념하는 신전 계단 밑에 파묻었다. 이는 철저하게 계산된 모욕이었다. 그때부터 계단을 올라 신전에 들어가는 사람은 누구나 말 그대로 로마 황제를 짓밟고 지나가는 것이나 다름없었다. 이 청동 두상을 자세히 살펴보면 아프리카 사막의 작은 모래알이 청동 표면 곳곳에 박혀 있다. 로마의 영광 위에 여전히 남겨진 수치의 흔적이다.

그러나 그런 수치스러운 모욕은 그것으로 끝나지 않았다. 철혈 여왕 칸다케는 사신단을 보내 평화 협상을 협의했다. 마무리는 아우구스투스 본인 앞에서 이뤄졌는데 그는 사신단이 요구하는 조건을 거의 모두 수용했다. 그는 팍스 로마나는 지켜냈지만 아주 큰 대가를 치러야 했다. 물론 영리하고 빈틈없는 정치 운영자답게 그 뒤로 그는 공식적인 로마 선전 체계를 통해 그림에서 망친 부분을 다시 칠해 가렸다.

아우구스투스의 경력은 어떻게 제국 황제의 권력을 손에 넣고 유지하는가에 관한 일종의 청사진이 되었다. 이미지 관리는 권력을 유지하는 데 핵심요소였다. 수전 워커는 그 이미지를 이렇게 설명한다.

> '아우구스투스'가 된 그 순간의 모습으로 자신을 항시 보여준 것 외에도, 그는 매우 겸허한 태도를 보였다. 가끔씩 머리 위까지 드리우는 로마의 토가를 걸친 모습으로 경건함을 연출했다. 또 때로는 군대를 이끌고 전장으로 향하는 장군처럼 나타나기도 했다. 실제로는 그런 적은 단 한 번도 없었지만 말이다. 로마제국 전역에서 출토된 아우구스투스의 형상은 250개가 넘는데, 모두 비슷비슷하다. 즉 알아보기 쉽고 기억에 오래 남는다는 공통점을 지니고 있었다.

이 영원한 이미지는 영원한 이름과 한 쌍을 이뤘을 것이다. 아우구스투스가 죽자 로마 원로원은 그를 로마인들이 섬겨야 할 신으로 선포했다. 후대 황제들은 너나 할 것 없이 아우구스투스와 카이사르라는 그의 칭호를 채택했으며 '섹스틸리우스'라는 달은 그를 기려 '아우구스트'로 공식 명칭이 바뀌었다. 보리스 존슨의 설명을 들어보자.

> 아우구스투스는 첫 로마 황제였다. 그는 이후 세대 누구나 모방하려고 애써온 전통 한 가지를 만들어내는 과정에서 로마 공화국의 한 요소를 빌려왔다. 차르, 카이저, 불가리아 왕, 무솔리니, 히틀러, 나폴레옹 같은 역대 권력자들은 모두 로마식 이미지 정치와 접근법, 아우구스투스가 길을 닦아놓은 이른바 '프린켑스'라는 역사상 최초의 '제국 원수직'을 모방하려고 노력했다.

아우구스투스 같은 위대한 지도자들은 위대한 제국을 건설하지만, 그런 제국에서 살아가는 사람들은 태곳적부터 보통 사람의 삶을 지배해온 것과 똑같은 열정과 취미와 욕망에 지배받는다. 팍스 로마나라는 기치 아래 살아간 사람들도 예외가 아니었다. 다음에 살펴볼 유물은 모두 팍스 로마나 시대에 만들어진 것으로, 일반인의 생활에 대한 이해를 돕는다. 이 유물은 부도덕, 그리고 향신료와 관련이 있다. 남색가를 위해 만들어진 한 팔레스타인의 은잔에서 이야기를 시작해보자.

PART 8

고대의 쾌락과 현대의 향신료

AD 1~500

8부에서 다룰 유물은 쾌락과 사치와 여가 활동을 바라보는 태도가 역사를 거치며 어떤 변화 과정을 겪어왔는지를 보여준다. 예를 들어 로마제국에서는 소년과 나이 든 남성 사이의 성행위가 용인됐지만 오늘날에는 불법으로 간주된다. 아울러 현재 우리가 누리는 쾌락과 여가 활동 가운데 상당 부분이 고대 종교에서 기원했다는 사실도 살펴볼 것이다. 담배 흡연과 초창기 단체 스포츠는 아메리카 대륙에서 성대한 의식의 한 요소였다. 로마제국에서 후추는 부의 상징일 뿐 아니라 일부에서 나라를 말아먹을지도 모른다고 염려한 과시욕의 대상이기도 했다. 중국에서는 부녀자가 갖춰야 할 품행을 세련되게 기록한 그림 한 점이 대대로 전해지며 감상의 대상이 되었다.

36
워런 술잔

예루살렘 근처 비티르에서 발견된 것으로 보이는 은잔

AD 5~15

2,000년 전 로마제국과 같은 위대한 제국의 상류층은 권력과 정복에만 관심을 기울이지는 않았다. 상류층이 으레 그렇듯 그들 역시 쾌락과 예술을 추구하는 데 시간을 할애했다. 이 유물에는 이 두 가지가 모두 집약돼 있다. 이 은잔은 기원후 10년께에 팔레스타인에서 만들어졌다. 대영박물관에 입수되기 전에는 부유한 미국인 에드워드 워런의 소장품이었다(워런은 로댕의 조각상 〈입맞춤〉 가운데 가장 유명한 버전의 제작을 의뢰한 인물이기도 하다). 이 은잔은 로마제국 시대뿐 아니라 20세기의 성에 관한 인식에 대해 많은 이야기를 들려준다.

워런 술잔은 성인 남자와 사춘기 소년이 성행위를 하는 장면을 보여준다. 이 2,000년 된 로마 은잔은 꽤 많은 양의 포도주를 담을 만하다. 모양은 요즘 스포츠 트로피와 비슷하며 자그마한 받침대에 얹혀 있고, 한때 양쪽에 손잡이가 있었을 테지만 지금은 사라지고 없다. 솜씨가 뛰어난 장인의 작품이라는 사실을 한눈에 알 수 있다. 술잔의 장면은 은을 안에서 두드려 밖으로 튀어나오게 하는 돋을새김 기법으로 처리돼 있다. 누군가의 개인 만찬석에서 사용된 것이 분명하며, 담고 있는 주제를 생각해볼 때 아마도 그 자리에 참석한 사람들의 찬탄과 관심을 불러일으키고도 남았을 것이다.

거방지게 먹고 마시는 것은 로마 세계의 중요한 의식 가운데 하나였다. 로마제국 전역에 걸쳐 관리와 지역 유지들은 만찬 자리를 이용해 정치와 사업의 바퀴에 기름을 칠하고 부와 지위를 과시했다. 로마 여성들은 이런 잔을 사용하는 술자리 같은 행사에는 대개 배제됐으며 아마도 이 술잔은 남자들만을 위한 자리에서 사용할 목적으로 만들어졌으리라 추측해볼 수 있다.

기원후 10년에 한 남자가 예루살렘 근처의 웅장한 저택에 도착했다고 상상해보자. 노예들이 그를 진수성찬이 차려진 식탁으로 안내하고 그곳에서 그는 다른 손님들과 함께 소파에 편한 자세로 비스듬히 눕는다. 식탁에는 은접시와 화려한 그릇들이 즐비하다. 사진의 술잔은 바로 그런 상황에서 손님들의 손에서 손으로 건네졌을 것이다. 은잔 표면에는 남자 둘이 호화로운 개인 저택에서 사랑을 나누는 두 가지 장면이 새겨져 있다. 두 연인은 우리의 상상 속 손님들이 기대 누웠을 휘장을 드리운 소파에 앉은 모습이다. 두 참여자가 감각적 쾌락에 빠져드는 것과 때를 맞춰 연주할 수금과 비파도 보인다. 고전 시대 역사가이자 방송인인 베터니 휴스는 이렇게 설명한다.

> 이 술잔은 두 가지 동성애를 묘사하고 있다. 앞쪽에는 나이 든 남자가 있다. 나이가 많다는 건 턱수염을 통해 알 수 있다. 그 위에 걸터앉은 남자는 아주 잘생긴 젊은이다. 격렬하면서 남성적 성적 본능이 물씬 풍겨날 뿐만 아니라 매우 사실적이다. 동성애를 이상화한 흔적은 없다. 그러나 그 뒤로 돌아가면 좀 더 전형화된 동성애 장면을 볼 수 있다. 이번에는 둘 다 잘생긴 젊은이다. 그들이 젊다고 생각할 수 있는 근거는 뒤통수에 드리운 머리채 때문이다. 한 명은 등을 기대고 누워 있고 그보다 약간 나이가 많아 보이는 사내는 다른 데로 눈길을 돌리고 있다. 훨씬 더 서정적이며 동성애를 다분히 이상화한 광경이다.

요즘 사람들에게 이 은잔의 동성애 장면은 사람에 따라서는 충격과 금기로 생각할 만큼 노골적이지만 로마제국에서 동성애는 삶의 일부였다. 하지만 용인은 했어도 완전히 허용하지는 않았다는 점에서 복잡한 문제이기는 했다. 로마 극작가 플라우투스는 희극 『쿠르쿨리오*Curculio*』에서 로마 사회가 용인한 동성애 기준을 깔끔하게 요약한다. "유부녀, 과부, 처녀, 젊은 남자, 자유민 소년만 아니라면 얼마든지 사랑해도 좋다."

그러므로 노예가 아닌 성인 남자와 젊은이가 벌이는 애정 행각을 제시하려면 그리스 시대로 거슬러 올라가는 게 답이다. 고대 그리스 사회에서는 남자 어른이 사제 관계를 통해 청소년에게 성을 비롯해 인생 전반을 가르치는 것이 통례였다. 초창기 로마제국은 그리스를 이상화하면서 그리스 문화를 대폭 수용했으며, 이 은잔은 명백히 그리스다운 장면을 보여준다. 그렇다면 이 은잔은 고대 그리스의 남성 동성애를 동경한 로마인들의 성적 판타지를 드러내는 것일까? 어쩌면 이 은잔은 그런 행위를 흘러간 그리스 이야기로 치부함으로써 도덕적으로 불편한 심기를 해소하는 동시에 금지된 이국적 취향을 은근히 자극하려는 의도를 담았을지도 모른다. 혹은 다들 최상의 성적 즐거움이란 이곳의 현실이 아닌 어딘가에서 이뤄지는 것이라고 믿었는지도 모른다. 『그리스인들

젊은 남성 둘이 사랑을 나누는 장면을 묘사하고 있는 술잔의 뒷면.

과 그들의 사랑*The Greeks and Greek Love*』의 저자 제임스 데이비드슨 교수는 이렇게 설명한다.

> 이 술잔이 고대의 풍속도를 반영하고 있다고는 하지만, 성을 묘사할 때 점잔을 빼거나 삼가는 법이 없었던 그리스 항아리 화가들조차 성교 장면, 특히 최소한 성기 삽입 장면만은 조심스레 피했다. 따라서 이 경우 로마인들은 500년 전에도 보여줄 수 없었던 장면을 보여주고 있다. 그리스 세계는 여러 사회집단이 동성애를 생각하고, 그에 관해 말하고, 표현할 수 있는 정당한 빌미를 제시했다. 18세기 이후부터 지금까지, 그리고 심지어 중세 시대에도 마찬가지였다. 그로 인해 이 작품은 포르노그래피가 아니라 일종의 예술로 승화된 것이다.

그런 조우가 어디에서 일어나고 있는지에 대해서는 의심할 게 없다. 악기, 가구, 의복, 연인들의 머리 모양은 하나같이 지나간 과거, 곧 몇 세기 전 고전시대 그리스를 가리킨다. 흥미롭게도 우리는 술잔에서 두 젊은이가 노예가 아니라는 사실을 보여주는 단서를 찾을 수 있다. 목덜미 아래로 길게 늘어뜨린 머리채는 자유롭게 태어난 그리스 소년의 전형적인 특징이다. 16세에서 18세 사이의 그리스 자유민 청소년은 통과의례의 일환으로 머리채를 잘라 신들에게 바쳤다. 따라서 잔에 등장하는 두 소년은 훌륭한 집안 출신의 자유민이다. 그러나 이 술잔에는 제3의 인물이 등장하는데, 아마 이 인물도 이런 술잔을 사용한 로마 만찬과 관계된 인물인 듯하다. 이 인물은 뒷배경의 문 뒤에서 정사 장면을 훔쳐보고 있다. 우리는 그의 얼굴을 반만 볼 수 있다. 그저 훔쳐보는 즐거움에 빠져서인지, 아니면 '룸서비스'를 부르는 소리에 조심스레 응하느라 그런 것인지는 알 수 없지만 그의 신분이 노예라는 점은 분명하다. 어느 쪽이든 그의 존재는 그와 우리가 지켜보는 행위가 닫힌 문 뒤에서 은밀히 벌어지는 것이라는 사실을 일깨워준다. 베터니 휴스의 설명을 들어보자.

> 로마에서는 좋은 아내를 맞이하면 남성을 멀리해야 한다는 개념이 일반적이었다. 그러나 시나 법률, 그 외 동성애에 관한 2차 자료로 미뤄 볼 때 사실 동성애는 로마제국 전역에서 이뤄진 것이 분명하다. 워런 술잔은 그 사실을 입증하는 결정적인 증거물이다. 이 술잔은 실상이 어땠는지, 로마의 고위 귀족층 사이에서 동성애가 어떻게 이뤄지고 있었는지를 분명히 보여준다.

노예 소년이 문 뒤에서 두 연인을 엿보고 있다.

이 당시에 나온 은잔은 대부분 녹여서 다른 용도로 사용했기 때문에 남아 있는 것이 매우 드물며, 지금까지 남아 있는 것 가운데 워런 술잔 같은 걸작은 거의 찾아볼 수 없다. 이런 술잔을 사려면 돈이 많아야 했는데, 250데나리온은 나갔을 것이다. 그 돈이면 최상급 포도주 스물다섯 단지나 땅 2,698제곱미터, 심지어는 문 뒤에서 방 안을 들여다보고 있는 노예 소년처럼 숙련되지 않은 노예를 살 수 있었다. 따라서 이 사치스러운 작은 술잔의 주인은 사도 바울이 음주와 음행에 물들었다고 강하게 비판한 로마 상류층의 일원이었을 것이 분명하다.

확실하지는 않지만 워런 술잔은 예루살렘에서 남서쪽으로 몇 킬로미터 떨어진 비티르라는 마을 근처에 묻혀 있었던 것으로 추정된다. 어떻게 이 술잔이 그곳까지 오게 됐는지는 알 길이 없지만 이렇게 추측해볼 수는 있다. 이 술잔이 만들어진 시기는 기원후 10년께로 추정된다. 그로부터 약 50년 뒤 로마가 예루살렘을 점령하면서 로마 통치자들과 유대인 공동체 사이에 팽팽한 긴장감이 조성됐고 그런 긴장감은 결국 66년에 폭발하기에 이르렀다. 유대인들이 도시를 무력으로 되찾았다. 격렬한 싸움이 벌어졌을 테고 아마도 술잔의 주인은 황급히 달아나면서 은잔을 땅속에 파묻었을 것이다.

그 뒤로 이 술잔은 에드워드 워런이 1911년에 로마에서 돈을 주고 구입하기까지 거의 2,000년 동안 세상에서 자취를 감췄다. 1928년 워런이 세상을 떠난 뒤 술잔은 시장에 나왔지만 도무지 팔리지 않았다. 주제가 너무 충격적이라 아무도 수집하려고 하지 않았기 때문이다. 런던에서는 대영박물관조차 구입을 거절했고 케임브리지 피츠윌리엄박물관도 마찬가지였다. 한때 미국에서는 이 술잔을 반입하는 것조차 허용되지 않았다. 술잔의 노골적인 장면이 한 세관 공무원의 비위를 거슬렀기 때문이다. 대영박물관은 동성애를 바라보는 대중의 시각이 바뀌고도 한참 뒤인 1999년에 이르러서야 비로소 워런 술잔을 사들였다. 그때까지 대영박물관이 치른 유물 구입가 중에서 가장 비쌌다. 당시 한 시사만화는 이를 두고 로마인 바텐더가 손님에게 "그냥 술잔을 원하시오, 아니면 게이 술잔을 원하시오?"라고 장난스레 묻는 장면을 그려내기도 했다.

워런이 이 술잔을 구입한 지 이제 100년이 지났다. 오늘날 워런 술잔은 대영박물관에서 상설 전시되어 제 몫을 톡톡히 해내고 있다. 이 유물은 비단 로마제국의 뛰어난 금속 세공술을 보여주는 걸작에 그치지 않는다. 만찬용 술잔에서 수치스러운 그릇이라는 오명을 거쳐 마침내 박물관의 주요 전시품이 된 이 술잔은 성을 바라보는 사회의 관점은 변하기 마련이라는 점을 일깨워준다.

37
북아메리카의 수달 담뱃대

미국 오하이오 마운드시티에서 출토된 돌 담뱃대

200 BC~AD 100

대영박물관에는 사회의 견해가 비단 성뿐 아니라 다른 주제와 관련해서도 얼마든지 달라질 수 있다는 사실을 보여주는 증거물이 많다. 한때는 사회적으로 매우 중요한 의미를 지니고 있었지만 지금은 공공장소에서 사실상 사용이 금지된 물건이 있다. 바로 담뱃대다. 즐거움과 위험을 동시에 안고 있는 흡연은 역사가 상당히 긴데, 이 담뱃대는 2,000년 전 북아메리카에서 흡연이 크게 성행했다는 사실을 보여준다.

사진의 담뱃대는 형태와 크기가 커주 피리와 비슷하다. 기다란 대롱에 한쪽 끝에 우묵한 통이 달린 요즘 담뱃대와는 사뭇 다르게 생겼다. 붉은색을 띠는 돌을 깎아 만든 이 담뱃대는 약 10센티미터 길이의 평평한 판이 받치고 있다. 판은 색깔과 크기가 부르봉 비스킷과 거의 똑같다. 판 한쪽 끝에는 물부리 역할을 하는 작은 구멍이 뚫려 있다. 담배를 담는 구멍은 중간쯤에 있는데 그런 용도치고는 생김새가 예사롭지 않다. 물에서 한창 헤엄치다가 방금 밖으로 나와 앞발로 강둑을 짚고 반쯤만 몸을 드러낸 채 사방을 두루 살피는 수달의 상반신 형상을 하고 있다. 재료인 돌은 물에 젖은 수달의 털을 떠올리게 하듯이 아주 매끄럽다. 수달이 담뱃대 끝을 바라보고 있어서 담배를 피울 때면 수달과 눈이 마주치게 된다. 그러나 사실 흡연자와 수달의 거리는 생각하는 것보다 훨씬 더 가깝다. 담뱃대에 입을 갖다 대면 수달과 코가 맞닿는다. 지금은 비어 있는 수달의 눈구멍에 원래는 담수 진주가 박혀 있었을 것이므로 이런 접촉은 우리가 지금 상상하는 것보다 훨씬 더 흥미로웠을 것이다. 놀라운 솜씨에 상상력을 자극하는 이 유물은 역사에 담뱃대가 처음 등장한 시기를 정확하게 짚어낸다. 담뱃대를 사용한 흡연의 역사는 바로 이 담뱃대에서 시작되었다.

오늘날 흡연은 대개 악습으로 간주되고 있지만 2,000년 전 북아메리카에서는 인간의 삶, 특히 의식과 종교에서 빼놓을 수 없는 부분이었다. 당시 아메리카 대륙에서는 할리우드의 서부영화가 보여주는 것보다 훨씬 더 다양한 원

주민 부족이 각지에 흩어져 살고 있었다. 아메리카 대륙 중앙, 즉 멕시코 만에서 시작해 오대호에 이르는 미시시피 강과 오하이오 강 유역에서 살아가던 아메리카 원주민들은 농사를 주업으로 삼았다. 그들은 도시를 건설하지는 않았지만 뛰어난 건축물들을 세워 광활한 땅의 모습을 바꾸었다. 소규모 농사와 물물교환에 의존한 이 원주민 공동체는 평소에는 각기 따로 생활한 듯하나 마지막 운명은 함께했다. 의식을 치르기 위해 힘을 합쳐 대규모 토목공사를 벌여 장소를 마련하고 죽은 자를 묻었다. 그런 토루에는 로키 산맥의 회색곰 이빨, 멕시코 만의 소라 껍데기, 애팔래치아 산맥의 운모, 오대호의 구리 등 멀리까지 나가 구해온 진기한 재료로 만든 장식품과 무기를 부장한 무덤이 많았다. 이런 무덤들은 훗날 그곳을 찾은 유럽인들을 깜짝 놀라게 하고도 남을 만큼 장관을 이뤘다. 특히 오늘날 오하이오에 있는 '마운드시티'라는 매장지에는 5만 2,609제곱미터에 걸쳐 무덤이 모두 24기 있다. 무덤 가운데 한 곳에 돌 담뱃대가 200여 개 묻혀 있었다. 이 수달 담뱃대도 거기서 나왔다.

이 담뱃대는 북아메리카에서 담배를 피웠다는 사실을 입증하는 가장 초창기 증거물에 속한다. 담배는 중앙아메리카와 남아메리카에서 처음 재배됐고 궐련처럼 다른 식물의 잎사귀에 말아서 피웠다. 그러나 날씨가 더 추운 북쪽에서는 기나긴 겨울철이 되면 담배를 말 잎사귀를 구하기가 어려웠고, 따라서 흡연자들은 담배를 쟁일 수 있는 다른 방법을 찾아야 했는데 그 결과가 바로 담뱃대였다. 결국 궐련과 파이프 담배의 분리는 어느 정도 날씨에 원인이 있는 듯하다.

돌 담뱃대는 오하이오의 봉분에서 꾸준히 발견된다. 이는 담뱃대가 그것을 만들어 사용한 사람들의 생활에서 특별한 의미를 지니고 있었다는 사실을 암시한다. 담뱃대의 정확한 의미는 아직 밝혀지지 않았지만 지금껏 축적한 정보를 바탕으로 그 당시 사람들이 어떻게 생각했는지 추측해볼 수는 있다. 아메리카인디언 국립박물관 큐레이터 게이브리얼 타야크 박사의 견해를 들어보자.

> 담뱃대에는 우주관과 종교관 전체가 담겨 있다. 거기에는 종교적인 가르침의 의미 전부가 실려 있다. 신성한 물건이든 아니든 간에 담뱃대는 단순히 물건이라는 개념을 떠나 그 자체로 생명체, 즉 대롱과 담배통이 결합되는 순간 힘과 생명을 획득하는 살아 있는 존재로 간주됐다. 예를 들어 붉은색 돌로 만든 담뱃대는 들소의 피와 뼈로 여겨졌다. 의식과 입문식들이 열렸으며, 그런

특별한 장소에서 담뱃대를 소지하는 데는 곧 막중한 책임이 뒤따랐다.

우리는 2,000년 전에 선택받은 몇몇만이 봉분에 묻혔다는 사실을 안다. 그 중 대다수가 의식에서 중요한 역할을 맡은 것이 분명한데, 유골과 함께 곰이나 늑대 또는 사슴의 두개골로 만든 머리 장식 같은 의식용 복장의 잔해가 발견됐기 때문이다. 동물 세계는 이 사람들의 영적 활동에서 중심 역할을 한 것으로 보인다. 이 수달 담뱃대는 갖가지 동물 형상의 담뱃대 수집품 가운데 하나일 뿐이다. 살쾡이, 거북이, 두꺼비, 다람쥐, 새, 물고기, 심지어 물고기를 잡아먹는 새의 형상을 한 담배통들도 있다. 아마도 담뱃대의 동물들은 물리적 세계와 영적 세계를 연결하는 샤머니즘 성격의 의식에서 어떤 역할을 하지 않았을까 싶다. 그런 의식에서 피우는 담배는 각성 효과가 뛰어나고 환각 효과를 일으키는 '니코티아나 루스티카'였다. 흡연자의 눈이 담뱃대에 조각된 동물의 눈과 마주치는 순간 흡연자는 그 동물이 마치 살아 움직이는 듯한 초월 상태에 빠져들었을 것이다. 아마도 개개의 동물은 흡연자의 정신적 안내자나 토템 구실을 한 듯하다. 분명한 건, 훗날 아메리카 원주민들이 꿈에서 일평생 자신을 보호해줄 동물을 만날지도 모른다고 믿었다는 점이다. 게이브리얼 타야크는 이렇게 설명한다.

> 원주민들은 지금도 담배를 사용하며, 그들에게 담배는 매우 신성한 물건이다. 흡연은 소원과 생각과 공동체의 염원을 탈바꿈시키는 방법이다. 담배는 혼자서 피우기도 하고 공동체나 가족들 사이에서 돌아가며 피우기도 했다. 그들은 그런 방법을 통해 마음을 하나로 통합한 다음 마음의 힘을 광대한 우주나 창조주 또는 중개자에게 전달한다. 조약을 맺는 자리에서 '평화의 담뱃대' 이야기를 꺼내면 이는 단지 문서에 서명하는 것보다 더 큰 의미를 지닌다. 이는 조약 승인이 법률적인 성격을 띤다는 차원을 넘어 더 큰 우주를 걸고 맹세하며 확인함으로써 단지 인간 사이에서가 아니라 인간과 우주의 더 강력한 힘 사이에서 협상이 이뤄졌다는 뜻을 담고 있다.

심지어 오늘날에도 흡연은 아메리카 원주민 사이에서 영적 활동으로 간주된다. 담배 연기가 뭉게뭉게 피어올라 함께 섞이면서 기원도 하나가 돼 하늘로 올라간다. 이렇듯 담배는 공동체 전체의 소망과 소원을 하나로 묶는 역할을 한다.

유럽인들은 흡연을 상당히 늦게, 그러니까 16세기에 들어와서야 비로소 발견했다. 그들에게 흡연은 종교보다는 휴식의 의미를 지니고 있었다. 물론 처음부터 흡연을 반대한 사람들이 있었다. 오늘날 각국 정부는 흡연의 위험성을 경고하고 있지만 영국 왕 제임스 1세가 1604년에 펴낸 『담배 배격론*Counter-blaste to Tabacco*』의 격렬한 목소리에는 미치지 못한다. 그는 엘리자베스 여왕의 뒤를 잇기 위해 에든버러에서 런던에 온 지 겨우 몇 달 만에 그 책을 출간했다. 새로 보위에 오른 왕은 담배를 이렇게 비난했다. "(흡연은) 눈이 견딜 수 없고 코에 독하고 뇌에 해롭고 폐에 위태로운 습관이다. 거기서 뿜어 나오는 시커멓고 악취 나는 연기는 무저갱에서 뿜어올리는 무시무시하고 시커먼 연기와 아주 흡사하다."

그러나 담배는 곧바로 돈과 관련을 맺기 시작했다. 영국이 버지니아를 식민화하면서 유럽의 신흥 담배 시장은 곧 경제적으로 매우 중요한 비중을 차지하게 됐다. 브레멘, 브리스톨, 글래스고, 디에프 등이 아메리카산 담배 덕분에 크게 돈을 벌었다. 18세기와 19세기 들어 유럽인들이 아메리카 대륙에 더욱 깊숙이 진입하면서 담배는 거래와 유통의 핵심 품목으로 떠올랐다. 많은 아메리카 원주민들이 보기에 유럽인들의 담배 취득과 파이프 흡연은 침략자들에게 유린당한 그들의 조국이나 다름없다.

그때부터 유럽과 세계 곳곳에서는 흡연이 순수한 즐거움, 일상적 습관, 멋져 보이는 행동으로 자리 잡았다. 20세기에 들어서는 영화배우들이 스크린에서 담배 연기를 뿜어내면 관객 또한 그에 질세라 연기 구름으로 화답하면서 그들을 경배했다. 흡연은 세련돼 보였을 뿐만 아니라 지적이고 사색적인 이미지를 띠었다. 셜록 홈스가 특별히 까다로운 사건을 해결하면서 "파이프 담배 세 번을 피워야 하는 문제"라고 표현한 말도 유명하다. 물론 담뱃대와 결부된 개인적 즐거움 또한 상당하다. 유명한 애연가이자 정치인인 토니 벤은 당시를 정겹게 회상한다.

> 스탠리 볼드윈은 파이프 담배를 피웠다. 해럴드 윌슨도 그랬다. 당시만 해도 흡연은 아주 일상적인 일이었다. 물론 평화의 파이프 담배, 우정을 나누며 함께 둘러 앉아 피우는 파이프 담배도 있었다. 파이프 담배는 흡연의 만족을 훨씬 뛰어넘는 의미를 지닌다. 어떤 점에서 그것은 취미 생활이다. 담뱃재를 긁

어내 청소하고 다시 담배를 채워 톡톡 두드려 다진 다음 불을 붙이고 불이 꺼지면 다시 불을 붙인다. 요즘에는 모임에서 담배를 피우지 못하지만, 그때는 모임에서 질문을 받을 때면 담뱃대에 불을 붙이면서 "그거 참 좋은 질문이오"라고 말하면서 대답을 생각할 시간을 벌 수도 있었다. 그렇지만 다른 이에게 담배를 배우라고 권하고 싶지는 않다.

지난 30년 동안 서구 사회에서 일어난 흡연 배격은 놀라운 혁명이 아닐 수 없다. 할리우드 영화에서도 지금은 단지 '악당들'만 담배를 피울 뿐 관객은 아무도 담배를 피우지 않는다. 담배를 피우다 걸리면 당장 극장에서 쫓겨난다. 아마도 제임스 1세가 봤다면 무척 기뻐했을 것이다. 워런 술잔에서도 보았듯 사회가 정당하다고 인정하는 즐거움의 대상은 끊임없이, 그리고 예측 불가능한 방향으로 바뀐다.

38
의식용 구기 허리띠

멕시코에서 발견된 돌 허리띠

AD 100~500

대영박물관 멕시코 전시관에는 돌로 만든 커다란 편자처럼 생긴 유물이 전시돼 있다. 길이는 약 40센티미터, 두께는 약 12센티미터로, 녹회색 점들이 박힌 무척 아름다운 돌로 만들어졌다. 1860년대에 처음 대영박물관에 도착했을 때만 해도 이 유물은 마차 같은 데 사용하는 멍에로 추정됐다. 그러나 이 추정은 즉시 두 가지 문제를 야기했다. 하나는 유물의 무게가 거의 40킬로그램에 이를 만큼 무겁다는 점이고, 또 하나는 스페인인들이 16세기에 유럽에서 짐마차 말이나 수레를 끄는 짐승을 들여오기 전까지는 중앙아메리카에 그런 동물이 없었다는 점이었다.

이 돌 조각품이 동물과 무관하며 사람이 착용하는 물건을 나타내는 조각품일 확률이 높다는 데 대체로 의견이 일치하게 된 지는 50년이 조금 넘었을 뿐이다. 이 물건은 고대 중앙아메리카의 구기 경기에서 골반을 보호할 목적으로 천이나 바구니 재료를 덧대어 푹신푹신하게 만든 허리띠를 나타낸다. 이 돌 '허리띠' 가운데 일부는 가벼운 천이나 가죽으로 보호대를 만들 때 형태를 잡아주는 틀 역할을 했을 수도 있다. 대영박물관에 있는 이 돌 허리띠는 너무 무거워서 착용한다 해도 오래 견디지 못한다. 돌 허리띠를 원래는 언제, 어떻게 착용했는지는 정확히 알 수 없다. 사실 이 조각품을 정말 사람이 착용하려고 만들었는지조차 알 길이 없다.

이런 구기 경기에 정통한 마이클 휘팅턴은 이런 돌 허리띠가 주로 의식에 사용됐을 것이라고 생각한다.

> 30~40킬로그램이나 나가는 물건을 허리에 차고 운동경기를 한다면 동작이 매우 굼뜰 수밖에 없다. 따라서 이런 돌 허리띠는 경기를 앞두고 의식을 치를 때 사용한 것으로 보인다. 이 허리띠는 구기 경기에서 실제로 착용한 허리띠를 상징적으로 보여준다. 그러나 실제로 사용한 허리띠는 썩어 없어지는 재료로

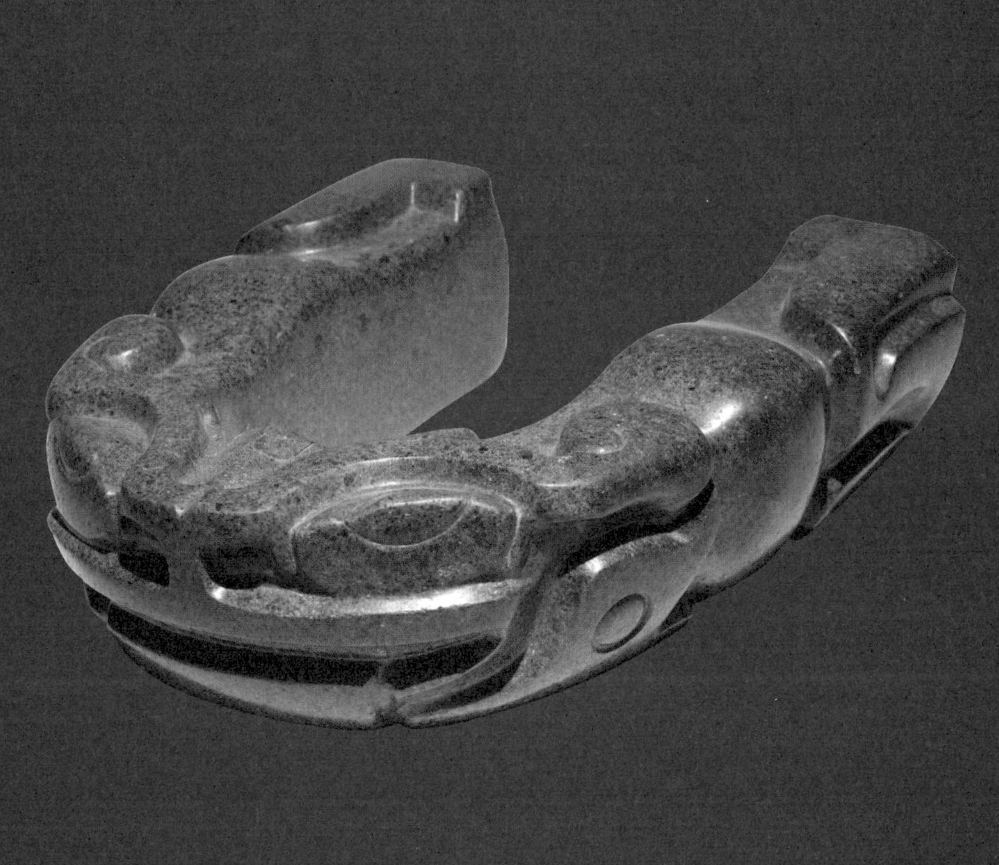

만들어졌기 때문에 남아 있을 가능성이 매우 희박하다.

오늘날 우리는 중앙아메리카의 구기 경기에 대해 약간은 알고 있다. 그 지역 예술가들이 그 광경을 종종 묘사해놓았기 때문이다. 몇백 년 동안 그들은 경기장 및 경기장 담벼락 위에 걸터앉아 경기를 지켜보는 관중의 모습을 담은 모형과 함께 선수들의 경기 모습을 조각으로 만들어 남겨뒀다. 훗날 그곳을 찾은 유럽인들은 이 경기에 관한 기록을 남겼고, 이 경기를 위해 특별히 세운 몇몇 경기장은 오늘날까지 남아 있다. 스페인인들은 처음 이곳에 왔을 때 경기에서 사용하는 공을 보고 깜짝 놀랐다. 공을 만드는 재료가 유럽인들에게는 전혀 낯선 물질인 고무였기 때문이다. 통통 튀어 오르는 공을 생전 처음 본 그들은 언뜻 중력을 무시한 채 사방팔방 제멋대로 날아다니는 둥그런 물체에 무척이나 당혹스러워했을 것이 분명하다. 스페인의 도미니크회 수도사 디에고 두란은 당시 광경을 이렇게 묘사했다.

> 그들은 이 공의 재료를 "홀레(고무)"라고 불렀다. (중략) 위로 아래로, 앞으로 뒤로, 제멋대로 뛰어오르고 튀는 속성이 있다. 공을 쫓아가는 사람은 죽을 힘을 다해 달려야만 겨우 잡을 수 있다.

그것은 결코 쉬운 경기가 아니었다. 고무공은 무게가 3, 4킬로그램에서 거의 15킬로그램까지 나갈 정도로 무거웠다. 경기의 최종 목표는 공이 계속 공중에 떠 있게 유지하면서 상대편 진영 끝에 갖다 놓는 것이었다. 선수들은 손이나 머리 또는 발을 사용해선 안 되고, 대신 엉덩이 뒤쪽, 팔뚝과 무엇보다도 골반 옆쪽을 사용해야 했다. 따라서 푹신한 허리띠는 매우 유용했을 것이다. 실제로 경기에 사용된 허리띠는 가죽이나 나무, 한데 엮은 식물 줄기로 만들었을 것 같은데, 무거운 공으로부터 착용자를 보호할 수 있을 만큼 튼튼할 뿐 아니라 경기장을 자유롭게 돌아다닐 수 있을 만큼 가벼워야 했다. 1528년 스페인 사람들이 아즈텍 구기 선수 두 명을 유럽에 데려왔다. 한 독일 화가는 특별히 보강한 짧은 팬티같이 생긴 것을 제외하면 사실상 벌거벗은 채 서로 등을 맞댄 두 선수가 둘 사이에 떠 있는 공을 다루며 경기하는 모습을 그리기도 했다. 정확한 경기 규칙은 분명하지 않다. 아마도 중앙아메리카의 다양한 공동체의 특성에 따라 다른 규칙이 생기고, 몇 세기의 세월을 거치면서 달라졌을 것이

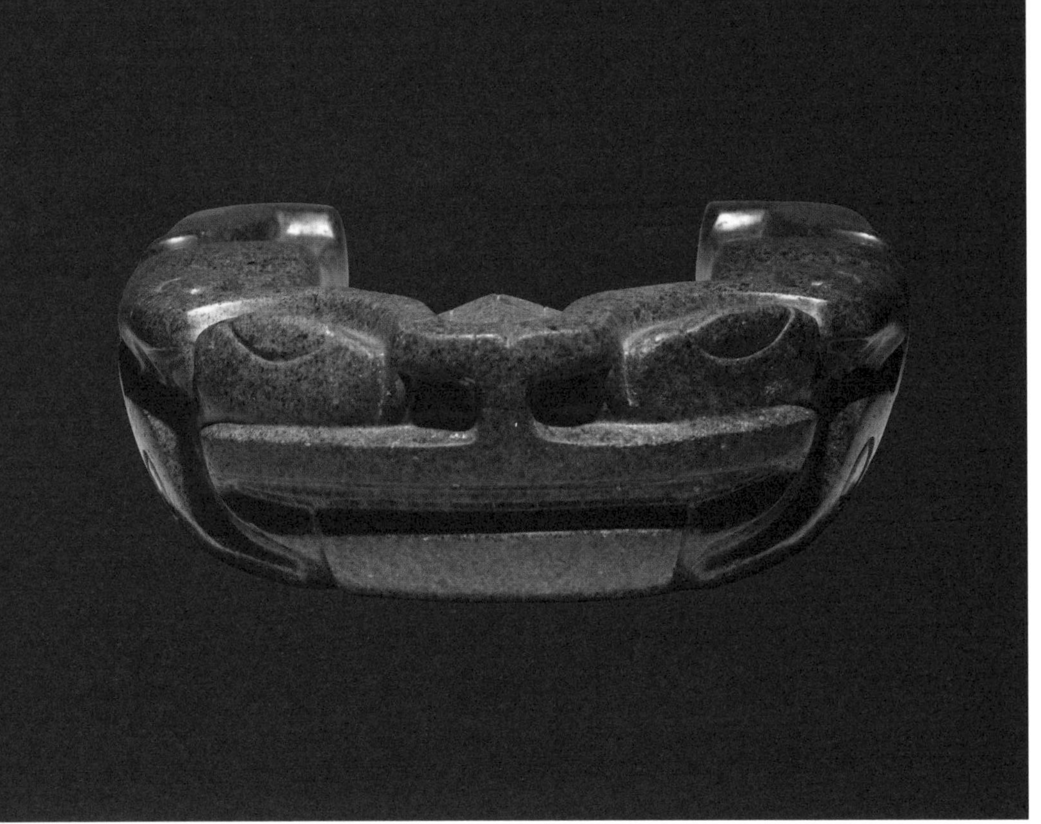

허리띠에 조각된 두꺼비의 눈과 입.

다. 다만 각각 두 명에서 일곱 명으로 구성된 두 팀이 경기를 펼쳤고 오늘날의 테니스처럼 실책을 근거로 점수를 매겼다는 것이 우리가 아는 전부다. 그런 실책에는 머리나 손처럼 사용해선 안 되는 신체 부위에 공이 닿거나, 공을 되받아치지 못하거나, 경기장 밖으로 튀어 나가게 하는 것 등이 포함됐다.

게다가 공은 화폐 노릇을 하기도 했다. 스페인 사람들은 아즈텍 정부가 공물로 고무공 1만 6,000개나 거둬들였다고 기록했다. 물론 지금은 그렇게까지 많은 공이 남아 있지는 않지만 멕시코와 중앙아메리카 전역에서 농부들이 이룬 발굴 작업을 통해 공 몇 개를 발견했고, 사진에 담긴 것과 같은 돌 허리띠 수백 점, 허리띠를 착용한 선수들을 묘사한 돌 부조와 조각상들도 찾아냈다.

이 허리띠가 만들어질 무렵인 2,000년 전쯤부터 이 경기를 위해서 특별히 공들여 지은 전용 석조 경기장이 등장하기 시작했다. 대부분 직사각형 구조인 경기장 중에는 공이 되튀어 나올 수 있도록 벽을 일부러 길고 비스듬하게 세운 경기장도 더러 있었다. 관중은 이 커다란 석조 구조물 꼭대기에 둘러 앉아 경기를 지켜봤다. 경기 장면을 점토로 묘사한 유물에서 오늘날의 축구팬처럼 선수들에게 환호를 보내며 경기를 즐기는 관중의 모습을 확인할 수 있다.

하지만 이 경기는 힘과 기술을 겨루는 스포츠 이상이라는 의미를 지니고 있었다. 구기 경기는 고대 중앙아메리카의 신앙 체계 안에서 특별한 위치를 차지했다. 이 돌 허리띠는 신비에 가려진 그들의 신앙을 엿볼 수 있는 실마리를 제시한다. 허리띠 바깥쪽을 따라 여러 가지 문양이 새겨져 있고, 특히 편자처럼 구부러진 앞쪽에는 반질반질 윤을 낸 돌을 깎아 특정 양식에 따라 만든 두꺼비 형상이 있다. 두꺼비의 넓적한 입이 허리띠의 기다란 곡면 전체를 가득 채우고 있고, 두 눈 뒤로는 둥글게 튀어나온 분비샘이 웅크린 뒷다리까지 길게 뻗어 있다. 동물학자들은 이 두꺼비의 종이 '부포 마리누스'라는 학명의 거대한 멕시코 두꺼비라는 사실을 밝혀냈다. 아마도 허리띠의 의미를 이해하는 열쇠는 이 두꺼비가 환각을 일으키는 물질을 분비한다는 데서 찾을 수 있을 듯하다. 중앙아메리카 사람들은 이 두꺼비가 땅의 여신을 상징한다고 믿었다. 구기 선수들이 착용하는 허리띠에는 지하 세계의 다양한 동물들이 조각돼 있었다. 이는 허리띠가 개인적인 차원이 아니라 그보다 더 큰 의미를 지니는 의식의 일부로 간주됐다는 뜻이다. 고통스러울 만큼 격렬한 이 구기 경기는 생명의 힘과 죽음의 힘 사이에서 벌어지는 끊임없는 우주적 분투를 상징한 듯하다. 마이클 휘팅턴의 설명을 들어보자.

> 나는 이것이 중앙아메리카 사람들의 세계관을 보여주는 비유라고 생각한다. 중앙아메리카의 위대한 창조 설화 가운데 하나인 『포폴 부』를 보면 쌍둥이가 등장한다. 쌍둥이의 이름은 스발란케와 우나푸다. 쌍둥이는 구기 선수였는데 지하 세계에 살면서 죽음의 제왕과 경기를 펼쳤다. 구기는 중앙아메리카 사람들이 우주와 신들과의 관계 안에서 자신을 바라보는 관점을 재차 강조하는 수단이었다. 따라서 그들은 경기장에 나갈 때마다 신들과 죽음의 제왕이 펼치는 경기를 재연하는 셈이었다.

이는 섬뜩할 정도로 익숙한 이야기다. 1986년 월드컵에서 잉글랜드와 아르헨티나가 격돌했을 때 마라도나가 넣은 첫 골이 불명예스러운 '신의 손' 논란을 불러온 일이나 매번 올림픽 경기가 열릴 때마다 그리스의 올림피아 신전에서 성화를 옮겨 나르는 관례, 웨일스의 럭비 팬들이 카디프암스 경기장에서 찬송가를 부르는 일 등에서 알 수 있듯이 경쟁적인 스포츠와 종교는 종종 밀접하게 관련돼 있다. 오늘날 광적인 열정을 드러내며 자신의 팀을 응원하거나 찬

크리스토프 바이디츠가 카를로스 5세의 궁전에서 그린 중앙아메리카 구기 선수 모습. 그림에 곁들인 설명을 옮기면 다음과 같다. "이런 식으로 인디언들은 바람을 불어넣은 공을 손을 움직이지 않고 엉덩이로 땅에 떨어지지 않게 쳐내며 경기를 한다. 그들은 사타구니에 공에 맞았을 때의 충격을 흡수해주는 딱딱한 가죽을 착용하고 또 손에도 가죽 장갑을 낀다."

송가를 부르는 관중 가운데, 세계 최초의 팀 스포츠 역시 강력한 종교적 성격을 지니고 있었다는 사실이나 그 이야기가 고대 그리스가 아니라 중앙아메리카에서 시작됐다는 사실을 아는 사람은 거의 없으리라.

그러나 오늘날의 운동선수들은 고대의 운동선수들이 마주한 위험에 놓이지는 않는다. 경기에서 패배한 팀은 늘 희생 제물로 바쳐졌다는 추측이 대세를 이룬 적도 있었다. 물론 후대에 그런 일이 가끔 일어나기도 했지만, 이 허리띠가 만들어졌을 당시 패배한 팀에게 정확히 무슨 일이 기다리고 있었는지는 알 수 없다. 구기 경기는 대개 공동체가 축제를 즐기거나 신을 경배하거나 사회적 유대감을 형성, 강화하는 기회로 활용됐다. 초기에는 남자와 여자가 모두 할 수 있는 경기인 듯했지만 16세기에 스페인인들이 아즈텍 사회와 맞닥뜨릴 무렵에는 전적으로 남자들만을 위한 경기로 굳어져 있었다. 구기 경기장은 성소로서 설계되었고, 그 안에서 제물을 땅에 묻음으로 해서 경기장 건물은 그 자체로 살아 있는 생명체가 됐다. 스페인인들은 경기장의 종교적인 의미를 인식하고 오래된 지역 종교를 그들의 가톨릭 종교로 대체하고자 했다. 그들이 오늘날 멕시코 시티 안에 있는 고대 아즈텍 왕국의 수도 테노치티틀란의 대형 경기장 자리에 가톨릭 성당을 건설한 것은 결코 우연이 아니다. 비록 경기장은 파괴되거나 황폐해졌지만, 멕시코가 잔혹하게 정복당하고 아즈텍 문화가 궤멸되는 속에서도 구기 경기는 생명을 이어갔다. '울라마'는 그런 구기 경기의 일종으로, 지금도 여전히 이뤄지고 있다. 이는 운동경기가 일단 민족 정체성을 구현하고 나면 엄청난 지속력을 발휘한다는 사실을 뒷받침하는 증거다.

역사를 통해 볼 때 조직화된 운동경기의 가장 큰 특징은 문화적 차이나 사회적 분열은 물론 심지어 정치적 불안까지도 초월하는 능력을 지닌다는 점이다. 운동경기는 신성함과 불경함을 가르는 경계선에 위치한 채, 사회를 통합하거나 분열시킬 수 있는 커다란 힘을 갖는다. 오늘날 우리 사회에서 운동경기처럼 공동의 관심을 끄는 것은 거의 없다. 이 의식용 멕시코 허리띠는 모든 사회가 조직화된 집단 스포츠에서 얼마나 많은 즐거움을 누릴 수 있는지를 보여주는 강력한 상징이다.

取尤冶容求好君子所仇結恩而絕寔
此之由

39
여사잠도

중국의 그림

AD 500~800

지금까지 우리는 로마제국 초기의 만찬 풍습과 동성애, 북아메리카의 흡연과 의식, 멕시코의 구기와 종교를 살펴봤다. 이제 또 다른 사회적 즐거움인 그림 감상을 살펴볼 차례다. 특히 기원 후 400년에서 500년 사이에 그려진 원본을 바탕으로 두루마리 형태로 제작된 중국 회화의 걸작을 감상할 참이다. 이 그림은 중국 시에서 이른바 '삼절(三絶)'로 묘사하는 서로 다른 세 가지 예술 형식, 즉 시, 서, 화를 모두 갖추고 있다. 이 두루마리는 가까운 지인들과 함께 감상할 목적으로 만들어졌으며, 중국의 역대 황제들은 이를 훌륭한 예술품으로 여겨 몇백 년 넘게 소중히 간직했다. 흔히 이 작품의 제목으로 알려진 '여사잠도(女史箴圖)'는 '궁중 여인들을 위한 교훈집'이라는 뜻으로, 간단히 말해 예의 범절에 관한 지침서인 셈이다. 무엇보다도 중국 궁전의 여인들이 지켜야 할 도덕과 양갓집 여인들이 갖춰야 할 품행에 초점을 맞춘다.

앞장에서 서술한 유물에서 공통으로 나타나는 주제는 사회적으로 용인되는 쾌락의 요건에 대한 관점이 시대에 따라 바뀐다는 점이다. 세계 역사를 돌아보면, 시대에 따라 즐거움이 때로는 악덕으로, 때로는 그 반대로 바뀌었다는 사실을 알 수 있다. 하지만 〈여사잠도〉 같은 예술품을 감상하는 일은 사회적으로 늘 용인되었으며, 이 두루마리 자체도 그것을 몇 세기에 걸쳐 보고 즐기는 행운을 누린 사람들의 기록을 아울러 전한다.

이 두루마리는 두루마리 전체를 길게 펼칠 수 있는, 대영박물관에 특별히 마련된 동아시아 회화 보관실에 소장돼 있는데, 전체 길이가 약 3.5미터에 이

황제가 아내를 뿌리치며 등을 돌리고 있다. 여기에 적힌 시구의 내용을 옮기면 다음과 같다.
"아무도 영원히 기쁘게 할 수 없노니 / 애정은 한 사람만의 것일 수 없네 / 만일 그렇다면 혐오스럽게 끝나게 되리.
사랑이 최고조에 달하면 그 대상을 바꾸는 법, / 무엇이든 가득 차면 이울기 마련이니 / 이것은 절대의 법칙.
'자신이 아름다운 줄 아는 아름다운 아내'는 / 곧 미움을 받았네.
종종걸음 치며 기쁘게 하려고 하면 할수록 / 지혜로운 사내는 그대를 혐오하리.
총애로 맺어진 결합이 깨지는 원인은 / 바로 이 때문이라네."

른다. 이 두루마리는 각기 다른 시대를 살았던 예술가들의 합작품으로, 완성된 뒤에는 언제나 소중히 아껴져 왔다. 첫 출발점은 292년에 서진(西晉)의 대신 장화가 지은 긴 시였다. 그로부터 약 1세기 뒤인 400년께 지금은 소실되고 없는 유명한 그림 한 점이 시에 더해졌다. 〈여사잠도〉는 그로부터 약 200년 뒤에 완성된 듯하다. 하지만 위대한 원본의 정신을 고스란히 포착해 모사했기 때문에 이것이 원본일지도 모른다고 생각하는 사람들도 더러 있다. 정확한 뒷배경이야 어찌 됐든 이 두루마리는 지금까지 전해오는 초기 중국 회화의 백미 가운데 하나다.

두루마리의 약 절반은 그림을 그려 묘사한 장면으로 이뤄져 있고, 각 장면은 장시에 나오는 시구를 칸막이 삼아 다음 장면과 구분된다. 따라서 두루마리를 천천히 펼쳐들면서 시를 읽으면 한 번에 한 가지 장면만 눈에 들어온다. 이렇게 펼치면서 보는 맛이야말로 이 두루마리가 주는 가장 큰 즐거움에 속한다. 두루마리 한 칸에 마음 불편한 장면이 묘사돼 있다. 아름답고 유혹적인 후궁 하나가 황제를 향해 다가가고 있다. 하늘거리는 옷과 붉은색 머리띠는 새가 날갯짓하듯 교태를 부리며 황제에게 다가가는 그녀의 몸놀림을 더욱 돋보이게 한다. 그러나 자세히 들여다보면 그녀가 실은 머뭇거리고 있다는 것을 알 수 있다. 황제가 한쪽 팔을 내뻗어 분명한 거부 의사를 드러내며 다가오지 못하게 가로막고 있기 때문에 그녀는 그 자리에 멈춰설 수밖에 없다. 황제가 원하는 것은 육체적인 욕망이 아니다. 후궁은 갑자기 방향을 바꾸느라 몸이 약간 틀어진 상태이고, 얼굴에는 허영심이 좌절되면서 받은 충격이 역력하게 드러나 있다.

292년 장화가 시를 지을 무렵 중국은 한나라가 무너진 뒤로 사분오열 상태에 놓여 있었다. 제후들은 주도권을 놓고 다투며 황제를 보위에서 몰아내려고 끊임없이 위협했다. 황제는 정신적으로 모자랐기 때문에 아내인 황후 가 씨가 권력을 틀어쥐고 엉뚱하게 사용했다. 당시를 기록한 역사 자료를 보면 조정 대신인 장화는 황후와 그녀의 일가친척이 황제의 권위를 남용하는 것을 보고 점차 두려움을 느끼게 됐다. 황후는 살인과 음모와 방탕한 애정 행각으로 왕실과 국가의 안정을 위험에 빠뜨렸다. 장화는 겉으로는 모든 궁중 여인을 가르치는 장시를 쓰는 척했지만 실상 그의 목표는 황후였다. 그는 시라는 아름답고 영감을 자극하는 매개체를 통해 다루기 힘든 황후를 예법과 도덕과 절도를 지키는 삶으로 이끌 수 있기를 바랐다.

그대의 행실을 부지런히 단속하라.
행복은 거기에서 비롯되느니,
침착하고 공손한 태도로 자신의 본분을 다하면
영광과 명예를 얻으리.

이 시를 설명하는 그림도 도덕적으로 높은 목표를 지니기는 마찬가지다. 이는 여성에게 주는 교훈이지만 남성에게도 해당될 수 있다. 여기서 허영심에 가득 찬 아내의 유혹을 거부하는 황제는 남자다운 분별력과 강직한 면모를 보여주는 귀감으로 나온다. 초기 중국 회화에 정통한 셰인 매커글랜드 박사는 〈여사잠도〉를 상세히 연구해왔다.

> 이는 긍정적인 비판을 다루는 작품이다. 화가는 하지 말아야 할 것을 말하는 게 아니라 더 나은 방향으로 처신하는 법을 가르치고 있다. 각 장면은 궁중 여인들이 행동과 처신과 인격을 더욱 갈고닦을 방법을 묘사한다. 실제로는 배움에 힘써 더 나은 사람이 되라는 권고를 담고 있지만, 듣는 사람이 따분해할 수 있으므로 이를 전하기 위해 그 안에 재치와 재미를 끼워 넣어야 한다. 이것이 바로 화가의 몫이었다. 이 작품은 왕의 권위, 국정 운영술의 전통, 원칙에 입각한 통치와 밀접하게 관련된다. 통치에 필요한 인간 상호관계의 원리를 통찰력 있게 묘사한 작품이다.

안타깝게도 황후 가 씨는 이 시의 도덕적인 가르침을 무시한 채 방탕한 색정 행각과 잔인한 살상 행위를 멈추지 않았다. 반도들이 내전을 일으킨 상황인지라 어쩌면 그녀의 잔혹 행위 가운데 일부는 정당화될 수 있을지도 모른다. 반란은 결국 기원 후 300년에 성공을 거뒀고, 황후는 사로잡혀 강제로 자결해야 했다.

그로부터 100년 뒤인 400년께에도 중국 왕실은 똑같은 문제에 직면했다. 어느 날 송나라 효무제는 자신이 총애하는 황후에게 "이제 그대의 나이가 서른이 됐으니 나이가 어린 왕비로 바꾸고 싶소"라고 말했다. 황제는 그 말을 농담으로 건넸지만 그녀는 이를 고깝게 받아들여 그날 저녁 황제를 살해했다. 궁궐은 혼란에 휩싸였다. 바야흐로 당대의 가장 뛰어난 화가 고개지의 그림을 곁들여 장화의 시를 다시 공표함으로써 모든 사람들에게 올바른 행실을 가르쳐야

위해 달려 나가고 있다.

할 때가 찾아온 것이다. 그 결과물이 바로 〈여사잠도〉라는 걸작이다. 대영박물관 아시아 부서 관리자인 잰 스튜어트 박사는 이 그림과 그 목적을 잘 이해하고 있다.

> 이 두루마리는 위대한 철학자 공자의 영향을 받아 한나라 때 확립된 교훈을 곁들인 그림의 전통과 맥을 같이한다. 그림과 함께 본문을 읽으면 그 안에 깊이 있는 가르침이 담겨 있음을 깨달을 수 있다. 공자는 사회 구성원들에게는 제각기 고유한 역할과 위치가 있으며 각자 본분에 충실할 때 건전하고 효율적인 사회가 보장된다고 생각했다. 그런 가르침은 이 두루마리의 근거가 되는 시가 쓰였을 당시에 특히 중요했던 것 같다. 다시 말해 여성은 미모가 아무리 출중하다고 하더라도 항상 겸손해야 하고, 늘 규범을 지켜야 하며, 남편과 가족들과의 관계에서 지켜야 할 본분을 잊지 말아야 사회 질서를 발전시켜나가는 데 긍정적이고 적극적인 영향을 끼칠 수 있다는 것이 이 두루마리의 가르침이다.

〈여사잠도〉는 여자가 남자의 태도나 약점을 이용하려 해서는 안 된다고 가르친다. 여자가 황제 앞에 나설 수 있는 때는 그를 위험에서 보호해야 할 때뿐이다. 두루마리에 나오는 또 다른 장면은 실제 사건을 예시한다. 사나운 흑곰이 연회에서 재주를 부리다 우리에서 탈출해 황제와 후궁들에게 덤벼들었다. 이 장면에서 후궁 둘은 황급히 몸을 피하며 겁을 집어먹은 표정으로 뒤를 돌아본다. 황제는 놀란 나머지 몸이 굳어 꼼짝 못하고 앉아 있는데, 그의 앞쪽으로 웬 용감한 여인이 도망치지 않고 달려 나가 황제와 사나운 이빨을 드러내며 그녀에게 달려드는 곰 사이를 가로막는다. 그러나 황제는 무사하다. 이 그림은 우리가 훌륭한 여성에게 기대하고 필요로 하는 자기희생을 가르친다.

많은 황제들이 이 두루마리를 애지중지하며 소장했다. 골치 아픈 아내들과 후궁들을 다스릴 방법을 찾던 그들에게 두루마리는 아마도 큰 도움이 됐을 수도 있다. 또한 그들은 두루마리의 순수한 아름다움에 반한 나머지 이 귀한 걸작을 소장함으로써 자신의 문화적 소양과 능력이 얼마나 뛰어난지 입증하고자 했다. 우리는 어떤 황제가 언제 이 두루마리를 감상했는지 정확히 알 수 있다. 황제마다 제각기 그림과 글씨 주변 여백에 인장 형태로 감상의 흔적을 남겨놓았기 때문이다. 이 두루마리의 주인들 가운데는 자신의 견해를 덧붙인 인물도 더러 있었다. 이는 유럽 회화에서는 절대 찾아볼 수 없는 색다른 즐거움을 안겨준다. 몇 세기 전 사람들과 즐거움을 함께 나눈다는 느낌, 오랜 세월 이 그림을 소중히 간직해온 분별 있는 예술 애호가들의 공동체에 동참하고 있다는 느낌이다. 예를 들어 조지 3세와 동시대 인물인 건륭제는 18세기에 이 두루마리를 감상한 소감을 이렇게 요약했다.

> 문장이 곁들여진 고개지의 〈여사잠도〉. 진정한 유물. 내궁에 속하는 성스러운 보물.

이처럼 이 두루마리는 극소수 관람객만 접근할 수 있는 귀중한 유물이었다. 물론 그 점은 지금도 마찬가지지만 이유는 약간 다르다. 그림이 그려진 비단이 햇빛에 노출되면 크게 훼손되기 때문에 아주 예외적인 일이 아니면 전시하기가 어렵다. 비록 우리의 인장을 찍어 우리가 느끼는 기쁨을 기록으로 남길 수는 없지만, 현대의 복사 기술 덕분에 우리는 건륭제를 비롯해 오랫동안 〈여사잠도〉를 감상하며 기쁨을 누려온 사람들의 대열에 합류할 수 있다. 더욱이 인터넷 덕분에 중국 황실에서만 은밀히 누려온 기쁨이 이제는 전 세계인의 것이 됐다.

40
혹슨 후추 단지

영국 서퍽 혹슨에서 발견된 은단지

AD 350~400

서유럽인들은 몇천 년 전부터 동방의 향신료에 매료됐다. 카레가 영국의 국민 음식으로 자리 잡기 오래전부터 우리는 우리의 무미건조한 섬 음식을 인도에서 나는 신비로운 향신료로 확 바꿔놓는 꿈을 꿨다. 시인 조지 허버트에게 "향신료의 땅"이라는 어구는 한없이 멀게만 느껴지는 동시에 간절히 염원하는 시적 비유의 완성을 의미했다. 따라서 향신료가 몇 세기에 걸쳐 고귀한 시상의 원천이자 큰 돈벌이 수단으로 대접받은 것은 어쩌면 당연한 일일지도 모른다. 극동 지역과 유럽 사이의 향신료 무역은 포르투갈과 네덜란드의 재정을 뒷받침하면서 많은 피비린내 나는 전쟁에 불을 지폈다. 향신료 무역은 이미 5세기 초에 로마제국 전역에서 활발하게 이뤄졌다. 408년에 로마 시를 침략한 서고트족은 막대한 배상금을 받는 조건으로 군대를 철수했다. 배상금에는 금, 은, 많은 양의 비단과 함께 또 다른 사치품, 바로 후추 1톤이 포함됐다. 이 귀중한 향신료는 인도에서부터 이 유물이 발견된 이스트앵글리아에 이르기까지 로마제국 전역에서 많은 이익을 남기는 상품이었다.

우리가 현재 서퍽으로 알고 있는 지역을 로마인들은 "극서 지역"으로 불렀을지도 모른다. 400년께 영국에서는 몇 세기 넘게 지속된 전례 없는 평화와 번영의 시대가 막을 내리고 서서히 혼란이 일기 시작했다. 서유럽 전역에서 로마제국은 힘없이 분열되고 있었고 영국의 로마 주둔군도 철수 절차를 밟았다. 이런 때면 누구보다도 부자들이 곤란해지기 마련이다. 부자와 그들의 재산과 재물을 지켜줄 군대가 더는 존재하지 않았다. 결국 부자들은 부랴부랴 짐을 꾸려 도망쳐야 했고 그러다 보면 귀한 보물을 더러 빠뜨리기 마련이었다. 사진의 유물은 410년께에 굉장한 금은보화와 함께 서퍽 혹슨의 한 들판에 묻혔다가 그로부터 거의 1,600년이 지난 1992년에 발굴된 것이다.

이 유물은 사치스러운 옷차림에 대롱거리는 귀고리를 착용한 로마의 나이 지긋한 부인을 묘사한 작은 흉상처럼 보인다. 이리저리 꼬아 땋아 올린 그녀의 머리 모양은 엄청나게 복잡하다. 그녀는 분명 유행의 첨단을 걷는 귀부인이었을 것이다. 그녀의 흉상은 높이가 약 10센티미터로, 크기는 후추 단지와 비슷하다. 그렇다. 이것은 바로 은으로 만든 후추 단지다. 단지 밑면에는 후추가 나오는 양을 조절하는 기발한 기계 장치가 부착돼 있다. 손잡이를 돌리면 구멍을 완전히 막을 수도 있고 혹은 완전히 열어둘 수도 있고, 적당히 조절해서 후추를 흩뿌릴 수도 있다. 이 후추 단지는 매우 부유한 사람이 소유한 것이 분명하며 모양새나 조작 방법이 재미를 주기 위해 만들어졌다. 얼굴은 은이지만 눈과 입술은 금이다. 따라서 촛불이 일렁일 때면 눈과 입술이 마치 움직이는 것처럼 보였을 것이다. 아마도 이 후추 단지는 서퍽에서 만찬이 열릴 때마다 화젯거리로 떠올랐을 것이다.

영국은 기원후 43년에 로마제국의 일부가 되었고, 따라서 이 후추 단지가 등장할 무렵 영국은 이미 300년 넘게 로마의 속지였다. 토착 영국인들과 로마인들은 함께 섞여 살면서 서로 혼인했으며 영국에서는 누구든 로마인들이 하는 대로 따라 했다. 로마 시대 무역에 정통한 로버타 툼버 박사는 이렇게 설명한다.

> 로마인들은 영국으로 건너오면서 많은 문물과 습관을 들여왔고 거기에 동화되면서 영국인들도 자신을 로마인으로 여겼다. 그들은 로마 문화와 완전히 하나가 됐다. 포도주도 그중 하나였고 올리브유도 그랬다. 특히 후추는 이런 로마 문물 '세트' 중에서 더욱 값진 물건이었을 것이다.

로마인들은 특히 음식에 관심이 많았다. 노예 요리사들이 부엌살림을 도맡아하며 그들이 먹을 온갖 산해진미를 만들어 바쳤을 것이다. 최고급 메뉴에는 꿀과 양귀비 씨앗을 뿌린 동면쥐 요리, 케이크로 만든 새끼 돼지(그 안에는 살아 있는 개똥지빠귀를 집어넣었다)에게 젖을 빨리는 통멧돼지 요리, 그리고 마지막으로 모과, 사과, 가금류와 생선처럼 보이게 위장한 돼지고기 요리가 포함됐다. 이런 산해진미는 다양한 향신료가 없었다면 절대 만들지 못했을 터인데, 가장 으뜸가는 향신료는 후추였다.

이 특별한 향신료가 여전히 우리의 미각을 사로잡고 있는 이유는 무엇일까? 나는 작가 크리스틴 맥패든에게 우리 요리에서 후추가 차지하는 중요성에 관해 물었다.

그들은 후추를 아무리 먹어도 모자랐다. 후추를 놓고 전쟁이 벌어졌으며, 로마인들의 요리법을 살펴보면 어떤 요리를 막론하고 "후추를 넣고 섞은 다음"이라는 말로 시작된다.

20세기 초에 어느 요리사는 달거나 짜거나 그 맛에 상관없이, 여러 가지 요리에 후추만큼 많은 기능을 하는 향신료는 없다고 말했다. 후추에는 매운 맛을 내는 피페린이라는 알칼로이드 성분이 함유돼 있다. 이 성분은 땀을 흘리게 만들어 몸을 식혀주기 때문에 뜨거운 기후를 견디는 데 반드시 필요할 뿐 아니라 소화를 돕고 미각을 자극해 입에 침이 고이게 한다.

후추를 재배하는 지역 가운데 로마에서 가장 가까운 곳은 인도였다. 따라서 로마인들은 배로 인도양을 오가고, 또 육로를 거쳐 후추를 지중해 지역까지 실어 날라야 했다. 후추를 실은 선단과 대상 행렬이 인도에서 홍해로 와서 사막을 건너 나일 지역으로 향했다. 그런 다음 강과 바다와 육로를 통해 로마제국 전역에서 교역이 이루어졌다. 이는 말할 수 없이 복잡하고 위험한 어마어마한 교역망이었지만 높은 수익을 올릴 수 있었다. 로버타 툼버에게서 좀 더 자세한 설명을 들어보자.

1세기 초 역사가 스트라보는 매년 선박 120척이 홍해의 항구 므요스 호르모스에서 인도로 출발했다고 전한다. 물론 홍해에는 다른 항구도 있었고 다른 나라도 선박을 인도로 보냈다. 이 교역의 실가는 어마어마했는데, 무지리스 파피루스로 알려진 2세기경의 파피루스에서 어렴풋이나마 확인할 수 있다. 거기에 보면 당시 배 한 척에 실은 물건의 가치가 700만 세스테르티움에 이르는 것으로 나타난다. 당시 로마 군인의 연봉이 약 800세스테르티움이었다.

따라서 사진에 보이는 것과 같은 커다란 은제 후추 단지를 정기적으로 가득 채우려면 식료품비로 책정한 예산의 상당 부분이 들어갔을 것이다. 하지만 이 후추 단지를 사용한 집은 후추나 다른 향신료를 담는 데 쓰이는 은제 그릇을 세 개나 더 가지고 있었다. 하나는 움직이는 헤라클레스 형상을, 나머지 두 개는 동물 형상을 하고 있다. 사치도 이런 사치가 없다. 하지만 후추 단지는 엄청나게 묻혀 있던 보물의 극히 일부에 지나지 않는다. 발굴 당시 궤 안에는 숟가락이 78개, 국자가 스무 개, 화려한 금 장신구가 스물아홉 개, 금화와 은화는

1만 5,000개 이상 들어 있었다. 동전에는 역대 로마 황제 열다섯 명의 모습이 담겨 있다. 그 가운데 가장 최근 동전에는 407년에 권좌에 오른 콘스탄티누스 3세의 모습이 새겨져 있다. 이런 사실은 보물 저장고의 시기를 추정하는 데 도움이 된다. 콘스탄티누스 3세가 권좌에 오른 지 얼마 지나지 않아 영국에서 로마 세력이 급속히 와해되기 시작했고, 그래서 주인은 안전하게 보관하려고 땅에 파묻은 것이 분명하다.

이런 사실은 우리를 다시 로마 시대 귀부인의 형상을 하고 있는 후추 단지로 데려간다. 그녀는 오른쪽 집게손가락으로 자랑스러운 듯 손에 들고 있는 두루마리를 가리키고 있다. 마치 졸업식 때 학위 증서를 자랑스럽게 흔드는 졸업생의 모습을 연상시킨다. 이는 이 여성이 부유한 가정에서 태어났을 뿐 아니라 교육을 받았다는 사실을 암시한다. 로마 시대 여성은 비록 법조계나 정계에 나가 경력을 쌓을 수는 없었지만 예술 분야에서는 활동할 수 있도록 교육받았다. 좋은 가문에서 자란 여성은 노래, 악기 연주, 읽기, 쓰기, 그림 그리기 같은 재능을 갖추는 것이 보통이었다. 그런 여성은 공직에 오르지 못했어도 나름대로 영향력을 행사할 수 있는 위치에 있었을 것이 분명하다.

이 여성이 누구인지는 알 길이 없다. 그렇지만 발굴된 보물 더미에서 나온 다른 물건에서 실마리를 찾을 수 있다. 금으로 만든 팔찌를 보면 "율리아네 부인, 이것을 행복하게 사용하세요"라는 뜻인 라틴어 글귀 "UTERE FELIX DOMINA IULIANE"가 새겨져 있다. 물론 이 여인이 후추 단지의 그 여인인지는 확인할 길이 없지만 단지의 주인일 확률이 아주 높다. 몇몇 다른 물건에서는 '아우렐리우스 우르시키누스'라는 이름이 발견된다. 혹시 율리아네의 남편이 아닐까? 물건은 모두 크기가 작지만 가치는 아주 크다. 이것은 부유한 로마 가정, 즉 국가가 망하면 위험해질 수 있는 사람들의 유동 자산이었다. 고대 세계에는 스위스 은행이 없었다. 따라서 보물을 땅에 묻고 나중에 다시 와서 찾을 때까지 오래도록 살아 있기를 바랄 수밖에 없었다. 그러나 율리아네와 아우렐리우스는 다시 돌아오지 못했고, 보물은 땅에 묻힌 채로 남게 됐다. 그로부터 1,600년이 지난 1992년의 어느 날 에릭 로스라는 농부가 두고 온 망치를 찾으러 들에 나갔다. 그가 금속 탐지기의 도움을 받아 발견한 것은 바로 이 굉장한 보물이었다. 물론 그는 망치도 다시 찾았는데 이 망치 역시 현재 대영박물관에 전시돼 있다.

고고학자, 인류학자, 역사학자를 비롯해 수많은 이들의 노력이 없었더라면 이런 역사 속 유물 대부분이 우리에게 그다지 큰 의미를 갖지 못했을 것이다. 또한 금속 탐지기를 사용하는 에릭 로스 같은 이들이 없었더라면 이런 유물은 발견조차 되지 못했을 것이다. 이들 덕분에 최근 영국 역사가 다시 쓰이고 있다. 에릭 로스는 처음에 몇 가지 유물을 발견하자마자 지역 고고학자들에게 알렸고, 덕분에 고고학자들은 장소를 관한 정보를 정확히 기록하고 나서 보물들을 흙덩어리째로 땅에서 꺼낼 수 있었다. 그 뒤 몇 주 동안 대영박물관 연구실에서는 세심한 미세 출토 작업에 들어가 유물의 정체는 물론 포장 방법까지 밝혀냈다. 보물이 들어 있던 용기는 원래 폭이 약 60센티미터인 나무 상자였고, 나무는 거의 썩어 없어진 상태였지만 내용물은 처음 위치 그대로 놓여 있었다. 이 후추 단지는 국자 꾸러미와, 당당하게 활보하는 호랑이로 손잡이를 아름답게 장식한 몇몇 작은 은주전자와 나란히 묻혀 있었다. 바로 위에는 천으로 정성스럽게 싼 목걸이, 반지, 팔찌 등이 놓여 있었다. 당시 사람들은 그것을 언제 다시 착용할 수 있을지 반신반의하면서 거기에 그렇게 넣어뒀을 것이다. 이 물건들은 그들의 삶을 뒤덮었을 끔찍한 사건으로 우리를 안내한다.

보물 상자에 들어 있는 수저 하나에는 "하느님 안에서 살기를 기원하며"를 뜻하는 "VIVAS IN DEO"라는 라틴어 글귀가 새겨져 있다. 이 흔한 성경 구절이 쓰여 있는 걸로 봐서 황급히 도망친 이 가족은 기독교인이었을 가능성이 높다. 이 시기는 기독교가 로마제국의 국교로 공인된 지 거의 100년이 지났을 때였다. 기독교도 후추처럼 로마를 통해 영국에 전래됐으며, 로마제국이 몰락한 뒤에도 이 둘은 여전히 살아남았다.

PART 9

세계종교의 발흥

AD 100~600

지난 2,000년 동안 몇 안 되는 주요 종교가 무한의 존재를 이해하려고 노력하면서 세계를 변화시켰다. 놀랍게도 불교, 힌두교, 기독교의 특징적인 묘사 전통은 모두 비슷한 시기에 몇백 년의 발전 과정을 거쳐 나온 결과다. 그중에서도 먼저 불교가 100~200년 사이에 사람 모습을 한 부처의 형상을 허용하기 시작했다. 예수의 형상이 맨 처음 등장한 시기 또한 312년 로마제국이 기독교를 국교로 인정한 시기와 맞아떨어진다. 비슷한 시기에 힌두교는 오늘날에도 친숙한 힌두 신들을 묘사하는 기준을 확립했다. 이란에서는 국교인 조로아스터교가 세계의 질서를 수호하기 위해 통치자가 치러야 할 의식적 의무를 지정했다. 570년 선지자 무함마드의 탄생은 이슬람이 일어나는 발판을 마련해 결국 아라비아에서 숭배된 수많은 지역 신들을 압도하기에 이르렀다.

41
간다라 결가부좌 불상

파키스탄에서 발견된 석조 조각상

100~300 AD

템스 강 남쪽에 있는 배터시 공원은 부처와 흔하게 마주칠 만한 곳은 분명 아니다. 하지만 그곳에 가면 평화의 탑 옆에서 금박을 입힌 불상 네 구가 지켜보는 가운데 매일 목탁을 두드리며 풀밭을 돌아다니는 일본인 불교 승려가 있다. 그의 이름은 교로 나가세로, 그는 이 불상에 관해 매우 잘 알고 있다. 그러나 어떤 점에서는 우리도 마찬가지다. 템스 강이 내려다보이는 이곳에서 부처는 두 손을 가슴에 모은 채 가부좌를 틀고 앉아 있다. 이 형상에 대해 더 자세히 설명할 필요가 없을 듯하다. 결가부좌 불상은 세계종교에서 가장 익숙하고 오래된 형상 가운데 하나이기 때문이다.

대영박물관에도 회색 편암을 깎아 만든 불상이 하나 있다. 편암은 빛을 받으면 반짝거리는 자잘한 결정 입자를 함유하고 있는 돌이다. 부처의 손과 얼굴은 실제 사람과 거의 비슷한 크기이고, 몸은 그보다 더 작다. 그는 두 손을 가슴께로 들어올린 채 가부좌를 틀고 앉아 있다. 양 어깨에 걸친 가사가 흘러내리면서 골과 같은 깊은 주름을 만든다. 그의 두 발까지 대부분 가린 옷자락 사이로 발바닥을 위로 한 오른발의 발가락 두어 개가 보인다. 정수리로 모아 올린 머리는 언뜻 둥근 빵처럼 보이지만, 실은 부처의 지혜와 깨달음을 나타내는 상징이다. 그는 눈을 내리깐 채 잔잔한 눈길로 저 먼 곳을 응시하고 있다. 양쪽 어깨 위에서 솟아나 그의 머리를 둘러싸고 있는 커다란 만찬용 접시 같은 잿빛 원반은 물론 부처의 후광이다.

오늘날 우리는 세계 전역에서 가부좌를 틀고 평온하게 앉아 있는 이런 불상을 볼 수 있다. 그러나 우리를 정관할 수 있도록 이끄는 불상이 처음부터 늘 존재한 것은 아니었다. 처음 몇 세기 동안 부처는 일련의 상징을 통해서만 표현됐다. 이것이 어떻게 바뀌었고 또 부처는 어떻게 인간의 모습을 하게 됐는지에 관한 이야기는 1,800년 전쯤 파키스탄에서 시작된다.

그 무렵은 불교가 성립한 지 이미 몇 세기가 지난 상태였다. 불교 구전에 의하면 역사 속의 부처는 기원전 5세기에 인도 북부 갠지스 지역을 다스린 왕국의 왕자였다. 그는 인간이 겪는 고통의 뿌리를 파헤치고 이를 통해 고통을 극복하기 위해 왕자의 지위를 버리고 여기저기 떠돌아다니며 수행을 쌓았다. 수많은 경험을 하고 난 뒤 그는 보리수나무 아래 앉아 49일 동안 꼼짝 않고 명상을 한 끝에 마침내 깨달음을 얻어 탐욕과 증오와 미망에서 벗어났다. 이 순간 그는 부처가 됐다. '부처'는 '깨달은 자' 혹은 '각성한 자'를 뜻한다. 그는 승려와 포교사들에게 '다르마', 곧 자신의 가르침과 길을 전수했고, 그들은 마침내 광대한 아시아 땅 곳곳으로 그의 말을 퍼뜨렸다. 부처의 가르침이 북쪽에도 퍼지면서 오늘날의 파키스탄 북동부, 즉 히말라야 산맥 기슭에 있는 페샤와르 근처의 간다라라는 지역까지 파고들었다.

어떤 종교든 다음과 같은 핵심 질문과 맞닥뜨려야 한다. 무한이란 개념은 도대체 어떻게 이해해야 하는가? 어떻게 하면 우리 인간은 다른 존재, 곧 신에게 가까이 다가갈 수 있는가? 더러 찬송으로써 또는 오로지 말로써 이 문제를 해결하려는 종교도 있지만, 거의 모든 종교가 인간의 관심을 신에게 쏠리게 하는 데는 형상이 유용하다는 점에 주목했다. 지금으로부터 2,000년이 조금 안 되는 때에 놀랍게도 많은 중요 종교들이 이런 경향을 향한 현저한 움직임을 보이기 시작했다. 거의 똑같은 시기에 기독교, 힌두교, 불교가 처음으로 그리스도, 힌두 신들, 부처를 인간의 모습으로 나타내기 시작했다는 사실은 놀라운 우연 그 이상이 아닐까? 우연이든 아니든, 세 종교 모두 이 시기쯤 오늘날까지도 대부분 살아남은 시각적 전통을 확립했다.

1850년대 이후로 간다라 지방에서 수많은 불교 사원과 조각상이 발견되면서 조사가 이뤄지기 시작했다. 간다라에서 나온 불상과 건축물은 실로 고대 인도의 그 어떤 지역보다 많다. 크기와 모습이 실제 사람과 거의 비슷한 이 불상도 그중 하나다. 1,800년 전 불교 신자라면 누구나 이 불상을 보고 깜짝 놀랐을 것이 틀림없다. 바로 전까지만 해도 부처는 보리수나무나 발자국 같은 일련의 상징으로만 표현됐다. 그에게 인간의 모습을 부여한 것은 이때가 처음이었다.

브뤼셀 자유대학교에서 인도 미술사를 가르치는 클로딘 보체 피크롱은 부처를 인간으로 묘사하려는 움직임을 이렇게 설명한다.

> 부처는 역사 속의 실존 인물이었다. 그러므로 신이 아니었다. 2,000년 전쯤, 다양한 신들과 몇백 년 전에 살았던 현인들을 표현하려는 움직임이 일기 시작

했다. 부처의 존재를 떠올리게 하는 최초의 형태는 스투파라는 원형 건축물 주위에 조각됐다. 거기서 부처는 깨달음을 얻고자 그가 앉아 있었던 나무로 표현된다. 사실 '부처'라는 말 또한 깨달은 자라는 뜻이다. 인도에서는 오늘날까지도 발자국이 중요한 숭배의 대상으로 남아 있다. 이런 발자국은 더는 존재하지 않지만 지상에 흔적을 남긴 인물을 가리킨다. 이런 상징이 훨씬 더 정교한 구조로 발전하면서 나무 대신 불타는 기둥이 등장하는데, 이는 부처에게서 나오는 빛을 의미한다. 그런 상징들이 예술 세계로 서서히 개입하면서 인간의 모습을 한 부처의 형상에 이르는 길을 열어놓았다.

최초의 불상에 속하는 이 조각상은 제작 연대가 3세기로 추정되는데, 당시 간다라 지방은 인도 북부 쿠샨왕조가 다스리고 있었으며 그 영토는 카불에서 이슬라마바드까지 이르렀다. 간다라는 중국, 인도, 지중해와 연결되는 교역로인 실크로드에 자리 잡은 덕분에 상당히 부유했다. 간다라에서 뻗어 나온 주요 교역로는 서쪽으로 이란을 거쳐 이집트 알렉산드리아까지 이어졌다. 간다라는 부와 정치적 안정에 힘입어 광범위한 포교 활동을 뒷받침했을 뿐 아니라 장대한 불교 사원과 기념물과 조각을 수없이 조성했다. 오늘날까지 살아남은 종교들은 교역과 권력을 통해 퍼져나가며 세력을 유지했다는 공통점을 지닌다. 참으로 기이한 역설이 아닐 수 없다. 안락한 생활과 재물을 모두 버린 고행자가 창시한 불교는 사치품을 거래하는 국제무역 덕분에 번성했다. 비단 같은 값비싼 상품의 행렬에 섞여 승려와 포교사들도 인간의 모습을 한 불상을 들고 따라나섰다. 언어 장벽을 뛰어넘어 부처의 가르침은 전하는 데 그런 형상이 도움이 됐기 때문일 것이다.

현재 우리가 알고 있는 불상에는 네 가지 기본 자세가 있다. 누운 자세, 앉은 자세, 선 자세, 걷는 자세다. 각 자세는 어떤 순간이나 사건이 아니라 부처의 삶과 활동이 지니는 특정 측면을 반영한다. 우리의 조각상은 깨달은 상태에 있는 부처를 보여준다. 그는 흔히 예상하듯 승려 복장을 하고 있지만, 머리는 승려와 달리 삭발하지 않았다. 화려한 옷도, 값비싼 보석도 모두 벗어 던졌다. 귀에는 더 이상 무거운 금귀고리가 주렁주렁 매달려 있지 않지만, 구멍 자국이 선명하게 남아 있는 귓불은 이 남자가 한때 왕자였다는 사실을 보여준다. 그의 가부좌 자세는 이 조각상에서처럼 명상을 하거나 아니면 설법을 할 때 취하는 자세다.

하지만 이 조각상과 나중에 만들어진 이와 비슷한 수많은 조각상은 모두 한 가지 목적을 띠고 있다. 달라이 라마 통역사였으며 전직 승려인 투프텐 진파는 이런 형상이 깨달음에 이르는 여정에서 어떻게 도움이 되는지를 다음과 같이 설명한다.

> 수행자들은 먼저 부처 형상을 눈으로 본 다음, 마음속으로 그 형상을 그리며 자기 안에 담는 방법으로 부처의 형상을 내면화한다. 그러고 나면 부처의 특징, 즉 부처의 몸, 말, 마음을 묵상한다. 부처의 형상은 수행자의 마음속에서 역사상 실존했던 스승 부처와 그가 깨달음을 얻게 된 경험과 그의 삶의 중요한 사건들을 상기시키는 기능을 한다. 그런 사건을 상징하는 불상에는 여러 가지 형태가 있다. 예를 들어, 똑같이 가부좌를 틀었지만 손은 설법의 자세를 한 아주 유명한 자세가 있다. 전문가들은 이 손 동작을 다르마의 바퀴를 뜻하는 다르마차크라를 돌리는 동작으로 해석한다.

이 결가부좌 불상의 손동작이 그렇다. '다르마차크라' 또는 '법륜(法輪)'은 깨달음에 이르는 길을 상징한다. 이는 인도 예술에서 발견되는 가장 오래된 불교 상징에 속한다. 이 조각상에서 부처의 손가락은 바퀴살을 상징하며 그는 자신을 따르는 사람들 앞에서 '법륜을 돌리고 있다'. 그리하여 중생들은 결국 미망과 고통과 이기의 물질 상태에서 벗어나 니르바나, 곧 '열반'이라는 비물질 상태에 이르게 될 것이다. 부처는 이렇게 가르친다.

> 겉으로 보이는 아름다움에 속아 넘어가는 자처럼 어리석은 자도 없다. 치장을 걷어내면, 보석을 떼어내면, 화려한 의복을 치우면, 꽃과 화관이 시들어 죽으면 아름다움이 과연 어디 있겠느냐? 현자는 그런 거짓 아름다움의 덧없음을 꿰뚫어보고 한낱 꿈으로, 신기루로, 환상으로 여기느니라.

불교예술은 이 조각상 같은 물질적 형상의 도움을 받아야 하지만, 모두 신자가 물질의 세계에서 벗어나 초월 상태에 도달하는 것을 목표로 삼는다. 다음 장에서는 물질이 주는 풍요의 기쁨을 믿으면서 수많은 신을 섬기는 종교, 곧 힌두교에 대해 살펴볼 예정이다.

42

쿠마라굽타 1세의 금화

인도에서 주조된 금화

AD 415~450

런던 북서쪽에 가면 런던뿐 아니라 영국 전역에서 가장 놀라운 건물 중 하나가 서 있다. 바로 'BAPS 스리 스와미나라얀 만디르', 곧 '니스든 힌두 사원'이다. 사원은 웅장한 흰색 대리석 건물로, 건물에 쓰인 대리석은 이탈리아에서 캐내고 인도로 가져가서 1,500명이 넘는 장인들이 정교하게 깎고 다듬은 뒤 배편으로 영국에 실어 왔다.

방문객들은 신발을 벗고 흰 카라라 대리석으로 조각한 힌두 신들로 화려하게 장식된 커다란 중앙 복도로 들어간다. 한낮에는 아무도 그곳에 들어갈 수 없다. 신들이 낮잠을 자는 시간이기 때문이다. 매일 오후 4시 무렵이면 신들을 깨우는 음악이 연주된다. 시바와 비슈누, 그 밖의 다른 힌두 신들을 묘사한 이런 조각상들은 우리 눈에 시간을 초월한 듯 보이지만, 신들을 이런 식으로 나타내기 시작한 순간이 분명히 있었다. 불교와 기독교와 마찬가지로 힌두교의 시각언어 역시 400년께에 구체화되었다. 오늘날 니스든에 있는 신상들의 형태는 약 1,600년 전 인도의 위대한 굽타 제국 시대로 거슬러 올라간다.

이런 신들과 교감하려면 누가 누구인지 알아볼 수 있어야 한다. 하지만 이들을 어떻게 구분할까? 힌두교는 물론 금욕 절제라는 측면도 지니고 있지만, 물질이 주는 풍요의 기쁨을 인정하면서 사원에 갖가지 장신구와 꽃과 화환으로 치장한 수많은 신을 모셔놓고 섬긴다. 최고신 시바와 비슈누는 어디서나 쉽게 알아볼 수 있는데, 시바는 늘 삼지창을 들고 아내 파르바티와 함께 있으며 비슈누는 네 팔에 원반과 연꽃을 들고 앉아 있다. 그 주변에선 보통 1,600년 전의 굽타 왕들에게 특히 중요했던 신, 즉 시바의 아들 쿠마라(지금은 '카르티케야'로 더 많이 알려져 있다)가 눈에 띈다. 이 힌두 신들은 모두 400년께 인도 북부의 굽타 왕들이 새로 지은 신전에서 지금과 같은 모습을 갖추기 시작했다.

대영박물관의 동전과 훈장을 담당하는 부서에는 414년에서 455년까지 인도를 다스린 쿠마라굽타 왕의 동전 두 점이 보관돼 있다. 동전은 이 왕의 종교

생활에서 서로 매우 다른 측면들을 보여준다. 동전은 크기는 1페니 동전과 거의 똑같지만 재질이 순금이라 손바닥에 올려놓으면 꽤 묵직하다. 첫번째 동전에서는 왕을 보게 되리라는 기대와 달리 말 한 마리가 있다. 위풍당당하게 서 있는 종마다. 말은 리본으로 치장돼 있고 머리 위로는 커다란 깃발이 나부낀다. 동전 가장자리에는 산스크리트어가 새겨져 있는데, 이를 번역하면 '적을 정복한 최고의 군주 쿠마라굽타 왕'이라는 뜻이다.

어째서 동전에 왕이 아니라 말이 등장할까? 이 도안의 기원은 힌두교가 등장하기 훨씬 오래전에 확립된 고대의 희생 의식으로 거슬러 올라간다. 과거에 인도 왕들은 그런 의식을 충실히 지켰고, 그 전통은 굽타 왕들에게까지 이어졌다. 1년이 꼬박 걸리는 이 의식은 왕이 평생 한 번 치를 수 있을까 말까 할 만큼 여간 까다롭지 않았다. 막대한 돈이 필요하며 엄청난 공연 형식의 희생으로 의식의 막을 내렸다. 쿠마라굽타는 이 의식을 치르기로 결심했다.

종마를 한 마리 골라 의식을 거쳐 정화한 다음, 1년 동안 들에 풀어놓고 왕자와 전령과 시종들이 따라다니며 말을 지켜본다. 그들의 주요 임무는 말이 짝짓기를 하지 못하게 막는 것이다. 종마는 순결을 지켜야 한다. 성적으로 억눌려 지내야 하는 1년이 끝나면 말은 갖가지 축하 행사를 받으며 다시 잡혀온다. 그러고 나면 구름처럼 모여든 구경꾼들 앞에서 왕이 직접 금도로 말을 죽인다. 쿠마라굽타는 힌두교 이전의 이 고대 의식을 통해 자신의 합법성과 패권을 다시금 확증해 보였으며, 이 동전은 바로 그 사건을 기념한다. 하지만 그와 동시에 쿠마라굽타는 자신의 속세의 권력을 뒷받침해주는 다른 신들을 섬기면서 새로운 종교 관행을 널리 알리는 데도 열의를 보였다. 그는 사원을 짓고 힌두 신들의 조각상과 초상으로 그 사원을 가득 채우는 데 어마어마한 돈을 쏟아부었는데, 그런 조각상과 초상은 전과 다른 충격적인 표현 양식으로 숭배자들에게 깊은 인상을 남겼다. 그와 그의 동시대인들은 사실상 신들을 새로 창조한 셈이었다.

굽타 왕조는 300년이 조금 지나 역사에 등장하자마자 곧 인도 북부 근거지에서 벗어나 인도 아대륙 거의 대부분을 차지할 만큼 급속하게 성장했다. 450년에 이르러 굽타 제국은 이란, 그리고 비잔티움의 동로마제국과 어깨를 나란히 견줄 만한 그 지역의 초강대국으로 발돋움했다. 313년 로마에서 콘스탄티누스가 기독교를 인정하고 얼마 지나지 않아 인도 북쪽의 굽타 왕들은 사원과 사제로 복잡한 신앙 기구를 조직하고 오늘날 우리가 알고 있는 신들의

금화 한쪽 면에는 말이, 반대쪽 면에는 락슈미인 듯한 여신이 보인다.

형상을 세우는 등 지금까지 남아 있는 힌두교의 형식 가운데 많은 부분을 확립했다.

이런 일이 왜 이 시점에 일어났을까? 기독교나 불교와 마찬가지로 힌두 신앙 역시 제국과 부, 새로이 인기를 얻은 신앙과 예술의 힘과 연관된 듯하다. 정치적으로 안정되고 경제적으로 부유한 강대국만이 글이나 말과 달리 누구든 금세 이해할 수 있는 위대한 예술품과 건축물 제작을 의뢰할 수 있다. 이는 여러 가지 언어를 사용하는 제국에 아주 큰 이점이었다. 건축물과 조각상은 일단 모습을 드러내면 길이길이 존속하면서 미래 세대에 한 가지 양식으로 자리 잡는다. 그러나 로마에서 기독교가 곧 제국의 독점적인 종교로 강요된 데 비해, 굽타 왕들에게 힌두 신들을 섬기는 것은 늘 신성을 이해하고 수용하는 방법 가운데 하나로 남아 있었을 뿐이다. 이 세계는 복잡함을 불편해하지 않고, 수많은 진실과 사이좋게 공존하면서 그것을 모두 국가의 공식적인 부분으로 받아들이는 세계였다.

그렇다면 굽타 왕조 아래서 힌두교가 번성한 시절, 신자와 신의 관계는 어떤 성격을 띠었을까? 힌두교 사제이자 옥스퍼드힌두연구소 소장인 사우나카 리시 다스는 이렇게 설명한다.

> 대체로 힌두 신앙에서는 신을 현존하는 하느님으로 바라본다. 하느님은 어디서나 현현할 수 있기 때문에 형상이라는 물질적 현시는 하느님이라는 존재가 임재하게 하는 데 아주 유용한 보조 수단으로 간주된다. 사원에 가면 곧 하느님의 현존이기도 한 형상을 볼 수 있다. 아니면 형상을 집에다 모실 수도 있다. 힌두 신앙에서는 하느님을 이 신의 형상으로 집에 모셔놓고 매일 아침 단것을 올려 신을 깨운다. 신은 그 전날 밤 잠자리에 들어 침상에서 푹 자고 나서 자리에서 일어나 버터기름, 꿀, 요구르트를 푼 따뜻한 물로 목욕한 뒤 대개 비단으로 만든 수제 옷을 입고 아름다운 꽃으로 치장하고 하루 일과를 시작한다. 이는 신을 현시하는 매우 흥미로운 과정이다.

쿠마라굽타가 가장 정성들여 섬긴 신은 그의 이름에서 분명히 드러나듯이 전쟁의 신 쿠마라였다. 둘째 금화의 주인공이 바로 이 쿠마라다. 그는 상반신을 드러낸 채 창을 들고 신성한 공작의 등에 타고 있다. 서구에서 관례적으로 등장하는 허영심 강한 공작이 아니라 그가 전장에 나갈 때 타는 공격적이고 무

시무시한 새다. 1,600년 전에 첫 선을 보인 이 형상은 오늘날에도 흔히 볼 수 있다. 수많은 힌두교 성소에 있기 때문이다. 하지만 한 가지 짚고 넘어가야 할 세부 사항이 있다. 쿠마라와 공작이 주추 위에 서 있다는 점이다. 우리는 지금 신의 형상이 아니라 사원에 서 있을 법한 신의 조각상, 쿠마라굽타가 직접 제작을 의뢰했을 바로 그 신의 조각상을 묘사한 형상을 보고 있다. 동전은 이 시기에 등장해 오늘날까지 계속 이어지고 있는 신전 형상 전통을 보여주고 있다.

동전 뒤쪽에는 쿠마라굽타 왕 역시 공작과 함께 모습을 보이지만 쿠마라와 달리 공작에 타고 있지 않다. 대신 그는 자신이 섬기는 신의 새에게 기품 있게 포도를 내밀고 있다. 왕관을 쓰고 후광까지 두른 왕은 묵직한 귀고리와 정교한 목걸이를 착용하고 있다. 동전의 비문은 우리에게 "쿠마라굽타, 넘치는 미덕의 힘으로 마땅히 승리를 거두다"라고 말한다.

이 금화는 동전이 늘 특별히 수행해오던 일을 하고 있다. 이 동전은 그것을 사용하는 사람들에게 그들의 통치자가 천상의 특별한 은총, 그중에서도 특히 이 경우에는 천상의 총사령관에게서 특별한 은총을 받는다고 말한다. 그는 쿠마라 신과 각별히 연관돼 있기 때문이다. 이는 알렉산드로스가 사망할 무렵에 발명되고 그 이후로 역대 통치자들이 이용해온 대중 소통 방식의 일종이다(31장). 영국의 페니 동전에서 여왕이 누리는 하느님의 은총도 쿠마라굽타의 동전과 비슷한 전통 위에 서 있다. 쿠마라굽타가 자신의 신을 형상화하는 것은 권력의 신학 이상의 의미를 지니는 동시에 인간의 보편적인 욕망을 드러내기도 한다. 즉 여기에는 왕뿐 아니라 모든 사람이 접근할 수 있는 신과 개인적으로 직접 관계를 맺고 싶다는 갈망이 자리한다. 조각상과 형상이 개입해 맺어주는 이런 관계는 이후 힌두교의 중심 주제가 되어왔다.

굽타 왕조 아래에서 힌두교의 주요 신들과 그들에 대한 경배는 오늘날에 이르기까지 인도의 종교 세계를 지배해온 형식을 띠기 시작했다. 최근 들어 굽타 왕조의 종교 활동이 지니는 힌두교의 이런 측면은 그들의 통치 시기를 연구하는 인도 역사가들 사이에서 크게 주목받고 있다. 뉴델리의 자와할랄네루 대학교에서 고대 인도사를 가르치는 로밀라 타파르 교수가 설명하다시피 인도에서 굽타 왕조의 존재는 오늘날에도 여전히 생생하게 느낄 수 있다. 그들이 남긴 기념물을 통해서뿐 아니라 그 시기를 정치적으로 활용하려는 움직임이 있기 때문이다.

식민지 역사가 쓰이기 시작하면서, 다시 말해 민족주의 관점에서 역사를 서술하려는 움직임이 일면서 굽타 시기는 '황금기'로 집착의 대상이 되었다. 지난 몇십 년 동안 인도에서는 '힌두트바'라는 사고방식이 꾸준히 확산돼 왔다. 힌두교도가 토착 주민이어야 하므로 인도 시민으로서 정당성을 지닌 사람만이 힌두교도라고 주장하려는 노력의 일환이다. 그외 다른 이들, 무슬림, 기독교도, 파시교도는 모두 나중에 외부에서 들어왔다는 것이다. 그들은 외국인이었다. 그들의 99퍼센트가 인도 혈통이라는 사실은 거론조차 되지 않는다. 이런 생각이 힘을 얻게 되면서 굽타 시기가 아주 큰 관심을 받기에 이르렀다.

이는 뜻밖의 일이다. 여기 이 동전 두 개가 보여주듯이 비록 굽타 왕조가 오늘날 사원 힌두교의 현대식 기본을 이루는 형식을 확립했다 하더라도, 그들은 이전의 종교 전통을 존중했고, 배타적이기는커녕 불교와 자이나교의 너그러운 보호자까지 자임했다. 한마디로 쿠마라굽타는 그보다 600년 앞섰던 불교왕 아소카가 세운 위대한 인도의 전통 안에서 자리를 다진 것이다. 국가가 다양한 종교에 관용을 베풀어야 한다는 이 전통은 훗날 이슬람 무굴 제국의 황제들에 이어 영국은 물론 현대 인도의 국부들에게도 크게 환영받았다.

런던 주택 지역에 우뚝 솟아 있는 니스든 힌두 사원.

43
샤푸르 2세의 은접시

이란에서 온 은접시

AD 309~379

리하르트 슈트라우스의 교향시 〈차라투스트라는 이렇게 말했다〉는 영화 〈2001 오디세이〉의 배경 음악으로 쓰이면서 많은 이들에게 익숙해졌다. 하지만 차라투스트라가 실제로 무슨 말을 했는지, 심지어는 그가 누구인지조차 모르는 사람이 대부분이다. 그러니 다음과 같은 사실을 알면 아마 놀랄지도 모르겠다. 조로아스터로 더 많이 알려진 차라투스트라는 세계의 위대한 종교 가운데 하나를 창시한 인물이다. 유대교, 기독교, 이슬람과 함께 조로아스터교는 몇 세기 넘게 중동 지역의 4대 신앙 가운데 하나였다. 조로아스터교는 네 종교 중 역사가 가장 깊을 뿐만 아니라 경전을 기초로 한 최초의 종교이며, 다른 세 종교에도 지대한 영향을 끼쳤다. 특히 이 종교의 고향인 이란을 비롯해 전 세계에는 지금도 조로아스터교를 믿는 의미 있는 공동체가 꽤 있다. 실제로 이란 이슬람공화국 국회는 유대교도와 기독교도와 조로아스터교도들을 위해서 따로 의석을 배분해두고 있다. 2,000년 전 조로아스터교는 당시 중동의 초강대국인 이란의 국교였다.

여기 이 사진 속 유물은 이란 제국의 권력과 신앙을 단적으로 드러낸다. 이것은 4세기에 제작된 은접시로, 겉으로는 사냥에 나선 왕을 보여주고 있지만 사실 그는 혼돈으로부터 세상을 지켜내고 있다.

당시 로마에서는 기독교가 막 국교로 공인된 상태였다. 그와 거의 같은 시기에 이란에서는 사산 왕조가 세속 권력과 종교 권력을 하나로 묶어 고도로 중앙집권화를 실현한 국가를 세웠다. 전성기 시절 이란 제국은 유프라테스 강에서 인더스 강까지, 오늘날로 치면 시리아에서 파키스탄까지 이르렀다. 몇 세기 동안 이란 제국은 중동을 차지하려는 기나긴 싸움에서 로마에 필적하는 맞수였다. 이 은접시에서 사냥하는 모습으로 묘사된 사산 왕은 샤푸르 2세다. 그는 309년부터 379년까지 무려 70년 동안 전혀 흔들림 없이 제국을 굳건하게 다스렸다.

이 얇은 은접시는 크기와 생김새가 프리스비 원반과 비슷하며, 아주 질 좋은 은을 재료로 사용했다. 접시를 돌려가며 살펴보면 금박으로 강조 효과를 내고 있다는 것을 알 수 있다. 왕은 당당하게 말 등에 걸터앉아 있으며, 머리에는 언뜻 날개 달린 지구처럼 보이는 장식을 얹은 큼지막한 왕관을 쓰고 있다. 그의 등 뒤로 은판 위에 장식용 띠가 펄럭이면서 움직이는 느낌을 준다. 그의 차림새는 대롱거리는 귀고리, 어깨에 정교하게 수놓은 심을 덧댄 긴소매 상의, 고급스럽게 장식한 바지, 리본으로 장식한 신발 등 매우 화려하다. 정밀하고 신중한 작업 끝에 나온, 부와 권력을 상징하는 의식용 이미지임이 분명하다.

왕이 늘 번드르르하게 차려 입고 동물을 압도하는 모습으로 나오는 건 당연한 일 아니냐고 생각할지도 모르겠다. 그러나 이 경우에는 용맹과 특권을 과시하는 판에 박힌 관습 차원을 뛰어넘는다. 사산 왕조의 왕들은 세속 군주에만 머물지 않았기 때문이다. 그들은 신의 대리인이기도 했으며 샤푸르의 공식 칭호는 그의 종교적 역할에 초점을 맞춘다. "신을 충실히 섬기는 자 샤푸르, 이란과 비이란 제국의 왕, 신의 성스러운 인종의 왕, 왕 중 왕." 여기서 신은 물론 국교인 조로아스터교의 신이다. 역사학자 톰 홀런드는 위대한 선지자이자 시인인 조로아스터를 이렇게 설명한다.

> 모세나 무함마드를 선지자로 묘사한다면 조로아스터야말로 최초의 선지자다. 그가 언제 살았는지 또는 실존 인물이 맞기는 한지에 대해선 확실히 알 길이 없지만 그가 정말 존재했다면 아마도 기원전 1000년께 중앙아시아 초원 지대에서 살았을 것이다. 몇 세기에 이어 또다시 몇천 년이 흐르면서 그의 가르침은 우리가 대략 "조로아스터교"라 부를 수 있는 종교의 중심을 이뤘다. 이 종교는 점차 이란인들의 국교로 발전했고 따라서 사산 왕조에 이르러서는 완전히 국교로 자리 잡았다.
>
> 조로아스터의 가르침은 유대인이나 기독교인 또는 무슬림 가정에서 자란 사람이라면 누구에게나 익숙하게 들릴 것이다. 조로아스터는 처음으로 우주가 선한 세력과 악한 세력이 충돌하는 전장이라고 가르친 선지자였다. 그는 시간이 끝없는 순환 속에서 돌고 도는 것이 아니라 언젠가 끝나게 마련이며, 그때가 되면 세상이 끝나고 심판의 날이 올 것이라고 가르쳤다. 이런 개념은 모두 아브라함의 종교, 즉 유대교, 기독교, 이슬람교로 전승되었다.

은접시에서 왕이 타고 있는 동물을 자세히 살펴보면 아마 큰 충격을 받을지도 모른다. 왕은 말이 아니라 뿔이 다 자란 수사슴 등에 올라타고 있다. 그는 등자도, 안장도 없이 짐승 등에 걸터앉아 왼손으로는 뿔을 붙잡고 있으며, 오른손에는 칼을 쥐고 능숙하게 짐승의 목을 찌르고 있다. 사방으로 피가 튀어 오르고 접시 맨 아래쪽에는 똑같은 수사슴이 죽음의 고통에 몸부림치고 있다. 너무 커서 짐승 등에 올라타고 있었다면 분명히 떨어져 내렸을 왕관에서부터, 힘을 다해 뛰어오르는 수사슴 등에 올라타 그 짐승을 죽인다는 생각에 이르기까지, 이 그림 전체는 상상의 산물일 뿐이다.

도대체 이 그림 안에서 어떤 일이 벌어지고 있는 것인가? 중동에서 사냥 장면은 몇 세기 넘게 왕의 권력을 상징하는 흔한 방법 가운데 하나였다. 아시리아 왕들은 전차를 보호막 삼아 안전한 거리에서 사자를 죽이는 용감한 모습으로 그려진다. 하지만 샤푸르의 모습은 그런 모습과는 다르다. 이 남자는 짐승과 일대일로 맞붙고 있는 군주이며, 쓸데없는 허세 때문이 아니라 백성을 위해 목숨을 내걸고 있다. 백성을 지키는 군주로서 그가 죽이는 동물은 백성을 위협한다는 공통점을 지니고 있다. 예를 들면 가축과 가금을 잡아먹는 큰 고양잇과 동물, 농작물과 목초지를 망쳐놓는 멧돼지와 사슴 등이다. 따라서 이런 형상은 조로아스터교에서 생각하는 왕의 힘을 상징한다. 수사슴을 죽임으로써 사냥꾼이자 왕은 악마가 일으키는 혼돈에 성스러운 질서를 부여한다. 샤푸르는 최고신 조로아스터의 선의를 대변하는 사자로 행동하면서 근원적인 악의 세력을 물리침으로써 왕의 소임도 완수한다.

캘리포니아 대학교 버클리 캠퍼스에서 아시아 예술을 가르치는 구이티 아자르파이 교수는 왕의 두 가지 역할을 이렇게 강조한다.

> 이런 형상은 일면 세속적 성격을 띤다. 사냥은 다른 민족과 국가들 사이에서도 그랬지만 특히 이란에서는 거의 누구나 즐겼기 때문이다. 그러나 동시에 그 당시 조로아스터 관념 체계를 표현하는 수단이기도 했다. 인간은 어둠과 악에 맞서는 하느님의 무기이며, 올바른 도리를 좇아 선한 말과 선한 행동으로 충실한 삶을 이끌어감으로써 창조주의 궁극적인 승리에 이바지한다. 이를 통해 독실한 조로아스터교도는 현세에서는 최상의 존재에 이를 수 있으며 죽어서는 영혼이 낙원에 들어갈 수 있다. 가장 훌륭한 왕은 국가의 수장이자 종교의 수호자로서 정의와 질서를 구축하는 왕, 뛰어난 전사이자 용맹한 사냥꾼이기도

한 왕이다.

이 접시는 그저 보여주기 위해서가 아니라 자랑하려는 데 목적이 있다. 이음새 없이 묵직한 은괴 하나로 만든 접시는 한눈에도 비싸 보이며, 접시의 장면은 망치로 뒤에서 두드려 고부조로 새겼다. 장인의 뛰어난 솜씨는 동물의 살갗과 왕의 복장에 각기 다른 점각법을 사용해 표면의 결을 다양하게 처리한 데서도 빛을 발한다. 아울러 이 장면의 핵심 요소, 즉 왕의 왕관과 의복, 짐승의 머리와 꼬리와 발굽은 금을 아로새겨 강조했다. 연회장의 깜박이는 촛불이 접시를 비추면, 금박이 장면에 생기를 불어넣으면서 손님들의 이목이 왕과 짐승 사이의 대립에 쏠리게 했을 것이다. 샤푸르가 보이고 싶어한 자신과 왕국의 모습이 바로 이런 것이었다. 사산 왕조의 왕들은 이런 은접시를 대량으로 만들어 아시아 전역에 외교 선물로 보냈다.

물론 그를 상징하는 형상을 새긴 은접시와 함께 샤푸르는 조로아스터교 포교사들도 보냈다. 그러나 이와 같은 신앙과 국가의 일체화는 결국 매우 위험한 것으로 증명되었다. 사산 왕조가 무너지고 이란이 이슬람 군대에 정복되고 나서는 더욱 그랬다. 톰 홀런드는 이렇게 설명한다.

> 조로아스터교는 사산 왕조라는 돛대에 묶인 깃발과도 같았다. 즉 사산 왕조 제국과 그 왕조의 군주제를 통해서 그 종교적 의미를 세웠다. 그 둘이 무너지자 조로아스터교는 무력해질 수밖에 없었다. 세월이 흘러 조로아스터교를 용인해야 한다는 인식이 생겨났지만, 이슬람에서는 기독교나 유대교에게 보였던 만큼의 존중을 조로아스터교에게 허용한 적이 한 번도 없다. 그 외에 또 다른 문제가 있었다. 기독교인들은 무슬림에게 정복당한 후에도 독립된 기독교 제국, 독립된 기독교 왕국을 꿈꿨으며, 기독교세계 같은 것이 여전히 존재한다는 사실을 인지하고 있었다. 하지만 조로아스터교도들에게는 그런 선택권이 없었다. 조로아스터교와 연관된 모든 지역은 이슬람 세력에 정복당했다. 오늘날 탄생지인 이란에서도 조로아스터교도는 소수에 불과하다.

오늘날 조로아스터교도는 상대적으로 많지 않으나, 선과 악의 영원한 갈등, 세상의 종말 같은 그들 신앙의 핵심 가르침은 여전히 영향력이 매우 강하다. 중동의 정치는 여전히 궁극적인 대재앙과 정의의 승리에 대한 믿음에 사로

잡혀 있으며 어떤 점에서 그런 믿음에 좌우되고 있다고도 볼 수 있다. 유대교, 기독교, 이슬람에서 공통으로 나타나는 이런 개념은 조로아스터교에서 비롯했다. 그래서 테헤란의 정치인들이 "거대한 악마"를 거론하고 워싱턴의 정치인들이 "악의 제국" 운운할 때면, 차라리 "차라투스트라는 이렇게 말했다"라고 지적하고 싶어진다.

44
힌턴세인트메리 모자이크

영국 도싯 카운티 힌턴세인트메리에서 발견된 로마 시대 모자이크

AD 300~400

대영박물관에는 영국이 로마제국의 속주였던 시절, 그러니까 1,700년 전쯤에 세상에 나온 유물을 따로 모아둔 전시실이 있는데, 이곳에는 여러 신들이 집합해 있다. 그곳에는 조그맣게 축소해놓은 마르스, 포도주 잔을 들고 있는 바쿠스, 은접시 위에서 피리를 불고 있는 파우누스가 있다. 그리고 또 다른 이교 신으로 보이는, 모자이크로 만들어진 유물이 있다. 모자이크는 뒤로 빗어 넘긴 옅은 색의 머리에 말끔하게 면도한, 거의 실제 사람만 한 남자 초상을 어깨까지 보여준다. 그는 소매가 없는 헐렁한 웃옷과 어깨를 팽팽하게 감싸는 기다란 겉옷을 입고 있다. 그의 머리 뒤에는 그리스 글자 '키(chi)'와 '로(rho)'가 포개 놓여 있는데, 이 글자들은 그가 누구인지 금방 알게 해준다. 두 글자는 '크리스토스'의 첫 두 글자이며, 이 초상은 현존하는 그리스도의 형상 가운데 가장 오래된 것들에 속한다. 이 형상이 지금까지 살아남았다는 사실이 그저 놀라울 따름인데, 지중해 동부나 로마제국에 있는 교회가 아니라 359년께 도싯에 있는 한 저택의 마룻바닥을 장식하고 있었기 때문이다.

마룻바닥은 대부분 도싯에서 나는 검은색 돌, 붉은색 돌, 노란색 돌을 깔고 그 틈새에 로마 건축의 가장 위대한 발명품인 시멘트를 발라 고정하는 방식으로 조성돼 있었다. 방 안으로 들어가면 바닥에서 가장 먼저 눈에 띄는 것은 신화의 영웅 벨레로폰이 하늘을 날아다니는 말 페가수스의 등에 올라타 사자와 염소와 뱀을 섞어놓은 괴물 키마이라를 물리치는 장면을 묘사한 원형 장식물이었을 것이다. 우리가 샤푸르 2세의 접시(43장)에서 본 것처럼 악의 세력을 해치우는 영웅은 로마 세계에서도 인기 있는 예술적 주제였다. 하지만 방 맞은편 끝에는 또다른 둥근 문장이 있었다. 이 저택이 만들어지기 이전 시대에는 대개 방 끝에 음악으로 사람의 마음을 빼앗는 오르페우스나 누구에게나 인기 있는 주신 바쿠스를 배치하게 마련이었다. 그러나 여기서 우리는 그리스도를 마주치게 된다.

기독교가 등장한 지 처음 2, 3세기 동안만 해도 신의 얼굴, 심지어 인간의 모습을 한 신을 본다는 것은 상상할 수조차 없는 일이었다. 우선은 화가들이 근거로 삼을 수 있는 그리스도의 외모에 대한 기록이 전혀 없기 때문이기도 하지만, 그보다 더 큰 이유는 유대 전통에서 신은 영적 교감과 진리의 대화를 통해 경배하는 대상이었지 예술로 재현하는 대상이 결코 아니었기 때문이다. 따라서 초기 기독교인들에게는 그런 시도가 금지돼 있었다. 그러나 지금 우리는 그리스도의 모습이 어딜 가나 눈에 띄는 세상에서 살고 있으며, 그 얼굴을 보는 순간 단번에 누구인지 알아볼 수 있다. 우리는 어떻게 이런 세상에 이르게 됐을까? 그리스도의 얼굴을 그려보자는 결정은 신학적으로 매우 중요한 의미를 띠는 진일보였고, 유럽의 시각 문화 차원에서도 결정적인 전환점을 이루는 발걸음이었다. 이런 결정은 아마도 자신들의 신을 조각상과 회화와 모자이크로 보는 데 익숙했던 로마 상류층의 관행에서 비롯한 듯하다.

도싯에서 온 이 그리스도의 초상은 로마가 영국을 지배한 마지막 세기에 만들어졌다. 이 시기는 많은 점에서 황금기였다. 당시 이 세계는 꽤나 사치스러운 곳으로, 지배 계층은 엄청난 돈을 들여 저택을 장식하거나 눈부신 식기로 부를 과시했다. 이 그리스도 형상을 전시하고 있는 전시실에 가면 상자마다 그릇과 숟가락을 비롯해 심지어는 40장에서 살펴본 후추 단지에 이르기까지 갖가지 은식기가 가득 들어차 있다. 이 유물들은 이교도와 기독교인 모두를 아무 문제 없이 받아들였던 사회의 면모를 보여준다. 서퍽 밀던홀에서 발견된 대형 은접시는 술에 잔뜩 취한 채 나긋나긋한 요정들과 신나게 노는 바쿠스의 모습을 보여주는 반면, 접시와 함께 묻혀 있던 숟가락에는 그리스도의 상징이 새겨져 있다. 이교도의 접시와 그리스도인의 숟가락이야말로 이 시절 영국 사회를 압축해서 보여주는 것이다. 아마 당시 사회는 아무도 마다하지 않은 듯하다. 3세기와 4세기의 영국에서 그리스도는 수많은 신들 가운데 하나에 지나지 않았으며, 따라서 벨레로폰과 그리스도의 조합은 우리에게 낯설지는 몰라도 전혀 이상하지 않다. 역사학 교수 에이먼 더피는 예수가 이 만신전에 자리를 잡게 된 경위를 이렇게 설명한다.

> 이 예수의 초상은 매력적인 모습과는 거리가 멀다. 턱이 꼭 데스퍼레이트 댄(영국 만화 『댄디*The Dany*』의 남성적인 주인공: 옮긴이)을 닮았다. 여기서 인상 깊은 점은 그리스도의 이미지와 이교도의 신화, 즉 벨레로폰과 페가수스와 키

> 마이라 이야기에 나오는 강한 이미지를 병치했다는 사실이다. 기독교는 그런 이미지를 이용해 죽음에 대한 생명의 승리라는 부활의 메시지를 전달하는 한편, 그리스도의 십자가 과업을 괴물을 무찌르는 영웅 이야기에 비유하려 했다. 그런 역설, 곧 기독교 창시자의 패배는 실은 위대한 승리이기 때문이다.

벨레로폰은 어둠의 권능에 맞서 당당히 승리를 거두는 생명의 인물이다. 결국 이런 상징적 이미지는 기독교 신화에서 용을 죽이는 성 조지나 악마와 싸우는 천사장 성 미카엘 같은 인물로 거듭난다.

이 바닥을 밟고 지나간 이들 가운데 자신이 한 세계에서 또 다른 세계로, 신화라는 익숙한 영역에서 신앙이라는 새로운 현대 세계로 걸어 들어가고 있다는 사실을 깨달은 사람이 과연 몇이나 될지 궁금하다. 활기 넘치는 벨레로폰은 아마 다들 알아봤을 것이다. 하지만 방 맞은편에 멀찌감치 떨어져 있는 초상화의 인물이 누군지에 대해서는 확신이 서지 않았을 것이다. 전에 그리스도의 형상을 한 번이라도 본 적이 있는 사람이 거의 없었을 것이기 때문이다. 한 번도 본 적이 없는 신을 과연 어떻게 표현해야 할까? 그리스도의 실제 모습을 짐작할 만한 초상이나 동상이나 설명은 전혀 없었다. 이는 신학자와 예술가 둘 다를 괴롭히는 난제로, 바로 이 문제에 직면해야 한 도싯의 예술가 심정을 우리는 모두 공감할 수 있으리라 생각한다. 오르페우스와 바쿠스였다면 비교적 쉬웠을 것이다. 오르페우스는 사색에 잠긴 젊은 예술가로 묘사하면 됐을 테고, 바쿠스는 호시탐탐 즐거움을 만끽할 기회를 엿보는 활기 넘치는 성적인 인물로 그려내면 됐을 것이다. 또한 둘 다 속성이 뚜렷해 쉽게 알아볼 수 있을 터였다. 오르페우스는 손에 수금을, 바쿠스는 포도나 그 비슷한 과일 한두 송이를 들려주면 됐을 것이다. 이때만 해도 예수와 연관 지을 수 있는 그런 물리적 속성이 전혀 없었다. 감히 고통을 상징하는 치욕스러운 도구인 십자가로 전능한 승리자 예수를 나타낼 생각을 한 사람은 거의 없었을 것이다. 예수는 제자들에게 자신은 곧 길이요, 진리요, 생명이라고 말했지만, 그중 어느 것도 물질적으로 표현해내기가 쉽지 않다. 게다가 예수는 자신이 세상의 빛이라고 선언했지만 모자이크에서, 특히 여기서처럼 예술가의 솜씨가 솔직히 별로인 경우에는 빛을 나타내기가 정말 어렵다. 힌턴세인트메리의 모자이크 화가는 상징 대신 우리가 이 장의 서두에서 거론했던 그리스 글자 두 개를 합쳐 장식용 문자 '☧(카이로)'를 만들어냈다. 이 모자이크에서 문자는 그리스도의 머리 뒤에 후광처럼 나타나 있다.

'카이로'는 로마 황제 콘스탄티누스가 312년 기독교로 개종한 다음에 채택한 상징이다. 도싯의 저택 바닥은 그러고 나서 약 40년 뒤에 만들어진 것이 분명하다(우리가 이 점을 자신 있게 말할 수 있는 이유는 그리스도와 벨레로폰 둘 다 350년께에 유행한 머리 모양을 하고 있기 때문이다). 이 저택 바닥이 등장할 수 있었던 배경에는 밀비아 다리 전투에서 콘스탄티누스의 개종이 커다란 요인으로 작용했다. 그가 개종하기 전에는 그 어떤 장원 소유주도 자기 집 바닥에 그처럼 대놓고 기독교 신앙을 드러내지 못했을 것이다. 기독교를 믿는다는 것은 곧 처형을 의미했기 때문이다. 하지만 이제 모든 것이 달라졌다. 옥스퍼드 대학교 데임 애버릴 캐머런 교수는 이렇게 설명한다.

> 콘스탄티누스 황제는 전투를 얼마 앞두고 하늘에서 십자가 형상을 보고 기독교로 개종했다고 알려져 있다. 그 뒤로 그는 기독교인들에게 많은 특권을 줬는데, 이는 기독교가 아직 공인되지 않았을 때는 꿈도 꾸지 못할 일이었다. 그는 기독교 성직자들에게 세금 혜택을 주는 것을 필두로 기독교 논쟁을 중재했으며, 기독교를 합법적인 종교로 인정했고, 기독교 교회에 하사금을 내렸으며 교회를 짓기 시작했다. 그 모든 장려책에 힘입어 기독교는 크게 도약했다.

우리를 지그시 바라보는 그리스도를, 절대 권력자의 정면 얼굴을 우리에게 보여줄 용기를 도싯 장원의 주인에게 심어준 것은 바로 이런 장려책이었다. 그는 길고 풍성한 겉옷 차림에 당시의 최신식 머리 모양을 하고 있는데, 아마도 저택 주인 역시 이런 식으로 손질한 머리를 하고 다녔을 것이다. 하지만 이 남자는 지방의 통치자도, 지방의 신도 아니다. 글자 카이로는 우리가 지금 보고 있는 남자가 예수 그리스도라고 분명히 못 박는다. 이 남자의 정체를 확인할 수 있는 단서는 더 있다. 화가는 그리스도의 머리 양옆에 석류를 하나씩 배치했다. 웬만큼 배운 손님이라면 이 과일을 보는 순간 지하 세계로 납치됐다가 어머니에게 구출돼 다시 산 자들의 땅으로 돌아온 페르세포네의 신화를 떠올릴 것이다. 지하 세계에 있는 동안 페르세포네는 석류 씨를 먹었기 때문에 해마다 몇 개월은 어둠 속에서 지내야 했다. 그녀의 신화는 계절의 순환, 죽음과 재탄생, 지옥으로 추락함과 빛의 세계로 귀환함을 함축하는 뛰어난 은유다. 이 단순한 과일이 상징하는 의미를 통해 화가는 예수를 죽어가는 자의 신이기도

페가수스의 등에 올라타 키마이라를 무찌르는 벨레로폰의 모습을 보여주는 둥근 문장.

하면서 소생하는 자의 신이기도 한 이교도의 신들, 다시 말해 에우리디케를 찾아 지하세계로 내려갔다가 돌아온 오르페우스와, 역시나 부활과 연관 있는 바쿠스에 비유한다. 따라서 도싯의 그리스도 초상은 고대 세계에 살았던 모든 사람들의 희망이기도 하면서 인간이라면 누구나 품는 가장 깊숙한 희망을 상징한다. 죽음이 끝이 아니라 궁극적으로 생명으로 가득차고, 그보다 더 큰 결실을 더 큰 이야기의 일부에 지나지 않기를 바라는 염원이다.

이 모자이크가 있는 방이 어떤 용도로 쓰였는지에 대해서는 알 길이 없다. 웅장할 만큼 규모가 컸던 로마 장원에서 모자이크로 장식한 방은 주로 식당으로 쓰였지만 이 경우에는 그렇지 않은 듯하다. 바닥에 난방 장치도 깔려 있지 않은 데다 북향이기 때문이다. 따라서 도싯의 추위를 감안할 때 주방으로 쓰였을 가능성은 거의 없다. 대개 바닥뿐 아니라 벽을 보고도 방의 용도를 알 수 있지만, 이 방의 벽은 오래전에 소실되고 없다. 그러나 한 가지 흥미로운 단서가 있다. 그리스도의 형상이 동쪽과 마주보고 있다는 점이다. 여러 모로 봐서 이 형상과 벽 사이에 제단을 들여앉히기에 딱 좋은 공간이 있었던 듯하다. 따라서 이 방은 초기의 가정 예배당이었을지도 모른다.

사람들은 그리스도를 밟고 지나가야 한다고 생각하면 보통 심기가 불편해진다. 로마인들도 결국 마찬가지였다. 427년 로마 황제는 바닥 모자이크에 그리스도의 형상을 사용하는 행위를 금지하면서 이미 바닥에 깔려 있는 그리스도의 형상은 제거하라고 명령했다. 그러나 이런 포고가 발효될 무렵 영국은 로마제국의 속주가 아니었다. 힌턴세인트메리의 저택은 아마도 오랫동안 방치된 듯하고 따라서 바닥도 손대지 않은 채로 남았다. 로마 세력의 철수는 전반적인 문화 위기 상황을 초래했지만 적어도 이 점에서는 그것을 고마워해야 할 듯하다.

45
아라비아의 청동 손

예멘에서 온 청동 손

AD 100~300

지금까지 우리는 부처와 힌두 신들, 그리고 예수의 형상을 살펴봤다. 이번 유물은 청동으로 만든 오른손이지만 신의 손은 아니다. 대신 신에게 바치는 선물이다. 이것은 인간의 손으로, 영어식 표현 '오른손을 바친다'(희생한다)를 말 그대로 실천했다. 손의 주인은 자기 손을 자신이 모시는 특정한 신의 손에 맡김으로써 신의 은총을 얻기를 희망했다. 그는 이름도 신과 똑같았는데, 그 신이 바로 탈라브다.

1,700년 전쯤에는 오늘날보다 훨씬 더 많은 종교와 신이 있었다. 당시의 신은 오늘날처럼 전 세계로 퍼져나간 신이 아니라 각자 맡은 지역만 돌보면 그만이었다. 예를 들어 무함마드가 등장하기 전 메카에서는 순례자들이 각기 1년 365일 각각의 날을 상징하는 신을 모신 사원에서 예배를 올렸다. 이 유물은 무함마드가 등장하면서 모두 사라진 수많은 아라비아의 신들 중 하나에게 바치는 선물이었다. 그 신의 정식 이름은 '리얌의 강한 자'를 뜻하는 '탈라브 리얌'이었다. 리얌은 예멘의 산간 마을이었고, 탈라브는 그곳 주민의 수호신이었다. 3세기의 예멘은 부유한 곳으로, 지중해, 중동, 인도의 드넓은 시장에서 날개 돋친 듯 팔리는 상품 가운데 일부를 생산하는 국제무역의 중심지였다. 로마제국 전역에 유향과 몰약을 대주던 곳이 바로 이 예멘이었다.

한때 이 청동 손의 주인은 와하브 탈라브라는 남자였다. 내 손보다 약간 작은 실물 크기의 이 청동 손은 상당히 무겁다. 실제 손과 무척이나 닮았지만 팔에 달려 있지 않기 때문에 마치 잘린 것처럼 보인다. 하지만 첼트넘 종합병원 정형외과 의사이자 손 전문 외과의인 제러미 필드는 실은 그렇지 않다고 설명한다.

> 정맥이 아주 세밀하게 표현돼 있는 점으로 보아 절단된 손을 묘사한 것일 가능성은 거의 없다. 절단된 손은 정맥이 비치지 않는다. 정맥에서 피가 빠져

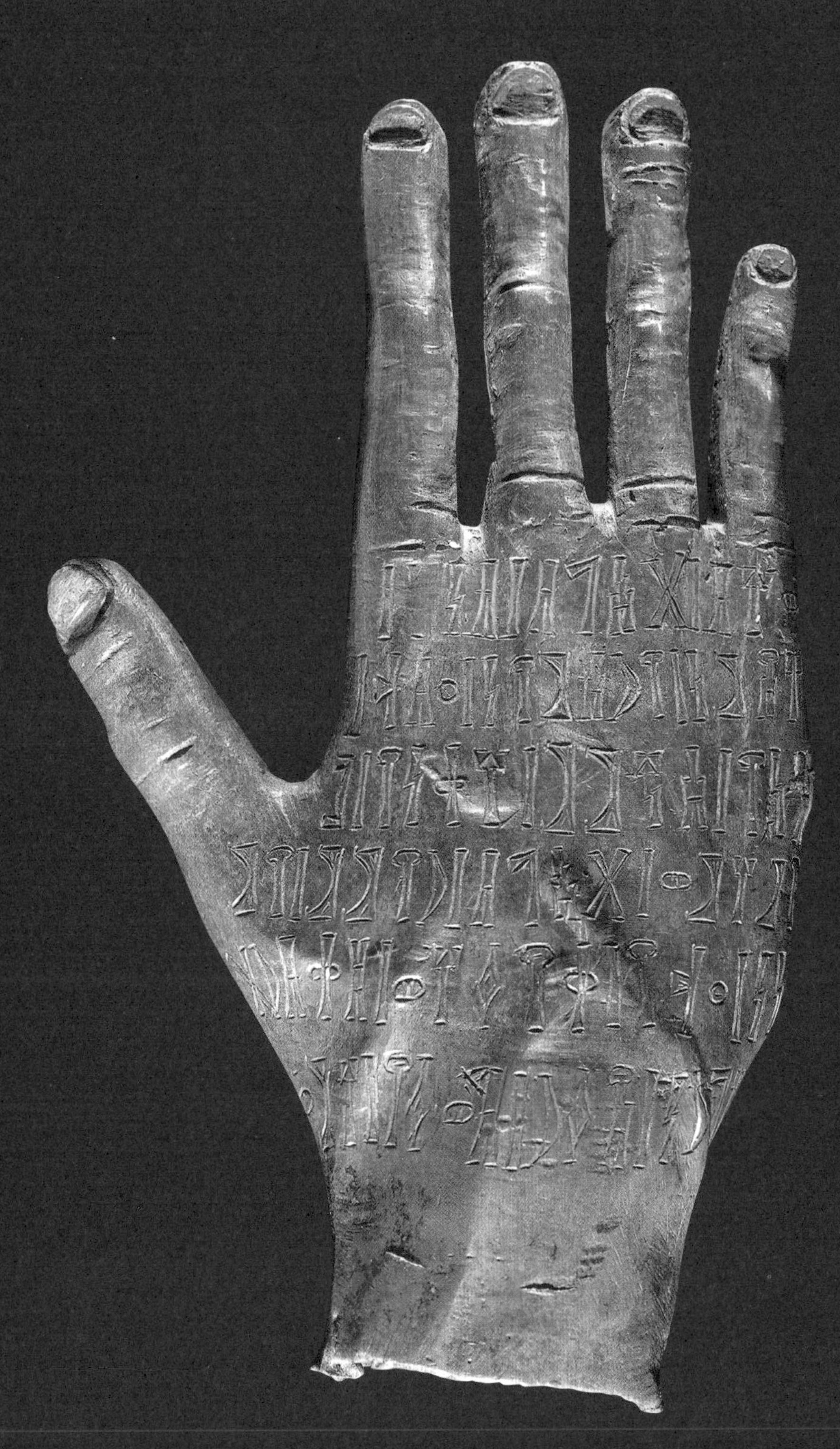

나가기 때문이다. 이 손에서 보이는 정맥들은 매우 정교할 뿐만 아니라 정말 아름답다. 인간의 손을 본떠서 만든 것이 분명하지만 약간 이상한 점이 몇 가지 있다. 손톱을 보면 숟가락처럼 생겼는데 이는 손 임자가 빈혈이 있었을지도 모른다는 점을 암시한다. 손가락도 지나치게 가늘고 얇으며 새끼손가락은 기형이다. 내가 볼 때 언젠가 부러진 적이 있는 듯하다.

이처럼 자세한 의학적 소견은 1,700년 동안 망각의 세계에서 지냈던 와하브 탈라브를 다시 삶 속으로 불러들인다. 나는 그의 나이가 궁금하지 않을 수 없다. 손등에는 정맥이 툭툭 불거져 나와 있다. 그리고 무엇보다도 어쩌다 새끼손가락이 부러졌는지 궁금하다. 혹시 전투에서 부러진 것은 아닐까? 밭에서 부러진 것 같지는 않다. 노동자의 손처럼 보이지는 않기 때문이다. 물론 점쟁이라면 손금을 보고 단박에 알아맞히겠지만 손바닥 쪽은 세공 작업을 하지 않았다. 물론 선이 나 있긴 하지만 손등에 있다. 또한 손등에는 현대 히브리어·아랍어와 관련 있는 고대 예멘어가 줄지어 적혀 있다. 새겨진 글은 물건의 용도와 보관한 곳을 말해준다.

> 히샴의 아들 유르사미테, 곧 바누 수크하임의 종복으로서 자파르 시의 두-카브라트 사당에 모신 도시의 수호신 탈라브 리얌에게 무사 안녕을 기원하며 이 오른손을 바친다.

연이어 등장하는 이름과 장소가 무척이나 낯설지만 고대 예멘 사회와 종교를 복원하려는 역사가들에게는 이런 글이 유일한 자료이다. 여기에는 아주 많은 정보가 들어 있다. 전문가들이 머리를 싸매고 문장 내용을 하나하나 분석한 덕분에 우리는 이 부러진 손이 예멘 산악지방 높은 곳에 있는 자파르라는 곳의 수호신 탈라브 리얌에게 바치는 예물이었다는 사실을 알게 됐다. 손의 주인인 와하브 탈라브는 우리에게 자신은 이러이러한 부족에 속해 있고, 그 부족은 탈라브가 돌보는 더 큰 부족 조직의 일부라고 이야기한다. 따라서 와하브 탈라브는 자신이 섬기는 신의 이름을 딴 이름이 분명하며, 또 다른 신앙의 징표로 그는 자신의 손을 자파르 시 한복판에서 탈라브 신에게 공식적으로 바쳤다. 이와 함께 인간, 동물, 화살, 창촉을 상징하는 금이나 청동 또는 석고로 만든 다른 공물도 있었을 것이다. 사람들은 이런 선물을 바치며 탈라브 신이 행운을 가져다줄 거라 믿었다.

와하브 탈라브는 애초부터 상당히 부자였을 듯하다. 이처럼 아름답게 만든 청동 손은 그야말로 부자들만 바칠 수 있었기 때문이다. 그러나 당시의 국제 기준에서 볼 때 그가 속한 사회 전체가 부자였다. 이 손이 만들어진 시기에 아라비아 남쪽은 사실상 한 국가였다. 와하브 탈라브가 속한 부족을 포함해 여러 부족이 모여 일종의 연맹을 이룬 이 국가는 역사가들에게 '힘야르 왕국'으로 알려져 있다. 수많은 비문과 함께 오늘날까지 남아 있는 당시의 건축물은 왕국이 부유하고 세련됐을 뿐만 아니라 어떤 측면에서 교양 있는 사회였다는 사실을 입증한다. 당시에 예멘은 소외된 곳이 아니었다. 예멘은 홍해에 이르는 길목과 함께 이집트와 그 외 로마제국, 인도와 연결되는 거대한 교역로를 차지하고 있었다. 로마의 작가 가이우스 플리니우스 세쿤두스는 79년에 쓴 글에서 예멘이 그토록 부유한 이유를 다음과 같이 설명했다.

> 아라비아의 주요 산물은 유향과 몰약이다. (중략) 로마와 파르티아제국의 막대한 부가 그곳으로 흘러드는 것으로 봐서 그들은 틀림없이 세계에서 가장 부유한 민족일 것이다. 그들은 바다나 숲에서 나는 물품을 팔아 돈을 벌면서도 아무것도 구입하지 않기 때문이다.

이른바 '유향길'은 재화와 사상의 교환이라는 측면에서 실크로드 못지않게 중요했다. 로마인들이 엄청나게 많이 사용한 유향은 고대 세계에서 중요한 향이었다. 시리아에서 시런세스터에 이르기까지 로마제국 전역의 신전 제단에서 예멘산 향을 태웠다. 몰약은 상처를 소독하는 살균제나 이집트의 미라 작업에 꼭 필요한 방부제 등 용도가 다양했다. 몰약은 향이 강하지는 않지만 지금까지 알려진 것 가운데 향이 가장 오래간다. 와하브 탈라브의 손을 깨끗이 씻어주고 유쾌하게 해줬을 테지만 맥베스 부인의 피 묻은 손은 결국 깨끗이 씻어줄 수 없었던 "그 모든 아라비아의 향수" 뒤에는 몰약이 있었다. 유향과 몰약은 둘 다 무척 비쌌다. 유향 1파운드의 가격은 로마 노동자의 평균 월급과 맞먹었고 몰약 1파운드의 가격은 두 배에 이르렀다. 따라서 동방박사 셋이 아기 예수에게 예물로 바친 유향과 몰약은 신에게 어울리는 선물일 뿐 아니라 그들의 또 다른 선물, 즉 금처럼 가치가 귀했다.

간단하고 불명료한 이런 명문(銘文) 말고는 이 당시의 예멘에서 나온 문서 자료는 없지만, 품질이 같은 다른 청동 조각품과 최근에 아라비아 남부에서 발견된 청동 찌꺼기와 더불어 이 손은 당시 예멘이 청동 산업의 중심지였다는 사실을 보여준다. 와하브 탈라브의 손은 노련한 금속 장인의 작품이 분명하다. 손을 자세히 들여다보면 납형법(18장)을 사용해 만들었으며 손목 부분이 매우 아름답게 마감 처리됐다는 사실을 알 수 있다. 따라서 이 청동 손은 더 큰 조각상에서 떨어져 나온 잔해가 아니라 그 자체로 완성품이 분명하다.

복제한 신체 일부를 신에게 바치는 행위는 아라비아에서만 볼 수 있는 광경은 아니었다. 그리스 신전, 중세 시대에 순례자들로 문전성시를 이룬 성소, 오늘날의 수많은 로마가톨릭교회에서도 신이나 성인에게 병을 낫게 해달라고 기원하거나 치유해준 데 대한 보답으로 이 경우처럼 복제한 신체 일부를 바치는 모습을 볼 수 있다. 와하브 탈라브의 손은 특정 장소와 민족을 보살피는 지역 신들의 다스림을 받는 종교 세계로부터 온 것이다. 그러나 그 세계는 오래 가지 못했다. 아라비아의 향료는 이교도의 나라 로마제국의 종교 생활에 활기를 불어넣었지만, 그 제국이 기독교로 개종하면서 유향이 예배 의식에 더는 필요하지 않게 된 것이다. 그 결과 유향 무역은 막대한 타격을 입었고, 예멘 경제의 붕괴로 이어졌다. 더불어 탈라브 같은 지역 신도 자취를 감췄는데, 아마도 약속된 번영을 더는 가져다주지 못했기 때문일 것이다. 370년대에 이르러 전통 신들에게 바치는 선물이 갑자기 뚝 끊기고, 대신 좀 더 넓게 만인을 포용하는 다른 신이 그 자리를 차지했다. 그들은 오늘날의 종교가 모시는 신들이다. 그 뒤로 이삼백 년 동안 예멘의 통치자들은 유대교에서 기독교로, 다시 조로아스터교를 거쳐 628년 마침내 이슬람으로 종교를 바꿨고, 그때 이후로 이슬람은 예멘의 가장 지배적인 종교로 남아 있다. 국가를 초월하는 신앙의 등장 앞에서 탈라브 같은 지역 신들은 설 자리를 잃고 말았다.

그러나 탈라브가 속한 세계의 일부 요소들은 계속 살아남았다. 예를 들어 수많은 아라비아의 신들처럼 그 역시 성지 순례를 통해 사람들에게 존경받았다. 펜실베이니아 주립대학교 종교역사학 교수 필립 젱킨스는 선례를 찾기 어려운 이런 생존에 깊이 매료돼 있다.

> 과거 아라비아 이방 종교의 몇몇 요소가 이슬람과 무슬림 시절에도 살아남았는데, 특히 메카를 순례하는 하지(Haji)라는 관습이 그 예다. 어떤 상황에서도 무슬림은 이방 종교를 단호히 배격한다. 그들은 아브라함과 그 이야기의 관

점에서 이방 종교를 규정하지만, 하지는 이교도의 시대에 그 행사가 있었던 곳에서 당시 일어났을 사건을 매우 근접하게 재구성해준다.

나는 종교는 죽기 마련이라고 주장해왔다. 그러나 그러면서 유령은 남겨두는 것 같다. 우리는 중동 전역에서 많은 유령을, 새롭게 성공한 종교에 흡수된 옛날 종교의 잔재들을 볼 수 있다. 예를 들어 이슬람을 살펴보면, 기독교와 유대교에서 나온 수많은 요소를 볼 수 있다. 쿠란에는 그 당시 기독교도와 유대인의 관점을 빌리지 않고서는 도무지 이해할 수 없는 이야기들이 산재해 있다. 아울러 이슬람 건축물, 이슬람 관습 및 제도, 이슬람의 신비로운 신화와 관례에서도 이런 유령의 흔적을 수없이 볼 수 있다. 따라서 이슬람이 확장될수록 옛 종교에서 나온 새로운 관습이 점점 더해지면서 새로운 유령을 불러내게 된다.

결국 이슬람은 세력을 넓혀나가며 우리가 지금까지 살펴본 세계의 대부분을 정복하기에 이른다. 사실 이슬람은 도싯을 제외하고 우리가 살펴본 유물이 나온 지역을 모두 정복했다. 10부에서는 승리를 거둔 이슬람 통치자들이 정복지를 어떻게 다스렸는지 살펴볼 예정이다.

PART 10

비단길과 그 너머

AD 400~800

중국에서 지중해까지 이어지는 비단길은 서유럽에서 이른바 '암흑기'로 불리는 500년에서 800년 사이에 절정을 이뤘다. 이 무역로는 활기를 되찾은 당나라를 새로 건설된 이슬람 칼리프의 영토와 연결해줬다. 아라비아에서 솟아오른 이슬람 제국은 눈 깜짝할 사이에 중동과 북아프리카를 정복했다. 비단길을 따라 퍼져나간 것은 사람과 물건뿐만이 아니었다. 사상도 함께 퍼져나갔다. 불교는 그 길을 따라 인도에서 중국을 거쳐 한반도에 막 태동한 왕국에도 자리 잡았다. 서턴 후 매장지에서 출토된 보석으로 알 수 있듯, 남아시아의 산물은 멀리 영국에까지 이르렀다. 그와 동시에, 그러나 완전히 별개로 남아메리카에서는 최초의 연합된 국가들이 번성하기 시작했다.

46
아브드 알말리크의 금화

시리아 다마스쿠스에서 주조된 금화

AD 696~697

이 디나르 동전 두 점은 정치와 종교 역사상 가장 큰 격변 가운데 하나를 요약해 보여준다. 선지자 무함마드의 죽음으로 이어지는 대격변은 몇 년 만에 중동의 판도를 영원히 바꿔놓았다. 무함마드와 추종자들이 메카에서 메디나로 옮겨가면서 무슬림의 역사의 시간은 다시 맞춰졌다. 기독교 연력으로 622년에 일어난 이른바 '히즈라'라는 사건은 새로운 이슬람 달력의 첫 시작을 의미했다. 추종자들이 보기에는 선지자의 가르침이 사회를 철저히 바꿔놓아서, 마치 시간이 다시 시작된 듯했다. 다음에 소개할 몇 가지 유물도 이 중요한 순간에 세상이 어떤 모습이었는지를 보여준다. 이 물건들은 모두 이슬람력 11년 또는 서기 632년 무함마드가 사망할 무렵에 제작됐는데, 시리아, 중국, 영국, 페루, 한국 등 세계 전역에서 온 것이다. 어디서 왔든 이 물건들은 권력과 신앙의 상호 관계를 들여다보는 통찰력을 제시해준다.

선지자가 죽고 50년 만에 아라비아 군대가 이집트와 시리아, 이라크와 이란을 정복하면서 한동안 현상을 유지하고 있던 중동 지역의 정치 상황이 일거에 무너졌다. 겨우 몇십 년 만에 이슬람 세력은 기독교와 불교가 몇 세기에 걸쳐서야 이른 지역에까지 퍼져나갔다. 690년대에 다마스쿠스 시민들은 자신들의 세계가 완전히 바뀌었다는 사실을 뼈저리게 실감했을 것이 틀림없다. 겉보기에는 아직도 기독교 로마의 대도시인 다마스쿠스는 635년 무슬림 군대에 정복된 뒤 새로운 이슬람 제국의 수도로 자리 잡았다. 이 급성장하는 제국의 수장 칼리프는 다마스쿠스에서 멀리 떨어진 자신의 궁전에 있었고 이슬람 군대도 막사에서 따로 지냈지만, 다마스쿠스의 시장과 거리를 가득 메운 사람들은 매일 만지는 그 무엇, 곧 돈을 통해 새롭게 바뀐 현실을 절감하기 시작했다.

690년대 초만 해도 다마스쿠스 상인들은 자신들의 세계가 영원히 바뀌었다는 사실을 이해하지 못했을지도 모른다. 몇십 년 넘게 이슬람의 지배가 이어졌지만 그들은 여전히 이전 지배자인 기독교 비잔틴 황제의 동전을 사용했고

칼리프 아브드 알말리크가 발행한 동전. 그의 초상(위)이 새겨져 있다.

동전은 기독교 상징으로 가득 뒤덮여 있었다. 조만간 기독교 황제가 다시 돌아와 적을 무찌를 것이라는 생각은 상당히 설득력이 있었다. 전에도 몇 번이나 그랬기 때문이다. 그러나 이번에는 아니었다. 다마스쿠스는 오늘날까지도 무슬림 도시로 남아 있다. 이 새로운 이슬람 체제가 계속 갈 것이라는 점을 가장 뚜렷하게 보여준 징표는 아마도 동전에서 일어난 변화가 아니었을까 싶다.

사진에 있는 동전 두 점을 발행한 사람은 아브드 알말리크였다. 그는 선지자 무함마드의 뒤를 이어 9대 칼리프이자 믿는 자들의 지도자로서 제국을 다스렸다. 동전 두 점 모두 이슬람 연력 76년과 77년, 즉 서기 696년에서 697년까지 12개월에 걸쳐 다마스쿠스에서 발행됐다. 둘 다 재료가 금이며 크기도 똑같다. 크기는 영국의 페니 동전과 비슷하지만 약간 더 무겁다. 그러나 도안은 완전히 다르다. 동전 하나는 칼리프의 모습을 보여주지만 또 다른 동전에는 아무런 형상이 없다. 이런 변화는 이 중요한 시기에 이슬람이 어떻게 자신을 종교 체계뿐 아니라 정치 체계로도 정의하고 있었는지를 보여준다.

비잔틴 동전이었다면 기독교 황제의 모습이 나왔을 이 첫 동전 앞면에는 칼리프 아브드 알말리크의 전신상이 나와 있다. 이는 역사를 통틀어 무슬림의 모습을 처음으로 보여주는 사례다. 뒷면에는, 비잔틴 동전이었다면 십자가가 새겨졌을 테지만, 꼭대기에 구를 얹은 기둥이 있다.

전신상으로 묘사된 아브드 알말리크는 아랍식 겉옷과 베두인 두건 차림에, 수염을 기르고 있다. 그의 한쪽 손은 허리에 찬 칼에 얹혀 있다. 초창기 칼리프의 전통 복장과 장식물에 관한 정보를 알려주는 흔치 않은 자료라는 점에서 눈길을 끄는 매혹적인 형상이다. 사뭇 위협적인 자세가 금세라도 칼을 빼들 것만 같다. 허리 밑으로 보이는 줄은 채찍이 분명해 보인다. 이 형상은 두려움과 존경을 끌어내려는 것으로, 지중해 동부 지역에 사는 사람들에게 새로운 신앙과 강력한 새 통치자의 등장을 알리려는 것이 목적이었다.

그의 총독 중 한 명이 쓴 편지는 이 형상이 전하는 메시지를 제대로 전해준다.

> 반도들은 믿는 자들의 사령관이자 약점 없는 인간 아브드 알말리크에게서 그 어떤 아량도 기대할 수 없을 것이다! 그를 거역하는 자에게는 그의 채찍이 떨어질 것이다!

그는 뛰어난 인물이었지만, 존경심이 약간 부족한 한 소식통은 그가 '파리채'라는 별명을 얻었을 만큼 입 냄새가 지독했다고 전한다. 하지만 입 냄새가 심했든 아니든 아브드 알말리크는 무함마드 이후로 가장 중요한 무슬림 지도자였다. 덧없이 끝나고 말았을지도 모르는 일련의 정복 활동을 제1차 세계대전이 끝날 때까지 어떻게든 살아남게 되는 국가로 바꿔놓았기 때문이다.

아브드 알말리크는 이전과는 완전히 성격이 다른 이슬람 지도자였다. 무함마드를 한 번도 본 적이 없었던 그는 영리하게도 이전의 제국, 특히 로마제국과 비잔틴제국의 전통을 빌려와 자신의 제국을 세웠다. 런던 대학교 동양아프리카연구학교 휴 케네디는 이렇게 설명한다.

> 632년 선지자 무함마드의 사망 이후 몇 년 동안은 칼리프들이 본질적으로 무슬림 공동체의 정치 지도자이자 종교 지도자였다. 이슬람 원년이 시작된 1세기 동안 아랍 무슬림이라면 누구나 이것이 새로운 국가라는 사실, 다시 말해 전에 있던 국가는 큰 의미가 없다는 사실을 깨달았다. 이 시기의 칼리프들은 비잔틴 황제나 사산 왕조 왕들의 계승자가 아니었다. 그들은 돈을 어떻게 거둬들이고 어떤 종류의 돈을 만들 것인지와 같은 행정 문제를 해결하는 데 비잔틴 황제나 사산 왕조 왕들을 참조했을지는 몰라도 이들과 똑같은 역할을 맡을 생각은 없었다. 이것은 새로운 통치 체제였다.

아브드 알말리크가 비잔틴제국에서 빌려온 행정적 해결책 가운데에는 통화를 관리하는 방법도 포함돼 있었다. 새로운 이슬람 제국은 그때까지도 이전 정복지에서 쓰던 '헌' 동전이나 비잔틴을 비롯한 다른 지역에서 수입한 금화를 사용하고 있었다. 아브드 알말리크는 화폐 공급의 양과 질을 규제하지 못하면 경제가 불안해질지도 모른다는 점에 재빨리 주목했다. 그는 동전은 말 그대로 권위의 인장이며, 따라서 동전을 사용하는 사회에서 강력한 힘을 행사한다는 사실을 이해했다. 아울러 이제 그 힘이 자기 것이라는 사실도 알았다. 현대 이전 세계에서 대량생산이 필요한 일상용품은 대개 동전밖에 없었고 따라서 동전은 한 사회의 시각 문화에서 아주 중요한 요소였다.

아브드 알말리크는 이 최초의 이슬람 동전에 보란 듯이 자신의 모습을 새겼다. 믿는 자들의 지도자는 비잔틴 황제들을 쫓아내고 그 자리에 앉았다. 그러나 아브드 알말리크가 서 있는 모습이 새겨진 동전에 예상치 못한 일이 일어났다. 몇 년 뒤 동전은 홀연히 자취를 감추고 말았다. 이슬람 연력 77년(서기 697년) 한 해 동안 칼리프가 서 있는 동전은 갑자기 완전히 도안이 다른 동전으로 대체됐다. 새로운 동전에는 칼리프도, 인물도 없었다. 오로지 말씀만 있을 뿐이었다. 이는 이슬람 대중 예술의 성격을 결정짓는 순간이었다. 이때부터 1,000년은 족히 넘는 세월 동안 인간의 형상이 공공장소에서 사용되는 일은 일어나지 않았다.

나중에 나온 동전 또한 크기와 무게가 이전 동전과 정확히 일치하며 재료 역시 순금이었다. 하지만 이 동전은 이전 동전보다 겨우 1년 뒤인 77년에 만들어졌으며 이제 동전에는 글 말고는 아무것도 보이지 않는다. 동전 앞면에는 다음과 같은 글귀가 적혀 있다. "오로지 하느님 말고는 다른 신은 없으며 그는 협력자 또한 없다. 무함마드는 하느님께서 직접 보내신 사자로서 그의 가르침을 전하고 진리의 종교로 다른 모든 종교를 능가하리라." 이는 쿠란에서 간추려 인용한 글이다. 동전 뒷면에도 쿠란에서 인용한 구절이 있다. "하느님은 하나요, 하느님은 영원하다. 그분은 낳지도 않거니와 태어나지도 않으셨다."

이 동전의 명문은 두 가지 점에서 흥미롭다. 첫째, 이 글은 현재까지 살아남은 쿠란 구절 가운데 가장 오래된 축에 든다. 무함마드 이전의 아랍에는 사실상 문자가 없었다. 그러나 이제 하느님의 말씀을 정확하게 기록해야 할 필요성이 절실하게 대두되면서 아랍 최초의 명실상부한 글씨체인 '쿠픽체'가 탄생했다. 바로 사진의 동전에 나오는 서체다. 그러나 이 동전은 다른 중요한 뭔가를 말해주기도 한다. 동전이 한 사회에서 두드러지는 힘이 무엇인지 단언한다고 가정할 때, 이제 그 힘은 이제 비잔틴 황제가 아니라 하느님의 말씀이라는 사실이 분명해진 것이다. 이때부터 국가의 공식 문서에서는 초상화나 조형 예술이 자취를 감춘다. 지배자의 초상을 동전에 새기는 전통, 알렉산드로스 시대 이후로 거의 1,000년 동안 중동 지역 전역에서 익숙했던 전통이 단호하게 근절되고, 그 뒤로 제1차 세계대전 때까지 아랍권에서는 글자만 있는 동전이 규범으로 자리 잡았다. 이슬람 동전에 새겨진 하느님의 언어 아랍어는 초대 이슬람 국가의 통합과 생존에 없어서는 안 될 기본 도구로 발전했다.

알라의 칼리프, 하느님의 대리인, 9대 칼리프이자 믿는 자들의 지도자인 아브드 알말리크는 서기 705년에 사망했다. 그러나 그가 동전을 통해 천명한 만인을 위한 신앙 제국이라는 교서는 지금도 여전히 강하게 울려 퍼지고 있다.

물론 오늘날에는 칼리프가 존재하지 않는다. 터키의 술탄이 한동안 이 칭

아브드 알말리크가 새로 발행한 동전. 쿠란에서 간추려 인용한 구절이 새겨져 있다.

호를 사용했지만 칼리프라는 직책은 1924년에 폐지됐다. 역사상 만인의 인정을 받은 칼리프는 매우 드물었지만, 단일 이슬람 제국의 꿈, 즉 칼리프가 다스리는 나라에 대한 꿈은 현대 이슬람 세계에서도 여전히 강력한 힘을 발휘한다. 나는 사회인류학 교수 마다위 알라시드에게 논평을 부탁했다.

> 오늘날의 무슬림, 적어도 전 세계 무슬림 공동체의 몇몇 분파는 단일 이슬람 제국이라는 이상을 무슬림 공동체의 구현으로 여기며 간절히 희구한다. 배경이 각기 다른 무슬림이 문화나 언어, 인종과 상관없이 다른 무슬림과 어떤 관계가 있다고 상상하는 데는 인터넷과 새로운 커뮤니케이션 기술의 확산이 커다란 요인으로 작용한다. 그런 열망은 영국의 2세대 무슬림 사이에서도 가끔 볼 수 있다. 이들은 대개 부모 세대의 문화적 배경을 상실한 채 각기 다른 무슬림 세계에 사는 또래 무슬림들과 연계를 구축한다. 이들이 품는 열망은 세계화된 정체성, 즉 인종이나 국적보다 신앙을 기초로 한 관계에서 나오는 정체성과 관련이 깊다.

무슬림이 희구하는 단일 이슬람 공동체, 오로지 하느님의 말씀만이 사람들을 고취하고 이끄는 공동체에 대한 열망은 다마스쿠스에서 주조된 동전을 통해 처음으로 분명하게 표출됐다. 1,300년이 넘는 세월이 지난 지금도 그 꿈은 여전히 건재하고 있다.

47
서턴 후 투구

영국 서퍽 주 서턴 후에서 발견된 앵글로색슨족 투구

600~630 AD

이번에 살펴볼 유물은 우리를 아라비아의 뜨거운 열기와 선지자 무함마드의 사망 이후에 일어난 이슬람 제국의 발흥과 중동 정치의 재편에서, 이스트앵글리아 지방의 추위 속으로 이끈다. 겨우 70여 년 전 이곳에서는 시와 고고학이 예기치 않게 만나서 영국의 민족 정체성에 대한 우리의 이해를 바꿔놓았다. 이 투구의 발견은 현대에 이르러 고고학이 거둔 매우 위대한 성과 가운데 하나였다. 투구는 몇 세기를 훌쩍 뛰어넘어 시와 전투, 북해를 중심으로 돌아가는 세상에 관한 이야기를 우리에게 들려준다.

1939년 여름, 영국 고고학 역사상 매우 흥미로운 발견 가운데 하나가 이뤄진 무대는 서퍽 해안에서 몇 킬로미터 떨어지지 않은 서턴 후라는 곳이었다. 600년대 초기 앵글로색슨족 무덤이 발견되자, 영국에서 로마의 지배가 막을 내리고 난 뒤 몇 세기를 가리키는 이른바 '암흑기'를 둘러싼 사람들의 생각이 크게 바뀌었다. 내셔널트러스트에서 잉글랜드 동부 지역을 담당하고 있는 고고학자 앵거스 웨인라이트는 현장을 이렇게 설명한다.

> 드러난 산등성이 위에 높이가 30미터는 족히 넘는 커다란 봉분이 상당히 많다. 봉분은 모두 데번 강 쪽을 내려다보고 있다. 그 가운데 우리가 명랑하게도 "무덤 1"이라고 이름 붙인 아주 큰 무덤 하나는 1939년에 대형 배 무덤이 발견된 곳에 있다. 우리는 그곳 주변에서 18기에서 20기쯤 되는 봉분을 더 발견했다.

그 유명한 서턴 후 투구가 발견된 곳이 바로 이 배 무덤이었다. 무덤에는 투구 말고도 무기와 갑옷, 정교한 금붙이, 만찬용 은그릇과 다량의 동전 등 유럽 전역에서 끌어 모은 갖가지 귀한 물건들이 엄청나게 묻혀 있었다. 앵글로색슨족 시절의 잉글랜드 지방에서 이런 물건이 발견되기는 이때가 처음이었다.

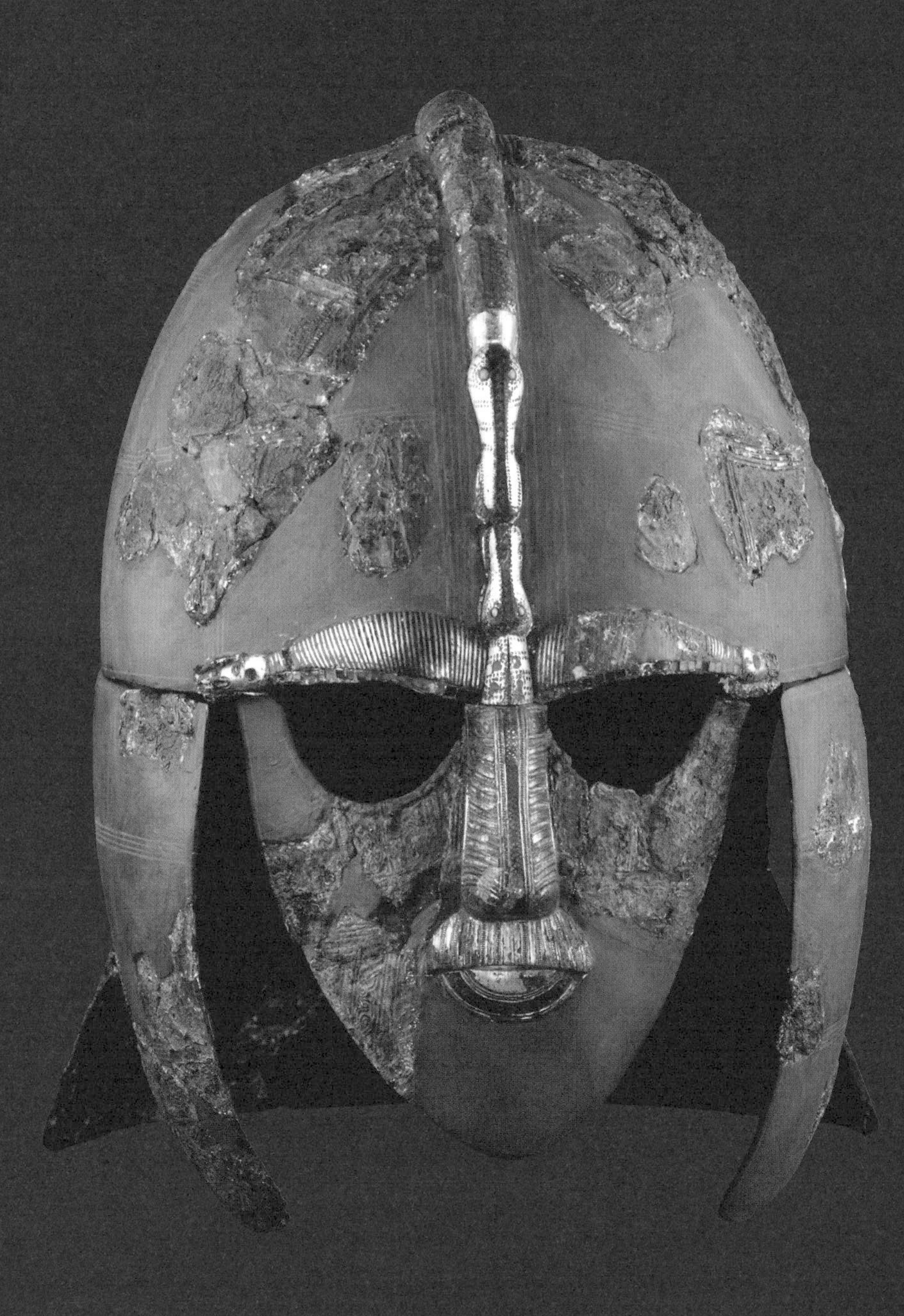

발굴 과정에서 부딪힌 커다란 수수께끼는 무덤에 시신이 없다는 점이었다. 앵거스 웨인라이트의 설명을 더 들어보자.

당시만 해도 이곳이 기념비, 즉 시신이 사라지고 없는 상태에서 만든 일종의 상징적인 무덤인지를 놓고 말들이 많았다. 하지만 요즈음 우리는 시신이 배 안에 묻혀 있다가 산성이 특히 강한 토양 때문에 녹아 없어졌다는 쪽에 무게를 두고 있다. 배는 물이 들어오지 못하도록 설계돼 있지만, 육지에 갖다놓으면 삼투압 때문에 토양을 통해 흘러나온 물이 배 안에 고여 기본적으로 산성을 띠는 물을 형성한다는 사실을 기억해야 한다. 이런 물에서는 시신이나 가죽, 나무 같은 유기체는 모두 형체도 없이 녹아버린다.

배 무덤의 발견은 영국 대중의 상상력을 사로잡았다. 사람들은 "영국의 투탕카멘 왕릉"이 발견됐다며 크게 환호했다. 그러나 1939년의 정치 상황은 발굴 작업에 차질을 빚었다. 다가오는 전쟁 때문에 발굴을 서둘러 진행해야 했고, 무덤 또한 독일어를 사용하는 민족이 먼 옛날 영국을 침략해 거둔 성공을 입증해 보였기 때문이다. 무덤에서 발견한 것들에 대해 앵거스 웨인라이트는 이렇게 설명한다.

발굴 초기 단계에서 선박용 대갈못이 발견됐다. 선박의 널빤지를 한데 고정하는 철제 대갈못이었다. 배의 뼈대를 이뤘을 목재도 발견됐다. 배는 완전히 썩어 없어졌지만 신기하게도 목재 형태는 겉이 딱딱하게 굳은 새카매진 모래 속에 보존돼 있었다. 신중을 기한 발굴 작업 끝에 배의 전체 윤곽이 드러났다. 길이 27미터인 배는 지금까지 발견된 앵글로색슨족 배를 통틀어 가장 크고 가장 완벽한 모습을 자랑한다.

배는 이 사람들에게 매우 중요했다. 그들에게 강과 바다는 소통 수단이었다. 당시에는 육로보다 해로를 이용하는 쪽이 훨씬 쉬웠기 때문에 이 사람들에게 가령 오늘날의 스윈던은 세상의 끄트머리에 해당했을 테지만 덴마크와 네덜란드 사람들은 가까운 이웃이었을 것이다.

우리는 배 주인이 누구인지 여전히 알지 못하지만 이 서턴 후 투구는 흐릿했던 과거의 얼굴을 드러내 보였다. 그때 이후로 이 얼굴은 책과 잡지와 신문을 통해 근엄한 눈초리를 던져왔다. 이제 투구는 영국 역사를 대표하는 유물로 자리 잡았다.

이것은 영웅의 투구다. 투구가 발견되자 사람들은 당장 앵글로색슨족의 위대한 서사시 『베어울프』를 떠올렸다. 1939년 여름까지만 해도 『베어울프』는 기본적으로 순전히 상상력에 기대, 전사들의 영광과 위대한 향연을 그린 판타지로 간주됐다. 그러나 큰 솥, 뿔잔, 악기, 눈에 띄게 잘 만든 무기, 사치스러운 생가죽과 모피 그리고 특히 엄청나게 많은 금은붙이와 함께 모습을 드러낸 서턴 후 무덤 배는 『베어울프』의 증거로, 그저 시인의 창작이 아니라 문자 사용 이전의 찬란했던 미지의 세계를 놀랍도록 정확하게 옮겨놓은 회고록인 셈이었다.

사진에서 보다시피 투구는 금박을 입힌 청동과 은사로 만든 동물 문양으로 장식돼 있으며 여기저기에 전투의 흔적도 남아 있다. 그렇다면 『베어울프』에는 뭐라고 쓰여 있는지 살펴보자.

> 머리를 보호하기 위해 그는 반짝이는 투구를 쓰고 다녔지만
> 진창에 얼룩지고 사나운 물 흐름에 더럽혀지기 일쑤였다.
> 투구를 만든 재료는 두드린 금이었다. 대장장이는 오래전에 뛰어난 솜씨로
> 머리 덮개에 기품 있게 테를 둘러 야생돼지 모양 걸쇠로 채웠다.
> 그 이후로 투구는 그 어떤 칼에도 끄떡없었다.

앵글로색슨족 시인은 서턴 후 투구와 아주 비슷한 무언가를 가까이에서 들여다보았던 것이 틀림없다.

나는 『베어울프』의 저 문장을 번역한 노벨 문학상 수상 시인 셰이머스 히니에게 서턴 후 투구를 어떻게 생각하느냐고 물었다.

> 나는 그 투구를 역사상의 인물과 관련지어 생각해본 적이 단 한 번도 없다. 나의 상상 속에서 투구는 『베어울프』의 세상에서 나와 그 시의 한복판에서 빛을 발하다가 다시 흙더미 속으로 사라진다. 상상력을 한껏 발휘하자면, 투구는 역사상의 왕이나 무덤에 묻힌 그 누군가와 함께 다시 땅속으로 돌아가 지하에서 점차 빛을 잃는다고 볼 수 있다. 『베어울프』에도 놀라운 장면이 하나 있다. 부족의 최후의 인물 '마지막 용사'는 보물을 비밀 저장소에 묻으며 "군주에게 속한 보물이여, 편히 쉬어라. 세상이 바뀌었다"라고 말한다. 그는 보물에 작별

을 고하고 땅에 묻는다. 그런 비애감이 투구 주위를 가득 에워싸는 것만 같다. 따라서 투구는 시에 속해 있기도 하지만 명백히 서턴 후의 묘실에도 속한다. 그러나 동시에 상상의 세계로 들어가기도 한다. 무덤을 뒤로한 채 그 시를 읽는 독자들과 대영박물관에서 유물을 구경하는 사람들을 감싸는 경이와 기쁨의 세계로 들어가는 것이다.

서턴 후 투구는 물론 시인의 상상 속 영웅이 아니라 역사에 실제로 존재한 통치자에게 속해 있었다. 문제는 그가 누구인지 모른다는 점이다. 그런 투구와 함께 묻힌 인물은 위대한 전사 부족장이 틀림없었을 것이라는 추측이 일반적이다. 우리는 늘 무덤에서 나온 부장품을 문서에 실제로 등장하는 인물과 관련짓고 싶어 하기 때문에, 비드(앵글로색슨 시대의 위대한 신학자이자 역사가: 옮긴이)의 『잉글랜드인의 교회사*Ecclesiastical History of the England People*』에 나오는 이스트앵글리아의 래드월드 왕이 오랫동안 유력한 후보자로 거론됐다. 래드월드 왕은 620년께 잉글랜드를 통틀어 가장 강력한 왕이었던 것으로 보인다.

그러나 확신할 수 있는 것은 없다. 래드월드의 후계자나 기록을 전혀 남기지 않은 어느 지도자일 가능성도 사실 배제할 수 없다. 따라서 이 투구는 역사와 상상의 경계선 어디쯤의 불확실한 영역을 떠돌며 계속 흥미를 자아낸다. 셰이머스 히니는 이렇게 말한다.

특히 2001년 9월 11일, 그러니까 소방관들이 뉴욕에서 동분서주 뛰어다닌 그날 이후 투구는 개인적으로 내게 새로운 의미로 다가왔다. 내게도 1980년대에 보스턴의 한 소방관에게서 받은 헬멧이 있기 때문이다. 소방용 헬멧이 흔히 그렇듯이 구리와 금속 뼈대 등으로 만들어 묵직했다. 나는 이 헬멧을 받으면서 그렌델을 죽이고 흐로스가르 왕에게 투구를 선물로 받을 때 베어울프가 느꼈을 심정과 크게 다르지 않은, 의식용 선물을 받아드는 뭉클한 심정을 느꼈다.

어떤 의미에서는 서턴 후 무덤 배 전체가 두 사람을 대신해 부와 권력을 단언하는 거대한 의식용 선물이다. 그 두 사람은 바로 그곳에 묻혀 큰 존경을 받은 남자와, 이 화려한 작별 행사를 조직하며 엄청난 재원을 주무른 남자다.

서턴 후 무덤 배는 『베어울프』라는 서사시를 뜻밖에 역사적 신빙성이 있는 것으로 만들었다. 이 과정에서 배는 영국 역사의 한 장을 차지하는 시기에 대한 우리의 관점을 크게 바꿔놓았다. 오랫동안 암흑기로 치부된 이 시기는 이제 이스트앵글리아를 스칸디나비아와 대서양뿐 아니라 궁극적으로 지중해 동부와 그 너머 세계와도 연결해준 매우 세련된 문화와 광범위한 국제 교역의 시대로 인식되기에 이르렀다.

배 무덤은 원래 스칸디나비아 사람들에게서 나온 발상이며, 서턴 후 배는 북해를 손쉽게 넘나들면서 이스트앵글리아를 오늘날의 덴마크, 노르웨이, 스웨덴을 포함하는 세계의 일부로 단단히 묶어준 종류의 배와 같은 것이다. 짐작하겠지만 투구는 스칸디나비아의 표현 양식을 따르고 있다. 그러나 배에는 프랑스에서 만든 금화와 영국 서부에서 만든 켈트 벽걸이 주발을 비롯해 비잔틴에서 만든 황실용 은식기와 인도나 스리랑카에서 건너왔을 석류석도 들어 있었다. 배 무덤은 본질적으로 이교도의 방식이지만, 은으로 만든 숟가락 두 점은 직접적이든 간접적이든 기독교 세계와 교류가 있었다는 사실을 분명히 보여준다. 이런 사실은 우리가 앵글로색슨족뿐 아니라 영국 자체에 대해서도 달리 생각해야 함을 강력하게 일깨워준다. 대서양 쪽 사람들은 어땠는지 몰라도, 이스트앵글리아 쪽 영국인들은 몇천 년 전부터 접촉과 교역과 이주를 통해 더 넓은 유럽의 일원으로 지내왔기 때문이다.

셰이머스 히니가 일깨워줬듯 앵글로색슨족의 배 무덤은 우리를 곧장 『베어울프』의 세상으로, 영국 시 전통의 토대로 데려간다. 그렇지만 사실 『베어울프』의 등장인물은 단 한 명도 영국인이 아니다. 그들은 스웨덴인과 덴마크인, 오늘날의 유럽 전역을 무대로 활약한 전사들이었으며, 반면 서턴 후 배 무덤에는 지중해 동부와 인도에서 건너온 보물이 들어 있다. 이런 유물이 전하는 영국 역사는 육지의 역사이자, 바다의 역사이며 곧 유럽 및 아시아까지 길게 이어져 있었던 섬의 역사다. 그 역사는 이미 600년부터 바다 건너 세상을 통해 형성되었다가 또다시 재형성되고 있었다.

48
모치카의 전사 항아리

페루에서 온 점토 항아리

AD 100~700

페루에는 서턴 후에서 나온 투구처럼 단지 얼굴만이 아니라 3차원으로 전사의 초상을 역사에 남긴, 지금은 대부분 잊힌 부족이 있다. 이 작은 조각상을 통해, 조각상이 보여주는 복장과 무기를 통해, 조각상의 제작 방식과 매장 방식을 통해, 우리는 잊힌 문명의 요소들을 조금씩 복원할 수 있다. 이 문명은 비슷한 시기에 유럽과 아시아에서 번성한 사회와 접촉할 가능성이 없었음에도 불구하고 놀랍게도 그들과 아주 많은 유사점을 보여준다.

역사는 몇 안 되는 아메리카 문화에만 친절을 베풀어왔다. 아즈텍과 잉카는 우리가 공유하는 상상 안에서 확고부동한 위치를 차지하지만, 모치카인들이 어디서 왔는지 아는 사람은 거의 없다. 초창기 아메리카 역사를 연구하는 학자들은 최근 들어 선진 유럽 문명과 어깨를 겨룰 만큼 매우 세련되었던 문명을 서서히 복원하기 시작했다. 모치카 문명은 아메리카의 과거를 다시 생각하는 그 작업의 중심에 있다.

2,000년 전쯤 모치카인들은 남아메리카 전역을 통틀어 짐작건대 처음으로 명실상부한 국가 구조를 지니는 사회를 건설했다. 모치카는 태평양과 안데스 산맥 사이의 사막이나 다를 바 없는 토질을 지닌 띠처럼 비좁은 지역에 위치하면서, 대략 로마의 세력 확장기인 기원전 200년경부터 이슬람의 정복기인 650년까지 800년 넘게 명맥을 유지한 문명이었다. 이 문명의 역사는 고고학을 통해서만 접근할 수 있다. 기록을 전혀 남기지 않았기 때문이다. 그러나 우리에게는 그들이 만든 항아리가 꽤 있다.

대영박물관의 계몽주의 전시실에는 이런 남아메리카 단지들이 즐비하게 진열돼 있다. 역사가 1,300년이 넘는 이 단지들은 선반에 나란히 앉아 독특한 광경을 연출한다. 그중에는 높이가 23센티미터가량 되는 갈색 점토 바탕에 크림색을 칠한 조각상도 연이어 놓여 있다. 이 조각상들은 하나의 완전한 세계를 이루는 듯 보인다. 그 세계에는 올빼미 한 쌍, 박쥐, 물고기를 잡아먹는 바다코

끼리, 사제와 전사들이 있다. 다들 조그만 조각상인 양 앉아 있지만, 고리 모양 손잡이와 주둥이가 달려 있다. 조각상이기도 하고 주전자이기도 하기 때문이다. 모치카의 우주를 대변해주는 토기들이다.

1,300년 전 페루 사회를 좀 더 자세히 들여다보기 위해 내가 고른 단지는 무릎을 꿇고 앉은 모치카의 젊은 전사 모습을 하고 있다. 그는 오른손에 마이크와 무척 비슷해 보이지만 실은 말 그대로 머리통을 으깨놓는 곤봉을 들고 있다. 왼쪽 팔뚝에는 조그만 원형 방패를 차고 있다. 짙은 구릿빛 피부에 흰색의 눈으로 사람을 사로잡는 시선을 던지며 앞을 응시하고 있다.

이런 항아리는 사회에 대한 정보를 알려주기도 하지만 예술 작품으로서도 가치가 높다. 모치카인들은 뛰어난 토기장이들이었다. 그들 못지않게 뛰어난 도공이면서 터너상을 수상하기도 한 그레이슨 페리가 그들이 만든 토기를 가장 잘 평가할 수 있을 것이다.

> 무엇보다도 형체가 아름답다. 마치 반질반질 광을 낸 것처럼 보일 정도다. 나 같으면 이런 효과를 내기 위해 숟가락 뒷면을 사용했을 테지만, 이 사람들은 아마도 뼈 도구를 사용한 듯하다. 그들은 틀 형성 기술에 능통한 전문가들이었고 틀을 이용해 이런 토기를 수없이 찍어냈다. 이런 토기를 이미 몇백 개나 만들었으니, 매번 토기를 만들 때마다 얼마나 자신감에 넘쳤을지 생각해보라.

고고학자들이 모치카 매장지를 발굴할 때면 이따금 이런 식으로 장식된 항아리가 우르르 쏟아져 나온다. 더러 항아리 수십 개가 반복된 주제와 테마를 이뤄 질서정연하게 놓여 있기도 하다. 현재까지 살아남은 실로 어마어마하게 많은 모치카 항아리는 모치카 사회가 상당히 큰 규모로 돌아갔음을 분명하게 말한다. 이런 항아리를 만들려면 기술자 교육은 물론 대량생산과 유통을 담당하는 정교한 구조를 갖춘 산업이 있어야 하기 때문이다.

모치카의 영토는 현재의 페루에 해당하는 태평양 연안을 따라 560킬로미터가량 뻗어 있었다. 그들의 영토는 한쪽은 바다에, 그 반대쪽은 산에 갇힌 말 그대로 '비좁은 공간'이었으며, 대부분은 사막이었다. 그러나 그들이 건설한 정착지 가운데 오늘날의 페루 트루히요 시 남쪽 외곽에 있던 것이 가장 큰데, 이곳은 큰길, 운하, 광장, 산업 지구를 갖춘 남아메리카 최초의 명실상부한 도시로, 같은 시기의 로마 도시가 그 정도 환경을 갖췄다면 아마 꽤 자랑스럽게 여졌을 것이다. 그들이 산악 지방의 강물을 끌어들이기 위해 사용한 운하망의 흔적이 오늘날까지도 여전히 눈에 띈다. 그들은 물고기, 조개, 바다표범, 고래, 물새들의 낙원인 태평양의 혜택을 누리기도 했다. 대영박물관에 있는, 큰 배를 타고 참치를 잡는 모치카 어부의 단지를 보면 알 수 있다. 치밀한 환경 관리와 관개 사업을 통해 모치카인들은 옥수수와 콩을 기르는 한편, 야마, 오리, 돼지쥐를 키웠다. 덕분에 오늘날의 세 배에 이르는 인구를 문제없이 먹여 살릴 수 있었다.

그러나 인간의 역사가 대개 그렇듯이 사회가 예술 활동을 통해 기리는 대상은 관개 사업이나 농사 같은 위대한 행동이 아니다. 그것은 바로 전쟁이었다. 전쟁과 전사들을 기리는 의식은 모치카 예술의 핵심을 이룬다. 모치카 예술을 보면 전사가 얼마나 중요한지 알 수 있으며 그 비중은 유럽의 로마나 앵글로색슨 사회 못지않게 컸다. 하지만 모치카 사회에서는 전쟁과 종교가 유럽인들에게는 낯설 수도 있는 방식을 통해 하나로 통합됐다. 모치카인에게 싸움은 의식의 측면이 매우 강했다. 사진에 담긴 이 전사는 방어용 무기로는 만찬용 접시보다 조금 클까 말까 한 조그만 원형 방패를, 공격용 무기로는 두개골을 단번에 박살낼 수 있는 묵직한 나무 곤봉을 들고 있다. 화려한 복장은 그가 상류층 청년이라는 사실을 암시하지만, 그는 분명히 보병이다. 이 당시 남아메리카에는 말이 없었고, 말은 나중에 유럽인들과 함께 도래했다. 따라서 모치카 사회에서는 아무리 신분이 높다 하더라도 도보로 다니면서 싸워야 했다.

이 청년처럼 곤봉과 조그만 방패로 무장하고 일대일로 맞붙어 싸우는 전사들의 모습을 보여주는 단지들도 있다. 실제 전투 장면일 가능성이 높지만 이 단지들을 끼워 맞춰 유추해볼 때 모치카 신화의 일부일 가능성도 짙다. 이런 단지들은 순전히 매장과 희생 제의를 위해 만들어진 듯 보이며, 삶과 죽음이라는 주제를 극도로 엄숙하게 다루고 있는 듯하다. 전체적으로 볼 때 단지들이 전하는 이야기는 섬뜩하다. 이런 대결에서 진다는 것은 곧 체면을 잃는 것보다 훨씬 더 가혹한 일을 겪는다는 것을 의미했다. 대결에서 패배한 전사는 제물로 바쳐진다. 짐승의 머리를 한 인물이 전사의 목을 베면 다른 이들이 그 피를 마신다. 이처럼 무시무시한 이야기는 예술가의 창작이 결코 아니다. 유명한 고고학자 스티븐 버짓 박사는 그런 일이 실제로 일어났다는 증거를 찾아냈다.

> 제의를 지내는 장소를 발굴한 결과 다양한 의식에서 희생된 전사 약 75명과

모치카 항아리들. 바다사자, 사제, 전사, 박쥐, 올빼미 한 쌍이 나열돼 있다.

제의를 주도한 사제 두 명의 무덤이 나왔다. 무덤 한 곳에는 인간의 피가 묻어 있는 나무 곤봉도 들어 있었다. 이로써 우리는 결정적인 단서와 신전에 나란히 누워 있는 희생자들을 확보했다.

이 전사들은 18세에서 39세 사이의 건장한 남자들이었다. 전투에서 입은 듯한 옛날 상처가 많았지만 새로운 상처도 많았다. 예를 들면 목, 팔, 얼굴 등에 나 있는 자상이 그랬다. 이런 상처는 그들이 목을 찔린 외에도 얼굴 가죽이 벗겨지거나, 아니면 팔이 잘려 나갔다는 사실을 암시했다. 몇몇은 살점을 완전히 발라냈는지 그야말로 뼈밖에 없었다. 심지어 어떤 경우에는 일종의 용기로 둔갑한 인간의 두개골도 두 개나 있었다.

이 오싹하면서도 흥미진진한 이야기에는 풀어야 할 수수께끼가 아직도 많다. 모치카는 서턴 후 배 무덤(47장)이 등장한 시기와 거의 비슷한 7세기에 이런 공포영화 같은 항아리의 제작을 포함한 다른 모든 활동을 전면 중단했다. 이유를 설명해주는 문자 기록이 전혀 없어 확인할 길은 없지만 기후 변화가 원인일 가능성이 가장 높다. 몇십 년 넘게 쏟아진 집중 호우에 뒤이어 찾아온 가뭄은 모치카의 민감한 농업 생태계를 교란하면서 국가의 하부구조와 농토 대부분을 파괴했다. 사람들은 이 지역을 완전히 포기하지는 않았지만 무엇보다 요새지 건설에 기술을 투입한 듯하다. 이는 그들의 세계가 점차 줄어드는 자연 자원을 놓고 경쟁하는 상태로 치닫고 있었다는 의미로 해석할 수 있다. 이유가 무엇이든 그로부터 600년대의 몇십 년 동안 모치카 국가와 문명은 붕괴하고 말았다.

오늘날의 유럽에서 살아가는 우리 대부분에게는 모치카와 다른 남아메리카 문화가 낯설고 받아들이기가 힘들다. 부분적인 이유를 들자면 그들이 아시아나 아프리카, 유럽과는 성격이 매우 다른 문화 패턴에 속해 있기 때문이다. 몇천 년 동안 아메리카 대륙은 외따로 동떨어진 채 자신들만의 역사를 써 나갔다. 그러나 발굴 작업을 통해 그들의 이야기가 한 꺼풀씩 드러나면서 그들 역시 자연과 자원을 활용하는 문제, 기근을 막는 문제, 신을 달래는 문제, 전쟁을 벌이는 문제 등 다른 세계와 똑같은 곤경에 직면했으며 다른 세계와 똑같이 응집력과 지속성을 갖춘 국가를 건설하려는 노력으로 문제를 해결하고자 했다는 사실을 확인할 수 있다. 세계 전역에서와 마찬가지로 아메리카에서도 무시되어왔던 역사를 복원해 현대의 정체성을 확립하려는 움직임이 일고 있다. 스티븐 버짓은 이런 움직임을 상세히 설명한다.

> 오늘날의 페루를 볼 때 흥미로운 점 하나는 그들 역시 고대로 거슬러 올라가는 위대한 과거를 지니고 있으며, 현재의 일부를 이루기도 하는 바로 그 과거를 통해 정체성을 세우려는 움직임을 보이고 있다는 사실이다. 이는 멕시코, 아마도 이집트, 그리고 내 생각에는 결국 중국에서도 일어날 일이다. 따라서 페루의 과거는 곧 페루의 미래이기도 하다. 내가 보건대 모치카는 결국 마야나 잉카 또는 그 문제와 관련해서라면 아즈텍과도 동등한 이름이 될 것이다. 결국 모치카는 세계 유산의 일부가 될 것이다.

아메리카 문명을 바라볼수록 우리는 그들의 이야기가 전 세계에서 일관되게 발견되는 놀랍도록 비슷한 형식을 따른다는 사실을 알 수 있다. 그런 이야기는 현대로 들어설수록 정치적으로 더욱 중요한 의미를 띨 수밖에 없다. 다음 장에서는 1,300년 전의 사건이 오늘날의 한국에서 어떤 의미를 지니는지 살펴볼 예정이다.

49
한국 기와

한국에서 온 토제 기와

700~800 AD

휴대전화를 사용하거나 차를 운전하거나 텔레비전을 시청하고 있다면 그런 물건 중 적어도 하나는 한국에서 생산됐을 가능성이 높다. 한국은 아시아의 '호랑이' 경제권 가운데 하나로, 전 세계에 첨단 과학기술 제품을 공급하는 나라다. 우리는 한국을 세계 무대에 나온 지 얼마 되지 않는 풋내기로 생각하는 경향이 있지만 한국인들 생각은 다르다. 한국은 중국과 일본의 관계에서 늘 중심축 구실을 해왔을 뿐만 아니라 오랜 과학기술의 전통을 자랑하는 나라이기 때문이다. 예를 들어 유럽보다 훨씬 전에 금속활자를 처음 세상에 선보인 나라가 바로 한국이다. 기술력 말고 오늘날 사람들이 한국에 대해 알고 있는 다른 점이 있다면 1953년 한국전쟁이 끝난 이후로 공산주의 북한과 자본주의 남한으로 갈려 지내왔다는 씁쓸한 사실이다.

이 기와는 서기 700년경 한국의 것이다. 당시 한국에서는 새로 통일을 이룬 국가가 전성기를 구가하고 있었다. 현재 북한과 남한에서는 한국 역사의 이 시기를 각기 다르게 해석하지만, 오늘날 한국인의 정체성을 정의할 때 이 시기는 여전히 중요한 비중을 차지한다.

700년 무렵 한국은 이미 부유한 도시화된 국가이자, 저 유명한 비단길의 마지막 길목에서 중요한 몫을 담당하는 무역 국가였다. 하지만 사진의 이 유물에 들어간 재료는 귀한 비단이 아니라 값싼 점토다. 그러나 점토는 한국의 '황금기'에 대해 상당히 많은 정보를 알려준다.

이 시기의 흥미로운 점 하나는 유라시아의 광대한 대륙 양쪽 끝에서 비슷한 정치적 변화가 일어나고 있었다는 사실이다. 부족과 군소 왕국들이 오늘날 우리가 알고 있는 민족 국가 가운데 일부로 발전하게 되는 더 큰 단위 공동체로 통합되기 시작했다. 한쪽에는 영국과 덴마크가, 그 반대편에는 한국과 일본이 있었다. 이 시기는 이 나라들에 말할 수 없이 중요했다.

중국 북동부와 일본 사이에 낀 한반도는 그 당시의 영국과 마찬가지로 여러

왕국으로 갈린 채 서로 아옹다옹하고 있었다. 668년 한반도 최남단에 있는 왕국 신라가 오늘날과 마찬가지로 아시아 지역의 초강대국인 중국 당나라의 지원을 등에 업고 이웃 나라들을 정복했다. 남쪽 끝에서부터 오늘날의 평양에 이르는 북쪽 지역까지 통치권을 행사한 것이다. 물론 그 너머 북쪽(오늘날의 중국과 마주보는 국경 지대)을 지배한 적은 없지만 통일왕국 신라는 그 뒤 300년 동안 남쪽에 위치한 수도 경주에서 오늘날의 한반도 대부분을 다스렸다. 경주는 새로 지은 웅장한 건물로 눈부시게 치장한 도시였다. 대영박물관에 있는 이 토제 기와는 원래는 그런 새 건물 가운데 한 곳, 그중에서도 사원을 장식하고 있었다. 기와는 700년 무렵 젊은 국가 신라의 업적과 상황에 대해 많은 정보를 알려준다.

이 기와는 크기가 커다란 옛날 지붕 슬레이트와 비슷하다. 가로와 세로가 각각 30센티미터를 넘지 않으며, 재료는 묵직한 유백색 점토다. 위쪽과 양쪽 옆으로 투박하게 테두리를 둘렀으며, 중앙에는 밖을 똑바로 쏘아보는 무시무시한 얼굴이 있다. 뭉툭한 코와 툭 불거져 나온 눈, 조그만 뿔과 무성한 구레나룻이 중국 용과 페키니즈 개를 섞어놓은 듯하다. 기와는 같은 시기에 나온 당나라 기와와 매우 비슷하지만 중국 기와는 분명히 아니다. 이빨을 한껏 드러내고 크게 웃는 중국 용과 달리 여기서는 주둥이가 작고 공격적이다. 그 형체 양식에는 중국에서 찾아볼 수 없는 투박한 생동감이 있다.

기와의 얼굴은 동양의 이무깃돌과 약간 닮았으며 실제로 그런 용도로 쓰였을 가능성이 아주 높다. 아마 이무깃돌처럼 사원이나 웅장한 저택 지붕에 있었을 것이다. 이목구비가 매우 투박하다는 점으로 미뤄 축축한 상태의 점토를 아주 간단한 거푸집에 눌러 찍어내는 방법으로 만든 것이 분명하다. 따라서 대량으로 생산된 물건이 확실한데, 이 기와가 그토록 흥미로운 이유는 바로 그 점 때문이다. 한때 주를 이뤘던 이엉지붕은 번영일로에 있는 신라에 들어와 기와지붕으로 바뀌었고, 이 기와는 새로운 지붕을 덮기 위해 찍어내기 시작한 그런 기와 수만 개 가운데 하나에 지나지 않는다.

한국 전문가 제인 포털 박사는 신라가 경주처럼 웅장한 수도를 건설하고 싶어 한 이유와 새로운 주택이 그렇게 많이 필요한 이유를 다음과 같이 설명한다.

> 경주라는 도시는 기본적으로 당시 세계 최대 도시인 당나라 수도 장안을 따르고 있었다. 신라가 한반도 대부분을 통일하자 경주는 엄청난 속도로 발전했다. 신라에 패배한 왕국의 귀족들 상당수가 경주에서 생활해야 했고 그들은 기

와지붕을 얹은 웅장한 주택을 소유했다. 기와 지붕은 새로운 유행이었고 따라서 이 기와는 높은 사회적 신분을 상징하는 물건이었을 것이다.

기와가 인기 있었던 이유는 값이 비싸기 때문이기도 했지만 무엇보다도 전통적인 지붕 재료인 이엉과 달리 불이 붙지 않았기 때문이다. 불이 잘 붙는 이엉지붕은 고대 도시 어디에서나 물리적으로 큰 위협 요소였다. 이와 달리 기와지붕은 안전했고 따라서 9세기의 한 논객이 최전성기에 있는 도시의 눈부신 장관을 노래하면서 지붕에 시적인 초점을 맞춘 것은 지극히 당연한 일이었다.

> 주택 17만 8,936채로 이뤄진 수도 경주. (중략) 귀족들은 사계절에 각각 맞춰 정원이 딸린 저택을 지어놓고 계절별로 그곳에 들렀다. 수도에는 기와지붕을 얹은 집들이 나란히 줄지어 서 있었다. 초가지붕을 얹은 집은 한 채도 없었다. 조화로운 축복과 함께 가랑비가 내려 거둬들이는 작물마다 풍년을 이뤘다.

그러나 이 기와는 단지 '가랑비'에 대비하려는 목적만 있는 것이 아니었다. 그런 용도라면 아무런 장식 없이 밋밋한 기와로도 충분했다. 장식한 용마루 끝머리에 앉아 도시 전역을 쏘아봤을 이 용 문양 기와는 눈에 보이지 않는 악귀와 악령을 물리치는 임무를 띠고 있었다. 날씨뿐만 아니라 악의 세력에 대항해 도시를 지키는 역할이었다.

이 기와의 용은, 어떤 의미에서 보면 경주의 시가 위쪽, 우뚝 솟은 지붕 위에서 끊임없이 벌어지는 영혼의 전투에 동원된 미약한 보병이었을 뿐이다. 용은 국민과 국가를 보호하기 위해 항시 대기하면서 사악한 영의 기운에 맞서 방패막을 형성했던 40가지 수호령 가운데 하나일 뿐이었다. 그러나 땅에서도 위협이 있었다. 억지로 경주에서 살아야 했던 귀족들 같은 반역 세력과 해안에 자주 출몰한 왜구였다. 용은 가정의 안전을 지켜주기도 했지만, 모든 역대 신라 왕들은 그 정도가 아니라 거대하고도 지속적인 정치적 위기 상황을, 용의 얼굴을 한 기와로도 막을 수 없는 위협을 타개해야 했다. 강력한 이웃 당나라가 드리우는 불안한 그림자 속에서 행동의 자유를 지켜내는 것이 신라 왕들의 숙제였다.

중국은 신라를 지원해 한반도를 통일하는 군사 원정에 나섰지만 그런 행동은 새로운 왕국을 집어삼키기 위한 사전 포석일 뿐이었다. 따라서 신라 왕은 기민성과 과단성을 발휘해 우방 관계를 유지하는 동시에 중국 황제에 맞서야 했다. 문화의 측면에서도 종속과 자치 사이에서 균형을 이루려는 이처럼 미묘한 저울질은 그때부터 오늘날에 이르기까지 몇 세기에 걸쳐 한국 외교정책의 핵심 요소로 자리해왔다.

비단길 끄트머리에서 번영과 안정을 구가한 통일 왕국 신라 시대는 한국 역사에서 건축과 문학, 천문학과 수학의 '황금기'로, 독창성과 학문으로 대변되는 위대한 시기 중 하나로 꼽힌다. 이처럼 무시무시한 용 문양 기와는 오랫동안 경주와 그 너머의 지붕 풍광을 특징짓는 요소로 남았다. 신라의 유산은 오늘날까지도 한국에서 뚜렷이 나타난다. 한국 국립중앙박물관 관장이었던 최광식 박사의 설명을 들어보자.

> 한국 문화에서 지붕 기와가 지니는 문화적 측면은 지금도 여전하다. 일례로, 경주에 가보면 거리나 도로에서 똑같은 문양을 볼 수 있다. 따라서 그런 점에서 기와는 이제 옛것이 되긴 했지만 문화를 통해 계속 명맥을 이어나간다. 어떤 의미에서 기와는 한국인들에게 어머니 모습 같은 존재다. 그런 의미에서 신라는 한국 역사에서 매우 중요한 시기 가운데 하나라고 하는 것이다.

그러나 거리에 현존하는 문양과 질긴 문화적 지속성에도 불구하고 오늘날의 한국인 모두가 신라의 유산을 그런 식으로 읽거나, 신라를 어머니 문화라고 주장하지는 않을 것이다. 제인 포털은 오늘날 기와가 지니는 의미를 이렇게 설명한다.

> 오늘날 한국인들이 신라를 어떻게 생각하는지는 사는 곳에 따라 달라진다. 남한에 살고 있는 사람들에게는 신라가 중국의 침략을 격퇴한 자랑스러운 순간을 의미한다. 덕분에 한반도는 중국에서 독립해 발전할 수 있었다. 하지만 북한에 살고 있는 사람들은 신라가 역사적으로 지나치게 강조되어 있다고 생각한다. 사실 신라는 남쪽, 다시 말해 한반도의 3분의 2를 통일했을 뿐이기 때문이다. 신라가 어떤 의미를 띠는지는 군사분계선 어느 쪽에 사느냐에 따라 달라진다.

1,300년 전의 상황이 진정 어땠는가 하는 것은 오늘날 북한과 남한 사이에 놓여 있는 수많은 문제 가운데 하나다. 거의 늘 그렇듯이 역사를 어떻게 읽느냐는 그것을 어느 방향에서 읽느냐에 따라 달라진다.

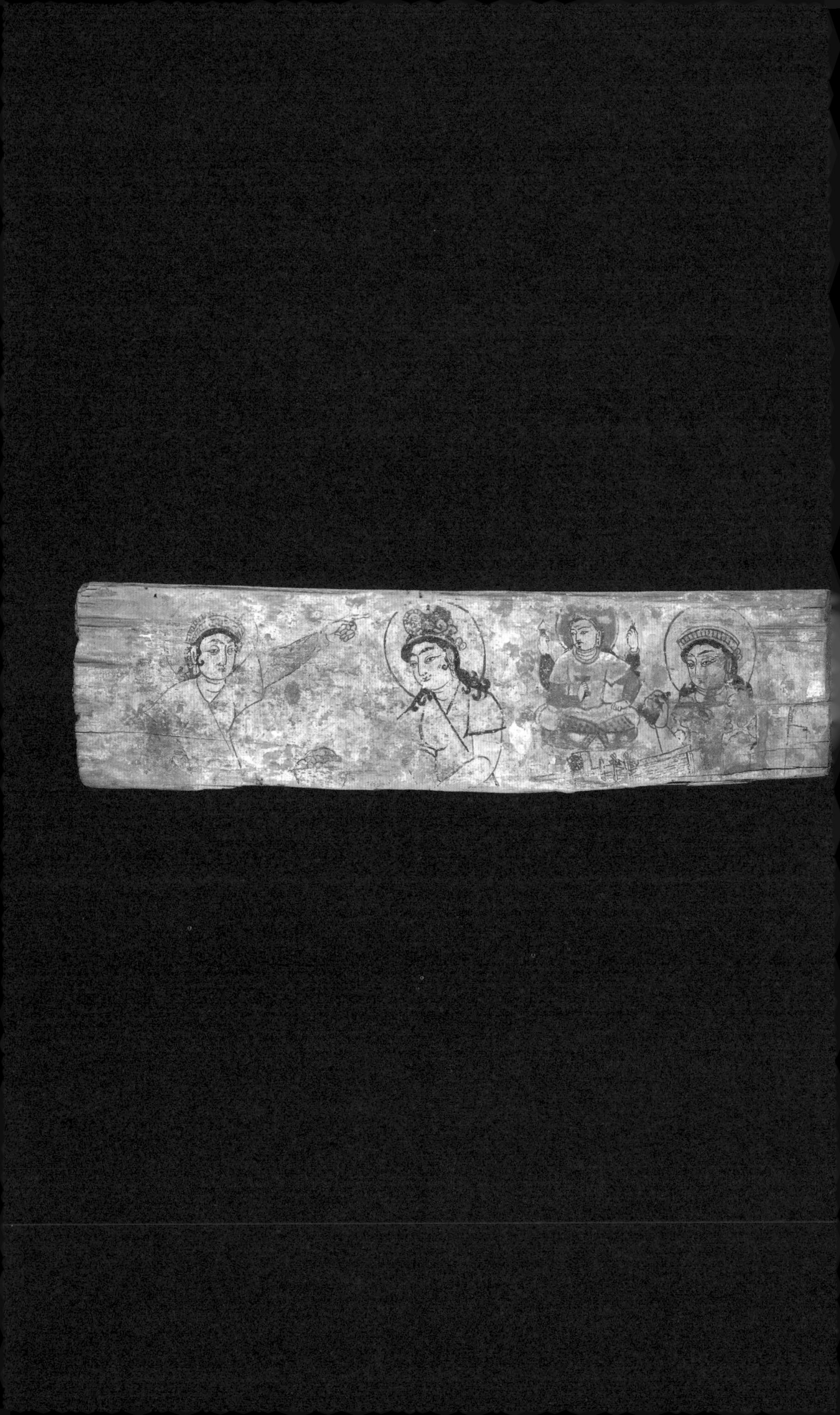

50
비단 공주 그림

중국 신장 성에서 온 비단 그림

600~800 AD

옛날 옛적, 까마득히 먼 옛날, 비단의 나라에 아름다운 한 공주가 살고 있었단다. 하루는 공주의 아버지 황제가 딸에게 저 멀리 있는 옥의 나라 왕과 결혼해야 한다고 말했지. 그런데 옥왕은 비단을 만들 줄 몰랐단다. 황제가 비밀을 철저히 숨겼기 때문이지. 그래서 공주는 새 백성에게 비단을 선물하기로 마음먹었단다. 공주는 꾀를 하나 냈지. 공주는 비단을 만드는 데 필요한 것들, 곧 누에와 뽕나무 씨앗을 챙겨 머리 장식 속에 숨겼단다. 아버지의 호위병들이 감히 새 집으로 떠나는 자신을 세워놓고 수색할 리가 없다는 것을 알았기 때문이지. 얘야, 이것이 바로 허텐(Khotan)이 비단을 얻게 된 사연이란다.

역사상 가장 뛰어난 기술을 발휘한 절도 중 하나를 설명하기 위해 나 나름대로 '그렇게 해서' 풍의 이야기를 이렇게 지어봤다. '비단 공주의 전설'로 알려져 있는 이 이야기는 1,300년 정도 된 널빤지에 담긴 그림을 통해 우리에게 모습을 드러낸다. 그림은 현재 대영박물관에 있지만, 원래는 그 유명한 비단길 위의 어느 오래된 버려진 도시에서 발견되었다.

700년께의 세계는 사람과 물건의 행렬이 끝도 없이 이어지는 세상으로, 지금처럼 분주하기 이를 데 없는 고속도로가 중국에서 길게 뻗어 나와 있었다. 이것이 비단길인데, 사실 비단길은 도로 하나가 아니라 장장 6,400킬로미터에 걸쳐 태평양과 지중해를 훌륭하게 연결한 도로망이었다. 이 고속도로를 오가는 상품은 하나같이 귀하고 이국적이었다. 금, 보석, 향신료, 비단 같은 상품들과 함께 이야기와 사상과 신앙 그리고 무엇보다도 우리의 이 이야기에서 빼놓을 수 없는 과학기술도 오갔다.

이 그림은 중앙아시아의 허텐이라는 오아시스 왕국에서 나왔다. 허텐은 현재 중국 서부에 속해 있지만 8세기에는 독립된 왕국으로, 물과 휴식과 비단 기술자를 대는 비단길의 요지였다. 허텐의 이야기꾼들은 몇천 년 넘게 중국이 독점한 비단 생산의 비밀이 허텐에 이르게 된 과정을 설명하기 위해 전설을 만들어냈다. 그 결과가 바로 이 그림에 묘사된 비단 공주 이야기다.

이야기가 그려진 이 나무판은 허텐의 버려진 작은 불교 사원에서 발견됐다. 사원이 있던 작은 도시에는 사원과 수도원이 셀 수 없이 많았다. 이곳들은 모래 밑으로 1,000년 넘게 사라졌다가 19세기 말에 이르러서야 비단길 고고학을 개척한 선구자 중 한 사람인 박식한 학자 아우렐 스타인 경의 눈에 띄어 비로소 세상에 다시 나오게 됐다. 무역과 문화의 중심지로서 허텐이 얼마나 중요한 곳인지 밝혀낸 인물이 바로 스타인이었다.

그림은 크기가 컴퓨터 키보드만 한 거친 널빤지에 그려져 있다. 그림 속 인물들은 군데군데 붉은색과 푸른색으로 칠해져 있기는 해도 주로 검은색과 흰색을 써서 매우 단순하게 처리돼 있다. 아무래도 예술 작품으로 보기 어렵지만, 원래도 그럴 의도로 그려진 게 아니었다. 이 그림은 이야기꾼이 이야기를 풀어나가는 데 도움을 주려는 용도로 만들어졌을 뿐이다. 한마디로 '비망록'인 셈이다. 정중앙에 있는 인물이 비단 공주로, 크고 도드라지는 머리 장식을 하고 있다. 바로 이 머리 장식이 이야기의 핵심이라는 사실을 주지시키기 위해 왼쪽의 하녀가 과장된 동작으로 머리 장식을 가리키고 있다. 아마도 화자는 이 다음 장면에서 그 안에 비단을 만드는 데 필요한 모든 것, 곧 누에나방 애벌레와 애벌레가 토해내는 누에고치 그리고 애벌레의 주식인 뽕나무 씨앗이 들어 있다는 사실을 밝혔을 것이다. 누에가 뽕나무 잎을 먹기 때문이다. 공주가 자리한 바로 그 앞을 보면 우리는 그다음에 어떤 일이 일어나는지 알 수 있다. 누에고치가 바구니에 담겨 있고, 오른쪽 끝에서는 한 사람이 열심히 비단 실을 자아 천을 짜고 있다. 따라서 공주는 무사히 허텐에 도착한 것이 분명하며 그녀의 계략은 성공을 거뒀다. 간단하게 세 장면으로 이뤄진 이 이야기는 동쪽에서 서쪽으로 지식과 기술의 이동이 부른 변혁을 기발하게 기록한 자료다.

우리는 이미 오래전부터 비단길이 8세기의 경제와 지성의 영역에서 아주 중요한 역할을 했다는 사실을 알고 있다. 하지만 비단길이 낭만적인 명성을 얻기 시작한 것은 비교적 최근에 들어와서다. 기행문 작가이자 소설가인 콜린 서브런의 설명을 들어보자.

> 사람들의 이동, 상품의 이동, 특히 발명과 사상의 이동 그리고 물론 종교의 이동이라는 측면에서 볼 때 역사에서 비단길의 중요성은 아무리 강조해도 지나

치지 않다. 인도 북쪽에서 나와 동쪽을 거쳐 중국에 이른 불교가 됐든, 아시아 깊숙이까지 들어간 이슬람이 됐든, 이는 모두 비단길 덕분에 일어난 일이다.

'비단길'이라는 용어는 페르디난트 폰 리히트호펜이라는 독일 지리학자가 1887년에야 만들었다. 전에는 절대 그렇게 부르지 않았다. 하지만 그 용어가 생긴 후에는 그 길에 비단이 갖는 낭만, 아름다움, 화려함이 깃들기 시작했다.

수수께끼는 이따금 스스로를 설명하는 이야기를 만들어낸다. 비단은 이 교역로를 오간 상품을 통틀어 가장 중요했던 만큼, 비단을 만드는 기술의 비밀은 신화를 만들어낼 수밖에 없었다. 사치스럽고 아름다우면서 오래가기까지 하는 비단은 4,000여 년보다 더 전에 이 천을 만들어 오랫동안 독차지한 땅, 곧 고대 중국과 거의 동의어로 자리 잡았다. 로마제국이 등장하기 아주 오래전부터 중국에서는 이미 비단을 제조해 산업 규모로 수출하고 있었다. 비단을 생산하는 방법은 철저히 비밀에 부쳐졌다. 하지만 이처럼 수지가 남는 비밀은 오래가지 못하기 마련이며 허톈은 그 수혜자 가운데 하나였다.

다시 그림으로 돌아가면 이 이야기에서 넷째 인물이 눈에 띈다. 네 팔로 얼레와 북을 들고 있는 남자다. 그는 비단의 신으로, 이 모든 장면을 주관하면서 신으로서 판단을 내려 공주가 산업 스파이가 아니라 용감한 은인이라는 점을 못 박는다. 그 결과 동화 속 이야기는 신화의 지위를 얻게 된다. 비단 공주는 신들에게서 불을 훔친 프로메테우스에 필적하지는 못해도 특정 민족에게 지식과 기술을 선물로 준 신화 속의 위대한 은인의 전통에 굳건히 서 있다.

그림으로 표현한 이 이야기를 글로 써둔 것을 읽으면 다음에 어떤 일이 일어났는지 알 수 있다. 공주는 신들에게 감사를 드리고 허톈이 비단의 비밀을 영원히 지킬 수 있도록 했다.

그러고 나서 공주는 누에가 맨 처음 알을 깐 곳에 이 사원을 세웠다. 이 근처에 오래된 뽕나무 그루터기가 꽤 있는데, 사람들은 그것들이 처음 심은 뽕나무들일 거라고 말한다. 옛날부터 지금에 이르기까지 이 왕국에서는 누에를 소중히 여기면서 아무도 죽이지 못하게 했다.

비단 생산은 지금도 여전히 허톈의 중요한 산업이다. 1,000명이 넘는 근로자들이 천과 옷, 깔개 형태로 매년 1.5억 미터에 이르는 비단을 생산한다.

(왼쪽부터) 비단 공주, 비단의 신, 비단 실을 잣는 인부

물론 비단이 실제로 허텐까지 오게 된 진짜 경위는 확인할 길이 없지만 사상과 이야기와 신들과 비단이 비단길을 따라 이쪽저쪽으로 오갔다는 사실은 익히 알려진 사실이다. 첼리스트이자 작곡가인 요요마는 오래전부터 비단길을 연구해왔다.

> 나는 특히 어떻게 음악이 멀리까지 여행할 수 있었는지에 관심이 많다. 우리에겐 약 100여 년 전 기록밖에 없기 때문에 구전과 박물관에 보관된 것들 같은 다른 종류의 상징물과 이야기 등을 참고해 사상과 물질이 어떤 식으로 오갔는지를 그려보는 수밖에 없다. 물건이 나오게 된 기원을 자세히 들여다보면 그 지역적인 것 안에서 세계적인 요소들을 찾아낼 수 있다. 물론 그러려면 넓게 생각해야 하지만, 그 대상은 사실 이야기, 우화, 물질이라는 일상적인 것들로 좁혀진다. 비단은 그런 이야기 가운데 하나다.

지금 나는 이 그림을 이것의 맨처음 의도한 용도대로 이야기를 풀어나가는 수단으로 사용하고 있다. 원래 누가 이 그림을 사용했는지는 알 수 없지만 아우렐 스타인이 이것을 발견한 사원에서 크게 감동했다는 사실은 다들 알고 있다.

> 나중에 발견된 다른 편액들도 모두 마찬가지지만 (중략) 그림이 그려진 이 편액들은 맨 처음 독실한 신자가 봉헌물로 바치면서 놓아둔 위치에서 한 치도 흐트러짐 없이 그대로 있었다. 이보다 훨씬 보잘것없지만 감동을 준다는 점에서는 아무런 차이가 없는 다른 유물들이 있는데, 그것들은 이 작은 사원의 마지막 예불 장면을 생생하게 떠올릴 수 있게 해줬다. 기단 근처 바닥과 그 주변 모퉁이에서 아주 오래된 비 몇 자루가 눈에 띄었다. 마지막 행자들이 먼지와 모래의 공격에서 성스러운 물건들을 깨끗하게 지켜내기 위해 사용했던 것이 틀림없었다.

이 빗자루들이 깨끗하게 지켜낸 것은 비단 공주 그림만이 아니었다. 이 불교 사원에는 부처 형상뿐 아니라 힌두 신 시바와 브라마의 그림 형상도 있었다. 이곳의 다른 사원에서도 지역 토착 신들의 형상은 물론, 부처와 힌두 신들과 이란의 신들의 형상을 볼 수 있다. 이처럼 비단길을 오갔던 신들은 상인들과 마찬가지로 편의 시설을 즐거이 나눠 사용한 것이다.

PART II

궁전 안쪽: 궁중의 비밀

AD 700~900

II부에서는 공권력을 친숙하면서도 은밀하게 드러내는 유물을 통해 전 세계 황실의 삶을 들여다볼 참이다. 용도는 제각각 달랐지만 이 유물들은 모두 세계의 지배자들이 자기 자신에게는 물론 궁정 대신과 신들에게 자신의 권위를 거듭 천명하려는 목적에서 만들어졌다. 때로 유물들은 그 지배자들이 그들의 권한에 따르는 의무로 여겼던 것들이 무엇인지 보여주기도 한다. 중국 당나라, 이슬람 제국, 중앙아메리카의 마야 문명 모두 이 시기에 절정을 이뤘다. 중세 유럽은 혼란 속에서 허우적거렸지만 프랑크 황제의 궁정에서처럼 예술적으로 높은 성과를 거두는 순간도 있었다.

51

왕실의 사혈 의식을 보여주는 마야 부조

멕시코 야슈칠란에서 온 석조 부조

700~750 AD

꼭대기에 있으면 고달프다. 혹은 적어도 정상에 있는 사람들은 우리 같은 사람들이 그렇게 생각해주기를 바란다. 기나긴 하루, 사생활 부재, 막중한 책임 등등. 물론 우리는 대신 그 보답으로 지위와 부를 누리지 않느냐고 주장할 것이다. 게다가 많은 사람들이 그 특별한 거래 조건에 아주 만족하는 듯 보인다. 그러나 여기에 묘사된 것 같은 끔찍한 시련을 수시로 감내해야 한다면, 아무리 특권을 많이 누린다 해도 누군가를 부러워하는 것에 대해 대부분의 사람들이 다시 생각하게 될 것이다. 나는 그 모습을 보는 것만으로도 힘들다.

이 석회암 부조는 크기가 조그만 커피 탁자만 하다. 직사각형 부조가 두 사람을 보여준다. 한 남자가 무릎을 꿇고 앉은 여성의 머리 위로 이글거리는 횃불을 치켜들고 있다. 둘 다 화려한 복장에 사치스러운 머리 장식을 하고 있다. 여기까지는 괜찮다. 하지만 여성을 자세히 살펴보면 장면이 섬뜩해진다. 여성이 혀를 뚫고 지나가는 밧줄을 잡아당기고 있으며, 더욱이 밧줄에 박혀 있는 커다란 가시들이 그녀의 살을 뚫고 들어가 찢고 있다.

나의 이 충격을 잘 받는 유럽인의 눈은 이 으스스한 장면에 붙박여 떠날 줄을 모른다. 하지만 700년께 마야에서는 왕과 왕비가 그들의 위치와 권력에 필수적인 의미를 부여하는 의식을 함께 치르면서 경건한 협력 관계를 다졌다. 이 부조는 왕이 왕비의 사저에 걸어두고 선택된 소수에게만 보여주려고 주문한 것이었다.

이 부조가 조각되고 얼마 지나지 않아 위대한 마야 문명은 붕괴했다. 마야의 버려진 도시들은 16세기에 그곳을 처음 찾은 스페인 방문객들을 당혹스럽게 했다. 그 뒤로 몇백 년 동안 멕시코 남부와 과테말라를 여행한 탐험가들은 방치된 채로 울창한 밀림에 숨겨져 있는 거대한 도시들과 마주쳤다. 근대에 들어서 그곳을 찾은 이들 가운데 한 사람인 미국인 존 로이드 스티븐스는 1839년에 자신이 받은 충격을 이렇게 묘사했다.

열대 밀림 깊숙한 곳에 조용히 근엄하게 선 이 기념물들은 다른 문명의 사람들이 만든 것들과는 다르다. 기념물의 용도나 목적, 역사를 전혀 가늠할 수가 없다. 상형문자가 그 모두를 설명해주는 듯하기는 하나, 우리는 그 문자를 도무지 해석할 수가 없다. 그러니 이 도덕적 교훈에 대해 감히 아무 말도 하지 않으련다.

마야 영토는 오늘날의 온두라스, 과테말라, 벨리즈, 멕시코 남부를 아울렀다. 최초의 마야 도시들은 아테네에 파르테논 신전이 세워지기 직전인 기원전 500년께 등장했으며 마야 문명은 1,000년이 훨씬 넘는 동안 존속했다. 규모가 큰 편이었던 마야 도시에는 주민이 수만 명 살았는데 중앙에는 피라미드와 공공 기념비와 궁전이 있었다. 비교적 최근 마야 문자 해독에 성공한 덕분에 이제 우리는 스티븐스를 당혹스럽게 한 기념물들의 상형문자가 실존했던 군주들의 이름과 역사에 관한 것임을 알고 있다. 20세기에 들어와 마야는 신화 속의 잊혀져버린 종족이 아니라 역사에 실제로 존재한 민족으로 거듭났다.

자신의 혀를 잡아 찢는 왕비의 모습을 보여주는 이 돌 부조는 야슈칠란 시에서 출토했다. 고전 마야 말기인 600년과 800년 사이에 야슈칠란은 대도시 모습을 갖추면서 지역의 강자로 떠올랐다. 도시가 이처럼 신흥 세력으로 부상할 수 있었던 건 돌 부조에 묘사된 왕의 공이 컸다. '수호자 재규어'는 75세 때 재위 60주년을 기념하는 건축 사업을 발주했다. 이 석조 부조는 그의 아내 카발 수크에게 봉헌된 것으로 보이는 신전에서 나왔다.

'수호자 재규어' 왕과 왕비는 둘 다 눈부신 차림새를 자랑하고 있다. 화려한 머리 장식은 옥과 조가비 모자이크로 만들어졌고 케트살 새의 반짝이는 초록색 깃털을 재료로 장식한 듯하다. 왕의 머리 장식 맨 위에는 이전의 제의에서 희생물로 바쳐진 자의 바싹 쪼그라든 두개골이 얹혀 있다. 아마도 전쟁에서 패배한 적장이었을 것이다. 왕은 가슴에 태양신을 상징하는 장신구를, 발에는 얼룩덜룩한 무늬의 재규어 가죽으로 만든 신발을 착용하고 있다. 무릎에도 옥을 매단 줄을 치렁치렁 걸쳤다. 왕비는 왕비대로 공들여 만든 목걸이와 팔찌를 차고 있다.

이 부조는 원래 신전 입구를 각각 장식한 세 개의 부조 가운데 하나다. 이들이 각기 보여주는 장면을 종합해보면 혀를 뚫고 가시를 잡아당기는 행위는 단지 왕비가 흘리는 피를 제물로 바치려는 데 목적이 있는 게 아니라 제의 준비에 응당 뒤따르는 극심한 고통을 주도록 되어 있었다. 이 고통은 정해진 제의 준비가 끝난 후에 왕비를 시각적 황홀경 상태로 빠져들게 하려는 데 목적이 있었다.

물론 전반적으로 사도마조히즘은 평판이 좋지 않다. 우리는 대부분 고통을 피할 수만 있다면 온갖 수고를 마다하지 않으며, 고의적인 '자학'을 불안정한 심리 상태로 해석한다. 그러나 세상 여러 곳에는 스스로 가하는 고통을 초월적인 체험에 이르는 수단으로 여기는 신자들이 늘 존재했다. 물론 나를 포함해 21세기의 보통 사람들에게는 이런 자발적인 고통이 충격적으로 비칠 수밖에 없다.

왕비가 자기 자신을 고통스럽게 하는 행위는 독실한 신앙을 보여주는 위대한 행동이었다. 왕국의 신들을 한자리에 불러내 달랜 것도, 마침내 왕의 성공을 가능하게 한 것도 왕비의 고통이 있었기 때문이다. 이에 대해 정신과 전문의이자 여성의 심리를 주제로 글을 써온 수지 오바치 박사는 다음과 같이 설명한다.

> 스스로 가하는 육체의 고통을 견딜 수 있다면 무아경까지는 아니더라도 범상치 않은 상태, 즉 초월에 도달해 뭔가 특별한 일을 할 수 있는 상태에 이를 수 있다.
>
> 흠칫할 만큼 소름 끼치는 이 부조에서 흥미로운 점은 여성이 느끼는 고통이 시각적으로 아주 생생하게 드러난다는 것이다. 오늘날에는 누구나 고통을 숨기려 할 뿐 드러내지 않는다. 우리는 고통을 참는 우리의 능력에 대해서는 우스갯소리를 주고받지만 실제로 그런 능력을 드러내지는 않는다.
>
> 여기서 우리는 매우 과장되기는 했지만 여성만이 이해하고 생각해볼 수 있는 무언가를 보게 된다. 자기 자신뿐 아니라 남편이나 아이와 맺는 관계와도 같은 것이다. 이런 관계를 만들어내는 것은 남성이 아니다. 여성은 스스로 이렇게 함으로써, 이런 행위를 실연함으로써 자아를 경험한다. 그런 경험은 여성에게 정체성을 부여한다. 나는 이 여성 또한 마찬가지라고 확신한다.

다음 부조는 왕비의 고행이 가져온 결과를 보여준다. 사혈 의식과 고통을 통해 왕비 카발 수크의 의식이 전환되면서 그녀는 자신의 피가 담겨 있는 공물 그릇에서 스멀스멀 피어오르는 성스러운 뱀의 환영을 본다. 뱀의 아가리에서는 창을 휘두르는 전사가 모습을 드러낸다. 야슌칠란 왕가의 시조다. 이를 통해 왕은 조상들과의 연계를 다지는 동시에 통치권을 확립하기에 이른다.

마야인들에게 사혈은 오래된 전통이었다. 마야에서 사혈은 삶의 구심점, 특히 왕권과 신권에 이르는 통로였다. 이 부조가 조각되고 800년 뒤, 그러니까 마야 문명이 몰락하고 한참 뒤인 16세기에 이곳을 처음 찾은 스페인 사람들은 그때까지도 여전히 남아 있었던 이와 같은 사혈 의식과 마주쳤다. 유카탄의 초대 가톨릭 주교는 그 광경을 이렇게 기록했다.

> 그들은 때로 자신의 몸 여기저기를 도려내거나 해서 피를 제물로 바치면서 이 상처를 상징으로 간직했다. 더러 신체 일부를 바칠 때도 있었다. 그런가 하면 끔찍한 고통을 참아가며 혀 양쪽에 비스듬하게 구멍을 뚫어 지푸라기를 끼워 넣기도 했다. 또 남성 성기의 남아도는 부위를 가르고는 귀를 갈랐던 것과 같은 형태로 방치했다.

이 부조에서 특이한 점은 의식에서 주요 역할을 맡은 것이 여성이라는 점이다. 왕비 카발 수크는 야슈칠란의 유력한 가문 출신이었다. 그녀를 아내로 맞이함으로써 왕은 두 세도가를 하나로 묶었다. 이 특별한 부조는 왕비가 어떤 권력과 의식에 관여했는지를 보여주는 아주 드문 사례다. 우리가 알기로 다른 마야 도시에서는 이런 연작 부조가 나오지 않는다.

카발 수크의 남편 수호자 재규어는 실로 오랫동안 보위에 있었지만, 부부가 사망하고 나서 몇십 년 만에 마야의 도시들은 혼돈에 빠져들었다. 나중에 나타나는 마야 기념비에서는 전쟁이 주된 주제였는데 마지막 기념비는 900년께로 거슬러 올라간다. 1,000년 넘게 존속한 고대의 정치 체계가 와해되면서 한때 수백만 명이 산 지역은 완전히 폐허로 바뀌고 말았다. 왜 이런 일이 일어났는지는 여전히 수수께끼로 남아 있다.

여기서는 환경 요인이 주로 거론된다. 장기간 가물었다는 증거가 더러 있으며 인구 과밀과 가뭄이 초래했을 자원 감소는 재앙으로 이어졌을 가능성이 매우 높다. 그러나 마야인들은 완전히 자취를 감추지 않았다. 마야의 정착지는 몇몇 지역에서 계속 남아 있었고 제대로 기능하는 마야 사회가 스페인 정복기까지 존속했다. 오늘날 마야인은 600만 명 정도 남아 있으며 그들의 전통 의식은 상당히 강하다. 이 부조가 나온 예전의 '잊힌' 도시 야슈칠란은 이제 새 도로를 통해 이어진다. 한때 이곳은 경비행기를 이용하거나 폭이 몇백 킬로미

터에 이르는 강을 건너야만 접근할 수 있었다. 하지만 1990년대 이후로 가장 가까운 마을에서 배로 1시간이면 갈 수 있게 되면서 관광객들이 즐겨 찾게 되었다.

1994년 마야인의 봉기가 있었다. 자칭 사파티스타 민족 해방군은 멕시코 주 정부를 상대로 전쟁을 선포했다. 그들의 독립운동은 현대 멕시코를 뒤흔들었다. 스페인 정복자들의 동상이 무너져 산산이 부서지자 한 지방 무대에서는 "'새로운 마야'의 시대에 접어들었다"라고 선언한 연극이 상연되기도 했다. 오늘날 마야인들은 과거를 활용해 자신들의 정체성을 재확립하는 한편 기념물들과 언어를 복원해 민족의 구심점 구실을 하도록 애쓰고 있다.

52
하렘 벽화 잔해

이라크 사마라에서 온 벽화 잔해

800~900 AD

아름다운 셰에라자드가 자신을 죽이려는 왕에게 들려주었다는 1,001가지 이야기 『천일야화』의 세계는 우리를 12세기 전 중동으로 데려간다.

> 시녀들이 내 주변에 앉아 있다가 밤이 되자 그중 다섯이 자리에서 일어나 견과류와 향초로 저녁상을 차렸다. 잠시 뒤 포도주가 몇 병 나왔고 우리는 둘러 앉아 함께 마셨다. 시녀들은 내 주변에 모여 앉아 더러는 노래를 부르기도 하고 더러는 플루트나 프살테리움, 류트와 그 외 다른 악기를 연주하기도 했다. 그런 가운데 그릇과 잔이 돌아갔다. 나는 너무 행복한 나머지 세상의 슬픔을 모두 잊고 혼자 이렇게 읊조렸다. "바로 이게 삶이지. 그러나 이렇게 덧없다니." 그러자 시녀들이 내게 말했다. "주인님, 저희 가운데 주인님이 오늘 밤 함께 지내고픈 아이를 아무나 한 명 고르세요."

그리하여 셰에라자드는 늘 그다음이 기다리고 있어 애를 태우는 이야기로 왕을 즐겁게 한다.

오늘날 우리는 주로 할리우드나 전래동화극의 왜곡된 시각을 통해 『천일야화』를 만난다. 『천일야화』는 만화경처럼 변화무쌍하게 이 인물, 저 인물을 불러낸다. 신드바드, 알라딘, 바그다드의 도둑을 비롯해 칼리프, 마법사, 고관, 상인 등등. 그중에는 물론 궁녀들도 있다. 그들은 대부분 노예이지만 재능이 뛰어나고 거리낌없이 말할 줄도 안다. 우리는 그 시대의 웅장한 무슬림 도시들의 시끌벅적한 풍경 속에서 그들을 만난다. 전성기의 바그다드는 물론 카이로와 이 이야기에서 무엇보다도 중요한 역할을 하는 사마라도 나온다. 사마라는 현재 이라크의 바그다드 북쪽 티그리스 강 기슭에 자리 잡은 도시다.

우리는 『천일야화』를 색다른 허구쯤으로 치부하지만 이 이야기는 아바스 왕조 칼리프들의 궁정에서 벌어진 실상에 대해 많은 정보를 알려준다. 그들은

8세기에서 10세기 무렵 중앙아시아에서 스페인까지 뻗어 있던 광대한 이슬람 제국의 최고 통치자였다. 역사학자 로버트 어윈 박사는 자신이 쓴 『천일야화』 안내서에서 다양한 역사적 배경을 추적한다.

이 이야기 가운데 일부는 8세기와 9세기 바그다드의 실제 모습을 반영한다. 아바스왕조의 칼리프들은 '누다마'로 알려진 전문적인 '술친구'를 기용했다. 그들의 임무는 칼리프가 먹고 마시는 동안 곁에 앉아 교육적인 이야기나 우스갯소리, 음식에 관한 말들과 옛이야기로 그를 즐겁게 해주는 것이었다. 『천일야화』에 나오는 이야기 가운데 몇 가지는 이 술친구들의 단골 소재에 속한다.

그 세계는 폐쇄된 사회였다. 그곳 성곽 안에서 감히 모험에 나서는 사람은 거의 없었다. 어느 독실한 무슬림은 칼리프가 부르자 수의를 준비해 갔다는 이야기가 전해 내려오는데 이처럼 보통 사람들은 칼리프의 궁전들에서 일어나는 일을 두려운 눈으로 바라봤다. 여기서 나는 일부러 '궁전들'이라는 말을 사용했다. 아바스왕조의 칼리프들은 그런 건물들을 쓰고 버리는 곳으로 여긴 듯하기 때문이다. 그들은 한 번 사용하고 나면 다른 곳에다 또 궁전을 짓고 한동안 생활하다가 버렸다. 칼리프들은 바그다드에 잇따라 궁전을 짓고 나서 사마라로 옮겨 똑같은 일을 되풀이했다.

바그다드와 사마라에 있는 아바스왕조의 궁전들은 지금은 대부분 폐허나 다름없다. 그러나 몇 가지 요소는 남아 있다. 대영박물관에는 아바스왕조 칼리프들의 하렘 구역에서 나온 채색 석고 잔해가 몇 개 있다. 이 잔해들은 우리를 9세기의 이슬람 제국 심장부로 데려가 『천일야화』에 나오는 궁녀들의 실제 모습을 보여준다. 내 눈에는 이 잔해들이야말로 그 어떤 영화보다 흥미진진하다. 지금도 몇 세기 너머를 흘끔거리며 1,001가지 이야기를 불러내고 있는 듯하기 때문이다.

작은 조각에 담긴 초상들은 모두 여성인 듯하지만 더러 소년처럼 보이는 얼굴도 눈에 띈다. 커다란 벽화의 일부였을 잔해는 우리를 곧장 중세 이라크와 이어준다. 바그다드 자체에는 800년께의 이 위대하고 영광스러운 시대에 세워진 건축물이 거의 남아 있지 않다. 나중에 몽골인들이 도시를 파괴했기 때문이다. 그러나 다행스럽게도 우리에게는 아바스왕조의 궁정이 어땠는지를 짐작할 수 있는 정보가 꽤 많다. 아바스왕조가 수도를 북쪽으로 112킬로미터 떨어진 사마라라는 도시로 옮겼기 때문이다. 거의 60년 동안 수도로 쓰인 사마라는 지금도 옛날 모습을 많이 간직하고 있다.

얼핏 보면 이 그림들은 그다지 볼 것이 많지 않다. 사실 그림 파편에 지나지 않는 데다 가장 큰 조각이라고 해야 시디(CD) 정도 크기이기 때문이다. 표현 기법도 아주 단순해서 흐릿한 황토색 배경에 검은색 선이 그어져 있고 대충 그은 선 몇 개가 인물의 윤곽을 나타낸다. 하지만 그림 곳곳에 남아 있는 금가루 얼룩을 보면 처음에는 무척 화려하지 않았을까 싶다. 지그소 퍼즐 조각처럼 제각각 따로 노는 이런 잔해만으로는 원래 그림이 어땠을지 짐작하기 어렵다. 사실 이 잔해가 모두 인물화인 것은 아니다. 동물을 보여주는 조각도 있고 옷과 신체 일부를 보여주는 조각도 있다. 그러나 여기 보이는 얼굴에는 개성이 강하게 드러나 있다. 저 멀리 폐쇄된 세계에서 우리를 바라보는 눈에는 우수의 기운이 선명하게 어려 있다.

이 작은 석고 조각들은 고고학자들이 다르 알킬라파 궁전을 발굴하다 찾은 것이다. 사마라에 있는 이 궁전은 칼리프의 주된 거처이자 새로운 목적으로 건설한 수도의 공식 행사장이었다. 쾌락은 처음부터 사마라라는 도시 이름에 녹아 있었다. 궁정에서는 '사마라'를 '수라 만 라', 즉 '그것을 보니 기쁘지 아니한가'의 축약형으로 해석했다. 그러나 쾌락 밑에선 불길한 저류가 흐르고 있었다. 궁정을 바그다드에서 사마라로 옮기기로 한 836년의 결정 뒤에는 칼리프의 근위대와 바그다드 주민들 사이의 위험한 갈등이 자리하고 있었다. 이미 연쇄 폭동으로까지 치달은 갈등을 해소해야만 했다. 사마라는 궁정에는 피난처를, 칼리프의 군대에는 안전한 근거지를 제공한다는 목적을 띠었다.

새로운 도시 사마라는 웅장했다. 엄청난 돈을 쏟아부어 지은 거대한 궁전은 어느 시대 기준으로 봐도 으리으리했다. 지금까지 사마라에서는 모두 6,000채가 넘는 건물이 확인됐다. 이 시대의 한 관찰자는 아바스왕조 최고의 건축물로 꼽히는 칼리프 알무타와킬의 궁전을 보고 그 자태가 얼마나 눈부셨는지를 이렇게 설명한다.

> 그는 그곳에 커다란 금은 그림과 안팎을 은으로 도금한 커다란 연못을 비롯해 새들이 앉아 지저귀는 금나무도 한 그루 만들었다. (중략) 자신이 앉을 커다란 금옥좌도 있었다. 옥좌에는 커다란 사자 두 마리가 그려져 있었다. 옥좌로 올라가는 층계에도 사자와 독수리 같은 동물이 묘사돼 있었다. 궁전의 벽은 안

팎 모두 모자이크와 금박을 입힌 대리석으로 뒤덮여 있었다.

이쯤 되면 건축광 수준으로, 거기에는 한 가지 목적이 있었다. 궁전과 병영이 방문객들을 현혹하고 압도하면서 거대한 이슬람 제국의 심장부로 영원히 남아 있어야 한다는 것이었다.

칼리프의 궁전 깊숙한 곳에는 조그만 방들로 이루어진 미궁 속에 하렘 구역이 숨겨져 있었다. 하렘은 향락과 유희 장면을 보여주는 벽화로 장식됐고 이 초상화 조각들은 바로 거기서 발견됐다. 조각들은 칼리프가 부리던 노예와 하인들 말고도 그의 은밀한 세계에서 그를 즐겁게 해줬을 궁녀와 미동들의 얼굴도 보여준다. 하렘의 여인들은 노예였지만 상당한 특권을 누렸다. 케임브리지 대학교에서 이슬람학을 가르치는 아미라 베니슨 박사는 살아남은 초상 잔해에 대해 이렇게 설명한다.

> 칼리프가 즐긴 유희는 지식인과 종교 학자들이 참석하는 토론회에서부터 이 벽화에 묘사된 인물들과 다르지 않은 젊은 여성들이 지배자들 앞에 나와 춤을 추거나 노래를 부르는 그보다 좀 더 가벼운 행사에 이르기까지 다양했을 것이다. 여기서 주목해야 할 점은 이 여성들의 교육 수준이 매우 높았다는 사실이다. 어떻게 보면 게이샤와 비슷했다. 실제로 그 당시 여성들 사이에서는 칼리프의 식솔(하렘을 약간 순화한 표현)로 들어가는 것이 꿈이었다. 신분이 비천해도 노래나 춤에 소질이 있고 교육도 웬만큼 받은 여성이라면 이직에 도전해볼 만했다.

여기서도 방종과 허세가 엿보인다. 칼리프 알무타와킬의 유머 감각은 썩 뛰어난 것 같지 않은데, 그는 걸핏하면 궁정 시인 아부 알이바르를 장식용으로 조성한 연못에 집어던지곤 했다. 유감스럽게도 『천일야화』에 나오는 한 이야기는 알무타와킬의 암살 사건을 기록한다. 내용은 이렇다. 하렘 여인들의 음악 연주가 열렸던 날 밤 칼리프는 술에 잔뜩 취해 아들과 심하게 다툰 뒤 터키 출신 병사들에게 살해됐고 궁녀들과 궁정 대신들은 겁에 질려 뿔뿔이 흩어졌다는 것이다.

『천일야화』로부터 온 이 이야기는 사실이다. 실제로 알무타와킬은 861년에 터키 출신 사령관들에게 살해당했다. 그의 죽음은 수도 사마라의 지위에 종언을 고하는 서막이었다. 10년 뒤 군대는 도시에서 철수했다. 바그다드는 수도의 지위를 되찾았고 사마라의 궁전은 썩어가는 유령으로 남았다. 궁정의 사자들은 쓰러졌고 그림 조각 속의 노예 소녀와 가수들은 자취를 감췄다. 892년을 끝으로 사마라에서는 동전이 주조되지 않았다.

사마라는 아바스왕조의 전성기 마지막 무렵에 세워졌다. 어떤 점에서 사마라는 그들의 정치적 실패를 보여주는 기념비다. 알무타와킬의 암살을 낳았던 갈등은 결국 제국의 분열로 이어졌다. 이제는 썩어가는 사마라에서 유배생활을 하던 한 시인은 도시의 쇠락을 다음과 같이 애절하게 노래했다.

> 사람들로 북적이며 기쁨에 차 있던 그때는
> 세월의 어려움이나 재난을 모르고 살았건만.
> 저곳이 왕관 쓴 이맘 주변에서
> 활보하던 사자들의 거처였구나.
> 믿었던 터키인들이 모반을 일으키니
> 그들은 올빼미로 변해 상실과 파괴를 슬퍼하누나.

사마라는 이슬람 제국의 수도로 있은 지 50년도 채 되지 않았지만 시아파 이슬람 세계에서는 순례지로서 여전히 뜻 깊은 장소다. 위대한 두 이맘의 무덤이 이곳에 있기 때문이다. 오늘날의 사마라도 슬픈 역사를 지니고 있다. 2006년 저 유명한 알아스카리 사원의 둥근 지붕이 폭탄에 맞아 파괴되고 말았기 때문이다. 그로부터 1년 뒤에 나선형 첨탑으로 유명한 대모스크를 비롯해 이 고대 도시의 고고학 유적지는 유네스코 세계문화유산으로 등재되고 보호되었다.

사마라의 이름 없는 궁녀와 미동은 칼리프와 가까운 이들 말고는 아무도 볼 수 없었다. 그들은 오늘날까지 살아남아 아바스왕조 시대의 모습을 보여주는 진귀한 기록으로 남아 있으며, 지금 우리가 그들을 바라보듯 우리를 바라본다. 역설적이면서 다행스럽게도 우리는 사마라를 건설한 위대한 칼리프가 아니라 그들이 부린 노예와 하인들을 본다. 그들은 할리우드 만화영화로부터 벗어나 신랄한 역사적 현실로 돌아온 것이다.

53
로타르 크리스털

수산나와 장로들의 모습을 묘사한 수정. 독일에서 제작된 것으로 추정

AD 855~869

왕실의 이혼은 대개 정쟁을 의미한다. 헨리 8세의 부부 문제는 잉글랜드를 몇십 년 넘게 종교 갈등으로 몰아넣었고 에드워드 8세는 이혼녀와 결혼하기 위해 헌정 위기까지 초래한 끝에 결국 왕관을 내놓아야 했다. 이번 유물은 왕국을 지키기 위해 오래전부터 왕비와의 이혼을 꾀한 왕과 관련돼 있다. 이혼 계획 실패는 끝내 그를 죽음으로 내몰아 그의 자손은 물론 왕국의 대까지 끊기고 말았다. 수정을 깎아 만든 이 유물은 그의 이름을 말해준다. 라틴어 명문의 내용은 이렇다. "프랑크족의 왕 로타르가 나를 있게 했도다."

'수산나 크리스털'로도 알려진 로타르 크리스털은 (일부에서는 외경으로 보는) 성경 이야기를 마치 띠 만화처럼 여덟 장면으로 조각해놓은 수정 원반으로, 지름은 18센티미터가량이다. 이야기는 바빌론을 배경으로 하고 있다. 젊고 아름다운 수산나는 그곳 거상의 아내다. 그녀가 남편의 과수원에서 목욕을 하고 있는데 장로 두 사람이 갑자기 들이닥쳐 그녀를 겁탈하려 한다. 그녀가 하인들에게 다급하게 도움을 청하자 격노한 장로들은 그녀가 간음하는 장면을 목격했다며 오히려 그녀에게 죄를 뒤집어씌운다. 그 뒤 수산나는 투석형을 선고받아 죽을 뻔하지만 바로 그때 젊고 총명한 선지자 다니엘이 나타나 그녀의 무죄를 입증한다. 이 고전적인 법정 드라마에서 다니엘은 장로 둘을 따로 떼어놓고 수산나가 어떤 나무 아래서 간음을 저지르고 있었는지 묻는다. 장로들이 각기 다르게 대답하면서 고발 내용이 거짓으로 드러나고 결국 두 장로는 위증죄로 투석형을 선고받는다. 마지막 장면에서 수산나는 무죄를 선고받고 하느님에게 감사를 드린다. 나는 수석 재판관을 지낸 영국 상원 법사위원회 위원장 빙엄 경에게 법조인 관점에서 이 이야기를 설명해달라고 부탁했다.

다니엘은 법정 드라마에서 검사가 증인들이 거짓말을 하고 있다고 판단했을 때 으레 하는 반대신문을 했다. 실제로 그들에게 각기 똑같은 질문을 던져 진

술을 뒤엎고 위증을 입증하려면 여간 운이 좋지 않고서는 불가능했을 테지만 원칙은 매우 분명하다. 그리고 이 사례에서 다니엘은 누가 봐도 능숙한 반대신문 기술을 선보였다.

크리스털에 담긴 장면은 하나하나가 세공의 걸작으로, 장면마다 예술가는 라틴어 글귀를 깨알같이 새겨 상황을 설명한다. 특히 마지막 장면에 나오는 "그래서 그날 무고한 생명은 목숨을 구했다"라는 뜻인 라틴어 문장은 기억에 오래 남는다. 로타르 왕의 이름이 거론되는 곳이 바로 이 장면이다.

수산나 크리스털의 제작을 의뢰한 로타르 왕은 중세 유럽의 위대한 인물 가운데 한 명인 샤를마뉴의 후손이다. 800년께에 프랑크족의 왕 샤를마뉴는 이탈리아 북쪽과 독일 서쪽, 오늘날의 프랑스를 포함한 서유럽 대부분을 아우르는 제국을 건설했다. 로마제국의 몰락 이후 서유럽 최대 규모를 자랑한 샤를마뉴의 제국은 안정과 번영을 구가하며 예술도 활짝 꽃피웠다. 이 크리스털은 이른바 '카롤링거 왕조 르네상스'의 진수를 보여주는 걸작 중 걸작이다.

이 유물은 대대로 귀한 대접을 받아온 보석이다. 세상에 모습을 드러낸 후 대부분을 샤를마뉴 제국의 심장부인 볼소르트 수도원에서 지냈는데, 오늘날 이곳은 벨기에에 있다. 12세기에 수도원에서 펴낸 연대기는 이 유물이 분명히 수도원에 있었다고 전한다.

> 이 탐나는 보물은 (중략) 프랑크족의 유명한 왕 로타르의 지시로 제작됐다. 중앙의 녹주석은 「다니엘서」에 나오는 수산나가 노회한 판관들에게 어이없게도 유죄 판결을 받는 장면을 묘사한다. (이 돌은) 다양한 기법을 통해 세공의 진수를 보여준다.

보물은 프랑스혁명군이 1790년대에 수도원을 약탈하기 직전까지 볼소르트에 있었던 것으로 보인다. 혁명군은 자신들이 경멸하는 왕권을 상징한다는 이유로 크리스털을 근처 뫼즈 강에 집어던진 듯하다. 나중에 크리스털은 금이 간 상태로 발견됐지만 그 점만 제외하면 흠 하나 없이 말짱했다. 수정은 놀라우리만치 강하기 때문이다. 그래서 끌로는 조각할 수가 없어 금강사 같은 연마재로 표면을 갈아내야 한다. 엄청난 시간과 남다른 기술이 필요한 작업이다. 크리스털이 그토록 값나가는 사치품으로 꼽히는 이유가 이 때문이다. 수산나

크리스털을 만든 목적은 알 길이 없다. 아마도 성소에 바치는 공물이었을 테지만 모든 점에서 왕에게 딱 어울리는 물건이었다.

크리스털이 만들어질 무렵 샤를마뉴의 제국은 사분오열로 갈린 채 서로 옥신각신 싸워온 그의 문제 많은 집안 후손 셋이 북서 유럽 전체를 분할해 각각 차지했기 때문이다. 승강이는 결국 제국을 세 지역으로 쪼개놓았다. 나중에 독일이 되는 동쪽 왕국과 나중에 프랑스가 되는 서쪽 왕국 그리고 오늘날의 벨기에에서 프로방스를 거쳐 이탈리아로 이어지는, "로타링기아"로 불린 로타르의 '중앙 왕국'으로 나뉜 것이다. 셋 중에서 제일 약했던 중앙 왕국은 욕심 사나운 삼촌들이 양쪽에서 호시탐탐 들이대는 위협에서 자기 자신을 지켜낼 능력을 길러야 했다. 그러려면 강력한 왕이 필요했다.

케임브리지 대학교에서 중세사를 가르치는 로저먼드 매키터릭 교수는 당시 상황을 이렇게 설명한다.

> 로타르 2세의 궁정 사정에 대해서는 알려진 바가 거의 없다. 우리가 가지고 있는 그에 관한 자료는 대부분 두 가지 특별한 범주로만 나뉘기 때문이다. 하나는 서프랑크 왕국과 동프랑크 왕국 사이에 끼어 있는 그의 작은 왕국의 취약성을 설명하는 이야기 자료다. 거기서 그의 두 삼촌, 즉 서쪽의 대머리왕 샤를과 동쪽의 독일왕 루트비히는 호시탐탐 그의 왕국을 집어삼킬 기회만을 노리고 있다. 또 다른 범주는 아내 토이트베르가를 제거하려는 그의 시도가 엿보이는 이 크리스털과 깊게 맞물려 있다. 그는 이미 발트라다라는 정부와 그녀에게서 낳은 아들과 딸이 있었지만, 왕위를 물려받은 직후 토이트베르가와 결혼한 것으로 보인다. 토이트베르가는 결혼 생활 내내 아이를 낳지 못했다. 로타르는 발트라다를 정식 아내로 맞이하기로 마음먹었다. 그래서 토이트베르가에게 오빠와 근친상간했다는 죄를 씌우고는 쾰른 주교와 트리어 주교를 불러 결혼을 취소하려 했다.

아내와 이혼하고 정부와 결혼하려 한 로타르 2세의 노력은 한때의 방종이나 변덕이 결코 아니었다. 그가 물려받은 유산과 왕국을 보존하려면 합법적인 상속자를 세우는 길밖에 없다. 그러나 지금도 그렇듯이 왕실의 이혼은 정치를 발칵 뒤집어놓는 다이너마이트였다.

쾰른 주교와 트리어 주교는 아마도 왕비를 고문해 오빠와 근친상간을 저

돌팔매질을 당해 죽음에 이르는 장로들과 무죄를 선고받은 수산나의 모습을 보여주는 마지막 장면.

질렀다는 고백을 받아낸 듯하다. 하지만 토이트베르가는 교황에게 진정서를 낸다. 교황은 사건을 면밀히 조사하고는 그녀에게 무죄 판결을 선고했다. 이는 로타르 2세에게 커다란 왕권의 실추를 의미했지만 어쨌든 그는 교황의 결정을 받아들였다. 그 뒤로도 로타르 2세는 그녀와 이혼할 방법을 끊임없이 모색했으나, 토이트베르가를 둘러싼 억측이 아무 근거가 없으며 중상모략에 시달리는 이 여인은 그야말로 무고하다는 점만은 공공연히 인정한 듯하다.

수산나 이야기와 아주 비슷하다는 점에서 그동안 이 크리스털을 이 왕실 드라마와 연관 지으려는 시도가 늘 있어왔다. 어쩌면 이 크리스털은 토이트베르가가 무죄임을 받아들이겠다는 로타르 2세의 진정성을 알리기 위해 만들어진 그녀를 위한 선물이었는지도 모른다. 만약 그렇다면 이 크리스털은 잠깐이나마 화해를 선언한 부부만의 은밀한 징표인 셈이었다. 하지만 마지막 장면이 암시하는 단서로 미뤄 크리스털은 그보다 훨씬 더 중요한 의미를 지닌다. 마지막 장면에서 예술가는 성서에서 벗어나 심판대에 앉아 있는 왕에게 무죄를 선고받는 수산나의 모습을 보여준다. 아울러 이 장면에 새겨진 비문은 로타르 2

세의 이름을 분명히 거론한다. 메시지는 명확하다. 즉 왕의 주요 임무 가운데 하나는 정의를 실현하는 데 있다는 것이다. 다시 말해 왕은 개인적으로 아무리 큰 대가를 치르더라도 법을 지키고 존중해야 한다는 메시지다. 정의는 왕이 반드시 갖춰야 할 덕목 그 자체라고 할 수 있다.

로타르 2세를 위해 쓰여진 어느 문서에는 이런 내용이 나와 있다.

> 모름지기 정의와 평화를 사랑하는 왕이라면 병자와 빈자를 가리지 않고 백성의 처지를 주의 깊게 살피면서 올바른 판단을 내려 악덕은 잠재우고 미덕은 드높이는 법이다.

1,000여 년 전에 표출된 이런 이상은 오늘날의 유럽 정치인들에게도 여전히 중요한 의미를 지닌다. 빙엄 경은 내게 이렇게 말했다.

> 크리스털 중앙을 보면 이 크리스털 제작을 지시한 왕이 판결을 내리는 모습이 눈에 띈다. 역사적으로 왕관과 군주제는 정의의 샘으로 간주돼왔다는 점에서 이 장면은 매우 흥미로우면서 의미심장하다. 엘리자베스 2세 여왕은 1953년 대관식에서 1688년 법령에 명시된 대로 어떤 판결이든 정의와 자비에 입각해 내리겠다고 서약했다. 여기 보이는 로타르 2세의 역할도 바로 그것이었다. 친히 판결을 내리는 역할이다. 물론 여왕은 이제 판사 노릇을 하지 않지만 여왕의 이름으로 판결을 내리는 판사들은 "여왕 폐하의 재판관"이라는 호칭을 매우 자랑스럽게 여긴다.

로타르 크리스털은 뒤를 이을 후계자가 없는 왕국의 왕을 위해 만든 물건이었다. 869년 로타르 2세가 이혼하지 않은 상태로 사망하자 삼촌들은 그의 땅을 나눠 가졌다. 오늘날 로타링기아에서 남은 부분은 "로렌"이라는 이름뿐이다. 1945년까지 1,000년이 넘는 세월 동안 로타르 2세의 중앙 왕국은 사악한 두 삼촌의 후계자, 곧 프랑스와 독일이 서로 차지하려고 격투를 벌인 장소가 되었다. 로타르 2세가 아내와 이혼하는 데 성공하고 합법적인 상속자를 세웠더라면 로렌 지역은 아마도 지금쯤 스페인, 프랑스, 독일과 어깨를 나란히 견주는 유럽 대륙의 강국이 됐을 것이다. 로타링기아는 사라지고 없지만 로타르 2세의 크리스털이 천명하는 원칙은 살아남았다. 국가를 다스리는 지도자라면 법정에서 정의가 실현됨을 공평무사하게 만인 앞에서 보장해야 한다는 원칙이다. 무죄인 자는 보호받아야 마땅하다. 로타르 크리스털은 법치 개념을 보여주는 유럽 최초의 시각예술 작품 가운데 하나다.

54
타라 조각상

스리랑카에서 온 청동 조각상

AD 700~900

흔히 종교는 힘들 때 위안이 될 수 있는 정령이나 성인 또는 신을 두고 있다. 800년께에 스리랑카에 살았다면 그럴 때 아마도 자비롭기로 이름난 정령 타라를 불러냈을 것이다. 많은 예술가가 몇 세기 넘게 타라 정령에 육신을 부여해왔지만 대영박물관의 길쭉한 아시아 전시관을 평온하게 다스리는 이 거의 실물 크기의 황금빛 조각상보다 더 아름다운 형상을 찾아보기는 어렵다.

이 타라 조각상은 순수한 청동과 하나로 주조해 금을 입혀 만들었다. 스리랑카의 태양 아래 처음 모습을 드러냈을 때만 해도 그녀는 그야말로 눈이 부셨을 것이다. 지금은 다소 퇴색한 그녀의 황금색 피부는 블룸즈버리의 차가운 조명을 통해서만 빛나지만 그녀가 뿜어내는 광채는 여전히 눈길을 사로잡는다. 그녀는 실물의 약 4분의 3 크기다. 늘 그래 왔듯이 그녀는 받침대 위에 서 있고, 늘 자애롭게 우리를 내려다본다. 얼굴을 보면 그녀가 아시아 남부 출신이라는 사실을 금세 알 수 있다. 하지만 관람객들이 그녀를 처음 보는 순간 놀라는 이유는 얼굴 때문이 아니다. 도대체 가능할까 싶은 잘록한 허리와 실오라기 하나 걸치지 않은 상반신 때문이다. 그녀의 개미허리 위로는 완벽한 원을 이루는 젖가슴이 봉긋 솟아 있다. 그 아래로 얇디얇은 사롱(말레이 반도 사람들이 허리에 감는 천: 옮긴이)이 반짝이는 주름을 치렁치렁 드리우며 그녀의 균형 잡힌 하체를 보일 듯 말 듯 드러낸다.

타라는 1830년대에 대영박물관에 도착하자마자 곧장 보관실로 직행해 그곳에서 30년을 지내며 전문 학자들이 요청할 때만 모습을 보였다. 일반인에게 공개하기에는 너무도 위험할 만큼 육감적이고 관능적이라는 판단 때문이었다. 그러나 이 조각상은 자극을 주려고 만든 것이 아니었다. 그녀는 종교적 존재, 즉 독실한 불교 신자들이 괴로울 때 의지할 수 있는 영혼의 수호자 가운데 하나다. 타라는 신성과 관능성을 아무렇지 않게 즐거이 하나로 결합하는 종교 전통에서 나왔다. 이 조각상은 우리 자신을 넘어, 신앙과 육체의 아름다움이 한 점에서 만나는 세계로 우리를 데려간다. 아울러 1,200년 전 스리랑카와 아시아 남부에 대해서도 아주 많은 이야기를 들려준다.

얕은 바다를 사이에 두고 인도와 겨우 320킬로미터 떨어져 있는 스리랑카 섬은 인도양 연안을 하나로 묶는 해상 무역에서 늘 중심축 노릇을 해왔다. 800년께에 스리랑카는 가까운 인도 남부의 왕국들은 물론 중동의 이슬람 아바스 왕조, 인도네시아, 중국 당나라와도 밀접하게 교류했다. 스리랑카 보석은 가치가 매우 높았다. 1,200년 전 스리랑카 섬에서 나는 루비와 석류석은 정기적으로 서쪽과 동쪽으로 팔려 나가 지중해와 심지어는 영국에까지 이르렀다. 서턴 후의 화려한 앵글로색슨족 배 무덤(47장)에서 출토된 보석 가운데 일부는 스리랑카가 원산지일 가능성이 매우 높다.

그러나 여행길에 오른 것은 상품만이 아니었다. 기원전 500년께에 인도 북부에서 살며 설법을 펼친 부처(41장)의 가르침은 이 세상의 미망과 고통에서 개인의 영혼을 해방하는 데 목적을 둔 복잡한 철학적 영적 행동체계로 점차 모습을 갖춰나갔다. 새로운 신앙은 무역로를 따라 급속하게 확산했다. 따라서 이 타라 조각상이 만들어질 무렵 스리랑카에서는 1,000년 넘게 불교가 대세를 이루고 있었다. 당시 스리랑카에서 번성한 특정한 불교 종파는 독실한 신자가 더 나은 삶을 살 수 있도록 도와주는 보살이라는 성스러운 존재를 특히 중요하게 여겼다. 타라도 그들 중 하나였다.

불교 역사와 사상에 정통한 리처드 곰브리치 교수는 타라의 배경을 이렇게 설명한다.

> 그녀는 인격의 구현체다. 그녀는 중생이 제 갈 길을 찾을 때까지 끊임없이 다시 태어나야 하는 이 세상이라는 바다를 무사히 건널 수 있도록 중생을 구제하는 부처의 힘을 상징하는 실물이다. 관세음보살이라는 미래불이 경전에 처음 등장하는 시기는 기원 후 1세기로 추정된다. 처음에 그는 혼자 모든 일을 처리하지만 몇 세기 뒤 중생을 구제하는 그의 힘을 여신으로 의인화하면 좋을 것 같다는 생각이 나왔다. 그녀는 부처의 자비와 권능을 상징한다. 타라는 관세음보살의 한 측면인 셈이다.

타라는 원래 사원에 서 있었을 것이다. 그녀 곁에는 그녀의 배우자인 관세음보살 조각상도 필시 있었을 테지만 현재 남아 있지 않다.

엄밀히 말해서 타라는 숭배하는 데 목적이 있는 것이 아니라 그녀가 구현하는 특성, 특히 자비와 중생을 구제하는 능력에 대해 명상하려는 데 목적이 있었다. 그녀는 아마 특권층 출신 사제나 승려들만 볼 수 있었을 것이다. 다시 말해 실제로 그녀의 형상을 보면서 명상할 수 있는 사람은 상대적으로 몇 명 되지 않았을 것이다.

그녀와 마주 보고 서서 그녀가 신자들에게 지니는 의미를 알고 나면 그녀를 만든 사람들이 그녀의 모습을 이렇게 표현하기로 결정한 이유를 좀 더 잘 이해할 수 있다. 그녀의 아름다움과 평온은 그녀의 한없는 자비를 대변한다. 허리 옆으로 내려뜨린 그녀의 오른손은 휴식 동작이 아니라 '바라다무드라'로 알려진 동작을 취하고 있다. 소원을 들어준다는 의미가 담긴 이 동작은 그녀가 신자들의 너그러운 조력자라는 점을 분명하게 보여준다. 그녀의 황금빛 피부와 한때 그녀를 치장했을 보석은 타라 조각상이 어마어마한 부를 자랑하는 사람들의 주문으로 제작됐을 것이 틀림없다는 추측에 무게를 실어준다.

이처럼 큰 조각상이 녹아 없어지는 운명을 피하고 살아남은 것은 아주 보기 드문 일이다. 실제로 중세 스리랑카에서 나온 조각상 가운데 이만큼 큰 조각상은 찾아볼 수 없다. 당시 이 정도로 큰 청동 조각상은 대부분 점토로 심을 만들어 부어 속이 빈 형태를 뜨는 방법으로 주조됐을 것이다. 하지만 이와 달리 타라는 순수하게 청동으로만 만들어졌다. 그녀를 만든 사람이 누구든 이처럼 공력이 많이 들어가는 작업을 감당하려면 엄청나게 많은 청동은 물론 남다른 기술과 수많은 경험이 필요했을 것이다. 타라는 그저 아름다운 물건으로 그치지 않고 놀라운 기술이 이룬 성과를 보여준다. 따라서 매우 비쌌을 것이다.

누가 타라를 만드는 데 들어가는 돈을 댔는지는 확인할 길이 없다. 어쩌면 800년께 스리랑카에서 영토를 둘러싸고 서로 아옹다옹 싸운 몇몇 왕국 가운데 한 곳의 지배자였을 수도 있다. 누가 됐든 그녀가 구원에 이르는 길로 인도해주기를 바란 사람임에는 틀림없다. 다른 곳과 마찬가지로 스리랑카에서도 종교 기관에 바치는 선물은 통치자가 구사하는 정치 전략의 일환, 즉 통치자와 신의 밀접한 관계를 널리 알리는 수단이었다.

여기서 특히 흥미로운 점 하나는 타라가 그 당시 불교로 개종한 지 얼마 안 되는 때였다는 사실이다. 그녀는 원래 힌두의 모신이었다가 나중에야 불교에 받아들여졌다. 불교와 힌두교 사이의 끊임없는 대화와 교류를 보여주는 전형적이지만 특히 아름다운 사례로, 이런 경우는 몇 세기 넘게 이어졌으며, 오늘날에도 아시아 남동부 전역의 조각상과 건축물에서 볼 수 있을 정도로 전형적이다. 타라는 불교와 힌두교가 엄격하게 규정된 신앙 체계가 아니라 필요할 때마다 서로 통찰을 주고받는 존재 방식이자 행동 방식이라는 점을 보여준다. 현대식 말투를 빌리면 타라의 이미지는 놀랍도록 '일체 포함형'이다. 이 조각상은 신할리즈어를 사용하는 스리랑카 궁정의 불교 신자를 위해 만들어졌지만 인도 남부의 타밀어를 사용하는 힌두 궁정까지 감싸 안은 더 넓은 세상의 표현 양식을 보여주기도 한다. 사실 그때도 스리랑카는 지금처럼 신할리즈족과 타밀족, 다시 말해 힌두교도와 불교도 사이에서 외교와 결혼 그리고 빈번하게 전쟁을 통해 밀접한 관계와 수많은 교류를 유지했다.

네덜란드 레이던 대학교에서 역사와 국제 관계를 가르치는 니라 위크라마싱헤 교수는 이 오래된 관행이 오늘날 이 지역에 무엇을 의미하는지와 관련해 다음과 같이 설명한다.

> 많은 점에서 인도 남부와 스리랑카는 문화적으로뿐만 아니라 정치적으로도 공통점이 많다. 이 두 지역은 예술, 종교, 과학기술 분야에서도 서로 쌍방향으로 영향을 주고받아왔다. 물론 평화적인 관계만 있었던 것은 아니다. 인도 남부의 국가들과 스리랑카의 부족 국가들 사이에서는 침략과 전쟁이 오가기도 했다.
>
> 사람들을 인도에서 스리랑카로 데려간 것은 사실 무역이다. 스리랑카에는 9세기에서 13세기 사이에 인도 남부에서 건너온 이주민 공동체가 꽤 있다. 그들은 인도 남부의 정체성을 스리랑카의 정체성과 융합했다. 오늘날 특이한 점은 이 가운데 상당수가 열렬한 신할리즈 민족주의자라는 사실이다.

타라에게서 확인되는 신할리즈족과 타밀족, 스리랑카와 인도 남부, 불교도와 힌두교도의 복잡한 관계를 둘러싼 노력은 1,200년이 지난 지금도 여전히 계속되고 있다. 최근에 스리랑카를 휩쓴 피비린내 나는 장기 내전도 그런 관계의 비극에서 비롯했다.

하지만 타라는 실은 전쟁 덕분에 살아남았을지도 모른다. 조각상에 난 자국을 보면 침략자들 손에 떨어져 녹여버리는 걸 막기 위해 어느 시점엔가 땅에 묻힌 듯하다. 유감스럽게도 이 조각상이 언제, 어떻게 발견됐는지 또 어쩌다 1820년께 당시 실론(그 당시에는 스리랑카를 이렇게 불렀다) 총독이자 군인인 로버트 브라운리그 경의 손에 들어가게 됐는지는 전혀 알 길이 없다. 실론은 나폴레옹전쟁 때 네덜란드의 지배에서 영국의 지배로 넘어갔고, 1815년 로버트 브라운리그는 섬에 마지막으로 남아 있는 독립 스리랑카 왕국까지 점령했다. 1822년에 그는 타라를 영국으로 데려왔다.

그 일이 있기 몇 세기 전에 섬은 타라가 아주 중요한 역할을 수행한 특정 불교 종파를 버렸다. 그녀의 조각상은 사원에서 치워져 이 종교적 격변이 잠잠해질 때까지 안전을 위해 땅에 묻혔을 것이다. 이제 타라는 스리랑카에서 예전처럼 존경받지 못하지만, 다른 지역 특히 네팔과 티베트 같은 곳에서는 여전히 영향력이 강하다. 1,200년 전 스리랑카 사람들이 그랬듯이 전 세계 수백만의 사람들이 여전히 타라에게로 돌아가 위안을 얻는다.

55
중국 당나라 무덤 인형

중국 허난 성에서 온 도자기 조각상

AROUND AD 728

신문을 집어 들고 제일 먼저 부고 기사부터 훑으면 중년에 접어들었다는 확실한 증거라고 한다. 그러나 중년이든 아니든 우리는 대부분 우리가 죽으면 사람들이 우리에 대해 과연 무슨 말을 할지 궁금해하는 것 같다. 700년께 중국 당나라의 유력한 인물들은 그저 궁금해하지만 않았다. 그들은 자신의 자취를 후세에 확실히 남기기를 희구하며 조상과 신들에게 자신이 얼마나 중요하고 훌륭한 인물인지를 정확히 알려줄 부고를 직접 쓰거나 의뢰했다.

대영박물관 북쪽에 있는 아시아 전시관에는 중국의 사후세계에서 죽은 사람의 선행과 악행을 기록하는 판관 조각상 두 개가 서 있다. 이 판관들이 바로 당나라 상류층이 잘 보이려고 애쓴 사람들이다. 그들 앞에는 장대함과 생동감이 넘쳐나는 도자기 인형이 줄지어 서 있다. 높이는 60센티미터에서 110센티미터까지 다양하며 사람 형상, 동물 형상, 둘을 섞어놓은 형상들이 모두 열두 개가 있다. 이 입상들은 중무장군에 이어 허난 성과 후이난 현의 부장, 황제의 개인 고문을 지내다 728년에 72세로 세상을 떠난 당나라의 위대한 인물 가운데 한 명인 류정순(劉廷筍)의 무덤에서 나왔다.

류정순은 자신의 부고를 직접 작성해 이 도자기 수행원들과 같이 묻게 했는데, 이 부고를 통해 방금 언급한 인적사항 외에도 아주 많은 정보를 알려준다. 도자기 입상과 부고문은 1,300년 전 중국을 흥미로운 방법으로 얼핏 들여다보게 해준다. 그러나 무엇보다 끝없는 찬사와 박수를 바라는 뻔뻔함을 보여주기도 한다.

죽은 뒤에도 자신의 명성을 관리하고 싶어 하는 열망은 비단 어제오늘 일이 아니다. 한때 《타임스》 부고란 편집을 맡았던 앤서니 하워드는 이렇게 회고한다.

> 당시 이런 편지를 많이 받았다. "내가 더 젊어질 리는 없겠기에 내 삶에 대해 몇 가지 알려드리는 편이 도움이 될지도 모르겠다고 생각했습니다." 그런

중국의 사후세계를 지키는 두 판관.

활기가 넘쳐나는 도자기 무덤 입상들.

편지들은 하나같이 믿기 힘들 정도였다. 사람들은 보통 '남다른 매력을 지닌 인물' 같은 식으로 자만을 드러냈는데, 설마 자신에 대해 그런 식으로 쓰리라고는 생각지도 못했다. 물론 요즘은 자신의 부고문을 주문하는 사람이 아무도 없으며 혹시 신문사에 보낸다 해도 휴지통으로 직행하기 일쑤다.

나는《타임스》부고란에서 "우리는 지금 처음으로 우리 시대의 역사를 쓰고 있습니다"라고 큰소리를 쳤고, 그때는 그게 당연하다고 생각했다. 하지만 그것은 고인의 가족이나 친구들을 위해서는 분명히 아니었다.

가족과 친구들을 위해서가 아니었다는 점에서는 당나라 부고문도 마찬가지였다. 하지만 당시의 역사를 처음으로 새로 쓴 것도 아니었다. 류정순의 부고문이 염두에 둔 관객은 속세의 독자가 아니라 그의 지위와 능력을 인정해 죽은 자 사이에서 그에게 어울리는 자리를 상으로 줄 지하세계의 판관들이었다.

류정순의 부고문은 다채로운 자기 자랑의 전형을 이룬다. 그는 앤서니 하워드의 "남다른 매력을 지닌 인물"을 훨씬 더 능가하는 인물이기를 바란다. 그는 자신의 행동이 사람들의 태도에 혁명적인 기준을 세웠다고 말한다. 공직 생활에서 그는 자비, 정의, 지도력, 겸양, 충절, 정직, 존경의 본보기였으며 군인으로서 그가 보여준 능력은 전설에 등장하는 영웅들에 필적했다. 한 위대한 승전에서는 '코에 달라붙은 파리 떼를 털어내듯' 침략해오는 군대를 무찌르는 공적을 세우기도 했다고 우리에게 확실히 전한다.

류정순은 618년부터 906년까지 지속된 당나라의 전성기 때 화려하다 못해 요란하기까지 한 경력을 쌓았다. 중국인들에게 당나라 시기는 안팎으로 많은 업적을 거둔 황금기를 상징한다. 당시 이 외향적인 위대한 제국은 중동의 이슬람 아바스왕조와 더불어 모로코에서 일본에 이르는 거대한 단일 사치품 시장을 개척했다. 유럽 역사에서는 이 부분에 대한 기록을 쉽게 찾아볼 수 없지만 당나라와 아바스왕조라는 이 두 거인은 초창기 중세 세계를 형성하고 지배했다. 반면 728년 류정순이 사망하고 이 무덤 부장품들이 만들어질 무렵에 서유럽은 외따로 떨어진 저개발 지역, 다시 말해 군소 왕국과 위태로운 도시 공동체의 불안정한 잡동사니에 지나지 않았다. 당나라는 북쪽의 한반도에서부터 남쪽의 베트남을 거쳐 당시 이미 입지를 굳힌 비단길을 따라 서쪽 끄트머리인 중앙아시아까지 아우르는 통일 국가를 다스렸다. 류정순의 도자기 무덤 인물상들에는 광대한 문화국이라는 자부심과 더불어 당나라의 힘과 구조가 생생하게 드러나 있다.

모두 여섯 쌍으로 늘어선 입상들은 색깔이 호박색, 초록색, 갈색 세 가지뿐이다. 둘씩 짝지은 행렬 맨 앞에는 우스꽝스러우면서도 험상궂은 얼굴과 이마 위로 툭 튀어나온 뿔, 두 날개와 발굽 달린 다리가 특징인 반인반수 한 쌍이 있다. 이 우화 속 괴물은 선두에서 행렬을 이끌며 무덤 주인을 보호하는 수호자 구실을 한다. 그 뒤로 또 다른 보호자 한 쌍이 나온다. 이번에는 완전히 인간의 모습을 하고 있으며 생김새가 인도의 영향을 받은 것이 확연하다. 그다음으로 표정이 침착하고 엄숙한 중국인이 분명한 공무원 두 명이 지하 세계 판관에게 올릴 류정순의 사건 자료를 준비해 두 손을 공손하게 모은 채 서 있다. 이것이 그들에게 특별히 주어진 일이다. 이 행렬의 마지막 쌍은 짐승을 돌보는 임무를 띤 어린 하인들인데, 그들은 등 뒤에 버티고 있는 짐승들의 위풍당당한 모습에 완전히 질려 있다. 먼저 눈부신 말 두 마리는 키가 1미터 안쪽으로, 한 마리는 유백색에 노란색과 초록색이 섞여 있고 또 한 마리는 완전히 갈색이다. 그 뒤로 맨 뒤에는 박트리아산 낙타 한 쌍이 훌륭한 자태를 뽐내고 있다. 두 마리 모두 등에 혹이 두 개 있으며 울부짖기라도 하듯 고개를 한껏 뒤로 젖히고 있다. 이렇듯 류정순은 장엄한 행렬을 끌고 다음 세상으로 떠날 채비를 했다.

짐작하겠지만 말과 낙타는 류정순이 엄청난 부자였다는 사실을 말해주는 동시에 당나라가 비단길을 통해 중앙아시아와 그 너머 세계와 밀접하게 교역했다는 사실을 분명히 보여주기도 한다. 키가 크고 근육질인 말들은 당시 세계에서 가장 규모가 큰 교역로 가운데 한 곳을 따라 서쪽에서 들여온 값비싼 신품종을 나타내는 것이 거의 확실해 보인다. 말이 벤틀리나 포르셰에 비견되는 비단길 교통의 근사한 '끝판왕'이라면, 박트리아산 낙타는 비단, 향수, 의약품, 향신료처럼 값나가는 물건을 최대 120킬로그램까지 싣고 광대하게 펼쳐져 있는 황량한 지형을 거침없이 달릴 수 있는 화물차인 셈이었다.

이런 도자기 인형들은 기원 후 700년 무렵에 약 50년 동안 대량으로 쏟아져 나왔는데 목적은 단 하나, 지위가 높은 사람이 죽으면 무덤에 함께 묻기 위해서였다. 이런 인형은 류정순이 관직 생활을 한 당나라 북서부 도시 곳곳에서 발견된다. 고대 중국인들은 무덤에서도 살았을 때 요긴하게 쓴 물건들이 모두 필요하다고 믿었다. 따라서 이 인형들은 류정순의 무덤 안에 있던 물건 가운데 한 요소에 지나지 않았다. 그의 무덤에는 비단, 칠그릇, 금은 제품 같은 값비싼 부장품도 들어 있었을 것이다. 동물과 사람 조각상이 그의 시중을 들면서 그를 즐겁게 하는 임무를 띠었다면, 초자연적인 힘을 지닌 수호자 형상은 악귀를 물리치는 역할을 했다. 제작에서 부장에 이르는 동안 이런 도자기 인형들은 장례식 행렬을 따라갈 때 딱 한 번 살아 있는 사람들에게 모습을 선보였을 뿐 두 번 다시 눈에 띄지 않았다. 인형이 무덤에 들어가 관 주위에 각자 확실하게 자리를 잡고 나면 돌문이 영원토록 굳게 닫혔다. 당나라 시인 장열은 이렇게 평했다.

모두가 이 길을 오가지만 산 자와 죽은 자가 함께 돌아오는 일은 없구나

8세기 중국의 다른 산업과 마찬가지로 관청에서 주관한 도자기 인형의 생산은 당이라는 국가를 움직인 거대한 공무원 업무의 아주 작은 일부였을 뿐이다. 그 나라에서 고위 관료를 지낸 인물답게 류정순은 영원히 끝나지 않는 행정 업무를 맡길 도자기 관리 두 명을 무덤에 데리고 갔다. 올리버 무어 박사는 중국 고위 관리를 아직도 "만다린"으로 부를 만큼 중국 국가 그 자체의 동의어로 자리 잡은 이 고급 관료 계층을 오랫동안 연구해왔다.

> 행정은 매우 오래된 귀족 가문과, 신인이라고 부를 수 있는 사람들을 하나로 묶어줬다. 그들은 공공 사업, 경제, 군사 등 다양한 부서에서 일했다. 그중 규모가 가장 컸던 곳은 의식을 담당하는 부서였다. 그들은 연례행사나 월례 행사, 황제의 탄신일이나 왕자와 공주의 생일을 비롯해, 황제가 궁전 어딘가의 밭을 상징적으로 갈아 농사철의 시작을 알리는 밭갈이 의식 같은 절기별 행사를 조직했다. 그들의 수는 매우 적었으나, 왕조가 존속하는 내내 중요성이 커졌다. 그런 자리는 과거를 치러 국가가 정한 급수를 두고 경쟁케 했다. 나중에 이 제도가 점차 확대돼 1000년으로 들어오면 수도에서 시험을 치르는 사람이 1만 5,000여 명에 이르렀다. 그중 1,500명가량만 급수를 얻었다. 이는 줄잡아 90퍼센트 이상이 시험에 낙방했다는 뜻이다. 그런데도 사람들은 평생을 걸고 거듭 시험에 도전했다. 더욱 놀라운 점은 왕조에 대한 충성심을 높인 것이 바로 이 제도였다는 사실이다.

류정순은 왕조의 충실한 종복이었다. 도자기 인형과 부고문은 물론 그의 무덤 부장품 전체가 군대와 시민 행정의 밀접한 관계, 그와 같은 정교한 예술품 생산을 가능하게 한 규율에 따른 부, 국내뿐 아니라 국외에도 미친 힘에 대한 자신감 등 전성기 당나라의 많은 측면을 압축해 보여준다.

PART 12

순례자와 약탈자, 상인

AD 800~1300

중세 유럽은 아프리카와 아시아와 동떨어져 지내지 않았다. 전사와 순례자와 상인들은 물건과 사상을 짊어지고 수시로 두 대륙을 넘나들었다. 스칸디나비아의 바이킹족은 그린란드에서 중앙아시아까지 여행하며 교역 활동을 벌였다. 인도양에서는 광대한 해상 경제망이 아프리카, 중동, 인도, 중국을 연결했다. 이 교역로를 따라 불교와 힌두교가 인도에서 인도네시아까지 확산되었다. 십자군도 기독교 유럽과 이슬람 세계를 오가며 번성하는 상업을 막지 못했다. 반면 거대한 아시아 교역망 끄트머리에 자리한 일본은 스스로 꼭꼭 가둬둔 채 300년 동안이나 이웃나라 중국과도 담을 쌓고 지냈다.

56
요크 골짜기의 보물

영국 잉글랜드 해러게이트 근처에서 발견된 바이킹 유물

BURIED AROUND AD 927

언뜻 보기에는 모든 것이 그저 평화롭고 아름답기만 하다. 초록으로 물든 요크셔의 탁 트인 들판, 저 멀리 굽이치는 언덕, 숲과 살포시 내려앉은 아침 안개. 영원히 바뀌지 않을 듯한 잉글랜드의 고즈넉한 풍경이지만 이 표면을 긁어내거나 더 적절하게 말하자면 금속 탐지기를 대보면 전혀 다른 잉글랜드가, 뒤편에서 지켜주는 바다가 있어도 침략에 속수무책인 폭력과 공포로 점철된 땅이 모습을 드러낸다. 1,100년 전에 겁에 질린 한 남자가 어마어마하게 많은 은붙이와 보석과 동전을 땅에 묻은 곳도 이런 들판이었다. 남자는 바이킹족이었고, 잉글랜드의 이 지역을 당시에는 상상할 수조차 없을 만큼 멀게만 보였을 세계의 다른 지역, 말하자면 러시아와 중동과 아시아와 이어준 이 보물은 그의 것이었다.

이제 소개할 다섯 가지 유물을 통해 우리는 9세기와 14세기 사이 유럽과 아시아의 광활한 공간을 죽 둘러보면서 호 모양의 거대한 교역망 두 곳을 살펴볼 것이다. 하나는 이라크와 아프가니스탄에서 출발해 북쪽 러시아에 이르러 솟아올랐다가 영국에서 끝나는 북쪽 교역망이고, 다른 하나는 인도네시아에서 아프리카에 이르는 인도양 전체에 걸쳐 있는 남쪽 교역망이다.

"상인이자 약탈자"라는 말을 들으면 제일 먼저 한 무리 사람들이 떠오른다. 바로 바이킹이다. 바이킹은 늘 유럽인의 상상력을 자극해왔으며 그들의 명성은 수시로 들쭉날쭉 변화를 겪어왔다. 19세기 영국인들은 그들을 뿔 달린 투구 차림에 강간과 약탈을 일삼는 야만적인 악당으로 간주했다. 물론 스칸디나비아 사람들의 시각은 달랐다. 그들의 바이킹은 북유럽 전설에 나오는 백전백승의 영웅들이었다. 그다음으로 역사가들은 바이킹을 좀 더 교양을 갖춘 존재로 보았다. 약탈자라기보다는 상인 겸 여행자로 여겼다. 최근 들어 요크 골짜기의 보물이 발견되면서 그다지 달갑지 않은 바이킹, 일반 대중에게 인식된 호전적인 바이킹이 다시 되살아나는 듯하지만 이번에는 이력이 화려한 국제인이라는 인상이 추가되었다. 사실 바이킹은 늘 그랬다. 바이킹에게는 폭력만큼이나 화려함도 함께 따라다녔다.

900년대 초반에 잉글랜드는 대부분 바이킹에게 점령당한 북쪽 지역과 동쪽 지역, 웨섹스의 위대한 앵글로색슨 왕국이 지배한 남쪽 지역과 서쪽 지역으로 갈려 있었다. 앵글로색슨의 바이킹 지역 재정복은 10세기 영국에서 아주 중요한 사건이었다. 이 보물은 국가적 서사시의 한 부분을 정확히 짚어 보여주는 동시에 바이킹이 교역한 광대한 세계와 연결해준다.

이 보물은 2007년 겨울에 발견됐다. 데이비드 웰런과 앤드루 웰런 부자는 당시 요크셔 북쪽에 있는 해러게이트 남쪽 들판에서 금속을 탐지하고 있었다.

부자가 발견한 보물은 작은 멜론 크기만 한 아름다운 은단지 안에 담겨 있었다. 놀랍게도 그 안에는 600개가 넘는 은화가 들어 있었다. 크기는 대략 오늘날의 1파운드 동전과 비슷했지만 두께는 웨이퍼처럼 얇았다. 앵글로색슨 지역에서 사용하던 동전이 대부분이지만 그 가운데는 서유럽과 중앙아시아에서 들여온 동전뿐 아니라 요크에서 생산된 바이킹 동전도 더러 있다. 동전 외에 금팔찌 한 점과 은팔찌 다섯 점도 있었다. 그다음으로 브로치와 고리와 얇은 은괴를 두드려서 토막토막 잘라낸 조각도 있었다. 길이가 대개 2센티미터 안팎인 이 은 조각들은 보물 주인이 앵글로색슨족이 아니라 바이킹족이었다는 사실을 보여주는 확실한 증거다. 바이킹은 고고학자들이 "해크 실버(hack silver)"라고 부르는 이런 은 조각을 화폐로 사용했다.

이 보물들은 우리를 잉글랜드 역사의 중요한 순간으로 데려다준다. 앵글로색슨 왕 애설스탠이 마침내 바이킹 침략자들을 물리치고 잉글랜드 왕국을 세운 것이 바로 이 무렵이었다. 무엇보다 보물은 바이킹이 잉글랜드 북부를 지배하면서 향유했던 접촉의 범위를 보여준다. 이 스칸디나비아 사람들은 그야말로 사방팔방으로 연결돼 있었다. 이에 대해 역사학자 마이클 우드는 다음과 같이 분명히 한다.

> 바이킹 보물 가운데에는 아일랜드에서 만든 바이킹 팔찌 한 점 말고도 멀리 사마르칸트와 아프가니스탄과 바그다드에서 주조된 동전들이 있다. 이를 통해 우리는 그 시대의 교역 범위를 짐작할 수 있다. 바이킹 왕과 대리인과 그들의 교역로는 서유럽, 아일랜드, 스칸디나비아를 가로질렀다. 아라비아 문헌을 보면 카스피 해 기슭을 무대로 활동하는 바이킹 노예상들에 관한 설명이 있다.

보물 더미에서 나온 동전:
디르함 동전(맨 위), 성 베드로의 이름이 새겨진 동전(가운데), 애설스탠이 발행한 동전(맨 아래).

실은 아일랜드인이었지만 러시아 모자를 쓰고 다녀 러시아 사람 굴리라는 이름으로 통했던 한 노예무역상은 그곳 카스피 해에서 노브고로드와 키예프 등지를 거쳐 북해로 연결되는 수로를 따라 노예를 매매했다. 이런 교역로는 915년에 사마르칸트에서 주조된 동전이 920년대라는 단기간에 요크셔까지 이를 수 있었던 경위를 설명해준다.

요크 골짜기의 보물은 바이킹의 잉글랜드가 그야말로 대륙과 대륙을 횡단하는 규모로 운영됐다는 사실을 분명히 보여준다. 사마르칸트에서 주조된 디르함 동전이 있는가 하면, 중앙아시아에서 만든 다른 이슬람 동전도 있다. 요크와 마찬가지로 키예프도 커다란 바이킹 도시였다. 이라크, 이란, 아프가니스탄에서 온 상인들이 그곳에서 교역한 물건은 러시아와 발트 해를 거쳐 북유럽 전체로 퍼져나갔다. 그 과정에서 키예프 주변의 사람들은 큰돈을 벌었다. 이 당시 한 아랍 상인은 그들이 교역을 통해 모아들인 금화와 은화를 녹여 부인에게 줄 목걸이를 만들었다고 설명한다.

> 여자들은 금이나 은목걸이를 차고 다닌다. 남자들은 1만 디르함을 모으면 부인에게 목걸이를 하나 만들어줄 수 있다. 2만 디르함을 모으면 두 개다. (중략) 이런 목걸이를 여러 개 차고 다니는 여자들도 많다.

실제로 우리가 얘기한 보물 가운데는 이런 러시아 목걸이에서 나온 조각이 하나 있다.

키예프와 요크는 둘 다 바이킹 도시였지만 두 도시가 직접 접촉하는 일은 매우 드물었을 것이다. 교역로는 대개 일련의 중계 방식을 통해 구축됐을 것이다. 예를 들어 향신료와 은화와 보석이 북쪽으로 이동하면 호박과 모피는 반대 방향으로 이동하는 식이었고, 모든 단계마다 수익이 발생했을 것이다. 그러나 이런 교역로는 바이킹에게 따라다니는 어두운 명성을 전하기도 했다. 동유럽 전역에서 바이킹은 사람들을 사로잡아 키예프의 대규모 시장에서 노예로 팔았다. 이는 '노예(slave)'에 해당하는 단어와 '슬라브족(Slav)'에 해당하는 단어가 연계되는 유럽어가 그렇게 많은 이유를 설명해준다.

이 보물은 당시 요크에서 어떤 일이 벌어지고 있었는지에 대해서도 많은 이야기를 들려준다. 그곳에서 바이킹은 기독교인으로 개종하기 시작했지만 빈

번히 그랬듯이 많은 개종자들은 예전 종교의 상징을 선뜻 저버리지 못했다. 노르웨이 신들은 완전히 죽지 않았다. 920년께에 요크에서 주조된 한 동전을 보면 기도교도인 성 베드로의 칼과 이름이 새겨져 있는데, 흥미롭게도 베드로를 뜻하는 'Petri'의 'i'는 노르웨이의 신 토르를 상징하는 망치 형태를 띠고 있다. 새로운 신앙이 옛 신앙의 무기를 사용하는 셈이었다.

보물은 927년 직후에 땅에 묻힌 것이 거의 확실하다. 웨섹스 왕 애설스탠이 마침내 바이킹을 무찌르고 요크를 정복해 스코틀랜드와 웨일스의 군주들에게 충성의 서약을 받아냈을 때가 바로 이 해다. 이는 로마인들이 떠난 이후로 영국에서 가장 파장이 큰 정치적 사건이었다. 보물에는 이 사건을 기념하기 위해 애설스탠이 발행한 은화도 한 점 포함돼 있다. 동전에서 애설스탠은 어떤 군주도 사용한 적이 없는 칭호를 자기 자신에게 부여한다. 'Athelstan Rex totius Britanniae', 즉 '모든 브리튼인의 왕 애설스탠'이라는 뜻이다. 연합 국가 영국이라는 현대의 개념은 바로 여기서 시작된다. 비록 이 개념이 현실이 되기까지는 800년이 더 걸려야 했지만 말이다. 하지만 어떤 의미에서 애설스탠은 잉글랜드를 만든 인물이었다. 마이클 우드의 설명을 들어보자.

> 이 보물에서 놀라운 점은 잉글랜드가 한 왕국이자 국가로 탄생하는 바로 그 순간을 겨냥해 만들어졌다는 사실이다. 10세기 초는 이런 '국가 정체성'이 처음으로 사용되기 시작한 시기였다. 노르만왕조든, 플랜태저넷왕조든, 튜더왕조든 후대 잉글랜드 왕들이 모두 애설스탠을 잉글랜드 왕국의 시조로 여긴 이유가 바로 이 때문이다. 어떤 의미에서 잉글랜드 왕국의 기원은 927년 그 순간으로 거슬러 올라간다고 해도 과언이 아니다.

하지만 그때는 매우 혼란스러운 시기였고 이 보물은 바이킹과 앵글로색슨의 싸움이 아직 끝나지 않았다는 사실을 보여준다. 보물 주인은 새로운 앵글로색슨 정권 아래서 요크셔에 머문 바이킹 유력가가 틀림없다. 보물단지에서 애설스탠이 927년에 요크에서 주조한 동전도 더러 나왔기 때문이다. 그 직후에 이 주인에게 보물을 파묻을 수밖에 없는 뭔가 나쁜 일이 닥친 것이 분명하다. 하지만 보물을 아주 꼼꼼하게 묻은 점으로 보아 다시 돌아오려고 한 것이 확실하다. 혹시 그는 바이킹과 앵글로색슨의 접전에서 목숨을 잃은 것은 아니었을까? 아니면 스칸디나비아나 아일랜드로 돌아갔을까? 보물 주인에게 무슨 일이 생겼든지 간에 잉글랜드의 바이킹은 대부분 계속 남아 있었고 차츰 동화했다. 오늘날 영국 북동쪽 지방에는 그림즈비와 클리소프스처럼 'by'와 'thorpe'로 끝나는 지명이 꽤 있는데, 이런 곳은 바이킹의 오랜 존재를 말해주는 산 증거다. 요크 골짜기의 보물은 이런 장소들 또한 900년께 스컨소프에서 사마르칸트까지 뻗어 있던 거대한 교역망의 한쪽 끝을 이뤘다는 사실을 일깨워준다.

57
헤드위그 유리잔

시리아에서 제작된 것으로 추정되는 유리잔

1100~1200 AD

많은 사람들에게 헤드위그라는 이름은 해리 포터에게 메시지를 전달하는 친절한 올빼미를 떠올리게 한다. 하지만 중부 유럽 출신, 그중에서도 특히 폴란드가 고향인 사람들에게는 사뭇 다른 의미를 지닌다. 그녀는 1200년께에 한 민족과 종교의 상징으로 자리 잡은 뒤 몇 세기 넘게 메시지가 아니라 기적을 전해온 왕실 출신 성인이다. 그녀가 보여준 기적 가운데는 유리잔 물을 수시로 포도주로 바꿔놓은 기적이 가장 유명하다. 중부 유럽 곳곳에서는 오늘날까지도 그녀가 기적의 액체를 마신 바로 그 유리잔이라고 주장하는, 정체가 알쏭달쏭한 몇몇 특이한 유리잔 종류들이 간혹 눈에 띈다.

대영박물관에도 이런 헤드위그 유리잔이 하나 있다. 이 유리잔은 종교의 힘이 크게 작용했던 십자군 시대의 정치 세계로, 사자왕 리처드와 살라딘의 위대한 시대로, 기독교인과 무슬림 사이의 전쟁이 실은 무역을 엄청나게 발전시켰다는 전혀 뜻밖인 사실로 우리를 곧장 데려간다. 최근 연구 결과는 중부 유럽에서 기독교 기적의 증거로 숭배되는 헤드위그 유리잔이 중동의 이슬람 유리 공예가들 손에서 탄생했을 가능성이 가장 높다고 말한다.

헤드위그는 슐레지엔 공작 '턱수염' 하인리히와 결혼했다. 슐레지엔은 오늘날의 폴란드와 독일, 체코 국경 지대 이쪽저쪽에 걸쳐 있는 지역이다. 하인리히와 헤드위그는 앙증맞은 이름의 '곱슬머리' 콘라트를 비롯해 자녀 일곱을 낳고는 1209년 금욕 서약을 했다. 사실 그다지 놀랄 일도 아니었다. 이 무렵 공작 부인은 이미 성자와 같은 성향을 보이고 있었기 때문이다. 그녀는 여성 나병 환자 전용 병원을 짓고 환자들을 지역 수녀원의 수녀들이 당황할 만큼 극진히 예우했다.

> 그녀는 수녀들이 발을 씻은 물로 눈은 물론이요, 종종 얼굴 전체를 닦았다. 하지만 그보다 더 놀라운 점은 이 물로 어린 손자, 손녀들의 얼굴과 머리를 헹

구기도 했다는 사실이다. 그녀는 수녀들의 몸이 닿은 성스러운 물이 아이들의 구원에 도움이 될 것이라고 굳게 믿었다.

공작 부인이었지만 그녀는 초라한 행색에 눈 오는 날에도 맨발인 채로 다녀 피 묻은 발자국을 남겼다고 한다. 그녀는 물만 마셨다는데 이 당시만 해도 그런 일은 거의 듣도 보도 못한 일이었다. 지나치다 싶을 금욕적인 행동은 그녀의 남편에게 큰 걱정을 끼쳤다. 당시에는 물이 대체로 깨끗하지 못했기 때문에 물보다 포도주를 마시는 편이 훨씬 더 안전했다. 그는 아내가 병이라도 날까봐 겁이 났다. 그런 어느 날 공작이 아내가 물 잔을 들어 입에 갖다 대는 모습을 지켜보다가 물이 포도주로 바뀌는 기적을 목격했다는 전설이 있는데, 그때부터 그녀의 성인 자격은 물론 아마 그녀의 건강까지도 확실히 보증됐다.

그녀의 물 잔은 그렇게 해서 유명해졌다. 중세 유럽은 기적과 관련된 유물에 늘 굶주려 있었다. 가장 유명한 유물은 예수가 가나안의 혼인 잔치에서 처음으로 물을 포도주로 바꾸는 기적을 보여줄 때 사용했다는 잔이다. 헤드위그 유리잔은 그 자랑스러운 전통의 일부가 되었다.

현재 대영박물관에 있는 헤드위그 유리잔은 열몇 개쯤 되는 유리잔 가운데 하나다. 독실한 신자들이 헤드위그가 사용한 잔이 맞다고 확인한 바 있는 이 물 잔들은 생김새가 하나같이 놀랍도록 비슷하다. 어쨌든 사진의 이 비커는 물 잔보다는 작은 꽃병에 가깝다. 짙은 황옥색을 띠고 있으며 두꺼운 유리 재질에, 높이는 약 14센티미터다. 두 손으로 잡아야 하는데, 손에 쥐고 마시기가 매우 불편하다. 잔에 물을 담아 한 모금 마실라치면 주둥이가 너무 넓어 물이 넘치기 십상이다. 그리고 안타깝게도 물이 포도주로 바뀌는 일 또한 없다.

하지만 깨지기 쉬운 이런 유리 제품이 몇 세기가 지났는데도 멀쩡한 채로, 그것도 열 개가 넘게 모두 무사히 살아남았다면 이는 또 다른 종류의 기적이다. 바꿔 말해 그만큼 정성 들여 보관했다는 얘기다. 실제로 이런 유리잔은 대개 왕실이나 교회의 귀중품 금고에 소중하게 보관됐고, 따라서 왕실 예배당과 교회에서 성찬배로 사용됐을 가능성이 높다. 현재 남아 있는 헤드위그 유리잔은 귀금속으로 장식돼 미사 때 사용한 경우가 많다. 이 유리잔의 밑면과 양쪽 옆에도 금속을 박아 넣은 흔적이 있다.

더욱 뜻깊은 것은, 헤드위그는 새로운 종류의 성인이라는 점이었다. 1267년에 그녀가 정식으로 성인 반열에 오를 무렵 많은 여성 성인들이 교회 역사에 한꺼번에 등장했다. 바야흐로 여성이 '신성의 유리 천장'을 깨뜨리고 나오는 순간이었다. 새로운 성인의 4분의 1이 여성이었다. 이는 프란체스코회와 도미니크회라는 새로운 수도회를 통해 조성된 종교 부흥의 결과인 듯하다. 두 수도회 회원들은 진정한 기독교인의 삶은 외진 수도원이 아니라 사람들이 사는 곳에서 찾아야 하며 여성도 거기에 완전한 몫을 해야 한다고 주장했다. 당연히 그들은 왕실 여성들에게도 선행을 베풀라고 독려했다. 헤드위그의 나병 환자 지원 사업은 그 전형적인 예다. 우리는 모두 생전에 에이즈 환자를 돕는 사업을 펼친 왕세자비 다이애나를 보면서 왕실이 본보기를 보인다는 게 얼마나 강력한 힘을 발휘하는지 잘 알고 있다. 중세 교회는 왕실 여성이 죽으면 성인으로 추대해 본보기로서 더욱 힘을 실었다. 왕실 성인의 면면은 상당히 화려하다. 신성로마제국 황후 성 쿠네군다, 헝가리 왕세자비 성 마르게리타, 보헤미아 왕세자비 성 아그네스, 슐레지엔 공작 부인 헤드위그 등. 모두 기적을 인정받았지만 포도주의 기적으로 성인에 오른 여성은 헤드위그밖에 없었다.

종교 부흥의 또 다른 결과로는 탁발 수도사들이 선한 행동뿐 아니라 선한 전쟁을 요구하고 나섰다는 점을 들 수 있다. 프란체스코회와 도미니크회는 십자군 전쟁을 가장 강력하게 옹호하는 쪽에 속했다. 헤드위그가 포도주를 마실 무렵 십자군은 그야말로 사기가 충천해 있었다. 1217년 그녀에게는 시아주버니인 헝가리 왕도 십자가를 높이 치켜들고 성지로 향했다. 그런데 신기하게도 이런 군사 활동에도 불구하고, 아니 바로 그 때문이었는지도 모르지만 어쨌거나 교역은 더욱 번성한 듯하다. 케임브리지 대학교에서 중세사를 가르치는 데이비드 아불라피아 교수는 그 이유를 이렇게 설명한다.

> 12세기와 13세기에 이뤄진 유럽과 중동의 접촉은 상당히 집중적인 교역 활동을 중심으로 구축됐다. 베네치아, 제노바, 피사 상인들은 별 문제 없이 사업을 계속 해나갈 수 있었다. 짐작이 가겠지만 이는 때로 추문으로 이어지기도 했다. 예를 들어 살라딘이 성지의 기독교인을 상대로 전쟁을 준비하고 있는 동안에도 상인들은 여전히 알렉산드리아 항에 나타났다는 등의 내용이었다. 이 당시의 무역은 주로 서쪽에서 가져온 원료와 비단, 유리 제품, 도자기 같은 이슬람 세계에서 나는 사치품을 교환하는 형태였다. 서유럽에서는 그와 품질이 동등한 제품을 만들 수 없었다.

헤드위그 유리잔의 가장 특이한 점 가운데 하나를 설명해주는 것이 바로 이 전쟁과 공존하는 무역 현상이다.

헤드위그 유리잔의 디자인은 모두 비슷한 형상을 담고 있다. 사자, 그리핀, 독수리, 꽃, 기하학적인 모티프 등이 그렇다. 그러나 이 유리잔처럼 모든 요소를 한데 아울러 보여주는 예는 찾아볼 수 없다. 사자와 그리핀이 각각 앞발을 치켜들고 둘 사이에 서 있는 독수리에게 경의를 표하는 모습이 유리잔 전체를 돌아가며 깊게 새겨져 있다. 열을 가해 말랑말랑해진 유리를 거푸집에 부어 찍어낸 뒤 정교한 작업을 통해 질감과 형태를 이런 식으로 세밀하게 새겼을 것이 틀림없다. 깃털과 털이 꼭 진짜처럼 생생하게 살아 있다. 하지만 무엇보다 눈길을 사로잡는 부분은 개성이 강한 표현 양식이다. 만약 아무 설명 없이 사람들에게 이 유리잔을 보여준다면 아마 대부분이 스칸디나비아에서 나온 1930년대 아르 데코 유리 공예품이라고 생각하지 않을까 싶다. 헤드위그 유리잔은 중세 유럽에서 생산된 그 어떤 유리 제품과도 닮지 않았다. 이처럼 독특하게 생긴 유리잔이 기적과 연관된 것은 어쩌면 당연한 일이었는지도 모른다.

따라서 유리잔의 원산지는 발견된 곳이 아니라 다른 어딘가에 분명히 따로 있었다. 이 유물이 과연 어디서 왔는지를 둘러싼 의문을 사람들은 200년 넘게 제기해왔다. 이제 우리는 답에 좀 더 가까이 다가간 듯하다. 이 유리잔을 포함해 다른 헤드위그 유리잔까지 과학적으로 분석한 결과, 사용된 재료가 유럽에서 오랫동안 쓰인 칼륨 유리가 아니라 오늘날의 이스라엘, 레바논, 시리아 등지 해안가에서 발견되는 소다회 유리라는 사실이 밝혀졌기 때문이다. 헤드위그 유리잔들이 모두 형태, 재료, 표현 양식이 상당히 비슷하다는 점으로 미뤄 한 공방에서 한꺼번에 생산된 것이 분명하다. 공방은 해안가 도시들 가운데 한 곳에 있었던 것이 틀림없다. 또한 이 유리 제품들은 무슬림 장인들이 만들었을 것이 거의 확실하다. 이 시기에 이슬람 세계에서 유럽 수출용으로 유리 제품을 대량으로 생산했다는 사실은 이미 널리 알려져 있다. 중세의 보물 목록을 보면 '다마스쿠스 유리'가 등장한다. 십자군 왕국 예루살렘의 교역 중심지였던 아크레는 유리 무역에서 가장 중요한 항구였다. 십자군 전문 역사가 조너선 라일리 스미스 교수는 당시 상황을 이렇게 설명한다.

> 오늘날의 이스라엘 영토에 속하는 아크레는 지중해 동부에서 가장 중요한 상업 항구였다. 이는 서쪽에서 입항한 선박이 유럽의 천을 부려놓은 뒤 향신료

를 싣고 다시 서쪽으로 출항했다는 뜻이다. 13세기 중반에 아크레 항에서 거래된 상품의 종류와 각각의 상품에 부과된 관세를 기록한 흥미로운 목록이 있다. 목록에 이런 유리잔은 들어 있지 않지만 무슬림 도기가 주요 관세 부과 대상이었다는 내용이 나온다. 따라서 유럽에 이런 유리잔이 등장하거나 지금까지 전해진다는 사실로 보건대 서유럽과 레반트, 나아가 그보다 훨씬 더 동쪽으로 머나먼 아시아를 연결하는 광범위한 교역망이 갖춰져 있었다는 상황을 전제로 이해해야 한다. 십자군 항구는 그 교역망의 일부였다.

이런 사실은 흥미로운 가능성을 활짝 열어놓는다. 우리는 헤드위그의 시아주버니인 헝가리 왕이 아크레 시에서 얼마간 지냈다는 사실을 알고 있다. 혹시 그가 거기 있는 동안 유리잔을 주문한 것은 아닐까? 만약 그렇다면 이런 유리잔이 나중에 성인을 배출한 헤드위그 집안과 관계를 맺게 된 이유와 중부 유럽까지 오게 된 경위가 설명된다. 헤드위그 유리잔의 잔해가 부다페스트에 있는 그의 궁전에서 발견된 것으로 보아 충분히 현실성 있는 이야기다. 물론 이는 그저 추측일 뿐이지만 동시에 매우 매력적인 가설이기도 하다. 이는 헤드위그 유리잔을 둘러싼 오랜 수수께끼를 풀어줄 해답일지도 모른다.

58
일본의 청동 거울

일본에서 온 청동 거울

1100~1200 AD

누구나 소원을 들어준다는 우물이나 행운을 가져다준다는 분수 앞에서 동전 한두 개쯤 던져본 기억이 있을 것이다. 로마의 유명한 트레비 분수의 경우 관광객들이 행운이 따르기를 빌며 로마를 다시 찾기를 기원하며 매일 던지는 동전이 약 3,000유로어치에 이른다. 사람들은 몇천 년 전부터 이런 식으로 물속에 귀중한 물건을 던져왔다. 이는 예사롭지 않은 충동인데, 게다가 가벼운 소원을 빌기 위해 늘 동전만 던졌던 것도 아니다. 예전에는 종종 간절히 신에게 청원할 일이 있을 때 이렇게 뭔가를 던졌다. 고고학자들은 영국 전역의 강과 호수에서 몇천 년 전에 신들에게 바친 무기, 보석, 귀금속을 수시로 발견한다. 대영박물관에는 한때 누군가가 엄숙하게 또는 기쁘게 물속에 집어던진 세계 각국의 물건이 있다. 그중 가장 흥미로운 물건을 꼽는다면 900년 전쯤에 일본의 한 불교 사원 연못에 가라앉은 거울이다.

1100년께 쓰인 『대경(大鏡)』이라는 일본의 유명한 역사책에서는 거울이 말을 할 뿐 아니라 나라 그 자체를 드러내 보이는 능력까지 발휘한다.

> 나는 과거에서 온 평범하고 낡은 거울이다. 나를 만든 희고 좋은 금속은 광을 내지 않아도 여전히 깨끗하다. (중략) 이제부터 나는 중요한 이야기를 할 참이다. 그러니 다들 귀담아듣기 바란다. 내 이야기를 들으면서 일본의 역사를 듣고 있다고 생각해야 한다.

대영박물관의 거울도 비슷한 시기에 만들어졌지만 정확히 어디서 왔는지는 아주 최근에야 밝혀졌다. 이 새로운 정보는 900년 전의 일본에 대해 말해준다. 이 거울이 이제부터 들려줄 이야기에는 연인과 시인, 궁정 여인과 여신, 사제와 천황이 등장한다.

거울은 둥글고 크기는 받침 접시만 하며 한 손에 딱 들어온다. 손잡이는

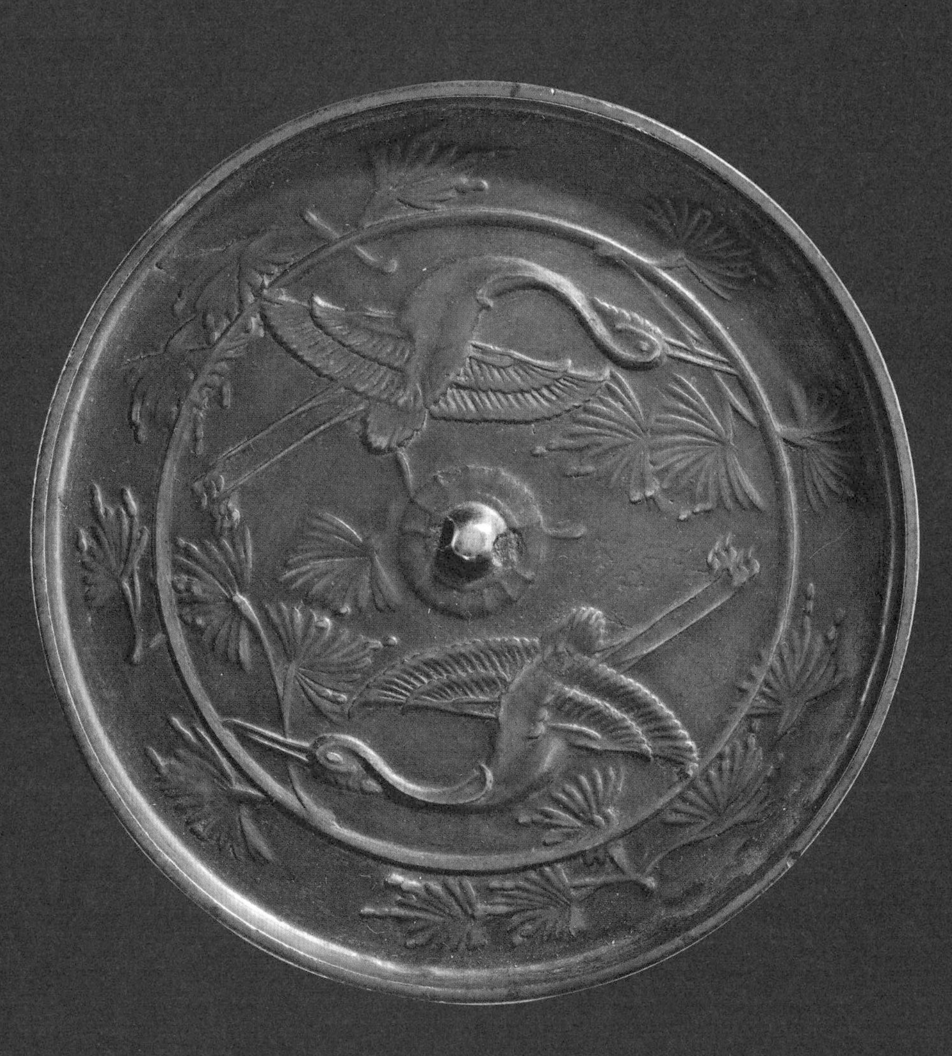

없지만 원래 고리가 달려 있어 목걸이 같은 데 걸 수 있었을 것이다. 거울의 재료는 은박을 입힌 유리가 아니다. 우리는 뒷면을 은으로 도금한 거울에 익숙하지만 그런 거울은 16세기 무렵에 들어와서야 사용되기 시작했다. 이 청동 거울 같은 초창기 거울은 모두 금속을 사용해 만든 다음 얼굴을 비춰 볼 수 있게 고도로 광을 냈다.

일본 문화가 대개 그렇듯이 거울도 중국에서 처음 도래했다. 1,000년 전쯤 유라시아의 사회는 물건을 활발하게 교역하면서 사상과 신앙도 교환했다. 8세기와 9세기 내내 일본은 이런 교역에 활발하게 참여했고, 그중에서도 특히 중국과의 교역에 열심이었다. 그러나 아시아의 거대한 교역망 제일 끝에 있는 데다 바다 때문에 고립돼 여타 문화와 달리 상호 교류로부터 쉽사리 손을 뗄 수 있었다. 일본의 이런 행보는 역사에서 몇 차례 목격된다. 그 한 예로 894년에 일본은 중국과의 공식적인 교류를 전면 중단하고 외부 세계로 통하는 문을 굳게 걸어 잠갔다. 외부의 영향이나 새로운 도래의 방해를 전혀 받지 않으면서 일본은 몇 세기 동안 자기 안에서 지냈다. 이런 내부 지향적 결정은 오늘날의 일본에도 여전히 영향을 미친다. 교토의 궁정에서는 정교한 쾌락을 추구하는 노력으로 삶의 모든 측면이 나날이 세련되어가고 미화되었다. 그곳은 여성이 문화적으로 중요한 역할을 담당하는 사회였다. 아울러 중요한 의미를 갖는 최초의 일본어 문학 작품들도 바로 이 시기에 등장했다. 물론 여기서도 여성의 능력이 빛을 발했다. 그 결과가 우리가 잘 알고 있는 세계, 바로 이 거울의 세계다. 이 거울을 처음 사용한 사람은 아마도 일본 최초의 위대한 소설『겐지 이야기』를 읽었을 것이다. 궁중 여인 무라사키 시키부가 쓴 이 소설은 세계 최초의 소설에 속하기도 한다. 소설가이자 일본 문화 전문가인 이언 부루마는 그 배경을 이렇게 설명한다.

> 무라사키는 어떤 면에서 제인 오스틴과 비슷했다.『겐지 이야기』는 헤이안 시대 귀족들의 일상을 들여다볼 수 있는 비범한 통찰을 제시해준다.
>
> 중세 일본 문화의 특징 하나는 미학 요소를 지극히 중시하면서 아름다움을 일종의 종교로 바꿔놓았다는 점이다. 거기에는 거울이나 젓가락 같은 일상의 자질구레한 용품뿐 아니라 삶 자체도 포함되었고, 당연히 삶은 고도로 의례화될 수밖에 없었다. 물론 귀족 사회란 늘 그런 법이다. 귀족 사회 치고 그렇지 않은 곳은 없지만, 헤이안 시대 귀족들은 그전이나 그후의 다른 어떤 문화보다

도 정도가 심했다. 사람들은 자작시로 대화를 나눴고 향을 맡으며 우열을 매겼으며 심미의 추구와 관련된 모든 것에 전문가였다. 그리고 거기에는 남녀관계도 포함됐다. 물론 감정이 개입되어 질투와 평범한 인간이 보여줄 수 있는 모든 행동으로 이어지기 마련이었으며, 무라사키는 바로 그 이야기를 정말이지 아름답게 풀어 썼다.

이 거울에서 우리는 향에도 우열을 가릴 만큼 매우 수준 높은 세련미를 추구한 무라사키의 세계를 엿볼 수 있다. 뒷면의 우아한 장식은 고개를 뒤로 젖힌 채 날개를 활짝 펴고 부리로 소나무 가지를 물고 날아가는 학 한 쌍을 보여준다. 곡선을 이루는 학의 모가지는 원형 거울의 곡선과 정확히 일치한다. 바깥쪽 테두리를 장식하고 있는 소나무 잎사귀는 더욱 화사하다. 혹독하리만큼 완벽한 균형미를 자랑하는 예술 작품이다. 그러나 이 거울은 물론 아름답기도 하지만 중요한 의미를 지닌다. 학은 장수의 상징이었다. 일본인들은 학이 1,000년을 산다고 믿었다. 무라사키는 궁정의 한 행사에서 바닷가를 거니는 학으로 장식한 기다란 실내복을 차려입은 동시대 인물을 이렇게 묘사한다.

> 벤노나이시의 치렁치렁한 옷자락은 바닷가에서 노니는 학의 모습이 은분 그림으로 장식돼 있었다. 이는 새로운 시도였다. 거기에는 수놓은 소나무 가지도 있었다. 이 모든 게 장수를 상징한다는 점에서 그녀는 총명했다.

학에는 또 다른 의미도 있다. 이 새는 한번 짝을 지으면 평생을 해로하며, 그래서 부부 사이의 정절을 상징한다. 이 거울의 뒷면은 영원한 사랑이라는 메시지를 있는 그대로 전달한다. 『겐지 이야기』의 주인공인 왕족 겐지는 오랜 부재에 앞서 거울에 대고 뜨거운 사랑의 시를 읊은 다음 그것을 연인에게 준다. 거기에는 자신이 떠나고 나면 광을 낸 거울 속에서 자신의 모습을 떠올리며 사랑의 메시지를 되새기라는 의미가 담겨 있다. 부부의 정을 상징하는 학 한 쌍이 새겨진 이 거울은 그런 사랑을 선언하기에 그야말로 안성맞춤이었을 것이다.

일본의 거울은 인간 사이의 관계뿐 아니라 더없이 어두운 메시지를 전달하기도 했다. 거울을 통해 우리는 영혼의 세계로 들어가 신에게 말을 걸 수 있다. 이언 부루마는 이렇게 설명한다.

일본 문화에서 거울은 여러 가지 의미를 지니는데 그중에는 언뜻 서로 모순을 이루는 듯한 의미도 더러 있다. 예를 들어 거울은 악귀를 쫓는 물건이면서 동시에 악귀를 끌어들이는 물건이기도 하다. 오늘날에도 전통을 중시하는 집에 가보면 거울을 사용하지 않을 때는 천으로 덮어두는 모습을 가끔 볼 수 있다. 행여 악귀가 들러붙을 수 있기 때문이다. 게다가 거울은 신성한 물건이기도 하다. 일본 이세에 있는 성스러운 신사에 가면 아무도 들어가본 적이 없는 성역의 가장 성스러운 곳에 일본의 3대 국보 가운데 하나가 있다. 바로 거울이다.

사실 이세의 신경(神鏡)은 일본의 위대한 태양의 여신 아마테라스의 거울이다. 일본의 고대 전설에 따르면 시간의 여명기에 아마테라스가 손자에게 하늘에서 내려가 일본을 다스리라고 지시했다는 전설이 내려온다. 이 황제의 임무를 제대로 소화해낼 수 있도록 아마테라스는 손자에게 그와 후손들이 언제든지 신성한 태양에 접근할 수 있게 해주는 신령한 거울을 하사했다. 오늘날까지도 아마테라스의 성스러운 거울은 천황의 대관식에서 사용된다.

이 거울이 이렇게 멀쩡하게 살아남을 수 있었던 것은 인간에게 신과 소통할 수 있는 능력을 부여하는 일본 거울의 이런 신통력 덕분이다. 이 거울은 1927년 다른 거울 열여덟 점과 함께 대영박물관에 증여됐다. 청동으로 만든 이 거울들은 모두 표면이 독특한 무광을 띠고 있다. 거울 열아홉 점이 하나같이 이렇게 생긴 이유는 2009년에 와서야 처음으로 밝혀졌는데, 대영박물관에서 거울을 연구하는 한 일본인 학자의 노력이 거둔 결실이었다. 이는 거울이 모두 똑같은 곳에서 나왔기 때문이었다. 거울들은 모두 일본 북쪽 하구로 산이라는 성산 기슭 신성한 연못에서 발견됐다. 20세기 초에 이 연못은 참배객들이 지나다닐 다리를 놓기 위해 물을 빼내는 공사에 들어갔다. 놀랍게도 기술자들은 연못 밑바닥 진창 깊숙한 곳에서 (현재 대영박물관에 있는 거울을 포함해) 몇 세기 넘게 물속에 가라앉아 있던 거울 600여 점을 발견했다. 대영박물관에서 파견 근무를 하고 있는 고고학자 하라다 마사유키는 그 배경을 이렇게 설명한다.

이 산의 주변 기운이 영험해 신의 거처로 안성맞춤이라고 여기기 시작하면서 이 산을 찾는 참배객들이 생겨나기 시작했다. 특히 오랫동안 녹지 않는 새하얀 눈은 신령스러운 의미를 띠었다. 따라서 연못 자체도 참배의 중심지로 떠올랐고 사람들은 그 안에 신이 살고 있다고 생각했다. 당시 일본인들 사이에서는 다시 태어나려면 이생에서 선행을 쌓아야 한다는 믿음이 있었다. 사람들이 이승에 다시 올 수 있게 대신 빌어달라는 의미에서 더없이 아름답고 값비싼 거울을 불교 승려에게 신앙의 징표로 맡긴 것도 아마도 이런 생각이 확장된 결과가 아니었을까 싶다.

따라서 이제 우리는 정보를 근거로 이 거울의 신상에 관한 이야기를 추측해볼 수 있다. 거울은 1,100년 전쯤 교토의 숙련된 청동 주물 공장에서 제작된 뒤, 궁중 여인들이나 남성들이 격조 높은 의식과 행사를 치를 때 미적인 차원에서나 공적인 차원에서나 체면을 지키려면 꼭 있어야 하는 필수품으로 사용됐다. 그러다 어느 시점에 이르러 주인의 결정에 따라 한 승려의 손에 맡겨져 머나먼 여정에 올라 북쪽 성지까지 이르렀고, 그곳에서 주인의 모습과 다른 세상에 전하는 메시지를 고스란히 담은 채 성스러운 연못에 던져졌다. 주인도, 승려도 언젠가 거울이 우리에게 뭔가 메시지를 전하리라고는 짐작조차 하지 못했을 것이다. 『대경』처럼 이 거울도 우리 현대인에게 고대 일본의 역사를 들려주고 있다.

59
보로부두르 부처 두상

인도네시아 자바에서 발견된 석조 부처 두상

AD 780~840

우리는 1,000여 년 전에 아시아와 유럽과 아프리카를 이어준 거대한 원호 모양의 무역망을 추적하고 있다. 부처의 이 석조 두상으로 우리는 동남아시아 사람들이 중국해와 인도양을 넘나들며 물자와 사상, 언어와 종교를 교류한 광범위한 연결망을 구상해볼 수 있다. 이 두상은 적도에서 남쪽으로 몇 도밖에 떨어지지 않은 인도네시아 섬 자바에서 왔다. 보로부두르는 가장 규모가 큰 불교 유적 중의 하나이자 인간이 이룬 위대한 문화 업적이다. 불교의 우주관을 나타내는 이 거대한 계단식 피라미드는 1,000개가 넘는 부조로 장식되고 몇백 개가 넘는 부처 조각상이 들어차 있다. 이곳을 오르는 순례자들은 영적인 여정을 비추는 실제적 행로를 밟고 지나가게 되는데, 이 길은 이 세상을 초탈해 존재의 좀 더 높은 경지에 이르는 구도 과정을 상징한다. 당시 부와 전략적 중요성을 고루 갖춘 이곳 자바 섬의 보로부두르 유적은 불교가 고향의 울타리를 벗어나 세계종교가 되기까지 해상무역망이 얼마나 중요한 구실을 했는지를 보여주는 아주 뛰어난 사례다.

섬 중앙의 화산 평야에 우뚝 자리 잡은 보로부두르는 800년께에 150만 개가 넘는 석조 벽돌로 지은 계단식 피라미드다. 이곳은 올라갈수록 넓이가 좁아지는 7층 테라스 구조를 띠고 있다. 아래 4층은 사각형, 그 위 3층은 원형을 이룬다. 맨 꼭대기에는 커다랗고 둥근 지붕을 얹은 사당이 있다.

테라스를 한 층씩 오르면서 순례자들은 정신적 깨달음에 이르기 위해 물질적인 길을 지나게 된다. 맨 아래쪽에 새겨진 부조는 고난과 실패를 통해 속세의 미망과 절망을 보여준다. 특히 간음, 살인, 도둑질에 부과되는 벌을 묘사하는 장면은 죄와 피할 수 없는 벌을 다룬 단테의 작품을 연상시킨다. 위로 올라갈수록 부조는 역사에 실존한 인물인 부처가 왕자 신분과 가족의 부를 버리고 마침내 깨달음에 이를 때까지 이 불완전한 세상을 어떻게 헤쳐 나갔는지를 차례차례 보여준다. 그러고 나면 명상하고 가르침을 펼치는 부처 조각상 하나

하나가 순례자들에게 금욕의 여정을 통해 정신의 영역에 이르는 방법을 보여 준다.

16세기 들어 이슬람이 자바의 지배적인 종교로 떠오르면서 보로부두르 불교 유적은 몇 세기 동안 버려져 숲으로 뒤덮이면서 거의 눈에 띄지 않았다. 그러다 3세기 뒤인 1814년에 학자이자 군인인 영국 행정관 토머스 스탬퍼드 래플스 경의 눈에 띄어 다시 모습을 드러냈다. 현대에 이곳을 처음 방문한 래플스는 영국이 나폴레옹전쟁 때 자바를 점령한 뒤 섬 총독 대리로 부임해 주민과 그들의 과거에 뜨거운 관심을 갖게 됐다. 그는 "조각상들의 언덕"에 관한 소문을 듣고 조사단을 꾸렸다. 조사단이 가져온 소식이 어찌나 흥미롭던지 래플스는 당시만 해도 "보로 보로"로 알려진 유적을 직접 보러 달려갔다.

> 보로 보로는 그 자체로 웅장한 예술 작품이다. 거대한 규모를 자랑하는 건축물은 더러 열대 지역의 울창한 초목으로 뒤덮여 있지만 각각의 부분이 지니는 아름다움과 절묘한 솜씨, 전체 구조에서 드러나는 질서정연한 균형미는 한눈에도 알 수 있다. 그곳을 장식하고 있는 조각상과 부조의 엄청난 수, 그리고 그들의 흥미로운 특징은 왜 좀 더 일찍 조사하고 스케치하고 기록하지 않았는지 의문을 품게 한다.

유적은 지진으로 심하게 훼손된 데다 많은 부분이 화산재 아래 묻혀 있었다. 오늘날에도 많은 돌 파편들이 풀과 꽃에 둘러싸인 채 유적지에 줄지어 있다. 그래도 래플스는 너무 황홀해 넋을 잃었다. 그는 유적이 건축 측면에서나 문화 측면에서나 뛰어난 업적이라는 사실을 단박에 알아보고 땅바닥에 나뒹구는 부처의 석조 두 상 두 점을 수거했다.

이 섬에서 래플스는 보로부두르 외에도 훗날 중요한 힌두교 유적도 발견했다. 자바는 한때 힌두교와 불교를 모두 수용했다. 그의 이 두 가지 발견은 자바 역사를 근본적으로 재평가하는 작업으로 이어졌다. 래플스는 유럽인들에게 자바가 실은 위대한 문명사회였다는 사실을 알리고 싶어했다. 인류학자 나이절 발리 박사의 설명을 들어보자.

> 래플스는 문명이라는 것이 존재함을 믿었다. 그가 개념을 정의한 적은 없지만 그가 신봉한 문명은 뚜렷한 표지물들을 많이 가지고 있다. 우선은 문자 체

계가 있고 계급제도도 있다. 게다가 복합 석조 건축물도 있다. 따라서 보로부두르는 자바가 고대 그리스와 로마 못지않은 위대한 문명사회였다는 사실을 입증하는 증거라고 믿을 법했다. 그가 대영박물관에 기증한 유물과 소장품, 그가 쓴 책 『자바의 역사*The History of Java*』는 그런 주장을 뒷받침하려는 시도다.

래플스의 소장품에는 보로부두르에서 수집한 석조 두상 두 점과 그 밖의 잔해 일부, 힌두교와 이슬람 예술 작품 몇 점이 포함돼 있다. 하지만 래플스는 자신이 보기에 본인이 살던 시대의 자바 문화를 압축해 보여주는 물건도 수집했다. 수집가치고 매우 드문 행동이었다. 그는 이 물건들이 인도네시아 문명을 스스로 옹호하기를, 그리고 자바 문화가 위대한 동남아시아 문화 전통의 일부라는 점을 명백히 하여 유럽인들로 하여금 남아시아의 문화적 전통이 그들의 것과 맞먹는다는 사실을 인지하기를 바랐다. 사실 래플스는 문화혁명을 꾀하고 있었다. 지중해 세계가 아닌 곳에서 꽃피운 인류 역사의 관점을 밝히려 한 것이다.

래플스가 보로부두르의 폐허에서 발견한 본체에서 떨어진 부처의 석조 두상 두 점 가운데 하나는 대영박물관 동아시아 전시관 자바 전시실에 진열돼 있다. 실물보다 약간 큰 이 두상은 눈을 내리깐 채 평화롭게 묵상하는 상태에 들어간 부처를 보여준다. 잔잔한 고전적인 미소를 반쯤 머금은 입가와 고불고불 말린 머리카락, 오랫동안 금귀고리를 착용했던 흔적을 드러내는 축 늘어진 귓불은 그가 깨달음을 얻기 전에는 왕자였다는 사실을 말해준다. 41장에서 우리는 이보다 500년 전쯤에 인도 북서부에서 사람 형상을 따라 만들어진 최초의 부처 형상을 살펴봤다. 래플스는 인도에 대해 매우 잘 알고 있었고, 따라서 보로부두르의 조각상과 자바 문화 대부분이 인도와의 오랜 접촉에서 기인했다는 사실을 한눈에 알아봤다.

이런 접촉은 보로부두르가 세워지기 전에 1,000년이 넘게 지속됐다. 한때 사람들은 이런 접촉을 인도인의 정복이나 이민의 결과로 생각했지만, 지금은 광범위한 육상과 해상 무역망의 결과로 본다. 무역망은 사람과 물자뿐 아니라 기술과 사상과 신앙도 운송했다. 불교를 자바와 그 너머 세계로 전파한 공신이 바로 이 무역망이었다. 불교는 육로로는 비단길을 따라 중국, 한국, 일본 등지로 퍼져나갔고, 해로로는 남아시아의 여러 바다를 건너 스리랑카와 인도네시

부조와 불상으로 뒤덮인 보로부두르.

아에 이르렀다. 하지만 불교는 배타성이 강한 신앙이 절대 아니었다. 보로부두르가 이곳 풍경 한가운데 우뚝 솟아오를 즈음, 거대한 힌두 사원들도 그에 버금가는 규모로 근처에 세워지고 있었다.

이런 기념물을 조성하려면 인력과 돈이 필요했다. 인력은 예나 지금이나 자바에서 문제가 되지 않는다. 자바의 토양은 막대한 인구를 먹여 살리고도 남을 만큼 비옥하며, 게다가 800년께에 섬은 엄청나게 부유했다. 농업 말고도 자바는 국제무역, 특히 극동에서 나는 정향(丁香) 같은 향신료의 중요한 정기 기항지였다. 이런 사치품은 자바에서 배에 실려 중국과 인도양 전역으로 수송됐다.

보로부두르의 부조 가운데 800년께의 선박을 보여주는 화려한 벽널 장식은 이런 해상 교역을 뒷받침해주는 더없이 생생한 최고의 증거다. 벽을 깊이 파서 새긴 이 부조 작품에는 장인의 열정과 뛰어난 솜씨는 물론 유머까지 드러나 있다. 실제로 배의 앞쪽, 선수상(船首像) 아래를 보면 선원 한 명이 아찔하게도 닻에 대롱대롱 매달려 있다. 그러나 무엇보다도 이 작품은 이렇게 긴 항해를 가능케 했던 배, 많은 돛과 돛대를 갖추고 중국과 베트남에서 출발해 자바와 스리랑카와 인도는 물론 저 멀리 동아프리카까지 기나긴 항해를 거뜬히 오간 배가 어떻게 생겼는지를 생생하게 보여주는 시각 자료다.

보로부두르의 배 부조.

위대한 종교 건축물은 모두 마찬가지일 테지만, 보로부두르에서 나는 평소 만고불변의 역설이라고 생각한 것을 그 무엇보다 절실히 확인했다. 우리에게 부를 버리고 미련 없이 속세를 떠나라고 권유하는 기념물을 세우려면 세상사에 깊이 관여해 모아들인 막대한 물질적인 부가 필요하다는 역설 말이다. 불교 포교사이자 저술가인 스티븐 배철러도 여기에 동의한다.

> 보로부두르는 분명히 이곳 유럽의 고딕식 대성당에 필적할 만큼 웅장했고, 마찬가지로 건축하는 데 아마도 75년에서 100년은 족히 걸렸을 것이다. 그런 만큼 보로부두르는 불교의 세계관과 이상을 보여주는 위대한 상징이자 어떤 점에서 지적 활동의 일환이기도 하다. 하지만 잔인할 만큼 물질적이고 구체적이기 때문에 그 이상이 된다. 보로부두르는 형이상학이나 교리를 뛰어넘는 어떤 무언가를 형상화하고, 인간의 정신이 무엇을 이룰 수 있는가에 대한 어떤 중요한 점을 상징한다.

보로부두르의 수많은 테라스를 오르는 경험은 쉽게 잊히지 않는다. 아래쪽 테라스의 에워싸인 복도에서 나와 화산에 빙 둘러싸인 위쪽 탁 트인 공간으로 들어서면 물질의 속박에서 벗어나 더 큰 세계에 들어왔다는 생각이 든다. 아무리 무심한 관광객도 이는 그저 현장 방문이 아니라 순례자의 여정이라는 느낌을 받는다. 보로부두르를 건축한 사람들은 돌이 어떻게 생각을 만들어낼 수 있는지 완벽하게 이해했다.

꼭대기의 상단 원형 테라스에 이르자 가르침은 끝이 났다. 이야기를 들려주는 부조는 이제 없고, 대신 안에 부처 좌상을 하나씩 들여앉힌 종처럼 생긴 사리탑들뿐이다. 우리는 저 아래로 현실과 재현이라는 현혹의 세계를 뒤로하고, 이제는 무형체의 세계와 마주하고 있다. 보로부두르 최정상에는 거대한 종 모양의 사리탑이 하나 서 있다. 그 안에는 아무것도 없다. 이 영혼의 여정이 끝나는 최종 목적지인 무(無)만 존재할 뿐.

60

킬와 사금파리

탄자니아 킬와 키시와니 해변에서 발견된 질그릇 잔해

AD 900~1400

깨진 항아리와 접시 몇 점이 우리에게 얼마나 많은 이야기를 들려주는지 알면 놀라울 따름이다. 이 장은 도기를 다루지만, 주로 보물 창고나 고대 무덤에서만 살아남은 수준 높은 도자기 예술은 여기서 제외된다. 이 장은 주로 잔해로만 살아남은 일상의 질그릇을 다룬다. 접시나 항아리가 온전하게 남아 있을 때는 놀랄 정도로 부서지기 쉽지만, 일단 산산이 부서지고 나면 그 조각은 거의 불사의 생명을 얻는다. 깨진 그릇 조각은 먼 과거의 일상에 대해 다른 무엇보다 우리에게 더 많은 이야기를 들려준다.

여기 이 사진은 동아프리카 해변에서 1,000년 가까이 살아남은 사금파리를 보여준다. 해변에서 물건을 주워 생계를 꾸리던 한 조심성 있는 사람이 1948년에 이 조각을 모아 1974년에 대영박물관에 기증했다. 경제적 가치가 전혀 없는 이 사금파리들이 1,000여 년 전 동아프리카에서의 일상은 물론 인도양 전체의 세계까지도 열어 보일지 모른다는 것을 깨달았기 때문이다.

역사는 대개 육지를 배경으로 쓰여진다. 우리는 대체로 마을과 도시, 산과 강, 대륙과 나라의 관점에서 생각하려는 경향이 있다. 그러나 다른 관점으로 보면, 즉 아시아 대륙이나 인도 역사 대신 그 자리에 바다를 배치하면 우리의 과거를 완전히 다른 눈으로 바라보게 된다. 우리는 앞에서 9세기와 14세기 사이에 유럽과 아시아를 가로지르는 광대한 무역로를 따라 사상과 신앙, 종교와 사람들이 어떻게 오갔는지 살펴봤다. 하지만 무역로는 거친 바다를 건너 인도양 주변까지 이어지기도 했다. 아프리카와 인도네시아는 8,000킬로미터 가까이 떨어져 있지만 중동이나 인도, 중국과 소통할 때처럼 서로 쉽게 이어질 수 있었는데, 고맙게도 1년 중 절반은 북동쪽으로, 나머지 절반은 남서쪽으로 불어주는 인도양의 바람 덕분이다. 이는 상인들이 멀리까지 항해하면서도 불안해할 이유가 없다는 것을 의미한다. 돌아올 수 있다는 사실을 잘 알기 때문이다. 상업을 목적으로 하는 항해자들은 수천 년 동안 이 바다를 가로지르며 물자뿐만 아니라 동물과 식물, 사람, 언어와 종교를 실어 날랐다. 마다가스카르 사람들이 인도네시아어를 사용하는 것은 결코 우연이 아니다. 인도양 해안은 서로 아무리 차이가 많고 아무리 멀리 떨어져 있어도 하나의 거대한 공동체에 함께 속해 있다. 우리는 이 깨진 그릇 조각을 통해 그 공동체의 규모와 복잡한 성격을 들여다볼 수 있다.

내가 고른 이 사금파리 한 줌은 우리에게 아주 많은 이야기를 들려준다. 가장 큰 조각은 크기가 우편엽서만 하며 가장 작은 조각은 대략 신용카드 절반만 하다. 사금파리는 크게 세 범주로 나뉜다. 먼저 연두색을 띠는 매끈한 조각 두 개가 있다. 오늘날의 값비싼 자기 제품과 매우 비슷해 보인다. 그다음은 푸른색 문양이 있는 조각들이 있다. 마지막으로, 유약으로 광을 내지는 않았지만 깊이 깎은 부조로 장식한 자연 그대로의 질그릇 조각이 있다. 한때 이 사금파리들이 일부를 이룬 그릇은 전 세계 다양한 지역에서 만든 것이지만, 600년 전과 900년 전 사이에 한곳에 버려졌다. 바로 이 동아프리카의 한 해변이었다. 이 조각들은 킬와 키시와니 섬의 무너져가는 계곡 밑에서 발견됐다.

오늘날 킬와는 자그만 어촌이 몇 곳 있을 뿐인 탄자니아의 조용한 섬이지만 1200년께만 해도 북적이는 항구 도시였다. 지금도 이곳에는 당시 사하라 이남 아프리카에서 가장 규모가 큰 석조 건축물들과 이슬람 사원의 흔적이 남아 있다. 1502년에 섬을 찾은 포르투갈 방문객은 소감을 이렇게 묘사했다.

> 바닷가로 이어지는 도시는 성벽과 탑으로 둘러싸여 있다. 1만 2,000명가량의 주민이 그 안에서 생활한다. (중략) 거리는 매우 좁다. 집들이 보통 3, 4층은 넘길 만큼 아주 높은 데다 테라스를 따라 꼭대기를 내달릴 수 있을 만큼 서로 다닥다닥 붙어 있기 때문이다. (중략) 항구에도 많은 배들이 있다.

킬와는 탄자니아 북쪽에서 오늘날의 케냐에 속하는 몸바사를 거쳐 소말리아 모가디슈에 이르는 동아프리카 해안을 따라 띠처럼 줄줄이 늘어서 있던 마을과 도시 가운데 가장 남쪽에 있으면서 가장 부유했다. 이 공동체는 해안 위아래를 항해하며 늘 서로 교류했고 바다 건너에서 오는 상인들과도 끊임없이 접촉했다.

이 교역의 증거물인 질그릇 조각은 많은 정보를 알려준다. 내 눈에도 연두색 사금파리는 중국 자기, 즉 아름답고 사치스러운 청자 사발이나 단지 잔해가 분명해 보인다. 중국인들은 이런 청자를 대량으로 제작해 동남아시아뿐 아니라 인도양 너머에 있는 중동과 아프리카까지 수출했다. 탄자니아 소설가 압둘라자크 구르나도 어렸을 때 바닷가에서 중국 자기 조각을 주운 기억이 있다.

> 바닷가에서 이런 것들, 이런 도자기 조각을 수없이 봤다. 어른들은 우리한테 이렇게 말하곤 했다. "그건 중국 도자기란다." 그러면 우리는 '그렇거나 말거나'라고 생각하며 믿지 않았고, 하늘을 날아다니는 양탄자와 실종된 왕자 같은 이야기를 하도 많이 들은 터라 이것도 그런 이야기인 줄로만 알았다. 그러다 박물관에 가거나 동아프리카에 들른 중국 무적함대에 관한 이야기를 들으면서 그 물건이 중요한 뭔가를, 곧 다른 세계와의 접촉을 보여주는 귀한 증거라는 사실을 알게 됐다. 그후엔 이 유물들을 그 자체로 바라보게 된다. 그 자체로서의 완전함, 그 무게와 아름다움을. 중국처럼 멀리 떨어져 있는 문화가 몇 세기가 흐른 뒤에도 이 자기 조각에 고스란히 남았다.

중국 자기뿐만 아니라 여기에는 킬와에 당도하기까지 기나긴 여정을 거쳤을 것이 틀림없는 다른 그릇 잔해도 있다. 검은색 기하학무늬가 있는 푸른빛 조각은 분명히 아랍 세계에서 왔다. 현미경으로 이 잔해를 들여다보면 이라크나 시리아에서 조성된 진흙으로 제작됐다는 사실을 알 수 있다. 오만이나 페르시아 만의 각기 다른 지역에서 온 조각도 있다. 이 사금파리만으로도 킬라와 이슬람 중동 사이에서 이뤄진 교역의 힘과 규모를 충분히 입증할 수 있다.

킬와 주민들은 확실히 외국 도자기를 좋아했다. 그들은 그런 도자기를 식기로 사용했을 뿐 아니라 벽과 홍예에 박아 넣어 집과 모스크를 장식하는 용도로도 사용했다. 물론 도자기는 킬와에 부를 안겨준 유일한 수출입 산업 품목은 아니었다. 그러나 그중 가장 내구성이 강하고 수명이 오래가는 제품이었기 때문에 오늘날까지 이렇게 살아남을 수 있었다. 도자기 말고도 수입품에는 요즘까지 꾸준히 들어오는 인도산 면직물을 비롯해 중국 비단, 유리, 보석, 화장품이 포함됐다. 또 다른 포르투갈 방문객은 킬와 같은 항구에서 활발하게 이뤄진 교역을 이렇게 묘사했다.

> 그들은 무어인과 인도의 이교도들과 함께 옷감, 금, 상아를 비롯해 다양한 상품을 거래하는 거상이었다. 항구에는 해마다 상품을 잔뜩 실은 배들이 들어

와 황금과 상아와 밀랍을 엄청나게 부려놓는다.

아프리카에서 나가는 수출품에는 인도에서 수요가 많은 철 덩어리, 페르시아에서 건축 자재로 사용하는 목재, 코뿔소 뿔, 거북 등껍질, 표범 가죽 그리고 당연히 금과 노예가 포함됐다. 이 가운데 대부분은 멀리 아프리카 내륙에서 들여왔다. 예를 들어 금은 남쪽으로 한참 떨어진 짐바브웨에서 가져왔다. 800년 전에 짐바브웨는 킬와를 경유하는 바로 이 무역을 통해 엄청난 부와 힘을 자랑하는 왕국으로 발돋움했고 덕분에 '그레이트 짐바브웨'라는 웅장하고 신비한 유적을 남길 수 있었다.

무역은 킬와에 부를 가져왔지만 그곳을 물질적으로 바꿔놓는 데만 그치지 않았다. 인도양의 바람은 1년 중 절반은 북동쪽으로 불고 나머지 절반은 남서쪽으로 불기 때문에 이는 일정한 연차적 무역 순환을 만들었고, 페르시아 만과 인도에서 온 상인들은 다시 집으로 돌아가려면 몇 달을 킬와에서 기다려야 했다. 이 몇 달 동안 그들은 아프리카 지역 공동체와 뒤섞여 지낼 수밖에 없었고 그 과정에서 킬와에 많은 변화를 가져왔다. 아랍 상인들 덕분에 바닷가 마을들은 이슬람으로 개종했고 아랍어와 페르시아어가 지역 토착민이 쓰는 반투어로 흡수되면서 새로운 국제어, 곧 스와힐리어의 탄생으로 이어졌다. 그 결과 소말리아에서 탄자니아, 모가디슈에서 킬와에 이르는 아프리카 해안 도시들을 아우르는 눈부신 문화 공동체가 생겨났다. 이슬람 신앙을 바탕으로 거대한 국제도시의 면모를 갖춘 일종의 스와힐리 띠가 형성된 셈이다. 그러나 스와힐리 문화의 핵심은 여전히 아프리카에 뿌리를 두고 있었다. 역사 교수 버트럼 마푼다는 이렇게 설명한다.

> 이주민들을 동아프리카로 끌어들인 매력 가운데 하나는 바로 무역이라는 사실을 우리는 안다. 하지만 나중에 스와힐리 문화가 생겨난 데는 그들을 불러들인 이 지역 주민들의 공이 컸다. 따라서 "이곳 문화는 밖에서 유입된 결과다"라고 말하는 것은 옳지 않다. 출발점을 마련한 사람들은 지역 주민들이었고, 바로 거기서부터 외부 사람들이 들어와 관심을 가졌기 때문이다.

마지막 그릇 조각은 이 점을 분명히 보여준다. 대담한 돋을새김 장식이 있는 불에 구운 갈색 질그릇 조각이다. 조리용과 일상용품으로 쓰려고 만든 그릇이다. 재료도 지역에서 나는 점토인 데다 제작 기법에서도 아프리카의 고유한 특징이 유감없이 드러나 있다. 이 조각은 킬와의 아프리카 주민들이 외국 그릇을 좋아해 수집하면서도, 어디서나 늘 그렇듯이 음식은 전통 그릇을 사용해 전통적인 방식으로 만들어 먹었다는 사실을 보여준다. 단지는 아프리카인들 또한 직접 인도양 너머로 배를 몰고 나가 교역 활동을 했다는 사실을 암시한다. 이런 그릇 조각이 중동 전역의 항구에서 발견되어 왔기 때문이다. 다른 자료를 살펴봐도 아프리카 상인들이 인도와 교역했으며 스와힐리 띠에 속한 도시들이 중국 황실에 사절단을 보냈다는 사실을 알 수 있다. 바다는 바닷가에 사는 사람들을 갈라놓기도 하지만 그보다는 대체로 묶어준다. 지중해와 마찬가지로 인도양 역시 서로 밀접하게 연결된 거대한 세계를 탄생시켰고, 그런 곳에서는 지역의 역사도 대륙 간의 관계와 밀접하게 맞물리기 마련이다.

PART 13

사회적 지위를 나타내는 상징

AD 1100~1500

아시아와 유럽을 휩쓴 흑사병과 몽골 침략자들이 야기한 혼돈에도 이 400년은 위대한 학문과 문화적 업적이 돋보였다. 기술의 발전은 부자들이 높은 신분을 드러내는 동시에 취향과 지성을 과시하고자 한 눈부신 물건의 탄생으로 이어졌다. 몽골이 지배하는 중국에서는 상징적 의미가 깊은 청화백자가 처음으로 개발돼 세계에서 각광받았다. 서아프리카에서 최초로 발흥한 도시국가 중 한 곳인 이페에서는 궁정 예술가들이 정교한 황동 주물 기술을 사용해 실물 크기 조각상을 선보였다. 이슬람 세계에서는 예술과 과학이 꽃피었고, 유럽 학자들은 천문학과 수학은 물론 유럽 상류층의 취미가 된 체스에서까지 이슬람이 거둔 성과의 덕을 톡톡히 봤다. 카리브 해에서는 통치자의 지위가 영혼의 세계로 들어가게 하는 의식용 왕좌와 밀접하게 연관됐다.

61

루이스 체스 말

바다코끼리 어금니와 고래 이빨로 만든 체스 말.
스코틀랜드 루이스 섬에서 발견됐으나 만든 곳은 노르웨이로 추정.

AD 1150~1200

1972년, 세계의 눈과 귀는 냉전 시대가 낳은 가장 커다란 전투 가운데 하나에 쏠렸다. 격전지는 아일랜드였고, 전투는 미국인 보비 피셔와 러시아인 보리스 스파스키가 벌이는 체스 시합이었다.

당시 피셔는 "체스는 나무 판 위에서 벌이는 전쟁이다"라고 단언했고, 그 순간에는 확실히 그렇게 보였다고 역사는 기록한다. 그러나 그후에도 체스는 늘 그러했다. 모든 경기가 어느 정도는 폭력과 전쟁의 성격을 띤다지만, 체스처럼 유독 규율에 따라 조심스레 계획된 전투에 자주 비유되는 경기도 없다. 체스에서 양쪽 군대는 보병인 졸을 맨 앞에, 장교는 그 뒤에 배치한 채 상대 진영으로 진군할 태세를 갖춘다. 세계 어딜 가나 체스 한 세트는 전쟁을 벌이는 사회의 단면을 보여준다. 그 사회가 인도든, 중동이든, 유럽이든 체스 말의 이름과 생김새는 사회가 어떻게 돌아가는지와 관련해 아주 많은 것을 말해준다. 따라서 1200년께의 유럽 사회를 들여다보고 싶다면 당시에 사람들이 체스를 어떻게 두는지 살펴보는 것만큼 좋은 방법도 없을 듯하다. 1831년 헤브리디스 제도의 루이스 섬에서 발견돼 '루이스 체스 말'로 세상에 알려진 체스 말 78점은 그 어떤 체스 말보다 풍부한 통찰을 제시해준다.

이 가운데 67점이 현재 대영박물관에 소장돼 있다. 나머지 열한 점은 스코틀랜드 국립박물관에 있다. 두 박물관에서 많은 사랑을 받고 있는 장기 말은 우리를 중세 세계의 심장부로 안내한다.

사람들은 5,000년 넘게 보드게임을 즐겨왔지만 체스는 비교적 늦게 등장했다. 체스는 500년대 이후에 인도에서 발명된 듯하다. 그 뒤 몇백 년 동안 중동을 거쳐 기독교 유럽으로 퍼져나갔고, 체스 말은 가는 곳에 따라 변천을 거듭하며 그 사회를 반영하기에 이르렀다. 예를 들어 인도에서는 "전쟁 코끼리"라는 말이 있는 반면, 중동에서는 인간 형상을 꺼리는 이슬람 율법에 따라 모든 말이 사실상 추상적이었다. 이에 견줘 유럽에서는 말이 인간과 상당히 비슷한 모습으로 묘사될 때가 많다. 특히 루이스 체스 말은 특정 인물을 보여줄 뿐 아니라 아이슬란드와 아일랜드에서 스칸디나비아와 발트 해에 이르는 북유럽 전체가 뛰어든 중세의 거대한 패권 다툼을 반영한다.

루이스 체스 말은 오늘날 우리가 사용하는 체스 말보다 훨씬 크다. 예를 들어 왕은 키가 약 8센티미터로, 꽉 쥔 주먹을 가득 채울만 하다. 말은 대부분 바다코끼리 어금니를 깎아 만들었지만 더러 고래 이빨을 재료로 사용하기도 했다. 그중 몇몇은 오늘날 흔히 볼 수 있는 검정색이 아니라 붉은색으로 칠했는데 지금은 모두 연한 갈색을 띠고 있다.

졸부터 시작해보자. 루이스 체스 말의 수수께끼 중 하나는 중요 인물은 많은 반면 졸이 아주 적다는 점이다. 비록 여러 개의 불완전한 세트에서 떨어져 나와 뒤섞여 있다고는 해도 이 가운데 졸은 열아홉 개밖에 되지 않는다. 게다가 졸만 유일하게 인간 모습이 아니다. 사진에서 보면 졸은 비석처럼 똑바로 서 있는 조그만 상아 조각에 불과하다. 중세 사회에서 졸은 전투에 강제로 동원된 농민을 상징한다. 어느 사회에서나 맨 밑바닥에 있는 사람들은 천편일률 똑같다고 생각하는 경향이 있으며, 여기서도 졸은 개성이라곤 전혀 없다.

반면 근위 장교, 말 탄 기사, 위풍당당한 왕과 명상에 잠긴 왕비 등 중요한 말은 개성이 넘쳐난다. 가장 중요한 자리는 정당한 권력의 궁극적인 원천, 곧 왕에게 돌아간다. 그를 잡으면 싸움은 완전히 끝난다. 이처럼 루이스 왕들은 모두 화려한 보좌에 앉아 무릎에 칼을 올려놓은 모습으로 묘사된다. 두 종류의 전문 전사가 왕을 지키고 있다. 하나는 금세 알아볼 수 있을 만큼 우리에게 익숙하다. 바로 기사로, 말을 타고 전장을 누비면서 기민성과 융통성을 발휘한다. 인도에서 맨 처음 체스가 등장했을 때부터 말 탄 전사는 한 번도 사라진 적이 없다. 기사는 어느 시대, 어느 나라에나 있으며 그 역할은 오늘날에도 거의 변화가 없다. 그러나 눈에 익은 이 기사들의 양옆을 그보다 훨씬 더 불길한 존재가 에워싸고 있다. 오늘날에는 주로 성채가 들어서 있는 체스 판 끝 쪽에는 스칸디나비아 세계의 최정예 기습 부대가 차지하고 있다. 그들은 사뭇 위협적으로 서 있는데, 몇몇은 피에 굶주린 듯 잔뜩 광분한 상태로 방패 머리를 깃씹고 있다.

이들은 "베르제르케르"라고 불리는 전사들이다. 베르제르케르(berserker)는 곰 가죽을 뒤집어쓰고 싸우는 병사를 가리키는 아이슬란드어다. 오늘날에도 이 말은 사납고 잔인한 폭력과 동의어로 쓰인다. 이 베르제르케르는 체스판의 그 어떤 말보다도 곧장 우리를 중세 북유럽의 피비린내 나는 전장으로 데려간다.

루이스 섬은 지금은 스코틀랜드 북서쪽 끄트머리에 속해 있지만 1200년께만 해도 노르웨이 세계의 심장부였다. 섬은 노르웨이 왕국의 일부였다. 언어는 당연히 노르웨이어였고 대주교는 오슬로에서 북쪽으로 400킬로미터 떨어진 트론헤임에 대성당을 두고 있었다. 트론헤임은 바다코끼리 어금니 공예의 중심지 가운데 한 곳이었는데, 루이스 체스 말은 그곳에서 만든 말과 양식이 매우 비슷하다. 이와 비슷한 체스 말이 아일랜드에서도 발견됐는데, 루이스는 트론헤임과 더블린을 잇는 중요한 해상무역로의 정기 기항지였다. 중세 역사가 미리 루빈 교수는 이렇게 설명한다.

> 내가 보기에 이 말들은 노르웨이가 원산지다. 아마 트론헤임 근처 어딘가에서 왔을 것이다. 그곳에서 생산된 체스 말과 형태가 매우 비슷하기 때문이다. 그러나 영국이 지금처럼 중부 유럽이나 남부 유럽과 긴밀하게 관계를 맺지 않은 상태이며, 대신 일종의 '중개자'로서 북해를 떠올려보자. 이때, 북해 전체가 해당된다. 그곳은 바이킹, 다시 말해 잉글랜드를 정복한 노르만족의 조상 땅이다. 따라서 그런 형태를 연방 국가로 본다면 북부 연방은 부자일 수밖에 없었다. 그곳엔 나무와 호박, 모피와 금속 같은 천연 자원이 풍부했기 때문이다. 그렇다면 노르웨이에서 생산된 제품이 어떻게 스코틀랜드 서부 해안까지 오게 됐는지 좀 더 쉽게 상상할 수 있을 것이다.

루이스 체스 말은 1831년 루이스 섬 위그 만의 모래 언덕에 숨어 있는 조그만 석실에서 발견됐다. 그곳에 그것들이 있었던 가장 그럴듯한 이유로는 아마도 한 상인이 체스 말을 루이스에서 팔려고 그곳에 안전하게 숨겨둔 게 아닐까 하는 설이 제기되고 있다. 예를 들어 13세기의 한 시인은 아일레이의 앙구스 모르라는 권력자를 루이스 왕으로 지명하면서 그가 아버지에게서 상아로 만든 체스 세트를 물려받았다고 전한다.

> 그가 그대에게 자신의 지위를 물려주니 그의 흉갑과 각종 보물 (중략) 그의 날렵한 칼과 갈색 상아 체스 말들이 그대의 것이 되는구려.

앙구스 모르 같은 군주가 체스를 뒀다는 것은, 비록 권력 기반은 대륙의 제일 바깥쪽에 두고 있었지만 그가 유럽 전역의 궁정에서 향유했던 상류층 고급문화의 일원이었다는 사실을 암시한다. 체스 판에서 유럽 궁정을 가장 분명히 상징하는 인물은 뭐니 뭐니 해도 바로 왕비다.

흔히 통치자의 부인이 대중 앞에 모습을 드러내지 않는 이슬람 사회와 달리 유럽의 왕비는 왕의 조언자라는 공적 역할과 높은 지위를 즐겼다. 유럽에서는 영토와 권력이 더러 모계를 통해 이어지기도 했다. 따라서 이슬람 체스 판에서는 '고관'이라는 남자 고문이 왕을 수행하는 데 견줘 유럽 체스 판에서는 왕비가 왕 옆에 앉는다. 루이스 체스 판에서 왕비는 오른손으로 턱을 받치고 앉아 먼 곳을 응시한다. 동시대인들에게는 이런 모습이 사려 깊음과 현명함의 상징이었을 것이다. 하지만 지금 우리 눈에는 우스울 정도로 뚱해 보이기도 한다.

하지만 왕비가 이렇게 뚱한 표정을 지은 건 그럴 만한 이유가 있기 때문일 수도 있다. 중세 체스에서 왕비는 실상 권력이 그렇게 많지 않았다. 기껏해야 한 번에 대각선 방향으로 한 칸씩 움직일 수 있을 뿐이었다. 반면 오늘날에는 왕비가 체스 판에서 가장 큰 권력을 행사한다. 왕비의 역할을 빼면 중세 시대 이후로 체스에서는 놀랍게도 거의 변화가 일어나지 않았다. 특히 예상 경로를 계산해내는 어마어마한 수학은 하나도 달라지지 않았다. 가만히 앉아 머리를 쓰는 이 게임은 늘 강렬한 감정을 불러일으킨다. 작가 마틴 에이미스는 오래전부터 체스의 이 두 가지 매력에 푹 빠져 지냈다.

> 말을 각각 네 번씩 움직이고 나면 가능성이 이미 수십억 가지에 이른다는 점에서 체스 수학은 상당히 흥미롭다. 가히 보드게임의 최강자라고 할 수 있다. 드물게도 탁월한 선수라면 읽어내게 될 조합을 우리가 이해하게 될 때가 있다. 그럴 때면 체스 판에 갑자기 엄청난 가능성이 넘쳐흐른다. 탁월한 선수들은 너 나 할 것 없이 전투 의지가 강하다. 그들에게는 킬러 본능이 있다.

때로 킬러 본능은 말 그대로 살인으로 이어지기도 했다. 1279년에 쓰인 영국 법원의 기록을 보면 데이비드라는 브리스틀 출신 남자와 율리아나라는 코르도바 출신 여자가 체스를 두다가 시비가 붙어 남자가 칼로 여자의 넓적다리를 찔렀고 여자가 즉사했다는 이야기를 전한다.

아직 언급하지 않은 말이 하나 있는데 루이스 체스 말 중에서 가장 흥미로운 인물이 아닐까 싶다. 이 말은 그것을 만든 사회를 들여다볼 수 있는 아주 중요한 통찰을 제시해준다. 바로 주교로, 그들은 중세 유럽에서 국가를 좌지우지하는 막강한 권력자 가운데 하나였다. 주교는 정신적인 삶을 지배했을 뿐만 아니라 땅과 사람들도 마음대로 주물렀다. 트론헤임 대주교도 루이스의 실세였을 것이다. 루이스 체스 말의 주교들은 유럽 교회가 어느 국가에서나 없어서는 안 될 아주 중요한 전쟁 기계였다는 사실을 기억하게 하는 현존하는 가장 오래된 유물이다. 십자군이 성지로 가게 된 배경과 거기서 교회가 맡은 역할은 이미 널리 알려져 있다. 동시에 거기에는 튜턴 기사단의 지휘 아래 동유럽을 정복해 그곳을 기독교화한 북쪽 십자군도 있었다. 같은 시기에 스페인 중부 카스티야를 위시한 남부 유럽에서는 주교들이 앞장서서 이슬람의 지배에서 벗어나 기독교 왕국을 복원하려 하고 있었다.

다음에 등장할 유물은 아직 무슬림과 유대인을 시민으로 둔 신생 기독교 국가 스페인에서 나온다. 이는 오늘날로 치면 다방면에 걸쳐 능력을 발휘하는 휴대폰에 해당되는 아스트롤라베라는 유물이다.

קשת
גדי
דלי

62

히브리 아스트롤라베

스페인에서 발견된 것으로 추정되는 청동 아스트롤라베

AD 1345~1355

천체를 들고 다닐 수 있게 축소해놓은 모형인 이 둥그렇고 정교한 놋쇠 도구는 언뜻 보면 커다란 놋쇠 회중시계를 닮았다. 이 물건은 바로 아스트롤라베다. 손에 들고 다니며 시간을 알 수도 있고 뭔가를 측량할 수도 있고 태양이나 별을 기준 삼아 내가 세상 어디쯤에 있는지 파악할 수도 있다. 또 정보만 충분하다면 사람들에게 별점을 쳐줄 수도 있다.

아스트롤라베는 고대 그리스인들에게도 친숙했지만 이슬람 세계에서 특히 중요했다. 신자에게 메카의 방향을 알려줬기 때문이다. 따라서 현존하는 가장 오래된 아스트롤라베가 10세기 이슬람에서 나왔다는 사실은 당연한 결과다. 그러나 여기 이 아스트롤라베는 약 650년 전에 유대인이 스페인에서 만든 것이다. 히브리 글자를 새기긴 했지만 아랍어 단어와 스페인어 단어도 포함돼 있으며 이슬람과 유럽의 장식 요소도 섞여 있다. 이 아스트롤라베는 진일보한 과학 도구일 뿐 아니라 유럽의 종교사와 정치사에서 매우 특별한 순간을 상징하는 물건이기도 하다.

이 특별한 히브리 아스트롤라베의 주인이 정확히 누구였는지는 확인할 길이 없다. 하지만 이 도구를 통해 우리는 유대 학자와 이슬람 학자들이 고대 그리스와 로마의 유산을 발전시켜 과학과 천문학을 되살려낸 과정에 대해 많은 것을 알 수 있다. 이 아스트롤라베는 기독교, 유대교, 이슬람이 평화롭게 공존한 시대의 위대한 지적 통합을 대변해준다. 종교적 합일은 없었지만 세 종교는 건설적인 마찰 속에서 사이좋게 공존했고 그 결과 중세 스페인을 유럽의 지성 강국이라는 위치에 올려놓았다.

아스트롤라베는 중세 천문학 지식의 골자만 뽑아 가지고 다니기 쉬운 형태로 집약해놓은 물건이다. 오늘날의 최신식 기기와 마찬가지로 아스트롤라베는 필수 과학기술이자 그 주인이 최첨단을 걷고 있다는 징표였다. 여기, 작가 초서가 열 살짜리 아들 루이스에게 쓴 편지가 있다. 웃음과 감동을 동시에 자아내는 편지를 읽어보면 그의 아들은 어느 시대나 그 나이 또래 아이들이 으레 그렇듯이 과학기술에 푹 빠져 아스트롤라베를 사달라고 무척이나 졸라댄 모양이다. 초서는 이 편지뿐만 아니라 이 도구의 사용법과 그것을 쓰기가 얼마나 어려운지를 알리는 간단한 설명서도 썼다. 하지만 추측건대 요즘 아이들처럼 루이스도 금세 아버지를 따라잡지 않았을까 싶다.

> 루이스, 숫자와 비율을 다루는 과학을 습득하는 네 능력은 익히 잘 알고 있단다. 특히 아스트롤라베에 관한 글을 배우고 싶어 하는 네 진지한 열정 또한 안다. 여기 우리의 시야를 넓혀줄 아스트롤라베와 이 도구를 통해 몇 개의 답을 구하는 방법을 알려주는 간단한 설명서가 있단다.
>
> 아스트롤라베 같은 훌륭한 도구에 관한 모든 가능한 답이나 그 외에 앞으로 밝혀질지 모르는 답은 이 지역의 어떤 사람도 완벽하게 이해하지 못할 거다. 내 말을 믿어라. 물론 몇몇 설명은 애초에 의도한 결과와 일치하지 않는 경우를 본 적도 있고, 또 더러는 너 같은 열 살짜리 꼬마가 이해하기에는 아무래도 너무 어려울 것이다…….

언뜻 보면 이 아스트롤라베는 앞면이 완전히 청동인 보기 드물게 커다란 구식 놋쇠 회중시계와 매우 비슷하게 생겼다. 두께가 웨이퍼 과자만 한 원반 다섯 개를 하나씩 포개 얹은 뒤 중앙에 핀을 꽂아 서로 맞물리게 한 놋쇠 조립 기술이 정말 눈부시다. 맨 위쪽에는 각 원반의 다양한 상징과 나란히 배열되어 천체의 위치를 알려주거나 현재 위치를 판단하게 해주는 몇 개의 바늘이 달려 있다. 이런 아스트롤라베는 사용하는 곳의 특정한 위도를 측정하려는 목적으로 제작됐다. 여기서 원반 다섯 개는 피레네 산맥과 북아프리카의 위도상에 있기만 하다면 어디에 있든 정확한 위치를 알려 준다. 그 위도 범위의 중앙에는 스페인 도시 세비야와 톨레도가 있다.

따라서 이 아스트롤라베는 아마도 스페인에 살면서 북아프리카와 프랑스를 왕래하는 사람을 위해 만들어진 것이 거의 확실하다. 아스트롤라베의 표기법 또한 이 물건을 사용했을 인물이 어떤 사람인지 분명히 말해준다. 그는 유대인이고 학식이 있다.

대영박물관에서 과학 도구를 담당하는 실케 애커만 박사는 이 아스트롤라베를 연구하는 데 많은 시간을 투자해왔다.

> 아스트롤라베에 새겨진 글자는 모두 히브리어다. 정교하게 새긴 히브리 글자가 아주 뚜렷하게 보인다. 하지만 이 유물에서 흥미로운 점은 단어가 모두 히브리어는 아니라는 사실이다. 더러 아랍어도 있고 중세 스페인어도 있다. 예를 들어 우리가 "독수리자리"라고 부르는 성좌 옆에는 '하늘을 나는 독수리'라는 히브리어가 새겨져 있다. 하지만 다른 별의 이름은 아랍어 형태를 띤다. 예를 들어 황소자리의 경우 원래 알데바란이라는 아랍어가 히브리 글자인 "알-다바란"으로 적혀 있지만, 각 달의 명칭에 해당하는 히브리 글자를 소리 내어 읽어보면 10월, 11월, 12월 같은 중세 스페인어 명칭이다. 따라서 여기에는 천체 지도를 그린 고대 그리스 천문학자들의 지식과 그에 기반을 둔 무슬림, 유대인, 기독교인 학자들의 연구 성과가 함께 녹아 있다. 이 모든 성과가 우리 손바닥 안에 있는 셈이다.

이 아스트롤라베가 만들어진 스페인은 기독교의 지배 아래 있으면서도 유럽에서 유일하게 무슬림 인구가 아주 많은 곳이었다. 게다가 유대인 인구도 꽤 많았다. 이 세 종교를 믿는 이들의 혼재는 8세기에서 15세기까지 중세 스페인 사회의 가장 두드러진 특징 중 하나였다. 물론 스페인이라는 나라는 아직 존재하지 않았다. 14세기까지만 해도 스페인은 크기가 고만고만한 국가들을 모아 놓은 집합소에 지나지 않았다. 그중 카스티야가 가장 컸다. 카스티야는 스페인 반도에서 마지막으로 남아 있던 독립 무슬림 국가인 그라나다왕국과 국경을 나눠 가졌다. 기독교 스페인에는 곳곳에 대규모 유대인 공동체와 무슬림 공동체가 많았다. 세 집단은 함께 어울려 살았지만 각기 고유한 전통을 지켰다. 다문화주의는 어쩌면 이때부터 싹텄을지도 모른다. 유럽 역사의 이 시기에서 극히 드문 이런 공존을 스페인 사람들은 "콘비벤시아"라고 표현한다.

탁월한 스페인 역사가 존 엘리엇 교수는 이런 뒤섞인 사회가 등장하게 된 배경을 다음과 같이 설명한다.

> 내가 볼 때 다문화주의의 본질은 한 사회의 각기 다른 종교와 민족 공동체의 고유한 정체성을 보존하는 데 있다. 이슬람 통치자들은 기독교인과 유대인을 열등한 신앙의 신봉자로 간주할지라도 대체로 다양성을 인정하는 정책을 폈고, 그것은 이슬람이 다스리는 기간 동안 대부분 지켜졌다. 그들에게서 권력을 넘겨받은 기독교 통치자들도 비슷한 정책을 폈다. 다른 선택이 없었기 때문

이다. 그러나 공동체 안에서는 이종결혼이 당연히 금지됐고 그런 점에서 제한된 다문화주의였다. 그렇다고 상호 교류를 막았다는 뜻은 아니다. 상호 교류는 특히 문화 차원에서 활발하게 이뤄졌다. 그 결과 활기와 창의력, 독창성이 넘쳐나는 문명이 탄생했다. 세 인종 사이의 접촉이 낳은 당연한 결과였다.

상호 교류 덕분에 중세 스페인은 이미 두 세기 전부터 유럽의 지성 발전을 선도하는 위치에 있었다. 스페인에서는 아스트롤라베 같은 천체 관측 기구를 중심으로 과학기술이 나날이 성장했을 뿐만 아니라 특히 아리스토텔레스 같은 고대 그리스 철학가들의 저작이 라틴어로 번역돼 중세 유럽의 지적 생활 안으로 흘러들었다. 이런 선구적인 성과는 물론 무슬림, 유대인, 기독교인 학자들 사이에서 끊임없이 이뤄진 상호 교류의 산물이었다. 14세기에 이르기까지 이런 유산은 철학과 신학뿐 아니라 과학과 의학에까지 스며들어 유럽의 사고 체계에 깊이 뿌리내렸다. 아스트롤라베는 천문학자나 점성가, 의사, 지리학자는 물론 심지어 초서의 열 살짜리 아들처럼 지성 도야에 관심이 있는 사람이라면 누구에게나 없어서는 안 될 도구로 떠올랐다. 그러다 지구의, 인쇄된 지도, 육분의, 정밀한 경로 측정용 시계인 크로노미터, 나침반 같은 각기 기능이 다른 도구가 등장해 결국 아스트롤라베를 밀어내고 이 복잡한 도구가 혼자서 처리할 수 있는 수많은 일을 각자 하나씩 나눠 가졌다.

이슬람 사상가, 유대 사상가, 기독교 사상가가 함께 남긴 유산은 그 뒤로도 몇 세기 넘게 살아남았지만 세 종교의 '콘비벤시아'는 그러지 못했다. 요즘 정치인들은 중세 스페인을 관용의 표지이자 다양한 종교의 공존을 보여주는 귀감으로 환호해 마지않지만, 역사의 진실은 그렇게 편하지가 않다. 존 엘리엇 경의 설명을 다시 들어보자.

> 종교적 관용에 관한 부분은 공존과는 달리 명확지 않았다. (중략) 기독교 세계는 대체로 관용과 거리가 먼 사회였다. 다른 것은 종류를 불문하고 용인하지 않았다. 그런 불관용은 특히 유대인에게 쏟아졌다. 예를 들어 잉글랜드는 1290년에 유대인을 추방했고 프랑스도 그보다 10년쯤 늦었을 뿐 마찬가지였다. 종교적 태도와 관련해 기독교인과 무슬림의 관계는 12세기 이후로 줄곧 경직됐다. 기독교인은 "십자군 전쟁"을, 북아프리카에서 스페인으로 건너온 베르베르족 무슬림은 "지하드"를 부르짖으면서 양쪽 모두 침략성을 띠기 시작했다.

이런 배경에도 기독교 스페인은 여전히 상대적으로 너그러운 듯했다. 그러나 이미 분쟁의 징후가 있었고 무슬림 그라나다의 존재는 끝나지 않은 과업을 상기시켰다. 기독교도와 유대인과 무슬림의 지적 동맹은 호전적인 스페인 군주제가 다른 유럽 국가들의 선례를 좇아 기독교의 지배를 주장하면서 곧 와해됐다. 1500년을 전후해 스페인의 유대인과 무슬림은 박해에 시달리다 결국 추방되고 말았다. 이로써 콘비벤시아도 막을 내렸다.

63
이페 두상

나이지리아에서 온 황동 조각상

1400~1500 AD

지금까지 이 책을 통해 우리는 온갖 유물을 만났다. 유물들은 모두 자신의 이야기를 분명히 들려주었지만 그중에는 아름답지도, 귀하지도 않은 물건도 많았다. 하지만 이 황동 두상은 의심할 여지없이 위대한 예술 작품이다. 누군지는 알 수 없지만 어떤 인물의 얼굴이 분명하며, 역시 누군지는 알 수 없지만 아주 빼어난 예술가의 솜씨가 분명하다. 어떤 의식에 사용된 것이 확실해 보이지만 어떤 의식이었는지도 알 수 없다. 분명한 점은 이것이 아프리카 왕족의 두상이며 약 600년 전 서아프리카에서 번성한 위대한 중세 문명을 압축해 보여준다는 사실이다. 이 두상을 포함해 최고의 주조 수준을 자랑하는 황동 두상 열세 점이 1938년 나이지리아 이페에 있는 한 궁전 지하에서 발견됐다. 발견 당시 전 세계가 그 아름다움에 깜짝 놀랐다. 즉시 두상은 문자 기록을 남기지 않은 한 문화의 뛰어난 자료로 인정받았으며, 두상들은 이들이 만들어진 당시 가장 진보하고 도시화된 아프리카 왕국의 역사를 구체적으로 보여준다. 이페 조각상은 예술사를 바라보는 유럽인의 관점을 송두리째 흔들어놓으며 세계 문화사에서 아프리카가 차지하는 위치를 다시금 생각하게 했다. 오늘날 이 조각상들은 아프리카인이 그들의 이야기를 해석해내는 과정에서 아주 중요한 역할을 한다.

이제 대영박물관 아프리카 전시관에 진열돼 있는 이페 두상은 그곳에서 관람객들을 바라보고 있는 듯 보인다. 실제 사람 머리 크기보다 약간 작고 재료로 쓰인 황동은 세월과 더불어 색이 짙어졌다. 우아한 계란형 얼굴은 정교하게 새긴 수직선으로 뒤덮여 있다. 하지만 선이 그야말로 완벽하게 균형을 이루고 있어 이목구비를 망치기보다 오히려 돋보이게 하는 효과를 낸다. 그는 왕관을 쓰고 있다. 구슬을 높다랗게 엮어 올리고 꼭대기에 깃털 장식을 꽂음으로써 날카로운 수직 효과를 주는 왕관으로, 아직도 원래의 붉은색을 선명하게 띠고 있다. 예사롭지 않은 존재감을 드러내는 물건이다. 기민한 눈초리와 광대뼈가 높이 솟은 뺨에 입술은 마치 무슨 말이라도 할 듯 살짝 벌어져 있는데, 이 모든 요소가 굉장한 자신감과 함께 포착돼 있다. 이런 얼굴 구조를 포착해내려면 오랜 훈련과 세심한 관찰이 없고서는 도저히 불가능하다. 실제 인물을 나타내는 조각상이 틀림없으며, 게다가 단순히 있는 그대로를 옮긴 것이 아니라 변형을 줬다. 일반화와 추상화를 거쳐 세밀하게 묘사한 얼굴은 온화해 보이는 인상을 준다. 이 황동 조각상과 얼굴을 마주하고 서 있으면 실제로 더없이 차분하고 위엄 있는 군주 앞에 있는 듯하다.

나이지리아 태생인 소설가 벤 오크리는 이페 두상에서 단지 군주 한 사람뿐만 아니라 사회와 문명까지 읽어낸다.

> 이 두상을 보고 있으면 어떤 특정 부처 조각상이 주는 효과를 받게 된다. 예술 작품에서 느껴지는 평온함은 위대한 내면적 문명을 말해준다. 반성적인 숙고 없이는, 우주에서 자신의 위치를 놓고 고민하면서 어느 정도 만족스러울 만한 대답을 찾지 못하고서는, 평온에 이를 수 없기 때문이다. 내게 문명이란 그런 것이다.

이런 차원의 아프리카 문명은 100년 전만 해도 유럽인에게 상상조차 할 수 없는 개념이었다. 독일 인류학자 레오 프로베니우스는 1910년 이페 시 외곽의 한 사원에서 이 황동 두상을 처음 발견하고 그 기교와 예술성에 어찌나 압도됐던지 한 치의 망설임도 없이 두상을 당시 그가 알고 있던 가장 위대한 예술, 바로 고대 그리스의 고전기 조각상과 연관 지었다. 그러나 고대 그리스와 나이지리아가 대체 무슨 관계를 맺을 수 있었단 말인가? 문헌이나 고고학 자료에는 접촉 기록이 전혀 없다. 프로베니우스에게는 이 수수께끼를 해결할 확실하고도 흥미를 일으킬 답이 있었다. 그는 사라진 아틀란티스 섬이 나이지리아 해안에 가라앉았고 살아남은 그리스인들이 뭍으로 올라와 이 놀라운 조각상을 만든 것이 틀림없다고 생각했다.

프로베니우스를 비웃기는 쉽지만 20세기 초만 해도 유럽인들은 아프리카의 예술 전통에 대해 매우 한정된 지식만 갖고 있었다. 피카소나 놀데, 마티스 같은 화가들에게 아프리카 예술은 고대 그리스 신 디오니소스처럼 미칠 듯이 열정과 원기가 넘치고 본능적이고 감정적이었다. 그러나 디오니소스와 대비되는 또 다른 그리스 신 아폴론처럼 차분하고 이성적인 이페의 조각상은 정교한 과학기술과 성스러운 권력과 안정된 계급 구조의 질서정연한 세계, 모든 점에서 역사적 중요성을 인정받은 유럽과 아시아 사회에 필적하는 세계에서 나온 것이 분명했다. 위대한 예술 전통이 모두 그렇듯이 이페의 조각상들 역시 인간의 의미를 특별한 관점에서 바라보게 해준다. 버지니아 코먼웰스 대학교에서 예술사를 가르치는 바바툰데 라왈 교수는 이렇게 설명한다.

> 1910년께 프로베니우스는 사라진 아틀란티스의 그리스 생존자들이 이 두상들을 만들었을 것이라는 가정을 세웠고 전신 조각상을 발견할 수 있다면 그리스의 전형적인 비율을 반영하여 이 두상이 그런 전신상의 약 7분의 1에 해당할 것이라고 예측했다. 그러나 막상 이페에서 전신상이 나왔을 때 확인해보니 두상은 신체의 약 4분의 1밖에 안 됐다. 이는 많은 아프리카 예술을 특징짓는 전형적인 비율과 일치한다. 아프리카 예술에서는 머리를 육체의 정수이자 영혼의 거처, 정체성과 인식과 의사소통의 터전으로 여기기 때문에 머리를 강조한다.

머리를 강조하는 이런 전통을 고려하면 우리가 알고 있는 이페의 모든 금속 조각상이(안타깝게도 30여 점뿐인데) 모두 두상이라는 사실이 그렇게 놀라울 것 같지는 않다. 1938년에 황동 두상 열세 점이 추가로 발견되면서 이런 두상이 아프리카 전통일 리 없다는 의심은 사라졌다. 1939년 4월 8일자 『일러스트레이티드 런던 뉴스*Illustrated London News*』는 두상 발견 사실을 보도했다. 이 특별한 기사에서 기자는 1930년대의 틀에 박힌(우리가 보기엔 인종주의적인) 어법을 사용해 이페 조각상들로 보건대 이른바 '니그로' 전통이라고 부르는 것이 이제 세계 예술의 정전 안에서 당당하게 자신의 자리를 찾을 때가 왔다고 인정한다. 당시 노예제 및 원시성과 연관돼 쓰인 이 '니그로'라는 말은 이제 두 번 다시 그런 의미로 사용할 수 없게 됐다.

> 굳이 예술품 감정가나 전문가가 아니더라도 생생한 형체와 남성다움, 평온한 사실주의, 품위와 간소함이 어우러진 아름다움을 감상하기에 충분하다. 그리스나 로마 절정기 조각상도, 첼리니(1500~1571, 이탈리아 조각가이자 금속 세공가: 옮긴이)나 우동(1741~1828, 프랑스 조각가: 옮긴이)도 보는 순간 단박에 오감을 사로잡으면서 유럽인이 추구하는 비율 개념을 이토록 흡족하게 채워주

는 작품을 만들지는 못했다.

이 기사는 뿌리 깊은 편견과 위계주의가 송두리째 역전되었음을 알리고 있다. 이제 나이지리아는 그리스와 로마, 피렌체와 파리와 더불어 우뚝 섰다. 물건이 인간의 생각을 완전히 바꿔놓는 사례를 보고 싶다면 1939년 이페 조각상이 가져온 충격만큼 좋은 예는 아마 없을 것이다.

최근의 연구 결과는 우리가 알고 있는 두상이 모두 15세기 중반으로 추정되는 기간의 짧은 시간 동안 만들어졌을 가능성이 높다고 말한다. 그 당시 이페는 이미 몇 세기 넘게 정치적, 경제적, 정신적 중심지 구실을 하고 있었다. 이 세계는 니제르 강 서쪽 땅을 개간해 건설한, 임업을 중심으로 한 도시들의 집합체였다. 이페를 서아프리카 지역의 무역망과 낙타를 이용해 사하라를 가로질러 지중해 해안으로 상아와 금을 실어 나르는 거대한 교역로와 연결해준 것이 바로 니제르 강이었다. 돌아올 때는 이페 두상을 만드는 데 사용했을 금속을 가져왔다. 지중해 세계는 포르베니우스의 주장처럼 예술가가 아니라 원료만 제공했을 뿐이다.

숲 속 도시들은 우니라는 나이 많은 지도자가 다스렸다. 우니의 역할은 정치에만 국한되지 않았다. 우니는 정신과 의식의 영역에서도 수많은 의무를 지고 있었다. 이페 시는 예나 지금이나 요루바족의 성지 역할을 해왔다. 오늘날에도 여전히 우니가 존재한다. 그는 의식을 관장하는 높은 지위와 더불어 도덕적 권위를 지니고 있으며 그의 머리 장식은 지금도 600년 전에 조각된 두상의 장식을 고스란히 반영한다.

이 두상은 우니의 초상이 거의 확실하지만 어디에 사용했는지는 분명치 않다. 두상만 덩그러니 혼자 세워둘 의도는 전혀 없었던 점으로 미뤄 나무 몸통에 올려놓았을 가능성이 높다. 목 언저리에 몸통에 고정하는 용도로 사용한 듯한 못 자국이 있다. 그동안 두상을 행렬에서 끌고 다녔거나 어떤 의식에서 자리를 비웠거나 사망한 우니를 대신해 세워뒀을지도 모른다는 주장도 제기돼 왔다.

입 주변에도 작은 구멍이 여러 개 나 있다. 구멍이 어떤 용도로 쓰였는지 역시 확인할 길이 없지만 입과 얼굴 아랫부분을 가리는 구슬 장식을 단 덮개를 고정하는 데 사용하지 않았을까 싶다. 오늘날에도 우니는 의식을 치를 때 간혹 얼굴을 완전히 가릴 때가 있다. 이렇게 하여 그는 다른 인간과 달리 외따로 존재하는 인물이라는 자신의 특별한 신분을 드러내 보인다.

이페 조각상이 아프리카 대륙 전체를, 고대 문화의 전통을 자랑스럽게 여기는 식민지 시대 이후의 현대 아프리카를 구현한다고 보는 견해도 있다. 이에 대해 바바툰데 라왈은 이렇게 설명한다.

> 오늘날 많은 아프리카인들은, 특히 나이지리아인들은 자신들의 과거, 한때 조잡하고 미개하다고 폄하되기도 한 과거를 자랑스러워한다. 거기다 두상을 통해 자신들의 조상이 지금까지 묘사돼온 대로 퇴보한 것이 아니라는 사실을 깨닫게 되면서 그들의 기쁨은 두 배로 늘어났다. 이 발견이 그들에게 새로운 민족주의를 불어넣으면서 그들은 자신들의 과거에 자부심을 느끼면서 당당하게 걷기 시작했다. 현대 예술가들은 이제 이 과거를 통해 우리 모두가 속해 있는 지구촌에서 아프리카의 정체성을 찾는 여정에 힘이 되어주는 영감을 얻는다.

이페 예술의 발견은 광범위하게 퍼져 있는 문화·정치 현상, 즉 우리의 과거를 알면 알수록 우리 자신에 대해서도 그만큼 많이 알게 된다는 인식을 보여주는 교과서적 사례다. 우리가 원하는 존재가 되려면 먼저 우리의 과거 모습부터 알아야 한다. 개인과 마찬가지로 민족과 국가 또한 역사를 돌아보면서 스스로를 정의하고 또 정의한다. 이페 조각상은 이제 독특한 민족 및 지역 정체성을 상징하는 표지이다.

64
데이비드 꽃병

중국 옥산 현에서 온 도자기

AD 1351

재너두에서 쿠블라 칸이
웅장한 아방궁을 지으라고 명령했다.
그곳에선 성스러운 강 알프가
감히 아무도 깊이를 알 수 없는 동굴을 지나
태양 없는 바다로 흘러들었다.

시인 콜리지가 아편 향이 물씬한 환상의 세계를 그려낸 시의 이 짜릿한 도입부는 여전히 읽는 이의 등골을 오싹하게 만든다. 10대 시절 나는 콜리지가 그려낸 이국의 신비한 쾌락의 환상에 최면에 걸린 듯 매료됐지만 그가 실은 역사적 인물에 대해 썼다는 사실은 까맣게 몰랐다. '쿠빌라이 칸'은 13세기의 중국 황제다. '재너두'는 제국의 여름 수도인 '상두'를 가리키는 영어식 표현일 뿐이다. 쿠빌라이 칸은 1206년부터 몽골을 다스리면서 세상을 공포에 몰아넣은 칭기즈칸의 손자다. 칭기즈칸은 가는 곳마다 파괴의 바람을 일으키며 몽골제국을 건설했다. 몽골은 흑해에서 동해에, 캄보디아에서 북극에 이르는 광대한 영토를 아우른 초강대국이었다. 쿠빌라이 칸은 할아버지가 남긴 제국을 훨씬 더 확장해 중국 황제의 자리에 올랐다.

몽골의 지배 아래서 중국은 세계 역사에서 가장 수명이 길고 가장 성공적인 사치품 가운데 하나를 개발했다. 웅장한 아방궁에 어울리는 제품이었지만 이는 몇 세기 만에 으리으리한 궁전에서 소박한 가정집 응접실에 이르기까지 전 세계로 퍼져나갔다. 바로 중국의 청화백자다. 지금은 다들 청화백자를 중국의 전유물로 생각하지만 처음부터 그렇지는 않았다. 중국의 이 고유한 미의식은 사실 이란에서 기원했다. 물건에 글을 써두는 중국인의 오랜 습관 덕분에 우리는 누가 이 청화백자 꽃병을 주문했는지는 물론 꽃병들이 어느 신에게 바쳐졌는지와 제물을 바친 날짜까지도 정확히 알고 있다.

1,000년 넘게 가치를 인정받으며 여기저기서 모방의 대상이 돼온 중국 자기의 중요성은 아무리 강조해도 지나치지 않다. 중국 자기는 사실상 전 세계의 모든 도예 전통에 영향을 끼쳤을 뿐 아니라 문화 교류에서도 중요한 역할을 담당해왔다. 유럽에서 청화백자는 늘 명나라 왕조를 떠올리게 하면서 사실상 중국이라는 말과 동의어로 쓰인다. 그러나 현재 대영박물관에 있는 데이비드 꽃병은 이런 우리의 생각을 재고하게 한다. 이 꽃병들이 명나라 이전에, 14세기 중반까지 중국 전체를 다스린 원나라라는 쿠빌라이 칸의 몽골 왕조 시대에 만들어졌기 때문이다.

700년 전 대부분의 아시아와 유럽의 큰 부분이 몽골의 침략에서 서서히 풀려나고 있었다. 잘 알다시피 칭기즈칸은 누구도 따라올 수 없는 파괴자였다. 그의 아들 또한 아버지 못지않은 파괴자로, 바그다드를 약탈했는데 이라크의 민간 기억에는 그때 일이 아직도 생생하게 살아 있다. 칭기즈칸의 손자 쿠빌라이 칸도 위대한 전사였지만 그의 통치 아래 몽골은 점차 안정과 질서를 찾아갔다. 중국 황제로서 그는 학문과 예술을 지원했으며 사치품 생산을 장려했다. 일단 제국이 건설되고 나자 뒤이어 '팍스 몽골리카', 곧 '몽골이 이룩한 평화기'가 도래했다. 이 시기에 몽골제국은 로마제국 못지않게 오래도록 안정과 번영을 누렸다. 몽골제국은 고대의 비단길을 따라 세력을 확장하면서 그 길을 안전하게 지켜냈다. 팍스 몽골리카 덕분에 마르코 폴로는 13세기 중반에 이탈리아에서 중국까지 여행하고 돌아와 자신이 본 것을 유럽인들에게 전할 수 있었다.

마르코 폴로를 놀라게 한 것 중 하나가 바로 자기(porcelain)였다. 사실 '자기'라는 말은 쿠빌라이 칸의 중국을 여행하면서 받은 인상을 설명하는 그의 여행기에서 처음 나온다. 원래 '새끼 돼지'를 뜻하는 이탈리아어 '포르셀라나'는 별보배고둥 껍질을 이르는 은어다. 실제로 이 조개는 웅크리고 있는 새끼 돼지와 생김새가 약간 비슷하다. 중국에서 본 단단하고 섬세하면서 조개껍질처럼 반질반질 윤이 나는 그릇을 독자들에게 설명하기 위해 마르코 폴로가 그나마 생각해낼 수 있었던 말이 별보배고둥 껍질, 곧 포르셀라나였다. 그때 이후로 우리는 중국 그릇을 주로 자기, 혹은 '새끼 돼지'라고 불러왔다. 물론 '차이나'라는 말을 쓰지 않을 때의 이야기인데, 제 나라의 이름이 그 수출물의 이름을 대신하여 이토록 널리 쓰이는 경우는 전 세계에 아마 없을 것이다.

소위 데이비드 꽃병이라는 이름은 퍼시벌 데이비드 경이 구입했다고 해서 그런 이름이 붙었다. 그가 수집한 1,500점이 넘는 중국 자기는 현재 대영박물관 특별 전시실에 있다. 우리는 꽃병을 전시실 입구에 진열해놓았는데 그만큼 전시실에서 중요한 물품이라는 뜻이다. 데이비드가 개인 수집가 두 사람에게서 따로 사들인 이 꽃병은 1935년에야 비로소 다시 만날 수 있었다. 꽃병은 상당히 큰 편인데 높이는 60센티미터가 넘고 가장 넓은 면의 폭은 20센티미터가량 된다. 그 우아한 형태는 가운데가 불룩하고 맨 위와 아래로 갈수록 좁아진다. 코발트색을 띤 자신감 넘치는 정교한 형상과 문양이 마치 몸통을 이루는 흰색 몸통과 표면의 투명한 광택 사이에서 유유히 떠다니는 듯하다. 굽과 모가지에는 나뭇잎과 꽃이 그려져 있지만 몸통에는 하늘을 날아다니는 중국 용이 그려져 있다. 비늘이 달린 길쭉한 몸통에 날카로운 발톱을 드러내며 수염을 휘날리는 용은 길게 나부끼는 구름에 둘러싸여 있다. 병 모가지에는 코끼리 머리 모양 손잡이가 두 개 달려 있다. 누구나 볼 수 있듯이 이 꽃병 한 쌍은 재료를 다루는 데서 즐거움을 찾는 예술가 겸 장인이 만든 사치스러운 제품이다.

자기는 섭씨 1,200~1,400도에 이르는 아주 높은 온도에서 구운 특별한 그릇이다. 열은 점토를 유리처럼 바꿔 투과성이 있는 오지그릇과 달리 액체를 잘 담을 수 있게 해줄 뿐 아니라 매우 단단하게 만들어주기도 한다. 청화백자가 나오기 훨씬 전에는 반투명하고 단단한 백자가 어디서나 크게 각광받았다.

흉포한 몽골 침략군은 특히 이란을 비롯한 중동 전역의 도기 산업을 불안정하게 만들고 파괴했다. 그래서 평화가 다시 찾아왔을 때 이 지역은 중국 수출품의 중요한 시장으로 새롭게 떠올랐다. 청화백자는 중동 시장에서 오랫동안 인기를 끌었고 그 결과 중국인들이 그들을 위해 수출용으로 만든 도자기에는 그 지역의 고유한 양식이 그대로 반영됐다. 중국 도공들은 이란인들의 취향을 맞추기 위해 이란산 푸른 염료 코발트를 사용했다. 이란산 코발트는 중국에서 '회회청', 즉 '무슬림 청색'으로 알려졌다. 이는 청화백자 전통이 중국이 아니라 중동에서 유래했다는 사실을 명확하게 보여주는 증거다. 중국 문화사 전문가인 크레이그 클러너스 교수는 이런 현상을 좀 더 넓은 의미에서 바라본다.

> 이란과 오늘날 이라크는 이 염료가 유래한 지역이다. 이 기술은 중국이 아닌 다른 곳에서 온 것이다. 따라서 이 기술은 중국이 아시아의 나머지 지역을 태평양에서 거의 지중해까지 뻗어 있었던 몽골이라는 거대한 제국의 일부로 여기고 유례없이 문호를 개방한 시기에 관해 많은 것을 말해준다. 중국이 아시아의 다른 지역에 문호를 개방하면서 그 열린 마음 덕분에 청화백자 같은 물건

이 등장했다. 이런 마음가짐은 문학 형태에도 영향을 끼친 듯하다. 따라서 문화 형태의 생성이라는 측면에서 볼 때 원나라 시기는 매우 중요하다.

데이비드 꽃병은 이런 문화 개방이 맺은 행복한 결과 가운데 하나다. 장식도 장식이지만 이 꽃병이 매우 중요한 이유는 거기 새겨진 명문 때문이다. 덕분에 우리는 이 꽃병 한 쌍이 1351년 5월 13일 화요일에 제물로 바쳐졌다는 사실을 안다. 중국인들의 놀라운 정확성을 다시금 확인하게 해주는 사례이자 우수한 질을 자랑하는 청화백자가 명나라 이전에 나왔다는 사실을 확증하는 증거가 아닐 수 없다. 그러나 명문은 그보다 훨씬 더 많은 것을 말해준다. 두 꽃병에 적혀 있는 내용이 약간씩 다르다.

> 신주 로, 옥산 현, 순성 향, 덕교 리, 장당에서 온 신령한 신들의 제자 장문진은 온 가족의 안녕과 축복, 나아가 아들딸의 평화를 기원하며 신원에 있는 사원에 계신 호정일(胡淨一) 장군께 기쁜 마음으로 보잘것없는 향로와 꽃병 한 쌍을 바칩니다. 지정(至正) 치세 11년 4월 상서로운 날에 성심을 다해 바칩니다.

여기에는 많은 정보가 있다. 이 꽃병들은 자기 자신을 "신령한 신들의 제자"라고 엄숙히 소개하는 장문진이라는 사람이 신전에 바치려고 만든 공물이었다. 비문은 그의 고향이 순성이라는 사실을 알려준다. 오늘날의 장시 성에 속하는 순성은 상하이에서 남서쪽으로 몇백 킬로미터 떨어진 곳이다. 그는 향로와 함께 위엄 넘치는 꽃병 두 개(제단에 바치는 물건으로 이 셋은 으레 한 쌍을 이뤘다)를 바쳤는데, 향로는 아직 발견되지 않았다. 공물을 받은 신은 초자연적인 힘과 지혜와 미래를 내다보는 능력 덕분에 그 무렵 막 신의 지위에 오른 13세기의 군인 호정일 장군이다. 장문진은 이 새로운 신에게 보호를 청하는 대가로 제단을 차린다.

외국 지배자인 몽골족, 외국 물질인 회회청, 외국 시장인 이란과 이라크. 역설적이게도 중국 밖에 있는 많은 사람들이 오늘날까지도 가장 중국다운 물건으로 손꼽히는 청화백자의 탄생에 각기 빼놓을 수 없는 구실을 했다. 곧이어 이 요업 제품은 대량으로 생산되어 일본과 동남아에 이어 인도양을 건너 아프리카와 중동, 그 너머까지 수출됐다.

무슬림 이란에서 탄생하고 몽골 중국에서 변형을 거친 지 몇 세기 만에 청화백자는 마침내 유럽에도 들어와 당당하게 승리를 거뒀다. 성공한 제품이 모두 그렇듯이 청화백자의 경우에도 지역 제조업자들을 통해 수많은 모조품이 쏟아져 나왔다. 청화백자가 언급될 때면 많은 사람들이 떠올리는 '버드나무 문양'은 실은 발명의 산물이었다. 아니면 불법 복제품이었다고 말해야 할까? 1790년대에 토머스 민턴이 영국에서 첫 선을 보인 버드나무 문양 자기는 나오자마자 크게 성공을 거두면서 사람들에게 콜리지의 시만큼이나 중국에 대한 환상을 심어놓았다. 아편에 취해 쿠블라 칸의 재너두 꿈을 꾸다가 깨어났을 때 콜리지는 버드나무 문양 찻잔으로 차를 마셨을지도 모르겠다.

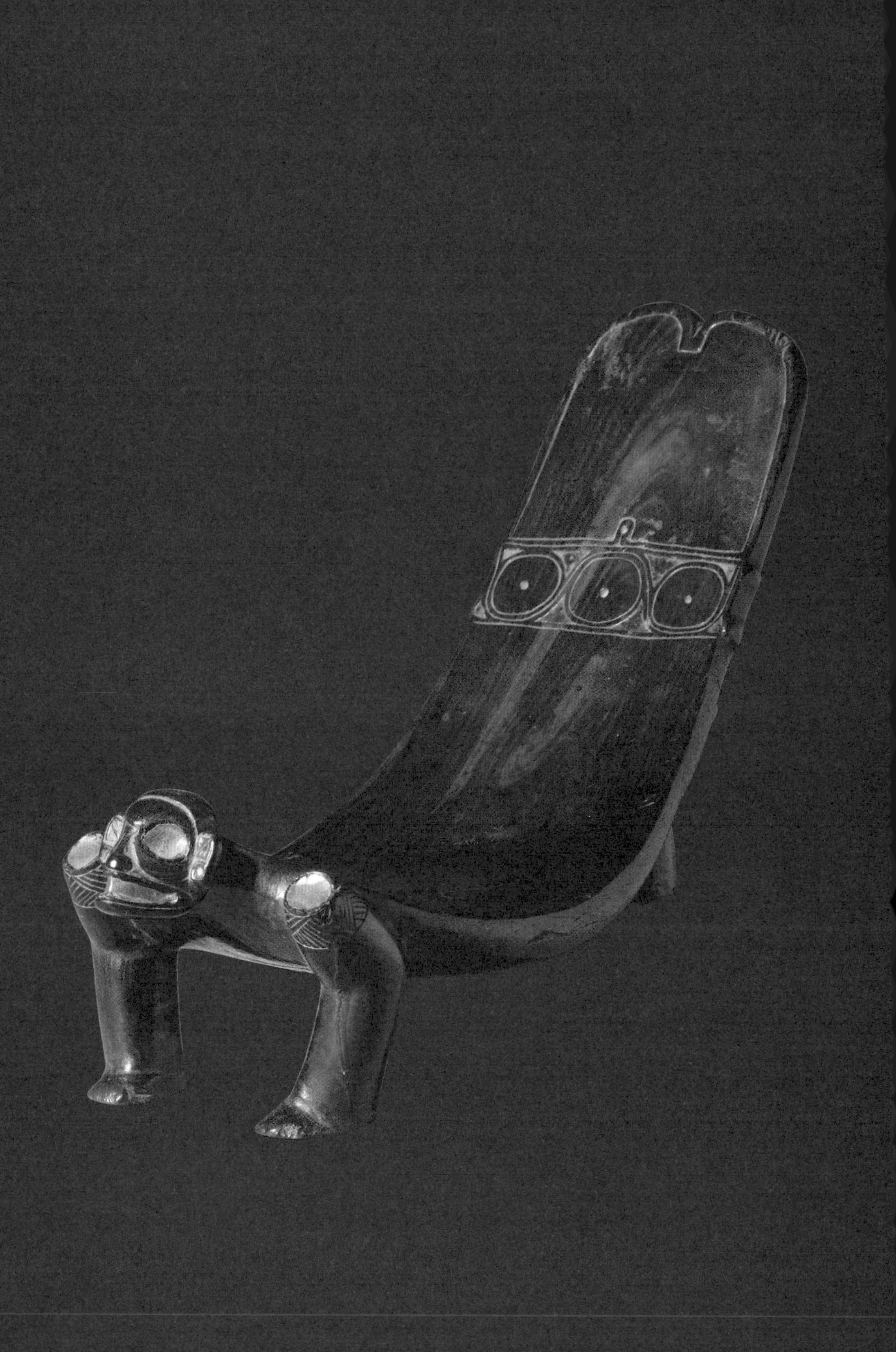

65
타이노 의식용 의자

도미니카공화국 산토도밍고에서 온 나무 의자

AD 1200~1500

앞에서 우리는 약 700년 전에 전 세계 지도자와 사상가들이 소유한 사회적 지위가 높은 물건을 살펴봤다. 스칸디나비아와 나이지리아, 스페인과 중국 등지에서 생산된 이 물건들은 개인의 지위뿐 아니라 사회의 단면을 드러내기도 했다. 이번 물건은 지금은 도미니카공화국인 카리브 해 지역에서 온 등받이 없는 의자다. 이 의자 역시 뜻 깊은 이야기를 들려준다. 이번 경우에는 크리스토퍼 콜럼버스가 도착하기 전에 카리브 제도에서 생활하던 타이노족에 대한 이야기다. 유물로 보는 세계 역사에서 이 의자는 클로비스 창촉(5장) 이후로 아메리카 대륙의 이야기와 유럽·아시아·아프리카 이야기가 교차하는, 좀 더 정확하게는 충돌하는 순간을 처음으로 증언하는 물건이다. 그러나 이 물건은 평범한 가정용품이 아니다. 내세의 존재를 상징하는 반인반수 형상으로 깎아 만든 이 생소하고 이국적인 의식용 의자는 주인에게 현세와 내세를 넘나들며 앞날을 예견하게 해주는 엄청난 힘을 지니고 있다. 우리는 이 의자가 주인에게 실제로 예지 능력을 부여했는지는 확인할 수 없지만, 이 의자를 만든 사람들에게 끔찍한 미래가 닥쳤다는 사실은 알고 있다.

1492년에 스페인 사람들이 나타나고 1세기 이내에 타이노족은 대부분 유럽에서 건너온 질병으로 사망했다. 임자 없는 땅은 조각조각 나뉘어 유럽 정복자들 손에 넘어갔다. 아메리카 대륙 전역에서 되풀이된 현상이었지만 타이노족은 유럽인과 최초로 접촉한 부족 중 하나였기 때문에 그런 만큼 다른 아메리카 원주민보다 더 많은 고통을 겪어야 했을 것이다. 그들에게는 문자가 없었다. 따라서 우리는 이 의자를 비롯해 손가락으로 꼽을 만큼 정말이지 몇 안 되는 당시 유물로 타이노족이 자신들의 세계를 어떻게 이해했고 세계를 어떻게 통제하려 했는지 그저 짐작만 할 뿐이다.

'타이노'라는 말은 주로 카리브 제도에서 비교적 규모가 큰 섬, 즉 쿠바, 자메이카, 푸에르토리코, 이스파뇰라(지금은 아이티와 도미니카공화국으로 나뉘어 있다)에 거주한 인종 집단을 가리킬 때 사용되는데 이 의자는 이스파뇰라에서 발견됐다. 카리브 제도 전역에서 발견되는 이런 의식용 물건으로 우리는 타이노족의 일상과 생각을 조금은 들여다볼 수 있다. 얼굴을 닮은, 몸에 걸치려고 만든 가면과 나무 조각상, 각성 물질을 들이마실 때 쓰는 흡입기가 그런 예에 해당한다. 타이노족의 생활을 잘 보여주는 이런 살아남은 유물 중에서도 가장 흥미로운 물건이 바로 이 '두호'라는 의식용 의자다. 두호에는 타이노족의 독특한 세계관이 고스란히 반영돼 있다.

타이노족은 자신들이 조상과 신들의 보이지 않는 세계와 나란히 함께 살고 있으며 부족의 지도자는 그들을 통해 미래를 알 수 있다고 믿었다. 두호는 공동체의 가장 중요한 성원만이 소유할 수 있었으며 영혼의 영역에 접근하는 데 없어서는 안 될 수단이었다. 어떤 의미에서 두호는 왕좌인 셈이었지만 초자연의 세계에 이르는 입구이자, 매개체이기도 했다.

색깔이 짙은 나무를 곡선으로 깎아 정성스레 문질러 반들반들 윤을 낸 작은 이 의자는 크기가 응접실용 발판의자만 하다. 앞쪽에는 잔뜩 찌푸린 얼굴에 툭 튀어나온 두 눈을 크게 뜨고 있는 형상이 조각돼 있다. 커다란 입과 커다란 두 귀, 땅을 딛고 있는 두 팔이 사람과 흡사해 보이는데 팔은 의자를 떠받치는 다리 역할을 하기도 한다. 그 팔로부터 시작해 조각한 나무 몸체가 넓적하게 구부러져 위로 치켜 올라간 모습이 꼭 너부데데한 비버 꼬리를 닮았고, 뒤쪽에 달린 다리 두 개가 떠받치고 있다. 지상의 생명체처럼 보이지는 않지만 한 가지는 분명하다. 수컷이다. 이 기묘한 합성체의 배 밑과 뒷다리 사이에 수컷의 생식기가 조각돼 있다.

이 물건은 지도자, 마을이나 지역의 추장이 앉는 의자다. 타이노족 지도자들은 성별에 구애받지 않았으며 두호는 그들의 사회적, 정치적, 종교적 힘을 드러내는 상징물이었으며, 사회에서 그들이 발휘하는 기능에 더없이 중요했다. 의자에 앉은 채 매장된 한 지도자의 유해가 그런 사실을 뒷받침해준다. 타이노족을 새로이 연구해온 고고학자 호세 올리베르 박사는 두호의 용도를 이렇게 설명한다.

> 두호는 가구라기보다 추장의 지위를 나타내는 상징적 장소이다. 이 특별한 물건은 사람이 앉기에는 너무 작다. 흥미로운 점은 이 의자를 포함해 카리브해에서 발견되는 나무 의자는 모두 남성이거나 남성성을 띠고 있다는 사실이

다. 때로 남성의 생식기가 의자 밑에 달려 있기도 하다. 이 의자가 의인화된 어떤 형상이기 때문이다. 이 의자를 네 발 달린 인간이라 여기고, 그 등에 올라앉는다고 생각해보라. 마치 당나귀나 말 등에 앉아 있는 것처럼 앉게 된다. 따라서 추장이 이 의자에 앉는다는 것은 곧 물건인 동시에 지각이 있는 존재 위에 앉아 있다는 뜻이기도 했다. 그들은 이런 물건이 '세미', 즉 영혼을 지니고 있다고 믿었던 것이다.

따라서 이 의자 앞쪽에 입을 쩍 벌린 채 눈이 툭 튀어나온, 인간에 가깝지만 인간은 아닌 형상은 세미, 곧 영혼이나 조상과 이어주는 연결고리이다.

추장의 중요한 역할 가운데 하나는 세미의 성스러운 영역에 접근하는 것이었다. 그는 두호에 웅크리고 앉거나 걸터앉아 코호바나무 씨앗을 태워 만든 환각 물질을 들이마셨다. 이 환각 물질은 30분 안에 효과를 내기 시작해 두세 시간 동안 계속해서 다채로운 모양과 이상한 소리, 또는 목소리를 만들어내며 마치 꿈을 꾸는 듯한 환각 상태에 이르게 한다.

초창기에 타이노족의 문화를 기록한 스페인 사람 가운데 타이노족 문화에 가장 많이 공감한 인물은 아마도 바르톨로메 데 라스카사스가 아니었을까 싶다. 그는 1502년에 이스파뇰라에 도착해 두호를 사용하는 의식을 다음과 같이 기록했다. 여기서 그는 추장을 "군주"라고 부른다.

그들에게는 전쟁 동원처럼 어려운 문제나 기타 코호바 의식이 필요하다고 생각되는 중요한 문제를 앞두고 함께 모여 의논하는 관습이 있었다. 의식을 시작하는 사람은 군주였다. 그가 의식을 치르는 동안 나머지는 '두호'라는 잘 조각된 낮은 의자에 조용히 앉아 주의를 기울였다. 코로 코호바를 들이마시는 의식이 끝나자 군주는 두 팔을 무릎에 얹고 머리를 옆으로 돌린 채 한동안 가만히 있었다. 잠시 뒤 그는 자신이 본 환상을 사람들에게 전했다. 그가 환상 속에서 세미에게 들은 내용은 앞으로 닥칠 좋은 일이나 나쁜 일 또는 누가 임신을 한다거나 죽게 된다는 이야기 또는 이웃 부족과 갈등이나 전쟁을 치르게 될 것이라는 이야기가 주를 이뤘다.

타이노족의 세상은 추장이 다스렸다. 추장은 전쟁과 협상, 동맹을 주관하는 권력의 구심점이었다. 그들은 대개 몇천 명 단위로 정착촌을 이뤄 생활했다. 중앙 광장을 중심으로 대개 열두어 가구가 모여 사는 커다란 원형 가옥이 밀집해 있었다. 두호를 보관하는 성스러운 공간이나 신전 구실을 하기도 했을 추장의 집은 마을 광장에서 꽤 멀리 떨어져 있었을 것이다.

이 두호를 누가 만들었는지는 알 수 없지만 재료를 매우 신중하게 골랐다는 점은 분명하다. 두호에 사용된 나무는 카리브 해가 원산지로, 우연히 이 나무를 알게 된 유럽인들을 단박에 사로잡았다. 그들은 이 나무를 "리그눔 비타이", 즉 "생명의 나무"라고 불렀다. 그 정도로 나무는 놀라운 특성을 지니고 있었다. 나무의 수지는 인후염에서 매독에 이르기까지 온갖 병을 치료하는 약으로 사용됐다. 아울러 물에 가라앉을 정도로 구조가 치밀한 몇 안 되는 나무 가운데 하나이기도 했다. 어느 스페인 사람은 두호를 보고 입에 침이 마르게 칭찬하면서 이렇게 썼다. "너무도 아름답고 완벽한 나무로 만든 의자다. 금이나 은으로 만들었다고 해도 이보다 더 아름다울 수는 없다."

실제로 이 두호에는 금도 입혀져 있다. 인간과 비슷한 모양으로 크게 벌린 입과 휘둥그레한 눈에 금반을 아로새겨 이 물건의 놀라운 힘을 더욱 강조하고 있다. 스페인 사람들에게 이스파뇰라에서 보물을 찾게 될지도 모른다는 믿음을 심어준 것이 바로 이런 금이었다. 그러나 그들은 실망했다. 도미니카공화국에서는 금이 강에서만, 그것도 소량만 발견됐기 때문에 몇 세기를 두고 축적해야 했다. 특별한 나무와 마찬가지로 이 귀하디귀한 금은 두호를 아주 특별한 물건으로, 이 세상과 초자연 세계 사이를 중재할 수 있는 그 무엇으로 만들어 놓았다.

두호는 살아 있는 지도자들 사이에서 중재자 노릇을 하기도 했다. 중요한 손님들에게는 예우 차원에서 두호를 내주곤 했는데, 크리스토퍼 콜럼버스도 직접 그런 영예를 누렸다. 그러나 타이노족 추장들이 두호에 앉아 예견한 미래 가운데 실제로 일어난 일에 비할 바는 없었다. 스페인 사람들은 천연두와 장티푸스는 물론 심지어 감기에조차 면역성이 없는 타이노족 사람들에게는 재앙이었다. 스페인 식민 세력은 살아남은 사람들을 다른 곳으로 이주시켰다. 친족 집단은 뿔뿔이 흩어졌고 그 뒤로 아프리카 노예들이 들어와 점점 고갈돼가는 노동력을 대신 채웠다.

타이노족의 유산이나 정체성은 얼마나 살아남았을까? 요즘 카리브 해에서 이 문제는 이론이 분분한 공공 담론의 주제다. 『타이노의 부활*Tiano Revival*』의 저자 가브리엘 아슬립 비에라 교수는 타이노족의 후손이라고 말하는 사람들의

의자에 조각된 반인반수의 잔뜩 찌푸린 얼굴.

주장을 이렇게 바라본다.

> 타이노족은 스페인 사람들이 도착하고 100여 년 뒤인 1600년쯤에 사실상 맥이 끊긴 순수 인종 집단이다. 소수 생존자들은 스페인 이주민과 고갈된 노동력을 대신 채우기 위해 카리브 해에 들여온 아프리카인들과 뒤섞일 수밖에 없었다. 스페인어를 사용하는 카리브 주민들은 아프리카인이나 유럽인 사이에서 태어난 혼혈이 주를 이룬다. 이는 유전학자들이 최근 몇 년 동안 진행해온 이른바 혼합 지수 분석을 통해 드러난 결과다. 분석 결과는 대앤틸리스제도의 스페인어를 사용하는 카리브인들이 주로 유럽계와 아프리카계의 혼혈 혈통을 물려받았다는 사실을 확실하게 입증한다.

타이노족은 이렇게 이미 몇백 년 전에 사실상 자취를 감췄을지도 모르지만 우리에게 익숙한 몇몇 단어는 사라진 타이노족의 세계를 다시 떠오르게 한다. 타이노족의 경험과 문화를 반영하는 허리케인, 바비큐, 해먹, 카누, 토바코(담배) 같은 단어들이 그렇다. 카리브 해에서 이런 물건들은 매일 쓰는 일상용품이지만 두호처럼 실제로 전해진 타이노족 세계의 물질적 유물은 그 지역 너머에 있는 그 무엇, 곧 영혼과 신들의 세계와 관계를 맺고 싶어 하는 인간의 보편적 욕구를 대변해준다. 이 끊임없는 인간의 욕구는 다음에 소개하는 유물들에서 공통으로 나타나는 주제이기도 하다.

PART 14

신과의 만남

AD 1200~1500

전 세계의 다양한 종교 체계가 모두 인간과 성스러운 존재 사이의 간극을 해소하기 위해, 개인이나 공동체는 물론 심지어 제국과 신 사이의 대화를 주선하기 위해 물건을 사용했다. 서구 기독교 세계에서는 순례자들이 성인의 성스러운 유골과 성보를 보기 위해 성소로 몰려들었다. 동방 기독교 세계에서는 예수와 성인들의 형상이 성화의 형태로 숭배됐다. 인도 힌두교도들은 신전의 조각상으로 특정 힌두 신들과 일대일 관계를 맺었다. 멕시코 와스테카족의 회개자들은 어머니 여신의 조각상 앞에서 정화와 용서를 구했다. 태평양 이스터 섬의 종교는 갈수록 황폐해지는 섬의 환경을 반영하며 진화했다. 그들은 조상의 형상을 숭배하는 데서 벗어나, 갈수록 그 수가 줄어드는 섬의 새들에게 초점을 맞춘 종교의식을 선보였다.

66

성스러운 가시 성물함

금과 보석, 법랑으로 만든 프랑스 파리에서 온 성물함

AD 1350~1400

600년 전쯤 전 세계적으로 종교와 사회는 어디가 시작이고 어디가 끝인지 분간하기 어려울 만큼 서로 밀접하게 맞물려 있었다. 때로 신전과 귀중품 같은 현세의 부로 속세를 초월한 희망을 표현한 것은 아마도 그런 이유에서일 것이다. 우리는 이 성스러운 가시 성물함에서 극단적인 역설을 보게 된다. 이 성물함은 그리스도가 십자가에 못 박힐 때 머리에 쓴 가시 면류관에서 떨어져 나온 가시라고 믿어 의심치 않았던, 그야말로 성물 중 성물을 진열할 목적으로 제작됐다.

가시 면류관은 현재 파리의 노트르담 대성당에 보관돼 있지만 원래는 생트샤펠 성당에 있었다. 생트샤펠 성당은 프랑스 왕들이 1240년대에 유럽에서 가장 값진 물건을 보관하기 위해 지은 왕실 예배당이었다. 그중 가장 값진 물건은 단연 가시 면류관이었다. 중세 기독교 사회에서 현세의 가장 중요한 삶의 목표는 구원을 확보하는 것이었다. 성인들의 유골과 유품은 천국으로 가는 지름길을 제시했는데, 특별히 그중에서도 예수가 받은 고난과 결부된 성물만큼 강력하고 값진 유물은 없었다. 프랑스 왕들이 수집한 성유물을 전시할 목적으로 지은 이 놀라운 생트샤펠 성당은 건축비만 4만 리브르가 들었다. 가시 면류관의 가격은 그 세 배가 넘었다. 아마도 유럽에서 가장 값진 물건이었을 것이다. 프랑스 왕이 누군가에게 줄 수 있는 가장 값비싼 선물은 면류관에서 떨어져 나온 가시 단 한 개였다.

그렇게 떨어져 나온 가시들 중 하나가 이 성스러운 가시 성물함의 중앙부 장식이다. 순금으로 만들고 각종 보석으로 덮은 높이 20센티미터짜리 이 극장에서 우리는 세상이 끝나는 날 우리가 죽은 자들과 함께 하늘로 올라가 심판을 받을 것임을 알려주는 무시무시한 연극을 관람하게 된다. 언제고 관객들 모두가 출연하게 될 이 연극은 모두 3막으로 구성돼 있다. 무대 맨 아래쪽에서는 천사들이 지상의 어느 상상 속 모퉁이에서 선명한 초록색 법랑 언덕 위의 활짝 열린 무덤에 대고 나팔을 불고 있다. 그런 가운데 벌거벗은 채 여전히 관 속에 있는, 흰색 법랑으로 빚은 여자 둘과 남자 둘이 위를 올려다보면서 두 손을 치켜들고 애원한다. 그들 한참 위쪽, 즉 성물함 꼭대기에는 하느님 아버지가 찬란하게 빛나는 금과 보석에 둘러싸인 채 심판대에 앉아 있다. 그 중간에 성물함의 핵심이 있다.

중세의 기독교인들은 지옥의 고통에서 벗어날 유일한 희망을 그리스도가 흘린 속죄의 피에서 찾았다. 따라서 성물함 중앙에 자신의 상처를 내보이는 그리스도가 있고, 그의 발밑에는 성스러운 피를 쏟게 한 기다란 바늘처럼 생긴 가시가 하나 있다. 그 아래 법랑 표지판의 라틴어 문구(Ist est una spinea corone Domini nostri Ihesu Christi)를 해석하면 이런 뜻이다. "우리 주 예수 그리스도의 면류관에서 떨어져 나온 가시다."

로마가톨릭교회 리즈 교구의 주교인 아서 로시는 그 의미를 이렇게 설명한다.

> 여기서 가시는 고통의 대가와 관련해 좀 더 깊이 묵상하도록 초점을 맞춘다. 특히 가시가 진짜라고 생각한다면, 그리스도가 십자가 고난을 당하는 동안 그분의 머리를 찔렀던 바로 그 가시라고 생각한다면, 그것은 어떤 의미에서 지상에서 우리가 겪는 고통과 그분이 우리 대신 받은 고통을 연결하게 된다. 그런 점에서 성물함의 가시는 우리가 현재 겪고 있는 일을 참아내게 하는 힘을 부여한다.

이 유물이 그 앞에 무릎을 꿇는 신자들에게 얼마나 큰 영향을 끼쳤을지는 굳이 설명할 필요가 없을 듯하다. 이 별 것 아닌 가시에 찔려 흘러나온 피가 장차 인간의 죽지 않는 영혼을 구원해주리라는 점에서 이 세상에 그보다 더 값진 것은 없다. 가시를 받치는 사파이어도, 가시를 보호하는 수정도, 가시를 에워싸는 루비와 진주도 그보다 값지지 않다. 이 유물은 금과 보석으로 이뤄진 설교이자, 묵상에 이르게 해주는 길잡이요, 깊은 안도의 원천이다.

이 가시가 실제로 그리스도의 머리를 찌른 가시가 맞는지를 확인할 길은 없지만 지금도 예루살렘 근처에서 자라는 갈매나무의 일종이라는 사실은 자신 있게 말할 수 있다. 가시 면류관이 성물로 처음 언급된 곳은 400년께의 예루살렘이다. 그 뒤 면류관은 성지에서 동로마제국의 수도인 콘스탄티노플로 옮겨져 그곳에서 몇 세기 넘게 숭배됐다. 그러나 1200년 직후 빈털터리 황제가 베네치아에 거액을 빌리면서 면류관을 저당잡히고 말았다. 이 사건은 그의 사촌이자 프랑스의 십자군 왕 루이 9세를 충격에 빠뜨렸으나 그에게 기회를 주기도 했다. 그는 황제의 빚을 대신 갚아주고 성물을 도로 찾았다. 이렇게 해서 루이 9세는 십자군으로서는 그리스도가 고난을 받은 성지를 탈환하지 못했지만 대신 가시 면류관을 손에 넣었다. 중세 사람들의 눈에 비친 면류관의 힘이 어찌나 대단했던지 루이 9세를 곧장 그리스도 자신과 연관시킬 정도였다. 무엇과도 비교할 수 없는 성물을 보관하기 위해 루이 9세는 성물함뿐 아니라 아예 성당을 통째로 지었다. 그는 성당에 '성스러운 예배당', 즉 '생트샤펠(the Sainte-Chapelle)'이라는 이름을 붙였다.

생트샤펠의 스테인드글라스 유리창은 방문자에게 파리와 프랑스 왕국이 가시 면류관의 도착으로 인해 영원히 바뀌었다는 확신을 심어준다. 1297년에 '성 루이'로 성인 반열에 오른 루이 9세는 유리창에서 솔로몬과 나란히 모습을 드러낸다. 이로써 생트샤펠은 그의 신전이고 파리는 예루살렘으로 바뀐다. 면류관이 도착하자 프랑스 왕은 심판의 날까지 면류관을 맡아둘 뿐이라고 설명했다. 그날이 오면 예수가 다시 돌아와 면류관을 되찾을 테고 프랑스 왕국은 하늘의 왕국이 될 터였다. 1248년 예배당이 공사를 끝내고 봉헌되자 파리 대주교는 이렇게 선언했다. "대속의 기적을 보여주는 장소로 성지를 선택하셨듯이 우리 주 예수 그리스도께선 십자가 고난의 승리를 기념하는 장소로 우리 프랑스를 특별히 선택하셨다." 가시 면류관은 독실함을 겨루는 국제 정치 속에서 오랫동안 흥미로운 역할을 해왔다. 가시 면류관이 있었기에 성 루이는 유럽의 수많은 왕국 사이에서 프랑스만의 독특한 지위를 주장할 수 있었다. 성 루이 이후로 프랑스의 역대 통치자들은 그의 선례를 따르고자 노력해왔다.

역사학자 베네딕타 워드 수녀는 이를 종교적 탐구 이상의 것으로 바라본다.

> 그리스도의 고난과 특별히 결부된 유물을 손에 넣는다는 것은 인간으로서 이 세상에서 가장 좋은 것을 손에 넣는다는 뜻이었다. 물론 성인, 특히 순교자의 유물도 있었다. 그런 유물, 특히 프랑스가 수집한 유물은 많은 부러움을 샀을 것이다. 영국의 경쟁심은 대단했다. "우리는 저들보다 더 훌륭한 유물을 구해야 한다. 우리나라가 저들보다 더 훌륭하기 때문이다." 유물은 무수한 외부 요인에 의해 영향을 받는다. 다른 모든 것과 마찬가지로 유물 또한 상거래의

일부분이 될 수 있다. 정치, 상업, 교환. 어떤 유물이든 분명히 이런 측면을 지닌다.

정치적 영향력이라는 복잡한 질서 속에서 면류관에서 떨어져 나온 가시 하나가 결국 프랑스 왕이 주는 최고의 선물로 바뀌었다. 14세기 후반 가시 하나가 프랑스의 유력한 왕족 베리 공작 장의 차지가 됐다. 자신 있게 말하건대 대영박물관에 있는 성물함의 원래 주인은 바로 그였다. 법랑을 입힌 그의 관심사가 무엇이었는지를 보여주는 흔적이 성물함 여기저기에 있다. 그는 당시에 가장 빼어난 종교 예술품으로 꼽히는 몇몇 작품을 주문해 소장했으며 성물이라면 물불 가리지 않고 열심히 모아들였다. 그의 수집품에는 세간에 성모 마리아의 것으로 알려진 결혼반지, 예수가 가나안 혼인 잔치에서 사용했다는 술잔, 모세가 신에게 계시를 받은 불타는 가시덤불 잔해, 헤롯 왕에게 살해당한 죄 없는 성스러운 어린아이들의 모든 시신이라 여겨지는 것들이 포함됐다. 그는 성을 짓는 데도 남다른 열정을 보였다. 이에 걸맞게 성물함 기단은 순금으로 만든 성채다. 이 가시 성물함은 중세 유럽의 금속 세공술의 진수를 보여주는 최고의 걸작 가운데 하나가 분명하지만, 안타깝게도 베리 공작 장의 수집품 가운데서도 가장 뛰어난 물건이었는지는 확인할 길이 없다. 그가 죽고 나서 몇 달 뒤, 그러니까 영국이 1415년에 벌어진 아쟁쿠르 전투에서 프랑스를 격파하고 파리를 점령했을 때 그가 소장한 수많은 금세공품은 부서져 녹여졌다. 이 유물이 살아남았다는 점으로 볼 때 그가 죽기 전에 성물함을 누군가에게 준 것이 틀림없다.

누구에게 줬는지는 확인할 수 없지만 1544년 성물함은 빈의 합스부르크 왕가 보물 창고에 있었고 바로 거기서부터 세속화가 시작됐다. 그 결과 초라한 가시보다 가시를 둘러싼 금과 법랑, 보석이 훨씬 더 가치를 띠었다. 1860년대 들어와 성물함은 복원을 위해 어느 골동품 상인에게 맡겨졌는데, 부정직하게도 그는 수리하는 대신 모조품을 만들었다. 진품은 자신이 갖고 가짜를 왕실 보물 창고에 돌려보낸 것이다. 결국 진품은 로스차일드 은행 빈 지사장이 구입한 뒤 1898년에 퍼디낸드 드 로스차일드 남작을 통해 워데스던 유증(遺贈)의 일환으로 대영박물관에 기증됐다. 현재 워데스던 유증은 대영박물관의 조그만 전시실 하나를 가득 메우고 있다.

가시 성물함은 그 자체로 하나의 유물 박물관이라고 말할 수 있을지도 모

 생트샤펠의 스테인드글라스 유리창. 중앙의 다이아몬드 문양 안에 솔로몬과 시바 여왕이 보인다.

른다. 사파이어를 주춧돌 삼고 수정 뒤에 전시되고 법랑 현판을 내건, 다른 박물관과는 비교가 안 되게 사치스러운 박물관인 것이다. 그러나 목적은 여느 박물관과 똑같다. 즉 위대한 물건에 어울리는 환경을 마련하는 것이다. 우리는 관람객들이 대영박물관의 유물들에 어떤 마음으로 다가가는지 정확히 알진 못하지만, 여전히 많은 이들이 이 가시 성물함을 보면서 묵상과 기도라는 유물의 본래 목적을 충족한다.

가시 면류관을 숭배하는 관습은 오늘날까지도 아주 많이 남아 있다. 나폴레옹은 면류관의 영원한 거처로 노트르담 대성당을 지목했다. 그곳에서는 매달 첫째 금요일마다 600년 전에 이 성물함에 가시 하나를 떼어 준 가시 면류관이 신심 깊은 숭배자들에게 모습을 드러낸다.

67

정교회의 승리를 보여주는 성상화

금박을 입힌 나무판에 그린 터키 콘스탄티노플(이스탄불)에서 온 템페라

AD 1350~1400

위대한 제국이 침략과 파괴에 직면한다면 무엇을 하려 할까? 아마도 안으로는 재무장을 추진하는 동시에 밖으로는 동맹 세력을 규합할 것이다. 그러나 좀 더 머리가 좋다면 역사를 재조명해 승리를 거머쥐기까지 국민을 하나로 묶어줄 신화, 모든 사람에게 이 나라는 정의와 공명정대를 드높이기 위해 역사가 특별히 선택한 나라라는 점을 입증해 보일 신화를 지어낼 것이다. 1914년에 프랑스가 그랬고 1940년에 영국이 그랬다. 그런 상황에서 살짝 손질한 역사는 매우 강력한 무기가 될 수 있다. 기독교 비잔틴제국 또한 1400년께 오스만튀르크의 손에 소멸될 위기에 직면하자 과거로 눈을 돌려 신이 정한 제국의 특별하고 신성한 목적을 확실히 드러내는 사건을 찾아내 국가적 신화로 둔갑시켰다. 비잔틴제국 위정자들은 자신들이 마음대로 주무를 수 있는 대중매체를 통해 신화를 팔았다. 종교 축제일을 새로 정해 그날을 상징하는 종교 성상화 제작을 의뢰하는 방법으로.

비잔틴제국에서 신에게 도움을 청하는 것이 이때보다 더 중요한 적은 없었다. 로마제국의 계승자이자 정통 기독교의 수호자를 자처하며 몇 세기 넘게 중동의 초강자로 군림해온 비잔틴제국은 이 무렵 예전의 영광을 희미하게 드리울 뿐인 그림자로 쪼그라들어 있었다. 1370년의 비잔틴제국은 오늘날의 이스탄불인 콘스탄티노플 성벽을 그다지 많이 벗어나지 못하는 소국에 지나지 않았다. 그 많던 영토는 모두 잃고 없었다. 무슬림 오스만튀르크는 그 대부분을 빼앗은 것으로도 성이 차지 않았던지 이제 사방에서 도시를 위협했다. 정교회의 생존마저 위태로워 보였다.

군사 원조는 거의 기대할 수 없었다. 서유럽은 두 차례나 과감하게 지원군을 파견하려고 시도했지만 발칸 반도에서 처참하게 패배하고 말았다. 몇 번은 황제가 직접 저 멀리, 심지어 런던까지 서구 왕국을 찾아다니며 돈과 병사를 부탁했지만 번번이 헛수고로 끝나고 말았다. 1370년으로 접어들면서 어느 모

로 보나 현세에서 구원받을 방법은 없을 듯했다. 오로지 하느님만이 그들을 위기에서 도울 수 있었다. 〈정교회의 승리〉라는 성상화는 바로 이처럼 암울한 상황에서 탄생했다. 그림은 비잔틴제국의 현재 모습이 아니라 하느님의 보호 아래 있는 미래를 보여준다.

'우상' 또는 '성상화'를 가리키는 영어 단어 'icon'은 원래는 단순히 '그림'을 뜻하는 그리스어였다. 이 그림은 약 40센티미터 높이에, 형태가 랩톱 컴퓨터 화면과 거의 똑같이 생겼다. 나무판에 금박을 입혀 검은색과 붉은색 물감으로 인물을 그려 넣었다. 위쪽 중앙을 보면 천사 둘이 그림 한 점을 숙연하게 받쳐 들고 있다. 정교회의 성상화 중 가장 유명하면서 콘스탄티노플과 특별히 인연이 깊은 그림이다. 〈인도자 성모〉로 알려진 이 그림은 아기 예수를 품에 안은 성모 마리아를 보여준다. '인도자 성모'는 수많은 성인과 정교회 수장, 왕실에서 숭배받았다. 그들 사이에서 '인도자 성모'는 현세의 콘스탄티노플과 장차 성령으로 충만해질 콘스탄티노플을 모두 상징한다. 이 성상화는 그림의 사용법을 보여주는 그림이자 성상화가 정교회에서 차지하는 중요한 비중을 찬미하는 그림이기도 하다.

옥스퍼드 대학교에서 교회사를 가르치는 더못 매컬록 교수는 성상화의 기능을 이렇게 설명한다.

> 성상화는 천상을 보려 할 때 끼는 안경과도 같다. 우리는 이 그림을 통해 곧장 하늘로 끌려 올라간다. 동방 기독교는 우리가 신과 만날 수 있으며 거의 신처럼 될 수 있다고 강하게 믿기 때문이다. 물론 서방 기독교는 이것이 낯설고 무서운 주장이라 여기며 멀리한다.

성상화를 그리는 작업은 예술 활동이라기보다 주로 영적 활동이었고 어떻게 그려야 한다는 엄격한 기준이 있었다. 성상화에서 화가가 누구인지는 중요하지 않다. 관건은 하려는 마음과 방법론이다. 미국인 화가 빌 비올라는 성상화의 바로 이런 측면에 매료됐다. 그가 인용하는 중세 자료를 살펴보자.

> 다음은 『성상화 화가를 위한 지침』이라는 중세 시대의 간단한 교재에 나오는 내용이다.
>
> 첫째, 작업을 시작하기 전에 성호를 긋고 조용히 기도드리면서 적을 용서해

야 한다. 둘째, 주님이 보고 계신 곳에서 작업하고 있다고 생각하고 한 획 한 획 정성을 담아 그려야 한다. 셋째, 작업하는 동안에도 기도를 드리면서 (중략) 아홉째, 성상화를 전 세계에 퍼뜨린다는 기쁨, 성상화를 그리는 작업을 한다는 기쁨, 성자에게 그림을 통해 빛날 수 있는 가능성을 제시한다는 기쁨, 지금 그리고 있는 성자와 하나가 된다는 기쁨을 절대 잊어서는 안 된다.

그렇다면 이 그림이 보여주는 정교회의 승리란 정확히 무엇일까? 사실 관계를 확인하려면 그 이전 700년을 거슬러 올라가야 한다. 정교회 신앙에서 차지하는 성상화의 중요성과 그들이 성상화를 설명하면서 보이는 열정을 고려할 때 정교회가 실은 150년 동안이나 이런 그림을 금지했을 뿐 아니라 적극적으로 찾아내어 없애버렸다는 사실은 충격으로 와 닿는다. 700년께 비잔틴제국은 이슬람이라는 새로운 신앙으로 무장한 군대에 거의 궤멸되다시피 했다. 기독교인과는 현저히 다르게 이슬람은 종교 형상을 전혀 사용하지 못하게 했다. 더구나 이슬람은 분명히 놀라울 만큼 성공을 거둔 신앙이었다. 기독교가 혹시 길을 잘못 들어선 것은 아닐까? 신의 모습을 조각하거나 그림으로 나타내는 것을 금하는 둘째 계명을 어기고 있는 건 아닐까? 국가 교회가 잘못된 길로 들어선 것일까? 그래서 군사 원정을 망친 것은 아닐까? 어느 날 갑자기 형상을 사용할지 말지에 대해 이처럼 거대하고 근본적인 질문이 제기됐다. 이에 대해 더멋 매컬록은 다음과 같이 설명한다.

하느님을 그릴 수 있을까, 그릴 수 없을까? 비잔틴제국에서 벌어진 이 뜨거운 논쟁은 아주 간단한 문제가 분분한 의견을 거치며 실은 매우 정치적인 사안으로 바뀌는 전형적인 사례에 속한다. 그것은 제국을 양분하고 말았다. 비잔틴제국은 이슬람이라는 감당하기 어려운 트라우마와 마주쳤고, 이는 난데없이 나타나 제국을 산산이 부숴놓았다. 당연히 비잔틴 사람들은 "이게 대체 뭐지? 어째서 하느님은 난데없이 나타난 이 무슬림들을 총애하는 것일까?"라는 의문을 품을 수밖에 없었다. 그들은 이슬람이 하느님의 형상을 전혀 사용하지 않는다는 데 특히 충격을 받았다. 바로 그 점이 대답이 될 수도 있었다. 그들은 기독교가 방향을 틀어 하느님의 형상을 금지한다면 비잔틴제국이 하느님의 총애를 다시 받을지도 모른다고 생각했다. 그런 생각이 비잔틴제국에서 형상과 성상화 파괴 바람이 일어난 원인 가운데 하나가 아니었을까 싶다.

그 결과 700년을 시점으로 우상 파괴 물결이 대규모로 정교회를 휩쓸었다. 신학 논쟁이 갈수록 복잡한 양상을 띠면서 1세기 넘게 이어졌다. 그러나 보통 사람들은 여전히 성상에 애착을 느끼고 있었고 마침내 843년에는 황실 여인들의 지원에 힘입어 테오도라 황후가 나서서 성상 숭배를 제자리로 돌려놓았다. 여기까지가 바로 '정교회의 승리'로 알려진 사건의 전모다. 이 사건으로 성상 숭배가 다시 참된 정교회 신앙의 시금석이자, 비잔틴 기독교 신앙의 중심이요, 제국의 생존과 번영의 필수 요소로 자리 잡았다. 그 뒤 500년 동안 제국은 이슬람의 위협을 묶어둘 수 있었다. 따라서 위협이 전보다 훨씬 더 강해진 모습으로 돌아왔을 때 콘스탄티노플의 지도자들이 사람들에게 843년의 위대한 순간, 곧 신앙이 질서를 되찾고 제국이 복구된 순간을 되돌아보면서 끔찍한 미래가 닥치더라도 과거에서 위안을 얻으라고 독려하는 것은 당연한 일이었다. 1370년에 정교회의 승리를 기념하는 축일이 제정됐고 얼마 지나지 않아 이 성상화가 그려졌다.

그림은 테오도라 황후와 843년의 저 위대한 복위를 보여준다. 그녀는 성모자를 그린 〈인도자 성모〉 옆에 서 있다. 그녀 옆에는 그녀의 아들인 소년 황제 미카엘이 서 있으며 둘 다 화려한 왕관을 쓰고 있다. 그 아래에는 성인과 순교자 열한 명이 단체 사진을 찍기라도 하듯 나란히 줄지어 서 있으며 그중 몇몇은 성상화를 방금 받은 상패라도 되는 양 손에 들고 있다. 1400년께의 사람들이라면 누구나 이 성인들이 모두 성상 사용을 원래대로 돌려놓기 위해 모진 고초를 겪었다는 사실을 단번에 눈치 챘을 것이다. 그들은 모두 빨간색 물감으로 적은 이름표를 달고 있다. 내가 가장 좋아하는 성인은 왼쪽 맨 끝에 있는 성녀 테오도시아다. 이 중에 유일한 여성으로, 황제 근위병을 죽이고 사형된 무척이나 괄괄한 수녀였다. 그녀는 근위병이 궁전 입구에 걸린 그리스도 형상을 떼어내려고 사다리를 오르는 모습을 보고는 사다리를 밀쳐버렸는데 그 바람에 근위병은 떨어져 사망했다. 당연히 그녀는 그 자리에서 처형당했다.

1400년께의 사람들이라면 이 성인과 순교자들 가운데 몇 명은 843년에 아예 태어나지도 않았다는 사실을 미처 깨닫지 못했을지도 모른다. 〈정교회의 승리〉는 사회 전체가 예술 작품을 통해 과거를 되돌아보면서 하느님에게 미래를 지켜달라고 간청하는 모습을 보여준다. 강력하면서도 의미심장한 그림이다. 화가 빌 비올라는 이렇게 말한다.

비범함과 혁신성이 돋보이는 그림이다. 과거, 현재, 미래의 속세를 영원불멸한 신성과 통합한다는 점에서 독창성이 실로 대단하다. 액자 안에 또 액자를 사용하다니 거의 포스트모던하다고 할 수 있다. 성상화 안에 또 성상화가, 형상 안에 또 형상이 있다.

기념행사와 신성화로 축복을 받았지만, 〈정교회의 승리〉는 비잔틴제국의 생명을 구하지 못했다. 1453년 도시가 투르크족의 손에 넘어가면서 콘스탄티노플은 오스만제국의 수도가 됐고 아야소피아 대성당은 이슬람 사원으로 바뀌었다. 이로써 세계를 지배하는 힘의 균형도 바뀌었다. 하지만 비잔틴 국가는 무너졌을지언정 정교회는 살아남았다. 이 그림이 공표하고 있는 신앙은 무슬림의 지배 아래서도 성상 숭배를 무기 삼아 정통 기독교 전통을 지켜낼 만큼 강했다. 어떤 의미에서 이 성상화는 애초에 의도한 바를 정확히 달성했다고도 볼 수 있다. 비록 비잔틴제국은 무너졌지만 정교회는 살아남았다. 전 세계 정교회 교회에서는 매년 돌아오는 사순절 행사에서 첫째 일요일을 이 성상화가 보여주는 사건을 기념하는 날로 정해 경축한다. 〈정교회의 승리〉는 형상과 인간의 목소리가 만들어내는 음악이 하나로 어우러져 영혼의 강렬한 열망을 압도적으로 표출하는 축하 의식이나 다름없다.

68

시바와 파르바티 조각상

인도 오리사에서 온 석조 부조

AD 1100~1300

대영박물관에서 근무하다 보면 놀랄 일들이 많은데, 가끔 힌두 조각상 앞에 꽃이나 과일 같은 공물이 경건하게 놓여 있는 모습을 볼 때가 그렇다. 종교 유물이 속세의 박물관으로 옮겨지더라도 성스러움을 잃지 않는다는 사실을 보여주는 가슴 뭉클한 사례다. 이럴 때면 2001년에 실시한 설문 조사 결과가 생각나는데, 조사에서 잉글랜드와 웨일스에 거주하는 인구 가운데 약 5퍼센트가 가족의 고향이 인도 아대륙이라고 대답했다.

이런 조사 결과는 때로 폭력으로 표출되기도 할 만큼 격렬한 성격을 띤 기나긴 역사의 일부다. 몇 세기 넘게 영국은 인도 문화에 매료된 채 이를 이해하려고 고군분투하면서 크고 작은 성공을 거둬왔다. 18세기의 유럽인에게 인도의 가장 흥미진진한 수수께끼는 뭐니 뭐니 해도 힌두교였다. 혼란스럽게도 힌두 신앙은 속세를 부정하는 금욕주의와 난잡한 육체적 쾌락을 모두 옹호하는 것처럼 보였다. 힌두 사원은 어째서 영국의 성당과 달리 선정적인 조각상들로 가득할까? 기독교 하느님은 참기 힘든 고통을 감내하는 반면 힌두 신들은 성속에서 기쁨을 느끼는 듯했다. 1800년께 찰스 스튜어트라는 남자가 영국인들에게 힌두교는 알면 알수록 감탄을 자아내는 연구해야 할 종교라는 점을 설명하기로 결심했다. 이런 운동의 일환으로 그는 고대 인도의 신전 조각상을 수집해 전시했다. 그중에는 이 장에서 살펴볼 유물도 들어 있었다.

이 유물은 인도 북동쪽 벵골 만을 끼고 있는 오리사 주에서 나왔다. 쌀농사를 중심으로 한 인구 과밀 지역인 오리사는 1300년께만 해도 으리으리한 사원을 몇천 채나 지었을 만큼 부와 세련된 문화를 자랑하는 힌두 왕국이었다. 오리사의 역사에서 종교 건축의 절정기를 이룬 이 시기 건축물들은 화려하기 이를 데 없는 장식을 뽐내며 사람들의 찬탄을 불러일으켰다. 이런 신전들은 대부분 시바 신에게 봉헌됐다. 힌두교에서 중요한 세 신 가운데 하나로 꼽히는 시바는 역설의 신이자, 영원히 창조와 파괴를 되풀이하는 신이었으며, 또한 오

리사 주민들에게는 그들이 사는 땅의 주인이기도 했다. 시바 안에서는 세상의 반대 요소가 모두 조화를 이룬다.

이 부조는 오리사의 수많은 시바 신전 중 한 곳에서 나왔다. 높이가 약 2미터, 폭이 1미터인 석판은 원래 화려하게 채색됐을 테지만 지금은 시커먼 광채를 내뿜고 있을 뿐이다. 여기에 이 이상의 장식을 넣기란 불가능할 듯하다. 가장자리에선 작은 인물 수십 명이 무리지어 있고, 한가운데에는 그보다 훨씬 덩치가 큰 시바가 있다. 우리는 그가 시바라는 것을 분명히 알 수 있다. 트레이드마크인 삼지창을 들고 한쪽 발을 그가 자주 타고 다니는 성스러운 황소의 등에 올려놓고 있기 때문이다. 조각가는 시바의 몸을 조각하면서 입체감을 최대한 살렸다. 그래서 가까이 다가갈수록 점차 눈앞에 실제로 신이 현존하고 있는 듯한 느낌을 받게 된다. 이 부조는 관람객들을 신에게 가까이 데려가 시바와 대화를 나누고 있다는 느낌을 주려는 데 목적이 있다. 힌두 학자이자 사제인 사우나카 리시 다스는 이렇게 설명한다.

> 신적 형상의 생생한 물질적 현시는 정신을 집중해 이른바 '다르샨', 즉 신의 현존을 느끼는 데 큰 도움이 된다. 따라서 신전에 들러 신의 형상을 직접 보고 그 앞에 절을 하고 음식이나 향 등을 바치고 기도를 올리고 혹은 그냥 신의 존재를 즐기다보면, 어느새 그의 존재를 삶 속에서 모시고 행하게 된다.
>
> 예를 들어 신을 집으로 모셔와 거실에 둔다면, 그 앞에서는 큰 싸움이나 분쟁 같은 하지 말아야 할 행동을 삼가게 되는데, 이는 우리의 비뚤어진 자아로서는 힘든 일이 아닐 수 없다. 이런 식으로 신자들은 신의 영원한 종복으로서 갖춰야 할 진정한 자아를 키운다.

따라서 이 부조는 대표적인 공공장소라고 할 수 있는 신전용으로 만들어지긴 했지만 그 목적은 신과 계속 일대일로 접촉하는 데 있다. 이 조각상과 마주하는 경험은 신과 맺는 관계의 일부일 뿐, 신전에서 시작된 신과의 대화는 집에서도 계속 이어질 수 있다. 조각상을 본다는 것은 궁극적으로 우리 존재를 구석구석 다시 빚어내게 될 일상의 대화가 시작되는 지점일 뿐이다.

하지만 이 부조에서 시바는 혼자가 아니다. 시바의 한쪽 무릎에는 아내 파르바티가 앉아 있다. 시바는 네 팔 가운데 하나로 아내를 다정하게 감싸고 있다. 둘 다 허리에만 화려한 천을 둘렀을 뿐 거의 벌거벗은 채 묵직한 목걸이와 화려한 머리 장식을 착용하고 있다. 남편과 아내는 서로 마주보며 애정이 담뿍 담긴 눈길을 주고받고 있다. 부부는 상대방에게 열중하느라 그들 주위에 모여 있는 수행인들 따위는 안중에도 없다. 부부의 서로에 대한 헌신은 발치의 동물들에게서도 드러난다. 시바의 황소는 주인의 애정 가득한 시선을 그대로 담아 쳐다보고 있고 파르바티의 사자는 수줍은 듯 미소 짓고 있다. 이 부조에서 묻어나는 에로틱한 분위기는 보는 사람으로 하여금 시바와 파르바티가 곧이어 진하게 포옹하는 장면을 떠올리게 할 만큼 강하다. 그러나 부부는 손님들, 좀 더 정확히 말하면 숭배자들을 기다리고 있기에 지금 당장은 최소한 그런 포옹을 실천에 옮기지는 않는다. 이 부조는 모르긴 해도 신전 입구에서 그곳을 찾는 가족들을 환영했을 테고 사람들은 이 성스러운 부부 모두에게, 시바뿐 아니라 파르바티에게도 공물을 바쳤을 것이다.

미소를 자아내는 이 육감적인 형상은 단지 어느 부부나 닮고 싶은 다정한 부부애만 보여주는 것은 아니다. 시바와 파르바티 조각상은 신의 본질을 묵상하게 하기 위한 것이다. 그 둘은 모습만 다르게 나타날 뿐 사실은 같은 존재이기 때문이다. 사우나카 리시 다스는 이렇게 설명한다.

> 신은 남성인 동시에 여성이기도 하다. 그 이면에는 신은 우리보다 열등할 리 없다는 생각이 자리하고 있다. 신에게는 여성적 요소가 없을 수 없다. 이곳에는 여성도 있고 따라서 신은 여성의 측면도 지녀야 하기 때문이다.
>
> 파르바티는 매우 훌륭한 아내로, 사람들이 남편을 비웃는 것을 싫어한다. 따라서 신자들은 먼저 파르바티에게 예를 올린 뒤 시바에게 다가가도록 늘 조심해야 한다. 그렇게 해야 도리에 맞고 안전하다 생각하기 때문이다. 그러나 둘 다 아주 관대하다. 굳이 둘을 기쁘게 하려고 애쓰지 않아도 둘은 말 그대로 아낌없이 내어준다.

힌두교를 믿지 않는 사람, 특히 일신교 전통 아래서 자란 사람에게 가장 당혹스러운 부분은 아마도 신의 여성적 측면, 곧 파르바티의 존재가 아닐까 싶다. 이는 매우 특이한 신관이다. 그 정의에 의하면 분명히 하나뿐인 일신교의 신은 다른 신들과 양립할 수 없으며 역동적인 성관계의 일부가 될 수도 없다. 유대교, 기독교, 이슬람에서 신은 혼자일 뿐 아니라 남성이다. 이는 오랜 전통이다. 반면 힌두 전통에서는 시바 옆에 파르바티가 있어야 한다. 종교 역사가 캐런 암스트롱은 이렇게 설명한다.

> 일신교, 특히 기독교에서 성적 행동과 성적 구분은 늘 곤란한 문제다. 기독교와 이슬람을 포함한 몇몇 종교처럼 처음에는 여성에 대해 긍정적인 시각을 가지고 출발하는 종교 가운데 더러는 설립 이후 갑자기 몇 세대가 지난 후에 옛 가부장제로 후퇴하기도 한다. 하지만 사람들이 성을 바라보는 데는 큰 차이가 있는 것 같다. 신을 이해하기 위해 성을 신의 특징 가운데 하나로 보게 되면, 그에 따른 영향도 있는 법이다. 예를 들어 힌두 결혼식에서 그러한 영향을 보게 되는데, 성은 힌두 결혼식에서 성스러운 행위로 여겨진다. 성을 둘러싼 문제는 예나 지금이나 일종의 통합의 실패를 보여주는 기독교의 아킬레스건이다. 즉 기독교는 적어도 삶의 기본 요소를 통합해내는 데는 실패했다고 볼 수 있다.

이 부조를 수집한 남자를 사로잡은 것은 삶의 모든 측면, 특히 성적인 면마저 포용한 힌두교의 아량이었다. 동인도회사 직원이었던 찰스 스튜어트는 동료들이 그에게 '힌두 스튜어트'라는 별명을 붙였을 정도로 힌두교의 가치와 미덕을 열렬히 옹호했다. 스튜어트는 힌두 생활의 거의 모든 부분을 찬양했다. 그는 인도어와 종교를 연구했고 심지어는 영국 여성들에게도 '실용적이고 관능적인' 인도 사리를 입으라고 적극 권하기까지 했다. 물론 마님들은 사양했다.

인도 문화에 대한 연구의 일환으로 스튜어트는 이 부조를 비롯해 엄청나게 많은 조각상을 모았다. 그는 인도의 종교와 관습을 집대성한 시각 백과사전을 편찬할 목적으로 힌두의 각 신을 보여주는 사례를 수집했다. 수집품은 콜카타에 있는 그의 집에서 일반에게 전시됐다. 이 전시회는 인도 문화를 유럽인에게 체계적으로 알리려는 최초의 진지한 시도에 속한다. 스튜어트는 힌두교에서 당혹스러운 점을 발견하기는커녕 적어도 기독교 윤리 못지않게 찬탄할 만한 삶의 틀을 발견했다. 1808년 그는 자신의 견해를 『힌두의 옹호 *Vindication of Hindoos*』라는 소책자에 담아 발표했다.

> 힌두 신화라는 거대한 바다에서 그 어느 곳을 둘러봐도 경건함과 (중략) 도덕을 발견하게 된다. (중략) 내 판단이 그르지 않다면 힌두교는 세상이 지금까지 선보여온 도덕적 상징을 나타내는 가장 완전하고 충만한 체계라고 할 수 있다.

스튜어트는 힌두교도를 기독교로 개종하려는 선교사들의 시도를 강하게 비난했다. 그는 그런 행동이 무례하다고 생각했고, 자신의 수집품을 영국에 소개해 영국인들에게 이 위대한 세계종교의 진가를 알릴 수 있는 기회를 늘 모색했다. 오리사의 한 신전을 찾는 신자들을 환영하기 위해 1300년께에 만들어진 시바와 파르바티 부조가 200년이 지나서도 여전히 대중에게 공개돼 있다는 사실을 알면, 아울러 요즈음 이 부조를 보러 오는 사람들 가운데 상당수가 영국인 힌두교도라는 사실을 알면 스튜어트는 분명히 기뻐할 것이다.

영국 학교에서도 점차 힌두교에 관한 이야기를 가르치고 있지만, 힌두 가정에서 자라지 않은 사람들은 수많은 신을 껴안는 이 복잡한 신학을 이해하는 데 애를 먹는다. 하지만 이 부조 앞에 서면 이 위대한 종교 전통의 핵심 개념을 단박에 알아차리지 않을 수 없다. 힌두교의 핵심 개념대로 신을 고립된 한 영혼이 아니라 즐겁게 사랑을 나누는 부부로 보는 것이 아마도 신을 가장 잘 이해할 수 있는 길이고, 육체적인 사랑을 인간이 타락했다는 증거가 아니라 신성의 일부로 여기는 것이 가장 좋을지도 모른다.

69
와스테카 여신상

멕시코에서 온 석조 조각상

AD 900~1521

통역은 늘 배신과 같다는 오래된 격언이 있다. 문자 기록을 남기지 않고 홀연히 사라진 문화의 복잡한 개념을 해석하려 할 때도 마찬가지다. 우리가 참고할 수 있는 자료는 서로 사고방식도 많이 다르고, 그 낯선 생각을 표현하는 언어도 가지고 있지 않은 사람들이 그 문화가 사라진 이후에 내놓은 해석뿐이다.

이 유물을 가능한 한 제대로 이해하려면 서로 언어가 다른 두 문화를 통하는 길밖에 없지만, 그러고 나서도 우리가 어디에 서 있는지 가늠하기 어렵다. 이 유물은 늘 호기심을 자극하지만 내가 과연 그것을 제대로 이해하고 있는지 갈수록 자신이 없어진다. 이 유물은 현재의 멕시코 북쪽에서 나온 여인의 조각상으로, 1400년께만 해도 그곳은 와스테카인의 영토였다.

아즈텍인의 삶과 위대한 아즈텍 제국이 1520년대에 스페인에 정복당한 과정은 널리 알려져 있다. 하지만 아즈텍인이 제국을 건설하기 위해 정복한 사람들에 대해서는 거의 알려져 있지 않다. 아즈텍인에게 정복당한 부족 가운데 가장 흥미로운 부족은 그들의 북쪽에 있었던 와스테카인이다. 그들은 멕시코 만 북쪽, 오늘날의 베라크루스 근처에 살았고, 10세기와 15세기 사이에 그들은 찬란한 도시 문화를 꽃피웠다. 그러나 번영일로에 있던 세계는 1400년께 남쪽에 있던 호전적인 아즈텍에 밀려났고 와스테카 지배 계층은 사실상 와해당했다. 와스테카인의 세계와 사상을 복원할 수 있는 단서는 현재 거의 없다. 와스테카인이 남긴 문자 기록은 전혀 흔적이 없고, 다만 그들을 정복한 아즈텍인이 그들에 대해 설명하는 기록이 남아 있을 뿐이다. 게다가 그마저도 우리 품에 들어오기 전에 아즈텍을 정복한 스페인 사람들 손을 한 단계 더 거쳐야 했다. 따라서 와스테카인에게 직접 이야기를 듣고 싶다면 그들이 남긴 유물에 기대는 수밖에 없다. 이 유물이야말로 그들이 유일하게 남긴 기록이다. 그중 매우 독특하게 생긴 조각상 여러 개가 우리에게 많은 이야기를 들려준다.

대영박물관 멕시코 전시실에 있는 이 와스테카 여인 조각상은 사암을 똑

같은 형태로 깎아 만든 그녀의 세 자매를 지켜보고 있다. 키는 약 1.5미터로 사람 크기와 비슷하지만 생김새는 전혀 다르다. 마치 초대형 밀가루 반죽 절단기로 빚어놓은 듯하다. 직선을 이루는 몸의 윤곽과 입체감이라곤 전혀 없이 평면인 몸매가 그런 느낌을 준다. 어찌 보면 거대한 생강빵 여인 같기도 하다. 옆에서 보면 두께가 매우 얇은 사암 석판 한 장을 깎아 만들었다는 것을 알 수 있다. 조각상의 측면 두께는 10센티미터가 채 되지 않는다. 그녀는 배 위로 두 손을 맞대고 있으며 살짝 벌린 두 팔이 양옆에 각각 삼각형 공간을 만들고 있다. 사실상 그녀는 일련의 기하학적 모양으로 이루어져 있을 뿐이다. 젖가슴은 완벽한 반구를 이루고 있으며 허리 밑으로는 기단까지 아무 무늬 없이 평퍼짐하게 내려오는 직사각형 치마를 두르고 있다. 직선과 딱딱한 모서리밖에 없는 이 여인은 함부로 대할 수 있는 상대는 분명 아니다. 그러나 그녀에게도 인간을 닮은 구석이 두 군데 있다. 바로 머리와 입술이다. 예기치 못한 생기가 넘치는 그녀의 조그만 머리는 마치 위쪽과 옆쪽을 바라보고 있는 듯하고 살짝 벌린 입술은 마치 무슨 말이라도 하고 있는 듯하다. 그녀의 젖가슴 아래 쪽은 신체 부위를 유일하게 세밀하게 묘사한 부분이다. 이 늘어진 돌 피부의 가슴 곡선들은 아무래도 출산과 수유의 흔적으로 보인다. 많은 사람들이 그녀가 어머니 여신일지도 모른다고 생각하는 이유가 바로 이 때문이다.

와스테카 모신에 대해서는 사실상 아는 것이 하나도 없지만 정복자 아즈텍인에게 그녀는 그들의 여신 틀라졸테오틀과 같은 존재였다. 모신이라면 다산을 보증하고 모든 이들이 아무 탈 없이 어른이 되도록 보살피는 등, 하는 일이 매우 구체적으로 정해져 있다고 생각하기 쉽겠지만, 문화 역사가 머리너 워너는 그보다 훨씬 더 복잡할 때가 많다고 설명한다.

> 모신이라고 해서 다 똑같지는 않는 점을 반드시 알아야 한다. 모신은 많은 경우, 봄이나 초목 또는 그런 생명의 다산과 관련된다. 인간의 다산이나 동물의 다산에만 국한되는 것이 아니다. 또한 생식이라는 개념을 마주할 때 우리는 엄청난 위험을 떠올리게 되는데, 아이를 낳다가 어머니나 아이가 죽을 확률이 매우 높기 때문이다. 그런 위험은 인간의 역사에서 아주 최근까지도 계속되어 왔다. 삶을 지속하는 데 요구되는 이런 위험과 접촉하다보면 실제로 위험에 빠질 수도 있다. 기독교에서는 특히 그런 의식이 강하다. 아우구스티누스는 "우리는 똥과 오줌 사이에서 태어난다"고 말하면서 인간의 분만이 지니는 동물적

측면을 몹시 우려했다. 따라서 일반적으로 모신의 임무는 인간이 이런 불안, 즉 오염의 위험, 죽음과 탄생이 한데 뒤섞일 수도 있다는 불안에 맞설 수 있도록 돕는 것이다.

출산과 양육은 늘 복잡하고 어려운 일이다. 청결 상태를 그나마 최소한으로라도 유지하려면 오물을 처리할 수 있는 체계가 필요하다. 특히 어머니 여신은 우주적 차원에서 오물을 처리해야 한다.

따라서 틀라졸테오틀을 아즈텍어로 풀이하면 말 그대로 '오물 여신'이라는 사실이 전혀 놀랍지 않다. 그녀는 다산과 초목과 재생의 여신이자 궁극적으로는 유기 폐기물과 배설물을 건강한 새 생명으로 바꿔 자연스러운 재생의 순환을 보장하는 환경의 여신이었다. 이 여신은 자신의 손을 더럽히며 일하는 여신이었다. 하지만 그녀는 자신의 손만 더럽혔던 게 아니었다. 그녀의 또 다른 이름은 '오물을 먹는 자'였다. 즉 그녀는 오물을 먹어 정화했다. 따라서 이 여신을 아즈텍인과 같은 관점에서 바라본다면, 다소 당혹스럽겠지만 그녀의 입이 왜 벌어져 있는지, 눈은 왜 위로 굴리고 있는지 짐작할 수 있을 것이다.

오물을 먹고 생명과 선을 회복했듯이 틀라졸테오틀은 도덕적인 차원에서도 똑같은 일을 했다. 아즈텍인은 스페인 사람들에게 그녀가 육체가 짓는 죄의 고백을 받아주는 여신이라고 말했다.

> 아무리 추하고 아무리 무겁더라도 그녀 앞에서는 모든 허영을 털어놓고 아무리 불결한 짓도 그녀 앞에서는 속속들이 꺼내놓는다. (중략) 진정으로 그녀 앞에서는 모든 것을 숨김없이 드러내 보인다.

스페인 수도사 베르나르디노 데 사아군에게 이런 전통은 육체의 죄와 고백을 바라보는 기독교의 시각과 신기할 만큼 똑같아 보였다. 스페인 사람들이 아즈텍 여신과 그들이 설명하는 와스테카 여신을 해석해보면서 자신들의 전통, 특히 마리아의 전통을 어디까지 적용했는지 궁금하지 않을 수 없다. 그러나 기독교 전통은 성과 관련된 문제에서 마리아를 배제했고, 스페인 사람들은 틀라졸테오틀과 오물의 고유한 관계에 당황했다. 사아군은 그녀가 '정욕과 방탕의 정부'라고 비난하며, 아즈텍인들은 나름대로 와스테카 백성들이 색을 너무 밝힌다며 경멸했다.

이 조각상의 의미에 대해 어떤 관점을 정하기는 어렵다. 심지어 몇몇 학자들은 그녀가 여신이 맞기는 한지에 대해서도 의문을 품는다. 조각상은 우리에게 과연 무엇을 더 말해줄 수 있을까?

이 여인의 가장 뚜렷한 특징은 머리보다 열 배가량이나 크고 부채처럼 생긴 커다란 머리 장식이다. 그중 일부는 파손됐지만 그녀의 다른 부분과 마찬가지로 머리 장식 역시 기하학 형태를 조합한 것이다. 중앙에는 그녀의 머리 꼭대기와 맞닿아 있는 직사각형이 있고 그 위에는 아무 장식도 없는 원뿔이 놓여 있다. 둘 다 돌로 만든 타조 깃털처럼 보이는 커다란 반원으로 둘러싸여 있다. 실제로 깃털이거나 아니면 기나나무일지도 모르지만 우리에게 뭔가를 말해줬을 원래의 색칠은 오래전에 사라지고 없다. 머리 장식은 이 인물이 누구인지를 분명히 밝히는 성명서와도 같았을 것이다. 그러나 안타깝게도 지금은 무슨 뜻인지 도무지 감을 잡기 어려운 성명서에 지나지 않는다.

와스테카 전문가 킴 릭터는 조각상을 좀 더 세속적인 의미로 해석한다.

> 내가 보건대 이 조각상은 와스테카 상류층을 나타낸다. 메소아메리카 상류사회에서 공통으로 나타난 화려한 복장 요소를 갖추고 있기 때문이다. 나는 이 와스테카 머리 장식을 다른 메소아메리카 지역에서 발견된 비슷한 종류의 머리 장식과 연관하여 생각한다.
>
> 이런 머리 장식은 물론 당시의 유행이었을 테지만 더 나아가 (중략) 뭐랄까, 오늘날의 구치 가방과도 비슷했다. 세계적으로 부자치고 그런 가방이 없는 사람은 없다. 그것은 지위의 상징으로서 오늘날 전 세계의 각기 다른 지역 사이의 연관성을 나타내기도 한다. 이런 머리 장식 역시 매우 동일한 기능을 담당했다. 즉 와스테카 사람들에게 이런 머리 장식은 그들 또한 더 큰 메소아메리카 문화의 일부라는 것을 의미했다.

킴 릭터의 주장대로 이 조각상이 단순히 지역 상류층을 상징할지도 모르지만, 내가 보기에 여인의 나신을 보여주는 이런 기하학 형태의 조각상이 그 지역 귀족 집안 출신 여성을 소재로 했다고 믿기는 어렵다. 아무리 의례적인 것이라 해도 말이다. 우리는 이런 일군의 조각상들이 그들 공동체를 내려다볼 수 있는 높은 곳, 즉 사람들이 모여서 의식이나 행렬을 이룰 수 있는 인공 언덕 위에 서 있었다는 사실을 알지만, 이 조각상에 대해서는 그 무엇도 확인하기 어렵다. 게다가 안타깝게도 우리에게 뭔가를 말해줄 수 있는 사람 또한 없다. 킴 릭터의 설명을 더 들어보자.

> 나는 이 조각상이 오늘날의 그 지역 사람들에게 뭔가 중요한 의미를 지닌다고는 생각하지 않는다. 현장에 있을 때 토착민들에게 말을 걸어보니 많은 관심을 보이면서 좀 더 자세히 알고 싶어 했지만 그들은 조각상에 대해 아무것도 알지 못했다. 이런 조각상이 발견된 유적지 가운데 한 곳에선 농부들이 조각상을 과녁으로 사용해 사격 연습을 한다는 소식을 들은 적도 있다.

이 유물은 우리가 아는 것보다 모르는 것을 더 많이 드러낸다. 조각상의 물질적 모습은 우리에게 분명히 뭔가를 독단적이고 직접적으로 말하고 있지만, 그녀는 아마도 유물로 보는 세계사를 통틀어 역사 기록이라는 여과지를 통해 자신 있게 읽어내기에는 가장 어려운 유물이 아닐까 싶다. 다음 장에서도 사라진 정신세계를 복원해볼 참이지만 이번에는 증거가 훨씬 더 많다. 다음 장에서는 전 세계에서 가장 유명한 몇몇 조각상을 통해 지구에서 인간이 마지막으로 정착한 지역 가운데 한 곳, 곧 이스터 섬을 살펴볼 예정이다.

70
호아 하카나나이아

칠레 이스터 섬(라파누이)에서 온 석상

AD 1000~1200

라파누이, 곧 이스터 섬은 인간이 거주하는 섬으로는 태평양뿐 아니라 전 세계를 통틀어 가장 멀리 떨어져 있다. 크기는 영불해협의 와이트 섬의 반 정도이며, 인간이 거주하는 가장 가까운 섬에서는 약 2,000킬로미터, 가장 가까운 육지에서는 3,200킬로미터 떨어져 있다. 당연히 인간이 그곳에 이르기까지는 오랜 세월이 걸렸다. 남태평양 주민인 폴리네시아인들은 세계 역사에서 가장 뛰어난 항해자들이었다. 이중 선체 구조의 카누로 광대한 태평양 지역을 구석구석 누비고 다닌 그들의 능력은 인간이 거둔 가장 뛰어난 업적으로 꼽힌다. 그들은 하와이와 뉴질랜드에 정착한 뒤 700년과 900년 사이에 라파누이에 이르러 인간 역사의 한 거대한 한 장에 종지부를 찍었다. 이스터 섬은 지구에서 인간이 거주하기 위해 정착한 곳으로는 마지막이었기 때문이다.

유럽 선원들이 폴리네시아인들만큼 항해술을 익히기까지 또다시 1,000년이 걸렸다. 1722년 부활절에 라파누이에 도착한 유럽인들은 이미 그곳에 많은 인구가 거주하고 있다는 사실에 깜짝 놀랐다. 더욱 놀라운 점은 주민들이 만든 물건이었다. 태평양 전역에서, 아니 전 세계에서 유례를 찾을 수 없는, 이스터 섬 주민들이 만든 이 거대한 단일체 암석 기둥은 세계에서 가장 유명한 조각상에 들어간다. 사진의 조각상도 그중 하나로, 이름은 '호아 하카나나이아'다. 대충 번역하면 '숨겨진 친구'라는 뜻이다. 그는 1869년에 런던에 도착했는데 곧 대영박물관에서 가장 인기 있는 주민 중 하나로 떠올랐다.

인간의 역사에서 변함없이 나타나는 한 가지 특징은 어느 사회나 신을 자기네 편으로 끌어들이기 위해 엄청나게 많은 시간과 자원을 쏟아붓는다는 점이다. 그러나 그 규모가 라파누이처럼 어마어마한 사회는 거의 없었다. 인구는 1만 5,000명을 넘은 적이 거의 없는 듯하지만 이 작은 섬의 주민들은 몇백 년에 걸쳐 돌을 캐내고 1,000개가 넘는 거대한 조각상을 세웠다. 호아 하카나나이아도 그 가운데 하나였다. 1200년께에 만든 것으로 추정되는 이 조각상은

조상의 영혼이 거주하는 안식처로 쓰였을 것이 거의 확실하다. 조상이 때때로 찾아와 거할 수 있는 돌로 만든 존재다.

그의 발치에 서보면 이 조각상이 한 덩어리의 현무암으로 만들어졌다는 사실을 금세 알 수 있다. 사진에는 상반신만 나와 있지만 키가 약 2.7미터로, 어디에 놓여지든 그 공간을 압도한다. 깎고 다듬는 기능밖에 없어 세밀한 작업은 엄두도 못 내는 돌 도구로 이처럼 단단한 돌을 조각하려면 세부 묘사가 불가능하기 때문에 이 석상의 요소는 모두 크고 굵다. 직사각형 머리는 그 아래 몸통과 폭이 거의 같을 만큼 거대하다. 툭 불거진 이마가 일직선으로 머리 전체를 가로지르고 있다. 그 밑으로 움푹 들어간 눈구멍과 곧추선 코와 뻥 뚫린 콧구멍이 보인다. 사각형 턱은 고집스럽게 앞으로 쑥 튀어나왔고 입술은 뭐가 못마땅한지 뿌루퉁하게 꽉 다물고 있다. 머리에 비하면 몸통은 대충만 묘사했다. 팔은 그저 달렸다는 시늉만 내고 있을 뿐이고 손도 불룩한 배 속으로 사라져버렸다. 몸에서 세밀하게 묘사된 부위라고는 도드라진 젖꼭지밖에 없다.

호아 하카나나이아는 크기도 크기지만 의미가 남다르다. 조각가 앤서니 카로 경은 바로 이 점이 이 조각상의 진수라고 생각한다.

> 나는 조각, 특히 돌을 깎고 다듬는 작업을 인간의 기본 활동이라고 생각한다. 조각은 돌에 감정에 호소하는 힘, 일종의 존재감을 부여하는 것이다. 그리하여 조각하는 과정은 종교 활동과도 같다. 이스터 섬의 조각상은 바로 인간의 정수를 보여준다. 로댕 이후의 조각가들은 원시 부족의 조각에 주목해왔다. 거기서는 불필요한 요소가 일절 배제되었기 때문이다. 불필요한 요소를 모두 걷어내고 나면 돌의 힘을 강조하는 것만 남게 된다. 한마디로 돌의 본질, 크기, 단순성, 웅장함, 그것이 놓일 배치만 남게 되는 셈이다. 사물에서 중요한 요소는 바로 이런 것이다.

이스터 섬의 조각상들은 해안을 따라 특별히 즐비하게 세운 단 위에 배치돼 있었다. 그것은 라파누이의 부족 간 경계를 반영한 신성한 형세였다. 이 조각상들을 옮기려면 엄청난 시간과 인력이 필요했을 것이다. 호아 하카나나이아는 거대한 돌 동료들과 바다를 등진 채 방대하게 일렬로 늘어서서 섬을 지켜보고 있었을 것이다. 타협이라고는 모르는 이 조상상(祖上像)들은 침략자에게는 쉽게 잊히지 않는 위협적인 존재로, 명예로운 방문객에게는 그에 걸맞은 인상적인 환영 행사로 비쳤을 것이 틀림없다. 아울러 기적을 만들어내는 힘도 지녔던 것으로 알려져 있다. 인류학자이자 미술사가인 스티븐 후퍼 교수는 이렇게 설명한다.

> 산 자들이 인간의 삶에 지대한 영향을 끼치는 조상과 관계를 맺고 교류하는 것은 인간 사회 어디서나 나타나는 공통 현상이었다. 조상은 다산, 번영, 풍요에 영향을 줄 수 있었다. 이런 조상은 하나같이 거인 모습으로 나타난다. 대영박물관의 이 조각상은 작은 편에 속한다. 이스터 섬의 한 채석장에는 키가 21미터가 넘는 미완성 조각상이 하나 있다. 그렇게 큰 조각상을 대체 어떻게 세웠을지는 오로지 하늘만 알 것이다! 이스터 섬의 조각상을 보면 중세 시대 유럽이나 영국의 대성당 건물이 생각난다. 그런 건물을 지으려면 엄청난 시간과 노동과 기술이 필요하다. (중략) 이스터 섬 경사지 곳곳에 흩어져 있는 이 거대한 조각상은 중세의 교회 건물과 거의 맞먹는다. 사실 그렇게까지 많을 필요는 없지만 어쨌든 이 조각상은 경건함에 관한 메시지뿐 아니라 사회적, 정치적 경쟁에 관한 메시지도 전달한다.

따라서 인구가 많았던 이 섬은 조심스럽게 구성된 경쟁적인 방법으로 종교를 효율적으로 체계화했다. 그러다가 1600년께에 이르러 석상 작업이 갑자기 중단됐다. 이유를 정확히 아는 사람은 아무도 없다. 다만 분명한 것은 이런 섬들이 하나같이 생태계가 취약하다는 점이고, 이스터 섬 역시 편안하게 생존을 유지할 수 있는 수준을 넘어서고 있었다. 나무는 주민들에 의해 대부분 잘려 나갔고 새 또한 남획으로 거의 멸종에 이르렀다. 이스터 섬의 대표적인 조류인 검은등제비갈매기는 결국 좀 더 안전한 근해 바위 지대와 섬으로 둥지를 옮겼다. 섬 주민들에게는 신의 총애가 끝나가고 있다는 조짐으로 보였을 것이 틀림없다.

콘스탄티노플 주민들은 예전 종교의식을 의지해 위기에 맞섰지만, 라파누이 주민들은 새로운 의식을 발명했다. 의식은 당연히 부족한 자원에 대한 것이었다. 매년 열리는 이른바 '새인간 의식(Birdman cult)'은 철따라 이동하는 검은등제비갈매기의 알을 누가 맨 처음 이웃 섬에서 수집해오는지를 겨루는 시합이었다. 그 섬까지 헤엄쳐 가서 계곡과 계곡을 타 넘으며 찾아낸 알을 깨지지 않은 채 들고 돌아오는 묘기를 펼친 사람은 그해의 새인간으로 추대됐다.

호아 하카나나이아의 등에 새겨진 새인간 의식의 상징들.

성스러운 힘을 지니게 된 새인간은 아마도 외따로 살면서 손톱을 새 발톱처럼 기르고, 의식용 노를 특권의 상징처럼 휘둘렀을 것이다. 놀랍게도 우리는 이 조각상을 통해 이런 이야기와 종교의식의 변화를 추론해낼 수 있다. 호아 하카나나이아는 다른 거상들과 함께 버려진 것이 아니라 새인간 의식에 흡수돼 오두막으로 옮겨진 뒤 새로운 삶을 살았다.

이 후대 의식에서 가장 중요한 요소는 모두 조각상의 등에 새겨져 있다. 이는 조각상이 처음 만들어지고 몇백 년 뒤에 추가됐을 확률이 높다. 등 뒤쪽의 조각 기법은 앞쪽과 확연히 다르다. 얕은 돋을새김으로 처리한 데다 규모도 작고, 조각가는 각기 다른 세부 묘사를 골고루 선보이려고 애쓴다. 우선 어깨뼈가 새인간의 상징으로 바뀌어 있다. 인간의 팔과 발이 달린 군함새 두 마리가 조각상의 목 뒤쪽에 부리를 갖다 댄 채 서로 마주보고 있다. 조각상의 뒤통수에는 조각상 앞쪽 얼굴의 축소판이 위쪽 끝에 달린 노가 두 개 있고 그 사이에 검은등제비갈매기 새끼로 보이는 새가 한 마리 서 있다. 그 새의 알이 새인간 의식의 핵심이었다. 조각상 뒷면에 새겨진 이런 내용은 조각물이라는 차원에서는 절대로 읽을 수가 없었을 것이다. 뒷면의 이 부조들은 원래는 누구나 쉽게 알아보고 이해할 수 있도록 밝은 색깔로 칠해져 있었고, 덕분에 이 중요한 기호들을 쉽게 알아보고 이해할 수 있었다. 하지만 지금은 색이 모두 바래서인지 내 눈에는 초라하고 야단스러우며 축소된 듯 보인다. 앞쪽의 자신감 넘치는 활기에 견주면 혼란스럽고 소심하게 덧붙은 추신과도 같다.

이처럼 돌에 환경 변화를 기록한 사례는 거의 없다. 호아 하카나나이아의 앞면과 뒷면 사이에서 이뤄지는 이 대화에는 정곡을 찌르는 그 무엇, 곧 세상에 영원히 존속하는 삶의 방식이나 사고방식은 없다는 조각된 교훈이 들어 있다. 그의 얼굴은 우리가 품고 있는 희망, 곧 영원불멸의 확실성에 대한 희망을 이야기한다. 시대에 따라 달라진 형편을 드러내 보이는 그의 등은 인간이 처한 삶의 현실이기도 하다. 그는 바로 보통 사람을 대변하고 있다.

보통 사람은 대개 살아남는다. 이스터 섬 주민들도 변화하는 생태 환경에 그럭저럭 잘 적응한 듯하다. 환경에 적응하며 살아가는 삶은 폴리네시아인들의 운명이었다. 하지만 19세기 들어 바다 건너에서 노예제와 질병과 기독교라는 완전히 다른 질서가 들어오면서 섬은 심각한 위험에 직면했다. 1868년 영국 군함 토파즈 호가 도착했을 때 섬에는 겨우 몇백 명만 남아 있었다. 이제는 기독교로 개종한 추장들이 토파즈 호 장교들에게 호아 하카나나이아를 선물로 건넸다. 그들이 석상을 섬에서 내보내고 싶어 한 이유를 정확히 알 수는 없지만 아마도 이 옛날 조상의 조각상이 새로운 기독교 신앙에 위협적이라고 간주했기 때문이 아닐까 싶다. 섬 주민들이 석상을 배까지 실어 날랐고, 석상은 영국으로 옮겨져 빅토리아 여왕에게 바쳐진 뒤, 대영박물관을 거처로 삼게 됐다. 이곳에서 그는 얼굴을 남동쪽으로 돌린 채 1만 2,400킬로미터나 떨어진 라파누이 쪽을 바라보고 있다.

현재 호아 하카나나이아는 산 자와 죽은 자에게 봉헌된 전시실에서 태평양과 아메리카 대륙의 다른 사회 역시 인간이라면 어디서나 직면하는 곤경에 처했다는 사실을 보여주는 유물들에 둘러싸여 서 있다. 이 석상은 어느 사회나 변화하는 세계를 이해하려고 애쓰면서 그 안에서 생존할 방법을 모색하기 마련이라는 진리를 드러내는 강력한 성명서다. 1400년만 해도 이 전시실로 거처를 옮긴 문화권의 유물들은 유럽인들에게 전혀 알려지지 않은 상태였다. 그러나 이제 변화가 일어나려 하고 있었다. 이 책의 나머지 부분에서 우리는 제각기 다른 많은 세계들이 자의든 타의든 지구 공동체의 일부로 편입되는 과정을 살펴보게 될 것이다. 라파누이처럼 멀리 떨어진 섬이라고 할지라도 마찬가지다. 이는 많은 점에서 친숙한 역사이지만, 늘 그렇듯이 그 과정에 등장하는 유물은 우리의 관심을 사로잡고 충격을 던지고 깨달음으로 인도하는 힘을 지닌다.

PART 15

근대 세계의 문턱

AD 1375~1550

유물은 몇천 년에 걸쳐 육지와 바다를 건너 엄청난 거리를 여행했다. 이렇게 연결돼 있었음에도 불구하고 1500년 이전 세계는 본질적으로 아직 일련의 무역망을 집합한 것에 불과했다. 전 지구를 포괄하는 세계관은 아직 생길 수 없었다. 세계를 끝에서 끝까지 여행한 사람이 아무도 없었기 때문이다. 15부에서는 근대를 목전에 둔 세계의 위대한 제국을 살펴볼 예정이다. 이때만 해도 어느 한 사람이 여러 제국을 모두 둘러볼 수 있으리라고는 생각조차 할 수 없었고, 아무리 초강대국이라고 해도 오로지 자신의 지역만 다스렸을 뿐이다.

71
술레이만 1세의 투그라

터키 이스탄불에서 온 서예품

AD 1520~1566

대략 1350년에서 1550년까지 세계는 당대의 초강대국들이 한 덩어리씩 큼지막하게 나눠 가지고 있었다. 남아메리카의 잉카, 중국의 명나라, 중앙아시아의 티무르 그리고 알제에서 카스피 해, 부다페스트에서 메카에 이르기까지 세 대륙에 걸쳐 뻗어 있던 원기 왕성한 오스만제국이 바로 그 주인공이다. 이 가운데 두 제국은 몇 세기 동안 살아남았지만 두 제국은 두 세대 만에 몰락했다. 살아남은 제국은 칼뿐 아니라 글의 힘에도 의지했다. 매우 효율성이 높은 관료 제도를 활짝 꽃피운 덕에 힘든 시기와 무능한 지도자를 겪으면서도 존속할 수 있었다. 역설 같지만 종이호랑이가 끝까지 살아남는 법이다. 우리가 이 장에서 살펴볼 살아남았던 강대국은 위대한 오스만제국이다. 이 이슬람 제국은 1500년 콘스탄티노플을 정복한 뒤 안전한 국경과 팽창력에서 오는 자신감을 앞세워 군사 강국에서 행정 강국으로 탈바꿈했다. 오스만제국이 입증하듯이 르네상스 이후 근대 세계에서는 종이가 곧 힘이었다.

이 한 장의 종이는 상당히 놀랍다. 여기에는 매우 아름다운 그림이 그려져 있다. 이는 국가의 상징이자 권위의 인장이요, 최고의 예술 작품으로 '투그라'라는 그림이다. 두꺼운 종이에 코발트 잉크로 굵은 선을 그린 투그라는 화려한 황금색 꽃으로 수놓인 작은 풀밭처럼 보이는 도형을 빙 에워싸고 있다. 왼쪽에는 재빠르고 부드럽게 큰 폭으로 돌아가는 타원형의 장식된 고리가 있고 중앙에는 힘 있게 곧추선 직선 세 개와 오른쪽으로 이어지는 장식된 곡선 꼬리가 있다. 이 우아하고 정교한 투그라는 공식 문서 맨 위에서 오려낸 우아하고 정교한 결합 문자로, 전체 그림은 술탄의 칭호를 철자로 그렸으며 술탄의 권위를 상징한다. 글자를 풀이하면 '승리에 빛나는 셀림 칸의 아들 술레이만'이라는 뜻이다. 사치스럽기 그지없는 재료를 통해 정교한 상징처럼 만든 이 간단한 아랍어 문장은 막대한 부를 숨김없이 드러낸다. 헨리 8세와 신성로마제국 황제 카를 5세와 동시대인인 이 승리에 빛나는 술탄이 훗날 유럽에는 술레이만 대제로 알려졌다는 사실은 전혀 놀랍지 않다.

1520년 술레이만은 왕좌에 올랐을 때 이미 광대한 제국을 물려받았다. 그는 거의 그칠 줄 모르는 활력으로 자신의 영토를 강화하고 확장해나갔다. 몇 년 만에 그의 군대는 헝가리 제국을 박살낸 데 이어 그리스의 로도스 섬과 튀니스를 장악하고는 포르투갈과 맞붙어 홍해 지배권을 거머쥐었다. 이제는 이탈리아가 최전선에 있었다. 술레이만은 무슬림이 지배하는 로마제국의 부활을 꿈꾼 듯했다. 서유럽의 르네상스에 불을 지핀 고대 로마의 영광을 재현하겠다는 꿈은 위대한 오스만제국의 위업을 달성하게 해준 박차이기도 했다. 서로 적대적인 두 세계는 똑같이 불가능한 꿈을 꿨다. 어느 날 베네치아 대사가 술탄을 베네치아로 초대하고 싶다는 희망을 내비치자 술레이만은 이렇게 대답했다. "당연히 가봐야지요. 그러나 로마를 점령한 뒤에 가지요." 끝내 로마를 점령하진 못했지만 오늘날 그는 오스만제국 역사를 통틀어 가장 위대한 황제로 꼽힌다.

소설가 엘리프 샤팍은 그를 바라보는 터키인의 관점을 이렇게 설명한다.

> 술레이만은 많은 사람들, 특히 터키 사람들에게 잊을 수 없는 술탄이다. 그는 46년 동안 통치했다. 서구에서는 '술레이만 대제'로 알려졌지만 우리는 그를 "술레이만 카누니", 즉 "입법자 술레이만"이라고 부른다. 그가 법체계를 바꿔놓았기 때문이다. 이 서명을 볼 때면 권력, 영광, 위엄이 떠오른다. 술레이만은 동쪽과 서쪽을 정복하는 데 상당히 관심이 많았는데, 많은 역사가들이 그가 알렉산드로스 대왕에게 영향을 받았다고 생각하는 이유가 이 때문이다. 나는 이 서예 작품이 세계 최강 권력을 글쓰기로 천명하려는 의미도 지닌다고 생각한다.

술레이만의 제국처럼 거대한 제국을 다스리면서 중앙 권력이 주변부까지 골고루 미치게 하려면 어떻게 해야 할까? 관료 제도가 필요하다. 제국 전역에 퍼진 행정관들이 통치자에게서 권위를 위임받았다는 사실을 입증해 보여야 하고, 그러려면 모든 사람이 보고 인정할 수 있는 확실한 상징을 지니고 다녀야 한다. 그런 상징이 바로 투그라다. 왕실의 위임장 또는 보안관의 별 배지와도 같은 투그라는 제국의 관리들에게 힘을 부여했다. 투그라는 중요한 공식 서류 맨 위마다 어김없이 등장했을 것이다. 술레이만은 제국을 다스리면서 투그라를 약 15만 장 발행했다. 그는 외교 관계 수립뿐 아니라 방대한 공무 체계 확립과 새로운 법령 포고에도 열성을 보였다. 이 모든 일에는 국가로부터의 서신,

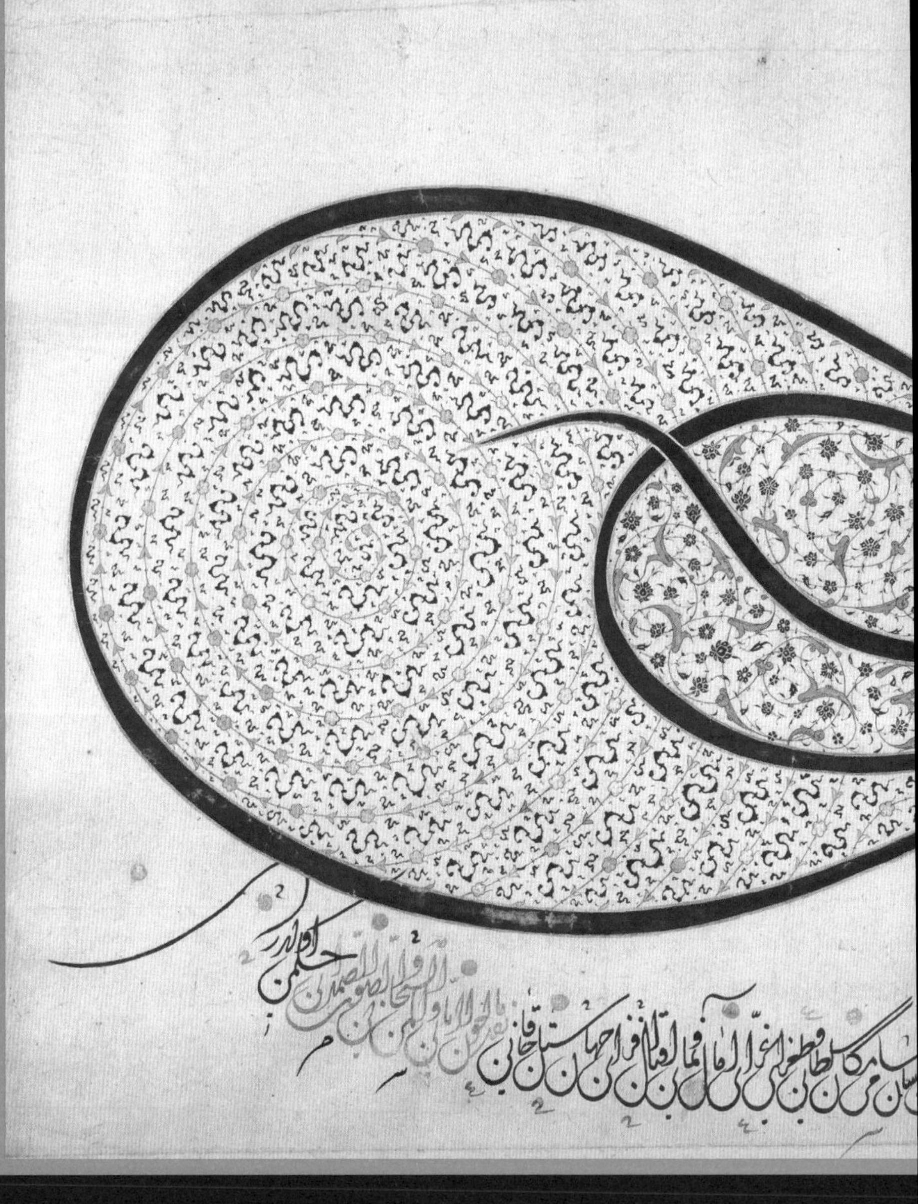

대사들에게 전달하는 외교 문서, 법적 효력을 지니는 공문서가 필요했고 그런 공문서는 으레 그의 투그라로 시작됐다.

투그라 자체는 술탄의 이름을 나타내지만 그 아래 문구는 이런 뜻을 담고 있다. "이는 술탄의 고귀하고 드높은 이름을 상징하는바, 세상을 밝히는 더없이 고결한 결합 문자이다. 하느님의 보살핌과 도움으로 이 문서에 힘과 효력이 깃들진저. 술탄께서 명하시기를……" 이 대목에서 종이가 잘려 나가고 없지만 내용은 특별한 지시사항이나 법이나 명령으로 이어졌을 것이다. 흥미롭게도 여기에는 두 가지 언어가 나온다. 그중 술탄의 이름을 아랍어로 표기하는 투그라는 술레이만이 믿는 자들의 보호자로서 이슬람 세계 전체를 책임지고 있는 인물이라는 사실을 일깨운다. 터키어로 적힌 그 아래 문구는 오스만제국을 통치하는 술탄으로서 그의 역할을 명시한다. 정신세계는 아랍어에 맡겼다면 속세는 터키어에 맡긴 셈이다.

터키어는 이 서류를 받은 관리가 쓰는 언어였을 확률이 아주 높다. 투그라의 필체가 상당히 화려한 점으로 미뤄 수령인이 총독이나 장군, 외교관 또는 장관 같은 고위직이었을 것이 분명하다. 투그라가 찍힌 공문서는 급속하게 성장하는 술레이만의 제국 어디든 발송됐을 것이다. 역사학자 캐럴라인 핑클의 설명을 들어보자.

> 그는 맘루크왕조에 이어 아랍 주민이 많은 이집트와 시리아 그리고 헤자즈(사우디아라비아 남동부 지역)를 정복했다. 이 지역에는 매우 중요한 성지들도 많았다. 이제 이곳 주민들은 좋든 싫든 모두 오스만제국 백성이었다. 술레이만의 투그라는 저 멀리 페르시아 국경 지대의 사파비왕조에까지 이르렀다. 시아파에 속하는 사파비왕조는 동쪽에서 오스만제국을 끊임없이 위협한 숙적이었다. 오스만 해군 원정대가 지중해 서부의 스페인 합스부르크 왕국과 싸워 대승을 거둔 북아프리카에서도, 오늘날의 러시아 저지대까지도 투그라가 보내졌다.

술레이만의 오스만제국은 튀니스에서부터 트리에스테에 이르는 지중해 동부 해안 전체를 다스렸다. 이로써 800년 만에 동로마제국이 다시 세워졌지만 이번에는 무슬림이 지배권을 가지고 있었다. 이 거대한 신생국의 탄생으로 서유럽인들은 전처럼 동방을 여행하거나 교역하지 못했다. 이제는 지중해에서 벗어나 대서양 항로를 개척하는 수밖에 없었다. 하지만 이 이야기는 나중에 다룰 예정이다.

공문서는 대부분 유실되거나 파기됐다. 우리의 운전면허증이나 세금 고지서도 대개 죽음을 면치 못한다. 마찬가지로 방대한 양의 오스만제국 공문서도 지금은 사라지고 없다. 공문서 가운데 생존율이 가장 높은 서류는 토지 대장인데, 후손들에게 누가 땅 임자인지 알려줘야 하기 때문이다. 따라서 이 투그라는 땅을 큰 뭉치로 하사하거나, 넓은 땅의 소유권을 양도하거나 확증하는 문서 맨 앞 장이었을 가능성이 높다. 그렇다면 19세기에 한 수집가가 투그라만 오려내 예술 작품으로 팔 수 있었을 만큼 이 문서가 오래 살아남은 이유가 설명된다.

실제로 이 투그라는 하나의 예술 작품이다. 금박을 입혀 더욱 생기 있어 보이는 코발트색 선들 사이에는 연꽃, 석류꽃, 튤립, 장미, 히아신스가 소용돌이를 이루는 떠들썩한 꽃밭이 거대한 고리처럼 펼쳐져 있다. 인간의 형상을 내보이길 삼가고 대신 자연에서 따온 문양을 즐기는 이슬람의 장식 기법을 보여주는 대표적인 사례라고 하겠다. 아울러 완전한 필체와 글씨를 쓰는 즐거움이 그대로 드러나는 서예의 진수라고도 하겠다. 이슬람 세계의 선조들, 동세대와 마찬가지로 오스만튀르크 제국 역시 필체 예술을 높이 평가했다. 하느님의 말씀은 아름답고 성스럽게 쓰여야 했다. 서예가들은 '디반'이라는 터키 관청에서 중요한 관리였다. '디바니'라는 오스만제국의 공식 서체 명칭은 여기서 유래했다. 서예가들은 이 서체로 아름다우면서 지극히 복잡한 모양을 많이 개발했다. 일부러 읽기 어렵게 만든 걸로 유명한 이 서체는 공문서에 다른 말을 집어넣어 위조하는 사태를 미연에 방지하는 데 목적이 있었다. 서예가들은 관리일 뿐 아니라 가끔은 다음 세대에 기술을 전수하는 왕실 장인으로 활동했으며 예술가이기도 했다. 이슬람 세계에서 광대한 법과 규칙을 따르는 관료적 형식주의는 고매한 예술일 때가 많았다.

오늘날 정치인들은 관료주의를 일소하겠다는 꿈을 자랑스러운 듯 피력한다. 관료주의가 퇴보를 부추겨 발전을 가로막는다는 우리 시대의 편견이다. 그러나 역사의 관점에서 보면 힘든 시기를 극복하고 국가를 살아남을 수 있게 해주는 원동력 또한 관료주의다. 15장에서도 살펴봤듯이 관료주의는 타성의 증거가 아니다. 그것은 대를 이어가는 하나의 생존술이기도 하다. 이 점은 중국에서 가장 명확히 증명된다. 중국은 세계에서 가장 오래 살아남은 국가로, 그들이 가장 긴 관료제 전통을 지닌 것은 우연이 아니다. 다음 유물은 이 투그라처럼 국가를 효율적으로 관리하는 데 강력한 힘을 발휘한 종잇조각, 바로 지폐다.

大明通行寶鈔

戶部

奏准印造

大明寶鈔與銅錢通行

使用偽造者斬告捕

者賞銀貳伯伍拾兩

仍給犯人財產

洪武　年　月　日

72
명나라 지폐

중국에서 쓰인 종이돈

AD 1375~1425

"요정을 믿나요? 어서 믿는다고 말하세요. 믿는 사람은 손뼉을 치세요!"

피터팬이 관객에게 요정을 믿는다면 손뼉을 쳐서 함께 팅커벨을 구하자고 부탁하는 이 유명한 장면은 언제나 변함없이 성공을 거둔다. 보이지는 않지만 실제로 있기를 바라는 뭔가를 다른 사람들에게 믿게 하는 능력은 어느 시대를 막론하고 모든 수단에 동원되어 효과를 얻은 속임수이다. 종이돈을 예로 들어 보자. 몇 세기 전 중국의 누군가가 종잇조각에 가치를 찍어 사람들에게 이 종이가 실은 거기에 찍힌 액수만큼 가치를 지닌다는 데 동의하자고 말했다. 피터팬의 달링 가 아이들이 그랬던 것처럼 그것이 '금만큼의 값어치가 있는', 혹은 여기서처럼 구리만큼 값어치가 있다고 치고, 말 그대로 종이에 그려진 구리 동전 개수만큼의 값을 지니게 한 것이 바로 지폐라고 말할 수 있다. 현대의 은행권과 신용 체계는 모두 이 간단한 믿음을 근거로 하고 있다. 인간의 역사에서 종이돈은 실로 혁명과도 같은 발명품이다.

이 유물은 중국어로 "비전(飛錢)", 즉 "날아다니는 돈"으로 불린 초창기 지폐다. 연대는 명나라 시대인 1400년께로 거슬러 올라간다. 잉글랜드은행 총재인 머빈 킹은 지폐가 등장하게 된 배경을 다음과 같이 설명한다.

> 어떤 점에서 "모든 돈의 뿌리는 악이다"라는 금언이 옳을지도 모른다! 돈은 다른 사람들을 믿어야 하는 문제를 피해 가기 위해 발명됐다. 그러나 그 뒤에 또 문제가 생겼다. "돈을 발행한 사람을 과연 믿을 수 있을까?"라는. 따라서 자연스레 국가가 돈의 발행인을 자임하고 나섰다. 그렇다면 국가는 믿을 수 있을까? 이는 많은 점에서 우리가 과연 미래의 우리 자신을 믿을 수 있느냐 없느냐에 대한 질문이다.

이때까지 세계 거의 모든 지역에서는 중량으로 가늠할 수 있는, 그 자체로 가치를 지니는 금화나 은화 또는 동화를 사용하고 있었다. 그러나 중국인들은 종이돈이 동전보다 우수하다는 점에 주목했다. 우선 가벼워서 가지고 다니기 편리할 뿐 아니라 면적도 넓어서 돈의 가치는 물론, 돈을 발행하는 정부의 권위와 보증을 알리는 말과 형상을 담을 수도 있었다. 잘만 관리하면 종이돈은 국가를 효율적으로 운영하게 해주는 강력한 수단이다.

언뜻 보면 이 지폐는 요즘 지폐와 많이 다르다. 종이라는 점은 분명하지만 A4 용지보다 크다. 색은 벨벳처럼 반들거리는 잿빛을 띠고 있으며 재질은 닥나무 껍질이다. 그 당시 중국에서 공인된 지폐 재료가 그것이었다. 닥나무 껍질 섬유는 길고 유연성이 강해 600여 년이 지났는데도 이 종이돈은 여전히 부드럽고 잘 휜다.

한쪽 면에만 인쇄가 돼 있는 이 돈에는 먹을 묻혀 찍은 나무 도장 자국이 일련의 한자와 장식용 문양과 함께 가로세로로 배치돼 있다. 맨 위에는 '大明通行寶鈔'라는 여섯 글자가 굵직하게 인쇄돼 있다. 풀이하면 '위대한 명나라에서 유통을 보증하는 재보'라는 뜻이다. 그 아래로는 장식용 용 문양이 표면을 에워싸고 있다. 용은 물론 중국과 중국 황제를 상징하는 전통 문양 가운데 하나다. 테두리 바로 안쪽에 두 줄의 글이 세로로 적혀 있는데, 왼쪽 줄에는 이 돈이 '대명통행보초'라는 점을 또다시 천명하는 문구가, 오른쪽 줄에는 이 돈의 '영구 유통'을 보증한다는 문구가 찍혀 있다.

이것은 상당한 주장이다. 영원하다는 것은 얼마나 오래간다는 뜻일까? 지폐에 약속을 쾅쾅 눌러 찍으면서 명나라는 약속을 지키기 위해 국가 또한 영원히 존속하겠노라 다짐하고 있는 듯하다. 나는 머빈 킹에게 이 용감한 단언에 대해 논평해달라고 부탁했다.

> 내가 보기에 이 선언은 돈의 가치를 앞으로 몇 년 간, 혹은 몇십 년 간 보전해준다는 것을 믿겠다는 결정에 의해 돈을 쓰는 사람과 발행하는 사람 사이의 암묵적 계약이다. 돈은 사실 종잇조각일 뿐이다. 즉 돈 자체에는 아무런 가치가 없다. 그 가치는 지폐 발행의 이면에 자리하는 기관의 안정성에 좌우된다. 기관이 오래갈 것이라는 확신이 서면, 다시 말해 안정성을 보증하는 기관의 약속이 믿을 만하다는 확신이 서면 사람들은 종이돈을 받아들여 사용하게 될 것이고 그러면 돈은 정식 유통의 일부로 편입된다. 전쟁이나 혁명을 통해 체제가

무너진 국가에서 확인되듯이 안정성에 문제가 생기면 통화는 붕괴하고 만다.

실제로 몽골제국이 해체될 무렵인 1350년께에 똑같은 일이 일어났다. 따라서 1368년에 권력을 넘겨받은 신생국 명나라는 국가 재건뿐 아니라 통화 재확립이라는 어려움에 직면했다. 초대 명나라 황제는 지방 군벌 출신에 거칠기로 소문난 주원장이었다. 최고 통치자로서 그는 위대한 철학자 공자의 원리에 입각해 안정되고 교육 수준이 높은 중국 사회를 건설한다는 야심찬 계획에 착수했다. 역사학자 티머시 브룩은 이렇게 설명한다.

> 초대 명나라 황제의 목표는 아이들이 읽고 쓰는 법과 셈하는 법을 익히도록 하는 것이었다. 그는 모든 백성이 글을 깨쳐야 한다고 생각했는데, 읽고 쓰는 능력은 경제가 원활하게 돌아가도록 뒷받침해줄 뿐 아니라 도덕에도 영향을 미친다고 판단했기 때문이다. 그는 아이들이 학교에서 공자의 가르침을 배워 부모에게 효도하고 웃어른을 공경하기를 바랐다. 그는 문자 보급이 국가 재건 사업과 나란히 보조를 맞추기를 희망했다. 내가 보건대 인구의 4분의 1은 아마도 이 지폐에 적힌 글자를 읽을 수 있지 않았을까 싶다. 이는 당시 유럽 기준에서 보면 놀라운 수치다.

이 인상 깊은 국가 정책의 일환으로서 새로운 명나라 황제는 화폐를 다시 발행하기로 결정했다. 그는 견고하지만 융통성도 갖춘 통화제도가 사회 안정을 앞당겨주리라는 점을 잘 알고 있었다. 결국 그는 국세청에 이어 1374년에는 보초국을 신설했다. 지폐는 그 이듬해부터 발행되기 시작했다.

가장 처음 직면한 문제는 위조지폐였다. 지폐는 모두 위조될 위험을 안고 있다. 종잇조각의 낮은 실질 가치와 거기에 명시돼 있는 높은 명목 가치 사이에 엄청난 차이가 존재하기 때문이다. 이 명나라 지폐에는 위조범을 고발하는 사람은 누구든 포상하겠다는 정부의 약속이 명시돼 있었다. 이런 당근과 더불어 위조범을 겨냥한 무시무시한 회초리도 있었다.

> 위조범은 사형으로 다스릴 것이다. 위조범을 신고하는 자는 은 250냥과 위조범의 전 재산을 포상으로 받게 될 것이다.

위조지폐보다 훨씬 더 큰 문제는 새로운 통화의 가치를 온전히 유지하는 것이었다. 명나라는 지폐는 언제든 구리 동전과 맞바꿀 수 있다는 내용을 골자로 삼는 주요 통화정책을 내놓았다. 이로써 지폐 한 장의 가치는 일정한 동전 수의 가치와 맞먹었다. 유럽인들은 중앙에 정방형 구멍을 뚫은 둥근 동전을 간단하게 줄여 "엽전(cash)"이라고 불렀다. 중국인들은 이런 엽전을 이미 1,000년이 훨씬 넘게 사용하고 있었다. 이 명나라 지폐에서 내가 좋아하는 요소는 한가운데 있는 그림이다. 그림에는 지폐의 실질 가치를 나타내는 동전이 그려져 있다. 각각 100개에 해당하는 동전 더미가 열 개 있다. 따라서 엽전은 모두 1,000개 또는 지폐에 적힌 대로라면 1관이다. 지폐를 들고 다닐 때와 그 지폐의 가치에 해당하는 동전을 개수대로 들고 다닐 때를 비교해보면 이 초창기 지폐가 얼마나 유용하고 환영받았을지 쉽게 짐작할 수 있을 것이다. 여기 이 그림에는 엽전이 모두 1,000개 있다. 한 줄에 꿴 구리 동전 한 꾸러미의 높이는 1.5미터이고, 무게는 약 3킬로그램 나간다. 따라서 들고 다니기에도 무척 성가실 뿐 아니라 일일이 세어가며 셈을 치르기도 여간 고역스럽지 않다. 이 지폐는 몇몇 사람들에게는 예전보다 훨씬 수월한 삶을 보장해줬을 것이 틀림없다. 그 시대의 누군가는 이렇게 썼다.

> 지폐를 제시할 때마다 구리 동전이 출금되고, 지폐를 발행할 때마다 구리 동전이 입금된다. 이 원리에는 실행 불가능이 있을 수 없다. 이는 연못의 물과도 같다.

언뜻 그럴싸하게 들린다. 하지만 "실행 불가능이 있을 수 없다"는 말은 나중에 명나라 황제의 뒷덜미를 잡는다. 늘 그렇듯이 이 경우에도 실천은 이론보다 복잡한 것으로 드러났다. 종이와 구리, 구리와 종이의 교환은 원활하게 흘러간 적이 한 번도 없고, 그 뒤로 수많은 정부가 그랬듯이 명나라도 돈을 더 찍고 싶다는 유혹을 뿌리치지 못했다. 결국 지폐의 가치는 곤두박질쳤다. 처음 명나라 지폐가 발행되고 15년 뒤에 한 관리는 엽전 1,000개의 가치에 해당하는 지폐가 엽전 250개와 겨우 맞바꿀 수 있는 수준으로 가치가 폭락했다는 사실을 깨달았다. 무엇이 문제였을까? 머빈 킹의 설명을 들어보자.

> 명나라는 중앙은행이 없었고 지폐를 너무 많이 발행했다. 원칙적으로 지폐

엽전 뭉치 열 개를 보여주는 지폐 중앙의 그림.

의 가치는 주화가 뒷받침했다. 그러나 그 관계가 깨지면서 사람들이 이를 깨달았고, 지폐의 가치가 얼마인가는 실제로 미래의 행정 당국이 지폐를 지금보다 훨씬 더 많이 발행해 구매력 측면에서 실질 가치가 하락할 것인가에 대한 판단에 달렸다. 결국 지폐는 가치를 상실하고 말았다.

그러나 지폐가 항상 실패로 끝나는 것만은 아니다. 금융 위기가 닥치기 4, 5년 전에 이런 질문을 받았더라면 나는 이렇게 대답했을 것이다. "현재 우리는 지폐를 제대로 관리할 수 있는 해결책을 찾았다고 생각합니다." 물론 재정 위기를 감안하면 우리는 좀 더 신중해야 할지도 모른다. 위대한 중국인 저우언라이는 프랑스혁명을 어떻게 생각하느냐는 질문에 이렇게 대답했다. "글쎄요, 뭐라고 말하기에는 때가 너무 이르지 않나 싶습니다." 그 말은 어쩌면 우리에게도 해당될지 모른다. 겨우 700년이 지났을 뿐인데 지폐에 대해 뭐라고 말하기에는 때가 너무 이르다고 말하는 편이 나을지도 모른다.

1425년께 중국 정부는 결국 싸움을 포기하고 지폐 사용을 잠정 중단했다. 요정들이 도망쳐버렸기 때문이다. 혹은 좀 더 그럴듯하게 표현하면 지폐가 작동하는 데 필요한 신앙 체계가 무너져버렸기 때문이다. 그 대신 은괴가 명나라 통화체계의 기초를 이루게 됐다. 그러나 관리하기가 아무리 어렵다 하더라도 지폐는 이점이 아주 많기 때문에 세계는 다시 그리로 돌아갈 수밖에 없었다. 오늘날 지폐가 없이 기능하는 국가는 생각조차 할 수 없다. 중국의 닥나무 종이에 인쇄된 명나라의 초창기 지폐에 대한 기억은 오늘날까지도 런던 한복판의 조그만 정원에서 여전히 살아 있다. 1920년대에 잉글랜드은행이 명나라 초창기 화폐를 기려 작은 닥나무과 묘목 몇 그루를 심은 것이다.

73
잉카 황금 야마

페루에서 출토된 황금 조각상

AD 1400~1550

500년 전쯤에 잉카제국은 오스만튀르크보다, 중국 명나라보다 컸다. 사실상 잉카제국은 세상에서 제일 큰 제국이었다. 절정기인 1500년경에는 안데스 산맥 기슭의 4,800킬로미터가 넘는 지역을 아울렀고 콜롬비아에서 칠레, 태평양 연안에서 아마존 밀림에 이르는 지역에 사는 1,200만 인구를 다스렸다. 1520년대에 스페인 세력이 도래해 모든 것이 무너지고 말았지만 그전까지 잉카제국은 번영을 구가했다. 비록 문자는 없었으나 잉카는 페루 쿠스코를 중심으로 질서정연하고 생산성이 뛰어난 부유한 문명을 일군 효율적인 군사 사회였다. 잉카의 경제를 움직인 동인은 인력과 그에 못지않게 중요한 야마의 힘, 즉 막대한 인간 노동력과 수십만 마리에 이르는 야마였다. 잉카는 당대에서 가장 큰 규모를 자랑하는 제국이었지만, 우리가 이 장에서 살펴볼 아주 작은 물건이 그것을 대변했다. 산으로 뒤덮인 세계에서 온 조그만 황금 전령이 바로 그 주인공이다.

잉카제국은 군사적으로나 사회적으로나 정치적으로나 매우 조직돼 있었지만 문자가 없었다. 따라서 우리는 스페인 정복자들의 설명에 주로 의존할 수밖에 없다. 스페인 사람들의 설명과 남아 있는 유물로 우리는 잉카제국의 탄생이 세계 역사에서 매우 탁월한 업적 중 하나라는 사실을 알고 있다. 콘스탄티노플을 정복한 오스만제국과 중국 명나라와 마찬가지로 잉카제국 역시 광대한 제국을 건설했다. 잉카제국은 페루 남쪽의 본거지에서 시작해 1500년에 이르러 열 배에 이르는 지역으로 지배권을 확대했다.

안데스 지역은 산세가 험준하기로 유명하다. 잉카제국은 산허리에 계단식 밭을 만들고 산봉우리 위를 지나는 도로를 닦아 이른바 '수직형 제국'을 세웠다. 잉카제국은 관개 사업과 운하 건설을 벌여 강줄기를 돌렸고 산허리를 비옥한 계단식 농토로 개간했다. 곡식 자루로 가득 찬 창고와 광범위한 고속도로망은 도시계획과 필요 물자의 보급 현황을 꼼꼼하게 챙겼다는 증거다. 잉카는 지

나갈 수 없는 길을 지나갈 수 있는 길로 바꿔놓았고, 그들의 성공 비결은 바로 야마였다. 하지만 국가가 동물에 의존하는 것은 어제오늘 일이 아니다. 이에 대해 과학자이자 저술가인 재러드 다이아몬드는 이렇게 설명한다.

> 가축의 활용도와 종류는 인간의 역사와 인간의 문화에 지대한 영향을 끼쳐왔다. 예를 들어 구대륙 유럽과 아시아에서는 말, 소, 염소, 양, 돼지 같은 유라시아의 덩치 큰 동물들이 고기와 단백질과 젖을 공급했다. 그중 일부는 교통수단으로 활용해도 될 만큼 덩치가 컸다. 말, 낙타, 당나귀 같은 동물은 타고 다녀도 될 만큼 컸고, 특히 소와 말은 짐수레를 끌 수도 있었다. 올라탈 수 있는 말과 낙타는 전장에서도 활약하면서 유라시아 사람들에게 다른 대륙 사람들을 압도할 수 있는 엄청난 이점을 부여했다. 혹자는 가축이 정착지 개척의 일등 공신이자, 식량 공급원이었을 뿐 아니라 정복의 무기이기도 했다고 말할지도 모른다.

재러드 다이아몬드가 묘사하는 동물 제비뽑기, 다시 말해 어쩌다 우연히 지역의 동물을 길들일 수 있는 기회는 대부분 유럽과 아시아의 차지였다. 반면 오스트레일리아는 운이 아주 나빴다. 에뮤는 여간해서는 길들이기 어려우며 캥거루 등에 올라타고 전장에 나간 사람은 여태까지 한 명도 없다. 아메리카인들도 사정이 비슷했지만 그들에게는 야마가 있었다. 물론 야마는 속도에서는 말을, 운반 능력에서는 당나귀를 따라갈 수 없다. 게다가 성질이 사나워 피곤하면 바로 그 자리에 주저앉아 꼼짝하지 않는다. 그러나 높은 고도에 적응하는 능력이 탁월하다. 야마는 추위에도 잘 버틸 뿐 아니라 스스로 먹이를 찾아 나선다. 게다가 털과 고기와 거름을 내주기도 한다. 사람을 태우고 다닐 수는 없지만 건강한 야마는 짐 30킬로그램 정도는 거뜬하게 운반할 수 있다. 오늘날 비행기 여행을 할 때 들고 갈 수 있는 평균 수하물 허용량보다 많은 무게다. 따라서 야마는 군사 원정에 필요한 물자를 운반하는 데 아주 유용하다. 안데스 전역으로 세력을 확장하면서 잉카제국은 군수용품을 나르는 용도로 엄청나게 많은 야마를 육종했다. 물론 주민들의 삶과 제국 운영에 없어서는 안 될 요소인 이 튼튼한 동물의 모형도 만들었다.

이 황금 야마는 내 손바닥에서도 편안하게 설 수 있을 만큼 작다. 키가 6센티미터를 약간 넘는다. 얇게 두들겨 편 금으로 만들어 속이 비어 있고 무게도 아주 가볍다. 기운찬 모습에 보는 사람이 다 기분이 좋아질 정도다. 곧게 뻗은 모가지, 쫑긋 선 두 귀, 커다란 눈망울, 살짝 올라간 입매는 별안간 요란하게 콧김을 뿜어대며 툴툴거리는 이 동물의 평소 모습과 달리 무척이나 쾌활해 보이는 인상을 준다. 금과 은으로 만든 이런 작은 야마 조각상은, 가끔은 산봉우리에 공물로 묻힌 상태로, 잉카제국 전역에서 꽤 많이 발견됐다.

이 지역은 고도를 기준으로 크게 세 군데로 나뉘었다. 길고 가느다랗게 이어지는 평평한 연안 지대, 매우 까다로운 지형인데도 저 유명한 계단식 밭을 조성해 농작물을 재배한 안데스의 산허리, 해발 3,500미터 높이에 목초지를 끼고 있는 산간 고원이다. 야마는 이렇듯 성격이 현격하게 다른 잉카의 세계를 오가며 거대한 제국을 하나로 묶어줬다. 잉카제국은 서로 다른 부족, 서로 다른 언어, 서로 다른 신들의 세계였다. 그렇다보니 공동체끼리 전쟁을 벌이는 일도 많았다. 황제는 눈 깜짝할 사이에 탄생한 국가를 통제하기 위해 제국의 기술을 모조리 동원했다. 몇몇 지역의 귀족들은 인정사정없이 제거됐다. 그런가 하면 사유지와 세금 면제 혜택을 받고 제국에 협조하는 귀족들도 있었다. 잉카제국은 에콰도르 북부 지방처럼 나중에 정복한 지역들을 제국 체계에 완전히 흡수하기보다 신하 국가 형태로 운영했다. 그 편이 더 나았기 때문이다. 이런 문화적 모자이크는 군대를 통해 강력한 제국에 통합됐고 군대는 운송과 식량을 야마에 의지했다. 스페인과의 초기 전투에서 패하고 잉카가 버린 야마는 1만 5,000마리에 이르렀다고 한다.

이 작은 야마는 금으로 만들어졌다. 금은 잉카 신화에서 중요한 비중을 차지하는 물질이었다. 금은 잉카의 위대한 태양신과 그의 생식력을 상징했다. 금이 '태양의 땀'이었다면 은은 '달의 눈물'이었다. 따라서 금은 남성의 힘, 그중에서도 특히 잉카 자신이자 태양의 아들인 황제의 힘과 연관돼 있었다. 잉카의 금은 제품은 오늘날 거의 남아 있지 않다. 1520년대에 이곳에 도착한 스페인 사람들이 묘사한 눈부신 풍부함에 견주면 남은 것은 극히 작은 자투리에 지나지 않는다. 그들은 금박을 입힌 성벽으로 둘러싸인 궁전, 인간과 동물의 금은 조각상, 반짝이는 새와 파충류와 곤충이 서식하는 황금빛 모형 정원에 대해 기록했다. 이 모든 것이 스페인 사람들에게 항복의 대가로 주어지거나 강탈당했다. 그들은 거의 모두 금괴로 녹여 스페인으로 보냈다.

어느 사회에서나 파종과 수확에는 의식과 신들에게 바치는 공물이 동반되기 마련이다. 잉카도 예외가 아니었다. 특히 잉카에서는 종종 산 제물을 바쳤는데 제물은 돼지쥐에서 상류층의 어린 자녀에 이르기까지 다양했다. 페루 출신인 잉카 전문가 가브리엘 라몬은 산 제물로 희생된 야마가 수천 마리에 이르렀다고 설명한다.

> 잉카에는 달력이 두 종류 있다. 제국의 공식 달력이 있지만 그와 동시에 정복한 지방이나 지역에서 사용하는 작은 달력도 많았다. 공식 달력은 주로 농사에 초점을 맞춰 수확과 파종에 중요한 시기, 중요한 행사 등을 표시했다. 이런 공식 달력에는 야마와 함께하는 행사도 여러 개 포함돼 있었다. 식민지 시대 작가 구아만 포마는 그런 행사 가운데 10월에 열리는 기우제에서 흰색 야마를 죽였다고 전한다.

잉카제국의 종교의식 가운데 가장 규모가 큰 행사는 태양의 축제였다. 스페인의 한 연대기 작가가 축제를 자세히 묘사했다.

> 잠시 뒤 잉카 사제들이 털 색깔이 각기 다른 어린 암컷 야마와 수컷 야마를 엄청나게 거느리고 모습을 드러냈다. 페루의 야마는 스페인의 말처럼 털 색깔이 무척이나 다양하다. 야마는 모두 태양의 소유물이었다. 맨 먼저 검은색 야마 새끼 한 마리를 잡아 축제의 전조를 점쳤다. 그들은 야마를 데려다 머리가 동쪽으로 향하도록 놓았다. 그들은 살아 있는 야마의 왼쪽 옆구리를 가른 뒤 손을 집어넣어 심장, 폐, 창자를 꺼냈다. 그런 식으로 목 아래쪽 장기를 모두 들어냈다. 그들은 야마의 폐가 여전히 떨리고 있으면 길조로 여겼다. 그 뒤에도 어린 암컷, 수컷이 일반적인 희생 제의에 동원됐다. 그들은 야마의 목을 따고 가죽을 벗겼으며 피와 심장을 계속 태양에 바쳤다. 야마의 시체는 남김없이 불에 타 재로 화했다.

같은 스페인 작가는 진짜 야마가 도살되기도 했지만, 지역 통치자들이 잉카인들에게 금은으로 만든 야마 모형을 그 동물이 지역에 풍부하다는 사실을 상징하는 징표로 바쳤다는 이야기도 전한다. 이 야마 역시 그런 징표 가운데 하나였을지도 모른다. 그게 아니라면, 마음 불편한 일이기는 하나, 잉카의 다른 종교의식의 일부분이었을지도 모른다. 선별한 상류층 자녀들은 산의 정령들에게 바치는 산 제물로 의식을 통해 옷이 벗겨지고 산꼭대기에 남겨졌다. 그들의 시신 옆에서는 이런 작은 황금 야마가 발견돼왔다.

잉카제국의 부는 어마어마하게 많은 야마뿐 아니라 정복한 지역의 주민들을 노동력으로 활용하는 능력에 달려 있었다. 그러나 피정복민들은 결코 야마처럼 유순하지 않았다. 재산을 빼앗기고 노동력까지 착취당한 안데스 주민들은 침략자 잉카인들에게 분노를 터뜨렸다.

> 잉카의 횡포가 우리 문 앞에 있다. (중략) 잉카에 항복하면 우리는 우리의 자유와 우리의 옥토와 우리의 아름다운 여인들과 우리의 관습과 우리의 법을 포기해야 한다. (중략) 우리는 영원히 이 폭군의 노예와 하인으로 살아가게 될 것이다.

잉카제국의 지역 장악력은 취약한 편인 듯하다. 끊임없는 반란이 그런 잠재적인 약점을 말해준다. 1532년에 피사로가 다시 돌아와 페루를 정복하려 했을 때 그 약점이 문제가 되었다. 지방의 지배 계층 가운데 몇몇은 재빨리 기회를 포착해 새로 온 사람들과 손잡고 잉카의 멍에를 벗어던졌다.

점점 불어나는 반도들의 가담도 물론 도움이 되긴 했지만 스페인 사람들에게는 잉카인들에게는 없는 칼과 갑옷, 총 그리고 무엇보다도 말이 있었다. 잉카인들은 동물 등에 올라탄 사람을 본 적이 없다. 하물며 인간과 짐승이 함께 그토록 민첩하고 빠르게 움직이는 모습은 더더욱 본 적이 없다. 잉카의 야마는 갑자기 대책 없이 가냘프고 굼떠 보였을 것이다. 겨우 몇백 명밖에 되지 않는 스페인 사람들이 잉카 군대를 학살하고 황제를 사로잡고 꼭두각시 정권을 세우고 금을 녹이기까지 그야말로 눈 깜짝할 시간밖에 걸리지 않았다. 우리의 작은 야마는 얼마 남지 않은 유물 가운데 하나다.

스페인 사람들은 황금이 엄청나게 많다는 이야기에 끌려 페루에 왔다. 그러나 그들은 대신 그곳에서 세계 최대 은광을 발견해 최초의 세계 통화로 발전하게 되는 동전을 주조하기 시작했다. 잉카는 야마로 제국의 부를 가늠했다. 80장에서 살펴보겠지만 스페인 사람들은 은화로 부를 가늠했다.

74
옥용잔

중앙아시아에서 온 옥잔

AD 1417~1449

> 전쟁의 웅장한 막사로 그대를 인도하리,
> 스키타이의 탬벌레인이
> 엄청난 요구로 세상을 벌벌 떨게 하고
> 정복의 칼로 왕국들을 징벌한 이야기를 들려줄 그곳으로.

이 시에서 크리스토퍼 말로는 엘리자베스 시대의 영국에서도 여전히 전설과도 같은 힘을 발휘한 탬벌레인의 유럽식 이미지를 영원히 고정해놓았다. 그보다 200여 년 전인 1400년까지 탬벌레인의 실제 모델인 티무르는 중국을 제외한 과거 몽골 영토 전체를 다스리는 군주로 등극했다. 그의 제국의 심장부는 오늘날 이름 끝에 '스탄(stan)'이 붙는 지역, 즉 우즈베키스탄, 카자흐스탄, 투르크메니스탄, 타지키스탄이었다. 중앙아시아의 광대한 이 지역은 예나 지금이나 역사의 부침이 심하다. 제국이 일어나 번성하다 사라지면 또 다른 제국이 발흥하는 순환이 끊임없이 되풀이됐다. 게다가 이 지역은 늘 두 얼굴을 띨 수밖에 없었다. 동쪽의 중국을 바라보는 얼굴과 서쪽의 터키와 이란을 바라보는 얼굴을. 티무르의 수도 사마르칸트는 이 두 세계를 연결하는 비단길 위의 대도시였다. 이곳의 복잡한 문화사와 종교사 대부분이 바로 이 작은 옥잔에 고스란히 반영돼 있다. 주인은 티무르의 손자이자 천문학자인 울루그 베그다.

달 표면에는 분화구 수백 개가 보조개처럼 움푹움푹 패어 있다. 달을 관찰하는 사람에게 분화구는 달 표면에 결을 더해 흥미를 자극하며, 분화구의 이름 또한 즐거움을 선사한다. 그 이름을 한 자리에 모으면 위대한 과학자들이 담긴 인명록 한 권이 나올 정도다. 특히 핼리, 갈릴레오, 코페르니쿠스처럼 천문학자 이름을 붙인 분화구가 많다. 그중에는 15세기 초에 중앙아시아에 살았던 울루그 베그도 들어 있다. 울루그 베그는 오늘날의 우즈베키스탄 사마르칸트에 거대한 천문대를 지어 유명한 천문표를 작성했다. 1,000개에 가까운 별을 관

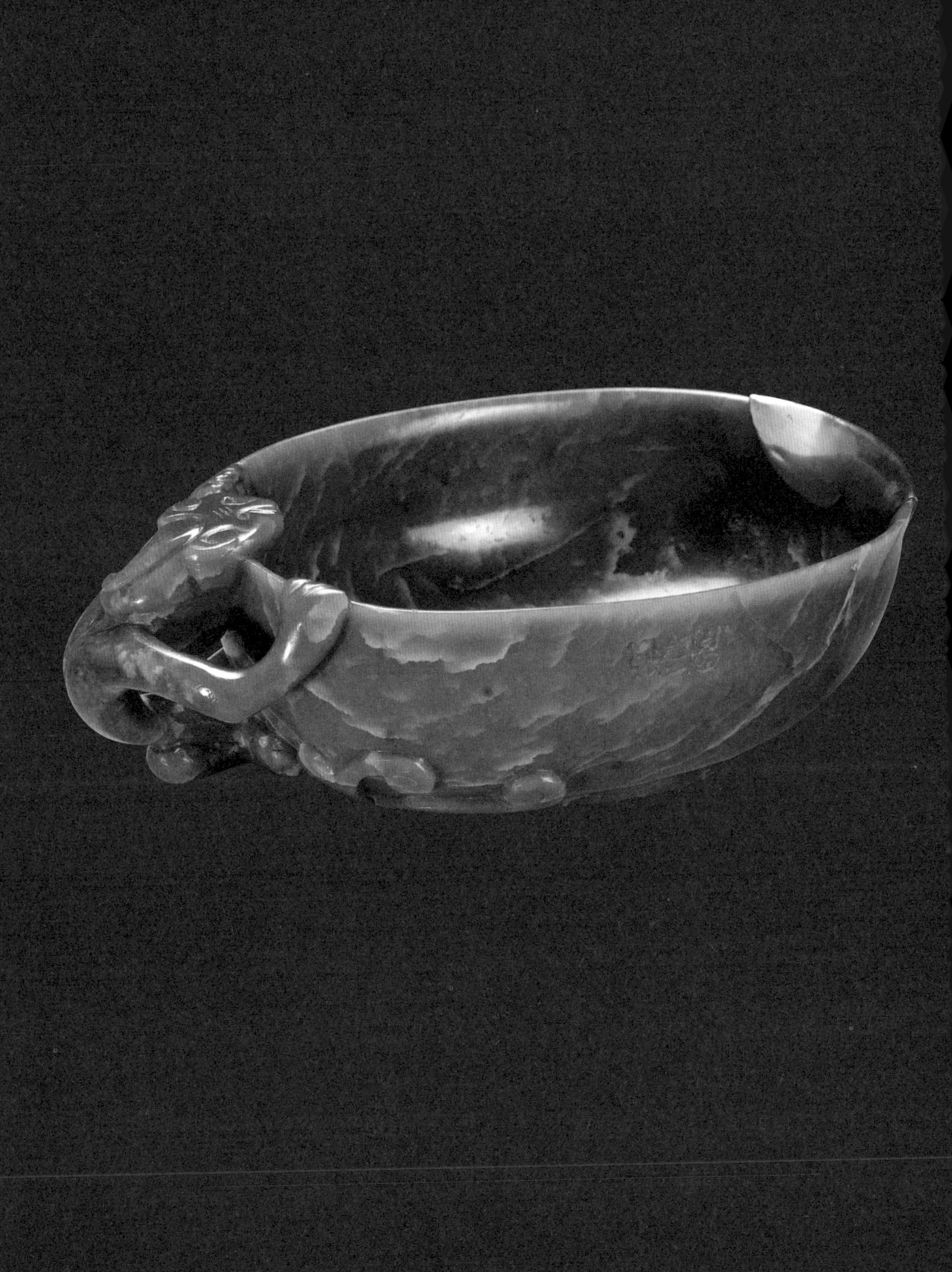

찰해 작성한 이 천문표는 아시아와 유럽의 기준 참고 자료로 자리 잡았는데 17세기에는 옥스퍼드에서 라틴어로 번역되기도 했다. 여기까지가 달의 분화구에 그의 이름이 붙은 영광을 안게 된 배경이다. 비록 재위 기간은 짧았지만 그는 세계 최강자 중 하나로 꼽히는 티무르 제국의 통치자이기도 했다. 전성기의 티무르 제국은 중앙아시아뿐 아니라 이란과 아프가니스탄, 이라크와 파키스탄과 인도 일부까지 지배했다. 티무르 제국은 1400년께에 감히 아무도 범접하길 꺼린 티무르가 세웠다. 여기 이 사진 속 잔에는 그의 손자인 천문학자 군주 울루그 베그의 이름이 새겨져 있다.

우즈베키스탄 작가 하미드 이스마일로프는 이렇게 말한다.

> 이 유물의 주인이 울루그 베그였다니 무척 흥미롭다. 여기 있는 '울루그 베그 쿠라간'이라는 아랍어를 보면 울루그 베그가 별을 관찰하면서 이 잔으로 마시는 상상을 할 수 있기 때문이다. 정말 멋진 일이다.

울루그 베그의 잔은 타원형에, 높이는 6센티미터, 길이는 20센티미터다. 잔보다 작은 사발에 가깝다. 재질은 최고의 솜씨로 결을 입힌 황록색의 옥이다. 반질반질한 돌 위를 떠다니는 구름처럼 생긴 천연의 무늬가 시선을 사로잡는다. 매우 아름다운 잔으로, 중앙아시아에서 옥은 아름다움뿐 아니라 보호 능력 때문에도 귀한 대접을 받았다. 중앙아시아 사람들은 옥이 번개와 지진으로부터 보호해준다고 믿었다. 특히 옥잔은 독으로부터 안전하다고 믿었는데, 독을 풀면 옥잔이 쪼개진다는 일설이 있었다. 따라서 이 옥잔의 주인은 마음 놓고 음료를 마실 수 있었다.

이 잔의 손잡이는 자태가 눈부신 중국 용이다. 용은 뒷발을 그릇 밑면에 단단하게 붙인 채 주둥이와 물갈퀴 달린 앞발로 그릇 맨 위 가장자리에 매달려 안을 들여다보고 있다. 곡선을 이루는 용의 몸통이 남긴 공간에 손가락을 집어넣어 만져보면 짜릿하면서도 친밀한 느낌이 전해진다.

손잡이의 장식 기법은 중국식인 듯하지만, '울루그 베그 쿠라간'이라는 문구는 아랍어로 새겨져 있다. '쿠라간'은 글자 그대로 풀이하면 '왕의 사위'를 뜻하는 칭호이지만, 티무르와 울루그 베그도 이 칭호를 사용했다. 둘 다 칭기즈칸의 집안 공주와 결혼했는데, 사위라는 사실을 내세워 칭기즈칸이 세운 몽골 제국의 통치권을 물려받은 상속자라는 점을 분명히 밝혔다.

이 잔은 아마도 사마르칸트에서 만들어진 듯하다. 동쪽에 있는 중국과의 연관성을 보여주는 손잡이와 서쪽의 이슬람 세계와 관계되는 명문으로 미뤄 그렇게 추론할 수 있다. 아랍어 명문은 티무르가 세운 이 새로운 티무르 제국이 열렬한 이슬람 국가였다는 사실을 새삼 일깨운다. 부하라와 사마르칸트, 타슈켄트와 헤라트에 거대한 모스크가 대규모로 들어서면서 유럽 르네상스에 버금가는 중앙아시아 르네상스가 활짝 꽃피운 시기가 바로 이 무렵이다.

울루그 베그는 아버지의 뒤를 이어 1410년께부터 사마르칸트를 통치하면서 그곳에 천문대를 세웠다. 천문대에서 그는 고대 그리스 천문학자 프톨레마이오스가 산정한 천문학상의 수치를 바로잡았다. 우리가 중세의 히브리 아스트롤라베(62장)에서 살펴본 고대 그리스와 아랍 학자들의 공조가 여기서도 확인된다. 그러나 이 중앙아시아 르네상스 군주는 군대를 앞세워 제국을 건설한 할아버지 티무르와는 딴판이었다. 역사학자 비어트리스 포브스 맨츠는 그의 됨됨이를 다음과 같이 요약한다.

> 어떤 점에서 그는 매우 무능한 지휘관이었고 썩 위대한 통치자도 아닌 듯하다. 하지만 문화 후원자로서는 다른 사람이 따라갈 수 없을 정도였다. 특히 수학과 천문학 후원자로 유명했다. 내가 보기에 그는 통치나 군사 원정보다 이런 데 훨씬 더 관심이 많았다. 그는 옥에도 남다른 열정을 보였다. 따라서 그가 이 잔의 주인이었다고 해도 전혀 놀랍지 않다. 상당히 사치스러운 행각을 벌이는 이들과 어울렸는데 그의 궁정은 아버지의 궁정보다 도덕적으로 느슨했다. 물론 울루그 베그는 쿠란을 모두 암기할 만큼 독실한 신자였지만 군주들이 대개 그렇듯이 그 역시 약간 방탕한 편이었다. 예를 들어 그의 궁정에서는 주연이 자주 열렸다.

'울루그 베그 쿠라간'이라는 내용의 아랍어 명문.

나중에 수리하면서 추가된 터키어 명문. 풀이하면 "하느님의 은총에는 끝이 없다"는 뜻이다.

1415년께에 사마르칸트를 찾은 명나라 사신은 티무르 제국의 수도에 팽배한 자유분방한 분위기에 깜짝 놀랐다. 그때까지도 사마르칸트에는 격식을 따지지 않는 반유목 사회의 태평스러운 분위기가 많이 남아 있었기 때문이다. 사마르칸트는 최신식 건물과 티무르인이 초원 지대에서 가지고 온 유르트라는 전통 천막이 공존하는 기묘한 도시였다. 지위가 높은 중국 손님에게 사마르칸트는 거친 서부였다.

> 그들에게는 원칙도, 예의도 없다. 아랫사람이 윗사람을 만나도 다가가 악수를 하면 끝이다! 부녀자들은 말과 노새를 타고 돌아다니며, 길에서 아는 사람을 만나면 부끄러운 줄도 모르고 왁자지껄 잡담을 나누며 장난을 치고 웃어댄다. 더욱이 대화할 때도 음탕한 말을 예사로 내뱉는다. 남자들은 심지어 그보다 더 비루하다.

개인의 충성심으로만 묶인 티무르 제국이 오래 살아남지 못했다는 사실은 어쩌면 당연한 결과일지도 모른다. 티무르 제국은 정부 사무실보다 초원 지대가 더 속편한 사람들이 다스렸다. 질서정연한 중앙 권력을 수립한 적도, 이렇다 할 만한 관료 제도를 운영한 적도 없다. 사정이 그렇다보니 통치자의 죽음은 매번 혼란으로 이어졌다. 울루그 베그의 아버지는 평생 티무르 제국을 재건하려고 애썼지만, 그가 죽고 1447년에 보위에 오른 울루그 베그는 겨우 2년을 통치하다 실각했다. 그는 티무르의 명성을 이용해 자신의 권위를 다지려고 나름대로 열심히 노력했다. 진귀한 흑옥으로 만든 기념비 밑에 업적이 눈부셨던 할아버지의 초상을 묻고 모든 사람들이 볼 수 있도록 아랍어로 비문을 새긴 것도 그런 노력의 일환이었다. 비문을 풀이하면 이런 뜻이다. "내가 일어나면 온 세상이 두려움에 떨 것이다." 그는 자신이 절대 적임자가 될 수 없다는 사실을 잘 알면서도 이처럼 권력의 부활을 열망했다. 그러나 세상은 울루그 베그를 보고 전혀 떨 마음이 없어 보였다. 하미드 이스마일로프는 그의 녹색 옥잔에 담긴 사적이고 비유적인 의미를 이렇게 해석했다.

> 이 잔의 상징성은 그 지역 전체를 한 개인의 운명으로 바라보는 데서 나온다. 흔히 "잔이 가득 찼다"라고 말하면 운명이 다했다는 뜻이다. 예를 들어 울루그 베그의 조카이자 위대한 시인인 바부르는 자신의 시에서 슬픔의 군대는 그 수를 헤아릴 수 없으며 그 군대에 대적하려면 독한 포도주를 계속 마셔 막아내는 길밖에 없다고 말한다. 바로 그것이 이 잔이 상징하고 있는 개념이다. 즉 잔은 방패, 슬픔의 군대에 맞서는 형이상학적인 방패인 셈이다.

그러나 방패는 아무 효과가 없었다. 슬픔의 군대는 생의 마지막을 앞둔 울루그 베그를 덮쳤다. 2년이라는 그의 짧은 치세 기간에 제국은 급속하게 피폐해졌다. 비유가 아니라 실제로 군대가 사마르칸트를 침략했다. 1449년에 그는 자신의 장남에게 붙잡혀 참수형을 당했다. 하지만 울루그 베그는 잊히지 않았다. 그의 조카 바부르는 인도 무굴제국의 초대 황제에 오른 뒤 그의 유해를 위대한 티무르의 유해와 나란히 흑옥 기념비 안에 안장해 기렸다.

그 무렵 티무르 제국은 이미 종적을 감추고 없었다. 중앙아시아는 또다시 사분오열로 갈라져 패권을 다투는 각축장으로 바뀌었다. 서쪽의 강력한 신생국 오스만제국도 패권 싸움에 뛰어들었다. 이 잔에는 그 이후 과정도 기록돼 있다. 울루그 베그가 죽고 한참 지났을 무렵에 누가 이 귀한 옥잔을 떨어뜨린 것이 분명하다. 한쪽 끝에 심하게 금이 가 있기 때문이다. 하지만 그 위에 은을 덧입혀 수리돼 있고, 거기에는 글이 새겨져 있다. 서체로 미뤄 17세기나 18세기, 그러니까 그 잔의 주인이 처형당하고 300년 뒤쯤에 새겨진 듯하다. 새겨진 글은 오스만튀르크어다. 따라서 당시 이 잔은 이스탄불에 있었을 확률이 높다. 내용을 풀이하면 이런 뜻이다. "하느님의 은총에는 끝이 없다."

불행했던 울루그 베그는 동의하지 않았을지도 모른다. 이 잔에 다시 투르크어가 새겨질 무렵 러시아는 이미 옛 티무르 제국 깊숙이 세력을 확장하고 있었다. 19세기에 이 지역은 러시아제국으로 편입됐고, 사마르칸트는 러시아제국에 이어 등장한 또 다른 중앙아시아 제국인 소비에트에 흡수됐다. 그리고 1989년에 소비에트가 붕괴하면서 티무르인들에게는 너무도 익숙했을 대격변이 또다시 사마르칸트를 휩쓸었다.

우즈베키스탄은 소비에트 질서가 무너진 이후에 등장한 신생국 가운데 하나다. 현재 이 나라는 러시아와도, 중국과도, 이란과도, 터키와도 상관없이 과거의 요소들 안에서 민족 정체성을 찾으려고 애쓰고 있다. 현대 우즈베키스탄의 지폐는 이 신생국이 실은 티무르 제국의 계승자라는 점을 전 세계에 알리는 역할을 한다. 지폐에는 흑옥 기념비를 들여앉힌 영묘가 인쇄돼 있는데, 이 기념비 아래에 티무르와 울루그 베그가 묻혀 있다.

울루그 베그가 무너져 내리는 제국의 통치자라는 신분보다 천문학자로서 더 많은 업적을 남겼다는 데는 의심의 여지가 없다. 따라서 그의 이름을 딴 달의 분화구가 폭풍우의 바다 근처에 있다는 사실은 기막힌 우연이다. 그의 옥잔은 폭풍우 앞에서 위안은 줬을지 몰라도 보호막은 되지 못했다.

75
뒤러의 〈코뿔소〉

독일 뉘른베르크에서 제작된 목판화

AD 1515

남대서양 한복판에 있는 세인트헬레나라는 작은 섬은 무엇보다도 나폴레옹 보나파르트의 창살 없는 감옥으로 유명하다. 1815년 워털루전투에서 패배한 나폴레옹은 이곳에서 생을 마감했다. 그러나 유럽에 또 다른 화제를 몰고 온 또 다른 주인공도 한때 이 섬에서 지냈다. 프랑스 황제에 견주면 훨씬 덜 파괴적이었던 그는 1515년의 유럽에서 실로 대단한 화젯거리였다. 바로 인도코뿔소였다. 녀석 역시 사로잡힌 신세이긴 했지만 포르투갈 선박에 실려 인도에서 리스본까지 기나긴 여행을 하는 도중에 잠시 섬에 들렀을 뿐이다. 이 여행은 항해술이 거둔 승리였다. 당시 유럽은 위대한 팽창을 목전에 두고 있었다. 바야흐로 전 세계를 무대로 삼는 탐험과 지도 제작과 정복의 시대가 도래하고 있었다. 이는 모두 배와 항해에 관한 새로운 기술 덕분에 가능했다. 더불어 또 다른 새로운 과학기술, 곧 인쇄술을 통해 이 급속하게 팽창하는 지식을 기록하고 널리 알리려는 움직임이 일었다. 제각기 이뤄진 이런 발전은 모두 르네상스 예술의 백미로 꼽히는 이 유물 안에 빠짐없이 들어가 있다. 인도코뿔소는 적어도 한 가지 점에서 나폴레옹보다 운이 좋았다. 녀석의 초상을 그린 화가가 다름 아니라 알브레히트 뒤러였기 때문이다.

앞에서 우리는 500년 전에 제각기 광대한 면적을 다스린 위대한 제국 네 곳에서 나온 유물을 살펴봤다. 이번 유물은 이제 막 세계 무대에 서기 시작한 해양 제국 포르투갈로 우리를 안내한다. 인도양과 유럽 사이에서는 몇 세기 동안 꾸준하게 향신료 무역이 이뤄지고 있었지만 15세기 말에 오스만제국이 지중해 동부를 장악하고는 기존 무역로를 봉쇄해버렸다(71장). 스페인과 포르투갈은 동방의 물자에 접근할 새로운 길을 모색하기 시작했다. 두 나라 모두 대서양으로 나가는 모험을 감행했다. 대서양은 장거리 항해를 하기에는 무척 까다로운 바다였다. 스페인은 인도로 가는 항로를 찾다가 서쪽으로 길을 잘못 들어서는 바람에 아메리카 대륙을 발견했다. 포르투갈은 도무지 끝이 없어 보이는 아프리카 해안을 따라 한참을 남하하다가 희망봉을 돌아 인도양과 동인도 제도의 부에 이르렀다. 그들은 아프리카와 아시아에 항구와 무역소를 띠처럼 길게 연결한 중계망을 건설했다. 그 망을 따라 향신료 같은 이국의 물산들과 함께 코뿔소도 오갔다.

뒤러의 〈코뿔소〉는 목판화다. 판화가 보여주는 육중한 짐승의 정체는 짐승 머리 위에 있는 'RHINOCERVS'라는 글자로 깔끔하게 확인된다. 글자 위에 적힌 '1515'는 제작 연도를, 아래에 있는 'AD'는 화가의 이름에서 따온 결합 문자를 나타낸다. 코뿔소는 옆으로 서서 오른쪽을 바라보고 있다. 뒤러는 영리하게도 코뿔소를 테두리 안에 꽉 차게 가둬둠으로써 그 안에 갇힌 짐승의 억눌린 힘을 생생하게 전달한다. 특히 잘린 꼬리 끝과 테두리 오른쪽 모서리를 사납게 치받는 뿔에서 생생한 느낌이 최고조에 이른다. 보고 있노라면 동물이 곧 탈출해 말썽을 일으킬 것만 같다.

동물 위쪽에는 독일어로 다음과 같이 인쇄돼 있다.

> (1515년 5월에) 인도에서 리스본의 위대하고 강한 포르투갈 왕 엠마누엘에게 데려온 코뿔소라는 동물이다. 여기에 이 동물의 모습을 담았다. 피부색은 점박이 남생이와 비슷하고 온몸이 두꺼운 비늘로 덮여 있다. 덩치는 코끼리와 비슷하지만 다리는 짧고 거의 천하무적이다. (중략) 코뿔소는 재빠르고 활기차며 영리하다고 한다.

코뿔소가 유럽까지 오게 된 사연을 들여다보면 포르투갈이 인도와 단순히 무역만 한 것이 아니라 그곳에 영구 기지를 건설하려 했다는 사실을 알 수 있다. 이는 유럽이 아시아 땅을 차지하게 되는 이야기의 시작일 뿐이다. 그런 성공의 이면에는 인도 주재 포르투갈 제국의 초대 총독이면서 실제적으로 포르투갈 제국을 인도에 세웠고, 유럽에 코끼리를 소개한 인물이기도 한 아폰수 드 알부케르크의 공이 컸다. 1514년 알부케르크는 어떤 섬의 용도를 협상할 목적으로 대사와 푸짐한 선물을 앞세우고 구자라트 술탄에게 접근했다. 술탄도 살아 있는 코뿔소를 비롯해 많은 선물로 보답했다. 알부케르크는 이 살아 있는 선물에 적잖이 당황한 모양이었다. 결국 그는 리스본에 있는 왕에게 보내는 특별 선물이라며 때마침 지나가던 포르투갈 소함대에 얼른 코뿔소를 떠맡겼다. 코뿔소의 무게가 보통 1.5톤에서 2톤가량 나간다는 점을 고려할 때 16세기 선

Nach Christus gepurt. 1513. Jar. Adi. j. May. Hat man dem grosmechtigen Kunig
Rhinocerus. Das ist hye mit aller seiner gestalt Abcondertfet. Es hat ein farb wie ein ge
Aber nydertrechtiger von paynen/ vnd fast werhafftig. Es hat ein scharff starck Horn
fantz todt feyndt. Der Helffandt furcht es fast vbel/ dann wo es Jn ankumbt/ so laufft J
vñ erwürgt Jn/ des mag er sich nit erwern. Dann das Thier ist also gewapent/ das Jn

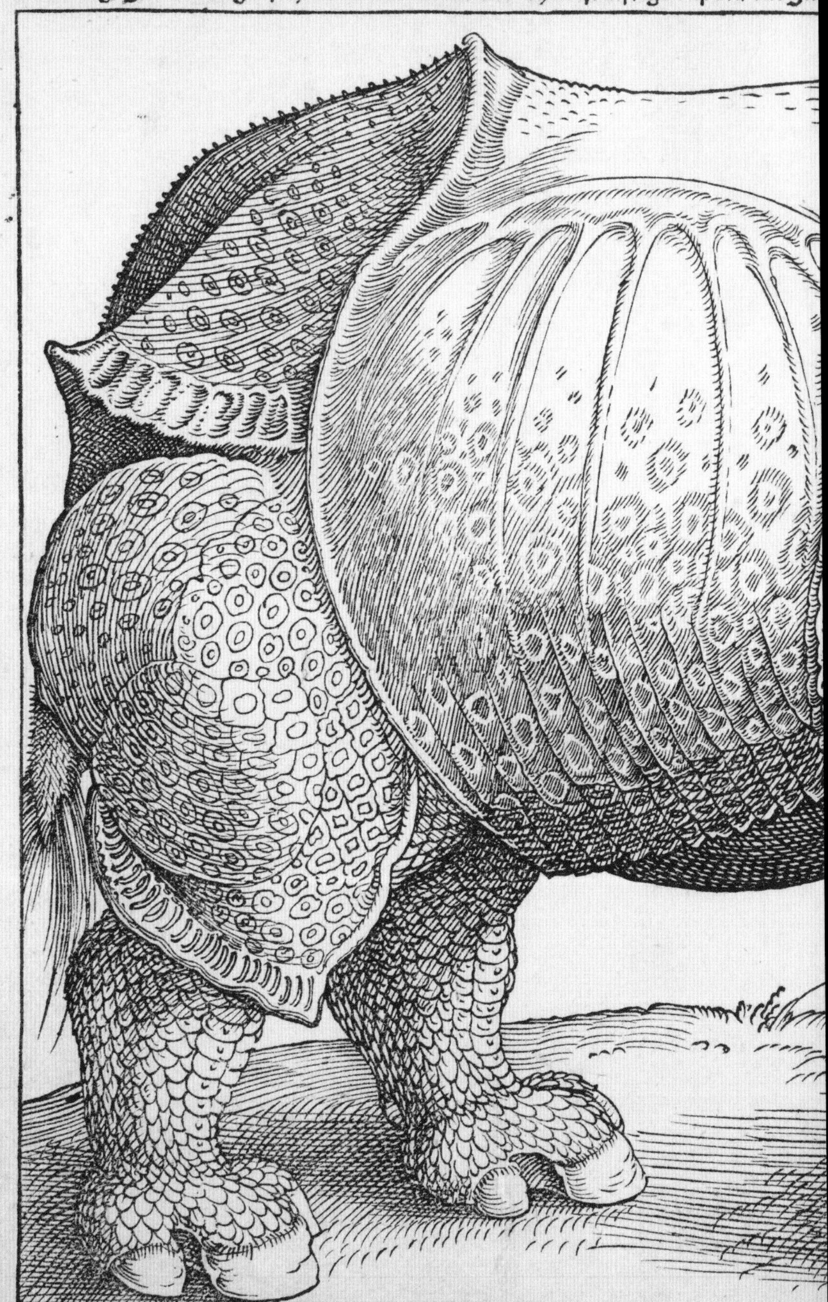

n anuell gen Lysabona pracht auß India/ein sollich lebendig Thier. Das nennen sie
o t. Vnd ist võ dicken Schalen vberlegt fast fest. Vnd ist in der größ als der Helfandt
n/ Das begyndt es albeg zu wetzen wo es bey staynen ist. Das dosig Thier ist des Helf-
o em kopff zwischen dye fordern payn/vnd reyst den Helffandt vnden am pauch auff
h ts kan thůn. Sie sagen auch das der Rhynocerus Schnell/Fraydig vnd Listig sey.

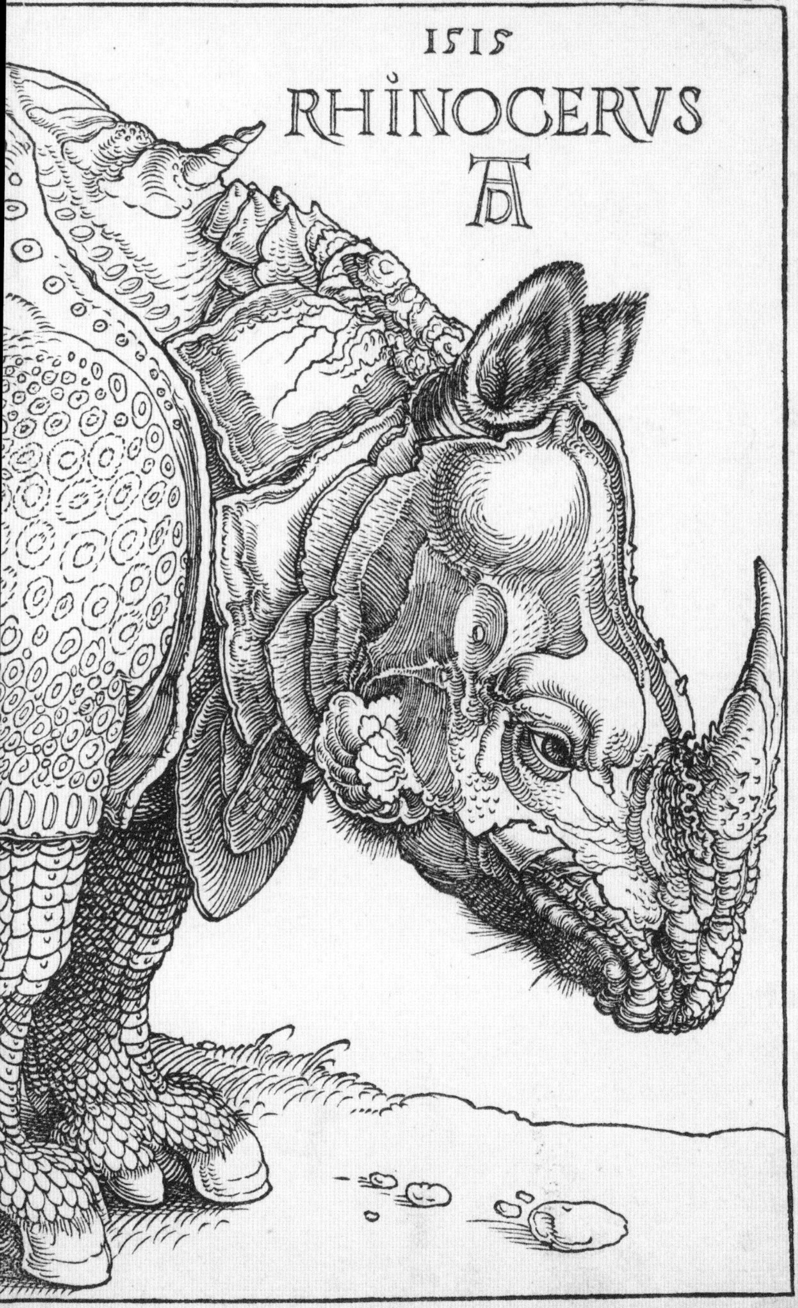

박으로서는 아주 버거운 임무였을 것이 틀림없다.

이탈리아의 한 짧은 시는 유럽 전체를 깜짝 놀라게 한 이 항해를 다음과 같이 칭송한다.

> 나는야 어둑어둑한 인도에서
> 빛의 현관과 한낮의 관문을 지나 이곳에 당도한 코뿔소라네,
> 또 다른 태양을 보려고 두려움을 모르는 돛을 올린 채
> 과감하게 새 땅을 찾아 서쪽으로 향하는 함대에 올라탔다네.

1515년 1월 초에 코뿔소는 인도를 출발해 항해를 시작했다. 인도인 사육사 오셈과 엄청나게 많은 쌀도 녀석과 동행했다. 쌀은 코뿔소의 먹이치고는 기묘한 선택이었지만 녀석이 평소에 먹는 꼴에 견주면 부피가 훨씬 작았다. 코뿔소가 이 음식을 좋아했는지는 알 길이 없지만 짐승은 혈기왕성한 듯했다. 중간에 항구 세 곳, 곧 모잠비크, 세인트헬레나, 아조레스제도에만 잠깐 들렀을 뿐 장장 120일에 걸친 항해가 끝나고 5월 20일 배는 마침내 리스본에 도착했다. 군중이 짐승을 구경하려고 벌떼처럼 몰려들었다.

코뿔소가 도착한 유럽은 바닷가 저 너머 펼쳐져 있는 미래뿐 아니라 그 자신들의 깊은 과거를 회복하려는 열망에 사로잡혀 있었다. 특히 이탈리아에서는 로마의 건축물과 조각상이 엄청난 관심 속에 발굴돼 고대 로마의 실체를 드러내는 고고학 작업이 왕성했다. 코뿔소, 동방에서 온 이 낯선 생명체는 유럽 지식인들의 눈에 옛 세계의 또 다른 유물로 비쳤다. 로마 작가 플리니우스가 로마의 원형 경기장에 이따금 모습을 드러낸 그런 짐승을 묘사했지만, 유럽에서는 1,000년 넘게 이런 짐승을 본 사람이 아무도 없었다. 따라서 그것은 말로만 듣던 그리스 로마를 되살리는, 살아 있는 동물을 통한 르네상스인 셈이었다. 거기에 신비한 동방의 화려함까지 더해져 매력을 보탰다. 뒤러가 그토록 열띠게 반응한 것은 당연한 일이었다. 역사학자 펠리페 페르난데스 아르메스토는 이렇게 설명한다.

> 코뿔소는 매우 중요했다. 사람들이 코뿔소를 보면서 로마 세계의 유명한 저작 가운데 하나인 플리니우스의 『박물지』의 구현체로 간주했기 때문이다. 플리니우스는 아주 짧은 한 장을 코뿔소에 할애한다. 사람들은 코뿔소를 보고 이

렇게 말했다. "이보게, 플리니우스가 옳았어! 이 동물은 실제로 존재했던 게야! 이 로마의 저작들이 믿을 만하다는 증거가 여기 이렇게 있지 뭔가." 그래서 뒤러는 코뿔소를 그렸고, 유럽 전체가 코뿔소 판화에 열광했던 것이다.

포르투갈 왕은 코뿔소를 교황에게 선물로 보내기로 결정했다. 동방에 있는 제국에 대한 소유권을 확실히 못 박아두려면 교황의 지지가 필요했기 때문이다. 교황과 로마는 보나마나 이 동물에게 매료될 터였다. 그러나 불쌍한 짐승은 이탈리아 땅을 밟지 못했다. 녀석을 싣고 가던 배가 라스페치아 근처에서 폭풍우를 만나 침몰했기 때문이다. 코뿔소는 뛰어난 수영 선수이지만 당시 녀석은 갑판에 묶여 있어 뱃사람들과 함께 익사했다.

그러나 코뿔소는 명성을 통해 계속 살아남았다. 심지어 살아 있을 때도 이 이국의 생명체에 관한 기사, 시, 소묘 등이 유럽 전역으로 퍼져나갔을 정도다. 그중 소묘 한 장이 뉘른베르크에 있는 뒤러의 손에 들어갔다. 물론 뒤러는 코뿔소를 보지 못했다. 이 소묘가 얼마나 자세했는지는 알 길이 없지만 뒤러가 소묘를 참고해 완성한 판화에서는 화가의 상상력이 크게 돋보인다. 두꺼운 다리, 갑옷으로 무장한 등, 끝에 깃털이 달린 꼬리, 외뿔 등 언뜻 보면 인도코뿔소와 매우 닮은 듯하다. 하지만 뭔가 이상하다. 실제 코뿔소와 비교해보면 이상한 점이 한두 가지가 아니다. 다리는 비늘로 뒤덮여 바깥으로 벌어져 있는 큼지막한 발가락에서 끝난다. 다리에서부터 시작해 뻣뻣하게 주름 잡힌 피부는 실은 피부가 아니라 장갑판이다. 게다가 목덜미에는 작은 뿔이 하나 달려 있다. 이 뿔이 대체 어디서 나왔는지 알 길이 없다. 수염이 지나치게 텁수룩한 동물은 자잘한 비늘과 어찌 보면 전투용 같기도 하고 또 어찌 보면 장식용 같기도 한 소용돌이 문양으로 뒤덮여 있다.

실제 코뿔소와 많이 달랐지만, 실제 코뿔소는 바다에 빠져 죽었기 때문에 뒤러의 상상 속에서 탄생한 코뿔소는 곧이어 유럽인 수백만 명에게 현실이 되었다. 목판 인쇄술이라는 새로운 과학기술 덕분에 그는 판화를 대량 생산함으로써 이 동물에 대한 어마어마한 호기심을 채워줄 수 있었다.

뒤러가 살았던 뉘른베르크는 상업의 중심지이자 초창기 인쇄 공방과 출판업자들의 본거지였다. 1515년 당시 뒤러는 당대의 내로라하는 판화가이기도 했다. 따라서 코뿔소 그림을 이익이 많이 남는 판화로 전환하는 작업을 하기에 뉘른베르크만큼 적절한 곳도 없었다. 뒤러가 살아 있는 동안 판화는 약 4,000

장에서 5,000장가량 팔려 나갔고, 그때 이후로 수많은 사람들이 형태를 달리한 수만 개의 판화를 팔아왔다. 이미지는 일상적 전통이 되었다. 자연사를 다룬 여러 작업 중에서도 특히 뒤러의 코뿔소는 바뀌지 않았다. 나중에 실제 코뿔소를 그린 더 정확한 묘사가 나왔을 때도 마찬가지였다. 17세기에 이르러 뒤러의 코뿔소 판화는 피사 대성당의 현관에서 남아메리카 콜롬비아의 어느 작은 교회 벽화에 이르기까지 도처에서 눈에 띄었다. 지금은 머그잔, 티셔츠, 냉장고 자석에서도 뒤러의 코뿔소를 볼 수 있다.

코뿔소 판화를 제작하고 5년 뒤에 뒤러는 또 한 차례 이국의 문물과 마주쳤다. 1520년 브뤼셀에서 그는 모든 면에서 코뿔소만큼이나 낯설고 신기한 가면과 아즈텍의 동물 모자이크를 보았다. 그는 "내게는 하나하나가 기적보다 더 아름답고 용도가 다양한 경이로운 물건"이라고 그 소감을 썼다. 유럽인들이 맞닥뜨린 신세계는 그들 자신을 바라보는 관점에 심대한 변화를 가져왔다.

PART 16

최초의 세계경제

AD 1450~1650

이 시기에 유럽인들은 처음으로 유럽에서 한참 벗어나는 모험을 감행했다. 서아프리카 해안까지 내려가 인도양으로 들어가는가 하면, 대서양을 횡단하기도 했다. 이 과정에서 몰라보게 발전한 선박기술은 해양 제국의 탄생으로 이어졌는데, 이는 또 최초의 세계경제가 등장하게 되는 계기로 작용했다. 유럽에서 아메리카, 중국, 일본까지 아우르는 세계경제는 스페인 은화를 통화로 사용했다. 그 안에서 네덜란드 동인도회사는 극동에서 유럽까지 물자를 실어 나르며 세계 최초의 다국적기업으로 발돋움했다. 탐험가 겸 상인인 이들은 다양한 문화권과 처음으로 접촉하면서 다양한 결과를 가져왔다. 스페인 탐험가들의 멕시코 도착은 아즈텍의 붕괴로 이어졌다. 반면 포르투갈인들과 베냉 왕국의 관계는 쌍방에게 모두 유익하여 그들은 황동과 상아 및 야자유를 교환했다.

76
갤리언선 모형

독일 아우크스부르크에서 온 모형 배

AD 1585

돛대와 삭구(索具)를 갖춘 배가 항해에 나설 채비를 마쳤다. 선미의 높다란 단상에는 독일 신성로마제국 황제가 앉아 있다. 황제 앞에는 고관대작인 그의 신하들이 길게 늘어선 채 한 사람씩 돌아가며 경의를 표하는 절을 올리고 있다. 선체 깊숙한 곳에서는 오르간이 연주되고 있다. 잠시 뒤 대포가 일제히 불을 내뿜으며 요란한 폭발음과 연기를 토해내자 황제의 갤리언선이 당당하게 앞으로 나아간다.

이 모든 일이 모형 안에서 일어나고 있다. 높이가 40센티미터가량 되는 이 배는 금박을 입힌 구리와 철로 정교하게 만든 모형이다. 이 배는 항해가 아니라 으리으리한 식탁을 굴러다니는 용도로 제작됐는데 시계 기능과 오르골 기능을 동시에 갖춘 장식품이다. 어느 모로 보나, 무역을 확장하고 전쟁을 수행하기 위해 16세기 유럽 전역에서 개발된 갤리언선과 똑같이 생겼다. 이 배의 복잡한 내부 구조는 한때 소음을 동반한 연기를 피워 올리며 열심히 움직였지만, 요즈음은 대영박물관에 조용하게 정박하고 있다. 하지만 여전히 웅장해 보인다. 이 근사한 모형 기계 갤리언선은 르네상스 시대 유럽에서 나온, 지위가 높은 사람을 위한 화려한 장난감 가운데 하나로, 유럽의 조선술뿐 아니라 1450년과 1650년 사이의 유럽 사회를 압축해 보여준다. 200년 동안 유럽의 세계관과 세계에서 유럽이 차지하는 위치에 대한 관점은 완전히 바뀌었다. 유럽의 확장을 이끈 원동력은 갤리언선이었다. 갤리언선은 원양 항해용, 특히 대서양의 바람에 잘 적응하도록 각별히 연구해 제작한 새로운 선박이었다. 유럽의 탐험가들은 이런 배를 타고 거친 바다를 건너 모든 대륙의, 대부분 처음 보는 사회와 만났다.

이 배는 어느 유럽 군주의 만찬 식탁 말고는 폭풍우가 사납게 휘몰아치거나 온갖 위험이 도사리고 있는 바다를 건넌 적이 없지만, 생김새는 저 위대한 유럽의 원양용 선박들과 매우 비슷하다. 헨리 8세의 메리 로즈 호나 특히 1588

년 스페인이 영국에 대항하기 위해 파견한 무적함대 선박과 종류가 같다. 군대와 대포를 실어 나르는 용도로, 대개 세 개의 돛대에 선체가 둥근 전함 형태를 띤 갤리언선은 16세기 해군의 핵심 요소였다. 희한하게도 이 배는 식탁 장식용으로도 인기가 높았고 이런 장식용 배를 가리킬 때는 늘 '네프(nef)'라는 프랑스어를 사용했다.

포츠머스 조선소에서 메리 로즈 호를 연구하고 있는 해양 고고학자 크리스토퍼 도브스는 메리 로즈 호와 이 금박 네프를 다음과 같이 비교한다.

> 메리 로즈 호는 이 네프와 약간 다르다. 시기상으로 약간 빠르다. 그러나 메리 로즈 호는 해전에서 매우 중요한 의미를 지닌다. 전투 목적으로 흘수선 가까이에 여닫이식 포문을 처음 갖춘 전함 중 하나였기 때문이다. 이런 배는 당대를 대변하는 상징이며 매우 중요했다. 요즘으로 치면 우주 왕복선인 셈이었다. 내가 보건대 사람들이 만찬 식탁에서 이런 모형 배가 굴러다니는 모습을 보며 그토록 뿌듯해한 이유는 그것이 단지 근사한 자동 장난감이라서가 아니라 전함의 영광, 즉 당대의 가장 진보한 과학기술을 반영했기 때문인 듯하다.

이 위대한 선박은 당대의 유럽에서 가장 크고 가장 복잡한 기계였다. 모형 금박 갤리언선도 공학기술과 탁월한 예술 감각, 기계 역학과 금 세공술이 하나로 어우러진 걸작이다. 역설 같지만 이 작은 배는 바다에서 수백 킬로미터 떨어져 사는 사람들을 위해 탄생했다. 이 모형 배는 아우크스부르크에서 만들어졌는데 모형 배를 만들었을 가능성이 높은 내륙의 장인 한스 슐로트하임은 원양용 선박을 한 번도 보지 못했을 것이다. 이 배가 만들어진 16세기 후반에 독일 남부의 부유한 은행 도시이자 신성로마제국의 자유 도시 아우크스부르크는 동쪽으로는 폴란드에서 서쪽으로는 벨기에 해협 항구들까지 불규칙하게 뻗어 있는 드넓은 지역의 일부였다. 이 지역 도시들은 모두 신성로마제국 황제 루돌프 2세에게 충성을 서약하고 있었다.

배 갑판에 앉아 있는 인물이 바로 루돌프 2세다. 황제 앞에는 선제후 일곱 명이 도열해 있다. 독일어권 세계의 교회와 국가를 대표한 이 군주들은 새 황제를 선출하는 권리를 행사하는 과정에서 뇌물을 챙겨 부를 축적했다. 이 배는 그런 선제후 가운데 한 명인 작센 공 아우구스투스 1세를 위해 제작됐을 가능성이 크다. 아우구스투스 1세의 재산 목록에는 대영박물관이 소장한 갤리언선

과 거의 정확히 일치하는 품목이 포함돼 있다. 따라서 우리는 그 품목이 이 배가 맞다고 생각한다.

> 시계 기능까지 갖췄고 정교하게 조립된 금박 배. 이 괘종 시계가 매 15분과 1시간마다 울리게 하려면 24시간에 한 번씩 태엽을 감아줘야 한다. 세 개의 돛대 위쪽 망루에 있는 선원들이 15분과 1시간 단위로 빙글빙글 돌아가며 망치로 종을 친다. 안에는 신성로마제국 황제가 보좌에 앉아 있고 그 앞에는 선제후 일곱 명이 전령관들이 지켜보는 가운데 영지를 하사받고 예를 갖추고 있다. 이 밖에 나팔수 열 명과 팀파니 주자 한 명이 번갈아가며 연회의 흥을 돋운다. 아울러 고수 한 명, 근위병 세 명, 소형 대포 열여섯 문이 있다. 대포 열여섯 문 가운데 열한 문은 장전과 발사가 자동으로 이뤄지게 돼 있다

독일 남부의 만찬에 초대받은 손님들은 이 신기하고 놀라운 물건이 돌아다니는 모습을 보며 과연 무슨 생각을 했을까? 그들은 물론 똑똑하고 장난기 가득한 이 자동 시계 장치에 감탄했을 테지만, 그것이 정부를 가리키는 움직이는 상징이라는 사실 또한 분명히 알고 있었을 것이다. 유럽 문화에서는 오래전부터 국가를 배에, 지도자를 선장에 비유해왔다. 키케로는 그런 비유법을 자주 사용했으며, 실제로 '통치자' 또는 '총독'을 뜻하는 영어 단어 'governor'는 '키잡이'를 뜻하는 라틴어 'gubernator'에서 유래했다. 이 라틴어 단어는 그리스어 'kubernetes'에서 유래했는데, '인공두뇌학'을 뜻하는 영어 단어 'cybernetics' 또한 마찬가지다. 따라서 지배, 조종, 로봇공학이라는 개념이 모두 'cybernetics'라는 단어에, 나아가 이 갤리언선에 들어 있다.

이 모형 배가 상징하는 국가는 여느 국가와 달랐다. 신성로마제국은 유럽에서 아주 독특한 현상이었다. 오늘날의 독일은 물론 그 주변 지역까지 폭넓게 아우른 신성로마제국은 모든 점에서 이 갤리언선만큼이나 복잡한 장치였다. 신성로마제국은 오늘날 우리가 생각하는 국가가 아니라 교회가 소유한 땅과 제후들이 차지한 거대한 봉토와 작지만 부유한 도시국가들이 복잡하게 뒤얽힌 그물망 같았다. 다양한 요소들이 평화롭게 공존하면서 황제라는 특정인에 대한 충성심 하나로 단단하게 묶인 결속체는 유럽의 오랜 꿈이었고, 그 꿈은 놀랍도록 적응력이 뛰어나다는 걸 입증해 보였다.

이 금박 갤리언선이 모습을 드러낼 무렵, 국가와 배를 동일시하는 고대의

은유법은 새로운 차원의 의미를 띠기 시작했다. 바야흐로 배는 역학과 공학기술에 대한 뜨거운 관심의 대상으로 떠올랐다. 당시 공학과 과학기술은 유럽 전역의 군주들을 사로잡은 주제이기도 했다. 역사학자 리사 자딘은 이렇게 설명한다.

> 부자와 귀족, 모든 이들이 톱니바퀴와 바퀴와 태엽 장치를 갖춘 장식용 시계 또는 장식용 위치 측정기처럼 공학기술이 들어간 거라면 뭐든 가지고 싶어 했다. 과학 기구를 소장하는 것은 당시의 유행이었다. 그것이 팽창과 발견의 수단이었기 때문이다. 기본적으로 유럽의 물건인 시계 장치는 16세기 초에 적어도 소규모로나마 개발되기 시작한다. 대량생산이 불가능한, 처음부터 끝까지 일일이 사람 손을 거친 이런 모형은 대개 금은 세공인들이 만들었다. 태엽만 감아주면 손대지 않아도 저절로 움직이는 이런 장치는 곧 모든 사람을 사로잡았다. 시계 장치는 한마디로 16세기의 마법이었다.

마법도 마법이지만 시계 장치는 16세기 독일에서 큰 사업이었다. 이 배에서 가장 위대한 기술적 역량은 모형 제작 기술이나 금박 기술이 아니라 시계 공학과 자동으로 움직이는 부품을 작동시킨 공학기술이었다. 사람들은 이런 장치의 정확성과 규칙성, 기계의 우아함을 거듭 강조했다. 당위성은 띠지만 현실성은 거의 없었던 근대 유럽 국가의 이상, 즉 한 가지 목표와 자애로운 군주 한 사람 아래 모든 것이 조화롭게 돌아가는 세상이 바로 이런 기계 장치 안에 구현돼 있었다. 이런 기계 장치의 매력은 유럽 너머까지 미쳤다. 중국 황제와 오스만제국 술탄은 이 갤리언선 같은 자동 장치를 선물로 받고 크게 기뻐하며 애지중지했다. 드레스덴에서 교토에 이르기까지 전 세계의 군주들이 자신의 명령에 따라 한 치 오차도 없이 일사불란하게 움직이는 물체를 보면서 얼마나 기뻐했겠는가? 다스리기가 이만저만 까다롭지 않은 실제 세상과는 여간 다르지 않았다.

이런 자동 장치는 단순히 부자들의 장난감으로만 그치지 않았다. 실험과학, 역학, 공학, 영구 운동에 대한 탐색, 자연의 작동 원리를 파악해 세상을 지배하려는 욕망은 16세기에도 있었고, 그 중심에 바로 이런 자동 장치가 있었다. 더욱이 이런 장치는 기계의 힘을 빌려 생명을 흉내 내려는 욕구를 대변한다. 이는 결국 현대의 자동화 기기와 인공두뇌학으로 발전하기에 이르렀다. 어찌 보면 이미 1600년께부터 세상 전체를 기계 장치로 인식하는 관점, 즉 우주를 다루기가 복잡하고 까다롭긴 하지만 결국 관리하고 통제할 수 있는 기계로 바라보는 관점이 구체화되기 시작한 셈이었다.

갤리언선이 상징하는 국가인 신성로마제국은 짐스러운 정부 구조와 종교 갈등이라는 장애를 안은 채 폭풍우가 거센 바다를 어렵사리 헤쳐 나가고 있었다. 동쪽으로는 투르크에 둘러싸인 가운데 서쪽으로는 포르투갈, 스페인, 프랑스, 영국, 네덜란드 같은 대서양 연안의 서유럽 국가들이 드리우는 그늘에 가려 점차 빛을 잃어갔다. 이 무렵 이런 다른 나라들은 갤리언선으로 대표되는 새로운 원양 항해 기술을 등에 업고 다른 세상과 대화를 나누기 시작했다. 이는 그들에게 유례없는 부를 안겨주면서 결국 유럽에서 힘의 균형을 뒤엎기에 이르렀다. 이런 금박 갤리언선 같은 배로 항해하면서 그들은 눈이 부시도록 화려하고 세련된 문화를 자랑하는 전 세계의 왕국과 제국을 만나고 그곳 사람들과 교역했다. 그리고 그 과정에서 가끔 오해가 있었고, 또 더러는 파괴를 불러오기도 했다. 넓은 관점에서 보면 그런 원양 탐험이 오늘날 우리가 살고 있는 세계를 만들었다고 해도 지나친 말이 아니다. 다음 장에서는 유럽인들이 이 새로운 배를 타고 처음 도착한 세계의 첫 부분, 곧 서아프리카를 둘러볼 예정이다.

77
베냉 장식판, 오바와 유럽인들

나이지리아 베냉에서 온 황동 장식판

AD 1500~1600

2001년에 실시한 영국 인구 통계 조사 결과 런던 시민 스무 명 가운데 한 명 이상이 아프리카 흑인의 후손인 것으로 나타났으며 그때 이후로 이 수는 계속 증가해왔다. 오늘날 영국인의 삶과 문화는 아프리카 요소를 강하게 띠고 있다. 이런 발전은 아프리카와 서유럽의 관계를 보여주는 역사에서 가장 최근에 일어난 일일 뿐이며, 그 혼란스럽고 기나긴 역사에서 베냉 장식판은 알려진 바대로 독특한 위치를 차지한다.

오늘날의 나이지리아에 해당하는 곳에서 16세기에 만들어진 베냉 장식판은 실은 청동이 아니라 황동을 재료로 사용했다. 크기는 A3 용지와 비슷하며 베냉의 통치자 오바의 승리와 오바의 궁정에서 치른 각종 의식을 고부조 형태로 보여주고 있다. 장식판은 모두 뛰어난 예술 작품일 뿐 아니라 금속 주조술의 승리이기도 하다. 아울러 유럽과 아프리카가 만나는 역사에서 서로 판이하게 다른 두 시기를 기록한 자료이기도 하다. 첫째 시기가 평화와 상업을 특징으로 삼는다면 둘째 시기는 피비린내가 진동한다.

16부에서 우리는 유럽이 16세기에 처음으로 더 넓은 세상과 만나 교역하게 되는 과정을 보여주는 물건을 살펴보게 될 것이다. 우리가 곧 살펴볼 훌륭한 조각들은 아프리카 처지에서 바라본 만남을 기록하고 있다. 현재 유럽과 미국의 여러 박물관에는 이런 베냉 장식판 수백 점이 소장돼 있는데, 이들은 서아프리카 왕국의 구조를 놀랍도록 자세하게 보여준다. 주로 사냥꾼이자 전사인 오바와 그의 용맹성을 찬양하는 내용이지만, 베냉 주민들이 처음 만난 유럽인 무역 상대자를 어떻게 바라봤는지에 대해서도 이야기해준다.

오바의 위풍당당한 모습은 사진의 장식판을 지배하고 있다. 이 장식판은 약 40센티미터 크기 정사각형으로, 놀랍게도 황동빛이 아니라 구릿빛을 띠고 있다. 모두 다섯 명이 묘사돼 있는데 세 명은 아프리카인이고 두 명은 유럽인이다. 그중 누구보다도 당당한 모습으로 왕좌에 앉은 채 왕관처럼 보이는 높다

XVI.4
98
1-15
23

란 투구를 쓰고 우리를 똑바로 바라보는 인물이 바로 오바다. 그의 목은 어깨에서 아랫입술 바로 밑까지 친친 휘감은 커다란 고리 여러 개에 가려 보이지 않는다. 그는 오른손에 의식용 도끼를 들고 있다. 그의 양옆에는 궁정 고관 둘이 각각 무릎을 꿇고 앉아 있다. 고관들의 차림새는 대체로 오바와 매우 비슷하지만 투구 장식이 좀 더 밋밋하고 목에 거는 고리도 더 적다. 둘 다 조그만 악어 머리들을 매단 허리띠를 차고 있는데 이 악어 머리는 유럽인과 교역할 수 있는 권한을 나타내는 징표다. 그들 뒤로 아주 작은 유럽인 두 명의 머리와 어깨가 둥둥 떠다니는 모습을 볼 수 있다.

이 두 유럽인은 1470년대부터 갤리언선을 타고 아프리카 서쪽 해안을 거쳐 인도로 향하던 포르투갈인들이다. 그들은 서아프리카의 후추와 상아와 황금에도 관심이 많았다. 그들은 해로로 서아프리카에 처음 도착한 유럽인이었고 지역 주민들은 그들의 대형 원양용 선박을 보고 깜짝 놀랐다. 그전까지만 해도 서아프리카와 유럽 사이의 교역은 낙타에 물자를 싣고 사하라를 넘나드는 중간상인을 통해 이뤄졌다. 이런 중간상인들을 모두 제치고 훨씬 더 많은 화물을 운반할 수 있었던 포르투갈의 갤리언선은 완전히 새로운 교역 기회를 열어놓았다. 포르투갈의 갤리언선과 그 뒤를 이어 16세기 후반에 나타난 네덜란드와 영국 경쟁자들은 금과 상아를 실어 유럽에 부려놓고, 지중해산 산호와 오바의 궁정에서 돈으로 사용될 만큼 귀하게 대접받은 인도양산 별보배고둥 껍질, 극동의 천, 그때까지 서아프리카에 이르렀던 황동을 모두 합친 양보다 훨씬 더 많은 유럽산 황동 등 전 세계에서 나는 상품을 싣고 다시 서아프리카로 향했다. 이렇게 가져온 황동이 베냉 장식판을 만드는 원료가 되었다.

유럽의 방문객들은 왕국의 영적 수장이자 세속적 수장이라는 오바의 지위에 깜짝 놀랐다. 베냉 황동 장식판들은 대부분 그를 찬양하는 내용 일색이다. 그런 장식판은 유럽 궁정을 치렁치렁 장식한 벽걸이 융단처럼 오바의 궁전 벽에 걸려, 방문객들에게 통치자의 업적과 왕국의 부를 과시하는 역할을 했다. 초창기의 한 네덜란드 방문객은 그 효과를 다음과 같이 자세히 묘사했다.

> 왕의 궁정은 정방형이다. (중략) 으리으리한 궁전 건물과 궁정 대신들의 주택가로 나뉘는 왕의 궁정은 아름답고 길쭉한 사각형 모양을 한 아주 말끔한 회랑들이 주를 이루는데, 회랑은 각각의 면적이 암스테르담에 있는 무역소만 하며, 천장에서 밑바닥까지 전쟁의 공적과 전투 장면을 새긴 구리판으로 장식

돼 있고 굉장히 깨끗하게 보관돼 있다.

15세기와 16세기에 베냉을 방문한 유럽인들은 해외 무역은 물론 삶의 모든 측면을 관할하는 행정력까지 모든 점에서 유럽의 궁정 못지않게 체계적이고 조직적인 사회를 목격했다. 베냉 궁정은 그야말로 국제적인 곳이었고, 이는 나이지리아 태생인 조각가 소카리 더글러스 캠프를 깊이 사로잡은 베냉 장식판의 한 측면이기도 하다.

> 오바를 묘사한 그 시대 그림에서도 그는 목에 누구보다도 많은 산호 고리를 걸치고 있으며 가슴에도 산호를 달고 있다. 나이지리아의 가장 두드러진 특징은 산호와 산호 제품이 실은 우리 해안에서 나지 않는다는 점이다. 산호는 포르투갈 같은 나라에서 난다. 따라서 이런 모든 이야기는 내게 늘 중요한 의미를 지닌다. 우리는 산호 공예를 나이지리아의 고유한 전통으로 여기지만, 알고 보면 교역으로 확립된 전통이다.

장식판을 만드는 데 필요한 황동은 대개 '마닐라'라는 커다란 팔찌 형태로 수송됐다. 양은 실로 어마어마했다. 1548년 독일의 한 상단은 서아프리카 시장에 내다 팔 황동 마닐라 432톤을 공급하는 계약을 포르투갈과 체결했다. 이 장식판에서 우리는 유럽인 두 명 중 한 명이 마닐라를 들고 있는 모습을 볼 수 있는데, 이는 이 장식판의 내용을 이해하는 데 가장 중요한 요소다. 전체 장면은 유럽과의 교역을 주관하는 관리들과 함께 있는 오바를 보여주며 아프리카인 세 사람은 전방에 아주 크게 묘사돼 있다. 반면 긴 머리에 화려한 깃털 모자를 쓴 유럽인 둘은 뒤쪽에 아주 왜소하게 묘사돼 있다. 여기서 마닐라는 유럽산 황동이 베냉 장인들이 예술품을 만들 때 단순히 재료일 뿐이었다는 사실을 보여준다. 장식판은 교역 과정을 처음부터 끝까지 통제한 쪽은 아프리카인이었다는 사실을 뒷받침하는 증거 그 자체이다. 황동 장식판의 수출을 일절 금지한 것도 그런 통제 조치 가운데 하나였다. 16세기에 베냉에서 수출한 상아 공예품은 유럽에서 널리 알려졌지만 베냉 장식판은 오바의 몫으로 따로 남겨진 채 그 나라를 벗어나지 못했다. 1897년 전까지 유럽에서는 아무도 이런 장식판을 보지 못했다.

1897년 1월 13일자 《타임스》는 '베냉의 재앙'이라는 제목으로 기사를 내

보냈다. 영국 사절단이 중요한 종교 행사 기간에 베냉 시에 들어가려다가 그중 몇몇이 주민들에게 공격을 받고 사망했다는 내용이었다. 실제로 무슨 일이 있었는지는 분명치 않으며 그 때문에 사건을 둘러싸고 지금까지도 말들이 많다. 사실 여부는 둘째치고, 영국은 복수를 핑계로 내세워 징벌 원정대를 파견했다. 원정대는 베냉 시를 급습해 오바를 추방하고 남부나이지리아보호령을 세웠다. 이 공격을 통해 베냉에서 노획한 전리품에는 상아 공예품과 산호 장신구 말고도 황동 조각과 장식판 수백 점도 들어 있었다. 이 가운데 상당수는 원정대의 비용을 대기 위해 경매로 팔려나가 전 세계 박물관으로 뿔뿔이 흩어졌다.

생전 처음 보는 조각들이 도착하자 유럽은 발칵 뒤집혔다. 조각들은 아프리카 역사와 아프리카 문화를 바라보는 유럽인의 시각을 완전히 바꿔놓았다고 해도 과언이 아니다. 장식판을 처음 보고 그 품격과 중요성을 알아본 사람들 중에는 대영박물관 큐레이터 찰스 허큘리스 리드도 포함돼 있었다.

> 이 뛰어난 예술 작품을 처음 보는 순간 우리는 모두 뜻하지 않은 발견에 깜짝 놀랐을 뿐 아니라 그토록 미개한 인종 사이에서 이토록 훌륭한 예술이 나왔다는 사실을 어떻게 설명해야 할지 몰라 무척 당황했다는 사실은 애써 밝힐 필요도 없으리라.

구구한 억측들이 쏟아져 나왔다. 사람들은 장식판이 보나마나 고대 이집트에서 나왔거나 베냉 사람들은 어쩌면 이스라엘의 사라진 부족 가운데 하나일지도 모른다고 생각했다. 아니면 유럽의 영향을 받은 결과가 분명하거나(어쨌든 이 장식판을 만든 사람들이 당대의 미켈란젤로나 도나텔로 또는 첼리니와 동시대인이었다는 소리다). 그러나 조사 결과 베냉 장식판은 유럽의 영향과는 아무 상관도 없고 순전히 서아프리카의 창작물인 것으로 밝혀졌다. 유럽인들은 더 볼 것도 없이 자신들의 문화가 더 우수하다는 가정을 다시 끄집어내 철저히 점검해야 했다.

16세기에 유럽과 서아프리카 사이에서 동등하고 조화롭게 이뤄진 교류가 19세기 말에 이르면 거의 아무 흔적도 남기지 않은 채 유럽인의 기억에서 사라지고 말았다는 사실은 어리둥절하다. 아마도 훗날 둘의 관계가 대서양 노예무역에 이어 아프리카를 차지하려는 유럽의 이전투구에 좌우됐기 때문이 아닐까 싶다. 1897년의 징벌 원정대는 수많은 유혈 사건 가운데 하나였을 뿐이다. 원정대의 베냉 급습과 그곳의 위대한 예술 작품의 강탈은 베냉 문화를 전 세계에 알려 찬탄을 자아내는 효과를 가져왔을지는 몰라도 수많은 나이지리아인들의 의식 속에 상처를 남겨놓았다. 상처는 오늘날까지도 여전히 얼얼하게 느껴진다. 노벨상을 수상한 나이지리아 작가 월레 소잉카는 그 점에 대해 이렇게 말한다.

> 베냉 장식판을 볼 때면 곧바로 기술과 예술의 승리가, 그 둘이 만들어내는 조화가 떠오른다. 응집력 강한 고대 문명이 떠오른다. 그리고 그때마다 자긍심이 커지며 아프리카 사회가 실은 위대한 문명과 문화를 건설했다는 깨달음을 얻는다. 외국 세력이 개입하기 전만 해도 우리는 유능한 사람들이었다는 사실을 까맣게 잊어버릴 정도로 수많은 아프리카 사회를 괴롭혀온 열등감이 부끄러워진다. 약탈당한 유물은 오늘날에도 여전히 정치적으로 중요한 의미를 지닌다. 다른 유물과 마찬가지로 베냉의 유물 또한 오늘날의 아프리카와 특히 나이지리아 정치에서 여전히 매우 큰 비중을 차지한다.

강렬한 감동을 불러일으킨 베냉 장식판은 100년 전 처음 유럽에 도착했을 때처럼 오늘날에도 여전히 우리에게 감동을 안겨준다. 이 장식판은 시선을 사로잡는 예술 작품이기도 하지만 그와 동시에 16세기에 유럽과 아프리카가 서로 동등한 조건에서 교류했을 뿐 아니라 식민지의 이야기를 전하는 물건을 놓고 경합했다는 사실을 보여주는 증거이기도 하다.

머리가 둘 달린 뱀

멕시코에서 온 모자이크 장식 조각상

AD 1400~1600

오늘날 멕시코시티를 방문하는 사람이라면 누구나 깃털을 꽂고 몸에 요란하게 칠을 한 거리의 악사들이 아즈텍 양식의 북을 두드리는 소리를 듣게 될 것이다. 사실 이 악사들은 단순히 행인을 즐겁게 하고 있는 게 아니라 사라진 아즈텍의 기억을 되살리고 있는 것이다. 아즈텍은 15세기에 멕시코를 지배한 강력하고도 고도로 조직화된 국가였다. 악사들은 자신들이 1521년 스페인 정복자들에게 잔인하게 영토를 유린당한 황제 몬테수마 2세의 후손이라고 믿게 할 것이며, 내킨다면 그렇게 믿어도 좋다.

스페인의 정복 과정에서 아즈텍 문화는 대부분 파괴됐다. 그렇다면 우리는 이 악사들이 기리고 있는 아즈텍인에 대해 과연 얼마나 알 수 있을까? 사실 아즈텍 제국에 대한 설명은 거의 모두 제국을 뒤집어엎은 스페인 사람들이 남긴 기록에 의존하고 있다. 따라서 우리는 그 설명을 회의론자의 입장에서 아주 꼼꼼하게 읽어야 한다. 그러고 나서 더욱 중요하게는 순수한 아즈텍 자료라고 볼 수 있는 것, 즉 현재까지 살아남은 아즈텍의 유물들을 면밀히 조사해야 한다. 이런 유물이야말로 정복당한 민족이 남긴 생생한 기록이기 때문이다. 우리는 이 기록을 통해 역사에서 사라진 사람들이 전하는 이야기를 조금이나마 들을 수 있다.

16세기 초만 해도 아즈텍인들은 자신들이 곧 파멸하리라는 생각은 하지도 못했다. 그도 그럴 것이 아즈텍은 북쪽으로는 텍사스에, 남쪽으로는 과테말라에 이르는 지역과 교역망을 호령하는 젊고 활기찬 제국이었고, 그들의 영토에는 오늘날의 멕시코도 포함돼 있었다. 번영일로에 있던 아즈텍의 문화는 그들에게는 금보다 더 귀한 정교한 예술 작품을 쏟아냈다. 터키옥으로 만든 모자이크가 바로 그것이다.

터키옥으로 만든 모자이크와 다른 아즈텍의 보물 몇 점을 1520년대에 스페인 사람들이 유럽에 소개하자 유럽은 발칵 뒤집혔다. 유럽인들에게는 전혀

알려지지 않은 아메리카 대륙의 위대한 문명이자 모든 점에서 유럽 문명 못지 않게 세련되고 사치스러운 문명이었기 때문이다. 이 머리가 둘 달린 뱀은 최고 경지에 오른 장인의 솜씨와 사람을 끌어당기는 이상한 마력을 유감없이 보여주는, 몇 안 되는 아즈텍 유물 중 하나다.

구불구불 곡면을 이루는 나무틀에 터키옥 조각 2,000여 개를 빈틈없이 붙여 만든 뱀은 폭이 약 40센티미터에, 높이는 그 절반인 20센티미터 남짓 된다. 옆모습을 보이는 뱀은 몸통 하나에 머리 두 개가 달려 있다. 'W' 자 형태로 똬리를 틀고 있는 몸통 양 끝에 사납게 이빨을 드러낸 머리가 각각 달려 있다. 뱀의 몸통은 터키옥으로 완전히 뒤덮여 있는데, 콧등과 잇몸에는 눈이 부실 만큼 새빨간 조가비가 들어갔고 크고 무시무시한 독니에서 절정을 이루는 이빨은 하얀 조가비로 강조했다. 뱀을 마주 보고 시선을 위아래로 움직이면서 빛이 터키옥을 희롱하는 대로 가만히 지켜보고 있으면 마치 살아 있는 듯 색깔이 시시각각 바뀌면서 뱀의 비늘이라기보다 햇빛을 받아 반짝거리는 깃털처럼 보인다. 이는 뱀이기도 하면서 동시에 새이기도 한 유물이다. 신비하면서도 불안한 느낌을 자아내는 매우 수준 높은 예술 작품이자 원시의 힘을 전달하는 매개체이기도 하다. 덕분에 우리는 마법의 힘에 휩싸이게 된다.

뱀을 만든 방식을 살펴보면 유용한 정보를 많이 얻을 수 있다. 대영박물관 보존 부서에서 일하는 레베카 스테이시는 이 유물을 이루는 재료뿐 아니라 2,000여 개에 이르는 조각을 흐트러지지 않게 붙잡아주는 수지 또는 접착제도 조사해왔다.

> 우리는 각종 분석 작업을 통해 현존하는 다양한 조가비의 성분을 비교하고 관찰해왔다. 입과 코 주변에 사용된 밝은 빨간색 조가비는 가시국화조개 껍데기다. 이 조가비는 고대 멕시코에서 아주 귀하게 취급됐다. 눈부시도록 선명한 주홍빛을 띠는 데다 굉장히 깊은 곳까지 잠수해야 구할 수 있었기 때문이다. 식물 수지인 접착제도 의식용으로 중요한 재료였다. 향과 제물에 쓰인 것과 재료가 같기 때문이다. 이 접착제는 그 자체로도 굉장히 중요한 의식적 용도를 지녔다. 아주 다양한 식물 수지가 사용됐는데 상당히 흔한 소나무 수지 외에 감람나무 수지도 있다. 감람나무 수지는 향기가 아주 좋아서 멕시코에서는 오늘날까지도 향 재료로 사용한다.

그렇다면 이 신비한 유물의 다양한 요소들은 말 그대로 신앙의 접착제로 한데 붙박여 있는 셈이다. 레베카 스테이시를 비롯해 전 세계의 과학자들은 터키옥이 아주 멀리서 운반돼 왔다는 사실을 밝혀냈다. 일부는 지금의 멕시코시티인 수도 테노치티틀란에서 수천 킬로미터 넘게 떨어진 곳에서 캐 오기도 했다. 터키옥과 조가비와 수지 같은 물자는 그 지역 전체에서 광범위하게 거래됐지만, 이 뱀을 만든 재료들은 강제로 거둬들인 공물이었을 가능성이 높다. 즉 정복된 부족에게서 징수한 일종의 세금이었다. 아즈텍 제국은 스페인 세력이 도래하기 약 1세기 전인 1430년대에 세워져 호전적인 군대와 황금 공물과 노예, 그리고 여러 속국에서 정기적으로 (마지못해) 테노치티틀란으로 보내오는 터키옥으로 유지됐다. 교역과 조공으로 형성된 부를 이용해 아즈텍인들은 도로와 제방, 운하와 수로뿐 아니라 거대한 도시를 건설했다. 스페인 군대는 제국 곳곳으로 진격하면서 거대 도시의 풍광에 압도당했다.

> 아침나절에 우리는 드넓은 둑길에 이르러 계속 행군했다. (중략) 물 한가운데 자리 잡은 수많은 도시와 마을들, 그 외 마른 땅에 자리 잡은 웅장한 도시를 보고 우리는 놀라움을 감추지 못했으며, 물에서 불쑥 솟은 거대한 벽돌 탑과 건물들을 두고 아마디스(중세 기사도의 전형을 이루는 기사로, 이곳저곳을 여행했다고 한다: 옮긴이) 전설에 나오는 마법의 세계 같다고 말했다. 몇몇 병사들은 우리가 보고 있는 광경이 꿈인지 생시인지 묻기까지 했다.

터키옥은 매우 귀했던 만큼 깊은 인상과 두려움을 동시에 심어주는 것이 목적인 성대한 의식에서 중심을 차지했다. 제국은 이런 '충격과 공포' 정책을 통해 행정력을 유지했다. 우리는 도미니크수도회 수도사 디에고 두란의 저작으로 이런 사실을 알고 있다. 두란은 아즈텍인들을 매우 안쓰럽게 여기며 그들의 언어를 배워 그들의 역사와 문화를 세상에 알렸다. 따라서 비록 그가 스페인 사람이었다 하더라도 조공 의식을 묘사하는 설명은 어느 정도 믿어도 될 듯하다.

> 사람들은 조공으로 바칠 황금, 장신구, 고급스러운 옷, 깃털 장식품, 보석 등을 가지고 참석했다. 모두 더없이 가치가 높은 데다 양도 어마어마하게 많았다. (중략) 어찌나 많은지 수를 헤아리거나 가치를 따질 수조차 없었다. 이 모든 과정은 그들의 적과 손님과 이방인들 앞에서 위엄과 통치권을 과시하는 한

편 공포와 두려움을 심는 데 목적이 있었다.

터키옥은 아즈텍 지배자 몬테수마 2세의 예복에서도 핵심 요소였다. 그는 터키옥 왕관, 터키옥 코뚜레, 터키옥 구슬로 장식한 허리 싸개를 착용하고 인간을 제물로 바치는 성대한 의식을 주관했다. 머리가 둘 달린 뱀은 그런 종교 의식에서뿐 아니라 어쩌면 1502년에 열린 몬테수마 2세의 대관식에서도 몸에 걸치거나 들고 나왔을 확률이 높다. 이 유물은 상징적으로 아주 큰 의미를 지녔을 것이다. 귀한 터키옥이 들어갔을 뿐 아니라 전설의 뱀을 빚은 것이기 때문이다. 시인이자 작가인 아드리아나 디아스 엔시소는 뱀과 아즈텍 신들, 그중에서도 특히 깃털 달린 위대한 뱀신 케트살코아틀의 연관성을 다음과 같이 설명한다.

> 아즈텍인들에게 뱀은 재생과 부활을 상징하는 중요한 존재였다. 테노치티틀란에 있는 케트살코아틀의 신전에 가면 농작물이 잘 자라도록 입으로 물을 내뿜어 밭에 뿌리는 뱀 부조를 볼 수 있다. 따라서 뱀은 비옥을 뜻한다. 뱀은 피라미드와 사원 벽에도 그려져 있다. 몇몇 부조와 그림에서 케트살코아틀은 온몸이 깃털로 뒤덮인 뱀으로 묘사된다. 케트살이라는 새와 대지의 상징인 뱀이 혼재돼 있는 케트살코아틀은 하늘의 권세와 땅의 권세를 상징하며 그런 의미에서 영원과 부활을 상징하기도 한다.

머리가 둘 달린 이 뱀을 다시 잘 살펴보면 작고 정교하게 각도를 잡은 터키옥 조각들이 케트살이라는 새의 청록색 꼬리 빛깔과 비슷한 색을 띠고 있으며, 케트살의 무지갯빛 깃털처럼 반짝거리도록 일부러 비스듬하게 깎았다는 사실을 알 수 있다. 이 뱀은 실제로 케트살코아틀 신의 상징일지도 모르며, 만약 그렇다면 스페인 장군 에르난 코르테스의 멕시코 도착을 둘러싼 중요한 사건들과 직접 관련된다.

당시를 기록한 스페인 자료들은 코르테스와 몬테수마 2세의 만남을 전하면서 몬테수마 2세가 코르테스를 케트살코아틀 신의 화신으로 여겼다고 전한다. 아즈텍에서 케트살코아틀은 대서양을 떠다니다가 어느 날 턱수염을 기르고 피부가 하얀 남자로 변신하여 돌아오게 된다는 전설이 내려온다. 이를 근거로 스페인 기록자들은 몬테수마 2세가 군대를 소집하는 대신 코르테스에게 예를 표하며 신에게 걸맞은 진기한 선물들을 줬다고 설명한다. '터키옥을 아로새긴 뱀 지팡이'도 그런 선물 가운데 하나였다고 기록한다. 이 지팡이는 어쩌면 머리가 둘 달린 바로 이 뱀이었을지도 모른다.

전체 진상이 어땠는지는 아마도 영원히 알 수 없을 듯하다. 그러나 우리는 아즈텍의 조공 체계가 피정복민들의 분노를 사면서 그들중 상당수가 스페인 침략자들 편에 섰다는 사실을 분명히 알고 있다. 불만을 품은 토착민 군대의 지원이 없었다면 스페인 침략자들은 결코 멕시코를 정복하지 못했을 것이다. 머리가 둘 달린 이 뱀은 이에 걸맞게 두 가지 이야기를 전한다. 이 뱀은 예술적, 종교적, 정치적으로 절정기에 이른 아즈텍 제국의 기록이자, 피정복민들의 반란을 부추겨 결국 제국을 파멸로 이끈 체계적인 억압의 증거물이기도 하다. 곧이어 몬테수마 2세는 목숨을 내놓아야 했고 테노치티틀란은 스페인 군대 손에 잿더미로 쪼그라들었다. 이로써 황제도, 수도도 잃은 아즈텍 제국은 사실상 끝장나고 말았다. 이런 재앙에 뒤이어 유럽의 무시무시한 질병, 특히 천연두의 충격이 온 나라를 휩쓸었다. 스페인 세력이 도래한 지 20여 년 만에 토착 인구의 90퍼센트가 사망한 것으로 추정된다. 그 뒤 멕시코는 캘리포니아에서 칠레와 아르헨티아에 이르는 스페인의 광대한 아메리카 제국의 중요한 일부로 편입됐다. 나중에 살펴보겠지만 이 제국은 스페인과 아메리카뿐 아니라 그 너머로까지 영향력을 행사하게 된다.

79
가키에몬 코끼리

일본에서 온 자기 인형

AD 1650~1700

세계 거의 모든 지역에서 흰 코끼리는 예나 지금이나 힘과 중대한 조짐을 상징한다. 동남아시아 군주들은 흰 코끼리를 귀히 여겼고 부처의 어머니는 흰 코끼리가 나오는 태몽을 꿨다. 하지만 흰 코끼리가 마냥 축복이기만 한 것은 아니었다. 왕이 선물로 내린 흰 코끼리는 함부로 일을 시킬 수가 없고 유지비가 엄청나게 들어갔다. 그 때문에 '흰 코끼리'라는 말은 처치 곤란한 사치품이라는 의미로 자리 잡게 됐다. 대영박물관에도 거의 흰색이랄 수 있는 코끼리가 두 마리 있다. 이 두 녀석 역시 별다른 쓸모가 없이 값만 많이 나간다(오늘날 기준으로 치면 몇천 파운드는 족히 나갔을 것이다). 그러나 바라보고 있으면 무척 즐거운 데다 17세기에 한국, 중국, 일본 세 나라 사이에서 형성된 힘의 균형과 관련해 놀라운 이야기를 들려준다. 게다가 다국적기업의 탄생 비화까지도 전해준다.

대영박물관이 소장한 코끼리들은 1660년과 1770년 사이에 일본에서 배에 실려 유럽으로 왔다. 몸집은 요크셔테리어만 하며 코와 어금니가 기다래서 누가 봐도 코끼리가 분명하다. 이런 점을 제외하면 무척 놀라운 점을 지닌 물건이다. 아름다운 우윳빛이 감도는 흰색 자기 몸통은 여기저기에 법랑으로 칠한 넓은 장식이 있다. 다리는 군데군데 붉은색 점을, 등은 안장을 나타내는 푸른색 무늬를, 귀 안쪽은 앵초빛 노랑색에, 귀 가장자리는 붉은색을 띠고 있다. 귀를 보면 아시아코끼리가 분명하다. 눈은 일본인의 눈매를 빼다 박았다. 한 번도 본 적이 없는 생명체를 상상하며 이 코끼리를 만든 듯 보이는 예술가는 어느 모로 보나 일본인임이 틀림없다.

기운 넘치는 이 자기 코끼리들은 일본과 이웃 나라 중국과 한국의 복잡한 관계를 그대로 반영하고 있지만, 16세기와 17세기에 아시아와 서유럽을 밀접하게 연결한 교역 관계를 보여주기도 한다. 이 시기에 직접적인 접촉이 시작된 이후로 유럽은 일본의 예술품과 공예품에 뜨거운 열정을 보여왔다. 가키에몬 양식 자기에 대한 유럽인의 열렬한 관심은 17세기부터 시작됐다. 모험적인 사업가 정신이 투철한 도공 가키에몬이 개발했다고 알려져 있는 이 특별한 자기 기술은 세대에서 세대를 거치며 일본의 고유한 공예 기법으로 자리 잡았다. 위의 코끼리가 바로 가키에몬 양식으로, 17세기 유럽의 대저택에 가보면 가키에몬 양식 코끼리나 다른 제품이 가구 위와 벽난로 위 선반을 차지하고 있는 모습을 흔하게 볼 수 있었다. 섬세한 일본 자기 인형의 초창기 수집품으로 유명한 링컨셔의 벌리 하우스에도 가키에몬 코끼리가 있다.

자기를 수집한 엑서터 경의 직계 후손인 미란다 록은 유물을 입수한 경위를 이렇게 설명한다.

> 이 자기 수집품은 우리의 위대한 수집가 5대 엑서터 백작인 존과 부인 앤 캐번디시가 거둔 쾌거가 아닐 수 없다. 두 분은 여행광이셨다. 우리가 알기로 일본 도자기는 1688년부터 이곳에 있었던 것 같고, 소장품 목록에 그렇게 적혀 있다. 아마도 존이 매우 친하게 지낸 수완 좋은 중개상이 있었던 듯한데, 이곳 벌리에는 일본 자기가 엄청나게 많기 때문이다. 일본 도자기는 당시 큰 유행이었다. 이곳에는 이 경이로운 코끼리들을 비롯해 훌륭한 일본 도자기가 꽤 있다.

우리는 수소문 끝에 14대 가키에몬 도공을 찾아냈다. 이 기술을 맨 처음 개발한 도공의 후예라고 주장하는 그는 오늘날 일본의 살아 있는 국보이다. 실제로 그는 400여 년 전 엑서터 경의 자기 동물원을 장식한 도공의 직계 후손일지도 모른다. 그는 일본 자기의 탄생지인 아리타에서 생활하며 자기를 빚고 있다. 그의 집안은 몇 세기째 그곳에서 도공 일을 해왔다.

> 가키에몬 집안은 400년 가까이 가키에몬 양식의 채색 자기를 만들어왔다. 아리타 주변에는 수천 년 세월을 거치는 동안 날씨의 영향으로 저절로 산화된 자기석이 많다. 가키에몬 집안은 에도시대 이후로 이런 천연 재료를 사용해왔다. 기술을 완전히 익혀 최고 경지에 오르려면 보통 30년에서 40년이 걸리는데, 그래서 다음 세대를 양성하는 것이 언제나 큰 문제다.
>
> 코끼리 피부의 반질반질한 유약은 '니고시데'라는 기술이다. 아리타에서 개발된 기술인데 우리는 이 기술을 보존하려고 노력해왔다. 완전히 흰색이 아니라 우윳빛이 감도는 따뜻한 흰색이다. 나는 이 기술이 에도시대에 시작된 가키

에몬 자기의 출발점이라고 생각한다.

나는 전통 도구를 사용한다. 나뿐 아니라 일본 장인들은 대개 그러하며 이를 통해 전통 기술을 계속 살리려 한다. 일본에는 고유한 미학이 있으며 많은 이들이 미학을 지키려고 노력한다. 사람들은 내가 구식만 고집한다고 생각할지 몰라도 나는 내가 만드는 작품에 전통 요소뿐 아니라 현대 요소도 녹아 있다고 생각한다. 우리는 대영박물관의 코끼리가 특별하다고 생각한다. 우리 집에도 조그만 코끼리가 하나 있다.

잘 알다시피 중국은 자기의 본고장으로, 몇 세기 넘게 대량으로 자기를 수출했다. 16세기 들어 유럽은 자기, 특히 청화백자(64장)에 열광했다. 청화백자를 탐내는 유럽 부자들의 욕심이 식을 줄을 모르자 상인들은 중국에서 공급하는 물량과 수요를 맞추기 위해 진땀깨나 흘려야 했다. 1583년 이탈리아의 한 상인은 답답한 심정을 이렇게 기록했다.

이제 우리에게 남은 것이라곤 쓰레기밖에 없다. 굶주린 사람이 무화과를 바구니째 받아들면 처음엔 잘 익은 것만 골라 먹지만 나중엔 손가락으로 이것저것 찔러보다가 결국 설익은 것도 아랑곳하지 않고 차례차례 다 먹어치우는 형상이다.

그러나 새로운 공급자가 급성장하는 시장에 뛰어들 채비를 하고 있었다. 15세기에 한국은 이미 중국에서 받아들인 기술과 정보를 바탕으로 백자를 만들 수 있는 기술을 갖추고 있었다. 이 비밀은 전쟁을 통해 일본으로 건너갔다. 16세기 후반 일본은 거대한 야심을 지닌 군사 지도자 도요토미 히데요시의 깃발 아래 하나로 통일됐다. 1590년대 들어 히데요시는 명나라를 치는 데 걸림돌만 될 뿐인 한국을 두 차례에 걸쳐 침략했다. 일본은 중국과 한국 점령에는 실패했지만 한반도에서 잡아간 도공들을 통해 중요한 자기 기술을 손에 넣었다. 한국학 학자 지나 하 골런은 세 문화 사이의 오랜 역학관계를 이렇게 설명한다.

한국, 중국, 일본은 선사시대 때부터 가까운 관계를 맺어왔다. 문화 교류에서 대개 중국이 먼저 기술과 솜씨를 개발해 발전시키면 한국이 이를 받아들여 일본에 소개했다. 이삼평은 16세기 말 일본의 침략 기간에 한국에서 일본으로 끌려간 한국인 도공이다. 흥미롭게도 이 전쟁은 종종 "도공 전쟁"으로 불리기도 한다. 일본이 백자 제작 기술을 전수받으려는 목적으로 한국 도공들을 무더기로 끌고 갔기 때문이다. 따라서 이 가키에몬 코끼리는 한국의 제작 기술과 중국의 장식 기술과 일본의 취향이 골고루 들어간 합작품이다.

1600년께 일본의 요업은 뜻하지 않은 두 가지 큰 행운을 맞이했다. 무엇보다도 1590년대에 벌인 임진왜란으로 확보한 인력과 기술이 급속한 성장세를 보였다. 그러고 나서 1644년 명나라가 무너지며 찾아온 정치적 혼란 속에서 중국의 자기 산업도 드넓은 유럽 시장을 남겨둔 채 맥없이 무너졌다. 일본인들에게는 더없이 좋은 기회였다. 그들은 중국의 자기 수출 사업을 넘겨받아 짧은 기간에 유럽 시장을 장악했다. 가키에몬 양식 자기는 유럽인의 취향에 맞춰 새로운 형태, 크기, 도안 그리고 무엇보다 중국의 고유한 청화백자에 눈부신 빨강과 노랑을 추가한 색감을 선보이며 급속하게 확산했다. 유럽인들은 자기를 대량으로 구입하다 결국엔 모방하기 시작했다. 18세기에 이르러 독일, 영국, 프랑스 모두 '국산 가키에몬'을 생산하기 시작했다. 따라서 유럽인들이 처음으로 모방한 자기는 중국이 아니라 일본에서 유래했다. 역사에는 이처럼 예측할 수 없는 기이한 급반전이 곳곳에 도사리고 있다.

유럽과 일본 양쪽에서 이 모든 혁신을 이끌어낸 중개인은 자원과 교역과 경험을 일찍이 유례가 없는 수준으로 결집해 세계 최초의 다국적기업으로 부상한 네덜란드의 동인도회사였다. 동인도회사의 상인들과 경영자들은 암스테르담에 새로 마련한 으리으리한 본사에서 원양 무역을 진두지휘하며 1세기 가까이 전 세계의 상업을 주물렀다.

이 무렵 일본은 쇼군 정권, 즉 막부의 지배를 받고 있었다. 막부는 1639년 국가 장악력을 강화하기 위해 외부 세계와의 교류를 전면 중단했다. 하지만 나가사키 항구처럼 관리 체계를 잘 갖춘 몇몇 '관문'은 계속 열어놓고 몇몇 국가에 한해 특혜를 주어 교역을 허락했다. 한국과 중국 외에 유럽의 교역 상대자로는 유일하게 네덜란드의 동인도회사가 포함됐다. 이런 특혜 덕분에 동인도회사는 갈수록 수요가 많아지는 일본 자기를 유럽에 실어 나를 수 있었고, 독점 공급자로서 가격을 높게 책정해 막대한 이익을 챙겼다. 예를 들어 1659년 처음으로 일본에서 출발해 네덜란드에 도착한 화물에는 품목이 무려 6만 5,000

개나 실려 있다. 이 코끼리도 동인도회사의 배에 실려 유럽에 왔다.

대영박물관의 가키에몬 코끼리들은 17세기의 세계가 어땠는지 말해준다. 일본 장인들은 비록 바깥세상과 단절돼 있었지만 중국과 한국에서 빌려온 기술을 사용해 영국 구매자들의 취향에 맞는 인도산 동물의 형상을 만들었다. 이런 동물 형상 자기들은 세계적 규모와 명성을 자랑하는 최초의 네덜란드 무역회사를 거쳐 외부로 수출됐다. 세계가 처음으로 선박과 무역을 통해 하나로 연결되는 과정이 어땠는지 보여준 좋은 예라고 할 수 있다. 이 새로운 세계는 이제 제대로 쓸 수 있는 교역 수단, 곧 세계 통화가 필요했다. 다음 장에서는 전 세계를 무대로 한 초창기 상업 활동을 든든하게 받쳐준 버팀목에 대해 살펴볼 예정이다. 남아메리카에서 채굴된 뒤 스페인 은화로 거듭나 전 세계에 수출된 은, 즉 최초의 세계 통화가 그 주인공이다.

스페인 은화

볼리비아 포토시에서 주조된 스페인 동전

MINTED AD 1573~1598

광고업자들은 돈만 있으면 꿈마저 살 수 있다고 우리를 유혹한다. 그러나 어떤 돈, 특히 동전은 이미 그 이름만으로도 역사와 전설의 마법을 불러내는 꿈의 도구이다. 더컷트(ducats), 플로린(florins), 그로트(groats), 기니(guineas), 소버린(sovereigns) 등이 그러하다. 하지만 그 무엇도 역사상 가장 유명한 동전, 곧 스페인 은화에 필적할 수 없다. 『보물섬』에서 〈캐리비안의 해적〉에 이르기까지 책과 영화로 널리 알려진 스페인 동전은 무적함대와 보물 선단, 난파와 전투, 해적과 거친 바다, 카리브 해 등을 연상시킨다.

그러나 스페인 은화가 세계 통화 가운데 최고의 유명세를 누리는 이유는 롱 존 실버 선장의 앵무새 덕분만은 아니다. '페소 데 오초 레알레스', 즉 스페인 은화는 명실상부한 최초의 세계 통화였다. 대량으로 생산된 스페인 은화는 1570년대에 처음 주조됐는데 25년 만에 아시아, 유럽, 아프리카, 아메리카로 퍼져나가 19세기까지 세계 통화로 군림했다.

지금 기준으로 보면 스페인 은화는 상당히 큰 편이다. 지름이 약 4센티미터에, 무게 또한 묵직해서 1파운드 동전 세 개를 합한 것과 대략 비슷하다. 우리가 다루고 있는 이 동전은 표면에 녹이 슬어 약간 칙칙한 은빛을 띠지만 은화로 갓 주조됐을 때는 눈이 부시도록 반짝였을 것이다. 1600년께의 스페인 은화는 오늘날로 치면 50파운드(약 8만 6,100원)에 해당하는 물건을 살 수 있는 가치가 있었고, 실제적으로 세계 어디에서나 사용할 수 있었다.

스페인 사람들은 황금의 매력 때문에 늘 아메리카에 끌렸지만 그들을 부자로 만들어준 것은 은이었다. 그들은 아즈텍 멕시코에서 은광을 개척했지만, 그야말로 은 대박을 터뜨린 곳은 1540년대의 페루, 그러니까 잉카제국 남쪽 끝자락에 있는 포토시라는 산간 지역이었다. 지금은 볼리비아에 속하는 이곳은 곧이어 은산으로 알려지게 됐다. 포토시 은광이 발견되고 겨우 몇 년 만에 스페인령 아메리카 은이 대서양 너머 유럽으로 쏟아지기 시작하면서, 1520년대에만 해도 연간 148킬로였던 은 유통량이 1590년대에는 연간 300만 킬로 가까이 급증했다. 세계 경제 역사상 이처럼 어마어마한 규모로 그렇게 심각한 결과를 불러일으킨 사례는 일찍이 없었다.

외딴 산간 마을 포토시는 해발 3,700미터 지점, 높고 건조하고 아주 추운 안데스 고원에 자리하고 있어 남아메리카에서도 접근이 매우 어려운 곳 가운데 하나다. 하지만 아무리 외따로 떨어져 있어도 은광에는 노동력이 상당히 많이 필요했다. 1610년에 이르러 마을 인구는 15만 명으로 불어났는데, 이 정도면 당시 유럽을 기준으로 봐도 대도시였다. 게다가 이곳은 보통의 대도시로는 상상할 수 없을 만큼 부유했다. 1640년에 한 스페인 사제는 광산과 광산에서 나는 은에 다음과 같이 열광했다.

> 은광석의 양이 어찌나 많은지 (중략) 이 세상에 다른 은광이 없다 하더라도 이 은광 하나만 있으면 온 세상을 부로 가득 채울 수 있을 정도다. 그 한가운데 자리 잡은 포토시 언덕은 그곳에서 나는 보물을 전 세계 모든 국가에 넉넉하게 공급한다는 사실만으로도 칭찬과 찬사를 받아 마땅하다.

포토시가 없었다면 16세기 유럽의 역사는 크게 달랐을 것이다. 스페인 왕은 바로 이 아메리카의 은 덕분에 유럽에서 가장 강력한 군주로 부상했을 뿐 아니라 돈 걱정 없이 무적함대를 거느릴 수 있었다. 스페인 군주정이 프랑스와 네덜란드, 영국과 투르크에 맞서 싸울 수 있었던 것도 다 이 아메리카의 은 덕분이었다. 스페인의 파멸을 초래한 소비 성향도 여기에서 비롯되었다. 결국 과도한 군비 지출이 파멸의 원인으로 드러나긴 했지만 아메리카에서 유입된 은 덕분에 스페인은 몇십 년 넘게 확고부동한 신용을 유지하면서 극심한 위기와 파산 사태도 무리 없이 헤쳐 나갈 수 있었다. '내년이면 어김없이 은을 가득 실은 보물 선단이 들어오겠지' 생각했고 또 실제로 어김없이 들어왔다. "내 군주정의 안보와 힘은 은에서 나온다." 스페인 왕 펠리페 4세가 한 말이다.

이 부의 원천을 생산하는 데는 막대한 인명 피해가 따랐다. 포토시의 젊은 원주민 남자들은 강제로 징발돼 광산에서 일해야 했다. 작업 환경은 끔찍하다 못해 목숨까지 위협했다. 1585년 한 목격자는 이렇게 기록했다.

> 그들이 노동에서 놓여나 그나마 쉴 수 있는 시간은 개라는 욕설을 들으며

금속이 너무 적다는 둥, 동작이 너무 굼뜨다는 둥, 왜 흙을 가져왔느냐는 둥, 금속을 훔치지 않았느냐는 둥 온갖 이유로 매를 맞을 때밖에 없다. 넉 달 전쯤에 광산 소유주가 인디오 지도자 한 명을 이런 식으로 혼내려고 하자 남자는 곤봉에 맞을까봐 두려워 숨을 곳을 찾아 광산으로 도망치다가 그만 발을 헛디뎌 떨어지는 바람에 형체를 알아볼 수 없게 으깨지고 말았다.

고도가 높아 몹시 추운 산지이다보니 폐렴의 위험이 늘 상존했고 제련 작업에 동원된 사람들은 수은 중독 때문에 목숨을 잃었다. 1600년께부터 지역 인디오 사회의 사망률이 급증하자 빈자리를 대신 채우기 위해 아프리카 노예 수만 명을 포토시에 들여왔다. 그들은 토착민들보다 잘 견뎠지만 역시 많은 수가 죽어 나갔다. 포토시 은광에서 벌어진 강제 노동은 스페인 식민지 시대의 억압을 대표하는 역사적 상징으로 남아 있다.

어이없게도, 그리고 많은 볼리비아 사람들에게 안타깝게도 포토시 은광은 오늘날에도 여전히 작업 환경이 열악하다. 포토시 유네스코 프로젝트를 총괄 지휘한 볼리비아인 투티 프라도는 이렇게 설명한다.

> 오늘날 포토시는 이 나라에서 가장 가난한 지역에 속한다. 물론 기술이 달라지긴 했지만 빈곤과 위생 상태는 400년 전보다 더 나아지지 않았다. 광산 노동자 중에는 아이들이 많고, 광부 대다수가 40세에서 45세, 심지어는 35세를 넘기지 못한다. 규폐증과 먼지 때문이다.

포토시 광산은 스페인을 부자로 만든 원료를 생산했지만, 세계 통화의 초석을 놓은 곳은 스페인 은화를 찍어낸 포토시 조폐소였다. 동전은 포토시에서 야마에 실려 두 달 동안 안데스 산맥을 넘어 리마와 태평양 연안으로 갔다. 그러면 스페인 보물 선단이 기다리고 있다가 은을 넘겨받아 페루를 거쳐 파나마에 부려놓았고, 거기서 짐은 다시 육로로 파나마 지협을 가로지른 다음 호송선에 실려 대서양을 건넜다.

그러나 은 무역은 유럽을 중심으로만 돌아가지는 않았다. 스페인은 아시아에서도 필리핀 마닐라에 본부를 둔 제국을 운영하고 있었다. 곧이어 스페인 은화는 대량으로 태평양을 건너기 시작했다. 마닐라에서 은화는 주로 중국 상인을 통해 비단과 향신료, 상아와 칠그릇 그리고 무엇보다도 자기 같은 중국 상품과 거래됐다. 아메리카에서 주조한 스페인 은화가 도래하기 무섭게 동아시아 경제는 약화됐고 그 여파로 명나라에서는 금융 위기가 발생했다. 전 세계 국가 중에서 이 동전의 영향을 받지 않은 곳은 거의 없었다.

대영박물관에는 포토시 조폐소에서 만든 스페인 은화가 전 세계에 미친 영향을 한눈에 볼 수 있는 전시대가 있다. 그중에는 인도네시아의 한 지방 술탄의 결재인이 찍힌 동전이 있는가 하면, 스페인 사람들이 오늘날의 벨기에에 속하는 브라반트 지방에서 사용할 목적으로 직접 직인을 찍은 동전도 있다. 이 밖에 중국 상인의 인장이 찍힌 동전도 있고 스코틀랜드 서부 해안에 있는 헤브리디스제도 토버모리 근처에서 발견된 동전도 있다. 이 동전은 스페인 무적함대 소속으로 활동하다가 1588년에 난파된 선박에서 나왔다. 스페인 은화는 심지어 19세기에 오스트레일리아에도 상륙했다. 영국 당국은 그곳의 통화가 바닥나자 스페인 은화를 사들여 스페인 왕의 얼굴을 도려내고 'FIVE SHILLINGS, NEW SOUTH WALES'라는 문구를 다시 새겨 넣었다. 헤브리디스제도에서 뉴사우스웨일스까지 분포된 스페인 은화의 존재는 이 동전이 상품이자 통화로서 세계경제를 근본적으로 바꿔놓았다는 사실을 입증한다. 이에 대해 금융 역사가 윌리엄 번스타인은 다음과 같이 설명한다.

> 이는 뜻밖의 횡재로, 페루와 멕시코에서 은 수억 개, 아니 수십억 개가 동전으로 주조되자 곧이어 세계 통화로 자리 잡았다. 16세기에서 19세기까지 통용된 스페인 은화는 오늘날로 치면 비자, 마스터카드, 아메리칸익스프레스였다. 스페인 은화는, 예를 들어 17세기와 18세기에 대규모로 이뤄진 중국의 차 무역 관련 자료를 보면 가격이 달러로 표시돼 있을 정도로 광범위하게 유통되고 있었다. 물론 여기서 달러는 스페인 달러, 즉 스페인 은화를 말한다.

스페인 은화는 유럽 전역에 '유럽 곳곳을 누비는 부', 곧 은의 시대를 열었다. 그러나 넘쳐나는 은은 새로운 문제를 야기했다. 은의 증가는 공급과잉으로 이어졌다. 오늘날로 치면 정부에서 돈을 마구 찍어낸 셈이었다. 그 결과 인플레이션이 발생했다. 제국의 재산이 정치와 경제 양면에서 실제보다 더 부유해 보였기 때문에 스페인은 혼란에 빠졌다. 아이러니하게도 스페인에서는 오히려 은화를 구경하기가 힘들어졌다. 외국 상품을 사들일 때마다 많은 양의 은화가 쏟아져나갔고 반면 스페인 경제활동은 위축되어갔다.

오스트레일리아의 영국 당국은 스페인 은화를 구입해 5실링 동전으로 개조했다.

CAROLUS · IIII · DEI · GRATIA ·
1803
FIVE SHILLINGS

HISPAN · ET IND · REX · M · 8R · F · T ·
NEW SOUTH WALES
1813

금과 은이 스페인에서 자취를 감추자 스페인 지식인들은 부의 허상과 실체 사이의 커다란 간극, 나아가 뜻하지 않은 경제 위기가 가져온 도덕적 결과를 붙잡고 논쟁하기 시작했다. 1600년 한 학자는 그런 상황을 이렇게 설명한다.

> 스페인이 파산한 이유는 부가 항상 변화하는 일시적인 것이기 때문이다. 실제적 결실을 가져오는, 그 부가가치로 외국의 부를 불러들이는 상품 형태가 아니라 교역 형태로, 환어음 형태로, 금은 형태로 아무런 실질적 부를 만들어내지 못하기 때문이다. 그러다보니 우리 국민들은 결국 파산하고 만다. 그러므로, 스페인에서 금은이 부족한 이유는 실은 금은이 너무 많기 때문이다. 바꿔 말해 스페인이 가난한 이유는 부자이기 때문이다.

그 뒤로 4세기가 흘렀는데도 우리는 세계 금융시장을 이해하기 위해, 인플레이션을 잡기 위해 여전히 머리를 싸매고 있다.

포토시의 부는 일상어로 굳어질 만큼 유명하다. 오늘날에도 스페인 사람들은 매우 비싸고 가치 있는 물건을 가리킬 때 "vale un Potosi", 즉 "포토시만큼 가치가 있다"라고 표현한다. 스페인 은화는 해적이 등장하는 환상 소설에서 흥미와 낭만을 더하는 든든한 버팀대로 계속 살아 있다. 그러나 사실 스페인 은화는 오늘날의 세계경제를 예시하고 가능케 한, 최초의 세계 제국을 떠받친 기둥이자 현대 세계의 초석이었다.

PART 17

관용과 불관용

AD 1550~1700

종교개혁은 서방 기독교 교회를 경쟁이 치열한 두 파벌로 갈라놓으면서 대규모 종교전쟁에 불씨를 댕겼다. 30년 전쟁에서 양쪽 모두 승리를 얻는 데 실패하자 유럽에선 기력의 고갈로 한동안 종교 관용의 시대가 이어졌다. 유라시아는 강력한 이슬람 세 곳이 지배했다. 터키의 오스만제국, 인도의 무굴제국, 이란의 사파비왕조가 바로 그들이다. 무굴제국은 인도 아대륙의 대부분을 차지하는 비이슬람 인구가 계속해서 기존 신앙을 믿도록 허용함으로써 종교 관용을 촉진했다. 이란에서는 세계 최초로 사파비왕조가 강력한 시아 국가를 세웠다. 같은 시기에 정복과 교역이 세계의 종교 지도를 다시 그리면서 아메리카의 가톨릭과 동남아시아의 이슬람은 새로운 개종자들의 토착 의식에 적응하려고 애썼다.

81

시아파의 종교 행렬 깃발

이란에서 온 금박 청동 행렬 깃발

AD 1650~1700

17세기에 시아파 이란의 수도였던 이스파한을 찾는다면 깜짝 놀라지 않을 수 없다. 이 이슬람 도시에 세계 최대 규모에 속하는 기독교 성당이 있기 때문이다. 성당 안으로 들어가면 은 십자가상과 성경의 구원 이야기를 전하는 벽화로 온통 뒤덮여 있다. 근대 이란의 위대한 통치자 아바스 1세가 17세기 초에 지은 이 성당은 16세기와 17세기 들어 세계의 종교 지도가 어떻게 바뀌었는지를 보여주는 아주 뛰어난 사례로 꼽힌다. 이런 변화의 중심에는 국가가 과연 한 가지 이상의 신앙을 포용할 수 있느냐를 둘러싼 의문이 자리했다. 16세기와 17세기의 이란에서 그 답은 "충분히 그럴 수 있다"였다. 그러나 역사가 말해주듯이 유일신 신앙은 서로 어울려 지내기가 어려우며, 그런 신앙 사이의 종교 관용은 대개 논쟁이 많고 기반이 취약할 수밖에 없다. 이 장에서는 '알람', 즉 화려한 의식용 금박 청동 깃발을 통해 16세기의 이란 상황을 살펴볼 예정이다. 알람은 원래 전장에 들고 다닌 군기였지만 17세기 이란에서는 종교 행렬에서 전사가 아니라 신자들을 불러 모으는 구실을 했다.

아바스 1세는 1500년께에 권력을 장악해 시아파 이슬람을 이란의 국가 종교로 확립한 사파비왕조의 일원이었다. 그 이후로 시아파 이슬람은 줄곧 국가 종교 자리를 고수해왔다. 흥미롭게도 튜더왕조의 영국에서도 비슷한 사건이 있었다. 이란이 시아파로 개종할 때와 거의 같은 시기에 영국도 공식적으로 프로테스탄트로 개종했다. 두 나라에서 종교는 적대적인 이웃과 분명히 선을 그으면서 민족 정체성을 정의하는 요소로 자리 잡았다. 프로테스탄트 영국의 입장에서 적대적인 이웃이 가톨릭 스페인이었다면, 시아파 이란 입장에서 적대적인 이웃은 무엇보다도 수니파 터키였다.

영국의 엘리자베스 1세와 동시대인이었던 아바스 1세는 보기 드문 정치적 식견과 그보다 훨씬 더 보기 드문 종교적 실용주의를 지닌 통치자였다. 엘리자베스 1세처럼 그도 국제무역과 교류에 관심이 많았다. 그는 전 세계인을 자신의 수도 이스파한에 초대했다. 그는 영국인을 고문으로 기용하는 동시에 중국 사절단을 환대하기도 했고, 국경을 확장하는 과정에서 아르메니아의 기독교인들을 붙잡아 이스파한으로 데려오기도 했다. 거기서 아르메니아인들은 중동과 유럽에 비단과 섬유를 내다 파는 고수익성 무역을 개발했고, 그 보답으로 아바스 1세는 그들에게 기독교 성당을 지어줬다. 이곳을 방문하는 유럽인들은 기독교인과 유대인이 무슬림 국가 안에서 자신들만의 예배 장소를 각각 따로 마련해 평화롭게 지내는 모습을 보고 깜짝 놀랐다. 그 당시 유럽에서는 상상조차 할 수 없는 종교 관용이었다. 이스파한은 이슬람 학문의 중심지이자 건축과 회화를 비롯해 비단, 도자기, 금속 공예 기술이 발달한 곳이기도 했다. 물론 이는 모두 종교를 섬기는 데 활용됐다.

사파비왕조의 시아파 이란은 세련된 문화와 부를 바탕으로 세계주의와 경건한 신심을 구현하며 200년 넘게 존속했다. 시아파 이란의 이런 모습은 1700년께에 만들어진 이 알람을 통해서 아직도 충분히 짐작할 수 있다. 전체적으로 검처럼 생겼는데 칼날과 손잡이 사이에 원반이 달려 있다. 길이는 127센티미터이고 재질은 금박 황동이다. 금박 황동은 이란, 특히 이스파한에서 발달한 금속공예 전통으로, 이스파한은 이런 제품을 구하려는 인도, 근동, 유럽의 상인과 장인들로 늘 북적였다.

그러나 양식과 기법이 아무리 세계적인 성격을 띤다 하더라도, 이 알람은 시아파 무슬림 행사에서 기다란 장대에 매달아 거리를 누비는 행렬의 머리 위로 높이 치켜들 목적으로 제작됐다. 칼날에는 금세공으로 글귀와 문양을 새겨 넣었다. 이 글귀는 신앙을 선포하는 내용으로, 시아파 이스파한의 물질적 삶에서 빼놓을 수 없는 요소 가운데 하나였다.

샤이크루트팔라 모스크도 아바스 1세가 지었는데, 그 건축 시기도 기독교인들에게 성당을 지어줬을 때와 같다. 이 모스크는 한마디로 말씀에 바치는 기념비다. 건축 구조 요소 전체가 하느님의 말씀이나 선지자의 말씀, 그 외 성스러운 경전의 문구로 장식돼 있다. 사실 말씀이 건물을 지탱하고 있다고 해도 과언이 아니다. 신자들이 기도할 때 메카가 있는 쪽을 향하도록 미흐라브 상단의 중앙 벽감에는 알 알바이트, 즉 선지자 집안사람들 이름이 새겨져 있다. 선지자 무함마드, 선지자의 딸 파티마, 그녀의 남편 알리, 그들의 아들 하산과 후사인의 이름이 있다.

대영박물관의 이 알람에도 똑같은 이름이 새겨져 있다. 알리의 이름은 세

 17세기 초에 아바스 1세가 지은 이스파한 대성당에는 기독교 성상화와 이슬람 문양이 섞여 있다.

번 언급되는데, 그는 시아파 무슬림들에게 최초의 이맘, 즉 정신적 지도자였으며 이런 알람은 '알리의 검'으로 알려져 있다. 이 알람에는 알리 말고도 시아파 이맘 열 명의 이름이 나온다. 모두 알리의 후손들이며 알리처럼 순교했다. 이 알람이 장대 높이 매달려 거리를 지나가면 신자들은 선지자와 파티마와 알리와 다른 이맘의 이름을 볼 수 있었을 것이다.

무오류의 종교 지도자 이맘의 자리는 모두 무함마드 집안에 속하며 따라서 선지자의 사위 알리의 직계다. 반면 수니파 무슬림 대다수는 원래 선출직인 칼리프의 권위를 받아들였다. 선지자가 죽고 몇십 년 만에 이런 관점의 차이는 피비린내 나는 갈등으로 이어졌고, 그 과정에서 알리와 그의 아들들이 모두 희생당하면서 순교한 시아파 이맘의 전통이 시작됐다.

사파비왕조의 시아파 신앙은 '이트나 아사리', 즉 12시아파였다. 12시아파에는 이맘이 열두 명 있는데 그중 열한 명이 순교했다는 믿음에서 온 것이다. 이 알람에는 바로 그 이맘 열한 명의 이름이 새겨져 있다. 열두번째 이맘은 873년에 홀연히 종적을 감췄고, 때가 오면 하느님이 그를 복위시킬 거라고 전해진다. 신자들은 하느님이 그를 복위시켜 시아의 주권이 지상에 확립될 날을 기다리고 있다. 사파비왕조의 샤는 자신을 선지자의 후손이라고 주장하면서, 그날이 올 때까지 종적을 감춘 이맘의 임시 대리인 역할을 자임하고 나섰다. 하지만 종교 문제에서의 권위는 샤가 아니라 울라마에게 있었다. 울라마란 이슬람 율법을 해석하는 책무를 지는 이슬람 학자와 법학자를 총칭하는 말로, 실제로 오늘날까지도 그 책무를 맡고 있다.

이란에서 태어난 학자 할레 압샤르는 몇 세기 넘게 이란의 일상과 정치를 지배해온 시아파의 위치와, 1907년의 이란입헌혁명과 1979년의 이슬람 혁명에서 시아파가 차지한 위치를 이렇게 설명한다.

> 수세기 동안 시아파는 주류와 생각이 매우 다른 소수파였고, 어떤 기득권층에서도 늘 밀려나 있었다. 사파비왕조가 등장해 시아파를 이란의 종교로 선포하면서 위계질서를 갖추고 정책에도 일정 정도 영향력을 행사하는 종교 기구가 설립됐다. 이란 역사에서 이런 일은 처음이었다. 이 기구는 수세기 넘게 존속하면서 1907년의 이란입헌혁명 같은 혁명의 최전방에 매우 자주 모습을 드러냈다. 예를 들어 1907년의 이란입헌혁명 당시 종교 지도자들은 정의로운 의회와 헌법 수립을 주장했고 1979년에도 정의를 기치로 내걸고 혁명을 주도했

샤이크 루트팔라 모스크 중앙 미흐라브 위쪽에 새겨진 선지자 집안사람들의 이름.

다. 정의는 시아파의 핵심 주제다.

이렇게 드높은 정의감은 희생자와 순교자에게 초점을 맞추는 시아파의 본질에서 나온다. 이 알람이 만들어진 17세기 후반 들어 순교자들의 죽음을 기리는 가두 종교 행사가 모습을 드러냈다. 채찍질 고행과 율동 같은 움직임과 음악과 찬송을 특징으로 삼은 이 행사는 대영박물관에 있는 알람의 모순적인 본질을 보여준다. 검처럼 생긴 겉모습과 이름은 얼핏 보면 승리주의자의 호전성을 드러내는 듯하지만, 사실 이 알람은 패배와 고통과 순교를 기리는 시아파 행사에 사용됐다.

요즘의 알람은 때로 엄청나게 크다. 날붙이 한 자루가 아니라 도로 폭만한 장식 천으로 뒤덮인 어마어마한 구조다. 하지만 대개는 한 사람이 들고 다닌다.

우리는 런던 북서쪽에 있는 이란 공동체의 장로인 호세인 푸르타마스비에게 알람을 들고 다니는 전통이 요즘은 어떻게 바뀌었는지 물어봤다.

> 무엇보다도 힘이 좋아야 한다. 알람이 보통 무거운 게 아니기 때문이다. 때로 100킬로그램이 넘게 나가지만 무게만 문제가 아니다. 알람은 크기도 크고 폭도 넓어서 균형을 잡기가 여간 어렵지 않다. 그래서 들고 다니려면 몸이 아주 좋아야 한다. 레슬러나 역도 선수처럼 힘이 세고 사회에서 유명한 사람들이 들고 다닌다. 하지만 힘만 세다고 해서 자격이 있는 것은 아니다. 사회에서 잘 알려진 사람, 다시 말해 인정받는 사람이어야 한다. 전통이 결정을 내리는 것이다. 이 전통은 우리의 기억을 보전시키고 우리를 강하게 단련한다. 우리는 계속 노래를 부르며 그 전통을 이어간다!

이런 근육 단련 열풍은 이 알람이 만들어진 1700년 무렵에 이미 시아파 행사의 핵심 요소로 자리 잡고 있었다. 그러나 아바스 1세가 이뤄낸 서로 다른 종교들 사이의 평화적 균형은 오래가지 못했고, 그의 계승자들은 그것을 외면했다. 사파비왕조의 마지막 샤인 후사인은 비시아파들을 철저히 배제하면서 종교 지도자들에게 대중의 행동을 광범위하게 통제할 수 있는 권한을 부여했다. 이런 종교 탄압은 결국 그의 몰락을 초래했다. 1722년 후사인이 강제로 퇴위하면서 오랜 역사를 자랑하는 사파비왕조도 막을 내렸고 이란은 몇십 년 넘게 정치적 혼란에 휘말렸다. 하지만 아바스 1세의 유산은 오늘날까지도 이란에 뚜렷이 남아 있다. 이란의 공식 종교는 시아파 이슬람이지만, 이란 헌법은 기독교, 유대교, 조로아스터교 등 모든 종교가 자유를 보장받는다고 명시하고 있다. 17세기에 그랬듯이 이란은 지금도 다신앙 사회다. 오늘날 이란을 찾는 사람들은 이 나라의 종교 관용에 놀라움과 함께 깊은 감명을 받는다.

82

무굴 왕자 세밀화

인도에서 온 종이 채색화

ABOUT AD 1610

오늘날의 국제정치 세계에서는 이미지가 모든 것이라고 해도 지나친 말이 아니다. 우리 모두 신중하게 연출된 지도자들의 사진에 익숙하다. 그들은 왕족이나 정치인, 유명 인사와 함께 사진을 찍는다는 것이 무엇을 의미하는지 정확히 알고 있다. 신앙이 개입된 정치에서는 올바른 종교 지도자와 함께 어딘가에 모습을 드러내는 것이 그보다 훨씬 더 중요하다. 물론 여기에는 위험이 따를 수도 있다. 교황이나 달라이 라마와 악수하는 모습이 공개되면 당장 코앞에 닥친 선거에서는 이익을 볼지 몰라도 정치적으로 미묘한 결과를 초래할 수도 있기 때문이다. 요즘은 종교 지도자에게 질책은커녕 가르침을 받는 모습을 공개하는 위험을 감수하려는 정치 지도자는 아마 거의 없을 것이다.

17세기 인도에서도 정치 권력과 신앙 사이의 대화는 오늘날만큼이나 위험한 동시에 복합적인 성격을 띠었다. 그러나 1610년께에는 그것을 그림에 담아 한자리에 모습을 드러내는 방식이 매우 달랐다. 언론 사진도, 24시간 텔레비전 뉴스도 없었으며 주로 특정 관객을 겨냥한 그림만 있었을 뿐이다. 인도 무굴제국의 이 세밀화는 통치자의 세계와 신앙의 영역이 맺은 드물고도 독특한 관계를 보여준다.

16세기부터 17세기까지 유럽과 아시아는 위대한 이슬람 제국 세 곳의 분할 통치 아래 있었다. 구체적으로 말하면 중동과 동유럽은 오스만제국이, 이란은 사파비왕조가, 동아시아는 무굴제국이 지배했다. 그중 무굴제국이 가장 부유했다. 무굴제국은 아크바르 대제의 치세기인 1600년께를 전후해 전성기를 구가했다. 아크바르 대제도 이란의 아바스 1세처럼 엘리자베스 1세와 동시대인이었다. 무굴제국은 그의 아들인 자한기르 아래서도 계속 번영을 누렸다. 이 그림은 그의 치세기에 나왔다. 당시 무굴제국의 영토는 서쪽으로는 아프가니스탄 카불에, 동쪽으로는 거기서 2,250킬로미터나 떨어진 방글라데시 다카에 이르렀다. 하지만 이란의 사파비왕조나 오스만튀르크와 달리 무굴제국의 무슬림 통치자들은 압도적으로 많은 비무슬림 백성을 다스려야 했다. 자이나교도와 불교도 말고도 인구의 약 75퍼센트가 힌두교도였다.

기독교도와 유대인과 달리 쿠란에서는 힌두교도를 '경전의 백성'으로 인정하지 않기 때문에 이론상으로 보자면 굳이 이슬람 통치자들은 그들을 묵인할 필요가 없었다. 무굴 황제들은 항상 이 점을 유념해야 했다. 그들은 다양한 종교를 끌어안는 정책으로 그럭저럭 이 잠재적 어려움을 해결했다. 아크바르 대제와 자한기르는 다양한 종교를 기술적으로 잘 다루었다. 그들의 군대에는 힌두교도 장군이 많았고, 무슬림이나 힌두교의 현인들과 가까이 지내는 것은 무굴제국 상류층의 생활과 견해에 필수적이었다. 종교 지도자들과의 정기 회동은 국가의 정치 전략이었고 그런 회동은 탐방과 이 세밀화 같은 당시의 언론매체를 통해 공표됐다.

세밀화는 런던과 파리에서 이스파한과 라호르에 이르기까지 전 세계 궁정에서 인기가 높은 회화 형태였다. 무굴의 세밀화는 인도 화가들이 페르시아와 유럽에서 널리 발달한 예술 전통과 양식을 잘 알고 있었다는 사실을 보여준다. 제작 시기가 1610년께로 거슬러 올라가는, 양장본 책 크기만 한 이 세밀화는 무굴 왕조의 왕자로 보이는 부유한 귀족 청년과 돈도, 권력도 없는 현인의 만남을 보여준다. 희끗희끗한 머리에 수염을 기르고 비교적 소박해 보이는 망토와 터번을 두른 왼쪽 인물이 현인이다. 현인 앞에는 쇠스랑처럼 생긴 막대가 놓여 있는데, 이슬람 수도승이나 현인들은 이런 막대를 팔걸이나 지팡이로 사용했다. 현인과 마주 보고 있는 청년은 금실로 수놓은 보랏빛 옷에 허리에는 (귀족의 필수 장신구인) 보석을 박은 단도를 차고 있다. 그가 머리에 두른 녹색 터번은 높은 지위를 상징한다. 금욕적인 수도승과 화려하게 차려입은 왕자는 둥근 지붕을 얹은 조그만 정자 앞쪽의 야트막한 평상에 무릎을 꿇고 앉아 있다. 이 정자는 성인으로 숭배받는 종교적 인물의 무덤 주변에 세워진 이슬람 사당이 확실하다. 섬세하게 그린 나무 한 그루가 두 인물의 머리 위로 그림자를 드리우는 가운데 발치에는 푸른색 붓꽃 한 송이가 홀로 얌전히 놓여 있다. 그 뒤로 굽이치는 초록색 풍경이 아스라이 펼쳐져 있다.

무굴 회화에서 풍경은 인물만큼이나 중요한 요소다. 무굴인들은 화려하게 가꾼 정원으로 유명했다. 그들에게 정원은 즐거운 장소였을 뿐 아니라 이슬람의 낙원을 구현하는 상징이었다. 따라서 이 그림의 풍경은 무슬림 스승과 토론을 벌이는 부자 청년에게 더없이 잘 어울린다. 이 이상적인 풍경 안에서 권력은 신앙을 만나 함께 경연을 펼친다.

나는 무굴 회화 전문가인 아소크 쿠마르 다스에게 이 그림의 목적과 무슬림과 힌두교도가 동시에 등장하는 의미를 설명해달라고 부탁했다.

> 처음에는 왕이 왕실 성원들에게 보려주려는 목적으로 그린 그림이었지만 나중에는 보편성을 띠게 됐다. 다른 화첩과 책에서도 이와 비슷한 그림을 볼 수 있다. 이런 그림은 특별한 의미를 전달한다. 아크바르 대제는 위대한 제국을 건설하는 과업에 나서면서 물론 전쟁을 벌이기도 했지만, 자신의 목적은 전쟁이 아니라 우정을 여는 데 있다는 메시지를 보내기도 했기 때문이다. 게다가 힌두교도와 다른 왕자들 사이에는 결혼 관계가 있었다. 16세기 무슬림 통치자에게서 이런 사례는 여간해서는 찾아보기 어렵다. 그의 최측근 귀족과 궁정 대신들 중에는 힌두교도도 더러 있었는데 그들은 계속 힌두 신앙을 고수했다. 통치자인 왕의 신앙과 그들의 신앙 사이에는 어떤 증오도 없었다. 따라서 이 그림은 왕은 너그러울 뿐 아니라 인정이 매우 많으며 평화롭고 조화롭게 공존하길 바란다는 메시지를 담고 있다.

최고 권력자가 현인의 지혜 앞에 스스로 겸허하게 낮추는 이런 만남은 인도에서 역사가 아주 깊다. 이 전통은 무굴제국의 위대한 선조 칭기즈칸과 티무르가 남긴 종교 관용이라는 유산과 깊이 맞물려 있었다. 종교 관용은 다른 이슬람 국가와 무굴제국의 정복 사업을 구분 짓는 특징 가운데 하나였다. 자서전 서두에서 자한기르는 터키 왕이나 이란 왕과 달리 관용을 베푼 아버지 아크바르 대제의 태도를 칭송했다.

> 다른 종교를 믿는 이들과 좋든 나쁘든 간에 다른 신념이 들어설 여지는 있었으나, 언쟁의 길은 막으셨다. 수니파와 시아파가 한 모스크에서 만났고 기독교인과 유대인이 한 교회에서 만나 각자 예배를 올렸다.

첫 인도 주재 영국 대사인 토머스 로 경은 이곳에 도착한 1617년 어느 날을 생생하게 기록했다. 평소와 다를 바 없이 주연을 벌이던 그날 저녁 자한기르는 종교 관용을 단언했다.

어진 왕은 모세와 예수와 무함마드의 율법을 토론 주제로 삼았다. 술이 한 잔 들어가자 왕은 기분이 아주 좋아져서 나를 돌아보며 이렇게 말했다. "내가 왕인 이상, 그대는 환영받을 것이오." 기독교인이든, 무어인이든, 유대인이든 그는 개의치 않았다. 종교에 상관없이 그는 모든 이를 어여삐 여기면서 행여 손해를 보는 일이 없도록 보호했다. 모두 그의 보호 아래 안전하게 지내면서 어떤 탄압도 받지 않았다. 그는 이렇게 말하기를 여러 번 반복했다. 그러나 그는 술에 만취해 흐느끼면서 여러 가지 감정을 내보이다가 한밤중까지 우리를 붙잡아뒀다.

술에 취했든, 말짱했든 자한기르는 놀랍도록 너그러운 통치자였다. 그가 제국 구석구석을 돌며 현인과 현인의 사당을 방문할 때면 그 모습을 구경하러 수천 명이 몰려나와 다신앙 사회가 공식적으로 표명되는 것을 목격했다. 하지만 자한기르는 개인적으로도 다른 종교 전통의 영적 진리를 탐구하려는 열망을 지닌 듯했다. 그는 고사인 자드룹이라는 유명한 힌두교 은자를 개인적으로 숱하게 만났는데 자서전에서 그런 만남을 다음과 같이 설명한다.

그가 사는 곳은 산허리를 파서 문을 낸 굴이었다. (중략) 이 좁고 어두컴컴한 굴에서 그는 혼자 시간을 보냈다. 추운 겨울철에도 그는 앞뒤를 가리기 위해 걸친 누더기 말고는 벌거벗은 채로 지내며 일절 불을 피우지 않는다. (중략) 나는 그와 대화를 나눴고 그는 답변으로 내게 깊은 인상을 심었다.

자한기르의 어조는 그런 만남이 무굴 지배층의 삶에 정치적으로뿐 아니라 정신적으로도 중요한 의미를 지니고 있었다는 점을 암시한다. 사실 권력자와 부자가 가난한 현인에게 가르침을 받는 이런 만남은 다른 곳에서는 찾아보기 어렵다. 당시는 물론 어느 시대를 막론하고 유럽의 군주가 그토록 얌전하게 종교의 가르침을 받아들이는 모습을 상상하기란 거의 불가능하다. 인도 역사가 아만 나트는 몇 세기 넘게 이어지고 있는 정치인과 현인의 만남을 이렇게 설명한다.

인도에서 태어나 인도 문화와 문명과 역사의 일부로 살아온 나에게 그런 광경은 매우 익숙하다. 오늘날에도 크게 달라지지 않았다. 권력자와 정치인들은 비록 불순한 의도를 가지고 있을지는 몰라도 수시로 현인을 찾아가 만난다. 그러나 이 그림에서는 신앙이 권력과 정치보다 한참 위에 있다. 젊기 때문에 다른 우선사항들이 있을 법한 왕자는 현자의 축복을 받으면 왕국이 잘 돌아간다고 생각하게 마련이다. 내가 볼 때 강요당해서가 아니라 제 발로 수피 성자를 찾아가 머리를 조아린다는 사실이야말로 이 그림의 핵심이다. 부와 권력과 야망을 가진 청년이 모든 것을 희생한 사람 앞에 무릎을 꿇고 앉아 있다. 인도에서는 무엇이든 적을수록 좋다. 인도에는 가난이 너무 많아 '적을수록' 성스럽다는 생각이 자리 잡았다. 그리고 성인은 아무것도 바라지 않으며 어리석고 탐욕스러운 사람이나 모든 것을 추구한다는 말로 그것을 보상하려는 형태가 나타났다.

자한기르의 시대 이후 끊이지 않은 정치적 격변에도 국가가 나서서 모든 종교를 똑같이 존중하는 전통은 지금까지 살아남아 현대 인도의 건국이념 가운데 하나로 자리 잡았다.

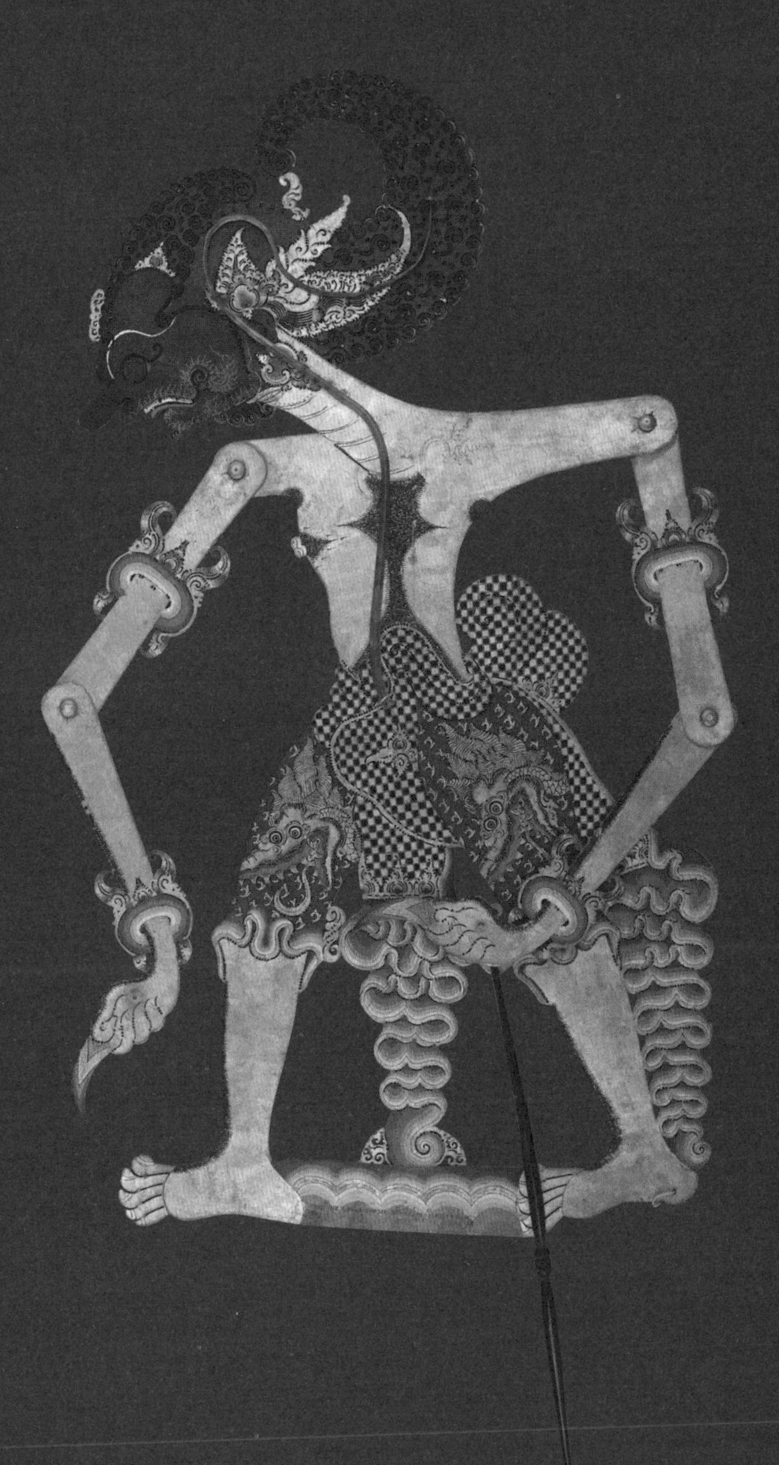

83
비마 그림자 인형

인도네시아 자바에서 온 그림자 인형

AD 1600~1800

인도네시아인 계부와 살기 위해 자바에 온 어린 버락 오바마는 몸은 사람이고 머리는 원숭이인 거대한 조각상이 두 다리를 벌린 채 도로에 떡하니 서 있는 모습을 보고 깜짝 놀랐다. 힌두교의 원숭이 신 하누만이었다. 거대한 힌두 신이 현대 무슬림 인도네시아의 도로 한복판에 서 있게 된 배경에는 흥미로운 이야기가 숨어 있다. 바로 관용과 통합, 우리가 지금까지 살펴본 다신앙 사회가 직면한 문제의 해결책으로 지금까지 등장한 바 없었던, 서로 다른 종교 사이의 넉넉한 타협에 관한 매혹적인 이야기다. 또한 이 이야기는 인도네시아의 그림자극 인형, 지금도 살아 있지만 고대로 거슬러 올라가는, 그야말로 순수한 전통이면서도 당대의 정치가 물씬 묻어나는 유명한 예술 형태를 통해 요약된 이야기이기도 하다. 이 인형과 그의 동료들을 통해 우리는 500년 전 동남아시아에서 시작돼 오늘날까지도 영향을 미치는 광범위한 종교 및 정치 개혁을 살펴볼 수 있다.

사진 속 인형은 200년 전부터 현재까지 대영박물관에 소장돼 있는 인형 수백 점 가운데 하나로, 인도네시아 자바 섬이 고향이다. 키는 약 70센티이며 매우 극적인 남성 인물의 옆모습을 보여준다. 그의 이름은 '비마'다. 독특하게 생긴 비마의 얼굴은 거의 만화 주인공을 연상시킬 정도다. 기다란 코, 커다란 갈고리 손톱이 하나씩 달려 있는 길고 가느다란 팔이 그렇다. 몸통 위쪽으로는 그물코처럼 미세한 구멍이 잔뜩 뚫려 있는데, 이는 무대에서 공연할 때 그림자를 더욱더 극적으로 보이게 했을 것이다. 비마의 얼굴은 온통 새까맣지만 황금 옷과 빛깔이 화려한 장신구를 착용하고 있다. 지금은 생명도 없고 부서지기 쉽지만, 한때는 자바의 궁정에서 밤새 공연을 펼치며 관객을 사로잡았을 것이다. 이런 공연은 그때나 지금이나 그림자극으로 알려져 있다.

이 인형의 실제 형태는 15세기와 16세기에 일어난 극적인 종교 변화 가운데 하나를 보여주는 산물이다. 스페인이 신세계를 가톨릭으로 바꿔놓는 동안 이슬람은 오늘날의 말레이시아, 인도네시아, 필리핀 남부로 세력을 확장했다. 그 결과 1600년에 이르자 자바 주민 대부분이 무슬림이 되었다. 하지만 그림자극은 이슬람이 도래하기 훨씬 전부터 자바의 일상을 특징짓는 요소였다. 비마는 자바뿐 아니라 인도에서도 널리 알려진 인물이다. 그는 위대한 힌두 서사시 『마하바라타』에도 등장하기 때문이다. 그러나 자바에서 이 힌두 인물은 무슬림의 조종을 받으며 역시 무슬림 관객들 앞에서 공연하게 됐다. 아무도 그가 힌두 인물이라는 사실을 개의치 않은 듯했으며 그때 이후로 오늘날까지 인도네시아의 그림자 극장은 이방 종교인 힌두와 무슬림의 요소를 꾸준히 통합해 왔다.

이 비마 같은 인형을 만들려면 그때나 지금이나 최고의 솜씨를 자랑하는 장인 여러 명이 필요하다. 우선 꼼꼼하게 손질한 물소 가죽이 있어야 한다. 물소 가죽을 인형 재료로 사용하려면 얇고 반투명해질 때까지 수없이 문지르고 펴야 한다. 자바어로 '연극'이라는 말이 '가죽 연극'으로 자라 잡게 된 것은 바로 이 재료 때문이다. 그러고 나서 인형에 금박을 입혀 색을 칠하고 움직임이 자유로운 팔을 추가한 뒤 인형을 조종할 수 있도록 몸통과 팔에 물소 뿔로 만든 손잡이를 부착했다.

역사적으로 그림자극 공연은 밤새 이어졌다. 인형 조종사 머리 뒤쪽의 기름 등잔에서 흘러나오는 불빛이 하얀 천에 인형의 그림자를 드리웠다. 관객 가운데 여자와 어린아이들은 주로 인형의 그림자가 보이는 쪽에 앉았고, 남자들은 인형의 색과 모양이 잘 보이는 그 맞은편에 앉았다. "달랑"으로 불린 인형 조종사는 인형을 조종하는 일 말고도 가믈란(인도네시아의 타악기를 중심으로 한 합주 형태와 그 악기들의 총칭: 옮긴이) 오케스트라를 지휘하기도 했다.

그림자극의 수석 달랑인 수마르삼의 설명을 들어보면 그림자 인형 공연을 무리 없이 소화해내기가 얼마나 까다로운지 알 수 있다.

> 무엇보다도 인형을 조종해야 한다. 더러 두 개, 세 개, 여섯 개까지도 한꺼번에 조종해야 할 때가 있다. 인형을 부리면서 연주자들에게 언제 연주하라는 신호를 보내야 할지도 훤히 꿰고 있어야 한다. 물론 성격이 각기 다른 대화에서 인형을 대신해 목소리도 내야 하고 장면이 바뀌면 노래를 불러 분위기를 띄우는 일도 해야 한다. 그러려면 두 팔, 두 다리를 모두 써도 모자란다. 이 모든 일을 책상다리를 하고 앉아 소화해내야 한다. 재미는 있으나 무척 힘든 일이기도

하다. 이야기 줄거리는 새롭게 바꿀 수 있지만 기본 구조는 늘 똑같다.

그림자극에서 공연되는 이야기는 위대한 힌두 인도 서사시 두 편, 즉 『마하바라타』와 『라마야나』에서 추려낸 내용이 주를 이룬다. 두 작품 모두 2,000여 년보다 훨씬 전에 쓰였다. 자바에서 이 두 작품은 항상 잘 알려져 있었다. 이슬람이 유력한 신앙이 되기 전에 불교와 더불어 힌두교가 그 지역의 주요 종교였기 때문이다.

800년께 보로부두르에 영감을 준 불교(59장)와 『마하바라타』를 탄생시킨 힌두교처럼 이슬람도 인도네시아를 인도와 중동과 이어준 해상 교역로를 통해 자바에 들어왔다. 자바의 통치자들은 무슬림으로 개종하면 이득이 많다는 점을 금세 알아차렸다. 교리가 지니는 매력은 둘째 치고 이슬람으로의 개종은 기존 무슬림 세계와의 교역을 촉진했을 뿐 아니라 오스만튀르크와 무굴 인도의 위대한 이슬람 권력과도 외교 관계를 맺게 해줬다. 새로운 종교는 삶의 많은 측면을 바꿔놓았지만, 전체적으로 볼 때 자바 문화와 신앙이 완전히 이슬람으로 대체됐다기보다 그 신앙을 흡수했다고 표현하는 쪽이 좀 더 정확하다.

이슬람으로 개종한 통치자들은 새롭게 바뀐 환경에 대체로 잘 적응한 듯했다. 그들은 여전히 인기가 높은 그림자극과 그곳에서 공연되는 힌두 이야기를 장려했다. 그때도 관객은 지금처럼 비마를 바로 알아봤을 것이다. 『마하바라타』에서 비마는 용감한 다섯 형제(인터넷 애니메이션을 통해서도 그들의 활약상을 볼 수 있다) 중 하나이자 위대한 전사다. 그는 고귀한 성품에, 말에 꾸밈이 없고 코끼리 1만 마리에 필적할 만큼 힘이 셀 뿐 아니라 우스갯소리에도 일가견이 있으며 요리도 잘한다. 그가 갈고리처럼 생긴 손톱을 댔다 하면 그의 적들에게는 곧 죽음을 의미한다.

악의와 잔인성을 강조하기 위해 이따금 붉은색을 칠하는 그림자극의 '악한들'과 달리 비마의 시커먼 얼굴은 내면의 고요와 평온을 나타낸다. 하지만 그의 생김새는 이슬람의 영향이 이 힌두의 고유한 예술에 영향을 미쳤다는 사실을 말해주기도 한다. 풍자적으로 생긴 코와 갈고리 손이 특징인 자바 비마 인형과 힌두 신앙을 고수한 근처 발리 섬에서 만든 또 다른 비마를 비교해보면 이 점이 명확해진다. 발리의 비마는 둥그스름한 얼굴에 이목구비가 좀 더 자연스러우며 팔다리와 몸통의 비율도 정상에 가깝다. 오늘날의 자바 주민들은 모르긴 해도 이런 차이는 종교에서 비롯되었다고, 즉 자바의 무슬림 제작자들이 인간과 신의 형상을 만들지 못하게 금지하는 이슬람 율법을 피해가기 위해 고유한 힌두 인형을 교묘하게 고쳐 만들었다고 주장할 것이다. 이와 관련해 일각에서는 16세기나 17세기에 그림자극을 금지하려는 시도가 있었다는 이야기도 있고, 그래서 또 다른 이들은 유명한 무슬림 성자 수난 기리가 이슬람 율법과 타협하기 위해 인형의 이목구비를 바꾸는 기발한 아이디어를 내놓았다는 이야기를 하기도 있다. 어느 쪽이 됐든 이 비마의 괴상한 생김새를 설명해줄 법한 행복한 타협이다.

인구가 2억 4500만 명인 인도네시아는 오늘날 세계에서 이슬람 인구가 가장 많은 나라다. 이곳에서 그림자극은 여전히 활기차게 살아 있다. 말레이시아 태생인 작가 타시 오는 지금까지 이어지고 있는 그림자극의 역할을 이렇게 설명한다.

> 오늘날에도 그림자극의 영역에서 일어나는 일에 이목이 집중된다. 그림자극은 끊임없이 참신하고 흥미진진하게 바뀌는 예술 형태다. 작품의 얼개는 여전히 『라마야나』와 『마하바라타』에서 주로 빌려오지만 요즘의 젊은 인형 장인들은 그림자극을 활용해 삶과 유머를 투사할 뿐 아니라 음담패설이라는 외피를 통해 인도네시아 정치를 논평하기도 한다. 이런 예술 형태는 어디서도 찾기 어렵다. 1997년의 금융 위기 직후 자카르타에서 관람한 아주 훌륭한 독백극이 기억난다. 대충 번역하면 '혀는 여전히 혼수상태다' 또는 '혀는 여전히 침묵한다'라는 제목을 단 연극이었는데 가렝이라는 우스꽝스러운 인물을 통해 현직 대통령 하비비를 풍자하는 내용이었다. 거기서 가렝은 작달막한 키와 말똥말똥 반짝이는 작은 눈에 눈물겨울 만큼 부지런을 떨지만 아무런 성과도 얻지 못하는 인물로 묘사된다. 이렇듯 그림자극은 많은 점에서 텔레비전과 라디오, 신문에서는 다루기 어려운 사회와 정치 풍자의 원류로 자리 잡았다. 그런 매체들은 검열에 쉽게 노출되지만 그림자극은 융통성을 발휘할 수 있는 여지가 훨씬 더 많을 뿐 아니라 민중과도 훨씬 더 가까워서 통제하기가 훨씬 더 어렵다.

그러나 야당만 그림자극을 활용하는 것은 아니다. 제2차 세계대전이 끝나고 인도네시아가 네덜란드에서 독립한 뒤 초대 대통령을 지낸 수카르노는 기회가 될 때마다 그림자 인형, 특히 비마와 자신을 동일시했다. 알다시피 비마는 정의롭고 힘센 전사로, 상류층 어법보다는 보통 사람의 어법을 구사한다.

생김새가 좀 더 자연스러운 발리의 비마 인형.

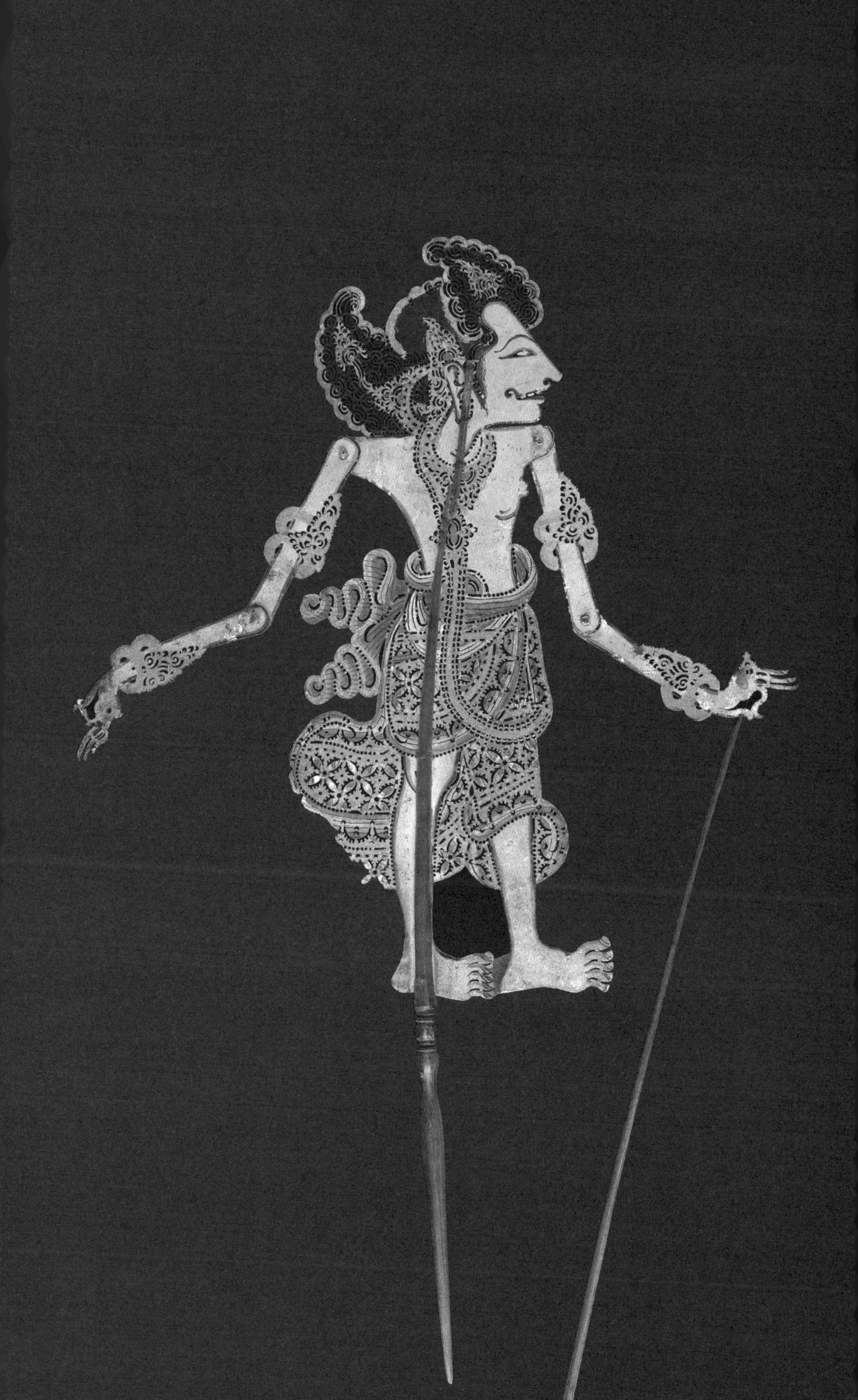

수카르노는 인도네시아 국민의 달랑, 즉 인형 부리는 장인에 자주 비유됐다. 민족 서사시 안에서 국민들을 이끌며 그들에게 목소리를 주고 새로운 국가에서 그들을 인도하는 인물에 비유된 것이다. 실제로 그는 1967년에 하야하기 전까지 20년 동안 그렇게 했다.

그건 그렇다 치고 이 비마는 어쩌다 대영박물관에 오게 됐을까? 거의 늘 그렇듯이 답은 유럽 정치에서 나온다. 1811년부터 1816년까지 5년 동안 나폴레옹의 프랑스에 맞서는 세계 전쟁의 일환으로 영국은 자바를 점령했다. 훗날 싱가포르를 건설하게 되는 새로운 영국 총독 토머스 스탬퍼드 래플스(59장)는 진지한 학자로, 시대를 가리지 않고 자바 문화를 열렬히 신봉했다. 자바 군주들이 모두 그랬듯이 그 역시 그림자극을 후원하면서 인형을 수집했다. 이 비마는 그가 수집한 인형 가운데 하나다. 영국의 짧은 지배는 어린 버락 오바마가 자카르타의 거리 한복판에서 힌두 신을 봤을 때 타고 있던 자동차가 도로 왼쪽으로 달린 이유를 설명해주기도 한다.

84
멕시코의 고지도

멕시코 틀락스칼라에서 나무껍질에 그려 만든 채색 지도

AD 1550~1600

시아파의 알람, 무굴제국의 세밀화, 자바의 그림자 인형은 서로 다른 신앙이 함께 살아가는 방법을 모색해온 문화를 대변한다. 16세기와 17세기에 인도, 이란, 인도네시아에서는 종교 관용이 효과적인 치국책이었다. 그러나 멕시코에서는 기독교가 정복의 도구로 등장해 서서히 토착 인구를 흡수했다. 500년이 지난 지금 멕시코 인구의 80퍼센트가 가톨릭 신자다. 그 과정에서 나라의 물질적 풍광 또한 바뀌었다. 침략자들은 아즈텍 제국 전역에 걸쳐 신전을 부수고 교회를 세웠다. 오늘날 멕시코는 가장 잔인한 방법으로 한 문화가 다른 문화를 완전히 대체한 사례로 꼽힌다.

멕시코시티의 소칼로 중앙 광장에 가면 몬테수마 2세의 파괴된 궁전 터에 스페인 총독의 궁전이 서 있다. 한때 이 근처에는 아즈텍 신전의 성스러운 잔해가 있었는데, 지금 그 자리는 성모 마리아에게 봉헌된 거대한 바로크 대성당의 차지가 됐다. 소칼로에서 바라본 전경은 1521년의 스페인 정복이 토착 전통에게는 모든 점에서 대격변을 의미했다는 사실을 말해주는 듯하다. 하지만 실제로 그 과정은 점진적이면서 어쩌면 흥미롭기까지 했다. 주민들은 고유 언어는 물론 땅의 대부분을 그대로 소유했지만, 스페인 세력에 묻어온 치명적인 질병이 스페인에서 온 새로운 이주민들에게 많은 땅을 공짜로 내줬다. 이 장에서 소개하는 유물은 서로 다른 신앙이 하나로 완전히 합병되는 복잡한 과정을 보여준다. 그 안에서 우리는 스페인 제국의 방법과 지역 전통의 자생력을 동시에 엿볼 수 있다.

폭이 약 75센티미터, 길이가 약 50센티미터인 이 지도는 그림과 함께 주석을 곁들이고 있다. 나무껍질을 판처럼 두드려 만든 종이라서 아주 거칠다. 지도 안에는 아마도 밭을 분할해놓은 듯한 선이 보이고, 거기에 소유주의 이름을 적어 넣었으며 굽이치는 푸르고 조그만 강, 갈림길과 그 발치에 통행로들이 그려져 있다. 그 위에 그림도 그려져 있다. 중앙을 보면 나무 한 그루와 유럽인으로

xtepaco yoh tzfexti — maxixca ...

tecoatli

Calcuitla

tin

pu torres

estepaquau
tli

Diego Col.
teçolontzin

atlixcamen
tzin tzin

maxoxe

Elena tecue ...

Sata Barpa

mateo ...

Sancho ...

...chiuh ... amatl ... tlaca ...

y nicmomuitlalia altepetl ...
... quicaltey comacoco ... nicm...
Santa B... ...
pedro ... mateo ... luis ...
... ma ... mochi ... macec...
ca ... tlacaintecopa ... pilua ...
... ua ... na

Diez de ... dos ...

... noquito ... huey ... macecatic
chihuac ... de spa... ... tehmopialia ...
... acanel itlatto ... hua... quicohui...
que inpipiltzin hua ... himhua ... tlaxcito
cahuinithe... inpipatiuh tla ... pesos
... quicelii ... maticaui ... tlavez pati
... 1516 ... años 10 de mayo.

... noq ... tlalig altepetl hucha...
... toca ... tlalim...
... nicolas ... me...
... ue ... quauhtepac ...
huachi ... quitli ...
noqtlalig altepetl na...

... tlamaculco

... amealicat quiquimitia ... señora ...
... ypilhuatzinhua

Cuey

... acol

... tlama ...

보이는 세 명의 사람이 있고, 지도의 주요 관심 대상인 종탑이 딸린 커다란 교회 건물 두 채가 파랑과 분홍, 노랑으로 그려져 있다. 산타바르바라 성당과 산타아나 성당이다.

지도는 멕시코시티 동쪽의 틀락스칼라 지역을 나타낸다. 그곳 주민들은 아즈텍의 지배에 치를 떨다가 스페인 군대가 와서 그들을 물리칠 때 적극 동조했다(78장). 이런 사실은 지도의 땅 임자 이름 가운데 스페인 이주민과 토착 귀족 사이의 결혼 관계를 보여주는 이름이 그토록 많은 이유를 설명해줄지도 모른다. 이런 이름은 두 민족의 제휴와 새로운 혼혈 지배층의 등장을 보여주는 증거다. 더욱이 제휴는 교회에서도 일어났다. 예를 들어 틀락스칼라의 많은 공동체가 멕시코 토착 신들의 할머니인 토시의 보호를 받다가 스페인 정복 이후 가톨릭에서 그리스도의 할머니로 숭배하는 성 안나(산타아나)의 보호 아래 들어갔다. 이름은 바뀌었을지 몰라도 지역 숭배자들이 볼 때 성격은 하나도 바뀌지 않은 듯이 느껴졌을 것이다.

스페인 지배 아래서 종교는 질병 다음으로 멕시코의 삶을 새롭게 규정한 가장 중요한 요소였다. 1520년대에 정복자들과 함께 도착한 가톨릭 선교사들은 그곳의 정신 세계를 바꿔놓았다. 정복은 대개 폭력의 성격을 띠었지만, 지역 주민들이 가톨릭으로 개종되는 데는 강제가 따르지는 않았다. 선교사들은 참된 신앙이 자연스럽게 뿌리내리기를 바랐을 뿐 억지로 개종시키는 걸 무가치하게 여겼기 때문이다. 많은 토착민이 자진해서 개종하긴 했지만 이전의 숭배 장소가 파괴되는 것까지 흔쾌히 받아들였다고는 보기 어렵다. 하지만 이런 파괴는 스페인 정책의 핵심이었다. 정복 이후 10년 뒤 한 프란체스코회 소속 수사는 멕시코의 이 새로운 승리의 교회가 거둔 업적을 다음과 같이 자랑한다.

> 25만 명이 넘는 사람이 세례를 받았으며, 신전 500곳이 파괴됐고, 토착민이 숭배하던 악마 형상 2만 6,000개가 무너져 불에 탔다.

산타바르바라 성당과 산타아나 성당은 이 지도의 전경을 지배한다. 그중 한 곳은 파괴된 토착 신전 터 위에 세워졌다. 예술사 전문가인 새뮤얼 에저턴은 그 술책을 이렇게 설명한다.

> 멕시코 교회의 대다수가 예전 이교 신전 주춧돌 위에 지어졌다. 이는 토착민

들이 말 그대로 옛 예배당이나 신전 위에 서 있는 새 교회에서 편안함을 느끼도록 하려는 매우 영리한 계책이다. 교회 본채는 오늘날 "아트리오" 또는 "파티오"로 불리는 널찍한 안마당 바로 앞에 들어서 있다. 이는 수도사들이 멕시코의 교회 건물에 도입한 혁신이었다. 초창기 교회는 대개 크기가 작아서 개종하려고 모여드는 토착 인구를 모두 수용할 수가 없었다. 그래서 수도사들은 그들을 이 널찍한 안마당에 세워놓고 옥외 강론을 펼쳤다. 그런 점에서 당시의 교회는 '개종 전용 극장'인 셈이었다.

이 지도에 그려진 교회들, 다시 말해 개종 전용 극장들은 기존 도로와 수로와 집들 사이에 지어졌다. 지명에는 스페인어와 나우아틀어가 섞여 있다. 예를 들어 한 마을에선 산타바르바라 성당을 "산타바르바라 타마솔코"라고 부른다. '타마솔코'는 기독교가 들어오기 전만 해도 종교적으로 중요한 의미를 지니다가 지금은 사라지고 없는 두꺼비의 자리를 가리킨다. 화가는 지도에 두꺼비 한 마리를 그려 넣었다. '두꺼비 자리의 산타바르바라'라는 괴상한 이름이 붙은 곳에서 두 종교 전통이 살고 있는 셈이다.

두 종교는 개종자들의 마음속에서도 함께 살았다. 지도의 명문은 이렇게 말한다. "후안 베르나베가 아내에게 말했다. '내 누이여, 우리 자손에게 영혼을 불어넣어줍시다. 우리의 기억이 될 버드나무를 심읍시다.'" 개인의 신앙을 드러내는 이 짧은 시구 속에서 후안 베르나베는, 비록 자신의 이름에는 가톨릭 성인 두 사람의 이름이 들어가 있지만, 자기 아이들의 구원은 토착 전통의 기반이 되는 자연 세계와의 교감을 통해야 한다고, 혹은 적어도 그와 함께해야 한다고 믿었다.

침략자들이 '새로운 스페인'이라고 부른 곳에서 태어난 이 아이들은 후안 베르나베처럼 세례식에서 새로운 가톨릭 이름을 받았지만, 후안 베르나베가 그랬듯이 그런 이름이 곧 충실한 가톨릭 신자를 의미하지는 않았다. 훗날 개혁자들은 계속 성행하고 있는 가톨릭 이전의 행사와 의식을 엄중히 단속했다. 주문 외기, 예언, 가면 착용은 마법 또는 우상 숭배로 처벌받았다. 하지만 많은 의식이 토착 주민들의 완강한 고집을 통해 살아남았다. 현재까지 살아남은 가장 눈에 띄는 예는 가톨릭 이전의 조상 숭배가 가톨릭의 '위령의 날'과 통합돼 '망자의 날'이라는 멕시코의 특유한 축제일로 발전했다는 사실에서 찾아볼 수 있다. 지금도 멕시코에서는 매년 11월 2일마다 돌아오는 이날을 맞이해 화려하게 장식한 옷을 입힌 해골과 축제 음악, 특별한 공물과 음식으로 죽은 자를 추모한다. 축제는 가톨릭 신앙만큼이나, 아니 어쩌면 그보다 더 많이 토착 종교의 관례에 빚지고 있다.

지도에 나오는 나우아틀어는 그저 목숨만 간신히 붙어 있다. 2000년에 실시한 한 설문 조사를 보면 인구의 1.4퍼센트만 이 말을 사용하는 것으로 나타났다. 하지만 최근 들어 멕시코시티 시장이 이 고대 언어를 되살리는 노력의 일환으로 시 공무원 전원에게 나우아틀어를 배우게 하겠다고 밝혔다. 사실 우리가 미처 의식하지 못할 뿐이지 토마토, 초콜릿, 아보카도 같은 나우아틀어는 오늘날 우리의 일상어에 꽤 많이 침투해 있다. 나우아틀어 중에서 종교성을 띠지 않은 말이 지금까지 살아남았다는 사실은 의미심장하면서도 그리 놀랍지 않은데, 이는 선교사들의 교육이 도맡아 한 일이다.

정복 이후 5세기가 지난 지금 멕시코인들은 히스패닉 이전의 과거를 민족 정체성을 정의하는 요소로 복원하려고 애쓰고 있다. 하지만 신앙 영역에서는 가톨릭 개종의 유산이 여전히 우위를 차지하고 있다. 교권 개입을 반대한 20세기의 공산주의 혁명에도 불구하고 멕시코는 여전히 가톨릭 신앙과 떼려야 뗄 수 없는 관계를 맺고 있다. 멕시코 출신인 역사학자 페르난도 세르반테스 박사는 이 점을 강조한다.

> 멕시코에서는 반종교, 반교권 민족주의 이데올로기가 매우 강하지만 이런 정서는 양면성을 띠기도 한다. 예를 들어 멕시코에서는 아무리 극단적인 무신론자도 과달루페의 성모만은 부인하지 않기 때문이다. 가톨릭의 토대가 그만큼 깊이 뿌리내리고 있다는 뜻이다. 멕시코인치고 어떤 점에서 가톨릭이 아닌 사람은 없다고 보면 된다. 이곳에 오면 초기의 복음 전도가 미친 영향이 얼마나 컸는지 또 지금도 그 영향이 얼마나 강하게 남아 있는지 알 수 있다.

세르반테스 박사가 말하고 있는 모든 것, 이 작은 지도가 멕시코의 가톨릭화와 관련해 드러내는 모든 것이 멕시코시티 외곽의 과달루페 성당에 압축돼 나타난다. 이곳은 현재 바티칸 다음으로 전 세계에서 사람들이 가장 많이 찾는 가톨릭 성소다. 정복 이후 10년째인 1531년 12월, 한때 아즈텍 신전이 들어서 있던 그곳에서, 스페인 사람들이 후안 디에고라고 불렀던 아즈텍 소년에게 성모 마리아가 나타났다. 성모는 소년에게 자신을 믿으라고 당부하면서 놀랍게

과달루페의 성모 성당 주위를 에워싸고 있는 인파.

도 소년의 망토에 자신의 형상을 눌러 찍었다. 성모가 발현한 곳에 성당이 세워졌고 망토에 새겨진 형상이 기적을 보여주면서 수많은 사람이 개종했다. 군중이 과달루페로 몰려들었다. 오랫동안 가톨릭 성직자들은 이런 현상이 실은 한때 아즈텍 신전이었던 곳에서 계속되고 있는 아즈텍 여신에 대한 숭배가 아닐까 우려했지만, 두 종교 전통의 강력한 결합은 몇 세기가 지나서도 요지부동인 것으로 드러났다. 현재 과달루페를 찾는 방문객이 얼마나 많은지 기적의 형상 앞으로 다가가려면 무빙 워크로 이동해야 할 정도다. 1737년 과달루페의 성모는 멕시코의 수호자로 선포됐고, 2002년 교황 요한 바오로 2세는 몬테수마 2세의 지배 아래서 태어난 후안 디에고를 전 세계 가톨릭교회의 성인으로 추대했다.

85
종교개혁 100주년 전단지

독일 라이프치히에서 온 목판화

AD 1617

요즈음 라디오를 켜거나 신문을 펼치면 100주년이니 200주년이니 하는 기념일이 꼬리에 꼬리를 물고 등장한다. 우리의 대중 역사는 갈수록 100년 단위로 기록되는 성향이 강해지는 듯하다. 그런 날만 되면 열광적인 기념 분위기 속에서 책과 전시회, 티셔츠와 특별 기념품이 물밀듯이 쏟아져 나온다. 기념일을 축하하는 이런 습관은 어디서 시작됐을까? 그 답은 17세기에 북유럽 전체를 무대로 종교의 자유를 위해 펼쳐진 위대한 투쟁으로 우리를 데려간다. 오늘날의 100주년 기념행사의 기원은 아마도 1617년 독일의 작센 지방에서 찾을 수 있지 않을까 싶다. 이는 작센에서 그 당시보다 100년 전에 일어난 사건을 기념하기 위해 시작됐다. 전하는 바로는 1517년 마르틴 루터는 망치를 집어들고 교회 정문에 저 유명한 95개 논제를 못질해 박았다. 그럼으로써 그는 프로테스탄트 종교개혁에 불씨를 지폈다. 이 장에서 살펴볼 유물은 루터의 그 유명한 행위 이후 100주년을 맞이해 그 행위를 보여주기 위해 제작한 한 장의 커다란 전단지다. 그러나 이 전단은 기념품이 아니라 전쟁을 예고하는 신호탄이었다.

전단이 세상에 나온 1617년, 유럽의 프로테스탄트는 불확실하고 위험한 미래에 직면해 있었다. 새해를 맞아 로마교황은 공식 기도문을 발표해 기독교 세계의 재통합과 이단 추방을 설파했다. 그는 가톨릭교회에 종교개혁에 맞서 무기를 들라고 촉구했다. 많은 사람들이 보기에 끔찍한 종교전쟁이 곧 닥치리라는 것은 기정사실과 다름없었다. 이에 응해 프로테스탄트는 지원 세력을 규합할 방법을 모색했지만 가톨릭교회와 달리 그들에게는 신자들에게 지시를 내릴 권위 있는 중앙 직권이 없었다. 따라서 프로테스탄트는 종교개혁이 하느님의 섭리의 일부라는, 다시 말해 각 개인이 굳이 사제를 거치지 않고도 하느님의 은총에 다가갈 수 있으며, 로마교회는 타락했고, 루터의 종교개혁은 살아 있는 모든 영혼의 구원에 반드시 필요했다고 주장할 방법을 다른 데서 찾아야 했다. 무엇보다도 그들에게는 모든 프로테스탄트에게 끔찍한 미래와 맞설 힘을 줄 수 있는 과거가 필요했다.

그 이전에는 종교개혁의 출발점으로 삼는 특정한 날이나 달이 없었다. 하지만 작센의 프로테스탄트 지도자들은 지금이 루터가 작센의 비텐베르크 성 교회 정문에 95개조 반박문을 못질해 처음으로 교황의 권위에 대놓고 도전했다는 1517년 10월 31일의 저 위대한 순간 이후 딱 100년째라는 점에 주목했다. 결국 그들은 능수능란한 매체 관리 솜씨를 발휘해 현대 기준에 부합하는 '제1회 100주년 행사'를 열었다. 오늘날 우리에게 익숙한 선전은 모두 동원됐다. 기념식과 행진, 기념품, 메달, 그림, 설교 전단지는 물론 이제 프로테스탄트가 자신의 과감한 종교 여정의 첫 출발점으로 여기는 중요한 날을 묘사한 목판화, 즉 이 전단지도 포함됐다.

전단지는 구성은 산만하지만 메시지는 매우 간결하다. 하느님이 작센 선제후의 꿈에 나타나 마르틴 루터의 기념비적인 역할을 보여주고 있다. 보다시피 작센 선제후는 잠들어 있다. 루터는 그 아래쪽에서 삼위일체 하느님이 그를 축복하며 하늘에서 내려 보내는 거대한 빛줄기에 의지해 성서를 읽고 있다. 루터가 고개를 들자 빛이 그의 앞에 놓인 종이로 쏟아진다. 여기서 성서는 곧 하느님의 말씀이며 성서를 읽는다는 것은 하느님을 만난다는 뜻이다. 이는 교회 안에서 일어나는 일이 아니다. 프로테스탄트에게 성서를 읽는다는 것은 곧 신앙의 토대이며, 인쇄술이라는 새로운 과학기술 덕분에 신자들은 이제 집에도 그 토대를 갖출 수 있다는 성명을 이보다 더 간결하게 전달할 수는 없다.

이 전단지는 라이프치히에서 제작됐다. 1617년 라이프치히는 유럽 인쇄 산업의 중심지였다. 종교 역사가 캐런 암스트롱이 설명해주듯이 그 당시 북유럽의 종교 관행은 전체적으로 말씀의 봉독을 강조함으로 인해 바뀌어가고 있었다.

> 이 그림에는 쓰여진 말씀에 대한 강조가 매우 두드러지게 나타난다. 이 직전까지 종교는 언어가 미치지 않는 그 무엇을 듣는 데 주로 초점이 맞춰져 있었다. 사람들은 단어나 개념이나 논쟁이 아니라 형상, 우상, 음악, 행동을 통해 생각했다. 이제 인쇄술의 발명으로 루터의 사상이 널리 퍼지면서 모든 것을 말로 자세히 표현할 수 있게 됐다. 그때 이후로 그런 경향은 서구 종교의 문제점으로 작용해왔다. 이제 우리는 말에 발목을 붙잡혀 헤어나지 못하기 때문이다. 인쇄술은 사람들에게 난생처음으로 개인적으로 성서를 갖게 해줬다. 이는 사

Göttlicher Schrifftmessiger / wold

löbliche / Gottselige Churfürst Friederich zu Sachsen / rc. der We

nemlich die Nacht für aller Heiligen Abend / 1517. zur Schweinitz dreymal

Johann Tetzels Ablaßkrämerey / an der Schloßkirchenthür zu Wittenberg ang

GLeICh aM ersten reChten

ürdiger Traum/ welchen der Hoch
us sonderer Offenbarung Gottes/ gleich jtzo für hundert Jahren/
gehabt/ Als folgenden Tages D. Martin Luther seine Sprüche wider
etzo jubilierenden Christen nützlich zu wissen/ in dieser Figur eigentlich fürgebildet.
LVther/Cchen IVbeLfest.

람들이 성서를 완전히 다른 방식으로 읽게 됐다는 뜻이다.

인쇄술이 없었다면 종교개혁은 당연히 살아남지 못했을 것이다. 글과 그림이 섞여 있는 이 광고 전단지는 말씀뿐 아니라 그림도 여전히 영향력이 강했다는 사실을 보여준다. 17세기 유럽은 아직도 문맹률이 높았다. 도시에서도 인구의 3분의 1만 글을 읽을 수 있었다. 따라서 몇몇 핵심 단어만 곁들이고 그림을 위주로 한 인쇄물은 가장 효과적인 대중매체였다. 잘 알다시피 오늘날에도 잘 그린 풍자만화는 대중 담론에서 큰 역할을 할 수 있다.

전단지 앞면은 루터가 세상에서 가장 큰 깃펜으로 교회 정문에 'Vom Ablass', 즉 '면죄부에 대해'라고 쓰는 모습을 보여준다. 바로 이 제목의 논제에서 그는 이승에서 교회에 돈을 갖다 바치면 영혼이 연옥에서 지내는 시간이 줄어든다는 논리로 면죄부를 판 가톨릭교회를 맹렬하게 공격했다. 면죄부 판매는 독일의 반교황 정서에 불을 지폈다. 루터의 깃펜은 인쇄물의 폭 절반을 차지할 만큼 크다. 깃펜은 친절하게도 '로마'라고 표기한 성곽 도시 위에 쭈그리고 앉은 사자 머리를 관통하고 있다. 사자 몸통에는 교황 레오 10세라고 표기돼 있다. 그것만으로는 부족했던지 깃펜은 인간의 모습으로 묘사된 교황의 머리에서 왕관을 내려쳐 떨어뜨리기까지 한다. 이보다 더 강한 펜은 일찍이 없었다. 메시지는 조잡하지만 명확하다. 성서를 통해 영감을 받은 루터가 펜의 위력으로 교황의 권위를 무너뜨리는 것이다.

이런 목판화는 최초의 대중매체였다. 한꺼번에 몇만 장 이상 인쇄할 수 있었던 덕분에 한 장에 단돈 몇 페니히밖에 나가지 않았다. 소시지 한두 개나 흑맥주 한두 잔만 포기하면 누구나 쉽게 살 수 있는 가격이었다. 이처럼 풍자적인 인쇄물은 여인숙과 시장에 나붙어 사람들 입에 오르내렸다. 전단지는 모든 점에서 오늘날의 타블로이드 신문이나 《프라이비트 아이*Private Eye*》 같은 풍자 잡지와 동일한 대중 예술이다. 우리는 《프라이비트 아이》의 편집장 이언 히슬롭에게 논평을 부탁했다.

> 이 전단지의 편집자는 자신이 목표한 바를 정확히 달성했다. 그는 영웅을 적으로 끌어내려 악마로 매도하고 짐승으로 비하했다가 결국은 우스꽝스러운 인물, 모자나 떨어뜨리는 멍청한 눈의 얼간이로 만들어놓는다. 펜이 제 몸의 일부를 여기저기 떨어뜨려서 그 덕분에 모든 이들이 펜을 갖게 된다. 여기서 펜

은 글쓰기, 말씀, 심지어는 인쇄술을 의미한다. 이제 성서는 인쇄될 수 있으며, 우리는 하늘에 가까이 있고, 이곳에서 하느님의 말씀이 하늘에서 곧장 종이로 내려오는 모습을 볼 수 있기 때문이다.

따라서 우리와 하느님의 말씀 사이에는 사제도, 교황도, 그 어떤 것도 존재하지 않는다. 이 전단지에서 마음에 드는 점은 마치 잡지를 읽을 때처럼 풍자만화 같은 농담이 있는 커다란 그림과 빠뜨리지 않고 이해할 수 있도록 어디에나 설명을 곁들이고 있다는 사실이다. 내 독일어 실력은 썩 좋은 편이 못 돼서 여기 나오는 우스갯소리를 다 이해할 수는 없지만, 보고 있으면 나 역시 나름대로 우스갯소리를 떠올리게 된다. 나는 누군가가 "여기 들어오는 사람은 모두 교황을 버리라"라고 말하는 모습이나 루터가 펜으로 "이것은 하느님의 펜이다"라고 쓰는 모습, 또는 아주 엄격한 가톨릭 신자들이 "그래요, 하지만 그대들의 해석은 대부분 루터의 주장이오."라고 말하는 모습을 상상해본다. 사실 나는 여기에 쓰인 실제 우스갯소리가 그보다는 낫길 바라지만, 이 그림에서는 무슨 일이 벌어지고 있는지가 확실하며 그래서 진짜 근사하다.

전단지는 폭넓은 대중을 겨냥했지만 특정한 독자, 곧 작센 선제후를 염두에 두고 있다. 종교의 차이가 전쟁으로 치닫는다면 프로테스탄트는 선제후의 보호가 있어야만 살아남을 수 있다. 1617년 작센 선제후는 1517년에 전임자들이 그랬듯이 결단을 내려야 했으며, 그 말고도 독일의 프로테스탄트 군주들은 모두 그래야 했다.

바로 이듬해에 전쟁이 일어나면서 30년 동안 중부 유럽에는 파괴의 바람이 불었다. 1648년 지칠 대로 지친 양측은 결국 이 전쟁에선 승자가 나올 수 없다는 점을 인정하기에 이르렀다. 30년 전쟁에서 흘린 피는 현실성을 띠는 관용, 가톨릭 국가와 프로테스탄트 국가 사이의 법적인 평등만이 영구히 지속하는 평화의 기반이라는 사실을 일깨워줬다.

17부에서 우리는 서로 현격하게 다른 17세기의 사회들이 프로테스탄트와 가톨릭, 수니파와 시아파, 힌두교와 이슬람이라는 종교적 다양성을 정치적으로 어떻게 해결했는지 살펴봤다. 사파비왕조의 이란과 무굴 인도는 그럭저럭 평화로운 공존을 모색했다. 기독교 유럽은 전쟁에 휩싸였다. 그러나 1680년대에 영국 철학자 존 로크는 『관용에 관한 서한*Letter Concerning Tolerance*』에서 유럽에서도 행복한 결말이 날 가능성을 피력했다.

종교 문제를 둘러싸고 자신과 의견이 다른 사람들에 대한 관용은 복음서와 이성에도 부합하는바, 인간이 그토록 자명한 빛을 보지 못한다면 금수보다 나을 것이 없다.

피의 대가를 지불하고 얻은 이 소중한 신념, 진리를 얻는 데는 여러 가지 길이 있다는 이 확신은 유럽의 지성계와 정치계를 바꿔놓았다. 그 결과 루터가 교회 정문에 95개 논제를 못질한 지 200년째인 1717년에는 내용이 완전히 새로운 기념 전단지가 배포됐다. 바야흐로 유럽 대륙 전체가 종교개혁 못지않은 심대한 혁명의 길을 착실히 밟고 있었고, 여러모로 보았을 때 그 결과는 계몽주의로 나타났다.

PART 18

탐험, 착취 그리고 계몽

AD 1680~1820

유럽의 계몽주의 시대(1680~1820)는 과학 지식과 철학이 융성한 시기였다. 이는 주로 이성과 자유, 진보와 관련돼 있었지만, 이 시기 들어 유럽은 절정에 이른 대서양 노예무역을 통해 제국주의 세력을 확장하기도 했다. 항해술의 발달에 힘입어 유럽의 선원들이 태평양을 샅샅이 탐험할 수 있게 되면서 하와이와 오스트레일리아의 토착 문화가 세상에 알려졌다. 대화와 교류, 쉽지 않은 거래와 오해를 비롯해 세계 곳곳에서 일어난 유럽인과 비유럽인 사이의 만남과 충돌은 간혹 불행한 역사를 낳았는데, 그런 만남은 대부분 토착 민족의 억압과 사회의 붕괴를 불러왔기 때문이다. 그러나 유럽이 세계에서 유일하게 성공적인 경제권이었던 것은 아니다. 많은 유럽인이 역사상 최고의 통치력을 자랑하는 제국으로 꼽은 중국 청나라 역시 나름대로 계몽주의를 즐기고 있었다.

86

아칸족의 북

미국 버지니아 주에서 발견된 서아프리카 북

AD 1700~1750

재즈의 진정한 혼은 관습, 전통, 권위, 권태, 심지어는 슬픔 등 인간의 영혼을 규정하면서 자유롭게 날아오르지 못하게 방해하는 모든 요소를 떨쳐버리려는 즐거운 반란이다.

미국의 흑인 역사가 J. A. 로저스가 1920년대에 재즈의 본질에 대해 쓴 글에 나오는 말이다. 재즈는 그 뿌리가 18세기에 아프리카와 아메리카 사이에서 이뤄진 노예무역이라는 끔찍한 시절로 거슬러 올라가는 자유와 반란의 음악이다. 당시 노예와 함께 아프리카에서 아메리카로 들어온 북과, 노예로 잡혀온 사람들에게 목소리를 부여한 음악은 그들의 공동체를 하나로 연결해줬고, 그 목소리는 결국 대륙 전체로 퍼져나가는 언어로 발전하기에 이르렀다. 우리가 여기서 보고 있는 것과 같은 북은 20세기를 지배한 아프리카계 아메리카 음악 전통의 중심에 서 있다. 블루스와 재즈는 바로 여기에서 시작하는 씁쓸한 회한 또는 기쁨과 반란의 음악, 자유를 위한 음악에서 나온 위대한 음악 장르다.

이 북은 대영박물관에 있는 아프리카계 아메리카 유물 가운데 가장 오래됐다. 아프리카에서 미국을 거쳐 영국까지 건너온 이 북과 다른 유물을 통해 우리는 역사를 통틀어 가장 대규모에 속하는 강제 이주 이야기를 얼마간 복원해낼 수 있다. 그야말로 하루아침에 삶의 터전을 빼앗긴 이 사람들은 아무것도 가져올 수 없었지만 머릿속에는 음악이 있었고 배에는 악기 한두 개가 실려 있었다. 바로 이 음악과 악기와 함께 아프리카계 아메리카 음악이 시작됐다. 프린스턴 대학교 교수 콰메 앤서니 아피아는 이렇게 설명한다.

이런 북은 삶에서 중요한 비중을 차지했다. 하나쯤 신세계로 가져올 수 있었다면 고향에 대한 기억의 원천과도 같았을 테고, 따라서 노예로 잡혀온 사람들이 애지중지한 물건 가운데 하나였다.

1753년 대영박물관이 처음 문을 열었을 때 유럽은 세상의 모든 지식을 끌어모으려는 계몽주의 사업을 통해 다른 세상과 관계를 맺고자 하는 관심이 최고조에 달해 있었다. 대영박물관 창립에 밑거름이 된 수집품은 아일랜드 출신 내과 의사인 한스 슬론 경이 남긴 유산이 주를 이뤘다. 다방면에 관심이 많았던 그는 생전에 과학 도구, 식물, 재료물, 박제 동물을 비롯해 인간이 만든 전 세계의 온갖 흥미로운 물건들을 수집했다. 그 가운데에는 1730년께에 버지니아에서 입수한 이 북도 포함돼 있었다. 18세기 당시만 해도 이 북은 아메리카 인디언이 사용하던 것으로 추정됐다. 그러다 1906년 대영박물관의 한 큐레이터가 그럴 리가 없다고, 서아프리카에서 쓰는 북과 훨씬 더 비슷해 보인다는 의견을 조심스럽게 내놓았다. 한참 후에 큐 식물원과 대영박물관 직원들이 과학적으로 조사해보니 정말 그랬다. 이제 우리는 이 북의 몸통이 서아프리카에서 많이 나는 '코르디아 아프리카나'라는 지칫과 나무로 만들어졌으며 못과 끈 같은 부속 또한 같은 지역에서 나는 나무와 식물로 만들어졌다는 사실을 알고 있다. 이 유물은 1730년을 전후해 서아프리카에서 버지니아로 건너간 서아프리카 북이 틀림없다.

자꾸만 면적이 늘어나는 대규모 농장에 노동력을 공급하기 위해 최초의 아프리카 노예가 유럽인이 소유한 배를 타고 영국령 북아메리카에 도착한 시점은 1619년이었다. 처음에 그들은 사탕수수와 쌀을 재배하는 농장에서 일하다가 담배 농장에, 이어 마지막으로 저 유명한 면화 농장에 투입됐다. 1700년대 초반에 이르러 노예무역은 유럽의 해양 강국과 서아프리카 군주들 사이에서 가장 수지맞는 사업으로 떠올랐다. 대략 1,200만 명에 이르는 아프리카인이 아메리카로 이송됐고 그 과정에서 유럽인과 아프리카인 모두 관계하여 이익을 남겼다. 콰메 앤서니 아피아는 양쪽으로부터 유산을 물려받았다.

> 나는 사람들에게 우리 부계와 모계가 모두 노예무역상이었다는 사실을 서슴없이 말한다. 나의 영국인 조상과 가나인 조상 가운데 더러는 노예무역에 종사했다. 이것이 무역관계였다는 점을 이해해야 한다. 18세기 들어 노예무역이 발전하면서 내가 자란 곳이자 이 북이 나온 아샨티 같은 지역에서는 노예무역에 대한 의존도가 매우 높았다. 사람들은 전쟁에 나가 많은 포로를 붙잡아선 해안가로 내려보내 더 많은 전쟁을 치를 수 있게 해주는 총 같은 유럽산 물품과 교환했다.

아샨티 왕국과 판티 왕국을 이루는 아칸족에게서 나온 이 북은 궁정에서 북 합주단의 일부로 사용됐을 확률이 높다. 서아프리카 궁정에서 음악과 춤은 종교의식과 사교 생활의 기본 요소였다.

북은 노예선에 실린 것으로 추정되지만, 노예가 들고 탄 것은 아니었다. 노예들은 몸에 아무것도 지닐 수 없었다. 북은 선장에게 선물로 전달됐거나 추장 아들의 차지가 됐을 것이다. 때로 추장의 자녀들은 교육을 받으러 노예들과 함께 미국까지 항해하기도 했다. 배 안에서 북은 함께 음악을 만들어내는 기쁨을 거의 누리지 못했고, '노예를 춤추게 만들기'라는 괴상한 이름이 붙은 일에 동원됐다.

> (노예로) 가득 차기가 무섭게 배는 바로 출발한다. 가여운 사람들은 아직도 눈앞에 있는 고향을 하염없이 바라보다 병에 걸려 죽는다. (중략) 야비한 방법이긴 하지만 그들을 죽지 못하게 막으려면 악기를 연주하는 길밖에 없다.

노예들은 갑판으로 불려 나와 북 장단에 맞춰 억지로 춤을 췄다. 그렇게라도 해야 건강을 유지해 우울증과 싸울 수 있었다. 노예선 선장들은 우울증이 자칫 자살이나 집단 폭동으로 이어질 수 있다는 점을 잘 알고 있었다. 한때 아메리카의 농장에서는 노예들에게 북을 치면서 음악을 즐길 수 있는 그들만의 시간을 허용했지만, 곧이어 노예 소유주들은 공동의 대화에 사용되는 북소리가 오히려 반란을 자극하는 것 같아 또다시 불안에 떨기 시작했다. 실제로 1739년 사우스캐롤라이나에서는 노예들이 북소리를 신호 삼아 무장 봉기를 일으켰다. 이 사건을 계기로 식민지는 북을 무기로 분류해 금지하는 법을 제정했다.

이 북을 런던으로 가져온 한스 슬론도 자메이카의 노예 소유주였다. 그곳에서 그는 최초로 노예 음악을 편곡해 책으로 출간했다. 슬론은 노예들의 악기를 묘사하면서, 자메이카 당국이 결국 악기를 금지한 이유를 설명하기도 했다.

> 한때 노예들은 축제에서 그들만의 나팔과 속이 빈 나무 조각으로 만든 북을 사용할 수 있었다. (중략) 그러나 고향 아프리카에서 전쟁에 사용됐다는 사실 때문에 반란을 자극할지도 모른다는 우려가 커지면서 결국 섬 세관에서 악기 반입을 금지했다.

슬론이 1700년대 초반에 수집한 이 아칸족의 북은 농장에서 북 사용을 금지했을 때 몰수됐을 확률이 높다. 40센티미터가 조금 넘을까 말까 한 높이에, 좁다란 밑부분을 딛고 서 있는 이 북은 나무 몸통 전체에 문양이 새겨져 있다. 흥미롭게도 북을 덮고 있는 재료는 북아메리카산이 거의 틀림없어 보이는 사슴 가죽이다. 북아메리카 원주민과의 거래를 통해 입수했을 가능성이 크다. 18세기 아메리카에서 아프리카 흑인과 아메리카 원주민이 맺은 복잡한 관계가 대개 간과되기는 하지만 사실 그들 사이에는 결혼을 비롯한 활발한 교류가 있었다. 아메리카 원주민들도 더러 노예를 소유하고 있었는데 원주민과 아프리카 흑인 모두를 노예로 두었다. 이는 자주 언급되는 역사는 아니지만 18세기에 '인디언 북'으로 알려진 이 유물의 신원에 또 다른 관련성을 보탠다.

이 북 이야기는 전 세계에 걸친 강제 이주 이야기이기도 하다. 노예로 붙잡힌 아프리카인들은 아메리카로 이송됐다. 아메리카 원주민들은 잠식해 들어오는 노예 농장에 밀려 어쩔 수 없이 서부로 이주해야 했다. 이 북도 아프리카에서 버지니아로 흘러들어 그곳에서 생애 대부분을 보내다가 런던으로 건너왔다. 그리고 바로 이곳에서 가장 흥미로운 일이 벌어진다. 이 북처럼 노예의 자녀들도 영국으로 건너온 것이다. 한때 노예무역에 관여한 영국계, 서아프리카계, 아프로-카리브계 후손들이 지금은 같은 대도시에서 살고 있다. 아칸족의 북은 21세기의 런던을 대표하는 시민으로 자리 잡았다. 현재 런던에 거주하는 아프리카계 미국 극작가이자 대영박물관 이사인 보니 그리어는 이렇게 설명한다.

> 이 북을 볼 때마다 여행과 횡단이 생각난다. 나도 대서양을 건너 이곳에 왔고 이 북도 그랬다. 따라서 내게 이 북은 우리 조상들이 지나온 길을 상징한다. 그 수가 상당히 많은 영국의 흑인 시민들 조상도 대부분 그 길을 지나왔다.
>
> 아프리카계 후손의 한 사람이자 아메리카 원주민을 조상으로 둔 사람으로서 (중략) 나를 포함해 많은 아프리카계 미국인이나 카리브 출신인 사람들에게 이 북은 양쪽의 혈통을 상징한다. (중략) 나는 어쩔 수 없이 고향을 등져야 한 우리 같은 사람들에게 이런 물건이 특별히 눈에 밟히는 건 우리와 함께 이곳까지 여행했기 때문이라고 입버릇처럼 말한다. 이런 물건들은 오늘의 우리 모습을 비추는 자화상이며, 우리와 이곳까지 동행하여 함께 살았고, 번성했다. 우리가 이런 물건의 일부이듯 이런 물건도 우리의 일부이기 때문에 이 물건이

이곳에 있는 것은 옳다.

이 북에는 수많은 대화가 기록돼 있다. 다음 유물은 대화라고는 찾아볼 수 없는, 그저 오해의 기록일 뿐이다. 세계의 반대쪽에서 제임스 쿡 선장이 수집한 물건이 바로 그 주인공이다. 그 자체로는 아무 소리도 나지 않지만, 이번 물건 역시 문화와 문화의 충돌을 생생하게 증언해준다.

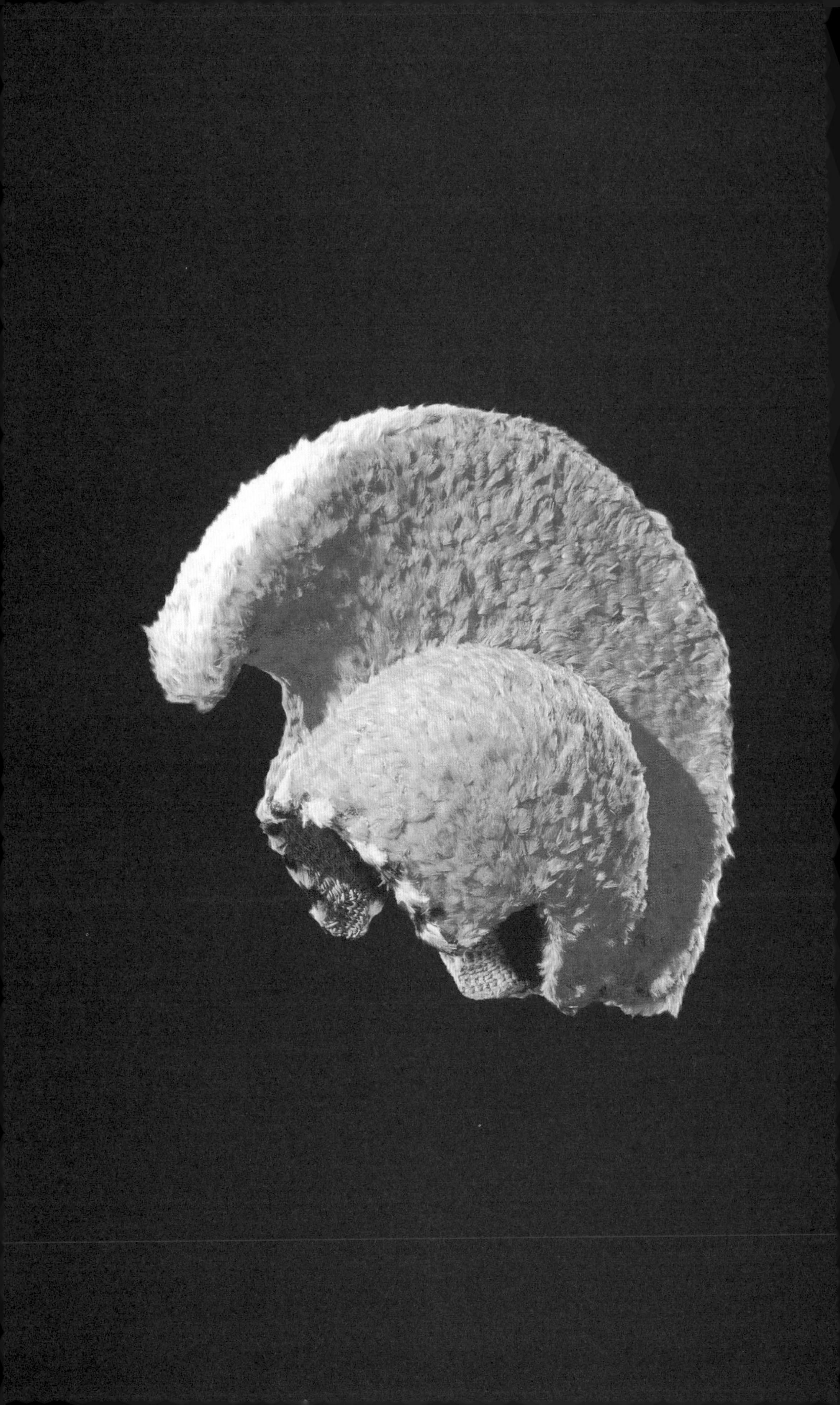

하와이의 깃털 투구

미국 하와이에서 온 깃털 투구

AD 1700~1800

1778년 탐험가 제임스 쿡 선장은 영국 군함 레절루션 호를 타고 대서양과 태평양을 이어줄 캐나다 북쪽 뱃길을 발견하길 희망하며 태평양 북서 항로를 찾고 있었다. 그는 끝내 북서 항로를 찾지 못했지만 태평양 지도를 다시 그릴 수 있었다. 그는 지도에 해안선과 섬을 그려 넣으면서 식물과 동물 표본을 수집했다. 1778년 말 그와 승무원들은 하와이에 상륙했고, 1779년 초에 섬으로 다시 돌아갔다. 하와이 주민들이 이방인으로는 500년 만에 처음으로 이 섬을 찾은 유럽 선원들을 어떻게 생각했을지는 알 길이 없다. 주민들이 쿡을 어떻게 생각했든 하와이 왕은 화려하기 이를 데 없는 선물로 그를 맞이했다. 그중에는 노란색과 붉은색 깃털로 만든 귀하고 값진 추장 투구도 들어 있었다. 쿡은 한 통치자가 다른 통치자를 인정해서 주는 명예로운 상징으로 이 선물을 받아들였다. 하지만 몇 주 뒤 쿡은 투구를 준 바로 그 주민들에게 살해됐다. 뭔가가 잘못돼도 한참 잘못된 것이 분명했다.

사진의 투구는 쿡과 승무원들이 받은 투구 가운데 하나로, 지금은 유럽인이 지구를 돌면서 만난 이방인들과 접촉할 때마다 꼬리표처럼 늘 따라다녔던 위험한 오해의 상징으로 우뚝 서 있다. 나는 물건이 우리 인간을 갈라놓을 때보다 공동의 인간애로 우리를 묶어줄 때가 더 많다는 이야기로 이 책을 시작했지만, 그런 확신이 서지 않는 물건도 더러 있다. 우리와 성격이 매우 다른 사회가 세상과 세상의 질서를 어떻게 바라보는지 과연 우리는 제대로 이해할 수 있을까? 우리가 전혀 모르는 개념을 과연 우리의 말로 표현할 수 있을까?

18세기의 유럽 탐험가들, 그중에서도 쿡은 정확한 지도와 해도, 특히 알려지지 않은 거대한 바다인 태평양의 해도를 그리는 데 관심이 많았다. 이집트의 위대한 유물이 대영박물관에 도착하기 전만 해도(1장) 모든 사람들이 보고 싶어 하는 전시품은 쿡이 남쪽 바다를 항해하면서 하나둘씩 모아들인 지구 반대편의 신기한 물건이었다. 이 물건은 새로운 다른 세계를 어렴풋이 보게 해주었다. 너무 민감해서 조금만 움직여도 떨어져 나갈 듯한 빨간 깃털과 노란 깃털, 검정 깃털로 뒤덮인 하와이 깃털 투구는 그중에서도 가장 인기가 높았다. 고대 그리스의 투구처럼 이 투구 역시 머리에 꽉 끼는데, 정수리 위쪽에 모히칸족의 머리 모양을 닮은 두껍고 높다란 벼슬이 앞에서 뒤까지 이어져 있다. 벼슬 윗부분은 노란색과 붉은색이 서로 엇갈려가며 섞여 있고 투구 양옆과 몸통은 주홍색, 가느다란 앞쪽 테두리는 검은색과 노란색을 띠고 있다. 색깔이 선명하고 눈부셔서 투구를 쓰고 있으면 군중 틈에서 금세 눈에 띄었을 것이다. 붉은색 깃털은 꿀먹이새과인 이위새에게서, 노란색 깃털은 대개 검은색 깃털로 뒤덮여 있지만 간간이 노란색 깃털도 섞인 꿀빨이새에게서 얻었다. 하와이 주민들은 이 작은 새를 잡아 깃털을 뽑고 나면 놓아주거나 죽였다. 그러고 나면 깃털을 고리버들 세공으로 엮은 틀의 섬유망에 하나하나 붙이는 수고로운 작업에 들어갔다. 깃털은 멕시코의 터키옥이나 중국의 옥, 유럽의 황금에 비견될 만큼 하와이에서는 가장 귀한 원료였다.

모든 점에서 이 투구는 왕에게나 어울릴 법한 귀한 물건으로, 아메리카 본토에서 3,600킬로미터가량 떨어져 있는 하와이 군도의 대부분을 차지하는 하와이 섬의 추장이 가지고 있었던 것 같다. 폴리네시아인들은 이스터 섬과 뉴질랜드를 포함하는 해양을 통한 거대한 거주지 확장의 일환으로 800년께에 하와이 군도에 정착했다. 대략 1200년에서 1700년까지 그들은 완전히 고립돼 있었던 듯하다. 쿡은 500년 만에 처음으로 그곳을 방문한 이방인이었다. 그러나 쿡이 그들을 보고 놀랐다기보다 그들이 쿡을 보고 더 놀랐던 것 같다. 고립돼 지내는 동안 하와이 주민들은 고유한 사회구조와 관습과 농경 기술과 수공예 기술을 발전시켰다. 언뜻 낯설고 신기해 보이지만, 그래도 그들의 모습은 유럽인이 생각하기에도 충분히 이해가 되는 듯싶었다. 인류학자이자 폴리네시아 문화 전문가인 니컬러스 토머스는 이렇게 설명한다.

> 쿡은 폴리네시아에 도착해 유럽인의 기준에서도 깜짝 놀랄 만큼 세련된 문화를 자랑하는 사회들과 만났다. (중략) 특히 하와이에는 군도 전체를 아우르면서 각기 다른 섬과 복잡한 무역 관계를 구축한 예사롭지 않은 왕국들이 있었다. 왕국들은 모든 점에서 유럽인들에게 깊은 인상을 심어준 미적 감각과 문화 형태를 두루 갖춘 복잡다단하고 활력 넘치는 사회였다. (중략) 고전 문명의 위대한 중심지에서 그토록 멀리 떨어진 곳에 어떻게 이처럼 수준 높은 문화

형태가 존재할 수 있었을까?

많은 점에서 그곳은 18세기 유럽과 달라 보이지 않았다. 추장 가족과 사제들이 대규모 인구를 다스렸다. 지배층 밑에는 장인과 건축업자, 가수와 무희, 족보학자와 치료사가 있었고, 그와 비슷하게 그 아래로 대다수 인구를 이루는 농부와 어부가 떠받치고 있었다. 이 깃털 투구 제작자는 장인 직군에 속했을 것이다. 하와이 마우이 섬 출신인 카일 나카넬루아는 이 투구를 다음과 같이 설명한다.

> 새 한 마리당 네 개만 구할 수 있는 이런 깃털이 1만 개 가까이 된다고 생각하면 새가 얼마나 많이 필요했을지 짐작이 갈 것이다. 추장은 이런 깃털을 수집, 보관, 관리하면서 이들 제품을 생산해내는 사람들을 모두 한꺼번에 종자로 거느리고 있었다. 수집과 보관, 제조 임무를 맡은 150명에서 200명 안팎 인원이 하나의 업계를 이룬 셈인데, 수세대에 걸쳐 이런 깃털을 수집해야 제품을 하나 만들까 말까 했다.

추장은 신들과 접촉하기 위해 깃털 투구와 망토를 착용했다. 예를 들어 풍년을 기원하거나 기근이나 질병 같은 재앙을 예방하거나 전투에 앞서 신들을 달래기 위해 공물을 바칠 때가 그런 일에 해당했다. 깃털 복장은 중세 기사들의 근사한 투구와 문장을 갖춘 방패와 맞먹었다. 추장은 어디서나 눈에 잘 띄는 예복을 갖춰 입고 전투에서 부하들을 지휘했다. 무엇보다도 이런 복장은 신들에게 다가가는 길을 열어줬다. 새는 영혼의 전령이자, 땅과 하늘을 오가는 신령한 존재로서 그 깃털로 만든 옷을 착용한 사람에게 초자연의 힘과 성스러운 힘을 부여했다. 니컬러스 토머스의 설명을 다시 들어보자.

> 깃털은 예쁘기도 했을 뿐 아니라 신성과 연관됐기 때문에 특히 중요했다. 전설에는 깃털로 뒤덮인 피투성이 아기로 태어나 우연한 계기로 다른 세계의 성스러운 힘과 관계를 맺게 되는 신들이 등장한다. 특히 빨강과 노랑의 깃털은 더욱 성스러운 것이었다.

이런 발상은 쿡에게 그다지 낯설지 않았다. 물론 영국 왕은 깃털에 뒤덮여 태어나지는 않지만, 신의 부름을 받은 군주 자격으로 새로 상징되는 성령을 모시는 종교의식에서 정교한 예복을 차려입고 사제 기능을 수행하기도 했다. 쿡은 이 사회를 기본적으로 자신의 사회처럼 '읽은' 듯했다. 하지만 그는 무시무시한 금기로 둘러싸인 하와이의 매우 독특한 신성 개념을 이해하지 못했다. 성스러운 동시에 죽음의 울림을 지니는 '터부'라는 말은 원래 폴리네시아어였다.

1779년 쿡이 다시 하와이로 돌아왔을 때 그곳에선 평화의 계절을 맞이해 로노 신에게 바치는 축제가 열리고 있었다. 그는 최고 추장에게 극진하게 대접받았다. 추장은 그에게 커다란 빨간 깃털 망토를 둘러주고 머리에는 깃털 투구를 씌웠다. 다시 말해 그는 신과 함께 추앙받는 위대한 추장으로 대접받았다. 그는 섬에서 배를 수리하기도 하고 정확한 위도와 경도를 측정하기도 하면서 한 달 동안 평화롭게 지냈다. 그러고 나서 북쪽으로 항해를 떠났지만 한 달 뒤 갑자기 폭풍을 만나 다시 하와이로 돌아와야 했다. 이번에는 사정이 완전히 달랐다. 하필이면 섬은 전쟁의 신 쿠에게 바치는 계절 축제 기간에 있었다. 섬 주민들은 전과 다르게 데면데면했고 쿡의 배 한 척이 도난당하는 등, 섬 주민과 쿡의 승무원 사이에 크고 작은 사건이 끊이지 않고 일어났다. 쿡은 전에 사용했던 전술을 써먹기로 했다. 즉 추장을 자신의 배로 초대해 도난당한 물품을 되찾을 때까지 그를 인질로 붙잡아둘 참이었다. 그러나 쿡이 추장과 함께 케알라케콰 만 모래밭을 거닐고 있을 때 추장의 부하들이 갑자기 덮쳤다. 뒤이어 벌어진 난투극 중에 쿡이 살해됐다.

왜 이런 일이 벌어졌을까? 일부에서 주장하는 대로 하와이 주민들이 신으로 여긴 쿡이 알고 보니 인간이어서 격분했을까? 답은 영원히 알 길이 없을 듯하다. 다만 쿡의 죽음을 둘러싼 상황은 인류학에서 오해라는 주제의 교과서적 연구 대상이 되었다.

하와이 군도는 그가 도착하면서 영원히 바뀌었다. 유럽과 아메리카의 무역상들은 치명적인 질병을 들여왔고 선교사들은 그곳 문화를 바꿔놓았다. 그러나 하와이는 유럽의 식민지가 된 적은 한 번도 없다. 대신에 추장은 쿡이 개척한 교역 관계를 활용해 독립된 하와이 군주국을 세웠고, 그 뒤로 하와이 군주국은 1세기 넘게 존속하다가 1898년 미국에 합병됐다.

나는 완전히 성격이 다른 사회를 이해한다는 것이 과연 어디까지 가능한지 묻는 것으로 이 장을 시작했다. 18세기의 위대한 여행가들에게도 그 점은 상당한 의문이었다. 쿡과 함께 영국 군함 디스커버리 호를 타고 항해한 외과

의사 데이비드 샘웰은 이 미지의 세계와 소통하면서 마주친 문제점을 놓고 고민하다가 경탄스러울 만큼 겸손한 태도로 자신이 관찰한 내용을 다음과 같이 기록했다.

> 우리가 잘 이해하지 못하는 기호와 언어에 대한 이런 해석을 믿는다는 것은 썩 바람직하지 않으며 다만 기껏해야 그 의미를 추측할 수 있을 뿐이다.

확신의 한계를 새삼 일깨워주는 유익한 충고다. 지금 와서 이 깃털 투구 같은 물건이 1770년대의 하와이 주민들에게 정확히 어떤 의미였는지 확인하기란 불가능하다. 니컬러스 토머스가 지적한 대로 분명한 점은 현재 이런 유물은 21세기의 하와이 주민들에게 새로운 중요성을 띠고 있다는 사실이다.

> 이 투구는 오세아니아 예술 전통을 표현하고 있지만 그와 동시에 매우 가슴아픈 역사의 출발점으로 인식되는 특별한 교류의 순간을 표현하기도 한다. 어떤 점에서 그런 역사는 아직도 계속 이어지고 있다. 하와이 주민들은 여전히 자신들의 주권을 강력히 주장하면서 세상에서 자기들만의 다른 공간을 만들려 노력하고 있다.

오아후 섬 출신인 카홀로쿨라 같은 하와이 주민들에게 이런 깃털 유물은 정치 논쟁에서 매우 특별한 위치를 차지한다.

> 이런 유물은 우리가 잃어버린 것을 상징하기도 하지만 요즘 하와이 사람들에게는 다시 찾을 수 있는 것을 상징하기도 한다. 그런 점에서 이 유물은 우리의 추장, 우리의 잃어버린 주권, 우리의 잃어버린 국가 등 하와이 사람들이 잃어버린 것을 상징하는 동시에 미국으로부터 독립을 모색하는 이 시점에 우리의 미래와 우리의 국가 재건이라는 우리의 목표에 불어넣는 활기를 상징하기도 한다.

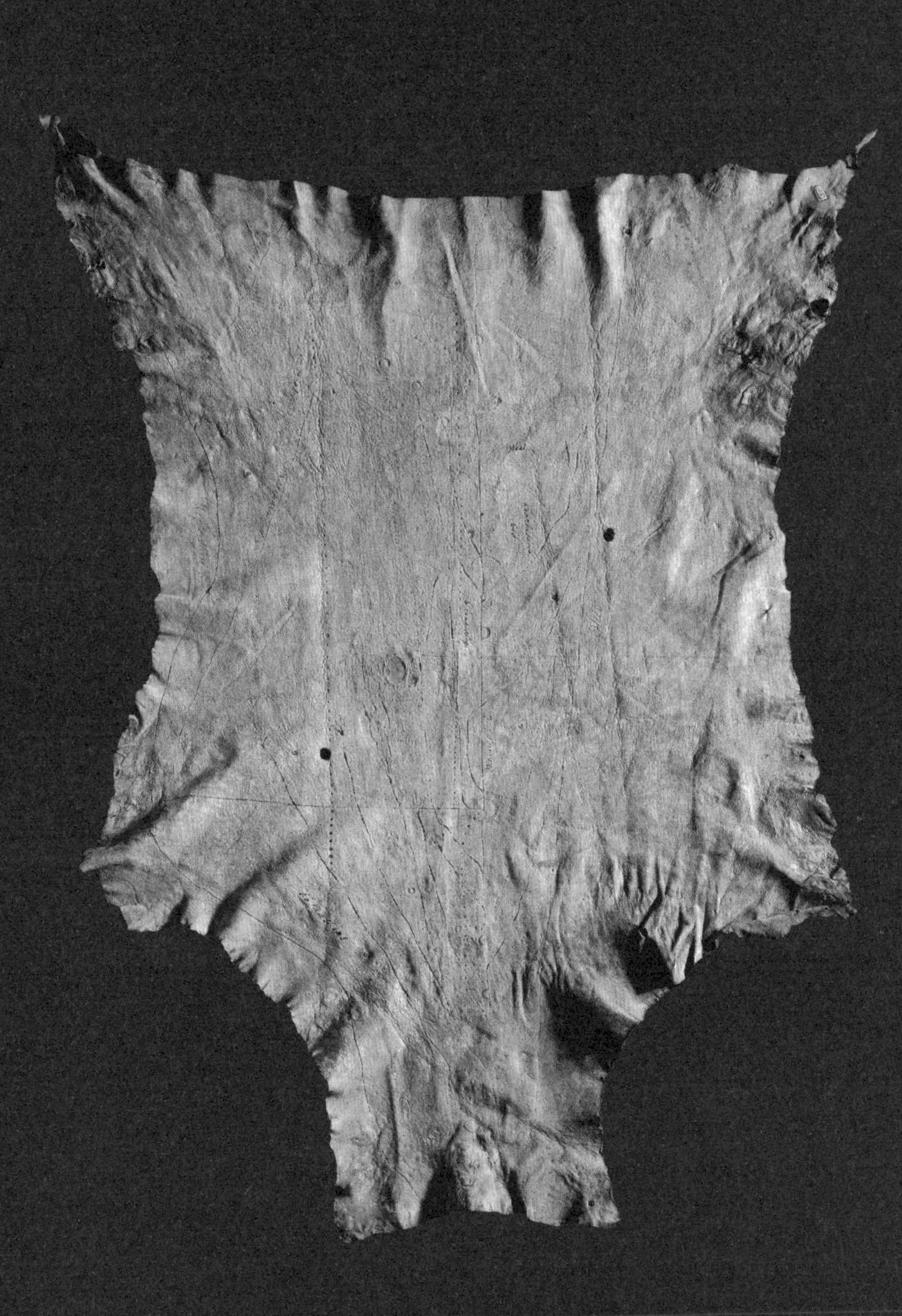

북아메리카의 사슴 가죽 지도

미국 중서부에서 온 동물 생가죽 지도

AD 1774~1775

18세기 중반에 런던을 방문한 어느 철학적인 중국인 방문객은 영국과 해협 맞은편 이웃 나라 프랑스가 벌이는 기가 막히게 우스우면서도 씁쓸하고 피로 얼룩진 경쟁을 이렇게 논평했다.

> 영국과 프랑스는 스스로 유럽의 강대국 가운데 최고로 여기는 듯하다. 겨우 좁아터진 바다를 사이에 두고 있는데도 두 나라 국민의 성격은 완전히 다르다. 가까이 붙어 있어 그런지 두 나라는 서로 경계하는 동시에 찬탄의 눈으로 바라보기도 한다. 현재 두 나라는 매우 파괴적인 전쟁을 벌이고 있으며 이미 많은 피를 흘려 극도의 긴장 상태에 있다. 이 모든 게 상대방보다 더 많은 모피를 차지하려는 욕심에서 비롯했다.
>
> 4,800킬로미터나 떨어진 땅이 전쟁의 구실이다. 두 나라는 춥고 황량하고 지독한 땅, 태곳적부터 한 부족의 소유인 땅을 놓고 싸우고 있다.

이 중국 방문객은 실은 풍자작가 올리버 골드스미스의 소설 『세계시민 *The Citizen of the World*』에 나오는 걸리버 같은 가상 인물이다. 골드스미스는 영국인의 우스꽝스러운 행동이 다른 세계 사람들 눈에 어떻게 비칠지를 보여주려는 의도에서 1762년에 이 책을 출간했다. 여기서 전쟁은 유럽과 아시아, 아프리카와 아메리카에서 교역권과 영토를 둘러싸고 영국과 프랑스가 벌인 7년 전쟁을 가리킨다. "지독한 땅"은 캐나다를 가리킨다. 골드스미스는 영국과 프랑스가 탐험으로 시작해 착취로 이어졌으며, 합법적으로 살아가던 그곳 주민들을 약탈하고 있다는 점을 분명히 밝힌다.

캐나다에서 벌어진 전쟁은 남쪽으로 옮겨갔다. 사슴 가죽에 그린 지도는 영국이 5대호에서 미시시피 강을 따라 세인트루이스 남쪽까지 설치된 프랑스 요새를 장악하면서 이동한 경로를 보여준다. 골드스미스의 표현을 빌리면 "태곳적부터" 그곳을 소유한 부족의 일원인 아메리카 원주민이 1774년께에 그린 이 지도는 영국이 아메리카 북쪽에서 프랑스를 몰아낸 1763년과 미국독립전쟁이 발발한 1776년 사이 13년을 들여다보는 통찰을 제시해준다.

7년 전쟁을 통해 영국 정부는 기존 영국 식민지 서쪽에 있는 5대호에서 미시시피 강에 이르는 지역을 손에 넣었다. 지도에는 바로 이 지역이 표시돼 있다. 하지만 프랑스가 물러가자 영국의 식민지 총독은 이제 동포와 싸워야 할 판이었다. 영국 이주민들은 서쪽으로 옮겨 가려는 욕심에 아메리카 원주민 지도자들과 이미 맺은 협정을 깨고 지역 부족들과 불법으로 토지를 거래하면서 갈등의 씨앗을 심고 있었다. 지도는 이런 거래를 위해 만들어졌다. 지도는 서로 다른 두 세계뿐 아니라 서로 다른 두 세계관의 충돌을 보여준다. 지도에 나와 있는 땅 사이의 경계선은 개념적 측면에서나 정신적, 사회적 측면에서나 존재 방식이 확연히 다른 두 문화 사이의 경계선을 나타내기도 한다. 유럽인들에게 지도 제작은 지배의 핵심 기술이었다. 즉 지도는 세계에 관한 지식을 추구한다는 점에서 지식의 지배를 의미했고, 다른 한편으로는 군사력의 지배를 의미했다. 아메리카 원주민에게 지도 제작은 그와는 다른 의미를 지니고 있었다.

가로, 세로 각각 100센티미터, 126센티미터가량인 지도는 사슴 가죽 형태를 그대로 유지하고 있다. 사슴 모습이 생생하게 보이는 듯하다. 어떻게 죽었는지 정확히 알 수 있기 때문이다. 오른쪽 어깨에서 왼쪽 옆구리 뒷부분까지 이어지는 총알 자국으로 미뤄 사슴은 심장을 관통당해 죽은 것이 거의 틀림없다. 이 사슴은 사냥하는 법을 잘 아는 일등 포수의 총에 죽었다. 지금은 희미하게만 보일 뿐이지만 현대 지도와 비교해보면 이 지도가 오하이오 강과 미시시피 강이 만나 형성하는 거대한 배수지를 표시한다는 사실을 알 수 있다. 두 강 사이에서 'V' 자를 이루는 이 지역은 10만 킬로미터가 넘는다. 우리는 지금 홋날 일리노이 주, 인디애나 주, 미주리 주로 갈리는 미시간 호 바로 밑에 있다.

1763년 이후 영국 이주민들이 개척하고자 한 땅이 바로 이 지역이었다. 이 지도는 이들 침략자 개척민들과 아메리카 원주민 사이에 오간 많은 대화의 기록이기도 하다. 지도 한가운데에는 "피안키시와 매매 완료"라는 글귀가 적혀 있다.

피안키시와는 오늘날의 인디애나 주와 오하이오 주를 포함하는 지역에서 산 아메리카 원주민 부족이다. 지도는 1774년에서 1775년 사이에 피안키시와 족에게서 워배시 강 유역 땅을 사들이기 위해 설립된 워배시 토지 회사를 위해 제작된 듯하다. 지도와 북아메리카 원주민 문화를 연구하는 G. 맬컴 루이스는 이렇게 설명한다.

> 이 지도는 현재 인디애나와 일리노이의 경계선을 이루는 워배시 계곡의 땅을 구입하려는 필라델피아의 한 상회의 의도와 연관돼 있는 것이 거의 틀림없다. 지도의 용도가 그 점을 뒷받침한다. 지도는 구매 목적을 분명히 드러내는 경계선을 보여준다. 미국독립전쟁이 임박하면서 토지 매입 계획은 사실상 모두 막을 내렸다. 따라서 이 지도는 워배시 지역의 토지 구입과 관련해 1774년에서 1775년 사이에 제작해 사용한 것이 거의 분명하다. 어느 모로 보나 인디언 양식이다. 인디언 지도의 특징이 모두 들어 있다. 예를 들어 강을 보면 만곡부가 없이 거의 늘 직선이다. (중략) 피안키시와 인디언과 땅을 매입하는 협상 과정에서 사용한 지도가 거의 틀림없다.

"피안키시와 매매 완료"라는 글귀는 이 지도가 이미 협상이 끝난 토지 거래 기록이라는 점을 암시하지만, 사실 영국 식민지 당국은 이 거래를 인가해준 적이 없었다. 공식 체결된 협정을 어기는 불법 토지 거래였기 때문이다. 불법 여부를 떠나 이 거래가 피안키시와 인디언에게 무엇을 의미했는지는 확실치 않다. 워배시 토지 회사는 통역을 고용했지만 통역문은 여기저기 내용이 누락되고 없다.

> 통역들은 위에서 언급한 토지 구입과 관련해 (중략) 미개한 피안키시와 부족의 여러 추장들에게 전술한 법령에서 상세히 언급하고 명기한 대로 (중략) 통역가로서 영혼과 양심을 걸고 앞서 말한 추장들에게 (중략) 그들의 손으로 그려진 통상적인 표시를 성실하고 숨김없이 설명했다.

이 보고서는 추장들에게 모든 것을 "성실하고 숨김없이 설명했다"고 말하지만 피안키시와족은 유럽 방식의 토지 구매 개념을 이해하지 못했다. 토지를 대하는 이주민들의 접근 방식은 아메리카 원주민에게 그야말로 완전히 낯설었다. 그들에게 땅은 물리적으로나 정신적으로나 고향을 의미했다. 다시 말해 다른 사람에게 넘겨주거나 파는 것이 아니었다.

지도는 무엇보다도 강을 보여준다. 중앙을 보면 지금은 워배시 토지 회사

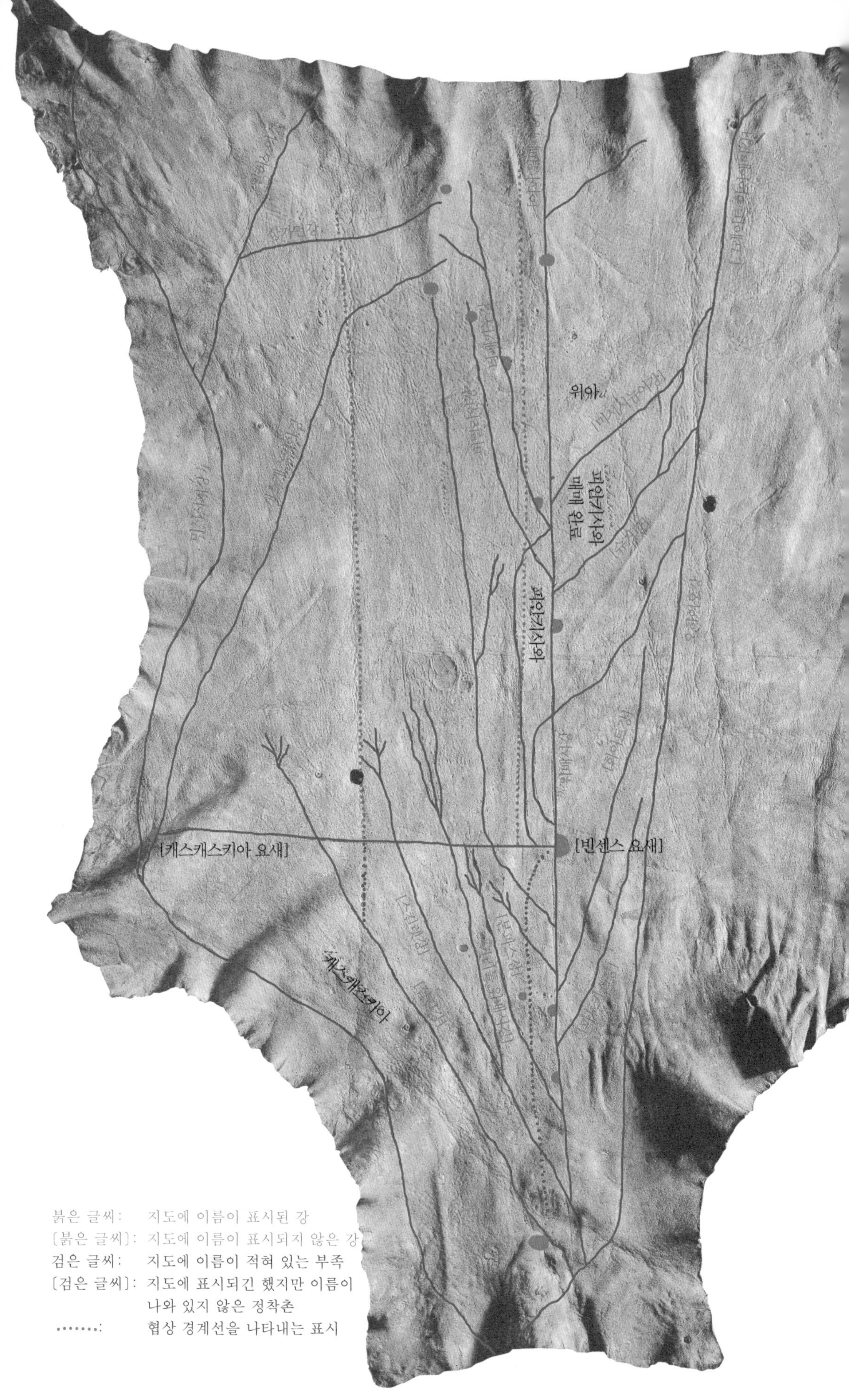

위아
피안키샤의
매매 완료
피안키샤와
[캐스캐스키아 요새]
[빈센스 요새]
캐스캐스키아
붉은 글씨: 지도에 이름이 표시된 강
[붉은 글씨]: 지도에 이름이 표시되지 않은 강
검은 글씨: 지도에 이름이 적혀 있는 부족
[검은 글씨]: 지도에 표시되긴 했지만 이름이
나와 있지 않은 정착촌
........: 협상 경계선을 나타내는 표시

붉은 글씨: 사슴 가죽 지도에 이름이 표시된 강
○: 오늘날의 도시
◗ : 사슴 가죽 지도에 표시되긴 했지만 이름이 나와 있지 않은 정착촌

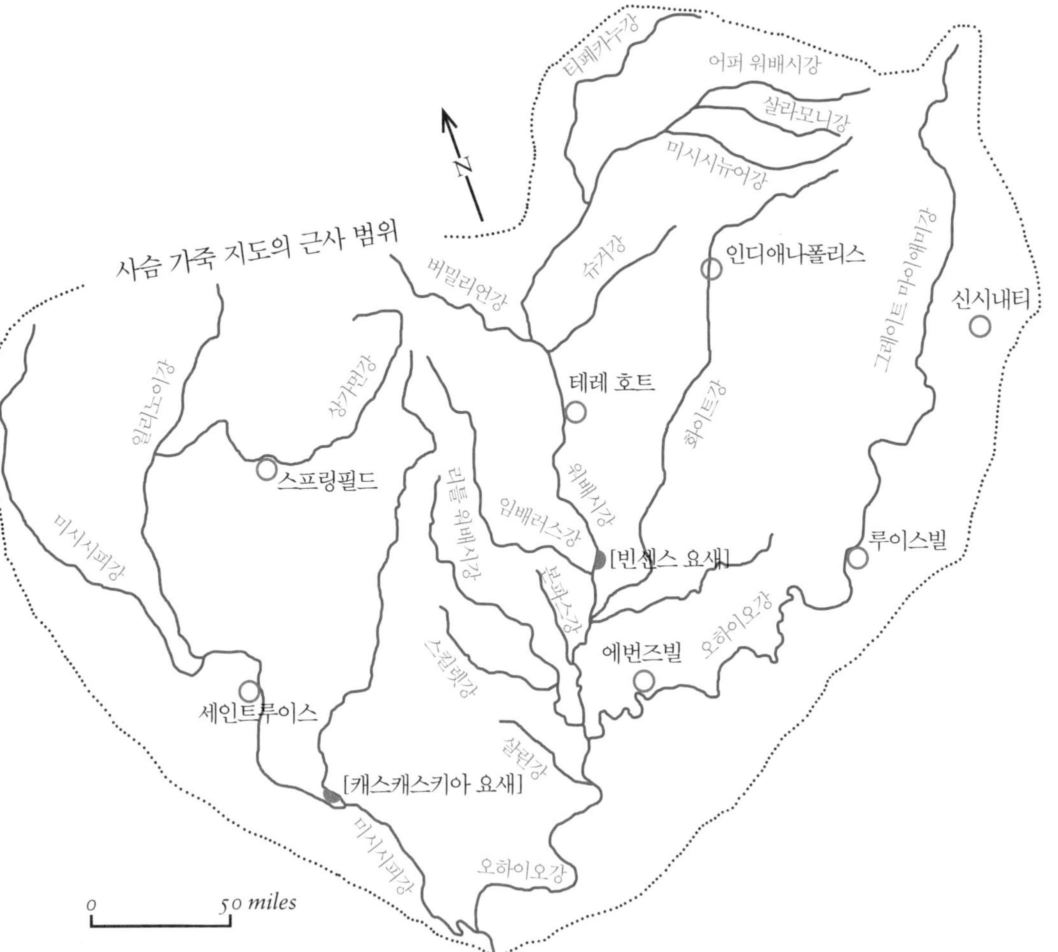

왼쪽은 원래 지명을 번역해 옮긴 사슴 가죽 지도다. 강의 위치와 이름은 거의 동일하지만 캐스캐스키아 요새와 빈센 요새 사이에 있는 도로와 점선으로 표시한 경계선 두 개가 추가돼 있다. 이 밖에 지명을 병기하지 않은 원주민 정착촌 몇 곳과 피안키시와족, 위아족, 캐스캐스키아족이 차지하고 있던 지역도 보인다. 위는 사슴 가죽 지도에 나와 있는 지역의 지형을 표시한 요즘 지도다.

소유가 된 워배시 강이 사슴의 등뼈를 타고 아래쪽으로 흐르면서 척추 지선처럼 갈라져 나온 다른 강과 만난다. 왼쪽 아래로 흐르다 하류에 이르러 오른쪽으로 굽이쳐 도는 미시시피 강은 여기서 제외된다. 아메리카 원주민들은 정처 없이 이동하며 사냥하는 땅이 아니라 바로 이 강가에 모여 살았다. 이 지도는 지형이 아니라 공동체를, 땅 임자가 아니라 땅의 용도를 나타낸다. 따라서 런던 지하철 지도가 그렇듯이 이 지도 역시 물리적으로 정확한 거리를 보여주지는 않는다. 대신 지역과 지역을 여행하는 데 걸리는 시간을 표시하고 있다. 다들 그렇듯이 아메리카 원주민 역시 자신들에게 중요하게 여겨지는 것을 지도에 담았다. 지도는 강이란 강은 빠짐없이 표시하는 동시에 인디언 정착촌 또한 거의 빠짐없이 표시하고 있다. 여기에 유럽인 정착촌은 사실상 나와 있지 않다. 예를 들어 이미 무역과 상업의 중심지였던 세인트루이스는 아예 보이지 않는다. 이와 정반대로 유럽인들이 작성한 같은 지역 지도는 사용하지도 않는 공간을 구획하면서 인디언 정착촌이 아니라 유럽인 정착촌을 보여준다. 이처럼 양쪽은 물리적으로 똑같은 경험을 완전히 다르게 읽고 있다. 계몽주의의 중심적 문제, 다른 사회를 이해하는 데서 겪는 어려움을 이보다 더 잘 보여줄 수는 없다.

인디언이 배타적인 토지 소유권 개념을 이해하지 못했다면 유럽인은 땅에 정신적인 의미를 부여하는 인디언의 개념을, 땅을 잃는다는 것은 어떤 점에서 하늘을 잃는 것과도 같다는 개념을 이해하지 못했다. 텍사스 대학교에서 아메리카 역사를 가르치는 데이비드 에드먼즈 교수는 이렇게 설명한다.

> 아메리카 원주민에게 땅은 매우 중요하다. 그들에게 땅은 상품이 아니라는 점을 이해해야 한다. 땅은 한 번도 상품인 적이 없었다. 그들에게 땅은 지금 살고 있는 곳, 함께 살면서 활용하는 곳이었지 소유하는 것이 아니었다. 땅 위의 공기나 땅에 떨어지는 빗물이나 땅에서 살아가는 동물을 소유할 수 없듯이 땅 또한 아무도 소유할 수 없었다. 아메리카 원주민에게 역사는 시간 개념이 아니라 공간 개념을 의미할 정도로 땅과 장소는 중요한 비중을 차지한다. 사람들은 특별한 지역, 자신들의 세상에서 중심인 지역을 중시하며 (중략) 따라서 아메리카 원주민에게 땅은 결코 거래 대상이 될 수 없는 영혼의 일부였다. 19세기 초에 살아남기 위해 어쩔 수 없이 땅을 거래해야 했을 때, 땅을 포기해야 했을 때의 경험은 그들에게 두고두고 커다란 충격으로 남았다. 우리가 또 하나 명심

해야 할 점은 아메리카 원주민의 신앙은 대부분 땅과 관련돼 있다는 점이다. 다시 말해 그들의 우주관, 그들 세계를 움직이는 원동력이 그들이 현재 살고 있는 특정한 장소와 연결돼 있다는 뜻이다.

영국 식민지 총독이 무효화시키는 바람에 이주민들은 이 토지 거래를 성사시키는 데 실패했다. 몇 년 뒤 아메리카 원주민 추장들과 계속 좋은 관계를 유지하려는 영국 왕실과 땅을 원하는 이주민들의 갈등은 미국독립전쟁에 불을 댕기는 요인으로 작용하기에 이른다. 그러나 독립도 이 문제를 해결하지는 못했다. 미국의 주지사도 영국인 전임자와 마찬가지로 진퇴양난에 직면해 워배시 토지 회사가 기존 협정을 깨고 피안키시와 부족과 체결한 더 많은 수의 토지 매매 계약을 거부할 수밖에 없었다. 이 지도와 관련된 땅의 무산된 토지 거래는 각기 다른 세 가지 세계관, 즉 태곳적부터 그 땅을 소유해온 아메리카 원주민의 세계관, 그 땅을 차지하려 한 이주민의 세계관, 골드스미스의 혹평을 염두에 두고 해결책을 찾고자 고심했지만 그다지 힘을 발휘하지 못했던 런던 당국의 세계관을 보여주는 증거로 남아 있다.

89

오스트레일리아의 나무껍질 방패

오스트레일리아 뉴사우스웨일스 주 보터니 만에서 온 나무 방패

AROUND AD 1770

이 방패는 매우 뜻깊은 유물이다. 이 유물 하나에 역사와 전설, 국제정치와 인종 관계가 상징적으로 겹겹이 들어차 있다. 방패는 오스트레일리아에서 영국으로 처음 건너온 애버리지니 유물에 속한다. 87장에서 살펴본 운명의 만남이 있기 8년 전에 제임스 쿡이 영국으로 가져왔다. 우리는 그 날짜가 정확히 1770년 4월 29일이라는 사실을 알고 있다. 쿡 본인과 그와 함께한 사람들이 그날 일을 기록으로 남겼기 때문이다. 그러나 이 방패의 주인이었던 오스트레일리아 원주민은 기록을 남기지 않았다. 유물로 보는 역사가 그토록 중요한 이유가 이 때문이다. 250여 년 전 보터니 만 바닷가에서 난생처음 유럽인과 마주친 이름 없는 남자에게는 이 방패야말로 자신의 입장을 대변해주는 일종의 진술서다.

쿡은 항해 일지에 오늘날의 시드니 남쪽에 있는 오스트레일리아 동부 해안에 도착한 날을 "29일 일요일 오후 남풍이 부는 화창한 날 우리는 만에 상륙해 남쪽 해안 아래에 닻을 내렸다"라고 기록한다. 배는 쿡과 함께 항해한 식물학자 조지프 뱅크스의 수집 활동 때문에 훗날 "보터니 만"으로 불리게 되는 곳에 닻을 내렸다. 항해 일지는 다음과 같이 계속된다.

> 만의 양쪽 끝을 보니 원주민 몇 명과 오두막 몇 채가 눈에 들어왔다. (중략) 우리가 바닷가로 접근하자 우리의 상륙을 막으려고 단단히 마음먹은 듯한 두 명을 제외하고 모두 달아났다. 나는 그 모습을 보고 그들에게 말을 걸려고 우리 상륙정을 그들의 노 젓는 배 가까이에 잠시 멈추라고 지시했지만, 아무 성과도 얻지 못했다. 우리나 투피족이나 그들이 하는 말을 한마디도 알아듣지 못했기 때문이다. (중략) 나는 그들이 우리더러 뭍으로 올라오라고 손짓하는 줄 알았지만 알고 보니 순전히 착각이었다. 상륙정을 대자마자 그들은 다시 우리를 막으려 나섰고, 나는 그 둘 사이에 총을 쏘았다. 그러자 그들은 화살 꾸러미

를 놓아둔 곳으로 물러났다. 한 명이 돌을 집어들어 우리한테 던졌다. 내가 두 번째로 소총을 장전해 쏘았다. 몇 발의 총알이 남자를 맞혔지만, 남자는 방패 또는 과녁을 집어 들어 자신을 보호했다.

이 대목에서 조지프 뱅크스의 일기가 이야기를 이어받는다.

우리가 상륙하는 걸 막으려는 남자가 나무껍질로 만든 방패를 들고 바닷가로 내려왔다. 그가 달아나면서 남긴 방패를 살펴보니 복판에 끝이 날카로운 작살에 뚫린 구멍이 나 있었다.

그가 설명하는 방패는 이 방패가 틀림없었다. 뱅크스가 언급한 대로 복판에 구멍이 나 있고 탐험대 삽화가들이 기록한 대로 흰색 물감을 칠한 흔적이 있다. 대충 깎아 만든 둥그스름한 방패는 불그죽죽한 갈색에 높이는 약 1미터, 너비는 약 30센티미터다. 사람을 보호하기에는 너무 좁다. 방패 재료는 오스트레일리아에서 방패를 만드는 데 주로 사용한 붉은 맹그로브 나무 밑동이다. 맹그로브 나무는 창의 충격을 흡수하거나 곤봉이나 부메랑을 빗나가게 할 만큼 튼튼할뿐더러 벌레에도 아주 강하고 바닷물에 가라앉아도 잘 썩지 않는다. 뒷면에는 손잡이가 달려 있는데 말랑말랑한 녹색 맹그로브 나무 가지로 만든 것으로, 잘 말라서 붙잡기 쉽도록 돼 있다. 이 방패를 만든 사람은 재료의 특징을 정확하게 파악하고 있었다.

이 방패의 주인은 6만여 년 동안 조상 대대로 살아온 땅에서 살고 있었다. 시드니 오스트레일리아박물관 애버리지니 유산 관리 책임자인 필 고든은 이 지역의 생활 방식을 다음과 같이 설명한다.

애버리지니들의 오스트레일리아에 관한 커다란 오해 중 하나는 이들이 근근이 먹고살면서 그때 그때 필요한 것만 갖고 사는 사람들이었다는 것이다. 시드니 지역을 비롯해 오스트레일리아의 해안가 지역 사람들은 대부분 아주 풍족하게 살았다. 항구마다 물고기가 넘쳐났다. (중략) 시드니 항은 살기에 더없이 좋은 곳이었을 것이다. 날씨도 좋았고 경제도 좋았다. 그런 환경은 사람들에게 존재의 영적 측면과 문화의 다른 부분을 숙고하며 시간을 할애하게 했다.

쿡과 뱅크스는 나중에 이곳 사람들이 얼마나 행복하고 만족스러워 보이는지 상세히 설명했지만 원주민 부족들 사이에는 갈등이 있었다. 그들은 방패뿐 아니라 창도 가지고 있었다. 실제로 이 방패 중앙에 난 구멍은 전투에서 나무 창이나 작살에 뚫린 것이 거의 확실하다. 표면의 긁힌 자국과 이 구멍은 쿡의 총알을 피하려고 방패를 집어들기 전에 그것이 이미 전투에서 쓰였다는 사실을 확실히 보여준다. 방패는 개인의 신분이나 부족 간의 협력관계도 나타내는 듯했다. 흰색 물감 자국은 흰색 고령토로 밝혀졌는데 물감으로 방패 중앙에 어떤 표지나 상징을 그려 넣었을 확률이 높다. 필 고든의 설명을 들어보자.

> 물론 애버리지니들의 오스트레일리아에도 전쟁은 있었다. 부족과 부족이, 집단과 집단이 얽혀서 온갖 전투와 싸움을 벌이며 죽기 살기로 싸웠다. 하지만 그런 것들은 눈길을 사로잡는 문화적 단서를 제공하기도 한다. 이 방패를 보면 형태나 디자인이 아마 다른 지역과 다를 것이다. 방패는 주변 부족들 사이에서 그 사람이 속한 위치가 어디인지, 자기 부족 안에서 어떤 위치인지를 나타내는 역할도 했을 것이다. 뉴사우스웨일스 해안가에서 오스트레일리아 서부 킴벌리 해안가에 이르기까지 지역에 따라 방패 또한 각기 달랐다.

물론 대부분의 유럽인처럼 쿡은 원주민의 관습에 대해 아무것도 알지 못했다. 이 첫 번째 만남에서 오해를 살 가능성은 끝도 없었다. 돌아보면 어느 쪽도 상대방을 죽이거나 다치게 할 의사가 없는 듯했다. 원주민들은 돌멩이와 창을 던졌지만 모두 빗나갔다. 그들이 생계를 창에 의지한 수렵 · 채집인이었다는 사실을 고려하면 백인들을 겁줘 쫓아버리려는 경고성 행동이었을 확률이 아주 높다. 쿡은 원주민들이 창끝에 독을 발랐을지도 모른다며 원주민의 다리를 겨냥해 총을 쏜 사실을 정당화한다. 원주민들이 달아나자 쿡 일행은 뭍에 올라와 근처 숲으로 들어갔다.

> 우리는 나무껍질을 엮어 만든 조그만 오두막 몇 채를 발견했다. 그중 한 곳에 어린아이 네댓 명이 있기에 우리는 구슬 목걸이 등을 놓고…….

쿡은 태평양 제도에서 교역과 물물교환이 빠른 속도로 평화로운 관계를 구축하면서 그곳 사회가 어떻게 기능하는지를 파악하는 데 좋은 수단임을 알았다. 그러나 이곳은 그가 준 선물에 전혀 관심이 없었다. 이튿날 그가 다시 돌아가서 목격한 장면을 다음과 같이 기록했다.

> 어젯밤에 우리가 놓고 간 구슬 목걸이 등이 아침에도 그대로 오두막에 있었다. 아마도 겁이 나서 미처 가져가지 못한 모양이다.

어쩌면 그들은 겁이 났다기보다 관심이 없었을지도 모른다. 아니, 좀 더 정확히 말하면 말려들고 싶지 않았거나. 자칫 말려들었다가는 원하지 않는 의무를 져야 할 터였기 때문이다. 이들은 교역을 해보지 않은 사람들이 아니었다. 이 방패가 말해주듯이 그들은 아주 먼 거리를 마다하지 않고 물자를 교역하고 교환했다. 방패 재료인 붉은 맹그로브 나무는 시드니에서 북쪽으로 320여 킬로미터 떨어진 곳에서 자란다. 따라서 보터니 만 사람들이 목재를 구하려면 다른 오스트레일리아 원주민들과 교역해야 했다.

사람들을 만나고 선물을 교환할 기회가 없자 쿡은 그곳을 포기했다. 일주일 동안 식물 표본을 채집하고 나서 그는 해안가 위쪽으로 올라갔다. 오스트레일리아 최북단에 이르러 쿡은 동부 해안 전체를 영국령으로 공식 선언했다.

> 나는 또다시 영국 국기를 게양하고 영국 왕 조지 3세를 대신해 동부 해안 전체에 뉴사우스웨일스라는 이름을 붙여 그것을 소유한다. (중략) 그러고 나서 소총으로 세 차례 일제 사격을 가했다. 배에서도 세 차례 일제 사격으로 화답했다.

이미 주민이 살고 있는 땅을 이런 식으로 처리하는 것은 쿡의 통상적 절차가 아니었다. 예를 들어 하와이에서도 그랬듯이 그는 대개의 경우 기존 인구의 토지 점유권을 인정했다. 아마도 그는 오스트레일리아 원주민이 자신들의 대륙을 얼마나 밀접하게 점용하고 관리하고 있었는지 제대로 이해하지 못한 듯하다. 우리는 토지 몰수 과정에서 굉장히 중요한 이 첫 발걸음 뒤에 무엇이 자리하고 있었는지 알지 못한다. 탐험을 끝내고 영국으로 돌아간 직후 뱅크스와 다른 탐험대원들은 영국 의회에 보터니 만을 죄수 유형지로 삼으라고 권했다. 그래서 몇몇 오스트레일리아 원주민들에게는 공동체의 종말을 의미하는 길고도 비극적인 이야기가 시작됐다.

역사학자 머라이어 뉴전트는 이 첫 번째 만남 이후 쿡이 어떻게 인식돼왔는지를 다음과 같이 설명한다.

> 오스트레일리아 역사에서 쿡은 주로 식민지 건설에 앞장선 인물 (중략) 다시 말해 국부로 인식돼왔다. 물론 그런 인식은 유럽의 다른 국가들이 오스트레일리아를 이미 '발견'했거나 그 지역을 지도로 작성했다는 사실을 무마시키기도 한다. 하지만 그가 영국인이라는 사실은 그에게 유리한 위치를 부여한다. 잘 알다시피 우리는 영국 식민지가 됐기 때문이다. 그는 그런 위치를 꽤 오랫동안 유지했다. 애버리지니가 국부라는 쿡의 위상을 강력하게 비판하고 나선 1960년대와 1970년대 이전까지는 아마도 그랬던 것 같다. 그들은 쿡을 식민지화의 상징, 곧 죽음과 파괴의 상징으로 본다. (중략) 내가 보건대 우리는 현재 새로운 국면을 맞이하고 있다. 쿡의 명성이 새롭게 조명되면서, 그는 애버리지니와 외부인의 상호 작용을 주제로 하여 오스트레일리아의 역사를 이해하는 데 도움이 되는 인물로 더 많이 인식되고 있는 듯하다. 일부에선 이를 만남의 역사라고 말하기도 한다. 하지만 쿡은 오스트레일리아 사람들, 특히 오스트레일리아 원주민들 사이에서는 여전히 분노를 불러오는 인물인 것 같다.

나무껍질 방패는 수세기에 걸친 오해와 박탈과 대량 살육의 중심에 있다. 의미 있는 보상이 이뤄질 수 있는가, 그렇다면 과연 어떤 형태를 띨 것인가는 오늘날 오스트레일리아의 중요한 문제 가운데 하나로 남아 있다. 유럽과 오스트레일리아의 박물관에 있는 이 나무껍질 방패 같은 유물은 그 과정에서 작지만 중요한 위치를 차지한다. 원주민 공동체와 함께 진행중인 조사 작업은 살아남은 유물을 연구하고, 신화와 전설, 기술과 관습을 기록해 대부분 사라지고 없는 역사를 최대한 복원하는 데 역점을 두고 있다. 만남이 시작되는 순간을 증언하는 이 나무 방패는 250년 전에는 불발로 끝난 대화에 이제야 비로소 제 몫을 하고 있는지도 모른다.

옥환

중국 베이징에서 온 옥원반

제작 연대는 기원전 1200년께, 명문을 새긴 연대는 1790년

앞의 네 장에서 우리는 새 땅을 발견하고, 지도에 면밀히 기록하고, 그것을 이해하려는 노력을 특징으로 하는 유럽의 계몽주의를 살펴봤다. 이번 유물은 1644년 명나라를 몰아내고 20세기 초까지 중국을 다스린 청나라 아래서 그들만의 계몽주의를 꽃피운 중국에서 나왔다. 당시의 청나라 군주 건륭제는 조지 3세와 거의 같은 시기를 산 인물로, 중국 너머의 세계를 탐구하는 데 관심이 많았다. 예를 들자면 1756년에 그는 아시아에서 합병한 지역을 지도로 작성하기로 마음먹고 지도 작성에 능숙한 예수회 수사 두 명, 중국인 천문학자 한 명, 티베트 라마승 두 명으로 구성된 다국적 특별 조사단을 파견했다. 특별 조사단은 더없이 유용한 지리적 자료들을 제작해 황제의 명성과 더불어 지식을 세계 곳곳에 전파했다.

"비"라고 불리는 사진 속 옥환은 황제의 지적 호기심이 낳은 또 다른 산물이다. 이번 대상은 중국의 과거다. 중앙에 구멍이 뚫리고 고운 모양의 평평한 원반 형태인 비는 고대 중국의 무덤에서 가끔 발견된다. 건륭제가 이 비를 연구하기로 마음먹었을 때는 만들어진 지 이미 3,000년이 넘었을 무렵이었다. 황제는 아무 장식이 없는 고대의 비를 가져다 그 위에 글을 새겨 넣었다. 그렇게 함으로써 그는 고대의 비를 18세기 중국 계몽주의를 대표하는 유물로 바꿔놓았다.

계몽주의 유럽이 볼 때 중국은 학식 높은 황제들이 다스리는 모범 국가였다. 1764년에 작가이자 철학가인 볼테르는 "중국인들의 우수성에 사로잡히지 않더라도 (중략) 그들의 제국이 세계 최고라는 사실은 누구나 알 수 있다"고 썼다. 전 세계 군주들이 앞 다투어 자신의 궁정에 중국 문물을 도입했다. 베를린에서는 프리드리히 대왕이 상수시 궁전에 중국 정자를 지었다. 영국에서는 조지 3세가 큐 식물원에 10층짜리 중국 탑을 세웠다.

건륭제가 1736년부터 1795년까지 59년 동안 중국을 다스리는 동안 중국

서재에 앉아 있는 건륭제.

은 인구가 두 배로 늘어났다. 거기다 경제도 호황을 맞이하면서 제국은 5세기를 통틀어 가장 큰 규모로 성장했다. 지금과 비교해도 별 차이가 없을 정도인데, 영토는 1152만 제곱킬로미터에 이르렀다. 건륭제는 배짱이 두둑한 지도자였다. 그는 정복 사업에서 전임자들보다 자신이 한 수 위라고 당당하게 선언하면서 하늘의 권세가 청나라를 떠받치고 있다고 주장했다. 다시 말해 그는 자기 자신을 하늘의 권한을 위임받은 통치자로 여겼다.

> 위대한 청나라 군대의 힘은 최고 수준에 이르렀다. (중략) 땅을 한 치도 더 늘리지 못하고 중국의 부만 축낸 한이나 당이나 송이나 명이 어찌 우리와 비교될 수 있단 말인가? 어떤 요새도 함락시키지 못한 적이 없고 항복하지 않은 자가 없거늘 (중략) 이 점에서 우리는 저 위 창천을 우러러 그간의 축복에 감사

드리며 우리의 위대한 업적을 널리 공포하노라.

황제는 영리한 지식인이자 기민한 선전가요, 교양인이기도 했다. 게다가 명성이 자자한 서예가요, 시인이자 그림, 도자기, 골동품 애호가이기도 했다. 오늘날 자금성 박물관의 방대한 중국 유물 가운데는 그가 수집한 귀한 물건들이 많이 포함돼 있다.

이 비가 황제의 관심을 그토록 끈 이유를 헤아리기는 어렵지 않다. 희미한 낙타색에, 옥으로 만든 얇은 원반 형태를 띠는 비는 어느 모로 보나 색다르고 신기하기 때문이다. 크기는 조그만 만찬용 접시만 한데, 가운데에 구멍을 뚫고 구멍 주변에 약간 높게 테두리를 둘러놓았다. 오늘날 우리는 무덤에서 발견된 비슷한 유물을 통해 이 비가 기원전 1200년께에 만들어졌다는 사실을 알고 있다. 용도는 확인할 길이 없지만 만들어진 자태가 매우 아름답다는 점만은 분명히 알 수 있다.

건륭제도 이 비를 보고 무척 아름답다 생각하고 비를 조사하면서 떠오른 상념을 시로 적어 표현했다. 그 시는 '상감 자기와 옛날 옥대접 받침을 맞춰보며 지은 시'라는 제목으로 그의 시집에 수록돼 있다.

> 옛날에는 대접이 없었다고들 하지만 그 말이 사실이라면 이 받침은 어디서 왔을꼬? 이런 받침은 후대에나 나온다고들 하는데 옥이 여간 고풍스러워 보이지 않으니. '완'이라는 사발과 '유'라는 대접이 크기에서만 다를 뿐 비슷하다고들 하더라.

현대 학자들은 이런 옥환이 무덤에서 발견된다는 사실을 알면서도 정확한 용도와 의미는 자신 있게 말하지 못하지만, 건륭제는 그 부분에 대해 조금도 의심하지 않았다. 그는 이 비가 고대 때부터 중국에서 사용된 대접 받침이라고 생각한다. 그는 고대의 대접을 둘러싼 불가해한 사실을 언급하면서 자신의 역사 지식을 과시한 데 이어, 비록 옛날 대접이 발견되지는 않았어도 받침이 있으면 대접도 있어야 한다고 결론 내린다.

> 이 받침은 옛날 옥으로 만들었지만 옥대접은 이미 오래전에 자취를 감추고 없다. 대접 없이 받침만 있을 수 없기에 대접을 굽는 가마에서 하나 가져왔다.

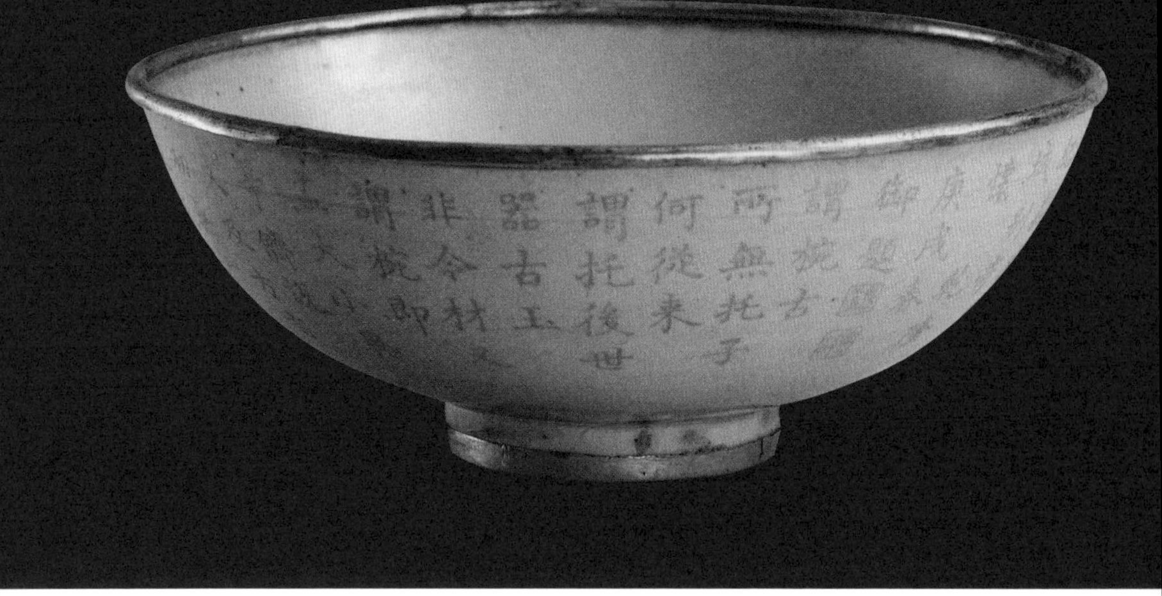

베이징 자금성 박물관에 소장돼 있는 대접. 건륭제가 비에 맞춰 구한 대접이다.

비와 그보다 훨씬 나중 물건을 결합하자 비가 미학적으로 타고난 운명이 비로소 실현된 듯 보였다. 적어도 황제의 눈에는 그렇게 비쳤다. 이는 지극히 건륭제다운 발상으로, 18세기 중국인의 역사관을 대변하기도 한다. 이렇듯 우리는 아름다움을 찬미하면서 그 역사적 배경을 조사해 거기서 얻은 결론을 시의 형태로 세상에 소개함으로써 새로운 예술 작품을 만들어낸다.

이제는 비 자체가 새로운 예술 작품이 되었다. 황제는 원반의 넓은 표면에 아름다운 필체로 자신의 생각을 새겨 넣음으로써 유물과 그가 본 대로의 해석을 미학적으로 만족스러운 형태로 합쳤다. 널찍널찍하게 띄어 쓴 한자가 중앙의 구멍을 중심으로 바퀴살처럼 퍼져나가면서 앞서 인용한 시 내용을 전달한다. 우리는 대체로 이를 원작 훼손이나 모독으로 여기는 경향이 있지만 건륭제는 그렇게 보지 않았다. 오히려 자신의 글이 비의 아름다움을 더욱 증대한다고 생각했다. 하지만 그는 글을 새기면서 실속 있고 정치적인 목적도 추구하고 있었다. 중국 역사가 조너선 스펜스는 이렇게 설명한다.

> 중국의 과거는 그 자체로 일관성을 지닌다는 인식이 매우 강했던 만큼, 새로운 청나라는 과거의 기록에 이름을 올림으로써 과거의 영광을 계승해 그 토대

위에서 훨씬 더 영광스러운 중국을 건설하고자 했다. 건륭제는 누가 봐도 위대한 수집가였다. 건륭제가 수집에 한창 열을 올린 18세기에 중국은 세력을 확장하고 있었다. 그의 수집 활동에는 민족주의가 어느 정도 개입한 듯하다. 다시 말해 그는 베이징을 아시아 문화권의 중심지로 선보이고 싶어 했다. (중략) 볼테르를 비롯한 프랑스 계몽주의 철학자들은 중국인들이 17세기와 18세기 유럽에 삶, 윤리, 행동, 학문, 격조 높은 문화, 섬세한 예술, 가사 등과 관련해 중요한 지식을 정말 많이 알려줬다고 생각했다.

역시 정치다. 청나라는 내부 정치적으로 중요한 약점이 하나 있었다. 청나라 지배자들은 한족이 아니라 북동쪽 국경 지역 출신인 만주족이었다. 그들은 여전히 소수민족으로, 한족과 인구 구성을 비교하면 250명에 한 명꼴밖에 되지 않았다. 한족과 풍속이 많이 다른 것으로도 유명했다. 그중에는 우유와 유지방을 많이 먹는 식습관도 포함됐다. 그렇다면 중국 문화는 그들과 더불어 안전했을까? 이런 배경 속에서 건륭제의 고대 중국 역사 도용은 정치적 통합을 꾀하는 많은 교묘한 조치 가운데 하나였다. 그가 문화 분야에서 거둔 가장 뛰어난 업적은 뭐니 뭐니 해도 『사고전서(四庫全書)』였다. 중국의 기원에서 18세기 때까지 발간된 중국의 경전을 모두 아우르는 『사고전서』는 인간의 역사를 통틀어 가장 방대한 규모를 자랑하는 총서다. 『사고전서』는 디지털화 작업을 거쳐 현재 시디롬(CD-ROM) 167개에 담겨 있다.

현대 중국 시인 양 리안은 건륭제가 비에 새긴 정치 선전 요소를 간파하고, 그의 시에 대해 어두운 평가를 내린다.

이 비를 볼 때면 만감이 교차한다. 물론 감사하는 마음도 무척 강하다. 중국 고대의 문화적 전통과 연결되는 듯한 이 감정을 나는 좋아한다. 아주 오래된 물건이 단절됨 없이 그 많은 세월을 힘들게 견디면서 오늘날까지 말짱하게 살아남은 매우 보기 드문 현상이기 때문이다. (중략) 그런 의미에서 옥은 언제나 위대한 과거를 상징한다. 그러나 좀 더 어두운 측면을 보자면, 취향이 형편없는 군주와 권력자들이 아름다운 물건을 사용하면서 거기에 형편없는 글을 남겨 고대 유물을 망치는 사례가 이따금 발생한다는 사실이 참으로 유감스럽다. 이 아름다운 비에도 황제의 시가 새겨져 있고, 정치 선전도 얼마간 펴고 있다. 내게는 이 모두가 너무나 익숙한 일이다.

건륭제 역시 그와 동시대인인 프리드리히 대왕과 마찬가지로 시의 대가가 아니었다. 고전 중국어와 모국어인 만주어를 섞어 사용하는 바람에 시의 수준이 떨어진 듯하다. 하지만 그렇다고 해서 물러날 그가 아니었다. 그는 평생 4만 편이 넘는 시를 출간해 역사에 자신의 족적을 남기려는 공들인 시도를 달성했다.

건륭제는 크게 성공했다. 그의 명성은 공산주의 치하에서 심하게 폄하됐지만 요즘 들어 다시 그를 복원하려는 열풍이 일고 있다. 그리고 상당히 만족스러운 발견이 얼마전에 있었다. 앞에서 살펴봤듯이 황제는 이렇게 썼다. "대접 없이 받침만 있을 수 없기에 대접을 굽는 가마에서 하나 가져왔다." 아주 최근 들어 한 학자가 베이징의 자금성 박물관에서 이 원반에 새긴 시와 똑같은 시를 새긴 대접을 찾아냈다. 건륭제가 비에 올려놓으려고 고른 바로 그 대접이 틀림없었다.

비를 만지작거리며 이 생각 저 생각에 골똘히 빠져 지내면서 건륭제는 물건에 토대를 둔 어느 역사에서든 핵심을 이루는 일을 하고 있었다. 물건을 통해 저 먼 과거를 돌아보려면 지식뿐 아니라 상상력도 필요하며, 거기엔 필연적으로 시적 재구성의 요소도 포함된다. 황제는 이 비가 고대의 소중한 유물이라는 사실을 알아보고 최선의 모습을 찾아주고 싶어 했다. 그는 유물이 받침대라고 믿고 완벽한 짝처럼 보이는 대접을 구했다. 그는 이런 선택을 하면서 자신이 올바른 일을 하고 있다고 철석같이 믿었다. 물론 그의 믿음과 달리 비는 받침대가 아닐 듯하지만, 나는 그의 방법에 경의와 찬사를 보낸다.

PART 19

대량생산과 대량 설득

AD 1780~1914

프랑스혁명과 제1차 세계대전을 거치며 유럽과 미국은 농업경제에서 산업경제로 탈바꿈했다. 더불어 전 세계에 흩어져 있던 그들의 제국도 급속하게 발전하는 산업에 필요한 원료와 시장을 공급하며 동반 성장했다. 그 결과 아시아와 아프리카 전체가 새로운 경제와 정치 질서로 편입될 수밖에 없었다. 기술의 혁신은 상품의 대량생산과 국제무역의 성장을 이끌었다. 차를 필두로 전에는 사치품이었던 소비재가 일반 대중 사이에서도 널리 보급됐다. 많은 나라에서 남녀 모두 투표할 수 있는 권리 등 정치와 사회 개혁을 요구하는 대중운동이 모습을 드러냈다. 그중 일본은 비서구 국가로는 유일하게, 비록 억지로 끌려나온 것이긴 했지만, 근대화에 성공해 혼자 힘으로 당당하게 열강에 합류했다.

91
영국의 놋쇠 크로노미터

영국 군함 비글 호에서 사용한 선박용 크로노미터

AD 1800~1850

전 세계가 런던 남동쪽 템스 강변의 한 지점을 지나는 그리니치자오선에 맞춰 시간을 측정하고 위치를 확인하는 이유는 무엇일까? 이야기는 선원들에게 현재 경도를 알려주는 원양 항해용 시계의 발명에서 시작된다. 사진에 보이는 이 유물은 1800년께에 런던에서 첫 선을 보인 원양 항해용 시계다. 좀 더 정확하게 말하면 파도가 심한 바다에서도 시간을 정확하게 가리키는 해양 크로노미터다.

이따금 '기나긴'이라는 수식어가 붙는 19세기에 서유럽 국가들과 미국은 프랑스혁명에서 제1차 세계대전까지 겪는 동안 농업 사회에서 산업 발전소로 탈바꿈했다. 산업혁명은 연이어 수많은 다른 산업혁명을 낳았다. 새로운 기술은 역사 이래 처음으로 사치품의 대량생산을 가져왔다. 국가 안에서는 정치 개편이 일어났고, 밖에서는 제국들이 세력을 넓혀나가며 원료와 새로운 시장을 확보했다. 기술의 진보는 사상의 혁명을 이끌기도 했다. 예를 들어 19세기에 시간 개념이 송두리째 바뀌면서 그 결과 우리 자신과 역사에서 인간의 올바른 위치를 바라보는 우리의 관점 또한 더불어 완전히 달라졌다고 해도 지나친 말이 아니다.

17세기와 18세기에 시계 제작은 유럽의 주요 기술이었는데, 그 첨단에 런던이 있었다. 해양 국가인 영국은 특별한 고민거리로 골치를 앓았다. 흔들림이 전혀 없는 정지 상태에서 상당히 정확하게 작동하는 시계는 만들 수 있었지만 조금이라도 흔들리는 상태에서, 특히 심하게 요동치는 배에서 정확한 시간을 알려주는 시계는 만들 수 없었기 때문이다. 배를 타고 멀리 나가면 정확한 시간을 알 수 없었다. 바다에서 시간을 알지 못하면 서쪽으로 또는 동쪽으로 얼마나 갔는지 알 수 없다. 정오의 수평선 위에 떠 있는 태양의 고도를 측정하면 위도, 즉 적도로부터의 남북 거리를 계산하기는 비교적 수월하지만 경도, 즉 동서 위치는 계산하기 어렵다.

바다에서 시간을 계측하는 문제는 18세기 중반에 존 해리슨이 마침내 해결했다. 그는 기후 변화가 심하고 습기도 많은 데다 끊임없이 움직이는 배에서도 시간을 정확하게 가리키는 해양 크로노미터를 발명함으로써 처음으로 배가 어디에 있든 상관없이 경도를 측정할 길을 활짝 열어놓았다. 이제 항해에 나서기에 앞서 선박의 크로노미터를 지역 항구의 표준 시간에 맞춰놓으면 골머리를 썩일 이유가 없었다. 영국 선박들은 대체로 그리니치에 맞췄다. 그러고 나서 바다로 나가면 그리니치 시간과 태양의 고도를 기준으로 삼는 선박의 정오 시간을 비교할 수 있었다. 두 시간대 사이의 차이는 현재 경도를 알려줬다. 하루는 스물네 시간이고, 지구가 회전하면서 태양은 우리 눈에는 매 시간 지구가 도는 원의 24분의 1씩, 즉 15도씩 하늘을 가로질러 '움직인다'. 그리니치 시간보다 3시간이 늦으면 서경 45도 지점, 다시 말해 대서양 한복판에 있다는 뜻이다. 반대로 3시간 앞서 있고 그리니치와 같은 위도에 있다면 동경 45도 지점, 모스크바 남서부 어디쯤에 있다는 뜻이다.

해리슨의 크로노미터는 처음으로 정확성을 갖춘 선구적인 도구였지만 극소수만 제작됐기 때문에 영국 해군이 독점했다. 그러다 1800년께에 런던의 시계 제조공 두 사람이 크로노미터의 작동 원리를 간소화한 덕분에, 영국 해군의 대형 선박은 물론 모든 배가 일상 장비로 크로노미터를 싣고 다닐 수 있게 됐다. 이 유물은 단가가 낮은 크로노미터 가운데 하나로, 1800년에 토머스 언쇼가 만들었다. 재질은 놋쇠이며 커다란 회중시계만 한 크기에, 보통 시계처럼 로마 숫자로 표기한 문자판과 그 밑에 그보다 작은 초침용 문자판이 부착돼 있다. 시계는 나무 상자 안에 고정돼 있는 회전 놋쇠 고리에 걸려 있다. 이 놋쇠 고리야말로 불안정한 배에서도 크로노미터가 수평을 유지할 수 있게 해주는 비책이다. 지리학자 나이절 스리프트 교수는 그 배경을 이렇게 설명한다.

> 크로노미터가 기나긴 시계 제조사의 정점이었다는 사실과 1283년 이후 영국에서 시계가 꾸준히 생산됐다는 사실을 이해하는 게 매우 중요하다. 모두들 해리슨이 천재였다고 말한다. 물론 그는 천재였지만 크로노미터를 생산하기까지 수많은 시계 제조공과 일반 기술자들의 혁신적인 노력이 있었다는 사실을 잊어선 안 된다. 결국 그런 노력이 하나둘 모여 이처럼 뛰어난 기계 장치가 나오게 된 것이다. 이런 크로노미터는 놀랄 만큼 정확했다. 예를 들어 쿡 선장은 두 번째 태평양 탐사 항해에서 최초로 크로노미터를 사용했는데, 지구를 한 바

퀴 돌고 1775년에 마침내 플리머스에 상륙했을 때도 크로노미터가 계산한 경도는 오차가 12.8킬로미터를 넘지 않았다.

이 특별한 크로노미터는 수많은 배를 타고 항해했다. 다른 크로노미터가 그랬듯이 이것 역시 매번 그리니치표준시에 맞춰졌다. 하지만 이 크로노미터가 유명세를 누리는 이유는 찰스 다윈과 함께 영국 군함 비글 호를 타고 위대한 항해길에 올랐기 때문이다. 다윈은 남아메리카와 갈라파고스 제도에 이어 전 세계를 항해하며 결국 진화론을 완성해 저 위대한 저작 『종의 기원』을 출간하기에 이르렀다.

비글 호는 남아메리카 해안 지도를 작성하는 임무를 띠고 있었다. 임무를 완수하려면 위도와 경도를 아주 정확하게 측정해야 했다. 크로노미터는 안전하고 빠른 뱃길을 확립한다는 목적을 달성하여 처음으로 결점 없는 해도를 작성할 수 있게 해줬다. 크로노미터의 개발은 세계 지도를 작성해 그 결과 세계를 지배하려는 계몽주의 사업이 이룬 또 다른 위대한 발자취로 기록됐다. 오작동이나 고장에 대비해 비글 호에는 크로노미터가 모두 스물두 개 실렸다. 그중 영국 해군본부가 제공한 크로노미터가 열여덟 개였다. 이것 말고도 선장 로버트 피츠로이가 그렇게 시일이 오래 걸리고 중요한 임무에 열여덟 개로는 부족하다 판단해 네 개를 더 실었다. 바다에서 5년을 보낸 뒤에도 열한 개는 항해가 끝날 때까지 여전히 작동하면서 그리니치표준시를 기준으로 겨우 33초가 달랐을 뿐이었다. 역사상 처음으로 크로노미터가 지구에 정밀한 측정 띠를 두른 순간이었다.

19세기 중반 들어 영국 선박은 모두 그리니치를 시간, 즉 경도의 기준점으로 삼아 전 세계의 바다를 누비며 해도를 작성했다. 그 결과 그리니치자오선과 그리니치표준시는 국제사회에서 점차 널리 통용되기 시작했고, 1884년 워싱턴 협약을 맺으면서 공식적으로 승인받기에 이르렀다. 그러나 눈에 띄는 예외가 하나 있었으니 유독 프랑스만 몇십 년 넘게 파리 자오선을 고집했다는 점이다. 하지만 프랑스도 결국 그리니치자오선을 받아들이면서 현재 전 세계 모든 국가가 그리니치표준시에 시간대를 맞추고 있다. 처음으로 전 세계가 같은 시간표에 따라 움직이기 시작했다. 100년 전만 해도 거의 상상할 수 없었던 세계 공통 시간이 실현되는 순간이었다.

그러나 비글 호에서 이 크로노미터는 19세기의 시간 개념이 또다시 바뀌는 모습을 지켜보기도 했다. 다윈의 비글 호 항해와 인간의 진화를 다룬 그의 저작은 인간의 기원을, 그리고 사실상 생명의 기원을 생각할 수도 없을 만큼 까마득히 먼 과거로 밀어붙였다. 지질학자들은 어셔 대주교가 계산한 나이(2장)보다 지구가 훨씬 더 오래됐다는 사실을 이미 입증해 보였다. 수천만 년 전으로 거슬러 올라가는 이 새로운 시간 개념은 역사와 성서가 그때까지 확립한 사고 틀을 완전히 뒤바꿔놓았다. 시간과 변화의 매개변수가 이동하면서 19세기 사람들에게 인간이라는 존재의 본질과 의미를 처음부터 다시 생각하게 한 것이다. 유전학자이자 다윈 전문가이면서 진화 전문가인 스티브 존스 교수는 태고라는 시간 개념의 발견과 관련해 그 의미를 다음과 같이 설명한다.

> 태고라는 시간은 사람들에게 지구가 정지 상태에 있지 않다는 것을 깨닫게 했다. 계몽주의 이후로 가장 큰 변화는 시간에 대한 우리 태도가 바뀐 점이다. 시간은 가는 시간도, 오는 시간도 사실상 무한하다는 생각을 하기 시작한 것이다. 태고를 기준에서 보면 에베레스트 정상은 얼마 전까지 바다 밑에 있었다. 실제로 고래 화석 가운데 몇몇이 히말라야 산맥에서 발견됐다.

이처럼 엄청난 개념은 19세기 사람들에게 그동안 지켜온 믿음이 산산이 부서져 내리는 충격을 던졌다. 하지만 시간도 매일매일, 아니 매시간 바뀌고 있었다. 언쇼 같은 시계 제조공 덕분에 정확성과 신뢰성을 갖춘 시계를 어느 때보다 쉽게 구할 수 있었다. 곧이어 영국 전체가 시계를 중심으로 돌아가기 시작하면서 날과 계절의 자연 주기와 별도로 시간 측정이 이뤄졌다. 시계가 상업과 학교, 놀이와 일 등 삶의 모든 측면을 지배했다. 이런 세태를 찰스 디킨스는 이렇게 썼다. "마치 태양이 굴복해버리기라도 한 듯, 철도 시간조차 시계에 묶이게 되었다."

나이절 스리프트의 설명을 좀 더 들어보자.

> 이루 말할 수 없이 정확한 시계 크로노미터의 등장으로 시간 측정이 갈수록 정확해졌다. 물론 19세기의 다른 것들도 이에 영향 받아 표준시를 확장시켰다. 철도는 그 대표적인 사례다. 그레이트웨스턴레일웨이가 1840년에 자오선을 기준으로 삼는 표준시를 처음 적용한 후, 표준시는 점차 생활화되었다. 1855년에는 전체 지방 중 95퍼센트가 그리니치표준시에 시간을 맞췄고, 1880년

들어 영국 의회는 그리니치표준시를 영국의 표준시로 삼는다는 법령을 제정했다. 그러나 그전까지, 그러니까 철도 시간이 표준화되기 전까지 지방은 각 지역의 시간을 중심으로 돌아갔다는 사실도 기억해두는 게 좋다. 예를 들어 리즈 지방을 여행할 경우 런던보다 6분이 늦었고, 브리스틀은 10분이 늦었다. 당시에는 그런 문제가 전혀 중요하지 않았다. 하지만 여행 시간이 단축되기 시작하면서 이는 중요해졌다. 결국 모든 사람이 같은 시간표에 따라 움직이게 됐다. 서서히, 하지만 틀림없이.

사람들이 표준시를 채택하면서 근무 시간에서 학교 수업 시간과 차 마시는 시간에 이르기까지 일과 일상의 많은 측면이 시계의 지배를 받기 시작했다. 다음 장에서는 차 마시는 시간이 우리 주제다.

92
초기 빅토리아 시대의 다기 세트

영국 스태퍼드셔에서 제작된 순은 장식 스톤웨어 다기 세트

AD 1840~1845

맛있는 차 한 잔보다 더 가정적이고 더 평범하고 더 영국다운 것이 또 있을까? 물론 이 질문은 "인도나 중국에서 재배한 찻잎을 우리고 카리브 해에서 들여온 설탕을 넣은 차 한 잔보다 덜 영국다운 것이 또 있을까?"라고 바꿀 수도 있다. 전 세계에 가장 영국다운 것으로 희화화되는 음료에 영국 고유의 것은 아무것도 없고, 단지 몇 세기에 걸친 해외무역과 제국의 복잡한 역사에서 비롯한 산물이라는 사실은 영국의 국민성에 깃들어 있는 역설 가운데 하나다. 혹은 영국의 국민성 전체를 대변하는 역설일지도 모른다. 현대 영국의 차 한 잔 뒤에는 빅토리아 시대의 고위직 정치인 이야기, 즉 대량생산과 대량소비, 노동자 계층 길들이기, 농업 구조 재편, 수백만 인구의 이동, 전 세계 규모의 해운업을 특징으로 하는 19세기 제국 이야기가 숨어 있다.

19세기 중반 들어 영국인들은 몇몇 사치품을 갖고 싶은 차원을 넘어 없어서는 안 될 것으로 여기기에 이르렀다. 그중에서도 차는 누구나 향유하게 되었다. 영국에서 차는 모든 국민에게 삶의 필수 요소로 자리 잡았다. 이런 변화를 한눈에 보여주는 이번 유물은 적갈색 스톤웨어 세 점이다. 이 다기 세트는 짤막하고 곧은 주둥이가 달린 높이 약 14센티미터짜리 자그마한 찻주전자와 설탕 용기와 우유 단지로 구성돼 있다. 밑바닥에 적힌 글을 보면 알 수 있듯이 영국 도자기 산업의 중심지인 스태퍼드셔 스토크온트렌트의 웨지우드 에트루리아 공장에서 제작됐다. 18세기에 조사이어 웨지우드는 재스퍼웨어와 블랙 배솔트라는 영국에서 가장 값비싼 스톤웨어를 만들었다. 그러나 이 다기 세트를 생산할 무렵인 1840년대에 들어와 웨지우드는 훨씬 더 넓은 시장을 겨냥하고 있었다. 이 다기 세트는 중간급 도기로, 당시 웬만큼 산다 싶은 영국 가정이라면 큰 부담 없이 구입할 수 있었던 도기였다. 물론 다기 세 개에 모두 품질 보증 마크가 있는 순은 레이스 장식이 드리워 있는 점으로 보아 이 다기 세트의 주인은 사교적 열망을 열렬히 불태운 것이 분명하다. 역사학자 셀리나 폭스는

차 마시는 시간이 아주 세련된 유행으로 자리 잡았다고 설명한다.

> 1840년대에 들어와 베드퍼드 공작 부인이 오후에 차 마시는 의식을 도입했다. 그 시대에 이르자 저녁 식사 시간이 7시 30분에서 8시 사이로 상당히 늦어지다보니, 점심을 먹은 뒤 저녁까지 기다리려면 중간에 허기가 졌다. 한동안 오후 4시쯤에 샌드위치처럼 간단한 음식과 함께 차를 마시는 관습이 다시 유행으로 떠올랐다.

상류층에서는 1700년 이전부터 차가 유행했다. 찰스 2세의 왕비인 브라간사의 캐서린과 앤 여왕은 차를 적극 지지했다. 중국에서 들여온 데다 값도 비싼 차는 설탕이나 우유를 넣지 않고 작은 찻잔에 따라 마셨는데 씁쓸한 맛이 기분 전환에 그만이었다. 사람들은 차가 마치 마약이라도 되는 듯 자물쇠가 달린 용기에 고이 보관했다. 사실 차를 마실 여유가 있는 사람들에게는 이따금 중독 현상이 나타나기까지 했다. 새뮤얼 존슨은 1750년대에 행복한 차 중독자를 자처했다.

> 수치를 모르는 어느 못 말리는 차 애호가는 20년 동안 끼니때마다 이 매혹적인 식물을 우려낸 물만 마셨다. 주전자는 차갑게 식을 시간이 없었다. 그는 차를 마시며 유쾌한 저녁 시간을 보냈고, 차를 마시며 한밤중의 외로움을 달랬고, 차를 마시며 아침을 맞이했다.

18세기 들어 차 수요가 늘어났지만 세금 때문에 가격이 떨어질 기미가 보이지 않았다. 그래서 관세를 피해 차를 몰래 들여오는 밀수가 성행했다. 1770년대에 이르면 영국에 들어오는 차 대부분이 밀수품이었다. 불법으로 유통된 차가 300만 킬로그램에 이른 데 견줘 적법한 절차를 거쳐 수입된 차는 200만 킬로그램에 지나지 않았다. 1785년 영국 정부는 법을 준수하는 차 거래상의 압력에 못 이겨 차에 물리는 관세를 대폭 삭감했다. 그 결과 차 밀수가 사실상 하룻밤 만에 자취를 감췄다. 더불어 차 가격도 크게 하락했다. 바야흐로 차는 진정한 의미에서 대중 음료로 자리 잡을 수 있었다. 그러나 영국인이 차를 즐기게 된 데에는 싼 가격이 유일한 요인은 아니었다. 18세기 초반부터 사람들은 차의 정제된 쓴맛을 영양가 있는 단맛으로 다듬기 위해 우유와 설탕을 가미하기 시작했다. 그 결과 차 소비가 급증했다. 커피와 달리 차는 남성과 여성에게 점잖은 음료로 각광받았으며, 특히 여성층을 겨냥했다. 런던에선 찻집과 다원이 우후죽순으로 생겨났고 잘사는 사람들 집에선 중국 다기 세트가 살림 필수품이 됐다. 그런 가운데 사진의 다기 세트처럼 가격이 덜 비싼 도기 제품들이 사회 전체로 퍼져나갔다.

가격이 싸지자 노동 계층 사이에서도 차가 급속히 확산했다. 1800년대로 접어들면서 차는 외국인들 말마따나 새로운 국민 음료로 뿌리내렸다. 1900년대에 이르면 영국인 1인당 평균 차 소비량이 연간 3킬로그램으로 치솟았다. 1809년 스웨덴 작가 에리크 구스타브 예이예르는 이렇게 논평했다.

> 차는 영국인이 물 다음으로 많이 마시는 참된 영국인의 음료다. 모든 계층이 차를 마신다. (중략) 아침이면 석탄 나르는 인부와 노동자들이 노천의 작은 탁자에 둘러앉아 맛있는 차 한 잔을 비우는 모습을 곳곳에서 볼 수 있다.

지배층은 늘어나는 도시 인구, 곧 가난하고 질병에 잘 걸리고 무절제한 음주벽에 빠져들 가능성이 높은 사람들에게 차 마시는 습관을 들이는 일에 적극 나섰다. 맥주와 포트와인과 진은 남성은 물론 여성과 어린아이들까지 즐겨 마시는 음료였다. 그 한 가지 이유는 정화되지 않은 도시의 물을 마시느니 약하게나마 살균 효과가 있는 술을 마시는 편이 훨씬 안전했기 때문이다. 그러나 19세기에 접어들면서 술은 점차 사회 문제로 대두하기 시작했다. 종교 지도자들과 절주 운동가들은 차의 장점을 널리 알릴 명분을 찾아냈다. 설탕과 우유를 섞은 차 한 잔은 값도 싼 데다 에너지를 주고 맛도 좋으면서 기분 전환 효과까지 있었다. 셀리나 폭스는 차가 사회를 통제하는 훌륭한 수단으로도 활용된 배경을 이렇게 설명한다.

> 금주운동은 큰 성공을 거뒀다. 빅토리아 시대 사람들에게 음주는 매우 중요한 사안이었다. 맑은 정신으로 열심히 일하는 노동자를 확보하려는 욕구가 매우 강했고, 그런 취지에 발맞춰 엄청난 선전이 뒤따랐다. 금주운동은 음주 반대론자들과 감리교도 같은 이들과 밀접하게 관련됐다. 또 차는 실제로 가장 좋은 음료였다. 따라서 금주운동은 두 가지 차원에서 진행됐다. 한편으로는 술을 반대하고 말짱한 정신으로 제 시간에 공장에 출근하는 성실한 노동 인구를 확

보하는 것이 목표였다. 과음은 예나 지금이나 영국 사회의 문제인 듯하다. 그리고 추가로 오후의 차 마시는 의식이 있었다. 그 결과 차 마시는 습관은 19세기에 크게 유행하기에 이르렀다.

차가 맥주를 제치고 명실상부한 국민 음료로 부상하면서 영국의 국민성도 새로이 단장했다. 흥청망청 떠들어대던 예전 술자리는 자취를 감추었고, 사람들은 교양 있고 단정한 모습으로 거듭났다. 작자를 알 수 없는 19세기 금주 시는 당시 상황을 생생하게 전달한다.

> 늘 불그죽죽한 바쿠스가 자신의 화관을 양도하고
> 사랑과 차가 포도주를 물리치는 그날이 올 때까지
> 앞으로 오랫동안 그대와 함께 지켜보리라,
> 하느님의 종들이 이 영국 제도를 빛내는 모습을.

그러나 즐겁고 평화로운 차 한 잔에는 폭력이라는 어두운 그림자가 도사리고 있다. 중국의 차가 유럽으로 전량 수입되면서 영국 동인도회사는 아편을 팔아 은을 확보하고 그 은으로 차를 사들였다. 이 무역은 두 나라를 전쟁으로 몰아넣을 만큼 중요했다. 지금도 "아편전쟁"으로 불리고 있듯이 갈등의 발단은 아편이었지만, 사실 이 전쟁은 차를 둘러싼 전쟁이기도 했다. 전쟁은 이 다기 세트가 웨지우드 공장에서 출하될 무렵에 발발했다. 1830년대에 영국이 콜카타 주변 지역에 차 농장을 세우고 인도산 차에 대해 수입관세를 면제해 수요를 촉진한 데는 중국과 겪은 갈등이 부분적인 요인으로 작용했다. 진하고 색깔이 강한 아삼 차가 애국심이 강한 영국인의 차로 자리 잡아 대영제국을 떠받쳤다. 그 뒤 실론(현재의 스리랑카)에도 차 농장이 들어서면서 수많은 타밀인이 인도 남부에서 실론으로 이주해 그곳 농장에서 일했다. 큐 식물원의 모니크 시먼즈는 그 여파를 이렇게 설명한다.

> 특히 인도 북부 지역에서 수백 제곱킬로미터가 차 농장으로 바뀌었다. 실론 섬 같은 곳에 세운 차 농장도 성공을 거뒀다. 차 농장이 지역에 미친 충격은 컸지만 비록 적은 임금이나마 지역 주민들에게 일자리를 가져다주기도 했다. 처음에는 남성을 고용했으나 찻잎을 따는 일은 주로 여성의 몫이었다. 인도와

> 중국의 많은 지역 사회가 차를 재배해 팔아 수익을 남겼다. 그러나 차 무역과 포장을 통한 부가가치는 주로 대영제국, 특히 영국에서 발생했다.

해운 운송업은 큰돈을 벌어줬다. 극동 지역에서 차를 실어 긴 거리를 항해하려면 쾌속 범선이 많이 필요했다. 차를 운반하는 범선은 카리브 해 지역에서 설탕을 싣고 오는 배와 나란히 영국 항구에 정박했다. 아주 최근까지 영국인의 차탁에 설탕을 올려놓는 일에도 찻주전자에 가득 차를 채우는 일 못지않게 폭력이 뒤따랐다. 최초의 아메리카 흑인 노예들은 사탕수수 농장에서 일했다. 이로써 유럽의 상품을 아프리카로 실어 나르고 아프리카 노예를 아메리카 대륙으로 실어 나르고(86장) 노예가 생산한 설탕을 유럽으로 실어 나르는 길고 끔찍한 삼각무역이 시작됐다. 금주운동을 지지한 사람들 가운데 다수가 나서서 오랫동안 운동을 벌인 끝에 영국령 서인도제도의 노예제도는 1833년에 폐지됐다. 그러나 1840년대에도 쿠바를 선두로 노예들이 대량으로 생산하는 설탕이 여전히 크나큰 비중을 차지했다. 노예 농장의 설탕은 당연히 자유인을 일꾼으로 고용한 농장에서 생산되는 설탕보다 가격이 저렴했다. 설탕의 윤리학은 고도로 복잡하면서도 정치색이 매우 강했다.

이 다기 세트 중에서 우유 단지는 그나마 가장 평화로운 시기를 보냈다. 물론 우유도 사회경제적으로 엄청난 변화의 산물이기는 마찬가지다. 요즘 사람들은 상상하기조차 어렵겠지만 1830년대까지만 해도 도시 거주자가 우유를 마시려면 소를 도시에서 직접 길러야 했다. 그러다 교외 철도망이 등장하면서 상황은 완전히 바뀌었다. 철도 덕분에 소를 굳이 도시에서 기르지 않아도 우유를 구할 수 있었다. 1853년 『영국왕립농업학회지*Journal of the Royal Agricultural Society*』에 실린 논문을 보면 이 사실을 분명히 알 수 있다.

> 남서 철도망이 완공된 뒤로 서리 지역에서 새로운 상업 활동이 개시됐다. 암소 20마리, 30마리를 보유한 낙농가가 생겨나 남서 철도망이 지나는 역에 우유를 공급하고 있으며, 워털루 종착역까지 우유가 들어와 런던 시장에서 팔리고 있다.

이렇듯 이 다기 세트는 19세기 영국의 사회상을 세 가지 각도에서 보여주고 있다. 아울러 세계 역사의 커다란 부분을 들여다볼 수 있게 해주는 렌즈 구실을 하기도 한다. 다음은 역사학자 린다 콜리의 설명이다.

> 이 다기 세트를 보면 제국이 알게 모르게 이 나라의 모든 사람에게 얼마나 큰 영향을 끼쳤는지 알 수 있다. 19세기에 마호가니 탁자 앞에 앉아 설탕을 넣은 차를 마신다는 것은 곧 세계 모든 대륙과 하나로 연결된다는 것을 의미했다. 아울러 대륙과 대륙을 잇는 항로를 수호하는 영국 해군과도, 거대한 촉수를 가진 자본주의 체제와도 연결된다는 뜻이었다. 영국은 이 체제를 통해 세계 곳곳을 조종하고 휩쓸고 다니며 국내에서 자국의 일반 시민들이 소비하는 상품을 비롯해 갖가지 상품을 손에 넣었다.

다음에 살펴볼 물건은 차를 마시는 또 다른 섬나라 일본에서 나왔다. 하지만 영국과 달리 일본은 다른 나라의 접근을 저지하기 위해 온갖 방책을 다 쓰다가 미국이 말 그대로 총을 앞세워 문호 개방을 요구하고 나서야 비로소 세계 경제에 합류했다.

93
호쿠사이의 〈거대한 파도〉

일본에서 온 목판화

AD 1830~1833

19세기 초 일본은 200년째 세계로부터 문을 닫아 걸고 지내고 있었다. 일본은 국제사회에 참여할 마음이 전혀 없었다.

> 제왕들은 어딘가를 불사르고,
> 바퀴는 어딘가로 향하고,
> 기차는 달리고,
> 전쟁은 승리를 얻고,
> 이 모두가
> 이곳이 아닌 저곳 어딘가에서 일어나고 있다.
> 이곳에서 우리는 병풍을 그린다.
> 그렇다, 병풍을 꾸민다.

이는 1853년 스티븐 손드하임이 세계와 동떨어진 채 홀로 조용히 만족하며 지내는 나라를 묘사한 뮤지컬 가사다. 그 직후 이 나라는 미국 전함의 강요에 못 이겨 전 세계에 문호를 개방하게 된다. 여기서 손드하임은 바다 건너 유럽과 아메리카에 산업화와 정치 분쟁이 사납게 휘몰아치거나 말거나 몽환에 잠겨 아름다움을 추구하면서 고요하게 병풍이나 그리는 일본인들의 모습을 재치 있게 그려내고 있다.

일본인들도 이따금 자신들이 이런 모습으로 비치기를 바랐다. 일본의 이미지를 묘사한 작품 가운데 가장 유명한 〈거대한 파도〉 역시 간혹 그런 식으로 읽힌다. 위대한 예술가 호쿠사이가 1830년께에 제작한 이 베스트셀러 목판화는 후지산의 풍광을 보여주는 연작 서른여섯 편 가운데 하나다. 대영박물관도 〈거대한 파도〉 판화를 석 장 소장하고 있다. 사진의 판화는 목판이 아직 닳기 전에 찍은 초기작이라 선이 예리하고 뚜렷할 뿐 아니라 색도 선명하게 살아 있

冨嶽三十六景
神奈川沖
浪裏

다. 처음 보면 멀리 눈 덮인 봉우리를 드러낸 채 고요히 서 있는 후지산을 배경으로 짙푸르고 거대한 파도가 바다 위로 솟구쳐 오르는 광경을 묘사한 아름다운 그림이 보인다. 시공을 초월한 일본의 이미지를 멋들어지게 표현한 작품으로 생각할 수도 있다. 그러나 호쿠사이의 〈거대한 파도〉를 감상하는 방법은 여러 가지다. 목판화를 자세히 들여다보면 아름다운 파도가 겁에 질린 어부들을 실은 배 세 척을 당장이라도 집어삼킬 듯한 기세를 드러내고 있으며, 후지산은 너무도 작다. 그래서 해안을 바라보며 "육지에 이르기는 글렀어. 우리는 끝장이야"라고 생각했을 선원들의 심정이 보는 사람에게까지 생생히 전달된다. 나는 이 그림이 불안정함과 불확실성을 보여준다고 생각한다. 〈거대한 파도〉는 미국으로부터 문호 개방 압력을 받게 될 상황에서 현대 세계의 문지방에 서 있는 일본이라는 국가의 심리를 반영하고 있다.

19세기 중엽에 산업혁명이 시작되면서 제조업이 발달한 열강들 중에서도 특히 영국과 미국은 원료를 확보하고 상품을 되팔 새로운 시장을 공격적으로 찾아 나섰다. 전 세계를 봉으로 여긴 자유무역주의 국가들은 일본도 무력으로 개방하게 만들 작정이었다. 일본이 세계경제에서 제 몫을 다하지 않는다는 것은 도무지 납득도, 용납도 할 수 없는 일이었다. 그러나 일본은 동업자를 자처하는 이 뻔뻔한 나라들과 굳이 교역할 필요를 느끼지 못했다. 그들이 갖고 있는 것만으로도 아무 문제 없이 잘 돌아갔기 때문이다.

일본은 1630년대 말 거의 모든 항구를 폐쇄하고 상인과 선교사, 외국인들을 내쫓았다. 일본인은 일본을 떠날 수 없었고 외국인은 일본에 들어올 수 없었다. 이를 어기면 사형으로 다스렸다. 네덜란드 상인과 중국 상인들은 예외였으나 그들 또한 항구 도시 나가사키에서만 배를 정박하고 상거래를 할 수 있었다. 그곳에서 정기적으로 상품이 수입되고 수출됐지만(79장에서 살펴봤듯이 일본은 17세기 중엽 중국의 정치 문제로 유럽의 도자기 시장에 공백이 생기자 그 공백을 신속히 메웠다) 거래 조건은 순전히 일본인이 결정했다. 일본은 다른 나라와의 관계에서 주도권을 휘둘렀다. 이는 장엄한 고립이라기보다 선택적인 참여였다.

외국인은 일본에 들어갈 수 없었지만 외국 물건의 반입은 대체로 원활했다. 〈거대한 파도〉의 구도를 자세히 살펴보면 물질적이고 시각적인 면에서 이 점을 분명히 알 수 있다. 그림은 언뜻 일본의 고유한 풍경화처럼 보인다. 거대한 파도가 훤히 드러난 기다란 고깃배 위로 솟구쳐 오르고 있다. 그런 가운데 고깃배는 물론 심지어 멀리 보이는 후지산조차 파도에 견주면 너무도 작아 보인다. A3 용지보다 약간 작은 일본 전통의 닥나무 종이에 인쇄된 이 목판화에는 엷은 노란색, 회색, 분홍색이 바탕에 깔려 있지만, 그림 전체를 지배하는 것은 움찔할 만큼 짙은 푸른색이다. 이 물감은 일본의 청색이 아니라 18세기 초 독일에서 개발된 "프러시안 블루" 또는 "베를린 청색"으로 불리는 합성 안료로, 전통적인 청색보다 색깔이 덜 바랜다는 장점이 있다. 프러시안 블루는 네덜란드 상인들을 통해 직접 수입했거나 아니면 1820년대부터 그것을 제조한 중국에서 들여왔을 가능성이 높다. 〈거대한 파도〉의 푸른색은 일본이 유럽에 필요한 물건이 있다면 한 치 망설임도 없이 자신 있게 취했다는 사실을 보여준다. 후지산의 풍광을 보여주는 이 연작은 색다른 느낌을 주는 아름다운 청색을 사용했다는 점을 홍보에 이용했다. 낯선 분위기가 가치 있게 여겨졌던 것이다. 호쿠사이는 서양에서 물감만 받아들인 것이 아니다. 그는 유럽의 발명인 원근법도 빌려와 후지산을 멀리 배치했다. 아마도 호쿠사이는 네덜란드 사람들이 일본에 들여와 예술가와 소장가들 사이에서 유통된 유럽 인쇄물을 면밀히 연구한 듯하다. 이처럼 〈거대한 파도〉는 일본의 정수를 보여주는 작품이 아니라 유럽의 재료와 원근법에 일본의 정서를 가미한 혼성 작품이다. 이 목판화가 유럽에서도 큰 인기를 끈 것은 당연한 일이었다. 분위기가 다소 이국적이긴 하지만 그렇다고 완전히 낯설지는 않았기 때문이다.

나는 이 목판화가 일본인의 독특한 양면성을 보여주기도 한다고 생각한다. 그림을 보고 있자면 딛고 설 곳이 어디에도 없다. 보는 이도 고깃배 안에 들어가 거대한 파도가 덮쳐오는 위험한 상황에 동참해야 한다. 유럽의 문물과 사상이 건너오는 이 위험한 바다는 심오한 양면성을 띤 채로 그려졌다. 크리스틴 거스는 호쿠사이의 작품, 특히 〈거대한 파도〉를 심도 있게 연구해왔다.

> 이 작품은 일본인이 외국 세력의 섬 침입에 우려를 표명하기 시작한 시기에 제작됐다. 따라서 이 작품의 거대한 파도는 일본을 보호하는 상징적 차단막이자 그와 동시에 일본인들 또한 들고나는 문물과 사상을 좇아 해외로 진출할 수 있다는 가능성을 암시하기도 한다. 나는 이 작품이 일본이 문호를 개방하기 시작한 시기와 밀접하게 관련돼 있다고 생각한다.

일본은 과두 막부 정부의 지배 아래 오랫동안 고립돼 지내며 평화와 안정을 누렸다. 개인의 행위와 결혼과 무기를 통제하는, 사회 모든 계층의 공공 행위를 규제하는 엄격한 법률이 제정돼 있었고, 지배 계층을 위한 규약도 따로 존재했다. 이처럼 고도로 통제된 사회 분위기 속에서 예술이 활짝 꽃피었다. 그러나 이는 다른 모든 세계가 멀리 떨어져 있었던 덕분이었고, 1850년대에 이르자 중국인과 네덜란드인이 누리는 이익과 특권을 함께 나누며 이 풍요롭고 인구도 많은 나라와 교역하고 싶어 하는 외국인들이 많아졌다. 일본 통치자들이 변화를 마뜩찮게 여기자 미국인들은 무력을 사용해서라도 자유무역을 이끌어내야 한다고 결론지었다. 스티븐 손드하임이 '태평양 서곡Pacific Overtures' 이라는 반어적인 제목(여기서 'pacific overtures'는 아래 미국 대통령의 편지에 나오는 '평화로운 제안'이라는 뜻으로도 해석됨: 옮긴이)을 단 뮤지컬에서 묘사한 이야기가 1853년에 실제로 일어났다. 미국 해군 매슈 페리 준장이 일본의 쇄국정책을 무시하고 무력으로 도쿄 만에 진주해 교역을 요구한 것이다. 아래는 페리 준장이 일본 천황에게 전달한 미국 대통령의 편지 가운데 일부다.

> 일본으로 향할 대형 전함들이 아직 이 바다에 도착하지 않았소이다. 이 서신의 서명자는 우호적인 의도의 증거로 작은 군함 네 척을 미리 보내지만 필요하다고 판단된다면 다음 봄에 훨씬 더 큰 함대를 에도에 보낼 계획이오.
>
> 그러나 천황의 정부가 대통령의 서신에 담긴 합리적이고 평화로운 제안에 즉시 동의해 추가로 함대를 보내는 일이 필요 없게 되기를 기대하는 바요.

가히 무력을 앞세운 외교정책의 전형이 아닐 수 없었다. 미국의 정책은 효과를 거뒀다. 일본의 저항은 녹아들었고, 그들은 서둘러 새로운 경제체제를 받아들여 억지로 합류한 세계시장에서 강력한 주자로 떠올랐다. 일본인들은 자신들을 둘러싸고 있는 바다를 달리 생각하기 시작했고, 바다 건너편 세상이 제시하는 기회를 재빨리 감지해냈다.

컬럼비아 대학교 일본학 전문가인 도널드 킨은 파도를 일본 사회의 변화를 암시하는 비유로 이해한다.

> 영어 단어 'insular'는 섬에 사는 사람들의 정신 상태를 가리키는 말인데 일본어에도 그런 단어가 있다. '시마구니 곤조'라는 말이다. '시마구니'는 '섬 민족'을, '곤조'는 '성격'을 의미한다. 이는 일본인 스스로 사면이 바다로 둘러싸여 있다고 생각한다는 뜻이다. 일본은 눈앞에 대륙이 보이는 영국 제도와는 달

리 홀로 고립돼 있다. 일본의 이런 독특한 성격은 이따금 커다란 장점으로 나타나기도 한다. 세계에 대한 관심의 변화가 사회 계층의 장벽을 허물어뜨리면서 새롭게 일기 시작했다. 나는 바다에 대한 관심이 다른 세계에 대한 동경, 곧 일본 밖에서 새로운 보물을 발견할 수 있다는 가능성을 암시한다고 생각한다. 아마도 당시에 부를 늘리려면 세계의 다른 곳에 식민지를 건설해야 한다는 생각을 몰래 품은 일본인이 더러 있었을 것이다.

〈거대한 파도〉는 연작의 다른 그림들과 마찬가지로 최소한 5,000부가 인쇄됐다. 어쩌면 8,000부 이상일지도 모른다. 1842년 목판화 한 장의 가격은 공식적으로 16몬(옛날에 쓰인 일본 화폐 또는 화폐 단위), 즉 국수 곱빼기 가격과 같았다. 다시 말해 값싼 대중 예술품이었다는 소리다. 그러나 정교한 기술 수준을 충족하면서도 아주 많은 양을 인쇄했기 때문에 상당한 이익을 남길 수 있었다.

1853년과 1854년에 페리 준장이 무력으로 일본의 문호를 개방한 뒤로 일본은 외부 세계와 꾸준히 접촉하기 시작했다. 일본은 어떤 나라도 세계경제체제에서 벗어날 수 없다는 사실을 깨달았다. 일본의 목판화는 대량으로 유럽에 수출됐는데 곧 유럽인들의 관심을 끌며 휘슬러, 반 고흐, 모네 같은 화가들에게 호평을 얻었다. 유럽의 인쇄물에 크게 영향을 받은 일본 예술가들이 이제는 반대로 유럽인들에게 영향을 끼쳤다. '자포니즘'이 대유행으로 떠올라 유럽과 미국의 예술 전통에 흡수되면서 20세기에 이르도록 순수예술과 응용예술에 영향을 끼쳤다. 결국 일본은 산업과 상업을 중시하는 서구 사회를 좇았고, 그 과정에서 강력한 경제력을 지닌 제국으로 변신했다. 그러나 거의 같은 시기에 제작된 존 컨스터블의 〈건초 마차The Hay Wain〉가 산업화 이전 영국의 소박한 풍경을 보여주는 상징으로 자리 잡았듯이, 호쿠사이의 〈거대한 파도〉 또한 직물에서 찻잔에 이르기까지 거의 모든 물건에 복제되면서 당시뿐 아니라 지금도 현대인의 상상 속에서 시간을 초월한 일본의 모습을 상징하는 그림으로 남게 됐다.

94

수단의 슬릿 드럼

중앙아프리카에서 온 북

AD 1850~1900

1대 키치너 백작 허레이쇼 허버트 키치너는 제1차 세계대전이 낳은 미디어 스타 가운데 한 명이었다. 팔자수염에, 군복을 말끔하게 차려 입고 손가락으로 정면을 가리키는 그의 모습 뒤쪽에 "당신의 조국은 당신이 필요합니다"라는 글귀를 집어넣은 신병 모집 포스터가 큰몫을 했다. 당시 키치너는 '하르툼의 키치너'라는 이름으로 이미 전설이 돼 있었다. 당시 키치너의 군대가 옴두르만 전투에서 수단 군인 약 1만 1,000명을 살해한 후, 1898년에 입수해 빅토리아 여왕에게 바친 이 중앙아프리카의 나무 북은 그가 그런 칭호를 얻게 된 이유 중 하나다.

19세기 수단의 역사가 이 슬릿 드럼에 담겨 있다. 19세기 들어 오스만제국의 이집트, 영국, 프랑스는 모두 아프리카 전통 신앙을 믿는 남부와 이슬람교를 믿는 북부로 오랜 세월 갈라져 지내온 이 거대한 나일 국가에 집중했다. 이 북은 우리가 앞에서 타하르코의 스핑크스(22장)와 아우구스투스의 두상(35장)을 살펴보면서 두 차례나 마주친 나일 강 주변의 지정학적 단층선에 관한 또 다른 자료다. 이 북은 아프리카의 토착 문화를, 하르툼을 중심으로 성행한 동아프리카 노예무역을, 19세기 말에 아프리카를 놓고 힘을 겨룬 유럽 열강의 이 전투구를 증언한다.

이 북은 수단과 콩고가 국경을 마주하는 중앙아프리카에서 생을 시작해 어느 강력한 추장의 궁정 악단의 일원으로 지낸 것 같다. 뿔이 짤막한 물소나 들소 형태를 띠고 있는 이 북은 높이 약 80센티미터, 코에서 꼬리까지의 길이 약 270센티미터로, 다리가 매우 짧은 덩치 큰 송아지와 크기가 비슷하다. 작은 머리와 짧은 꼬리, 짤막한 두 다리를 제외하면 나머지는 모두 몸통이다. 몸통 내부는 비어 있고 좁다란 틈이 등을 따라 길게 나 있다. 북의 양쪽 옆구리는 두께를 달리해 깎아, 숙련된 고수라면 전통적인 북채로 최소한 두 가지 음색과 최대 네 가지 음조를 만들어낼 수 있다. 이 북은 불그스름한 아프리카 산호수

하나를 통째로 써서 만들었는데, 이는 중앙아프리카 산림 지역에서 자생하는 나무로 내구성이 강하다. 반복해서 때려도 잘 견딜 뿐 아니라 음을 일정하게 유지하고 흰개미에 대한 저항력도 강해 북을 만드는 재료로 크게 각광받았다.

북은 주로 탄생이나 죽음 또는 축제 같은 공동체 행사에서 연주됐다. 유럽인들은 이런 슬릿 드럼을 "말하는 북"으로 불렀다. 각종 의식에서 사람들에게 무언가를 '말하는' 기능을 담당했을 뿐 아니라 멀리 떨어진 곳까지 메시지를 전달했기 때문이다. 북소리는 몇 킬로미터 밖에까지 퍼져나가 사람들에게 사냥이나 전쟁의 소식을 알렸다.

19세기 후반에 수단은 위협에 직면했다. 유럽과 중동의 열강은 오래전부터 상아와 노예의 풍부한 공급지인 중앙아프리카를 노렸다. 그들은 몇 세기 넘게 수단 남부와 중앙아프리카에서 노예를 잡아 북쪽 이집트로 보내 그곳에서 오스만제국 전역으로 팔아넘겼다. 많은 중앙아프리카 추장들이 노예무역상과 손잡고 적을 습격해 포로를 팔아 이익을 챙겼다. 이런 상황은 이집트인들이 1820년대에 수단을 지배하면서 더욱 심해졌다. 노예를 사로잡아 매매하는 행위는 이 지역에서 가장 수지맞는 왕성한 사업으로 떠올랐다. 이집트의 통치 아래서 하르툼은 노예무역의 중심지로 거듭났다. 19세기 후반으로 접어들면서 하르툼은 세계에서 가장 큰 노예시장으로 발돋움해 중동 지역 전역에 노예를 공급했다. 작가 도미닉 그린은 당시 상황을 이렇게 설명한다.

> 이집트인들은 나일 강의 넷째 폭포에서 빅토리아 호수 북쪽 기슭까지 이르는 거대한 노예 매매 제국을 건설했다. 그들은 유럽 국가들의 지지 아래 그 일을 해치웠다. 당시 유럽 국가들은 인도주의 측면을 고려해 노예제도에 반대하기도 했지만, 노예를 얻는 데보다 상아를 얻는 데 더 관심이 컸다. 이집트를 다스리는 오스만제국 총독은 이중 게임을 펼쳤다. 즉 앞에서는 유럽인들의 강요에 못 이기는 척 노예무역 반대 협약에 서명하고, 뒤에서는 노예무역을 통해 계속 돈을 벌어들였다.

노예 사냥꾼들이 전리품으로 획득했거나 지역 추장이 선물로 줬을 이 북은 노예 매매 과정에서 하르툼에까지 흘러들어온 것이 거의 확실하다. 하르툼에 도착하자 이 북은 삶의 새로운 전기를 맞이해 모습을 바꾸면서 이슬람 사회에 적응했다. 북의 양쪽 옆구리를 살펴보면 그 점을 확인할 수 있다. 양쪽 옆으

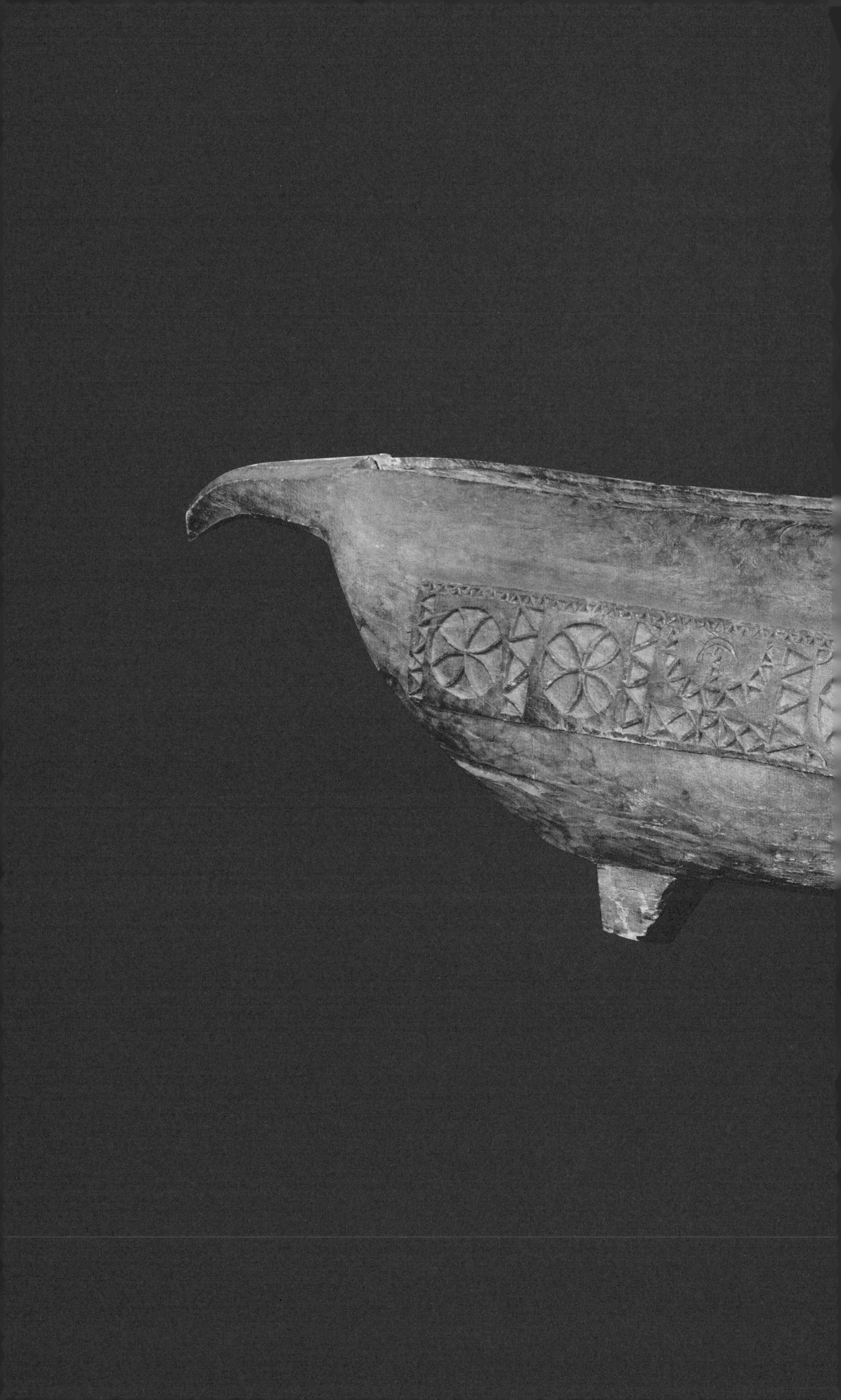

로 거의 몸통 전체 길이에 해당하는 기다란 직사각형 안에는 원과 기하학 문양이 새겨져 있다. 새로운 주인이 악마의 눈을 경계하기 위해 새겨 넣은 이슬람 도안이다. 한쪽 옆에는 도안을 나무 몸통에 직접 새겼고 다른 한쪽 옆에는 나무를 깎아내 도안을 도드라져 보이게 했다. 두께가 얇아지면서 북소리도 달라졌을 것이다. 음악을 연주하거나 사람들을 불러 모으는 본래 목적은 바뀌지 않았을지 몰라도 이제는 달라진 목소리로 임무에 임해야 했을 것이다. 악기가 전승 기념물로 바뀌면서 새로운 문양은 일종의 낙인, 즉 이슬람에 충성을 바치는 북부가 중앙아프리카를 다스린다는 정치적 선언이 되었다.

이 북은 수단 역사에서 매우 중요한 순간에 하르툼에 왔다. 이집트의 점령과 더불어 유럽의 기술과 현대화의 많은 측면이 수단에 도입됐고 거기에 맞서 이슬람에 저항하는 새로운 움직임이 일었다. 당시 이집트는 엄밀히는 이슬람 오스만제국의 일부였지만, 수단의 무슬림들은 이집트를 안일한 이슬람으로 보았고, 그럼에도 이집트가 정치적으로 압제를 가하자 이를 거부했다. 1881년에 한 종교·군사 지도자가 들고일어났다. 무함마드 아마드라는 이가 '마흐디(알라의 인도를 받은 자)'를 자처하며 군대를 모아 성전을 일으켜 유럽화돼 나태해진 이집트인들에게서 수단을 되찾겠다고 나섰다. 이 운동은 "마흐디 봉기"로 불렸다. 현대 역사에서 처음으로 이슬람 군대가 제국주의 세력에 자의적으로 대항한 사건이었다. 그들은 한동안 파죽지세로 눈앞의 모든 것을 휩쓸었다.

한편 영국은 안정된 이집트 정부를 그대로 유지하는 쪽으로 기본 전략을 세워놓고 있었다. 1869년 프랑스와 이집트가 건설한 수에즈 운하는 지중해 지역과 영국령 인도를 잇는 경제적으로 중요한 생명선이었다. 그러나 오스만제국에서 파견한 이집트 총독이 운하 건설을 비롯해 대규모 건설 사업을 진행하고 이에 따라 재정 적자가 만성화되면서 국가 부채가 천정부지로 치솟았다. 그런 상황에서 수단의 마흐디 봉기까지 가세해 긴장이 높아지자 이집트는 국가 부도와 내전으로 곧 무너질 것처럼 보였다. 영국 정부는 운하의 안전을 우려하다 1882년 국익을 보호하기 위해 결국 행동에 돌입했다. 이집트를 침공한 영국은 이집트 정부 관리가 영국인 고문과 함께 이집트를 다스리도록 조치를 취했다. 그 뒤 얼마 지나지 않아 마흐디 반군이 하르툼을 포위 공격해오자 영국은 수단으로 관심을 돌렸다. 세력이 커지는 마흐디 반군에 맞서 이집트 정부는 고든 장군을 수단에 급파해 그곳에 주둔해 있는 이집트 군대의 지휘권을 맡겼다. 그러나 고든 장군의 군대는 패배했다. 그는 하르툼에서 칼에 난자된 채 죽어 영국에서는 순교자가 됐다. 마흐디 반군이 수단을 장악했다. 도미닉 그린의 설명을 들어보자.

> 고든은 사지가 토막토막 잘렸고, 그의 죽음은 빅토리아 시대 특유의 끔찍한 방식으로 대리석 석상과 유화 그림으로 거듭나 영국 전역에 모습을 보였다. 하르툼은 1885년 1월에 함락됐다. 소요가 잦아들자 영국은 1890년대 중반까지 수단을 까맣게 잊어버렸다. 이 무렵 다시 아프리카 쟁탈전이 벌어졌다. 케이프에서 카이로를 잇는 남북 연결선을 건설하는 것이 영국 정부의 전략이었다. 동쪽에서 서쪽 또는 서쪽에서 동쪽을 잇는 것이 목표였던 프랑스는 마르샹 대위가 이끄는 원정대를 파견했다. 서아프리카에 도착한 원정대는 어렵게 늪지대를 지나며 나일 강 쪽으로 향하고 있었다. 영국은 이 사실을 알아채고 허레이쇼 허버트 키치너의 지휘 아래 상대적으로 규모가 적은 군대를 급파했다. 결국 수단이 함락된 지 13년째 해인 1898년에 키치너 부대는 마흐디 부대와 일전을 불사하기에 이르렀다.

1898년 9월 2일 키치너의 영국·이집트 연합군은 옴두르만에서 마흐디 군을 격퇴했다. 이는 영국군이 기병대를 앞세워 공격에 나선 마지막 전투 가운데 하나였다. 전투에 참여한 군인 중에는 젊은 윈스턴 처칠도 있었다. 수단 쪽은 1만 1,000여 명이 죽고 1만 3,000명이 다쳤다. 반면 영국·이집트 연합군은 50명이 채 안 되는 인원을 잃었을 뿐이다. 누가 봐도 잔혹한 결과였다. 영국은 이 지역에서 프랑스에 맞서 자국의 이익을 지키고, 하르툼에서의 고든의 죽음을 복수하고, 또한 수치스러운 노예무역을 끝내기 위해서는 어쩔 수 없었다며 전투를 정당화했다.

이 북은 키치너의 영국·이집트 연합군이 하르툼을 다시 점령했을 때 그 근방에서 발견됐다. 북에는 정치적 선언의 의미를 띠는 낙인이 또다시 찍혔다. 키치너가 들소의 꼬리 주변에 영국의 왕관을 새겨 빅토리아 여왕에게 바친 것이다.

수단은 1899년부터 영국·이집트의 지배를 받다가 1956년에 독립했다. 그 기간 동안 영국은 수단을 두 지역으로 분할해 통치했다. 그 결과 수단은 아랍화돼 이슬람을 믿는 북부와 아프리카 전통을 지키면서도 기독교 인구가 갈수록 늘어나는 남부로 완전히 갈렸다. 수단의 저널리스트 자이나브 바다위의 할

아버지는 옴두르만 전투에서 수단 편에 서서 싸웠고 그의 아버지는 이렇게 둘로 나뉜 조국의 현대 정치를 이끈 지도자 가운데 한 명이다.

> 흥미로운 북이다. 아랍 문자가 새겨진 데다 마흐디의 손에 들어갔던 물건이기 때문이다. 아랍어는 수단의 공용어로, 북쪽 부족들이 사용하는 언어다. 또한 이 북은 이 지역의 상황을 잘 설명해준다. 수단이 검은 아프리카와 아랍 세계가 만나는 교차로이듯이 하르툼은 나일 강의 합류점, 곧 백나일과 청나일이 만나는 곳이다. 이 북의 사진을 아버지에게 보여드렸더니 아버지는 남수단에서 수단사회당 부대표로 활동하신 1940년대와 1950년대에 남부 수단 사람들과 북부 수단 사람들 사이에 싸움이 있었다는 이야기를 들려주셨다. 그때 아버지는 이 북과 아주 비슷하게 생겼지만 훨씬 새것으로 보이는 북을 누군가가 가져다 두들기며 다른 남부 수단 사람들에게 북부 사람들과 남부 사람들의 싸움이 걷잡을 수 없이 발전하지 않도록 용기를 내자고 독려하는 모습을 보셨던 모양이다.

수단은 독립 이후에도 몇십 년 넘게 내전과 종족 분쟁에 시달리면서 엄청난 인명 피해를 입었다. 최근 남수단은 북수단과 평화로운 분리를 요구하고 있다. 2011년에 분리 가능성을 타진하는 국민투표가 실시될 예정이다(2011년 2월에 실시된 국민투표에서 남부 지역 주민 중 98.83퍼센트가 분리 독립에 찬성해 2011년 7월 9일 남수단이 독립국가로 떨어져 나가면서 수단은 두 나라로 분리됐다: 옮긴이). 이 슬릿 드럼을 둘러싼 이야기는 아직 끝나지 않은 셈이다.

95
여성참정권 운동가가 훼손한 페니

영국에서 제작된 에드워드 7세 페니

AD 1903~1918

인류의 역사는 이제 20세기로 접어들었다. 그전까지 우리는 주로 남성이 만들고 주무르고 소유한 세상에서 살았다. 이 물건의 표면에는 한 왕의 형상이 새겨져 있지만 이를 특별한 예로 활용한 사람은 여성이었다. 왕의 형상에는 국법에 항거해 여성의 권리를 촉구하는 표어가 뒤덮여 있다. 이 물건은 영국 왕 에드워드 7세의 수려한 옆얼굴을 보여주는 영국 동전이지만 그의 형상은 훼손돼 있다. 당시에 이는 범죄 행위였다. 왕의 형상 위에는 조잡한 대문자로 "여성에게 투표권을"이라는 글귀가 새겨져 있다. 이 동전은 여성의 참정권 획득을 위해 싸운 모든 이들을 대변한다. 최근에 살펴본 물건들이 19세기의 대량생산·대량소비와 관련 있었다면, 이 동전은 대중 정치 참여의 시대와 관련 있다.

권력은 대개 주어지는 것이 아니라 강제로 쟁취하는 것이다. 유럽과 아메리카에서 19세기는 정치적 항거의 시기였다. 유럽 대륙에서는 혁명이 끊이지 않았으며 아메리카에서는 남북전쟁이 일어났고 영국에서는 참정권 확대를 촉구하는 싸움이 꾸준히 전개됐다.

영국의 정치 주체를 새로이 정의하는 과정은 매우 느리게 진행됐다. 1820년대부터 시작된 이 과정은 1880년대에 이르러 남성 인구 가운데 약 60퍼센트에게 투표권을 안겨줬다. 그러나 여성은 완전히 배제됐다. 여성참정권 운동은 1832년 선거법 개정안이 통과된 직후에 시작됐다. 그러나 진정한 투쟁은 20세기에 접어들어 여성이 폭력 행위를 불사하면서까지 자기 목소리를 강하게 내면서 비로소 본격화됐다. 〈여성의 행진〉이라는 여성참정권 운동 투쟁가를 작곡한 데임 에설 스미스 여사는 이렇게 말했다.

> 영원히 잊지 못할 1912년 어느 저녁 5시 30분 정각에 팽크허스트 여사가 다우닝가 10번지 창문을 겨냥해 돌을 던져 무도회의 시작을 알리는 순간, 많은 여성들이 이를 신호 삼아 토시와 손가방에서 망치를 꺼내들고 런던의 주요 도

VOTES
FOR
WOMEN
EDWARDVS VII DEI GRA: BRITT: OMN: REX FID: DEF: IND: IMP

로를 돌아다니며 조직적으로 상점 유리창을 깨부수기 시작했다.

스미스는 다른 여성들과 함께 투옥됐다. 하루는 아는 사람이 감옥으로 면회를 갔더니 그녀는 창문 밖으로 몸을 내밀고 칫솔을 지휘봉 삼아 동료 여성참정권 운동가들과 시위 때 부르던 노래를 합창하며 지휘하고 있었다.

영국 당국은 품위 있는 여성들이 작정하고 범죄를 저지르는 모습에 아연실색했다. 전단지, 포스터, 집회, 합창 등의 일상적인 형식을 통한 항의는 이제 새로운 국면으로 접어들었다. 화폐를 훼손하는 행위는 피해자가 없는 그다지 과격하지 않은 범죄였지만, 여성의 정치적 삶을 제한한 국가의 권위를 공격하는 데 효과 만점이었다. 매우 기발한 운동 전략이 아닐 수 없었다. 미술가 펄리서티 파월은 이 동전에 특별한 관심을 기울인다.

> 참으로 영리한 발상이 아닐 수 없다. 요즘으로 치면 인터넷처럼 널리 유포될 수 있는 경화의 특성에 주목했다는 점에서 그렇다. 모르긴 해도 페니는 당시 가장 많이 통용되는 동전이었을 것이다. 따라서 국가에 항거하는 운동의 취지를 대중에게 알려, 이에 충격 받는 사람은 물론이고 용기를 얻을 사람에게도 소식을 알리는 데는 제격이었다. 정말이지 기발한 발상이다.
>
> 이 특별한 동전은 동전에 앞면과 뒷면이 있다는 사실을 최대한 활용했다. 동전을 뒤집으면 훼손되지 않은 브리타니아의 형상이 있다. 거기 굳건히 서 있는 여성의 형상은 영국의 민족성을 상징한다. 동전 뒷면을 보는 순간 충격 효과가 발생하면서 기존 체제를 전복하려는 의도가 확연히 와 닿는다.

또 다른 면에는 대머리에 턱수염을 기른 모습으로 오른쪽을 응시하고 있는 에드워드 7세의 옆모습이 새겨져 있다. 동전이 제작된 건 1903년으로, 당시 그는 60대 초반이었다. 라틴어 글자가 동전의 가장자리를 빙 돌아가며 띠처럼 그를 에워싸고 있다. "브리튼 전역의 왕, 믿음의 수호자, 인도의 황제 에드워드 7세에게 하느님의 은총이"라는 뜻이다. 이 대단한 칭호는 고대로부터의 권리와 새로운 제국의 권력을 떠올리게 한다. 하느님이 예로부터 전적으로 유증하고 인정해온 정치 질서인 셈이다. 그러나 왕의 귀 위쪽에서 얼굴 윗부분으로 '투표권을'이라는 글자가, 귀 밑으로는 '에게'라는 글자가, 목을 가로질러서는 '여성'이라는 글자가 흔들거리는 대문자로 새겨져 있다. 여성참정권 운동가들은 이렇게 페니 표면에 망치로 글자를 한 자 한 자 새겨 넣었다. 상당히 힘들었을 테지만 결과는 아주 강력할 만큼 노골적이다. 펄리서티 파월의 설명을 들어보자.

> 이는 말 그대로 왕의 얼굴을 훼손하는 행위다. 흥미로운 점은 귀를 초점의 중심으로 삼았다는 사실이다. 망치로 글자를 박아 넣으면서 귀는 거의 건드리지 않았다. 마치 "듣고 있나?"라고 말하는 듯하다. 그럼으로써 진정한 힘이 실렸다.

이 에드워드 7세의 청동 페니는 '여성사회정치연맹(WSPU)'이 설립된 해에 훼손됐다. 연맹의 설립자 중에는 에멀라인 팽크허스트와 딸 크리스터벨도 포함돼 있었다. 그전까지만 해도 여성들은 평화로운 방법으로 압력을 행사했다. 그러나 어떤 방법도 소용이 없었다. 그보다 33년 전 에멀라인의 남편은 처음으로 여성참정권 법안을 의회에 상정했다. 법안은 영국 하원에서 순조롭게 통과되는 듯하다가 윌리엄 글래드스턴 총리의 반대에 부딪혔다. 다음은 그의 반대 발언 내용이다.

> 여성이 남성의 권한을 침해할까봐 두려워서가 아닙니다. 나는 다만 우리가 자칫 여성의 고유한 본성, 곧 여성의 진정한 힘의 원천인 우아하고 순결하고 섬세하고 고상한 품성을 훼손하게 될까봐 두려울 뿐입니다.

글래드스턴은 일부러 여성의 우아하고 섬세한 품성을 들고 나와 여성의 행동거지를 규정하는 억압적인 기존 개념에 호소했다. 그 결과 참정권 운동이 계속되고 법안이 거듭 의회에 상정됐지만, 여성들은 거의 한 세대가 지나도록 직접적인 행동, 즉 여성답지 못한 행동으로 남성의 기득권에 맞서 싸울 생각을 감히 하지 못했다.

그러나 1903년에 이르러 팽크허스트 일가를 비롯해 일부에서는 이 이상 참는 것은 무리라고 판단했다. (이 무렵 그들은 자신들을 "참정권 확장론자(suffragist)"라고 일컬었지만 행동주의에 나선 지 몇 년이 지나자 『데일리 메일』은 공격적인 성향인 참정권 운동가를 "여성참정권론자(suffragette)"로 일컬었다. 이는 평화적 수단을 고수하는 다른 여성과 구분해 그들을 깎아내리려는 의도로 지소사를 붙여 만든 용어였다.)

여성참정권론자들은 팽크허스트 여사의 지도 아래 직접적인 행동에 돌입했다. 동전 훼손은 많은 방법 가운데 하나일 뿐이었지만 페니를 선택했다는 데서 기발함이 특히 돋보였다. 오늘날의 2파운드 동전과 직경이 거의 비슷한 청동 페니는 글자를 쉽게 식별할 수 있을 만큼 크게 새겨 넣기에 적합했을 뿐 아니라 은행에서 회수하기에는 수가 너무 많은 데다 가치도 너무 낮았기 때문에, 동전에 새겨 넣은 메시지는 무한정 널리 퍼져나갈 수 있었다. 여성참정권론자들은 몸으로도 직접 보여줬다. 에멀라인 팽크허스트를 필두로 그들은 투표권을 요구하며 법정에서 재판을 방해했다.

> 여성이 투표권을 가져야 하는 이유는 생각이 올바른 사람이면 누구나 분명히 알 수 있다. 영국 헌법은 세금 납부와 의사 표현의 권리를 함께 유지하고 있다. 따라서 세금을 내는 여성도 투표권이 있어야 마땅하다.

상당히 온건하게 들리는 팽크허스트의 주장도 여성참정권 운동이 갈수록 격렬해지는 것을 막을 수는 없었다. 메리 리처드슨은 국립미술관에 있는 벨라스케스의 그림 〈거울 속의 비너스〉를 칼로 찢고서 자신의 행동을 적극적으로 정당화했다.

> 나는 현대 역사에서 가장 아름다운 성품을 지닌 여성인 팽크허스트 여사를 비하하는 정부에 항의하는 차원에서 신화의 역사에 등장하는 가장 아름다운 여성의 그림을 훼손했다.

이 밖에도 여성참정권론자들은 오늘의 우리에게도 충격으로 와 닿을 수 있는 여러 방법을 동원했다. 그들은 다우닝 가 10번지의 난간에 자신의 몸을 사슬로 묶고 시위를 벌이기도 했고, 우편함에 편지 폭탄을 넣어놓기도 했으며, 감옥에 갇혔을 때는 단식투쟁을 불사했다. 가장 격렬한 자해 시위를 선보인 여성은 에밀리 데이비슨이었다. 그녀는 1913년 더비 경마 대회에서 달리는 왕의 말에 몸을 던져 목숨을 잃었다. 여성참정권론자들은 법을 바꾸기 위해 조직적으로 법을 어겼다. 페니 훼손은 시민 불복종 운동의 수위를 훌쩍 뛰어넘은 시위 방법 가운데 하나에 지나지 않았다. 이런 폭력을 어디까지 용인할 수 있을까? 개혁을 지향하는 인권 변호사 헬레나 케네디는 용인할 수 있는 한계에 대해 이렇게 설명한다.

> 동전 훼손은 위법 행위다. 여기서 문제는 어떤 특정 상항에서는 법을 어겨도 윤리적이라고 말할 수 있느냐 하는 점이다. 나는 인권을 추구하는 과정에서 사람들이 할 수 있는 유일한 행동이 위법일 때가 있다고 생각한다. 사실 나는 변호사로서 이런 말을 해서는 안 된다. 그러나 나는 위험을 무릅쓰고라도 어떻게든 공적인 의견을 표명해야 한다는 것을 일반 대중이 인정할 때가 있다고 믿는다. 물론 시민 불복종이라는 관점에서 우리가 용인할 수 있는 한계는 분명히 있다. 누구도 용납할 수 없는 정치적 행동이 더러 있다. 어디까지가 적절하고 무엇이 적절한지 윤리를 기준으로 정의하기는 쉽지 않다. 이 여성들의 용기는 자신의 생명까지 기꺼이 희생할 각오가 돼 있었다는 점에서 매우 특별하다. 물론 오늘날에도 기꺼이 자신의 목숨을 내놓을 준비가 돼 있는 사람들이 있다. 따라서 우리 모두 언제, 어디서 그런 행동이 적절한지를 고민해봐야 한다. 어쨌든 우리는 대부분 다른 사람들에게 해가 되는 일이라면 절대 용납해서는 안 된다고 할 것이라고 나는 생각한다.

여성참정권 운동은 제1차 세계대전이 발발하면서 중단됐다. 그러나 전쟁은 여성에게 투표권을 부여해야 한다는 주장에 강력하고도 결정적인 힘을 실어줬다. 어느 날 갑자기 여성은 전통적으로 남성이 감당해온 '여성답지 못한' 환

여성사회정치연맹 설립 100주년을 기념해 2003년에 새로 발행된 50페니 주화.

경에서 능력을 입증해 보일 기회를 얻었다. 이제 여성은 전쟁에 필요한 의료활동과 군수품 제작은 물론 농업과 산업까지 책임져야 했다. 전쟁이 끝나자 여성은 섬세하고 우아해야 한다는 과거의 고정관념에 더는 얽매일 이유가 없었다.

1918년 30세 이상 영국 여성에게 투표권이 생긴 데 이어, 1928년에는 남녀평등 선거법이 통과돼 남성과 똑같이 21세 이상인 모든 여성에게 투표권이 확대됐다. "여성에게 투표권을"이라는 글귀가 동전에 새겨진 지 100년 만에 여성사회정치연맹 설립 100주년을 기념하는 50페니 동전이 새로 발행됐다. 앞면에는 여성인 여왕의 형상이, 뒷면에는 난간에 사슬로 자신을 묶은 한 여성참정권론자의 모습과 그녀의 주장인 "여성에게 투표권을"이라는 글귀가 적힌 게시판이 그녀 옆에 새겨져 있다. 물론 이번에 동전에 새겨 넣은 글귀는 합법이다.

PART 20

우리가 만드는 세계

AD 1914~2010

20세기와 21세기 초는 전례 없는 갈등과 사회 변화, 과학의 발전을 특징으로 하는 시대였다. 기술의 혁신은 역사상 그 어느 때보다 많은 물건의 생산과 사용을 가능하게 했을 뿐 아니라 우리가 인간끼리는 물론 물질세계와 관계를 맺는 방식에까지 변화를 가져왔다. 그러나 이 물건들은 (특히 플라스틱 혁명 이후로) 대부분 한 번 사용하고 나서 내다버리는 일회용이기 때문에 지구의 환경과 자원에 심각한 문제를 야기했다. 거의 200만 년을 견뎌온 다른 유물들과 마찬가지로 우리가 지난 세기에 생산한 물건 역시 우리의 관심사와 창의성과 열망을 전하며, 앞으로도 계속해서 미래 세대에 자신의 존재를 드러낼 것이다.

96
러시아혁명 접시

러시아 상트페테르부르크에서 온 자기 접시

AD 1921 채색

일어나라, 노동자들이여, 잠에서 깨라.
일어나라, 빈곤의 포로들이여.
봉기의 대의가 우레처럼 울리매
마침내 위선의 시대가 종말을 고했도다.
미신을 모두 버리고
노예였던 대중이여, 일어나라, 일어나라!
이제부터 우리가 낡은 전통을 바꾸고
그 먼지를 털어내 승리를 쟁취하리라!

1871년 프랑스에서 첫 선을 보인 위대한 사회주의 노래 〈인터내셔널가〉 가사다. 1920년대에 볼셰비키는 이 노래를 러시아혁명의 축가로 채택했다. 원래 가사는 앞으로 다가올 혁명의 시대를 기대한다는 내용이었지만, 볼셰비키는 이를 러시아어로 옮기면서 의미심장하게도 시제를 미래에서 현재로 바꿨다. 혁명은 현재였기 때문이다. 최소한 이론상으로는 노동자들이 혁명의 주도권을 잡고 있었다.

이 책에서 우리는 람세스 2세와 알렉산드로스 대왕을 거쳐 베냉의 오바와 에드워드 7세에 이르는 개인 통치자들의 형상을 살펴봤다. 그러나 여기에서는 '나'가 아니라 '우리', 곧 개인이 아니라 특정한 사회 계층이라는 새로운 통치자와 마주치게 된다. 소비에트 러시아에서 우리는 민중의 권력, 좀 더 정확하게 말하면 프롤레타리아트 독재를 만나게 되기 때문이다. 이 장에서 살펴볼 물건은 러시아혁명과 새로운 지배 계층의 등장을 기념하는 채색 자기 접시다. 접시는 선명한 주황색, 붉은색, 검은색, 흰색을 통해 활기와 생산력으로 이글거리는 혁명 공장을 보여준다. 특히 전경에는 프롤레타리아트의 일원이 미래를 향해 힘찬 발걸음을 내딛는 상징적인 모습이 묘사돼 있다. 바야흐로 공산주의 역사 70년이 시작되려는 순간이다.

20세기는 두 차례 세계대전과 식민지에서 벌어진 독립전쟁, 식민 권력으로부터 독립한 이후 불거진 내전, 유럽의 파시즘, 세계 곳곳에서 기승을 부린 군사독재, 러시아혁명 등 이데올로기와 전쟁으로 점철된 시기였다. 자유민주주의와 중앙집권화된 권력 체제가 정치적으로 누가 우수한지를 다투며 20세기 대부분 동안 격돌했다. 이 접시에 그림이 그려진 시기는 1921년으로, 그 무렵 볼셰비키는 러시아에 마르크스의 계급 이론과 경제 이론을 근거로 한 새로운 정치체제를 구축하고 새로운 세상을 건설하기 시작했다. 혁명 과업에는 큰 어려움이 따랐다. 당시 러시아는 제1차 세계대전에 참전했다가 막대한 피해를 입은 상태인 데다 새로운 정권은 외국의 침략과 내전의 위협 아래 놓여 있었기 때문이다. 볼셰비키는 동원 가능한 수단은 모조리 동원해 소비에트 노동자들을 이끌며 동기를 부여해야 했다. 그런 수단 가운데 하나가 예술이었다.

화가는 접시의 둥근 형태를 최대한 활용해 그림의 상징 효과를 극대화했다. 접시 중앙 저 멀리 붉은색으로 칠한 공장이 보인다. 한눈에도 노동자들에게 속한 공장이 분명하다. 모락모락 피어오르는 흰색 연기가 건강한 생산성을 보여주는 가운데 눈이 부시도록 선명한 노란색과 주황색이 햇살처럼 찬란한 빛을 발하며 지난날 압제를 일삼던 어둠의 세력을 몰아내고 있다. 그림 전방의 언덕 위에선 한 남자가 왼쪽에서 오른쪽으로 힘찬 발걸음을 내딛고 있다. 그 주위도 공장과 마찬가지로 황금빛 광채가 에워싸고 있다. 세부 묘사 없이 붉은색 윤곽으로만 처리돼 있지만 강렬한 눈빛으로 앞을 주시하고 있는 젊은이라는 점을 즉시 알 수 있다. 이 남자는 개인이 아니라 프롤레타리아트 전체를 상징하며, 그들이 창조하게 될 밝은 미래를 향해 나아가고 있다. 발치에는 산업의 톱니바퀴가 놓여 있고 손에는 산업 노동자의 망치가 들려 있다. 이제 그는 한 걸음만 더 떼면 '자본(KAPITAL)'이라는 글자가 깨진 채로 바위 위에 흩어져 있는 황무지를 내리밟게 된다. 이 접시 몸체는 20년 전인 1901년에 제작됐다. 그때만 해도 접시는 아무 그림 없이 그저 흰색을 띠고 있었을 뿐이다. 접시에 그림을 그린 화가 미하일 미하일로비치 아다모비치는 제국의 자기 접시를 명쾌하고 효과적인 소비에트의 선전 도구로 바꿔놓았다. 바로 이런 용도 변경이 마르크스주의 역사가 에릭 홉스봄의 관심을 사로잡았다.

이 물건의 가장 흥미로운 점은 물건 하나 안에서 구정권과 신정권을 동시에 볼 수 있을 뿐 아니라 구정권에서 신정권으로 변화하는 과정까지 읽을 수 있다는 것이다. 역사의 변화를 이처럼 눈앞에 생생하게 보여주는 물건은 아주 드물다. 이데올로기는 예술가들에게 매우 중요했다. 자신들이 혁명을 이뤘다고 생각한 사람들에겐 자신이 이 세상에서 아무도 하지 못한 일을 해냈다는 엄청난 자부심이 있었다. 즉 우리는 완전히 다른 세상을 창조하고 있고, 러시아와 온 세상이 달라질 때까지 이 일은 끝나지 않을 것이며, 우리에게는 그런 의지를 보여주고 끝까지 밀고 나가야 할 의무가 있다는 자부심 말이다. 이것이 바로 그 이데올로기다.

볼셰비키가 정권을 장악한 지 얼마 지나지 않아 제국 자기 공장은 국유화됐고 명칭도 국가 자기 공장으로 바뀌어 '민중 계도 위원'이라는 유토피아 냄새가 물씬 나는 정부 공무원의 관리하에 놓이게 됐다. 다음은 국가 자기 공장 총책임자가 계도 위원에게 보낸 편지다.

> 자기와 유리 공장은 (중략) 단순히 공장이나 기업에 그쳐서는 안 됩니다. 이 공장은 과학과 예술의 중심이 돼야 합니다. 공장의 목적은 러시아의 자기와 유리 산업의 발전을 고무하고 새로운 생산의 길을 찾아내 발전시키고 (중략) 예술 형태를 연구하고 개발하는 데 있습니다.

이 접시 그림이 세상에 나온 1921년, 러시아는 단합과 희망을 이끌어낼 강력한 메시지가 절실히 필요했다. 당시 러시아는 내전과 빈곤, 가뭄과 기근으로 몸살을 앓고 있었다. 굶어 죽은 러시아인이 400만 명이 넘었다. 접시에 묘사된 공장처럼 노동자들이 소유한 공장은 혁명 이전에 견줘 생산량이 형편없이 떨어졌다. 에릭 홉스봄은 접시의 그림이 겉으로 볼 때 아무 희망도 없는 상황에서 희망의 힘을 보여주려는 의도로 해석한다.

> 이 그림은 거의 모든 사람들이 굶주림에 허덕이는 시기에 그려졌다. 볼가 강 지역에 기근이 발생해 많은 사람들이 굶주림과 발진티푸스로 목숨을 잃었다. 모두 "이 나라가 이제 완전히 주저앉고 말았으니 어떻게 다시 일으킬 수 있단 말인가?"라며 절망한 시기였다. 따라서 "이 어려움에도 우리는 여전히 미래를 건설하고 있고 넘치는 자신감으로 미래를 기대하고 있다"라고 말하면서 국가

를 재건하고 있는 사람들의 순수한 원동력을 상상력을 동원해 재창조하는 작업이 필요했다.

이 접시는 한 도자기 예술가가 "빛나는 미래에서 온 소식"이라고 일컬었던 것으로 우리를 이끈다. 지금까지 수없이 살펴본 대로 무릇 정권은 과거를 현재의 필요에 맞게 다시 고치려는 경향이 있다. 그러나 볼셰비키는 사람들에게 과거는 지나갔고 새로운 세계가 처음부터 다시 건설될 것이라는 믿음을 심고자 했다.

자기, 곧 역사적으로 귀족 문화와 그들의 특권과 연관된 사치스러운 재료에 프롤레타리아트가 주인이 되는 평등한 새 세상의 이미지가 그려졌다. 반들반들한 표면에 손으로 그림을 그려 넣은 이 접시는 사용이 목적이 아니라 전시가 목적이었다. 가장자리를 가리비 형상으로 장식한 접시는 언뜻 봐도 매우 고급스럽다. 사실 혁명 이전의 제국 자기 공장에서 생산됐을 당시 이 접시는 여분으로 남은 것으로, 아무 그림도 그려져 있지 않았다. 18세기에 예카테리나 여제는 유럽 국가가 생산하는 최상의 자기에 견줄 수 있는 자기를 생산하기 위해 상트페테르부르크 근처에 제국 자기 공장을 세웠다. 여기서 생산되는 자기는 궁전에서 사용되기도 하고 러시아제국의 공식 선물로도 쓰였다. 러시아 국립에르미타시미술관 관장 미하일 피오트로프스키는 이렇게 설명한다.

> 러시아 자기는 러시아 문화에서 중요한 생산품으로 떠오르게 됐다. 러시아제국 자기는 곧 유명해졌다. 오늘날 러시아의 아름다운 자기들은 세계 경매시장에서 매우 비싼 값에 팔리고 있다. 예술은 정치, 경제와도 밀접하게 연관된다는 점을 보여주는 좋은 사례가 아닐 수 없다. 이는 러시아제국이 늘 쓰던 표현 방식이었다. 군대 그림, 군대의 사열식 장면, 보통 사람들의 애환 등 에르미타시에 소장돼 있는 그림들을 보면 알 수 있듯이 러시아는 바깥 세계와 자신에게 그 모든 것을 아름다운 방식으로 보여주고자 했다.

이 접시는 완전한 단절을 부르짖은 소비에트의 선언이 현실과는 거리가 한참 멀었다는 사실을 보여주는 축소판이다. 혁명의 속도가 너무 빨라 볼셰비키는 필요한 경우, 기존 구조를 그대로 넘겨받을 수밖에 없었다. 그 결과 소비에트 러시아에는 차르 시대의 잔재가 곳곳에 남아 있었다. 그렇게 놔둘 수밖에

차르 니콜라이 2세의 제국 자기 공장 표시와 소비에트를 상징하는 망치와 낫 표시.

달리 도리가 없었다. 그러나 이 접시는 그런 잔재를 일부러 활용했다. 접시 뒷면에는 공장 표시가 두 가지로 남아 있다. 접시를 처음 만들 때 칠한 유약 밑면에는 1901년 당시 차르 니콜라이 2세의 제국 자기 공장 표시가 있다. 유약층 위에는 소비에트 국가 자기 공장의 망치와 낫과 함께 1921년이라는 연도가 찍혔다. 결국 접시는 20년 간격을 두고 두 단계를 거치며 서로 현격하게 다른 정치 상황 속에서 완성된 셈이다.

보통 같으면 차르를 나타내는 결합 문자 위에 덧칠을 해 제정러시아 시대와의 관계를 지워 없앴겠지만, 공장에서 일하는 누군가가 두 가지 표시를 모두 보이게 놔둔다면 오히려 커다란 이점이 있다는 사실을 알아차린 듯하다. 덕분에 소장품으로서 가치가 훨씬 더 커졌고 그 결과 해외에서 훨씬 더 높은 가격에 팔릴 수 있었다. 볼셰비키 정권은 외화 확보가 절실히 필요했다. 이 접시처럼 역사적인 의미를 지니는 예술품을 판매하는 것은 문제를 해결할 수 있는 확실한 방법 가운데 하나였다. 당시 국가 자기 공장에서 작성한 보고서에는 이렇게 적혀 있다. "소비에트 표시와 나란히 이런 표시가 보인다면 외국 시장에서 큰 흥미를 유발할 것이다. 이전의 표시를 지워 없애지 않고 그냥 놔둔다면 해외에서 더 비싼 가격에 팔 수 있을 것이다."

사회주의혁명 정권이 자본주의 세계에 내다팔 사치품을 생산하다니 참으로 놀라운 일이 아닐 수 없다. 그러나 이 정책은 앞뒤 논리가 시종일관 정연했다고 볼 수도 있다. 즉 접시를 팔아 얻은 수익으로 소비에트의 외교 활동을 뒷받침해 이 물건을 구입하는 자본주의자들에게 타격을 입히는 동시에 자기를 선전에 이용함으로써 러시아의 적들에게 소비에트의 존재를 널리 알린다는 일석이조 효과가 있었기 때문이다. 비평가 야코프 투겐크홀드는 1923년에 이렇게 말했다. "예술 산업은 국제사회에서의 고립이라는 벽을 허물어뜨린 행복한 공성퇴다."

소비에트와 자본주의 세계의 이런 갈등과 공생 관계는 처음에는 서구가 노동자와 공산주의의 것이 될 때까지 어쩔 수 없이 거쳐야 하는 과도기 임시방편으로 인식됐지만 시간이 지나면서 20세기를 대표하는 규범으로 자리 잡았다. 접시 앞면이 초창기 볼셰비키의 꿈을 극명하게 보여준다면 뒷면은 실용주의 차원에서 이룬 타협, 곧 과거 제정 시대와 현재 정치 현실의 협상, 나아가 자본주의 세계와의 복잡한 경제 협약을 보여준다. 이런 관계는 광범위하게 볼 때 그 뒤로 70년 동안 지속됐다. 이 시기에 세계는 서로 경쟁하면서도 많은 부분에서 서로 의존하기도 하는 두 거대한 이데올로기 진영으로 나뉘었다. 이 접시의 앞면과 뒷면은 전 세계를 뒤흔든 혁명에서 냉전이라는 안정기에 이르는 과정을 고스란히 보여주고 있는 셈이다.

97
호크니의 〈따분한 마을에서〉

영국에서 인쇄된 동판화

AD 1966

> 성교는 『채털리 부인의 사랑』의 판금이 해제되고
> 비틀스가 최초의 엘피판을 내놓았던
> 1963년에
> 시작됐다.
> (나로서는 조금 늦은 시작이었지만.)

회한을 담은 시의 대가 필립 라킨이 다소 경쾌한 분위기를 띤 자신의 시 가운데 한 편에서 읊은 내용이다. 그는 이 시구를 통해 섹스와 음악 그리고 또 다시 섹스가 화두였던 '자유분방한 1960년대' 분위기를 압축해 표현했다. 모든 세대는 자기 세대야말로 섹스를 발명한 세대라고 생각하지만, 1960년대 젊은 이들만큼 섹스를 철저하게 즐겼다고 생각하는 세대는 없으리라. 물론 1960년대에는 그보다 훨씬 더 많은 것이 있었지만, 오늘날 그 10년은 변모하는 자유의 시대 또는 파괴적인 방종의 시대라는 신화적 지위를 얻기에 이르렀다. 이런 신화가 근거가 없는 건 아니다. 세계 전역에서 기존 권위 체계가 도전받는 가운데 몇몇 체계는 정치와 사회, 섹스의 자유를 추구하는 자발적인 대중운동에 완전히 무너지기도 했기 때문이다.

앞서 두 장에서 우리는 여성의 참정권 획득과 (이론상) 프롤레타리아트 권력 수립을 통해 사회 전 계층의 권리 실현이라는 중대한 정치 문제를 살펴봤다. 1960년대의 운동은 자유롭고 온전하게 사회에 참여하고 피해를 끼치지 않는 한 각자가 원하는 방식대로 살아갈 수 있어야 한다는 것을 주장하고, 개개의 시민이 모두 그런 권리를 행사할 것을 확실히 하는 데 초점을 맞췄다. 새로운 자유 가운데 몇 가지는 쟁취하는 데 몹시 힘이 들었을 뿐 아니라 많은 사람이 목숨을 잃었다. 당시 미국에서는 마틴 루서 킹 목사를 필두로 흑인 민권운동이 전개됐으며 체코에서는 소비에트 공산주의에 맞서 일어난 시민 봉기가

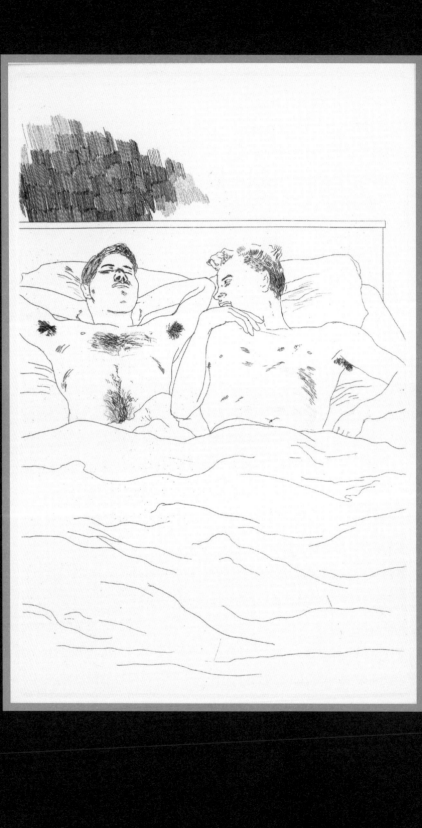

프라하의 봄을 수놓았다. 또 1968년에는 파리에서 시작된 학생 봉기가 유럽과 아메리카 전역의 대학가를 휩쓸며 기존 사회에 불만을 표출했다. 베트남전쟁 반대와 핵무기 철폐를 요구하는 시위가 이어졌다.

게다가 이 10년은 우드스탁과 샌프란시스코를 중심으로 비틀스와 그레이트풀 데드의 음악에 맞춰 사이키델릭한 '사랑의 여름(반전, 평화, 사랑을 외친 히피 반문화 운동이 대중의 의식 속으로 파고든 1960년대를 가리키는 용어: 옮긴이)'이 펼쳐진 시기이기도 했다. 사적인 영역에서는 여성 해방, 피임약의 개발, 동성애의 합법화 등 성의 혁명이 이뤄졌다. 데이비드 호크니의 동판화 〈따분한 마을에서*In the Dull Village*〉가 그보다 일찍 세상에 나오기는 어려웠을 것이다. 호크니는 1950년대에 미술 공부를 시작했지만 그를 예술가로 키운 것은 1960년대였다. 물론 호크니 역시 그 시대의 형성을 도왔다. 동성애자인 그는 영국에서 남성의 동성애 행위가 범죄로 간주돼 처벌받기 일쑤인 시기에 삶에서나 일에서나 자신의 정체성을 떳떳이 밝힐 준비가 돼 있었다. 그는 시간을 쪼개 캘리포니아에서는 깊고 푸른 수영장을 배경으로 벌거벗은 젊은 남자들을 그렸고 영국에서는 자신의 가족과 친구들을 그렸다.

이 동판화에 등장하는, 아마도 20대로 보이는 벌거벗은 두 남자는 이불로 몸을 반쯤 가린 채 침대에 나란히 누워 있다. 관람객의 위치는 발치에서 그들을 내려다보는 구도다. 한 사람은 마치 졸고 있는 듯 눈을 감고 양팔로 머리 뒤를 받친 채 누워 있고 다른 한 사람은 간절한 눈길로 그를 바라보고 있다. 두 남자가 오래전부터 사귀는 사이인지 아니면 최근에 알게 된 사이인지는 알 수 없지만 첫눈에도 둘 다 더없이 평온하고 만족스러운 다음 날 아침을 맞고 있는 듯 보인다.

이 작품은 그리스 시인 콘스탄틴 카바피의 시에서 영감을 받아 제작한 동판화 연작 가운데 하나다. 호크니는 영국 내무부 장관 로이 젱킨스가 잉글랜드와 웨일스에서 동성애를 합법화하는 법안을 준비하고 있던 1966년에 작업에 착수했다. 그리고 그의 동판화는 국회에서 젱킨스의 성범죄 법안을 통과시킨 1967년에 발표됐다. 호크니의 작품은 두 남자 모두 이불을 허리까지 올려 덮고 있어 전혀 노골적이지 않은데도 당시 많은 사람에게 충격을 안겨줬으며 오늘날에도 일부에서는 이를 충격으로 받아들인다. 호크니의 동판화는 사회가 용인할 수 있는 것과 용인할 수 없는 것, 사회적 관용과 개인적 자유의 한계, 수천 년이 넘는 인류 역사를 거치며 변해온 윤리 구조의 변화와 관련해 쉽지 않은 질문을 제기한다.

물건의 역사에 꾸준히 등장하는 요소 가운데 하나가 섹스, 좀 더 정확히 말해 성적 끌림과 사랑이라는 사실은 전혀 놀라운 일이 아니다. 우리가 살펴보는 100가지 유물 중에는 남녀가 사랑을 나누는 장면을 묘사한 작품을 통틀어 가장 오래된 작품이 있다. 1만 1,000년 전에 예루살렘 근처에서 조각된 작은 돌멩이가 바로 그 주인공이다. 이 밖에 우리는 하렘의 여인들, 육감적인 여신들, 로마 시대의 은잔에 새겨진 남성 동성애도 살펴봤다. 인간의 성욕을 묘사하는 이런 오랜 전통을 고려할 때 데이비드 호크니의 동판화는 비교적 점잖은 편인데도, 당시 영국에서는 이 작품의 발표를 용기가 필요한 도발적인 행위로 받아들였다.

호크니의 동판화에 등장하는 두 젊은이는 미국인일 수도, 영국인일 수도 있다. 그러나 그들의 거주지는 판화의 제목이 가리키는 곳이다. 〈따분한 마을에서〉라는 카바피의 시에 나오는 곳이기도 하다. 시는 주변 환경에 갇힌 한 젊은이를 노래한다. 그는 완전한 사랑의 대상을 꿈꾸며 지루한 환경에서 벗어나고자 한다. 아마도 호크니의 졸고 있는 젊은이는 실제로 존재하는 누군가를 갈망하는 것이 아니라 열정적인 상상 속에 사는 사랑의 짝을 조용히 꿈꾸고 있는지도 모른다.

> 오늘 밤 잠자리에 누워 사랑의 의미를 골똘히 생각할 때
> 그의 아름다운 젊음은 기분 좋은 흥분에 휩싸여
> 온통 육체의 욕망으로 활활 불타오른다.
> 꿈결 속에서 기쁨이 그를 찾아오고
> 꿈결 속에서 자신이 원했던 형상과 육체를 보고 껴안는다.

국제인이었던 콘스탄틴 카바피(1863~1933)의 가족은 터키, 영국, 이집트 등지를 옮겨 다녔다. 그들은 2,000년 동안 지중해 동부 지역의 경제와 문화, 학문을 지배해온 상당수의 그리스 디아스포라의 일원이었다. 그는 그리스어를 사용하는 광범위한 세계, 즉 그리스 본토보다는 콘스탄티노플과 알렉산드리아에 더 가까운 그리스인 공동체에서 살았다. 그곳은 알렉산드로스 대왕이 기원전 4세기에 이집트를 정복하면서 생겨난 세계로, 20세기 중반까지 명맥을 유지했다. 우리는 앞에서 여러 차례에 걸쳐 그 세계를 살펴봤다. 그리스어와 이

집트어가 나란히 새겨져 있는 로제타석이 대표적인 유물이다. 카바피는 이 풍부한 유산을 뚜렷하게 의식하고 있었다. 그의 알렉산드리아적인 시에서는 고대 역사와 남성의 동성애를 삶의 일부로 인정한 그리스 세계에 대한 향수가 깊이 묻어난다.

젊은 호크니가 경험한 브래드퍼드라는 세계는 그와 사뭇 달랐다. 1950년대의 요크셔에서 동성애는 입에 담기조차 민망할 뿐 아니라 이를 예술의 주제로 삼는 것은 매우 위험한 일이었다. 따라서 호크니가 브래드퍼드 도서관에서 카바피의 시를 읽은 것은 일종의 계시와도 같았다.

> 나는 그의 시를 탐독하며 솔직함과 소박함에 깊은 감명을 받았다. 그러다 1960년 여름 브래드퍼드 도서관에서 존 마브로고르다토가 번역한 시집을 발견하고 몰래 훔쳤다. 찾아보면 이 책은 지금도 나한테 있을 것이 분명하다. 그 뒤로 개정판이 나왔기 때문에 지금은 크게 잘못했다는 생각이 들지 않는다. 그러나 당시에는 이 책을 살 수가 없었다. 완전히 절판됐기 때문이다. 그때 브래드퍼드 도서관에 가서 이 책을 찾으려 하면 사서에게 직접 부탁해야 했다는 점도 기억해주기를 바란다. 서가에 꽂혀 있지 않았던 것이다.

나중에 호크니는 카바피의 시 열네 편을 선정해 자신의 연작 동판화 주제로 삼았다. 갈망과 좌절, 미래의 사랑과의 첫 만남과 도취, 열정적인 조우 등을 노래한 이 시들은 그의 작품에 쓸 수 있을 만큼 흥미로운 소재였으며, 화가가 어떻게 개인의 내밀한 경험을 공적인 담론으로 바꿔놓을 수 있는지를 보여주는 예였다. 의식이 깬 부모 밑에서 성장하며 이웃의 눈치를 살피지 않고 자신의 주관에 충실했던 호크니는 화가로서 작품을 통해 자신의 권리를 주장했을 뿐 아니라 자신과 같은 사람들의 권리를 옹호하는 운동에도 뛰어들어야 한다는 책임감을 느꼈다. 성격상 그는 강압적인 인상을 주지 않는 접근 방식을 취하기로 결심했다. 그의 동판화는 설교하는 게 아니라 웃음과 노래를 선물한다.

> 기억해야 할 점은 이 작품들이 부분적으로는 지금까지 아무도 손대지 않았던 주제, 특히 학생들 사이에서는 전혀 알려지지 않은 동성애라는 주제를 알리는 데 초점을 맞추고 있다는 것이다. 나는 마땅히 그래야 한다고 생각했다. 동성애는 내 일부이며 내가 재미있게 다룰 수 있는 주제이기도 했다.

물론 동성애자의 권리는 1960년대에 사람들이 주장하고 쟁취하고자 한 많은 자유 가운데 하나에 지나지 않는다. 그러나 보편적인 인권이라는 관점에서 보면 이 권리는 특별히 어려운 문제를 안고 있었다. 당시에 권리를 주장하는 사람들은 대부분 성별이나 종교, 인종에 따라 차별당했는데, 제2차 세계대전의 여파 이후 차별은 잘못이라는 보편적인 합의가 이뤄졌다. 그러나 성적 취향과 태도는 1948년 국제연합(UN)이 채택한 세계인권선언에서조차 아예 언급되지 않았을 만큼 매우 다른 문제였다. 호크니를 비롯한 동성애 운동가들은 유럽과 아메리카에서 성의 문제를 인권의 영역에 확고하게 자리 잡게 함으로써 마침내 상황을 바꿔놓았다. 몇몇 나라에서는 그런 운동을 통해 법이 바뀌기도 했다. 물론 아직도 세계의 많은 지역에서는 사회 규범에 어긋나는 개인의 성행위를 종교적으로 용인하지 않거나 사회를 위협하는 범죄로 간주해 처벌하는데, 심하면 사형을 선고하기도 한다.

2008년 국제연합 총회는 성적 취향이나 성 정체성과 관련해 자행되는 살해와 처형, 고문과 임의 체포를 비난하는 성명서를 채택할 계획이었다. 50개국이 넘는 나라가 성명서에 서명했지만 반대 성명이 등장하기도 하여 이 문제는 아직도 해결되지 않은 채로 남아 있다.

호크니의 동판화는 흥미롭게도 여백이 많다. 벽과 이불은 검정색 선들로 간단하게 처리돼 있을 뿐이다. 이 침대가 어디 있는지 알 수 있는 단서는 아무데도 없다. 심지어는 두 젊은이가 실제 인물인지 꿈속 인물인지조차 알 수 없다. 이런 고집스러울 정도로 구체적이지 않은 이미지는 성행위가 전적으로 개인적이면서 동시에 전적으로 보편적이라는 점을 일깨워준다. 반면, 이에 대한 사회의 반응은 절대 그렇지 못하다. 40년이 지난 지금도 인권의 최전선에서는 여전히 피비린내 나는 싸움이 전개되고 있다. 우리 생각과 달리 오늘날의 세계가 "지구촌"이라고 불리려면 아직도 가야 할 길이 먼 셈이다.

98
〈무기의 보좌〉

모잠비크 마푸투에서 온 무기로 만든 의자

AD 2001

이 책에서 전쟁이나 전쟁을 일으킨 통치자를 찬미하지 않으면서 전쟁의 기록을 담고 있는 물건을 다루기는 이번이 처음이다. 〈무기의 보좌〉는 세계 전역에서 제작돼 아프리카로 수출된 총기를 이용해 만든 의자, 또는 보좌다. 19세기의 특징이 대중 시장의 성장과 대량 소비였다면 20세기의 특징은 대규모 전쟁과 대량 살상이다. 두 차례에 걸친 세계대전, 스탈린의 숙청 작업, 홀로코스트, 히로시마, 캄보디아의 킬링필드, 르완다 사태 등 일일이 열거하기조차 힘들다. 이런 참혹한 역사 가운데 작지만 긍정적인 측면이 하나 있다면 전쟁의 일반인 피해자, 곧 목숨을 잃은 군인들과 시민들의 고통을 생생하게 말하는 기록과 물건이 과거 어느 때보다 많다는 사실이다. 세계 도처에 무명용사들의 묘지가 있다. 〈무기의 보좌〉도 그런 전통에 속한다. 이 물건은 모잠비크 내전 때 숨진 희생자들을 기리는 기념비이자, 온 나라, 아니 대륙 전체를 대상으로 한 범죄 행위에 대한 기록이다. 그런 기념비치고는 매우 색다른 형태를 띠고 있는 이 물건은 우리에게 희망과 굳센 결의를 전하는 예술 작품이기도 하다. 〈무기의 보좌〉는 인간의 비극과 인간의 승리를 동시에 일깨운다.

우리의 역사를 마무리하는 이 마지막 몇 장에서는 한때 번영을 구가하면서 19세기를 지배한 제국들이 점차 쇠퇴하고 새로운 세계 이데올로기와 민족 정체성이 대두되는 과정을 살펴볼 예정이다. 그 과정은 식민지에서 벗어난 아프리카 대륙에서 가장 잔인하게 진행됐다. 19세기 후반에 벌어진 아프리카 쟁탈전은 영국, 프랑스, 포르투갈과 같은 주요 식민 세력을 필두로 독일, 이탈리아, 스페인, 벨기에와 같은 나라들이 제각기 아프리카 대륙을 나눠 차지하는 결과를 낳았다. 제2차 세계대전 이후 아프리카 대륙 전역에서 독립을 쟁취하려는 움직임이 일어났고 1960년대부터 점차 결실을 맺기 시작했다. 그러나 유럽 세력으로부터의 독립에는 혹독한 대가가 뒤따랐다. 독립은 투쟁을 통해서만 쟁취될 때가 많았기 때문에 새로 독립한 국가는 대개 내전을 비롯한 수많은 내홍

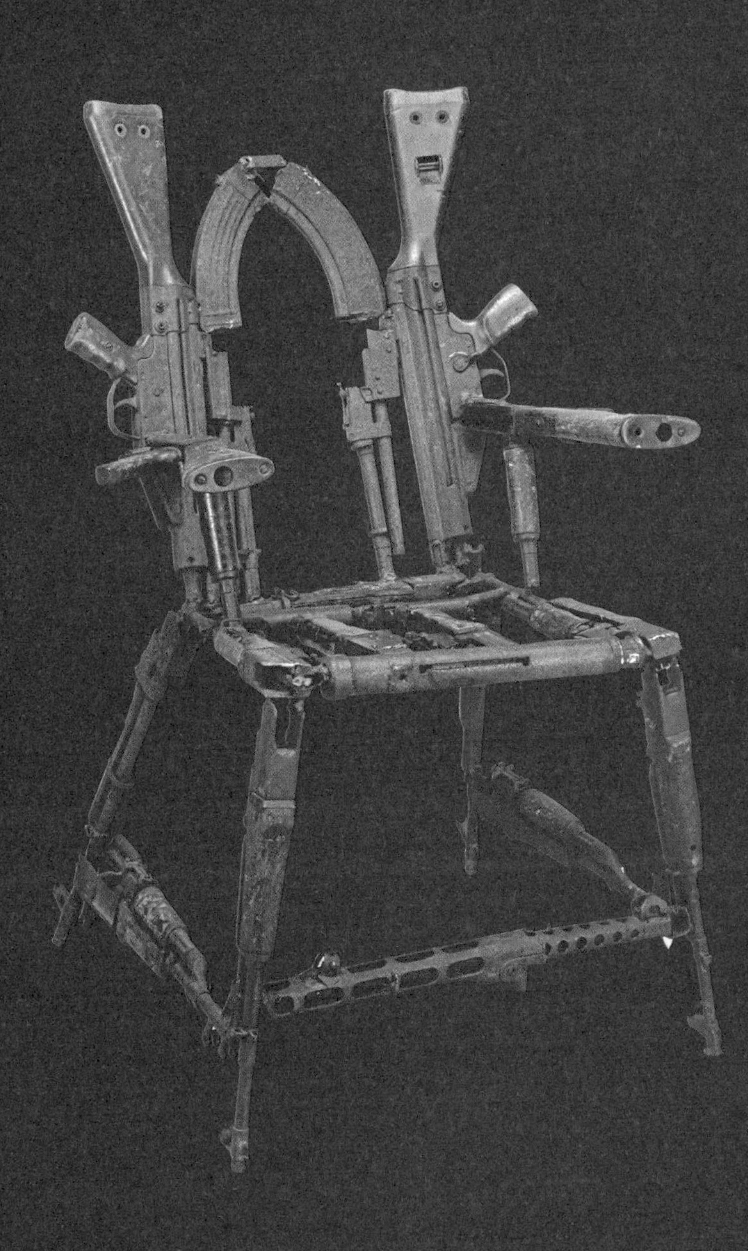

에 시달렸다. 가나 외교관 출신으로 유엔 사무총장을 지낸 코피 아난은 사적으로 또 공직에 있으면서 느낀 점을 이렇게 술회했다.

> 나는 이 나라들이 통치 경험이 전무하다는 전제, 곧 국가를 경영하고 문제를 처리해본 경험이 전혀 없이 거의 맨 처음부터 새로 시작해야 했다는 전제에서 출발해야 한다고 생각한다. 이 나라들의 역사를 살펴보면 공복(公僕)은 있었을지 몰라도 실제로 국가를 이끌고 조직한 사람들은 거의 없었다. 독립을 쟁취하는 데 필요한 기술과 국가를 다스리는 데 필요한 기술은 엄연히 다른데도 독립을 위해 싸운 사람들이라면 국가를 다스릴 준비가 돼 있다고 당연하게 생각하는 경향이 있었다. 그러다보니 많은 시행착오가 있었다. 집단끼리 서로 시기하면서 어느 한 부족이나 집단이 다른 부족이나 집단보다 더 많은 권력이나 이익을 차지하고 있다는 생각이 팽배했다. 그 결과 부족한 자원을 둘러싸고 긴장과 갈등이 발생할 때가 많았고, 이런 상황은 더러 잔혹하고 격렬했다.

연약하고 경험이 부족한 이 신생 정권은 동구 공산주의나 서구 자본주의에 의존할 수밖에 없었다. 양 진영은 서로 더 많은 신생 정권을 자기편으로 끌어들이기에 여념이 없었다. 19세기에는 땅을 둘러싸고 분쟁이 벌어졌다면 20세기에는 이데올로기를 놓고 분쟁이 일었다. 그 결과 엄청나게 많은 무기가 아프리카 대륙으로 반입됐고 격렬한 내전이 줄지어 발생했다. 모잠비크 내전은 그중에서도 매우 심각한 내전이었다.

〈무기의 보좌〉는 토막 낸 총기 부품을 재료로 사용했지만 형태는 집안의 부엌이나 식탁에서 흔히 볼 수 있는 가정용 재래식 나무 의자를 닮았다. 그러나 재래적인 요소는 오로지 그것뿐이다. 의자의 재료로 쓰인 총은 사실상 모잠비크의 20세기 역사를 추적하게 해준다. 의자 등받이는 이 가운데 가장 오래된 총인 포르투갈제 G3 라이플 두 정으로 이뤄져 있는데 이보다 더 적절한 선택은 없을 듯하다. 모잠비크가 1975년에 독립할 때까지 거의 500년 동안 포르투갈이 그곳을 식민지로 다스렸기 때문이다. 모잠비크의 독립을 쟁취한 주체 세력은 소비에트연방과 그 동맹 국가들의 지원을 받은 좌익 저항운동 단체인 모잠비크해방전선(FRELIMO)이었다. 이런 사실은 이 의자의 나머지 부분이 공산주의 진영에서 제조된 분해된 총기로 구성된 이유를 설명해준다. 의자의 팔걸이는 소련제 AK-47s가, 좌판은 폴란드와 체코슬로바키아에서 제조된 라이플

이, 앞다리 한쪽은 북한의 AKM 총신의 몸통 부분이 각각 사용됐다. 이 의자는 동구권 국가들이 아프리카와 전 세계에서 공산주의를 위해 싸운 냉전 시대를 가구로 표현한 것이다.

1975년 모잠비크해방전선이 권력을 잡자 모잠비크는 마르크스레닌주의 국가가 됐고, 백인이 지배하는 로디지아(현재의 짐바브웨)와 인종차별 정책을 펴는 남아프리카공화국 같은 주변 국가들의 정치체제와 적대 노선을 걸었다. 거기에 대응해 로디지아와 남아프리카공화국 정권은 모잠비크국가저항운동(RENAMO)이라는 조직을 결성해 모잠비크를 혼란으로 몰아넣고자 획책했다. 그 결과 모잠비크가 독립한 후 처음 10년은 경제 붕괴와 피비린내 나는 내전의 시기였다. 보좌의 재료는 모두 내전에서 사용된 총이다. 내전으로 100만 명이 죽고 피난민 수백만 명과 전쟁고아 30만 명이 발생했다. 내전이 끝나고 15년 뒤인 1992년 국제 협상에 의해 모잠비크가 안정을 되찾고 지도자들이 국가 재건에 관심을 기울이기 시작하면서 비로소 평화가 찾아왔다. 그러나 전쟁은 끝났지만 총기는 여전히 곳곳에 만연했다. 코피 아난이 꼬집어 말하듯 전쟁 속에 묻혀 살던 세대를 평화로운 시민사회의 일원으로 재교육하기란 여간 어려운 일이 아니었다. 더구나 이 경우에는 군인들 대다수가 오로지 전쟁밖에는 달리 아는 것이 없었다.

> 모잠비크의 상황은 수많은 소년들이 군인으로 동원된 시에라리온 사태를 생각나게 한다. 겨우 여덟 살이나 열 살 정도밖에 안 되는 어린 병사들이 자기 키만큼이나 큰 칼라시니코프 소총을 들고 사람을 죽이는 훈련을 받았다. 유엔 평화유지 활동국 책임자로서 평화유지군과 함께 시에라리온을 시찰하면서 어떻게 하면 이 어린 소년들을 구하고 교육시켜 갈등이 끝난 후에 일상생활에 적응하게 할 수 있을지 고민한 적이 있다.
>
> 한 사회가 과거 문제에 대처하고자 할 때는 반드시 해야 할 일이 두 가지 있다. 하나는 화해를 이끌어내는 것이고 다른 하나는 사회를 바라보면서 "무슨 일이 있었는가? 어쩌다 우리가 이 지경까지 왔을까? 이 끔찍한 일이 되풀이되지 않게 하려면 어떻게 해야 하는가?"라는 질문을 던지는 것이다.

모잠비크가 풀어야 할 가장 큰 숙제는 총기 수백만 정을 폐기 처분하는 한편 전직 군인과 가족들이 다시 일상에 복귀할 수 있도록 환경을 조성하는 것이었다. 〈무기의 보좌〉는 이런 복구 과정에서 동기를 부여하는 고무적인 요소다. 실제로 이 의자는 '무기를 도구로'라는 평화운동의 일환으로 제작된 것이다. 이 운동은 오늘날에도 계속 전개되고 있다. 전에 양측에서 사면을 받고 사용한 무기를 자진해서 신고하는 사람들에게는 대신 괭이, 재봉틀, 자전거, 지붕 재료 같은 일상에 필요한 물건들을 나눠줬다. 퇴역 군인들에게 총기를 포기한다는 것은 큰 용기가 필요한 일이었다. 총기 포기는 가족과 국가 전체를 위해서도 매우 큰 의미를 지니고 있었다. 모잠비크를 그토록 오랫동안 괴롭혀온 총기와 폭력 문화에 대한 중독의 고리를 끊는 데 기여했기 때문이다. 이 운동이 시작된 뒤로 60만 정이 넘는 총기가 회수됐고 예술가들은 총을 분해해 조각품으로 만들었다. 독립 모잠비크의 첫 통치자인 사모라 마셸의 부인이었고 지금은 넬슨 만델라의 부인인 그라사 마셸은 이 운동의 후원자다. 그녀는 "젊은이들의 손에서 죽음의 도구를 회수하고 그들에게 생산적인 삶을 계발해나갈 수 있는 기회를 마련해주는 데" 운동의 목적이 있다고 설명했다. 총기는 예술 작품으로 거듭났다. 이 운동은 1995년 모잠비크 기독교협의회의 성공회 주교 디니스 생귤레인이 '크리스천 에이드(Christian Aid)'의 지원 아래 처음 시작했다.

> 이 운동의 목적은 사람들의 정신과 손을 무장 해제하는 데 있다. 이 세상에는 왜 굶주린 사람들이 존재하는가? 이 세상에는 왜 의약품이 부족한가? 그런데도 군사 목적에 즉시 투입될 수 있는 돈이 얼마나 많은지 생각하면 그저 놀라울 뿐이다. 충격적이라고밖에는 달리 할 말이 없다.
>
> 나는 내가 이런 평화를 구축하는 데 일익을 담당해야 한다고 생각했다. 또한 우리는 「미가서」와 「이사야서」 같은 성서에서도 칼을 쳐서 보습을 만들고 사람들이 아무것도 두려워하지 않고 나무 아래 앉아 평화를 누리게 될 것이라는 말씀을 찾을 수 있다.
>
> 잘 알다시피 전쟁의 영광을 기리는 기념비들이 많다. 그런 기념비도 예술가들이 만든다. 따라서 우리는 예술가들에게 이렇게 말했다. "당신의 기술을 평화를 기리는 데 사용하면 어떻겠소? 여기 총이 있소. 이 부품을 이용해 평화의 메시지를 전달할 수 있겠소?" 그래서 예술가들은 다른 예술 작품을 만들기 시작했다. 그중 하나가 바로 〈무기의 보좌〉다.

이 보좌는 케스터라는 모잠비크 예술가가 만들었다. 그는 의자를 만들기로 결정하고 '보좌'라는 이름을 붙였다. 그 즉시 이 작품은 특별한 의미를 담게 되었다. 등받이가 있는 의자는 아프리카 전통 사회에서 매우 보기 드문데 대개 부족의 추장이나 왕족만이 앉을 수 있었다. 그런 점에서 보좌라는 말은 정말 잘 어울린다. 그러나 이 의자는 누군가가 앉기 위해 제작되지 않았다. 다시 말해 이 의자는 어느 한 개인 지도자를 위한 용도가 아니라 평화로운 화해를 기초로 한 새로운 모잠비크의 통치 정신을 나타내는 상징물이다.

내가 보기에 이 물건은 매우 특별한 감정을 불러일으키는 듯하다. 다름 아니라 의자 형태를 띠고 있기 때문이다. 의자에 대해 이야기할 때면 우리는 이것이 마치 인간인 양 말하는 경향이 있으며, 의자에 팔, 다리 등이 달려 있다고 말한다. 결국 의자는 인간의 형상을 본떠 제작되고 살아 있는 인간을 상징하는 비유가 된다. 따라서 사람의 등, 팔다리, 발가락 같은 신체 부위를 훼손하는 데 사용되는 무기로 만든 의자는 특히나 괴로운 감정을 자아낸다. 케스터 또한 내전 때 불구가 된 가족이 있다.

> 나는 내전 때 직접 영향을 받진 않았지만 친척 가운데 다리를 잃은 사람이 둘 있다. 한 사람은 지뢰밭에 들어갔다가 다리를 잃었고 또 사촌 하나는 모잠비크해방전선과 싸우다가 다리를 잃었다.

그러나 케스터는 희망을 전하기 위해 이 보좌를 만들었다. 소총 개머리판 두 개가 의자의 등받이를 이룬다. 개머리판을 자세히 관찰하면 마치 얼굴이 있는 것처럼 보인다. 나사 구멍 두 개는 눈 같고 어깨 끈을 고정하는 기다란 구멍은 입 같다. 마치 웃고 있는 듯한 모습이다. 케스터가 우연히 발견해 응용한 이런 시각 효과는 총기의 본래 목적을 부정하고 이 예술 작품에 근본적인 의미를 부여한다. 케스터의 설명을 직접 들어보자.

> 우리는 이제 싸우지 않는다. 미소는 내가 새긴 것이 아니라 소총 개머리판의 일부다. 나사 구멍과 총신에 달려 있던 어깨 끈에서 생긴 자국도 마찬가지다. 그런 점에서 내가 선택한 무기는 표정이 아주 풍부하다. 위쪽에 웃는 얼굴도 있다. 맞은편 개머리판에도 역시 웃는 얼굴이 있다. 두 얼굴은 서로 미소 지으며 마치 이렇게 말하는 듯하다. "이제 우리는 자유롭다."

99 신용카드

아랍에미리트연방에서 발행된 신용카드

AD 2009

사람들에게 20세기의 발명품 가운데 오늘날 우리의 일상생활에 가장 큰 영향을 끼친 것이 무엇이냐고 묻는다면 즉시 휴대폰이나 컴퓨터라고 대답할 것이다. 각자 지갑 속에 들어 있는 이 작은 직사각형 플라스틱 카드를 맨 처음 떠올리는 사람은 아마 그리 많지 않을 것이다. 그러나 신용카드는 1950년대 말에 첫선을 보인 뒤로 현대 생활의 필수불가결한 요소로 자리 잡았다. 이제 은행 신용은 역사상 처음으로 상류층만의 특권이 아니다. 그 결과 은행 카드는 수많은 사람의 경제적 자유를 상징하는 물건, 또 어떤 이에게는 승승장구하는 앵글로아메리카 소비문화를 상징하는 물건이 됐다. 이에 따라, 돈의 사용과 남용과 관련해 오랫동안 잠잠했던 종교적, 윤리적 문제가 다시 수면 위로 떠오르기에 이르렀다.

앞의 두 장에서 우리는 섹스와 전쟁을 다뤘다. 이제 인간의 생활에서 셋째로 중요한 요소, 즉 돈을 다룰 차례다. 전설에 자주 등장하는 리디아의 부자 왕 크로이소스의 금화(25장)에서 초대 명나라 황제의 지폐(72장)와 최초의 국제 통화였던 스페인 왕의 은화(80장)에 이르기까지 이 책은 돈에 줄곧 많은 관심을 쏟았다. 이제 현대의 돈, 즉 플라스틱 카드를 살펴볼 차례다.

현대의 신용카드는 20세기 초에 등장한 소매 신용 계획의 후신으로 미국에서 발명됐다. 제2차 세계대전이 끝난 뒤 전시 대출 제한 규정이 철폐되고 신용 붐이 일기 시작했다. 일반적인 사용을 위한 첫 청구카드는 1950년에 발행된 다이너스클럽 카드였다. 진정한 신용카드는 1958년에 처음 등장했는데, 한 은행에서 발행한 이 신용카드는 사업체들 사이에서 인기가 높았다. 바로 비자카드의 전신인 뱅크아메리카드로, 플라스틱으로 만들어진 최초의 다용도 카드였다. 그러나 신용카드가 북아메리카와 영국을 넘어 전 세계적으로 발돋움하게 된 것은 1990년대에 들어서다.

물론 신용카드 자체는 돈이 아니라 돈을 사용하는 수단, 곧 돈을 움직이고

HSBC
Amanah

Gold

1234 1234 1234 1234

4249 VALID THRU 06/11

TARIQ ADEL

VISA

보증하는 수단을 제공하는 물건이다. 이제 돈은 실물 동전이나 지폐 형태를 띨 때보다 청구서나 통장에 찍힌 숫자 형태를 띨 때가 더 많다. 통장에 있는 돈이 현금으로 전환되는 과정을 관찰하기는 사실상 불가능하다. 이는 심지어 은행 금고에서도 마찬가지다. 신용카드와 직불 카드는 이제 돈이 그 본질적인 물질적 성격을 상실했다는 사실을 날마다 일깨워준다. 카드로 결제되는 돈은 매번 한 번도 사용한 적이 없는 새로운 돈이다. 세계 어느 곳에서든 국경선과 상관없이 즉시 사용할 수 있다. 우리가 지금까지 봐온 동전이나 지폐에는 왕의 초상이나 국가의 상징이 표시돼 있었다. 그러나 카드는 어떤 통치자나 국가도 표시돼 있지 않을 뿐 아니라 만기일이 되기 전까지 무제한으로 사용할 수 있다. 이 새로운 돈은 국가를 초월하며 마치 전 세계를 정복한 듯 보인다. 그러나 신용카드에도 전통적인 돈의 흔적은 여전히 남아 있다. 예를 들어 사진의 신용카드는 자신을 '골드 카드'로 내세우고 있다.

물론 카드가 하는 일은 지불을 보증하는 것이다. 전혀 낯선 사람들도 상대가 지불하리라는 점을 확신할 수 있다. 영국 중앙은행 총재 머빈 킹은 신용카드를 해묵은 문제의 새로운 해결책에 불과하다고 여긴다.

> 경제적인 거래에 사용되는 모든 형태의 돈이나 카드는 수용성, 즉 거래 당사자가 기꺼이 받아들일 수 있는 신뢰도가 가장 중요하다. 이 점을 좀 다른 예를 들어 설명하면 이렇다. 신뢰도의 중요성을 구체적으로 보여주는 예가 아닐까 싶다. 1990년대에 아르헨티나 경제가 붕괴해 국가 채무를 변제하지 못하게 되자 그 나라 화폐는 휴지조각으로 변했다. 그러자 아르헨티나의 몇몇 마을에서는 화폐 대신 차용증서(IOU, 'I owe you')를 사용하기 시작했다. 그러나 차용증서는 '유(너, You)'가 '아이(나, I)'를 신뢰해야 하지만, 늘 그렇지는 못하다는 문제점이 있다. 그런 이유 때문에 마을 사람들 가운데 차용증서를 지역 사제에게 가지고 가서 보증을 서달라고 요청하는 이들이 생겨났다. 여기서 우리는 근본적으로 종교와는 무관한 문제를 종교에 위임하는 사례를 보게 된다. 상호 거래 수단의 신뢰도를 강화할 목적으로 종교가 이용된 것이다.

우리의 '차용증서'가 믿을 만하다고 보증해줄 마을 사제를 세계 어느 곳에서나 쉽게 만나지는 못하기 때문에 그 대신 우리는 전 세계를 포괄하는 신용카드를 사용한다.

사진 속 골드 카드는 런던에 본부를 둔 HSBC, 즉 홍콩상하이은행에서 발행한 것이다. 이 카드는 미국에 본부를 둔 신용카드사 VISA의 지원을 받아 기능을 발휘한다. 아랍어가 적혀 있는 이 카드는 복잡한 전자 상부구조의 지원 아래 세계경제체제의 일부로서 전 세계와 연결된다. 우리는 비밀번호를 입력할 때 이런 사실을 거의 의식하지 못하지만, 우리의 신용카드 거래는 일일이 추적돼 기록된다. 지구 반대편에 우리의 경제적 씀씀이가 일종의 전기(傳記)처럼 날날이 기록되는 셈이다.

현대 은행의 규모는 지금까지 알려진 그 어떤 것도 훌쩍 뛰어넘는다. 전 세계를 아우르는 은행의 권력은 국경을 초월한다. 이에 대해서 머빈 킹은 이렇게 말한다.

> 국제 은행이 발행하는 카드를 사용하든, 그들이 제공하는 다른 서비스를 이용하든 오늘날 경제적 거래의 확산은 국가를 초월하는 범세계적 기관의 탄생을 촉진했다. 이는 국가 차원의 규제 기관이 담당하는 기능을 훨씬 뛰어넘는다. 따라서 이 기관이 경제적 어려움에 직면한다면 (다행히도 대부분은 건재하다) 경제적으로 엄청난 혼란이 일어날 수 있다.

과거에는 통치자들이 부채를 청산하지 않아 은행이 망하는 일이 가끔씩 있었지만 지금은 은행이 망할 가능성보다 국가가 망할 가능성이 더 크다.

신용카드의 또 다른 측면은 굳이 설명할 필요가 없다. 세계의 모든 신용카드는 도시 곳곳을 차지하고 있는 현금 인출기 구멍에 적합하도록 국제사회가 합의한 크기와 형태를 띠고 있다. 한 가지 점에서 신용카드는 전통적인 동전이나 지폐와 비슷하다. 즉 신용카드 역시 앞면과 뒷면에 중요한 정보를 담고 있다. 카드 뒷면에는 자기 테이프가 부착돼 있다. 자기 테이프는 비교적 안전하게 세계 곳곳에서의 즉각적 의사소통, 빠른 거래, 빠른 승인에서 오는 만족을 얻게 해주는 전자 검증 시스템의 일부다. 요즘에는 훨씬 더 정교한 전자 장치, 즉 마이크로칩을 사용하는 카드가 많아졌다. 전 세계에서 통용되는 신용카드가 지금처럼 정착할 수 있게 된 데는 지난 세대에 인류가 일궈낸 위대한 세계적 업적 가운데 하나인 이 초소형 전자공학의 공이 크다. 이 기술과 더불어 세계 규모의 은행들이 탄생했다. 이 작은 검정색 띠가 바로 이 장의 주인공(혹은 악당)이다. 나머지는 모두 부산물일 뿐이다.

아랍에미리트연방에서 발행한 이 신용카드에는 영어와 아랍어가 적혀 있다.

신용카드는 거의 모든 사람들이 전에는 꿈도 꿀 수 없었던 일을 수행한다. 즉 신용카드는 전통적인 전당포 업자나 고리대금업자의 힘을 빌리지 않고도 돈을 빌려 쓸 수 있게 해준다. 물론 기회에는 위험이 따르기 마련이다. 손쉬운 신용 대출은 검약 같은 전통적인 미덕의 가치를 훼손한다. 돈을 쓰기 전에 먼저 모으는 일로부터 자유로워지기 때문이다. 따라서 신용카드가 도덕가들의 관심을 사로잡으면서 위험한 물건, 심지어는 본질상 죄의 요소를 내포하는 물건으로 분류되는 것은 당연한 일이다. 신용카드를 통한 결재가 사람들의 소비 욕구를 부추긴다는 데는 의심의 여지가 없다. 사람들은 이따금 능력을 넘어서는 과소비를 일삼는다. 이런 이유로 신용카드는 곧장 종교와 윤리를 둘러싼 논쟁으로 이어진다.

이런 일들을 예상한 건 아니었겠지만, 앞의 사진에 담긴 신용카드는 종교 요소를 반영하고 있다. 카드 중앙의 직사각형 띠에는 속이 텅 빈 별처럼 보이는 붉은 뇌문(雷紋)이 장식돼 있다. 이 문양은 우리가 앞에서 살펴본 물건, 즉 한쪽 면에 이슬람 문양을 새긴 수단의 슬릿 드럼을 떠올리게 한다(94장). 슬릿 드럼은 이슬람을 믿는 수단 북부 지역으로 옮겨간 순간 자신이 새로 속하게 된 세상의 표식을 몸에 지니게 됐다. 그 점에서는 신용카드도 마찬가지다. 이 카드는 'HSBC'가 아니라 'HSBC 아마나', 즉 'HSBC 이슬람 지사'에서 발행한 것이기 때문이다. 이 신용카드는 이슬람 율법을 따르는 시장에 맞게 출시되었다.

아브라함에게서 파생한 종교는 모두 이자를 받고 돈을 빌려주는 고리대금업의 사회적 폐해, 곧 가난한 자를 빚더미에 앉혀 결국 궁핍으로 내모는 행위에 대해 크게 우려를 표명해왔다. 성서와 쿠란은 고리대금업을 엄격히 금지한다. 「레위기」는 "너희는 그에게 이잣돈도 놓지 못하고 그에게 양식을 장리로 꿔주지도 못한다"라고 말하고 쿠란은 "이자로 먹고사는 자는 사탄의 손길에 실성한 자들처럼 알라 앞에 서게 될 것이다"라고 엄히 꾸짖는다.

이런 이유로 유대교, 기독교, 이슬람 모두 진일보한 경제체제의 도덕성, 즉 돈과 상품의 분리, 노력 없는 돈벌이 그리고 무엇보다도 빚을 부추기는 사회 분위기를 해결하려 노력해왔다. 1990년대 이후에 등장한 이슬람 율법을 준수하는 은행의 탄생은 몇천 년 넘게 이어져온 이런 우려를 반영하는 가장 최근의 사례다. 이슬람계 은행은 현재 60개국 이상에서 이슬람의 종교적 신념과 사회적 행동에 부응하는 서비스를 제공한다. 이에 대해 HSBC 아마나 부행장 라지 파키는 이렇게 설명한다.

> 이슬람 식 금융은 매우 새로운 산업이다. 잘 알다시피 전통적인 은행과 금융은 아주 옛날부터 존속해왔다. 이슬람 식 금융은 1960년대에 이집트에서 시작됐다. 그러나 본격적인 궤도에 올라선 것은 1990년대에 들어와서다. 따라서 이제 겨우 20년도 채 되지 않은 셈이다.

물론 신용카드는 중동 지역의 경제적 비중이 점차 커지고 있다는 사실을 보여준다. 그러나 이 카드는 다른 현실도 반영한다. 이런 식의 은행 업무 개발은 20세기 내내 공인된 지혜로 자리 잡은 제도와 정면으로 충돌하기 때문이다. 프랑스혁명 이후 카를 마르크스를 비롯해 거의 모든 지식인과 경제학자들은 종교가 공공 영역에서 행사하는 영향력이 점차 줄어들어 결국에는 신의 힘이 죄악의 근원인 부의 힘에 굴복하게 될 것이라고 내다봤다. 그렇지만 21세기 초의 가장 놀라운 현상 가운데 하나는 종교가 세계 여러 지역에서 정치와 경제의 중심으로 다시 복귀했다는 점이다. 이 골드 카드는 비록 크기는 작지만 점차 증가하고 있는 세계적 현상을 반영하는 의미 있는 물건이다.

100
태양열 램프와 충전기

중국 광둥 성 센젠에서 제조된 태양열 램프와 충전기

AD 2010

유물로 보는 세계사를 어떻게 끝맺는 것이 좋을까? 2010년의 세계를 압축해서 보여주고 인류의 관심사와 열망을 구현하면서, 우리가 겪는 보편적 경험을 이야기해주는 동시에 오늘날 이 세상을 살고 있는 많은 사람에게 실용적이며 중요한 물질적 가치를 지니는 물건은 과연 무엇일까?

물론 먼 훗날 돌이켜보면 모든 것이 자명해질 것이다. 2110년의 대영박물관 관장은 이 이야기를 잘 마무리하려면 어떤 물건을 선택했어야 하는지 확실히 아는 상태에서 우리가 지금 선택한 물건을 보며 미소 짓거나 비웃거나 할 것이다. 그때쯤 되면 21세기의 처음 몇십 년을 결정 지은 중요한 사건이나 발명품이 무엇인지 확연히 드러날 것이다. 그러나 지금은 아무것도 알 수 없는 상황에서 결정을 내려야 한다.

우리는 아프리카에서 탈출한 인류의 최종 목적지, 곧 인류가 정착해 영구 거주지를 마련해 살고 있는 지구의 마지막 장소 남극과 관련된 물건을 선택해야 하지 않을까 고민했다. 인간이 그곳에서 살아갈 수 있는 이유가 있다면 단 하나, 우리에게 도구를 개발할 능력이 있기 때문이다. 남극에서 생활하며 일하는 데 적합하도록 만든 의복이야말로 도구 제작자로서 인간의 역설적인 모습을 가장 잘 요약해줄 것처럼 보였다. 인간은 자신이 만든 도구 덕분에 환경을 지배할 수 있게 됐지만 이제 인간은 생존을 위해 전적으로 도구에 의존하는 신세가 되고 말았다. 그러나 인간의 노력을 마무리하는 이 시점에서 주거지로서는 지구에서 가장 열악한 장소를 염두에 두고 만든 의복, 이용하는 사람이 기껏해야 수천 명에 불과한 물건을 선택한다는 것이 어딘지 마뜩잖았다.

20세기의 마지막 10년 동안에 이뤄진 가장 놀라운 발전 가운데 하나는 수백만 명이 때로 엄청난 거리도 마다하지 않고 도시로 이주했다는 점이다. 이런 이주는 세계의 인구분포도를 바꿔놓았다. 그 결과 각 대륙에서 이주한 사람들이 함께 모여 비교적 조화롭게 살아가는 세계 도시라는 새로운 현상이 탄생했

다. 예를 들어 현재 런던에 거주하는 사람들이 사용하는 모국어는 300가지가 넘는다. 사람들이 삶의 터전을 옮기면서 남겨두고 가는 것은 제각각 다르겠지만 요리만은 늘 지니고 다닌다. 인간은 이 점에서만은 예나 지금이나 달라지지 않았다. 따라서 우리는 세계의 거대 도시 곳곳에 공존하는 놀랍도록 다양한 문화와 조리법을 엿볼 수 있는 조리 도구를 100대 유물에 포함시켜야 한다고 생각했다. 그러나 우리는 앞에서 이미 도시의 성장과 더불어 수천 년에 걸쳐 발전해온 조리법과 음식, 음료를 살펴봤다. 킬와에서 발견된 사금파리들(60장)은 심지어 1,000년 전에도 이 세상이 요리를 통해 밀접하게 연결돼 있었다는 사실을 보여준다. 따라서 조리 도구도 선정 대상에서 제외됐다.

전 세계인이 모두 좋아하는 취미가 또 있다. 바로 축구다. 2010년 세계의 이목이 남아프리카공화국에서 열린 월드컵에 집중됐다. 38장의 의식용 구기 허리띠에서 살펴봤듯이 스포츠는 오랫동안 공동체를 결속하는 역할을 해왔다. 지금은 축구가 전 세계를 하나로 묶는 역할을 하고 있는 듯하다. 서아프리카 출신 축구 선수들이 러시아 사업가가 구단주인 잉글랜드 축구단에서 활약하고, 축구 선수들이 입는 티셔츠는 아시아에서 제조돼 남아프리카공화국에서 팔리고 있다. 그래서 우리는 축구 티셔츠를 한 장 구입해 박물관에 전시해뒀다. 그렇지만 축구 티셔츠는 현재를 가볍게 반영할 뿐 미래의 큰 문제들과는 거의 아무 관련이 없다.

결국 우리는 기술과 관련된 물건을 100개째 물건으로 선정하기로 결정했다. 거의 해마다 새로운 기술을 뽐내는 제품이 등장해 인간의 상호관계와 일상생활에 지대한 영향을 미치기 때문이다. 그 점과 관련해 휴대폰, 좀 더 정확히 말하면 스마트폰이 아주 좋은 예다. 스마트폰은 인류가 역사상 최초로 원거리에서 서로 의사를 소통하기 위해 만든 메소포타미아 점토판과 크기가 거의 비슷하다. 휴대폰은 글을 쓰는 기술에 변화를 가져와 SNS 언어라는 새로운 쐐기 문자를 만들어냈다. 휴대폰은 눈 깜짝할 사이에 전 세계 수백만 인구를 하나로 연결하고 수많은 군중을 어떤 북소리보다 효과적으로 불러 모을 수 있으며 인터넷이 닿는 곳이면 어디에서나 계몽주의 시대가 꿈꾼 수준을 훨씬 뛰어넘는 지식의 영역을 열어 보여준다. 이제 진보된 사회에서 휴대폰이 없는 삶은 거의 상상조차 할 수 없다. 그러나 휴대폰은 늘 전기에 의존해야 한다. 전기가 없으면 휴대폰은 무용지물에 지나지 않는다.

따라서 우리는 전선망에 의존하지 않고도 16억 인구에게 지구촌 대화에 합류할 수 있는 동력을 공급하는 발전기를 100개째 물건으로 선정하기로 결정했다. 하지만 이 물건은 그보다 훨씬 더 많은 일을 한다. 이 물건은 사람들이 완전히 새로운 차원에서 주변 환경을 다스리고 삶의 방식을 바꿔나갈 수 있게 도와준다. 이 물건의 정체는 바로 태양열 램프다.

대영박물관이 소장하고 있는 이 램프는 사실 6볼트짜리 재충전 배터리와 별도의 작은 광전지판을 포함하는 플라스틱 전구로 구성된 자그마한 도구다. 램프에는 손잡이가 달려 있고 크기는 커다란 머그잔과 비슷하다. 광전지판은 책상이나 협탁 위에서 흔히 볼 수 있는 작은 은색 사진 액자처럼 생겼다. 광전지판을 밝은 햇빛에 8시간 동안 노출시키면 램프는 밝은 빛을 일정하게 100시간 동안 공급할 수 있다. 빛이 가장 밝을 때는 방 하나를 온전히 밝힐 수 있기 때문에 한 가족이 전기 공급 없이도 살 수 있는 새로운 생활의 문을 열었다. 보통 손전등은 499루피(1만 600원)면 살 수 있지만 이 도구는 약 2,250루피(4만 7,750원)에 팔린다. 그러나 구입한 뒤에는 오로시 햇빛만 있으면 된다.

광전지판은 햇빛을 전기로 바꾼다. 이 기술을 좀 더 효과적으로 발전시킬 수 있다면 모든 전기 에너지 공급 문제는 완전히 해결될 것이다. 지구에 단 1시간 동안 내리쬐는 햇빛이면 전 세계 인구가 1년 내내 소비할 수 있는 전기 에너지를 만들고도 남는다. 광전지판은 깨끗하고 믿을 수 있는 데다 값싸기까지 한 에너지를 무한정 공급해주는 태양을 가장 간단하고 실용적으로 이용할 수 있는 장치다.

광전지판은 실리콘으로 만든 태양전지로 구성돼 있다. 태양전지를 선으로 연결해 플라스틱이나 유리 용기에 집어넣은 것이 광전지판이다. 태양전지는 햇빛에 노출되면 배터리를 충전하는 전기를 발생시킨다. 이 도구에는 최근에 우리 삶을 바꿔놓은 여러 가지 신기술이 적용돼 있다. 재료는 대부분 플라스틱이다. 태양전지에는 개인용 컴퓨터와 휴대폰의 탄생을 가능케 한 실리콘칩 기술이 사용됐으며, 재충전 배터리 역시 최근에 발명된 물건이다. 언뜻 보면 별다른 기술이 들어가 있을 것 같지 않지만 그 안에는 혀를 내두를 만큼 놀라운 최첨단 기술이 적용돼 있다.

이 램프 정도면 기본적인 에너지 수요를 값싸고 기분 좋게 해결할 수 있다. 이 기술은 에너지를 경제적인 비용으로 장시간 동안 웬만큼 사용할 수 있게 해준다. 여기서 '웬만큼'이라는 말이 중요하다. 실리콘은 값싸고 햇빛은 공짜이지만, 부자 나라들이 매시간 엄청나게 먹어치우는 전기를 공급할 수 있을 정도로 커다란 광전지판을 만들려면 비용이 어마어마하기 때문이다. 따라서 역설처럼 들리겠지만 이 기술은 부자들에게는 비싸고 가난한 사람들에게는 값싸다.

세계에서 가장 가난한 사람들이 사는 곳은 대체로 햇빛이 가장 강렬하게 내리쬐는 지역이다. 이 새로운 에너지원이 남아시아, 사하라 이남 아프리카, 아메리카 열대 지방에서 그토록 중요한 이유가 바로 이 때문이다. 가난한 가정이라면 얼마 안 되는 전기 에너지만으로도 아주 큰 차이가 생긴다. 전기 없이 열대 지방에 산다면 하루가 금세 끝나고 만다. 대개 그런 곳에서는 밤에 촛불이나 석유 등불을 켠다. 촛불은 희미하고 지속 시간이 짧으며 등유는 값이 비쌀 뿐 아니라(석유 등불 유지비는 아프리카 시골 지역 사람들의 수입 가운데 평균 약 20퍼센트를 차지한다) 유해 연기를 내뿜는다. 등유를 사용하는 손전등과 조리 도구 때문에 매년 최고 300만 명이 사망하는데, 여성이 그중 대부분을 차지한다. 거의 모든 요리가 통풍이 잘되지 않는 곳에서 이뤄지고, 그런 곳에서는 연기가 특히 위험하기 때문이다. 나무나 자연에서 얻은 재료로 지은 가옥 또한 화재에 매우 취약하다. 언제라도 실수로 등유를 엎지를 수 있기 때문에 화재가 일어날 위험이 늘 따라다닌다.

광전지판은 이런 상황을 대부분 바꿔놓을 수 있다. 가정에서 공짜로 빛을 사용할 수 있다는 것은 아이들, 혹은 성인들이 밤에도 공부할 수 있다는, 다시 말해 지식을 더 쌓아 더 나은 미래를 개척할 수 있다는 뜻이기도 하다. 게다가 집에서 지내는 것도 이전보다 더 안전해진다. 좀 더 큰 광전지판을 사용하면 요리하는 데 필요한 열을 충분히 얻을 수 있기 때문에 연기와 화재의 위험에서 벗어날 수 있다. 아울러 냉장고, 텔레비전, 컴퓨터, 양수기 같은 전기용품도 사용할 수 있다. 마을 사람들은 마을의 온갖 편의시설을 편리하게 이용할 수 있다.

물론 이 작은 램프가 이 모든 일을 다 할 수 있다는 이야기는 아니다. 그러나 램프는 밝은 빛뿐 아니라 엄청나게 중요한 의미를 지니는 뭔가를 제공한다. 소켓 옆을 보면 누구나 한눈에 알아볼 수 있는 상징, 즉 휴대폰의 외형선이 그려져 있다. 휴대폰은 아프리카와 아시아 시골 지역을 몰라보게 바꿔놓았다. 휴대폰은 공동체와 공동체를 연결하고, 직업이나 시장에 관한 정보를 제공하며, 약식이지만 효율적인 금융망을 구축할 토대를 마련해준다. 덕분에 휴대폰만 있으면 사실상 아무것도 투자하지 않고도 사업을 시작할 수 있다.

최근에 인도 케랄라 주 어부들을 상대로 실시한 연구를 보면 휴대폰이 어떤 변화를 가져왔는지 잘 알 수 있다. 휴대폰은 어부들에게 날씨 정보를 제공해 좀 더 안전하게 고기를 잡을 수 있게 해줬고 시장 정보를 제공해 쓰레기를 줄여줬을 뿐 아니라 이윤도 평균 8퍼센트나 높여줬다. 남아시아에서 휴대폰이 어떤 효과를 가져오는지를 조사한 또 다른 연구 결과에서도 노동자, 농부, 창녀, 인력거꾼, 가게 주인들이 휴대폰을 사용한 이후로 수입이 크게 늘어난 것으로 나타났다. 광전지판은 세계의 가난한 시골 지역에서 휴대폰이 더욱 널리 사용되게 한다.

이 기술은 건강, 안전, 교육, 의사소통, 사업과 관련해 이 같은 이익을 가져다준다는 점에서 가히 "기적"이라고 말해도 과언이 아니다. 광전지판 덕분에 막대한 비용이 들어가는 기간 시설을 구축할 필요가 없어졌다. 비록 처음에는 다소 비용이 들지만 소액 자금을 무담보, 무보증으로 빌려주는 금융 제도가 점차 확산되고 있기 때문에 일단 돈을 빌려 이런 램프를 구입해 사용하면서 등유 살 돈을 저축하면 1, 2년에 걸쳐 나눠 갚아나갈 수 있다. 앞으로 더욱 많은 사람이 이 저렴하고 깨끗한 녹색 기술을 이용하게 되면 세계에서 가장 빈곤한 사람들에게 엄청난 기회가 생길 것이다.

아울러 이 기술은 우리의 환경을 안정화하는 데도 도움이 된다. 태양에너지는 언젠가는 기후 변화의 주범인 화석 연료에 의존하는 오늘날의 상황을 해결할 답을 제시할지도 모른다. 토머스 에디슨은 거의 100년 전에 이미 이런 가능성을 내다봤다. 인류가 전기에 의존하는 삶의 방식을 따르게 된 데는 그의 공로 또는 책임이 가장 크다. 전구를 비롯해 전기를 소모하는 다른 도구들도 발명한 그는 재생 가능한 에너지를 예견했다. 1931년에 자신의 친구 헨리 포드와 하비 파이어스톤에게 이렇게 말했다. "내 돈을 태양과 태양에너지에 투자할 생각이네. 태양은 참으로 놀라운 에너지원이라네. 태양에너지를 이용할 수 있는 날이 오기 전에 석유와 석탄이 동나는 일이 없기를 바라야지."

태양에너지는 이 세계의 역사를 마무리하기에 좋은 주제인 듯하다. 태양에너지는 인류가 삶의 기회를 좀 더 공평하게 나눠 가지게 해줄 뿐 아니라 지구에 해를 입히지 않고도 우리가 모두 기회를 누릴 수 있는 가능성을 제시한다. 이는 인간의 가장 깊고도 보편적인 신화, 곧 생명을 주는 태양의 신화와도 일맥상통하는 미래의 꿈이다. 이 태양열 램프는 그 신화의 아주 작은 되풀이일지도 모른다. 인류에게 불을 훔쳐다 준 프로메테우스가 부엌의 도우미 역할로 축소된 셈이다.

여름 과일을 보존하거나 병에 담아 보관하는 방법을 배운 덕분에 겨울철에도 내내 여름의 온기와 양분을 얻을 수 있었듯이 우리는 태양의 열과 빛을 필요할 때마다 마음껏 활용할 수 있기를 꿈꿔왔다. 이 책 1장에 등장하는 이집트의 사제 호르네지테프는 사후세계의 어둠을 밝히기 위해 태양이 뿜어내는 재생의 빛을 상징하는 풍뎅이를 가지고 세상을 떠났다. 그에게 지금 같은 기회를 준다면 태양열 램프를 보조로 준비했을지도 모른다.

이 100개째 물건은 우리가 지금까지 살펴본 특별한 세계 역사의 끝자락으로 우리를 데려간다. 다른 물건을 선택했더라면 이야기도 달라졌을 테고 우리도 다른 길을 따라왔을 것이다. 가능성은 무한하다. 물건은 시간상으로나 공간상으로나 아주 멀리 떨어져 있는 사람들을 그 무엇보다도 빠르게 우리와 연결해주고, 그래서 모든 인류가 우리의 공통된 이야기에서 저마다 목소리를 낼 수 있게 한다. 나는 이 책이 물건이 갖는 그런 힘을 증명했기를 바란다. 아마르티아 센은 이렇게 말한다.

> 세계 역사를 바라볼 때 우리가 서로에게서 떨어져 분리된 각기 다른 문명의 역사를 바라보고 있는 게 아니라는 점을 인지하는 것이 매우 중요하다. 문명들은 서로 광대하게 접촉하며, 따라서 어떤 면에서 서로 연결돼 있다. 나는 세계 역사를 문명의 역사가 아니라 비슷하면서도 다양한 방법으로 늘 서로 영향을 주고받으며 발전하는 세계 문명의 역사로 생각해왔다.

이 책이 아무리 역기능이 많다 하더라도 '인간 가족'이라는 말이 한낱 공허한 은유가 아니라는 점을, 다시 말해 인간이라면 누구나 똑같은 욕구와 집착과 두려움과 희망을 지닌다는 점을 일깨워주는 계기가 되면 좋겠다. 이 책에서 소개하는 유물은 우리 조상이 동아프리카에서 전 세계로 퍼져나간 이후로 우리가 그다지 많이 변하지 않았다는 사실을 겸허히 인정하게 해준다. 돌이든 종이든, 금이든 또는 깃털이나 실리콘이든 우리는 앞으로도 계속해서 우리 세계를 빚어내거나 반영하는 물건을 만들어나갈 것이고, 그 물건은 미래 세대가 보는 우리를 결정짓게 될 것이다.

감사의 글

『100대 유물로 보는 세계사』는 BBC 라디오4와 함께 작업해 거둔 결실이다. 마크 다마저의 노력이 없었다면 이 기획물은 세상에 나오지 못했을 것이다. 그에게 마음에서 우러나오는 가장 따스한 감사로써 인사를 전한다.

BBC와 대영박물관이 함께 손잡고, 라디오 방송으로 끝나지 않고 책으로 출간된 이 야심찬 계획을 실현할 수 있도록 물심양면으로 애쓴 라디오4 기획편집자 제인 엘리슨과 대영박물관 대중계몽 분과 책임자 조애너 매클에게도 감사를 전한다. 롭 케터리지를 비롯해 BBC 오디오 앤드 뮤직 프로덕션, 다큐멘터리 부서의 BBC 편집 및 제작팀인 필립 셀라스, 앤서니 덴슬로, 폴 코브락, 리베카 스트래트퍼드, 제인 루이스, 탐신 바버에게도 인사를 전한다. 덕분에 이 기획물이 라디오 방송을 통해 마치 눈으로 보는 듯한 생생함을 전할 수 있었다.

언뜻 내가 마치 라디오 연재물과 이 책의 저자인 듯 보이지만, 둘 다 실은 많은 사람들의 공동 작품이다. 『100대 유물로 보는 세계사』는 모든 점에서 팀워크의 산물이다. 많은 동료들의 지식과 기술, 노고와 헌신이 없었다면 이 기획물은 처음부터 불가능했을 것이다. 이 책에는 수많은 사람들의 땀방울이 서려 있다. 이 자리를 빌려 특히 수고가 많았던 다음과 같은 분들에게 심심한 사의를 전한다. 광범위한 조사 작업을 통해 길을 안내해준 J. D. 힐, 배리 쿡, 벤 로버츠, 나와 함께 호흡을 맞추며 이 책의 토대를 이루는 방송 원고를 완성해낸 퍼트리샤 휘틀리, 이 책을 비롯해 대영박물관의 '100대 유물로 보는 세계사' 프로젝드를 도맡아 관리한 에마 켈리, 이 책은 물론 관련된 프로젝트에도 지원을 아끼지 않은 로절린드 윈턴과 베키 앨런, 끝없는 인내심을 보여준 절친한 동료 케이트 해리스, 폴리 밀러, 리사 쇼 그리고 부관장 앤드루 버넷.

전문 연구 업적과 지식으로 이 책의 내용을 떠받치고 있는 동료 큐레이터들과 과학자들, 유물 관리 전문가들에게도 감사 인사를 전한다. 지난 몇 년 동안 이 책에 나오는 유물을 관찰할 수 있도록 시간을 아끼지 않고 도와준 박물관 조교들과 이 책에 필요한 사진을 찍어온 사진 팀에도 이 자리를 빌려 고맙다는 말을 전한다.

다른 관련 프로젝트와, 창의적인 웹사이트에 기여해온 많은 분들에게도 역시 감사를 전한다. 이번 프로젝트가 그토록 많은 관객에게 다가갈 수 있었던 것은 박물관 종사자들과 영국 전역에서 수고하는 BBC 팀의 헌신과 지원이 있었기 때문이다.

박물관과 손잡고 라디오 연재물에서 소개된 유물 가운데 열세 개를 골라 독립적으로 어린이들을 위한 텔레비전 시리즈로 제작해 보급해준 CBBC에도 고맙다고 인사하고 싶다.

아울러 대영박물관에 일하는 해나 볼턴, 프랜시스 케리, 새라 캐럴, 케이티 차일즈, 매슈 콕, 홀리 데이비스, 소니아 도시, 로즈메리 포크스, 데이비드 프랜시스, 린 해리슨, 캐럴라인 잉엄, 로재나 쿼크, 수전 라 니스, 앤 럼리, 새라 마셜, 피파 피어스, 데이비드 프루데임스, 수전 레이크스, 올리비아 릭먼, 마르고 심스, 클레어 톰린슨, 사이먼 윌슨에게 사의를 표한다.

BBC 쪽 사람들로는 셰이머스 보이드, 클레어 버고인, 캐서린 캠벨, 앤드루 캐스퍼리, 토니 크랩, 시안 데이비스, 크레이그 헨더슨, 수전 러벌, 크리스티나 매콜리, 클레어 맥아더, 캐스린 모리슨, 제이미 리, 앤절라 로버츠, 폴 사전트, 질리언 스코던, 쇼나 토드, 크리스틴 우드먼에게 고마움을 전한다.

마지막으로 이 연재물을 책으로 다시 내준 앨런 레인 출판사 대표 스튜어트 프로핏과 펭귄 출판사의 앤드루 바커, 제임스 블랙먼, 재닛 더들리, 리처드 두귀드, 캐럴라인 핫블랙, 클레어 메이슨, 도나 파피, 짐 스토다트, 샤 바히디 그리고 특히 라디오 원고를 책이라는 매체에 맞게 다듬어준 존 그리빈에게도 감사의 인사를 전한다.

이 밖에도 라디오 연재물과 이 책에 기여한 외부 전문가들에게 많은 빚을 졌다. 다들 시간과 지식과 통찰력을 아끼지 않은 덕분에 여기서 소개하는 유물에 대한 우리의 이해가 풍부해질 수 있었다. 그들이 애써준 덕분에 라디오 방송으로 내보낼 수 있었던 모든 내용을 이 짧은 공간에 다 담을 수는 없었지만, 그렇다고 해서 그분들에게 감사하고픈 내 마음이 줄어드는 것은 아니다.

지도

1	호르네지테프의 미라	발견 장소: 이집트 룩소르 근방 테베
2	올두바이 돌 찍개	발견 장소: 탄자니아 올두바이 협곡
3	올두바이 주먹도끼	발견 장소: 탄자니아 올두바이 협곡
4	헤엄치는 순록	발견 장소: 프랑스 몽타스트뤼크
5	클로비스 창촉	발견 장소: 미국 애리조나
6	새 모양 절굿공이	발견 장소: 파푸아뉴기니 오로 주 아이코라 강 근처
7	아인 사크리 연인상	발견 장소: 베들레헴 근처 유대 지방 와디 카레이툰
8	진흙으로 만든 이집트 암소 모형	발견 장소: 이집트 룩소르 근방 아비도스
9	마야의 옥수수 신상	발견 장소: 온두라스 코판
10	조몬 토기	발견 장소: 일본
11	덴 왕의 샌들 명판	발견 장소: 이집트 룩소르 근방 아비도스
12	우르의 깃발	발견 장소: 이라크 남부 우르
13	인더스 도장	발견 장소: 파키스탄 펀자브 주 인더스 계곡 하라파

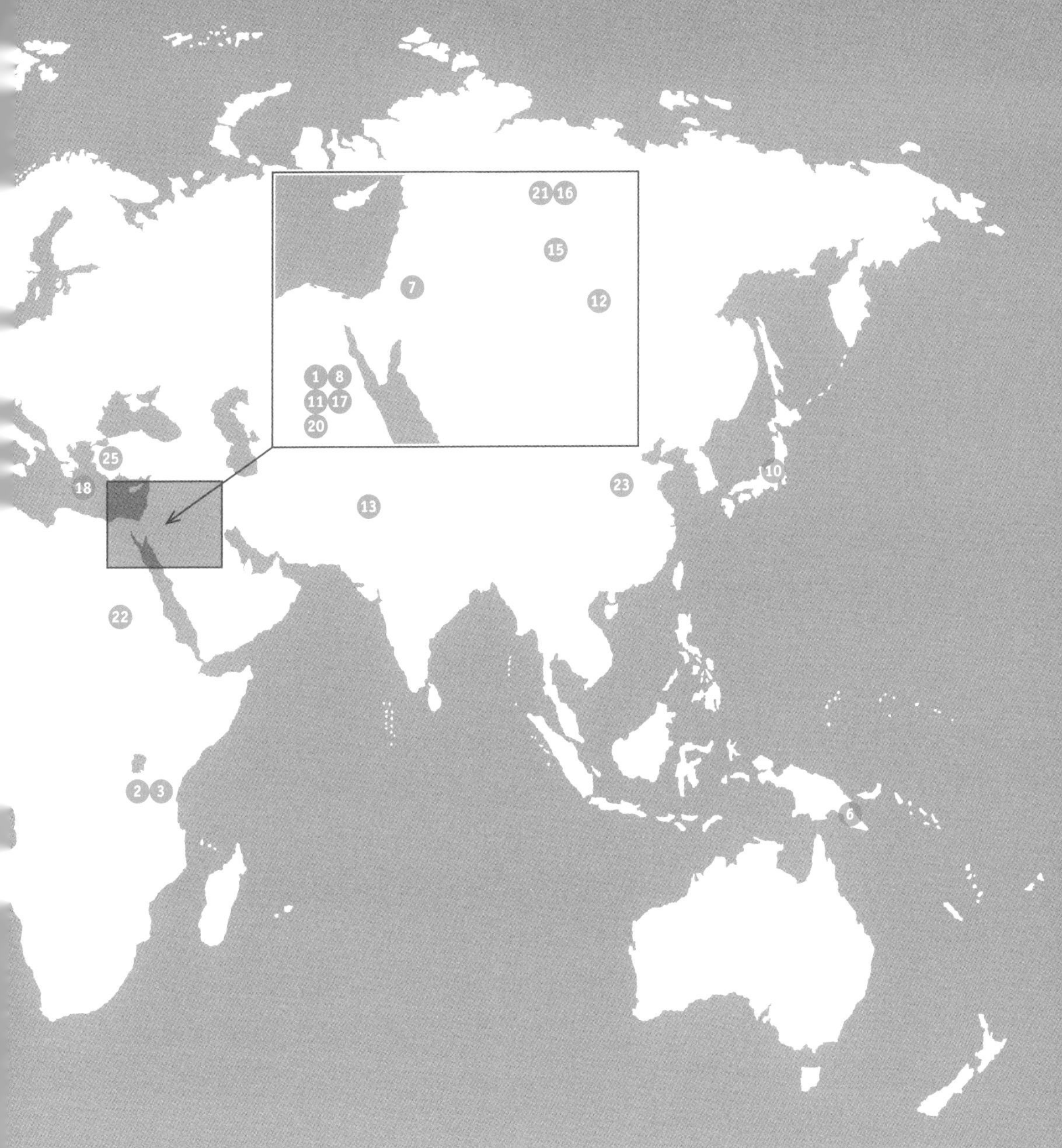

14	옥도끼	발견 장소: 영국 캔터베리
15	초창기 서판	발견 장소: 이라크 남부
16	홍수 서판	발견 장소: 이라크 북부 모술 근방 니네베
17	린드 수학 파피루스	발견 장소: 이집트 룩소르 근처 테베
18	황소를 뛰어넘는 미노스 인물상	발견 장소: 그리스 크레타
19	몰드의 황금 망토	발견 장소: 웨일스 북부 몰드
20	람세스 2세의 석상	발견 장소: 이집트 룩소르 근처 테베
21	라키시 부조	발견 장소: 이라크 북부 니네베
22	타하르코의 스핑크스	발견 장소: 수단 북부 카와
23	주나라 제기	발견 장소: 중국 서부
24	파라카스 직물	발견 장소: 페루 파라카스 반도
25	크로이소스의 금화	발견 장소: 터키

유물 *26*번에서 *100* 번까지는 다음 페이지에 →

← 1번에서 25번까지는 앞 페이지에

26	옥수스 전차 모형	발견 장소: 아프가니스탄과 타지키스탄 접경 지역
27	파르테논 신전	제작 장소: 그리스 아테네 파르테논 신전
28	바스 위츠 주전자	발견 장소: 프랑스 북동부 모젤
29	올메카 돌 가면	발견 장소: 멕시코 남동부
30	중국의 청동 종	발견 장소: 중국 산시 성
31	알렉산드로스의 두상이 새겨진 동전	주조 장소: 터키 람프사코스
32	아소카 황제의 기둥	발견 장소: 인도 우타르 프라데시의 메루트
33	로제타석	발견 장소: 이집트 엘라시드
34	중국 한나라 시대 칠그릇	발견 장소: 북한 평양 근처
35	아우구스투스 황제의 두상	발견 장소: 수단 메로웨 근처
36	워런 술잔	발견 장소: 예루살렘 근처 비티르
37	북아메리카의 수달 담뱃대	발견 장소: 미국 오하이오 마운트시티
38	의식용 구기 허리띠	발견 장소: 멕시코

39 여사잠도 — 제작 장소: 중국
40 혹슨 후추 단지 — 발견 장소: 영국 서픽 혹슨
41 간다라 결가부좌 불상 — 발견 장소: 파키스탄
42 쿠마라굽타 1세의 금화 — 주조 장소: 인도
43 샤푸르 2세의 은접시 — 제작 장소: 이란
44 힌턴세인트메리 모자이크 — 발견 장소: 영국 도싯 카운티 힌턴세인트메리
45 아라비아의 청동 손 — 발견 장소: 예멘
46 아브드 알말리크의 금화 — 주조 장소: 시리아 다마스쿠스
47 서턴 후 투구 — 발견 장소: 영국 서픽 주 서턴 후
48 모치카의 전사 항아리 — 발견 장소: 페루
49 한국 기와 — 발견 장소: 대한민국
50 비단 공주 그림 — 발견 장소: 중국 신장 성

유물 *51*번에서 *100* 번까지는 다음 페이지에 →

← 1번에서 50번까지는 앞 페이지에

51 왕실의 사혈 의식을 보여주는 마야 부조 발견 장소: 멕시코 야슈칠란
52 하렘 벽화 잔해 발견 장소: 이라크 사마라
53 로타르 크리스털 제작 장소: 독일로 추정
54 타라 조각상 발견 장소: 스리랑카
55 중국 당나라 무덤 인형 발견 장소: 중국 허난 성
56 요크 골짜기의 보물 발견 장소: 영국 해러게이트 근처
57 헤드위그 유리잔 제작 장소: 시리아로 추정
58 일본의 청동 거울 발견 장소: 일본
59 보로부두르 부처 두상 발견 장소: 인도네시아 자바
60 킬와 사금파리 발견 장소: 탄자니아 킬와 키시와니 해변
61 루이스 체스 말 발견 장소: 스코틀랜드 루이스 섬
62 히브리 아스트롤라베 제작 장소: 스페인으로 추정
63 이페 두상 제작 장소: 나이지리아 이페

64 데이비드 꽃병 제작 장소: 중국 옥산 현
65 타이노 의식용 의자 발견 장소: 도미니카공화국 산토도밍고
66 성스러운 가시 성물함 제작 장소: 프랑스 파리
67 정교회의 승리를 보여주는 성상화 제작 장소: 터키 이스탄불
68 시바와 파르바티 조각상 발견 장소: 인도 오리사
69 와스테카 여신상 발견 장소: 멕시코
70 호아 하카나나이아 발견 장소: 칠레 이스터 섬
71 술레이만 1세의 투그라 제작 장소: 터키 이스탄불
72 명나라 지폐 제작 장소: 중국
73 잉카 황금 야마 발견 장소: 페루로 추정
74 옥용잔 제작 장소: 중앙아시아
75 뒤러의 〈코뿔소〉 제작 장소: 독일 뉘른베르크

유물 *76*번에서 *100* 번까지는 다음 페이지에 →

← 1번에서 75번까지는 앞 페이지에

76 갤리언선 모형 제작 장소: 독일 아우크스부르크
77 베냉 장식판 발견 장소: 나이지리아 베냉
78 머리가 둘 달린 뱀 제작 장소: 멕시코
79 가키에몬 코끼리 제작 장소: 일본
80 스페인 은화 주조 장소: 볼리비아 포토시
81 시아파의 종교 행렬 깃발 제작 장소: 이란
82 무굴 왕자 세밀화 제작 장소: 인도
83 비마 그림자 인형 발견 장소: 인도네시아 자바
84 멕시코의 고지도 제작 장소: 멕시코 틀락스칼라
85 종교개혁 100주년 전단지 제작 장소: 독일 라이프치히
86 아칸족의 북 발견 장소: 미국 버지니아
87 하와이의 깃털 투구 제작 장소: 미국 하와이

88 북아메리카의 사슴 가죽 지도 — 제작 장소: 미국 중서부
89 오스트레일리아의 나무껍질 방패 — 발견 장소: 오스트레일리아 뉴사우스웨일스 보터니 만
90 옥환 — 제작 장소: 중국 베이징
91 영국의 놋쇠 크로노미터 — 제작 장소: 영국 런던
92 초기 빅토리아 시대의 다기 세트 — 제작 장소: 영국 스태퍼드셔
93 호쿠사이의 〈거대한 파도〉 — 제작 장소: 일본
94 수단의 슬릿 드럼 — 제작 장소: 중앙아프리카
95 여성참정권 운동가가 훼손한 페니 — 제작 장소: 영국
96 러시아혁명 접시 — 제작 장소: 러시아 상트페테르부르크
97 호크니의 〈따분한 마을에서〉 — 제작 장소: 영국
98 〈무기의 보좌〉 — 제작 장소: 모잠비크 마푸투
99 신용카드 — 발행 장소: 아랍에미리트연방
100 태양열 램프와 충전기 — 제작 장소: 중국 광둥 성 센젠

유물 목록

	유물	크기	유물 번호
1	호르네지테프의 미라	H: 194.5cm / W: 60cm	.6678
2	올두바이 돌 찍개	H: 9.3cm / W: 8.1cm / D: 7.2cm	1934,1214.1
3	올두바이 주먹도끼	H: 23.8cm / W: 10cm / D: 5cm	1934,1214.49
4	헤엄치는 순록	H: 3cm / W: 20.7cm / D: 2.7cm	Palart.550
5	클로비스 창촉	H: 2.9cm / W: 8.5cm / D: 0.7cm	1962,1206.137
6	새 모양 절굿공이	H:36.2cm/ W:15cm / D:15cm	Oc1908,0423.1
7	아인 사크리 연인상	H: 10.8cm / W: 6.2cm / D: 3.8cm	1958,1007.1
8	진흙으로 만든 이집트 암소 모형	H: 10cm / W: 30cm / D: 15.3cm	1901,1012.6
9	마야의 옥수수 신상	H: 90cm / W: 54cm /D: 36cm	Am1923,Maud.8
10	조몬 토기	H: 15cm / W: 17cm	OA+.20
11	덴 왕의 샌들 명판	H: 4.5cm / W: 5.4cm	1922,0728.2
12	우르의 깃발	H: 21.5cm / W: 12cm / D: 49.5cm	1928,1010.3
13	인더스 도장	H: 2.4cm / W: 2.5cm / D: 1.4cm	1892, 1210.1
14	옥도끼	H: 21.2cm / W: 8.12cm / D: 1.9cm	1901, 0206.1
15	초창기 서판	H: 9.4cm / W: 6.8cm / D: 2.3cm	1989,0130.4
16	홍수 서판	H: 15cm / W: 13cm / D: 3cm	K.3375
17	린드 수학 파피루스	H: 32cm / W: 295.5cm	1865,0218.2 *(large piece)*
		H: 32cm / W: 119.5cm	1865,0218.3 *(small piece)*
18	황소를 뛰어넘는 미노스 인물상	H: 11.1cm / W: 4.7cm / D: 15cm	1966,0328.1
19	몰드의 황금 망토	H: 23.5cm / W: 46.5cm / D: 28cm	1836,0902.1
20	람세스 2세의 석상	H: 266.8cm / W: 203.3cm	.19
21	라키시 부조	H: 269.2cm / W: 180.3cm	1856,0909.14
22	타하르코의 스핑크스	H: 40.6cm / W: 73cm	1932,0611.1
23	주나라 제기	H: 23cm / W: 42cm / D: 26.8cm	1977,0404.1
24	파라카스 직물	H: 8cm / W: 8cm	Am1954,05.563 Am1954,05.565 Am1937,0213.4-5
25	크로이소스의 금화	H: 1cm / W: 2cm	RPK,p146B.1sam
26	옥수스 전차 모형	H: 7.5cm / D: 19.5cm	1897,1231.7
27	파르테논 신전	H: 134.5cm / W: 134.5cm / D: 41.5cm	1816,0610.12
28	바스 위츠 주전자	H: 39.6cm / W: 19.5cm	1929,0511.1-2
29	올메카 돌 가면	H: 13cm / W: 11.3cm/ D: 5.7cm	Am1938,1021.14
30	중국의 청동 종	H: 55cm / W: 39cm / D: 31.5cm	OA1965,0612.1
31	알렉산드로스의 두상이 새겨진 동전	W: 3cm	1919,0820.1
32	아소카 황제의 기둥	H: 12.2 / W: 32.6cm / D: 7.6cm	1880.21
33	로제타석	H: 112.3cm / W: 75.7cm / D: 28.4cm	.24
34	중국 한나라 시대 칠그릇	H: 6cm / W: 17.6cm / D: 12cm	1955,1024.1
35	아우구스투스 황제의 두상	H: 46.2cm / W: 26.5cm / D: 29.4cm	1911,0901.1
36	워런 술잔	H: 11cm / D: 11cm	1999,0426.1

37	북아메리카의 수달 담뱃대	H: 5.1cm / W: 10cm / D: 3.3cm	Am,S.266
38	의식용 구기 허리띠	H: 12cm / W: 39.5cm/ D: 50cm	Am,ST.398
39	여사잠도	H: 24.3cm / W: 343.7cm	1903,0408,0.1
40	혹슨 후추 단지	H: 10.3cm / W: 5.7cm / D: 4.2cm	1994,0408.33
41	간다라 결가부좌 불상	H: 95cm / W: 53cm / D: 24cm	1895,1026.1
42	쿠마라굽타 1세의 금화	W: 1.9cm	1894, 0506.962
43	샤푸르 2세의 은접시	H: 12.8cm / W: 11.5cm / D: 2.6cm	1908,1118.1
44	힌턴세인트메리 모자이크	H: 810cm / W: 520cm	1965,0409.1
45	아라비아의 청동 손	H: 18.5cm / W: 11cm / D :2.6cm	1983, 0626.2
46	아브드 알말리크의 금화	W: 1.9cm	1874, 0706.1
47	서턴 후 투구	H: 31.8cm / W: 21.5cm	1939,1010.93
48	모치카의 전사 항아리	H: 22.5cm / W: 13.6cm / D: 13.2cm	Am,P.1
49	한국 기와	H: 28cm / W: 22.5cm / D: 6cm	1992,0615.24
50	비단 공주 그림	H: 12cm / W: 46cm / D: 2.2cm	1907,1111.73
51	왕실의 사혈 의식을 보여주는 마야 부조	H: 109cm / W: 78cm / D: 6cm	Am1923,Maud.4
52	하렘 벽화 잔해	H: 14.4cm / W: 10.2cm / D: 3cm H: 11cm / W: 10.5cm / D: 2.7cm	OA+.10621 OA+.1062
53	로타르 크리스털	W: 18.6cm / D: 1.3cm	1855,1201.5
54	타라 조각상	H: 143cm / W: 44cm / D:29.5cm	1830,0612.4
55	중국 당나라 무덤 인형	*Tallest* H: 107.7cm / W: 49cm / D 25cm	1936,1012.220–229 *and* 1936,1012.231–232
56	요크 골짜기의 보물	*cup* H: 9.2cm / W: 12cm	2009,4133.77–693 2009,8023.1–76
57	헤드위그 유리잔	H: 14.3cm / W: 13.9cm	1959,0414.1
58	일본의 청동 거울	W: 11cm	1927,1014.2
59	보로부두르 부처 두상	H: 33cm / W: 26cm / D: 29cm	1859,1228.176
60	킬와 사금파리	*Largest* *H:* 12.5cm / W: 14cm / D: 2.5cm	OA+ .916
61	루이스 체스 말	*Tallest* H: 10.3cm	1831,1101.78-144
62	히브리 아스트롤라베	H: 11cm / W: 9cm / D: 2.1cm	1893,0616.3
63	이페 두상	H: 35cm / W:12.5cm / D: 15cm	Af1939,34.1
64	데이비드 꽃병	H: 63.6cm	PDF,B.613 -4
65	타이노 의식용 의자	H. 22cm / W. 14cm / D: 44cm	1949,22.118
66	성스러운 가시 성물함	H: 30cm / W: 14.2cm / D: 6.8cm	WB.67
67	정교회의 승리를 보여주는 성상화	H: 37.8cm / W: 31.4cm / D: 5.3cm	1988,0411.1
68	시바와 파르바티 조각상	H: 184.2cm / W: 119.4cm / D: 32cm	1872,0701.70
69	와스테카 여신상	H: 150cm / W: 57cm / D: 14cm	Am,+.7001
70	호아 하카나나이아	H: 242cm/ W: 100cm / D: 55cm	Oc1869,1005.1
71	술레이만 1세의 투그라	H: 45.5cm / W: 61.5cm	1949,0409,0.86
72	명나라 지폐	H: 34cm / W: 22.2cm	CIB,EA.260
73	잉카 황금 야마	H. 6.3cm/ W. 1.5cm / D. 5.5cm	Am1921,0721.1
74	옥용잔	H: 6.4cm / W: 19.4cm	1959, 1120.1
75	뒤러의 〈코뿔소〉	H:24.8cm / W:31.7cm	1895,0122.714
76	갤리언선 모형	H: 104cm / W:78.5cm / D: 20.3cm	1866,1030.1
77	베냉 장식판, 오바와 유럽인들	H: 43.5cm / W: 41cm / D: 10.7cm	Af1898,0115.23
78	머리가 둘 달린 뱀	H: 20.5cm / W: 43.5cm / D: 5cm	Am1894,-.634
79	가키에몬 코끼리	H: 35.5cm / H: 44cm / D: 14.5cm	1980,0325.1-2
80	스페인 은화	W: 4cm	1920,0907.382 1950,0805.1 1956,0604.1 1990,0920.31, 1991,0102.61 1906,1103.1951

81	시아파의 종교 행렬 깃발	H: 127cm / W: 26.7cm / D: 4.5cm	1888,0901.16-17
82	무굴 왕자 세밀화	H: 24.5cm / W: 12.2cm	1920,0917,0.4
83	비마 그림자 인형	H: 74.5cm / W: 43cm	As1859,1228.675
84	멕시코의 고지도	H: 50cm / W: 77cm	Am2006,Drg.22070
85	종교개혁 100주년 전단지	H: 28.4cm / W: 34.7cm	1880,0710.299
86	아칸족의 북	H: 41cm / D: 28cm	Am,SLMisc.1368
87	하와이의 깃털 투구	H: 37cm / W: 15cm / D: 30cm	Oc, HAW.108
88	북아메리카의 사슴 가죽 지도	H: 126cm / W: 100cm	Am2003,19.3
89	오스트레일리아의 나무껍질 방패	H: 97cm / W: 29cm	Oc1978,Q.839
90	옥환	W: 15cm / D: 1cm	1937,0416.140
91	영국의 놋쇠 크로노미터	H: 17.6cm / W: 20.8cm / D: 20.8cm	1958, 1006.1957
92	초기 빅토리아 시대의 다기 세트	*Tallest* H: 14.4cm / W: 17.5cm / 10.7cm	1909,1201.108
93	호쿠사이의 〈거대한 파도〉	H: 25.8cm / W: 37.9cm	2008,3008.1
94	수단의 슬릿 드럼	H: 80cm / W: 271cm / D: 60cm	Af1937,1108.1
95	여성참정권 운동가가 훼손한 페니	W: 3.1cm	1991,0733.1
96	러시아혁명 접시	W: 24.8cm / D: 2.87cm	1990, 0506.1
97	호크니의 〈따분한 마을에서〉	H: 35cm / W: 22.5cm	1981,1212.8.8
98	〈무기의 보좌〉	H: 101cm / W: 61cm	Af2002,01.1
99	신용카드	H: 4.5cm / W: 8.5cm	2009,4128.2
100	태양열 램프와 충전기	H: 17cm / W: 12.5cm / D: 13cm	

참고 도서 목록

1. 호르네지테프의 미라

Taylor, John, *Egyptian Mummies* (London, 2010)

Smith, A. S., *The Art and Architecture of Ancient Egypt* (New Haven, 1999)

2. 올두바이 돌 찍개

Gamble, C., *Timewalkers: The Prehistory of Global Colonization* (London, 1995)

Schick, Kathy, and Nick Toth, 'African Origins', in C. Scarre (ed.), *The Human Past: World Prehistory and the Development of Human Societies* (London, 2009), pp. 46–83.

3. 올두바이 주먹도끼

Gamble, C., *Timewalkers: The Prehistory of Global Colonization* (London, 1995)

Stringer, Chris, *Homo Britannicus: The Incredible Story of Human Life in Britain* (London, 2006)

4. 헤엄치는 순록

Bahn, Paul, and Jean Vertut, *Journey Through the Ice Age* (London, 1997)

Cook, Jill, *The Swimming Reindeer* (London, 2010)

5. 클로비스 창촉

Haynes, Gary, *The Early Settlement of North America: The Clovis Era* (Cambridge, 2002)

Meltzer, David, *First Peoples in a New World. Colonizing Ice Age America* (Berkeley, 2009)

6. 새 모양 절굿공이

Barker, Graeme, *The Agricultural Revolution in Prehistory: Why Did Foragers Become Farmers?* (Oxford, 2007)

Bellwood, Paul, *The First Farmers: The Origins of Agricultural Societies* (Oxford, 2005)

7. 아인 사크리 연인상

Hodder, Ian, *The Domestication of Europe* (London, 1991)

Watkins, Trevor, 'From Foragers to Complex Societies in Southwest Asia', in C. Scarre (ed.), *The Human Past: World Prehistory and the Development of Human Societies* (London, 2009), pp. 201–33.

8. 진흙으로 만든 이집트 암소 모형

Check, Erika, 'Human Evolution: How Africa Learned to Love the Cow', *Nature*, 444 (2006), 994–6

Wengrow, David, *The Archaeology of Early Egypt: Social Transformations in North-East Africa, 10,000–2,650 BC* (Cambridge, 2006)

9. 마야의 옥수수 신상

Barker, Graeme, *The Agricultural Revolution in Prehistory: Why Did Foragers Become Farmers?* (Oxford, 2007)

Tetlock, Dennis, *Popol Vuh* (New York, 1996)

10. 조몬 토기

Habu, Junko, *Ancient Jomon of Japan* (Cambridge, 2004)

Kobayashi, Tatsuo, *Jomon Reflections: Forager Life and Culture in the Prehistoric Japanese Archipelago* **(Oxford, 2004)**

11. 덴 왕의 샌들 명판

Kemp, Barry, *Ancient Egypt: Anatomy of a Civilization* (London, 2005)

Wilkinson, T., *Early Dynastic Egypt* (London, 2001)

12. 우르의 깃발

Crawford, Harriet, *Sumer and Sumerians* (Cambridge, 2004)

Zettler, Richard, and Lee Horne (eds.), *Treasures from the Royal Tomb at Ur* (Philadelphia, 1998)

13. 인더스 도장

Possehl, Gregory, *The Indus Civilization: A Contemporary Perspective* (Walnut Creek, 2002)
Wright, Rita, *The Ancient Indus: Urbanism Economy and Society* (Cambridge, 2010)

14. 옥도끼

Edmonds, Mark, *Stone Tools and Society: Working Stone in Neolithic and Bronze Age Britain* (London, 1995)
Sheridan, Alison, 'Green Treasures from Magic Mountains', *British Archaeology*, 96 (2007), 22–7

15. 초창기 서판

Schmandt-Besserat, Denise, *When Writing Met Art: From Symbol to Story* (Austin, 2007)
Robinson, Andrew, *The Story of Writing: Alphabets, Hieroglyphs and Pictograms* (London, 2007)

16. 홍수 서판

George, Andrew, *The Epic of Gilgamesh* (London, 2003)
Mitchell, T. C., *The Bible in the British Museum: Interpreting the Evidence* (London, 2004)

17. 린드 수학 파피루스

Imhausen, Annette, *Mathematics in Ancient Egypt* (Princeton, 2010)
Robins, Gay, and Charles Shute, *The Rhind Mathematical Papyrus* (London, 1987)

18. 황소를 뛰어넘는 미노스 인물상

Fitton, J. Lesley, *Minoans* (London, 2002)
Rice, Michael, *The Power of the Bull* (Oxford, 1998)

19. 몰드의 황금 망토

Bradley, Richard, *The Prehistory of Britain and Ireland* (Cambridge, 2007)
Needham, Stuart, 'The Development of Embossed Goldwork in Bronze Age Europe', *Antiquaries Journal*, 80 (2000), 27–65

20. 람세스 2세의 석상

Tyldesley, Joyce, *Ramesses: Egypt's Greatest Pharaoh* (London, 2000)
Van der Mieroop, Marc, *The Eastern Mediterranean in the Age of Ramesses II* (London, 2009)

21. 라키시 부조

Collins, Paul, *Assyrian Palace Sculptures* (London, 2009)
Collins, Paul, *From Egypt to Babylon: The International Age 1550–500 BC* (London, 2008)

22. 타하르코의 스핑크스

Bonnet, Charles, and Dominique Valbelle, *The Nubian Pharaohs: Black Kings on the Nile* (Cairo, 2006)
Welsby, Derek, *The Kingdom of Kush: The Napatan and Meroitic Empires* (London, 2002)

23. 주나라 제기

Von Falkenhausen, Lothar, *Chinese Society in the Age of Confucius (1000–250 BC)* (Los Angeles, 2006)
Hsu, Cho-yun, and Katheryn Linduff, *Western Chou Civilization* (New Haven, 1988)

24. 파라카스 직물

Moseley, M. E., *The Incas and Their Ancestors: The Archaeology of Peru* (London, 2001)
Paul, Anne, *Paracas Ritual Attire: Symbols of Authority in Ancient Peru* (Norman, Oklahoma, 1990)

25. 크로이소스의 금화

Seaford, Richard, *Money and the Early Greek Mind: Homer, Tragedy, and Philosophy* (Cambridge, 2004)
Schaps, David, *The Invention of Coinage and the Monetization of Ancient Greece* (Michigan, 2004)

26. 옥수스 전차 모형

Briant, Pierre, *From Cyrus to Alexander: A History of the Persian Empire* (Winona Lake, 2002)
Curtis, John, *Ancient Persia* (London, 2000)

27. 파르테논 신전

Beard, Mary, *The Parthenon* (London, 2004)
Jenkins, Ian, *The Parthenon Sculptures in the British Museum* (London, 2007)

28. 바스 위츠 주전자

James, Simon, *The World of the Celts* (London, 2005)

Megaw, Ruth and Vincent, *Celtic Art from Its Beginnings to the Book of Kells* (London, 2001)

29. 올메카 돌 가면

Diehl, Richard, *The Olmecs: America's First Civilization* (London, 2004)

Pool, Christopher, *Olmec Archaeology and Early Mesoamerica* (Cambridge, 2007)

30. 중국의 청동 종

von Falkenhausen, Lothar, *Chinese Society in the Age of Confucius (1000–250 BC)* (Los Angeles, 2006)

So, Jenny F., *Music in the Age of Confucius* (Washington, 2000)

31. 알렉산드로스의 두상이 새겨진 동전

Bosworth, A. B., *The Legacy of Alexander: Politics, Warfare, and Propaganda Under the Successors* (Oxford, 2005)

Lane Fox, Robin, *Alexander the Great* (London, 2006)

32. 아소카 황제의 기둥

Wood, Michael, *The Story of India* (London, 2007)

Thapar, Romila, *A'soka and the Decline of the Mauryas* (Oxford, 1998)

33. 로제타석

Parkinson, Richard, *The Rosetta Stone* (London 2005)

Thompson, Dorothy J., 'Literacy and Power in Ptolemaic Egypt', in Alan K. Bowman and Greg Woolf (eds.), *Literacy and Power in the Ancient World* (Cambridge, 1994) pp. 67–83

34. 중국 한나라 시대 칠그릇

Barbieri Low, Anthony, *Artisans in Early Imperial China* (Washington DC, 2007)

Lewis, Mark Edward, *The Early Chinese Empires: Qin and Han* (Harvard, 2007)

35. 아우구스투스 황제의 두상

Eck, W., *Age of Augustus* (London, 2007)

Southern, Pat, *Augustus* (New York, 1998)

36. 워런 술잔

Clarke, John R., *Looking at Lovemaking: Constructions of Sexuality in Roman Art 100 BC–AD 250* (Berkeley, 1998)

Williams, Dyfri, *The Warren Cup* (London, 2006)

37. 북아메리카의 수달 담뱃대

Milner, G., *The Moundbuilders: Ancient Peoples of Eastern North America* (London, 2004)

Rafferty, Sean, and Rob Mann, *Smoking and Culture: The Archaeology of Tobacco Pipes in Eastern North America* (Knoxville, 2004)

38. 의식용 구기 허리띠

Evans, Susan Toby, *Ancient Mexico and Central America: Archaeology and Culture* (London, 2004)

Whittington, E. Michael, *The Sport of Life and Death: The Mesoamerican Ballgame* (London, 2001)

39. 여사잠도

Lewis, M. A., *China Between Empires: The Northern and Southern Dynasties* (Boston, 2009)

McCausland, Shane, *First Masterpiece of Chinese Painting: The Admonitions Scroll* (London, 2003)

40. 혹슨 후추 단지

Johns, Catherine, *The Hoxne Late Roman Treasure: Gold Jewellery and Silver Plate* (London, 2010)

Tomber, Roberta, *Indo-Roman Trade: from Pots to Pepper* (London, 2008)

41. 간다라 결가부좌 불상

Berendt, Karl A., *The Art of Gandhara in the Metropolitan Museum of Art* (New York, 2007)

Zwalf, Vladimir, *Buddhism: Art and Faith* (London, 1985)

42. 쿠마라굽타 1세의 금화

Thapar, Romila, *The Penguin History of Early India: From the Origins to AD 1300* (London, 2002)

Willis, Michael, *The Archaeology of Hindu Ritual* (Cambridge, 2009)

43. 샤푸르 2세의 은접시

Daryaee, Touyaj, *Sasanian Persia: The Rise and Fall of an Empire* (London, 2009)

Harper, Prudence O., *In search of a Cultural Identity: Monuments and Artefacts of the Sasanian Near East, 3rd to 7th century AD* (New York, 2006)

44. 힌턴세인트메리 모자이크

Petts, David, *Christianity in Roman Britain* (Stroud, 2003)

Mattingly, David, *An Imperial Possession: Britain in the Roman Empire* (London, 2007)

45. 아라비아의 청동 손

Gunter, A. C. (ed.), *Caravan Kingdoms: Yemen and the Ancient Incense Trade* (Washington, 2005)

Simpson, St John, *Queen of Sheba: Treasures from Ancient Yemen* (London, 2002)

46. 아브드 알말리크의 금화

Crone, P., and M. Hinds, *God's Caliph: Religious Authority in the First Centuries of Islam* (Cambridge, 2003)

Robinson, Chase F., *Abd al-Malik* (Oxford, 2005)

47. 서턴 후 투구

Carver, Martin, *Sutton Hoo: Burial Ground of Kings* (London, 2000)

Campbell, James, *The Anglo Saxons* (London, 1991)

Marzinzik, Sonja, *The Sutton Hoo Helmet* (London, 2007)

48. 모치카의 전사 항아리

Bawden, G., *The Moche* (Cambridge, 1999)

Bourget, S., and K. L. Jones (eds.), *The Art and Archaeology of the Moche* (Austin, 2008)

49. 한국 기와

Nelson, Sarah Milledge, *The Archaeology of Korea* (Cambridge, 1993)

Portal, Jane, *Korea: Art and Archaeology* (London, 2000)

Seth, Michael J., *A Concise History of Korea: From the Neolithic Period to the Nineteenth Century* (Lanham, 2006)

50. 비단 공주 그림

Baumer, Christoph, *The Southern Silk Road: In the Steps of Sir Aurel Stein and Sven Hedin* (Bangkok, 2000)

Vainker, S., *Chinese Silk: A Cultural History* (London, 2004)

51. 왕실의 사혈 의식을 보여주는 마야 부조

Grube, Nilolai, and Simon Martin, *Chronicle of the Mayan Kings and Queens: Deciphering the Dynasties of the Ancient Maya* (London, 2008)

Freidel, David, and Linda Schele, *A Forest of Kings: The Untold Story of the Ancient Maya* (London, 1990)

52. 하렘 벽화 잔해

Irwin, Robert, *The Arabian Nights: A Companion* (London: 2009)

Robinson, C. F., *A Medieval Islamic City Reconsidered: An Interdisciplinary Approach to Samarra* (Oxford, 2001)

53. 로타르 크리스털

Kornbluth, Genevra, *Engraved Gems of the Carolingian Empire* (Pennsylvania, 1995)

McKitterick, Rosamund, *The Frankish Kingdoms under the Carolingians 751–987* (London/New York, 1983)

54. 타라 조각상

Thapar, Romila, *The Penguin History of Early India: From the Origins to AD 1300* (London, 2002)

De Silva, K. M., *A History of Sri Lanka* (Berkeley, 1981)

55. 중국 당나라 무덤 인형

Michaelson, Carol, and Jane Portal, *Chinese Art in Detail* (London, 2006)

Benn, Charles, *China's Golden Age: Everyday Life in the Tang Dynasty* (Westport, 2002)

56. 요크 골짜기의 보물

Ager, B., and G. Williams, *The Vale of York Hoard* (London, 2010)

Holman, Katherine, *The Northern Conquest: Vikings in Britain and Ireland* (Oxford, 2002)

Graham-Campbell, J., and G. Williams (ed.), *Silver Economy in the Viking Age* (California, 2007)

57. 헤드위그 유리잔

Klaniczay, Gabor, *Holy Rulers and Blessed Princesses: Dynastic Cults in Medieval Central Europe* (Cambridge, 2002)

Riley-Smith, Jonathan, The *Oxford Illustrated History of the Crusades* (Oxford, 2001)

58. 일본의 청동 거울

Morris, Ivan, *World of the Shining Prince* (New York, 1994)

Shikibu, Murasaki, *et al.*, *Diaries of Court Ladies of Old Japan* (New York, 2003)

59. 보로부두르 부처 두상

Grabsky, P., *The Lost Temple of Java* (London, 1999)

Lockard, C., *Southeast Asia in World History* (Oxford, 2009)

60. 킬와 사금파리

Horton, M. C., and J. Middleton, *The Swahili* (Oxford, 2000)

Mitchell, P., *African Connections: Archaeological Perspectives on Africa and the Wider World* (Maryland, 2005)

61. 루이스 체스 말

Robinson, James, *The Lewis Chessmen* (London, 2004)

McDonald, Andrew R., *The Kingdom of the Isles: Scotland's Western Seaboard c.1100 – c.1336* (Edinburgh, 1997)

62. 히브리 아스트롤라베

Lowney, Chris, *A Vanished World: Muslims, Christians and Jews in Medieval Spain* (Oxford, 2005)

Webster, Roderick and Marjorie, *Western Astrolabes* (Chicago, 1998)

63. 이페 두상

Davidson, Basil, *West Africa before the Colonial Era* (London/New York, 1998)

Platte, Editha, *Bronze Head from Ife* (London, 2010)

64. 데이비드 꽃병

Carswell, John, *Blue & White: Chinese Porcelain Around the World* (London, 2000)

Brook, Timothy, *The Confusions of Pleasure: Commerce and Culture in Ming China* (California, 1999)

65. 타이노 의식용 의자

Oliver, Jose R., *Caciques and Cemi Idols* (Tuscaloosa, 2009)

Wilson, Samuel M., *The Archaeology of the Caribbean* (Cambridge, 2007)

66. 성스러운 가시 성물함

Cherry, John, *The Holy Thorn Reliquary* (London, 2010)

Benedicta Ward, *Relics and the Medieval Mind* (Malden/Oxford/Victoria, 2010)

67. 정교회의 승리를 보여주는 성상화

Cormack, Robin, *Icons* (London, 2007)

Herrin, Judith, *Byzantium: The Surprising Life of a Medieval Empire* (London, 2007)

68. 시바와 파르바티 조각상

Blurton, Richard, *Hindu Art* (London, 1992)

Elgood, Heather, *Hinduism and the Religious Arts* (London, 1999)

69. 와스테카 여신상

Evans, Susan Toby, *Ancient Mexico and Central America* (London, 2004)

McEwan, Colin, *Ancient American Art in Detail* (London, 2009)

70. 호아 하카나나이아

Hooper, S., *Pacific Encounters: Art and Divinity in Polynesia 1760–1860* (London, 2006)

Van Tilburg, Jo Anne, *Hoa Hakananai'a* (London, 2004)

71. 술레이만 1세의 투그라

Inalcik, Halil, *The Ottoman Empire: The Classical Age 1300–1600* (Burtonsville, 2001)

Rogers, J. M., and R. M. Ward, *Süleyman the Magnificent* (London, 1988)

72. 명나라 지폐

Clunas, Craig, *Empire of Great Brightness: Visual and Material Cultures of Ming China 1368–1644* (London, 2007)

Brook, Timothy, *Troubled Empire: China in the Yuan and Ming Dynasties* (Harvard, 2010)

73. 잉카 황금 야마

D'Altroy, Terence N., *The Incas* (Oxford, 2002)

McEwan, Colin, *Precolumbian Gold: Technology, Style and Iconography* (London, 2000)

74. 옥용잔

Forbes Manz, Beatrice, *The Rise and Rule of Tamerlane* (Cambridge, 1989)

Forbes Manz, Beatrice, *Power, Politics and Religion in Timurid Iran* (Cambridge, 2007)

75. 뒤러의 〈코뿔소〉

Bartrum, Giulia, *Albrecht Dürer and his Legacy: the Graphic Work of a Renaissance Artist* (London, 2002)

Bendini, Silvio A., *The Pope's Elephant* (Austin, 1997)

76. 갤리언선 모형

Evans, R. J. W., *Rudolf II and his World: A Study in Intellectual History 1576–1612* (Oxford, 1973)

Wolfe, Jessica, *Humanism, Machinery and Renaissance Literature* (Cambridge, 2004)

77. 베냉 장식판, 오바와 유럽인들

Plankensteiner, Barbara, *Benin Kings and Rituals: Court Arts from Nigeria* (Paris/Berlin, 2007)

Girshick Ben-Amos, P., *The Art of Benin* (London, 1995)

78. 머리가 둘 달린 뱀

Evans, Susan Toby, *Ancient Mexico and Central America: Archaeology and Culture History* (London, 2004)

McEwan, C., *et al.*, *Turquoise Mosaics from Mexico* (London, 2006)

79. 가키에몬 코끼리

Impey, Oliver, *Japanese Export Porcelain* (Amsterdam, 2002)

Cullen, A. M., *A History of Japan 1582–1941: Internal and External Worlds* (Cambridge, 2003)

80. 스페인 은화

Stein, S. J. and B. H., *Silver, Trade and War: Spain and America in the Making of Early Modern Europe* (Baltimore, 2000)

Vilar, P., *A History of Gold and Money* (London/New York, 1991)

Elliott, John Huxtable, *Empires of the Atlantic World: Britain and Spain in America 1492–1830* (New Haven, 2007)

81. 시아파의 종교 행렬 깃발

Canby, Sheila R., *Shah 'Abbas: The Remaking of Iran* (London, 2009)

Axworthy, Michael, *A History of Iran: Empire of the Mind* (New York, 2010)

82. 무굴 왕자 세밀화

Canby, Sheila R., *Princes, Poets and Paladins: Islamic and Indian Paintings from the Collection of Prince and Princess Sadruddin Aga Khan* (London, 1998)

Stronge, Susan, *Painting for the Mughal Emperor: The Art of the Book 1560–1660* (London, 2002)

83. 비마 그림자 인형

Scott-Kemball, Juene, *Javanese Shadow Puppets* (London, 1970)

Tarling, Nicholas (ed.), *The Cambridge History of Southeast Asia, Vol. 1, Part 2* (Cambridge, 1992)

84. 멕시코의 고지도

Brotherston, Gordon, *Painted Books from Mexico* (London, 1995)

Edgerton, S. Y., *Theaters of Conversion: Religious Architecture and Indian Artisans in Colonial Mexico* (Albuquerque, 2001)

85. 종교개혁 100주년 전단지

Wilson, Peter H., *Europe's Tragedy: A New History of the Thirty Years War* (London, 2010)

Pettegree, Andrew, *Reformation and the Culture of Persuasion* (Cambridge, 2005)

MacCulloch, Diarmaid, *The Reformation: A History* (London, 2003)

86. 아칸족의 북

Reindorf, Carl C., *History of the Gold Coast and Asante* (Accra, 2007)

McCaskie, T. C., *State and Society in Pre-colonial Asante* (Cambridge, 1995)

87. 하와이의 깃털 투구

Lummis, Trevor, *Pacific Paradises: The Discovery of Tahiti and Hawaii* (Sutton, 2005)

Forbes, David W., *Encounters with Paradise: Views of Hawaii and its People, 1778–1941* (Honolulu, 1992)

88. 북아메리카의 사슴 가죽 지도

Richter, Daniel K., *Facing East from Indian Country: A Native History of Early America* (Harvard, 2001)

Warhus, Mark, *Another America: Native American Maps and the History of Our Land* (New York, 1997)

89. 오스트레일리아의 나무껍질 방패

Nugent, Maria, *Cook Was Here* (Cambridge, 2009)

Flood, Josephine, *The Original Australians* (Crows Nest, 2004)

90. 옥환

Elliott, Marc C., *The Qianlong Emperor: Son of Heaven, Man of the World* (Harlow, 2009)

Rawson, Jessica, *Chinese Jade: From the Neolithic to the Qing* (London, 1995)

91. 영국의 놋쇠 크로노미터

Andrewes, W. (ed.), *The Quest for Longitude* (London, 1996)

Glennie, P., and N. Thrift, *Shaping the Day: A History of Timekeeping in England and Wales 1300–1800* (Oxford, 2009)

92. 초기 빅토리아 시대의 다기 세트

Macfarlane, A. and I., *Green Gold: The Empire of Tea* (London, 2004)
Dolan, Brian, *Josiah Wedgwood, Entrepreneur to the Enlightenment* (London, 2008)

93. 호쿠사이의 〈거대한 파도〉

Huffman, James L., *Japan in World History* (Oxford, 2010)
Bouquillard, Jocelyn, *Hokusai's Mount Fuji: The Complete Views in Color* (New York, 2007)

94. 수단의 슬릿 드럼

Green, Dominic, *Three Empires on the Nile* (New York, 2007)
Johnson, Douglas H., *The Root Causes of Sudan's Civil Wars* (Oxford, 2002)

95. 여성참정권 운동가가 훼손한 페니

Phillips, Melanie, *The Ascent of Woman: A History of the Suffragette Movement and the Ideas Behind It* (London, 2004)
Liddington, Jill, *Rebel Girls: How Votes for Women Changed Edwardian Lives* (London, 2006)

96. 러시아혁명 접시

King, David, *Red Star Over Russia: A Visual History of the Soviet Union* (London, 2010)
Rudoe, Judy, *Decorative Arts 1850–1950: The British Museum Collection* (London, 1994)

97. 호크니의 〈따분한 마을에서〉

Livingstone, Marco, *David Hockney* (World of Art Series)(London, 1993)
Cavafy, C. P., *Collected Poems*, ed. George Savvidis, trans. Edmund Keeley and Philip Sherrard (Princeton,1992)

98. 〈무기의 보좌〉

Bocola, S. (ed.), *African Seats* (London, 2002)
Nordstrom, C., *A Different Kind of War Story* (Philadelphia, 1997)

99. 신용카드

Ritzer, George F., *Explorations in the Sociology of Consumption: Fast Food, Credit Cards and Casinos* (Thousand Oaks, 2001)
Maurer, Bill, *Mutual Life Limited: Islamic Banking, Alternative Currencies, Lateral Reason* (Princeton, 2005)

100. 태양열 램프와 충전기

de Bruijn, Mirjam, Francis Nyamnjoh and Inge Brinkman (eds.), *Mobile Phones: The New Talking Drums of Everyday Africa* (Bamenda and Leiden, 2009)
MacKay, David J. C., *Sustainable Energy – Without the Hot Air* (Cambridge, 2008)
Boyle, Godfrey, *Renewable Energy* (2nd edn, Oxford 2004)
Grimshaw, David J., and Sian Lewis, 'Solar Power for the Poor: Facts and Figures', 24th March 2010: www.scidev.net/en/features/solar-power-for-the-poor-facts-and-figures-1.html

인용문 출처

p. 75 Randall-MacIver, David, and Arthur Mace, *El Amrah and Abydos 1899–1901: Memoir of the Egypt Exploration Fund 23* (London, 1902)

p. 83 Tedlock, D., *Popul Vuh* (2nd edn; London, 1996)

p. 268 Plautus, *Curculio*, translated in Dyfri Williams, *The Warren Cup* (London, 2006)

p. 281 Fray Diego Duran, *Book of the Gods and Rites and the Ancient Calendar*, translated and edited Fernando Horcasitas and Doris Heyden (Oklahoma, 1971), p. 316

p. 306 *Romantic Legends of Sakya Buddha: A Translation of the Chinese Version of the Abhiniskramana Sutra*, Samuel Beal (original edition1875; reprinted Kila, MT, 2003), p. 130

p. 361 Hsuan-tang, *Great Tang Records of the Western Regions*, translated in Aurel Stein, *Sand-Buried Ruins of Ancient Khotan* (London, 1904; reprinted New Delhi, 2000), p. 229

p. 364 Stein, Aurel, *Sand-Buried Ruins of Ancient Khotan* (London, 1904; reprinted New Delhi, 2000), P. 251

p. 368 Stephens, John Lloyd, *Incidents of Travel in Central America, Chiapas and Yucatan* (New York, 1841)

p. 370 Diego de Landa, *Relación De Las Cosas De Yucatán,* translated in William Gates, *Yucatan Before and After the Conquest* (New York, 1978)

p. 373 Haddawy, H. (trans.), *The Arabian Nights: Based on the Text Edited by Muhsin Mahdi* (New York, 2008), p. 153

p. 376 Al-Shābushti, Abūal-Hasan Ali b. Muhammad, *Kitāb al-Diyārāt*, ed. K. 'Awwād (Baghdad, 1986), pp. 160–61; translated in Alastair Northedge, 'The Palaces of the Abbasids at Samarra', in Chase F. Robinson (ed.), *A Medieval Islamic City Reconsidered: An Interdisciplinary Approach to Samarra*, Oxford Studies in Islamic Art XIV (Oxford, 2001), 29–67

p. 378 Ibn al-Mu'tazz, 'Abd Allah, *Dīwān* (Cairo, 1977), vol. 2, p. 217; translated in Julie Scott-Meisami, 'The Palace Complex as Emblem: Some Samarran Qaṣīdas', in Chase F. Robinson (ed.), *A Medieval Islamic City Reconsidered: An Interdisciplinary Approach to Samarra*, Oxford Studies in Islamic Art XIV (Oxford, 2001), 69–78

p. 381 *The Chronicle of Waulsort,* translated in Genevra Kornbluth, *Engraved Gems of the Carolingian Empire* (Pennsylvania, 1995), p. 33

p. 384 Sedulius Scottus, *De Rectoribus Christianis*, translated in Genevra Kornbluth, *Engraved Gems of the Carolingian Empire* (Pennsylvania, 1995), p. 47

p. 404 Ibn Fadlan, Ahmad, *Kitāb ilā Mulk al-Saqāliba,* translated in J. Brønsted, *The Vikings* (London, 1960), p. 265

p. 413 *Ōkagami, the Great Mirror: Fujiwara Michinaga (966–1027) and His Times*, translated Helen Craig McCullough (Princeton, 1980), p. 86

p. 416 From the diary of Murasaki Shikidu', translated in Annie Shepley Omori and Koci Doi, *Diaries of Court Ladies of Old Japan* (Boston, 1920)

p. 421 Raffles, Thomas Stamford, *The History of Java*, vol. 2 (1817)

p. 428 Corrêa, Gaspar, *The Three Sea Voyages of Vasco de Gama* (London, 18690, pp. 291–2

p. 437 Clancy, T. O., *The Triumph Tree: Scotland's Earliest Poetry AD 550–1350* (Edinburgh, 1998), p. 288

p. 461 Bartolomé de las Casas, *Historia de las Indias*, translated in Jose R. Oliver, *Caciques and Cemi Idols* (Tuscaloosa, 2009), p. 83

p. 488 Bernardino de Sahagún, *Historia general de las cosas de Nueva España* (1550), translated as *Florentine Codex: General History of the Things of New Spain*, by C. E. Dibble and A. J. O. Andrerseon (Salt Lake City, 1950–82), vol. 1, p. 23

p. 510 Translated in Felicia J. Hecker, 'A fifteenth-century Chinese Diplomat in Herat', *Journal of the Royal Asiatic Society*, third series, 3 (1993), 85–98

p. 517 Garcilaso de la Vega ('el Inca'), *Comentarios reales de los Incas* (1609), translated as: H. V. Livermore, *Royal Commentaries of the Incas and general History of Peru* (Austin, 1966), vol. 1, pp. 360–62

p. 518 Ibid., p. 550

p. 530 Antonio Sanfelice, translated in Silvio A. Bendini, *The Pope's Elephant* (Manchester, 1997), p. 129

p. 538 Translated in J. J. Leopold, 'The Construction of Schlottheim's Nef', in J, Fritsch (ed.), *Ships of Curiosity: Three Renaissance Automata* (Paris, 2001), at pp. 68–9

p. 543 Dapper, Olfert, *Description of Benin*, translated in Henry Ling Roth, *Great Benin: Its Customs, Arts and Horrors* (Halifax, 1903), p. 160

p. 545 Read, C. H., and O. M. Dalton, 'Works of Art from Benin City', *Journal of the Anthropological Institute of Great Britain and Ireland*, 27 (1898), 362–82

p. 551 (1) Bernal Díaz del Castillo, *The Discovery and Conquest of Mexico*, translated A. P. Maudslay (New York, 1956), p. 190

p. 551 (2) Fray Diego Durán, *Historia de las Indias de Nueva Espana, y Islas de la Tierra Firme*, translated in Michael E. Smith, ' The Role of Social Stratification in the Aztec Empire: A View from the Provinces', *American Anthropologist*, 88 (1986), 70–91

p. 557 Letter of Filippo Sassetti, translated in R.W. Lightbown, 'Oriental Art in Late Renaissance and Baroque Italy', *Journal of the Warburg and Courtauld Institutes*, 32 (1969), pp. 228–79

p. 562 Alvaro Alonso Barba, *El Arte de los Metales* (The Art of Metals) (1640) translated in *A Collection of Scarce and Valuable Treatises Upon Metals, Mines, and Minerals* (1738, reprinted 2008)

p. 562–63 Capoche, Luis, *Relación general de la Villa Imperiale de Potosi* (1585), translated in P. Vilar, *A History of Gold and Money* (London, 1991), p. 127

P. 566 Gonsalez de Cellorigo, *Memorial de la Politica necesaria y util a la Republica de Espana* (Valladolid, 1600) translated in Jon Cowans, *Early Modern Spain: A Documentary History* (Philadelphia, 2003), pp.133–41

p. 579 *The Tūzuk-i-Jahangiri, or Memoirs of Jahangir*, translated Alexander Rogers (London, 1909–14), vol. 1, p. 37

p. 579–80 (1) *The Embassy of Sir Thomas Roe to the Court of the Great Mogul 1615–1619, as Narrated in His Journal and Correspondence*, edited by William Foster (London, 1899), vol. 2., p. 382

p. 580 (2) *The Tūzuk-i-Jahangiri, or Memoirs of Jahangir*, translated by Alexander Rogers (London, 1909–14), vol. 1, p. 355

p. 592 Letter of Juan de Zumàrraga, translated in Martin Austin Nesvig, 'The "Indian Question" and the Case of Tlatelolco', in Martin Austin Nesvig (ed.), *Local Religion in Colonial Mexico* (Alburquerque, 2006), p. 79

p. 602 John Locke, *A Letter Concerning Toleration* (Huddersfield, 1796), pp. 9–10

p. 607 Chambers, Ephraim, *Cyclopaedia; or An Universal Dictionary of Arts and Sciences* (London, 1728), vol. 2, p. 623

p. 615 Samwell, David, *A Narrative of the Death of Captain James Cook* (London, 1786)

p. 619 Published in American State Papers, *Documents, Legislative and Executive, of the Congress of the United States from the Second Session of the Eleventh to the Third Session of the Thirteenth Congress Inclusive, Class ii: Indian Affairs* (Washington, 1834), pp. 339–40

p. 620 Diagram from Lewis, G. Malcom, 'An Early Map of Skin of the Area Later to Become Indiana and Illinois', *British Library Journal*, 22 (1996), 66-87

p. 646 Johnson, Samuel, 'Review of "A Journal of Eight Days Journey"', *The Literary Magazine*, 2, no.13 (1757)

p. 647 English translation of Geijer quoted in Alan and Iris Macfarlane, *Green Gold: The Empire of Tea* (London, 2003), pp. 71–2

p. 648 H. Evershed, 'The Farming of Surrey', *Journal of the Royal Agricultural Society of England*, 1st series, 14 (1853), pp. 402–3

p. 656 Online source: http://afe.easia.columbia.edu/japan/japanworkbook/modernhist/perry.html#document

p. 665 'Scrapbook for 1912: Vera Brittain Introduces Dame Ethel Smyth', *National Programme* (BBC, first broadcast 9 March 1937)

p. 668 *Female Suffrage: A Letter from the Right Hon. W. E. Gladstone, M. P. to Samuel Smith, M. P.* (London, 1892)

p. 669 (1) Transcript of a speech made by Christabel Pankhurst, 1908 (Copyright © British Library)

p. 669 (2) Mary Richardson quoted in '*National Gallery Outrage. Suffragist Prisoner in Court. Extent of Damage*', The Times, 11 March 1914

p. 675 Letter from the State Porcelain Factory, 4 June 1920, translated in Tamara Kudryavtseva, *Circling the Square: Avant-garde Porcelain from Revolutionary Russia* (London, 2004), p. 27

p. 684 Cavafy, Constantine, 'In the Dreary Village', translated by John Mavrogordato (London, 1974)

p. 685 Hockney, David, *Hockney by Hockney* (London, 1979), p. 23

사진 출처

p. 201 (키로스의 무덤) copyright © Robert Harding Picture Library Ltd / Alamy

p. 223 (라벤타) copyright © Danita Delimont / Alamy

p. 284 (크리스토프 바이디츠가 1528년에 카를로스 5세의 궁전에서 그린 중앙아메리카 구기 선수들의 모습. 뉘른베르크 독일국립박물관 소장) photograph courtesy of Germanisches Nationalmuseum, Nuremberg

p. 313 (니스딘 사원) copyright © David Churchill / arcaidimages.com

p. 423 (보로부두르) copyright © ImageState / Alamy

p. 424 (보로부두르의 배 부조) copyright © Wolfgang Kaehler / Alamy

p. 471 (생트샤펠의 스테인드글라스 유리창) photograph Bernard Acloque copyright © Centre des monuments nationaux, Paris

p. 571 (이스파한 대성당 내부) copyright © Arkreligion.com / Michael Good

p. 572 (샤이크루트팔라 모스크의 내부 모습) copyright © Arkreligion.com / Tibor Bognar

p. 595 (과달루페의 성모 성당을 찾은 순례자들) copyright © Juan Barreto / AFP / Getty Images

p. 632 (건륭제) 베이징 고궁박물관 소장

p. 634 (건륭제의 흰 대접) 베이징 고궁박물관 소장

p. 670 (50페니 주화) 영국왕립조폐국 소장

p. 682 존 마브로고르다토가 번역한 C. P. 카바피의 시집에 나오는 〈따분한 마을에서〉 copyright © David Hockney / Editions Alecto

찾아보기

지은이 **닐 맥그리거 Neil MacGregor**
현 대영박물관 관장이자 미술사학자. 2002년 영국을 대표하는 대영박물관의 관장직을 제의받아 현재까지 맡아오고 있다. 2010년 국영 방송인 BBC4 라디오와 손잡고 대영박물관이 보유한 가장 중요한 역사적 유물 100가지를 소개하는 프로그램인 '100가지 유물로 보는 세계사' 시리즈를 제작하여 큰 반향을 얻었다. 이외에도 『대영박물관의 명작』(2009)와 『시끌벅적한 셰익스피어의 시대』(2012) 등의 저서를 펴냈다.

옮긴이 **강미경**
제주에서 태어나 이화여자대학교 사범대학 영어교육과를 졸업하고 전문번역가로 활동하고 있다. 『프로파간다』『작가 수업』『나침반, 항해와 탐험의 역사』『도서관, 그 소란스러운 역사』『유혹의 기술』『지킬 박사와 하이드 씨』『아메리카를 누가 처음 발견했을까』『마르코 폴로의 모험』 등을 우리말로 옮겼다.

100대 유물로 보는 세계사
A HISTORY OF THE WORLD IN 10 OBJECTS

초판 1쇄 인쇄 2014년 11월 24일
초판 3쇄 발행 2021년 9월 9일

지은이 닐 맥그리거
옮긴이 강미경
펴낸이 김선식

경영총괄 김은영
번역감수 박소영 **디자인** 강찬규, 이미연
콘텐츠개발4팀장 김대한 **콘텐츠개발4팀** 황정민, 임소연, 박혜원, 옥다애
마케팅본부장 이주화 **마케팅1팀** 최혜령, 박지수, 오서영
미디어홍보본부장 정명찬 **홍보팀** 안지혜, 김재선, 이소영, 김은지, 박재연, 오수미, 이예주
뉴미디어팀 김선욱, 허지호, 염아라, 김혜원, 이수인, 임유나, 배한진, 석찬미
저작권팀 한승빈, 김재원
경영관리본부 허대우, 하미선, 박상민, 권송이, 김민아, 윤이경, 이소희, 이우철, 김혜진, 김재경, 최완규, 이지우

펴낸곳 다산북스 **출판등록** 2005년 12월 23일 제313-2005-00277호
주소 경기도 파주시 회동길 490 다산북스 파주사옥 3층
전화 02-702-1724 **팩스** 02-703-2219 **이메일** dasanbooks@dasanbooks.com
홈페이지 www.dasanbooks.com **블로그** blog.naver.com/dasan_books
출력 · 제본 ㈜갑우문화사

ISBN 979-11-306-0092-5 (13900)